U0112336

“十二五”国家重点图书

30

财政政治学译丛

刘守刚 魏 陆 主编

上海高校智库
上海财经大学公共政策与治理研究院

A History of Taxation and Expenditure in the Western World

西方世界的税收与支出史

卡洛琳·韦伯（Carolyn Webber）

亚伦·威尔达夫斯基（Aaron Wildavsky）　著

朱积慧

苟燕楠　译

任晓辉

上海财经大学出版社

图书在版编目(CIP)数据

西方世界的税收与支出史/(美)卡洛琳·韦伯(Carolyn Webber),(美)亚伦·威尔达夫斯基(Aaron Wildavsky)著;朱积慧,苟燕楠,任晓辉译. 一上海:上海财经大学出版社,2023.4

(财政政治学译丛)

书名原文:A History of Taxation and Expenditure in the Western World

ISBN 978-7-5642-4030-1/F·4030

Ⅰ.①西… Ⅱ.①卡… ②亚…③朱…④苟…⑤任… Ⅲ.①税收收入-财政史-西方国家②财政支出-财政史-西方国家 Ⅳ.①F811.9

中国版本图书馆 CIP 数据核字(2022)第 169565 号

图字:09-2022-0926 号

A HISTORY OF TAXATION AND EXPENDITURE IN THE WESTERN WORLD

by Aaron Wildavsky and Carolyn Webber

Copyright © 1986 by Carolyn Webber and Aaron Wildavsky

Published by arrangement with Georges Borchardt,Inc. through Bardon-Chinese Media Agency

Simplified Chinese translation copyright © 2023 by Shanghai University of Finance & Economics Press

ALL RIGHTS RESERVED

□ 责任编辑　林佳依
□ 封面设计　张克瑶

西方世界的税收与支出史

卡洛琳·韦伯
(Carolyn Webber)　　著
亚伦·威尔达夫斯基
(Aaron Wildavsky)

朱积慧
苟燕楠　　译
任晓辉

上海财经大学出版社出版发行
(上海市中山北一路 369 号　邮编 200083)
网　　址:http://www.sufep.com
电子邮箱:webmaster @ sufep.com
全国新华书店经销
上海叶大印务发展有限公司印刷装订
2023 年 4 月第 1 版　2023 年 4 月第 1 次印刷

710mm×1000mm　1/16　42 印张(插页:2)　643 千字
定价:189.00 元

总　序

　　成立于 2013 年 9 月的上海财经大学公共政策与治理研究院,是由上海市教委重点建设的十大高校智库之一。通过建立多学科融合、协同研究、机制创新的科研平台,围绕财政、税收、医疗、教育、土地、社会保障、行政管理等领域,组织专家开展政策咨询和决策研究,致力于以问题为导向,破解中国经济社会发展中的难题,服务政府决策和社会需求,为政府提供公共政策与治理咨询报告,向社会传播公共政策与治理知识,在中国经济改革与社会发展中发挥"咨政启民"的"思想库"作用。

　　作为公共政策与治理研究的智库,在开展政策咨询和决策研究的同时,我们也关注公共政策与治理领域基础理论的深化与学科的拓展研究。特别地,我们支持从政治视角研究作为国家治理基础和重要支柱的财政制度,鼓励对财政制度构建和现实运行背后体现出来的政治意义及历史智慧进行深度探索。这样一种研究,著名财政学家马斯格雷夫早在其经典教材《财政理论与实践》中就命名为"财政政治学"。但在当前的中国财政学界,遵循马斯格雷夫指出的这一路径,突破经济学视野而从政治学角度研究财政问题,还比较少见。由此既局限了财政学科自身的发展,又不能满足社会对运用财税工具实现公平正义的要求。因此,有必要在中国财政学界呼吁拓展研究的范围,努力构建财政政治学学科。

　　"财政政治学"虽然尚不是我国学术界的正式名称,但在国外的教学和研究中有丰富的内容。要在中国构建财政政治学学科,在坚持以"我"为主研究中国问题的同时,应该大量翻译西方学者在该领域的内容,以便为国内财政学者从政治维度研究财政问题提供借鉴。呈现在大家面前的丛书,正是在上海财经大学公共政策与治理研究院资助下形成的"财政政治学译丛"。

"财政政治学译丛"中的文本,主要从美英学者著作中精心选择而来,大致分为理论基础、现实制度与历史经验等几方面。译丛第一辑推出 10 本译著,未来根据需要和可能,将陆续选择其他相关文本翻译出版。

推进财政政治学译丛出版是上海财经大学公共政策与治理研究院的一项重点工程,我们将以努力促进政策研究和深化理论基础为己任,提升和推进政策和理论研究水平,引领学科发展,服务国家治理。

胡怡建
2015 年 5 月 15 日

译者序

我们身处一个急剧变化的时代，司空见惯的收支范式面临严峻挑战。除了与世俯仰，全神贯注于接踵而至的变化外，还能做些什么？也许历史能给我们一些启发。即便不能究天人之际，通古今之变，至少可以述往事，思来者，重温可能面对的收支问题，借鉴曾经用过的方法，这正是译介本书的初衷。

20世纪70年代，西方世界爆发两次石油危机。经济滞胀（高通货膨胀伴随高失业率）、生产率低迷，纳税人和政府对更高税收负担的抵制，以及大规模的预算赤字，促使西方国家对财政与国家治理进行反思与调整，孕育了新公共管理改革运动，而出版于1986年的《西方世界的税收与支出史》正是这一反思运动的产物。

本书作者亚伦·威尔达夫斯基（1930—1993年）是美国著名的公共行政学与政治学学者，渐进主义预算理论提出者，生前长期任教于加州大学伯克利分校政治学系。他一生著述颇丰，致力于政府预算与公共政策研究，著有《预算过程中的新政治》《预算：比较理论》等36本著作。卡洛琳·韦伯是加州大学伯克利分校城市与区域发展研究院的研究员。

正如两位作者在本书序言中所述：1968年，两位作者在研究预算史，一开始仅想写一本关于古代财政的专著；随着1975年纽约市的财政危机爆发，他们发现，当时的美国借新还旧、公共部门债务扩张的境况与其正在研究的近代早期的欧洲国王非常类似。"太阳底下无新鲜事"，财政作为国家治理的核心支柱，无论是古代还是现代，始终在维持政府良好运转、促进经济社会发展中发挥关键作用。因此，他们决定以史为鉴，撰写一部财政史专著，对西方世界自公元前3世纪至20世纪70年代的税收与支出史做出系统性梳理，探讨了从筹资征税、借贷、财政赤字到财政体制等重要命题，尤其适合财政和经济史研究者、从业者阅读与参考,从历史长河中撷取经验与营养,更好地应对当下的挑战。

一、本书的主要内容

本书撰写历程前后长达 18 年,共 10 章,英文原版页数达 723 页,引用大量一手史料。时间上,从古希腊、古罗马出发,穿越中世纪、启蒙运动、工业革命等重大历史事件,直达 20 世纪六七十年代;内容上囊括欧美,可谓包罗万象、卷帙浩繁,按照时间顺序划分,主要有 8 个历史时期,现将每个历史阶段税收与支出的基本特征与典型事实总结如下。

(一)古代世界:货币与实物并存的二元模式

在古代世界,国王即国家,是国家的精神领袖与财政统治者,国库和皇室私家金库之间的区别很小。最开始没有货币之时,税收用谷物、牛、布料、劳动和其他有价值的物品进行支付;货币出现后,国家进入货币和实物并存的二元经济模式。在古代社会,落后原始的交通工具导致征税中出现腐败和偷窃,神权专制的僧侣国王需要任命地方官员负责征税,同时也要对其施加约束,避免统治受到挑战。

包括美索不达米亚、古埃及、印度孔雀王朝、中国商朝和汉朝等在内的古代文明都有发达的、非常相似的财政管理系统,即通过垄断对外贸易、从为重大建设提供原材料的采石业等国内企业、从销售盐和油等必需品中获利,也通过租借土地、摊派征税、获取贡品、徭役来获取收入和劳动力。

在支出方面,古代国王需要建设灌溉设施、防御工事,疏浚运河,对外征服,供养军队。最早的审计制度也初现雏形,成为一项专门的政府职能。

(二)古雅典和古罗马共和国及帝国:包税制与专款专用

在古希腊城邦和罗马,宗教和国家紧密相连,雅典的寺庙和世俗政府都保持着行政和财政的自主权。有限的农业生产力使得城邦国家依靠贸易或征服来生存。

希腊和罗马城邦实行共和政体,由 18 岁以上的所有男性公民组成的公民大会投票批准重要的国家政策以及处理财政事务。古希腊的"五百人会议"拥有较大的财政权力,负责提出政府支出的具体数额建议,得到公民大会批准后使用资金;监督寺庙的财政官员;协商寺庙土地的租约,为新的寺庙建筑和宗教节日支付费用,对国家债务人处以罚款。

由于盈余有限,政府建立了对公民征税的适度规范。如果地方税收未能产生必要的收入,领土有限的国家就会转向外界寻求财政支持,从而将负担外部化。

在收入方面,希腊和罗马向商业阶层课以重税,财政主要来源为耕种国有土地或从中开采矿产资源,或使用市场、体育馆、澡堂以及其他公共设施而支付的租金。随着帝国规模和内部复杂程度的增长,财政政策没有连续性,支出也缺乏内部控制,征税种类变得越来越多,包税制开始出现。

在支出方面,出现了指定用途和专款专用,将国家的常规收入划入不同的基金,每项基金只能用于支付特定的支出,简化了财政管理。这一时期的主要支出去向依旧是军队工资。

(三)中世纪欧洲私有政府财政:地租、特许状与劳役

欧洲中世纪的国王和人民都很贫穷,政府常常收不抵支。中世纪的封建君主通过征税为战争筹集资金,商人也自愿通过贡献资金,换取封建君主有权颁发的贸易许可。

中世纪初,众多形式的政府之中,教会权力最大,但公共权力机关主要是世俗化的;这一时期的经济停滞不前、生产只能满足基本生活所需,且使用原始本地货币,人们以服劳役或定期上缴实物的形式来完成对统治者的义务。这一时期出现了农奴制度,将农民束缚在土地上,建立起了农奴—骑士—封建贵族的封建等级制度。

12世纪,意大利热那亚地区发明了复式记账法,促进了商业的蓬勃发展,许多意大利城镇建立了自治政府并发展了财政系统来维持政府运转,成为现代财政制度的起源。

在收入方面,中世纪君主主要通过定期出巡消费农产品、强迫农民劳役和服兵役获取服务,垄断重要资产和生产资料(如磨坊、面包炉等)以及征收地租获取收入。在支出方面,随着雇佣军逐渐取代自愿应征的封建军队,战争耗资不断上升,而官僚系统的扩张也提升了维持秩序的成本。

一边是不断上涨的支出,另一边是稳中有降的收入,夹缝中的中世纪晚期君主采取了各种各样的财政手段,主要有:通过在无人定居的荒地上建立新的城镇并颁布特许状间接增收;向拥有大量财富的教会征税;通过符木借款(固定债务的前身)以及变卖王室财产。

(四)近代早期(15—18世纪)的欧洲:财政危机与改革

这一时期,大多数人民仍然贫穷,但随着政府收入能力的提高,政府财富增加,国王开始变得富有。统治者精明地评估国民的耐受程度,逐渐增加臣民的税收负担,每次开征一项或几项税收。国王从生产力提高中获益,增加的收入使得君王能够过上奢华的生活,能够发动全国性的战争。但是,在一些国家,税收负担超出了臣民可以容忍的程度。

17世纪的启蒙运动倡导的天赋人权和民主自由是代议制政府组织原则的重要来源,18世纪末出现了"公共政府"的概念和思想,公众选举、服务于公众利益的政府权力来源于接受管理的民众;政府国债的稳定公开市场的出现是这一时代最重要的制度化成就。

在收入方面:政府贷款、国王和他们的金融代理人以自己的名义从私人贷款人那里借钱,但很少履行还款义务,或者通过将短期债务转换为长期债务来推迟还款期限;出售官职;征收土地及农产品的直接税;没收财产;探索和开发殖民地;建立股份公司;征收市场税和消费税。

在支出方面:近代早期的君主穷兵黩武,对外征战,生活奢华,需要大量的钱支持极度奢华的朝廷及建立国家基础的战争。

随着财政负担不断加重,这一时期也出现了骚乱、抗税暴动以及腐败。为了应对危机,早期预算和收入预测出现,政府努力平衡账目,专业管理取代市场管理,涌现了一批财政改革者,如当时的法国财政部部长杜尔哥通过降低贵族的财政特权来增加收入,并通过放弃间接税的私人管理方式来降低成本,控制政府部门的支出,使税收更加公平。

(五)工业化早期代议制国家:现代财政的出现

工业化早期,西方国家逐渐开始进入现代世界,摆脱了传统的管理模式;有些国家政府建立公共财政机构和结构的变革是渐进式的,也有一些国家的改革是突变式的。19世纪的政府逐步创建了管理税收和支出的机构,每个机构都拥有独立的专业结构,最终构成了一个顺利运作的互补整体,动员和分配资源的能力大幅增加,为20世纪的群众动员和福利国家打好了基础。

这一时期,现代政府财政出现,其主要特点为:普遍、被广泛接受但有时不相容的规范,专业化、集中化、公共的税收和支出管理,更加依赖对收入征收的直接税,相对于过去更有成效、更公平。

这一时期,政府不再只是为了保护富人的权利而服务,而是开始采取行动改善穷人的生活,改善城市生活条件,为弱势群体提供福利。

在收入和支出方面,西方国家政府开始征收以所得税为代表的直接税,减少了对进出口关税的依赖,以实施自由党的自由贸易政策,直接税的比重逐渐超过间接税,成为主要税种,也是理想的税种。第一次世界大战之前,大多数西方国家的财政政策建立起两种税收和支出范式:(1)由少数低效率的间接税支持的最低限度政府;(2)小额福利支出,由保险基金以及富人支付的累进收入和遗产税收益支付。这两种范式保持了平衡状态,再分配思想深入人心,社会保障和福利体系开始建立。

(六)美国的权力制衡与预算平衡:从差异走向趋同

作者专门用一章篇幅从比较历史的视角剖析了美国和欧洲预算模式的差别。作者认为,从17世纪中叶到20世纪20年代,美国和欧洲的财政预算行为存在明显差异,美国的人均收入和支出均明显低于欧洲。美国赋予立法机构更多财政权力,欧洲的财政预算权力较为集中,支出和收入同时考量。美国的财政预算则实行分权制度:每个机构都提交支出提案,收入单独考量。

作者认为,美国式政治制度及预算模式是集体主义、个人主义和平等主义这3种相对均衡的社会秩序势力相互角逐的产物。由于美国公民特殊的生活环境,与其他国家相比,支持这3种政治理念的国民分配更为平衡。

殖民时代,由于金属货币不足,人们进行易货贸易。独立战争期间,征税权掌握在各州手里,革命力量面临财政困难;随着债务的增加,各州要求印制纸币,然而债务依然无法偿付并不断积压。1860—1865年的内战标志着达成债务削减共识迈出了第一步,但美国仍需确保财政收支平衡。预算平衡是美国政治文化的共识,从美国独立到1960年,超过3/4的时间里,预算处于盈余状态。

20世纪30年代经济大萧条期间,公共事业支出成了增加就业的积极手段。第一次世界大战前,进步派支持政府在公共事业上投资,以缓解失业问题。

美国之所以会成为例外,不是因为行政和立法部门的相对权力,而是因为两种价值观的融合。软弱的政府和强大的社会都是源自社会秩序之间的平衡。如果没有一方能取得压倒性的胜利,就会出现有限的政府减税、减少支出和通过平衡预算来维持交易等形式的妥协。

美国参加第二次世界大战的25年后,为了实现再分配而增加政府支出,改变了人们对预算平衡准则的理解。美国在预算方面的例外主义仍然存在等级结构,因此政府预算减少,支出增长,不再与欧洲民主国家形成格外鲜明的对比,美国的例外主义已经结束。

(七)1914年后的半个世纪:战时财政与秩序重建

20世纪初,财政管理秩序逐渐确立,不断自我完善。第一次和第二次世界大战、20世纪30年代的大萧条和欧洲国家福利制度的迅速崛起对于税种和税率有着极其重大的影响。第二次世界大战之后,战争的创伤和经济大萧条同时出现。除了美国之外,所有的西方国家政府都开始不断发展,先进行基础重建工作,然后开始完善社会政策,利用随着经济增长而增加的税收来进行大量的国防建设,之后又不断增加社会福利支出。

这一时期,新的预算方法开始不断涌现:有绩效预算、项目预算、零基预算和总量预算,但无法有效控制支出。技术创新促进了经济的增长,为所有人创造了更多的机会,而各国政府在应对其政治体制内的强大压力时,也尝试运用更公平的方式进行再分配。

在支出方面,第一次世界大战和第二次世界大战期间法国的军费支出大幅增加,为了维持赤字,引发了通货膨胀;社会保障和社会保险支出也在战后得到扩大。英国同样面临军费支出增长和通货膨胀的问题,但也通过加征累进所得税以减少可支配收入来控制通货膨胀。美国虽然因为较晚加入第一次世界大战使得其在财政上并没有太多支出,但战争期间扩大征税和支出确实对民众造成了伤害,同时战后支出的降低幅度高于其他国家,主要原因是国家精英们在预算平衡问题上达成了共识。

(八)20世纪60年代后:福利与税收国家的发展与控制支出

作者研究了一些西方国家在福利和国防支出、税收方面的趋势以及政府仍未成功控制支出的原因。20世纪60年代和70年代,实际支出从国防领域大幅转移到社会福利领域。由于社会保障基金有盈余,通过小幅增加工资税,可以大幅提高福利。当通货膨胀盛行时,税收自动提供更多的资金,而无需立法改革;因此,通货膨胀对政府是一件好事。

20世纪70年代末80年代初,经济增长放缓,"滞胀"——即失业和通货膨胀同时出现,造成收入减少和强制性支出增加。支出增长率大大超过了最快经济增长率("剪刀危机")。公共支出规模创造了新的历史纪录。大多数西方国家的财政预算工作变得繁重,以至于每年都要做几次预算,因为没有一个预算能持续几个月以上;支出部门也遇到了难题,人民对额外福利的需求不断增加,导致支出不断上涨。越来越多的税收被用来达到与增加收入无关的目的。各国政府有意通过税收制度对经济进行干预,影响私人行为者的经济决策。

这一时期,西方世界国家都在认真努力控制公共支出,但都没有成功。最常见的方法是限制公共支出总额;通过改变指数化的规则来利用通货膨胀。将政府支出与价格指数(与工资相区别)联系起来,会推动支出上升,而对税基进行指数化则会减少未来的税收。为了减少赤字,最好的办法是把税收和支出都用"取消指数化"来衡量;将不同的支出项目组合成一揽子项目,以便同时考虑。

二、本书的主要理论贡献

纵观全书,《西方世界的税收与支出史》超越了财政史的范畴,不仅是一部税收支出史,更是经济史、政治史和思想史,体现了交叉性和全面性。作者运用深厚的政治学学养,将税收与支出放在政治学与经济学、历史学乃至文化研究的交叉学科背景下讨论,综合运用比较制度分析、比较历史分析、案例研究等方法,分析了影响财税制度的经济、政治、文化、意识形态因素。

作者提出,预算是税收、支出和借款的集合,每一个时代都有与其自身文化和技术能力相适应的预算模式。预算编制是要将财政资源用于服务人民,但由于资金有限、目标多元,收支平衡在任何时候都并非易事。因此,预算程序既是做出经济和政治选择的机制,也是通过命令和禁止来规范人与人之间关系的道德秩序。本书通过对不同时期和地区的政治和预算制度进行比较历史分析,解释了每个历史时期和地点的税收、支出和借贷模式,提出组成预算文化理论的三大基本因素:等级、市场和宗派。

本书最重要的贡献与价值在于回答了财政治理中 5 个重要命题:如何解释不同的预算行为? 政府支出为何增加? 财政压力为何出现? 如何应对财政危机? 现代财政有哪些特点?

第一,不同的制度会导致不同的预算行为。预算文化理论构成了本书贯穿全文的核心理论框架。不同国家的政治文化(政体)的不同组合,对应不同的收入与支出模式。西方国家拥有 3 种主要政治文化的元素——等级制度、市场制度和宗派制度,决定了财政政策的偏好。等级制度在不同时代的政府都存在,将社会划分为高低不同等级,由传统和正式规则联系在一起,倾向于维护权威,征税和支出都较高;市场制度通过促进互惠互利的自由交换方式,将商品服务方式组织起来,提升个体机会,倾向于将税收和支出保持在最低限度;宗派制度则通过反对权威,提倡平等主义和平均主义,尽可能提高公共支出和将资源进行再分配,同时反对权威导致征税能力下降。等级、市场、宗派3种制度模式所占比例各不相同,正是这种多样的混合形态造成了近几十年来的收支不平衡。

第二,支出的增加是各政治行为体争夺话语权的结果。从古至今,政府支出主要用于修建基础设施、维持官僚体系运转、军事国防、民生建设四大方面。进入20世纪,政府支出占国民生产总值的比例在不断上升,财富增长或工业化并非主要原因,也不能归因于现代化带来的政治变化;主要原因是社会福利支出的增长。作者认为,随着时间的推移,每个工业化且富有的民主国家在社会福利及政府建设上的投入相较以往都会成比例增长。当支出成为必要时,无论是在经济萧条时期,还是政府的增长速度快于经济增长时,政府支出都不会减少,因为对平等的承诺,政府需要付出更大的努力来将社会福利项目维持下去。

第三,收入不足、出现财政压力的原因主要有三方面。首先,社会生产力不足,造成大范围资源短缺,导致民众不愿意或没有能力缴税支持政府;其次,有的社会虽然拥有足够的资源,但低效腐败的内部组织侵吞财政收入,浪费政府资产;再次,政府可能表现出较强征税意愿或者选择大力支出,最终超出自身获得足够的财富来维持期望支出水平的能力。历史上的大部分时间里,收支平衡的时期是相当少见的。只是在过去的不到200年里,社会才获得了技术与组织能力,以便根据意愿来维持收支平衡。

第四,收支平衡、应对财政危机的关键策略有三方面。纵观西方世界整体的发展趋势,发现预算一直失衡,政府规模不断扩大,政府削减支出的努力成效甚微。不断增加的收入扩大了政府规模,不断削减的支出又缩小了政府的相对规模。首先,收支平衡的关键在于公共部门和私人部门的协调,将政府规模控制在适度水平;其次,公平,要考虑如何在不同群体、不同地区间分摊税负,这取决于政府采取何种对外和对内的政策;最后,效益,政府不仅需要筹划支出政策,而且要筹划实施政策,要考虑政府是否可以实现管理,管理程度如何。

第五,与古代财政相比,现代财政具有公共性、稳定性、长期性、可持续性的特点,通向现代财政管理的道路漫长曲折、充满艰辛。古代、中世纪和近代早期的政府囿于生产力低下、资源匮乏和缺乏有效的技术和行政手段,未能建立全面科学的财政体系,国库属于国王私有,收入不稳定,缺乏确定的税源和征税渠道,包税制容易滋生腐败;由于统计和财务技术有限,不存在收入和支出的综合账目表,无法对收入与支出进行科学预测,征税和支出都缺乏规划。在施行奴隶制度的古代和封建制度的中世纪,底层人民要承担沉重的税赋和徭役,而僧侣、贵族则无须缴税,税负不公平,容易引发社会矛盾,"竭泽而渔"的征税方式不可持续。自文艺复兴以来,西方国家政府开始为适应环境变迁而拓展财政治理能力,改变征税和支出方式。18世纪末出现了"公共政府"的概念和思想,即政府权力来源于接受管理的民众,服务公众利益;国家财政成为公共财政,公共资本市场和国家中央银行出现,后来成为稳定、现代化公共财政的基石。现代政府拥有政府国债公开市场、中央银行这样稳定的融资渠道以及种类繁多的税种可以保证融资稳定。

从近代早期政府的重商主义政策,到20世纪60年代命运多舛的项目预算,到20世纪70年代的零基预算,再到引入包括增值税、所得税在内的新税种,随着时间和环境推移,任何预算政策的改变都会引发未曾预期到的新问题。在发现新问题、解决新问题的过程中,财政体制也在不断革新、完善。在作者成书的20世纪80年代,大规模的通货膨胀、通货紧缩或生活水平的大幅下降迫使西方国家做出改革,通过选择维持、修正或摒弃现有的权威政策,创造自己的历史。

《西方世界的税收与支出史》的翻译历经了近4年的时光。译者尽力做到准确理解,地道表达,书中出现的人名、专有名词首次出现时都附上英文原文,便于读者查找。本书序言、第一至第三章由任晓辉翻译,第四至第十章由朱积慧翻译;苟燕楠教授负责全书的审校和定稿工作。感谢上海财经大学刘守刚教授的组织与策划,上海财经大学出版社编辑团队的用心编辑。最后,感谢各位家人们,你们的支持永远是我们的动力与后盾。

历史已进入新阶段。20年前,我们还在支出上挖空心思,如今税收任务压得人喘不过气来,平衡收支、控制财政风险已成为头等大事。周虽旧邦,其命维新,新挑战激发新思想、新范式,本书为温故知新提供了一种选择,至于究竟有多大用处?书自有命运,留给读者解答吧。

苟燕楠　朱积慧

2022.11.10

序　言

本书撰写有自己的历史，这是一项超过 18 年的计划。早在 1968 年，亚伦·威尔达夫斯基（Aaron Wildavsky）就邀请卡洛琳·韦伯（Carolyn Webber）和他一起探讨关于预算的历史。这项研究搜寻了一条丰富的脉络，从那时起我们一直在挖掘。

起初，我们只想写一本关于古代财政的专著。我们相信这种遥远的东西本身是有趣的，但是不太可能对现在有所教益。接下来，我们想要研究全球的财政历史，但是最终力不从心。我们原本想把探索拜占庭留给东欧政府的遗产，以及阿拉伯文明留给北非、西班牙、近东和东南亚政府的遗产也纳入本书章节；最后，我们决定只研究西方世界的税收与支出。

随着岁月的流逝，我们积累了有关税收和支出过程的知识，遇到了一些可能会成为今日报纸头条新闻的事件。然而，鉴于现代财政技术的明显优势，我们不确定同时代的人是否会认为这些古老的历史实践值得探讨。后来，随着1975 年纽约市的财政危机开始显现，为支付过去花费和支持未来扩张而专门借款的模式，让我们想起了近代早期欧洲的国王们，我们当时正在研究他们的财政困境。近代早期的专制君主们缺乏持续的收入来源以支持他们的奢侈消费，因此，他们从任何可用的贷款人处借款。当贷款到期时，只要有可能，他们就会再融资。随着债务膨胀超出其偿还能力，近代早期的国王们可以宣布延期偿付利息，关押他们的债权人，或者通过宣布皇室破产，以法令解除义务。这种违约可能（也确实）导致贷款人破产，但是，与当今的政府和持有政府债务的银行家们不同，近代早期的国王们不需要担心会产生国家或世界银行系统的连锁反应。

如今,关于美国、欧洲在预算问题上的僵局的新闻此起彼伏,而且当税收、债务和赤字成为世界范围内讨论的主要话题时,我们发现历史中所记述的一段段事件在当代仍不断重演。回顾过去,"他们"做得并不差,而"我们"做得也不见得更好,预算史的某些方面似乎很现代。

我们最想感谢彼此的是宽容和友谊。我们已记不清着手创作这部历史著作之前的情况,也很难设想停下来会怎样。

一路走来,我们欠了不少"债务"。美国国家人文基金会(National Endowment for the Humanities)和斯隆基金会(Sloan Foundation)提供了主要资金支持。多年来,下列机构在录入、研究协助和工作空间方面提供了帮助:加州大学伯克利分校的国际研究所(the Institute of International Studies)、公共政策研究生院(the Graduate School of Public Policy)、政治科学系(the Political Science Department)、城市和区域发展研究所(the Institute of Urban and Regional Development)、调查研究中心(the Survey Research Center)、童年与政府项目(the Childhood and Government Project)、儿童时间学习(the Children's Time Study)、拉塞尔·塞奇基金会(Russell Sage Foundation)及环境保护基金会(the Environmental Defense Fund)的西部地区办事处。在最初的几年里,我们得到了才华横溢的研究助理们的帮助,他们是露丝·巴特尔(Ruth Battle)、娜奥米·凯登(Naomi Caiden)、简·卡伊娜(Jane Cajina)、卡罗尔·张伯伦(Carol Chamberlain)、托马斯·伦诺克斯(Thomas Lennox)和玛丽·马维(Mari Malvey)。参加威尔达夫斯基预算研讨会的学生们撰写了有关财政史的论文,考查了我们尚未探索过的文献,他们是约翰·吉尔摩(John Gilmour)、理查德·冈瑟(Richard Gunther)、夏勇喆(Yong-Chool Ha)、本诺·马克思(Benno Marx)、本尼·米勒(Benny Miller)、埃米斯特·诺塔尔(Emest Notar)、卡尔·巴顿(Carl Patton)、亚历克斯·拉丹(Alex Radian)、阿兰·施洛斯(Aran Schloss)、罗宾·西尔弗(Robin Silver)、斯文·

斯坦莫(Sven Steinmo)和乔·怀特(Joe White)。梅匹·西伯里(Mappie Sea-bury)和罗伯特·阿萨西那(Robert Asahina)编辑、改进了我们的文本。

亚伦·威尔达夫斯基的秘书多丽丝·巴顿(Doris Patton)很可能认为她自己已经和我们一样长时间深陷于这段历史,感谢不足以赞扬她的关心和奉献,以及她察觉错误的敏锐眼光。

仅凭一两个人的学识不足以撰写一本视野如此宽广的书。詹-埃里克·莱恩(Jan-Eric Lane)批阅了整篇手稿;托马斯·比松(Thomas Bisson)和彼得·马里斯(Peter Marris)批阅了大部分章节。他们理应被授予读者荣誉勋章。其他许多人也通过批阅个别章节,给予我们帮助,他们是詹姆斯·阿特尔(James Alt)、道格拉斯·阿什福德(Douglas Ashford)、杰西·伯克海德(Jesse Burkhead)、鲁弗斯·戴维斯(Rufus Davis)、詹姆斯·费斯勒(James Fesler)、R. I. 弗兰克(R. I. Frank)、彼得·加恩西(Peter Garnsey)、沃尔特·赫蒂奇(Walter Hettich)、罗纳德·金(Ronald King)、理查德·内策尔(Richard Netzer)、艾伦·皮科克(Alan Peacock)、萨姆·佩尔兹曼(Sam Peltzman)、克莱尔·佩尼曼(Clare Penniman)、理查德·罗斯(Richard Rose)、杰弗里·维克斯(Geoffrey Vickers)和哈罗德·维伦斯基(Harold Wilensky)。他们通过提出不同解释的建议和纠正我们的错误,给予了我们不可或缺的帮助。

我们的分工很明确。韦伯撰写第二章至第六章,威尔达夫斯基负责第一章、第七章至第十章的草稿。然后,我们各自修改对方的草稿,有时是大量修改。我们每个人都经常修改和重写对方的草稿,而且时间跨度如此之长,实际上不止两个人在工作;当再次修订后,我们两个人(所写的)与我们之前的一系列修订或者再之前的那些修订都不一样。因此,尽管细心的读者们无疑会发现我们各自的风格和方法不尽相同,但我们对书的每一部分和整体都负有同等的责任。

梅尔文·韦伯(Melvin Webber)和玛丽·威尔达夫斯基(Mary Wildavsky)一定很好奇这项工作能否完成;我们也是如此。然而,他们仍然持续不断地支持,我们对此表示感谢。

卡洛琳·韦伯
亚伦·威尔达夫斯基

目　录

第一章　预算文化

总有······一些人想知道是否可以理解一件事；一些人总是说这很复杂，没法理解。你必须研究你感兴趣的最简单的系统。

——塞·利文森（Cy Levenson）

征税和取悦，正如爱和理智，人们均无法兼得。

——埃德蒙·伯克（Edmund Burke）

当早期社会开始调动和分配资源时，计数和写作就出现了。在古代近东主要交通线路附近散落的沉积物里，考古学家们已经发现了超过 200 个公元前 4000 年的空心黏土球。这些网球大小的球体表面显示着浮雕或阴刻的标记：锥体、盘体、抛物面和其他几何图形；这些符号类似于已知的象形文字，代表动物（马、羊，山羊）和古老的粮食量具。这些球体摇动时咯咯作响，如果打破了，就会释放出造型像外星符号的小的陶制物件。人们在从埃及到印度河流域的一些地点发现了其他没有黏土外壳的类似物件，有些可以追溯到公元前 9000 年。

一位考古学家推测，在文字或数字的抽象概念出现之前，这些古代的人造器物就被制作出来作为凭证使用。[1]黏土球充当信封，内部代币作为交换物的象征。因此，整个黏土球、内部代币和表示内部代币数量及形状的外部标记，代表了商业交易的完成或财政义务的履行。古代政府评估和征收实物税：这些楔形文字符号代表着相等价值的粮食、动物和劳务。

预算和社会秩序

过去时代的资源调动与分配和现代政府筹钱与花钱的方式相似性很小。例如在古代、中世纪和一些近代早期政府的分散、私人市场管理部门,税收、支出和借贷被融为一体。几个世纪以来,税收是以实物形式(用于消费的粮食和动物、犀牛角、鸵鸟羽毛等稀缺的商品、珠宝等)获取的贡品,税收和支出一起确定。在历史上的大部分时间里,不存在我们今天所了解的正式预算。

然而,为了便于阐述,我们将借款、税收和支出合在一起称为"预算"。从这个意义上说,在我们这个时代已经习以为常的"预算",对人类或社会来说都不是自然形成的,每一个时代都有与其自身文化和技术相适应的预算模式。

在其最为广泛的定义中,预算编制涉及将财政资源用于实现人类的目的。由于资金有限而且必须花费在不同目的上,因此预算程序是做出经济和政治选择的机制。

预算也是通过命令和禁止来规范人与人之间关系的道德秩序。"没钱"可能不是最悲哀的一句话,但它是最令人信服的(与其他伟大的决策理由——没有时间、这是反常的以及神所禁止的——放在一起比较)。[2]甚至从预算的形式(比如家庭为这样或那样的支出设置约束的实践活动)也可以看出优先次序。

有愿望控制预算,并不等同于拥有技术或组织能力去控制预算。这个仅需要构想一个所有资金流动其间的中央金库,而且必须有复式簿记、统一会计制度的概念,以及其他收入和支出跟踪手段的辅助。对集中和全面预算的偏好也顺应了将国家中心与其各省、郡、州连接的适当交通网络的发展。对于18 和 19 世纪末期政府等级体系内的预算改革者们来说——这些改革者包括杜尔哥(Turgot)和内克(Necker),其次是法国的路易斯·梯也尔(Louis Thiers),普鲁士的施泰因(Stein)和哈登贝赫(Hardenberg),英国的威廉·埃尔特·格莱斯顿(William Ewart Gladstone)——以单一中央金库为基础的预算不仅可以跟踪所有政府收入和支出,而且可以将收入和支出相联系,以实现政府资源与其承诺之间的大致对等(平衡,正如现在仍然渴望被称作的那样)。

数个世纪以来，阿拉伯数字、行式项目、统计抽样程序和计算机化纳税申报的发明使政府治理能力发生了巨大的变化。以市场为导向的制度可能希望将公共资源投入更有效率的用途，然而，如果没有国内或国际资本市场，或者没有宽松的信贷渠道，政府可能无法做到这一点。为强化公民责任，平等主义政权可能更倾向于制定年度预算；但是，由于账户状况混乱、审计工作滞后多年，且独立基金规模不确定，他们可能无法执行自己的意愿。比如，17 世纪中期奥利弗·克伦威尔（Oliver Cromwell）的英国清教徒联邦旨在用对公民负责的政府管理取代白金汉公爵（Duke of Buckingham）、被废黜的国王查尔斯一世（King Charles I）所憎恨的财政部部长（也是他的情人）及其贪官污吏的个人财务管理。然而，在当时大多数政府所使用的簿记方法下，账目难以解读是不可避免的。政府征收的许多税收中，每一项都有单独的收入基金，流动资金结余甚至无法估计，未来的余额也无法预测，对征税者的政府审计也一拖再拖。尽管克伦威尔的新职业化管理者们确实曾经试图在财政管理中引入一些秩序，但在当时的英国，实施改革所必需的技术和社会环境的结合并不存在。由于缺乏王室的世袭收入，加之分裂为不同敌对派系（掘地派、平等派、激进者、马格莱顿教派信徒等）的政治组织不愿意授权开征新税，克伦威尔的共和政体面临着持续的财政危机。由于缺乏支付民兵组织的资金，超出宫殿 3 英里之外的文书都无法获得执行。

然而，技术本身并不能详细说明它所提供的机遇是什么。例如，提高汲取资源的能力并不决定谁将支付多少钱，或资金将用于何种用途。这项技术是否会被用于将收入从富人再分配至穷人，还是反过来；或者支出和收入是否会减少，或者反之，这更多地取决于人对技术的影响，而不是技术对人的影响。

收支平衡似乎在任何时候都并非易事，除了短暂的时期外［这就是为什么我们的书包括了关于"美国例外主义"的一章（第七章"权力制衡，预算平衡：为何美国与众不同"）］。现代工业社会比以往任何时候都更加富有，政府更善于攫取资源，然而，他们的支出能力并没有跟上步伐。更多人纳税，更多人受益，但税收往往并不能满足社会对政府提出的更高需求。审计、中央银行、电子数据处理和其他现代技术设备使未来的税收和支出计算更为便利。但是，如果说现代人能够更好地控制自己的财政命运，那就过于乐观了。

　　既然关于每一种社会及其预算行为都可以讲很多,我们将强制引入一个一致性元素,以使每一个时期以自己的方式保持连贯:我们在每一个时期和地点所发现的税收、支出和借贷模式将通过分析政治制度加以解释。无论任何其他(因素)可能改变而且确实会改变,我们都将证明表达它们的社会文化和政治制度在数字上是有限的,对预算的影响是强大的。这些文化范畴将作为解析工具,对不同时期的事件进行排序,不仅按时间,而且按传统和技术进行划分。

　　我们的理论主张有3种主要类型的社会组织:等级文化、市场文化和宗派文化。从对这些文化的承诺中,形成了关于什么是值得拥有的偏好。

　　当然,我们所了解的社会没有一个是按照单一原则组织起来的。等级秩序存在于不同时代的政府,它将社会划分为高的和低的等级,由传统和规定谁能做什么的正式规则联系在一起。市场元素也渗透进了各个时代和地方的社会中。自我调节为如何与他人相处提供了另一种可供选择的答案。早在近代早期欧洲的社会理论家称赞市场具有产生有益结果的能力之前,不同社会中的个人就在进行物物交换和商品服务买卖。当一个社会为了减少对权威的需求,通过促进互惠互利的交换方式组织起来时,我们将其竞价和谈判的生活方式称为"市场个人主义"。

　　生活方式一直存在,它代表了对允许一些人为其他人选择的既有权威持有异议的力量,我们称之为"平等主义的宗派主义"。它是宗派主义者,因为它反对权威;它是平等主义者,因为要过一种没有一个人支配另外一个人的自愿生活,就有必要减少人与人之间的差异。从本质上讲,这种纯粹的支援社团往往是小型的和暂时的。除了面对面的关系,他们如何能够保持权力平等?当没有权威时,他们又如何把大家团结在一起?只有当异议者组织起来,并设法改变社会以符合反社会习俗者对"生命应该怎样度过"的想象时,教派才会留下痕迹,允许对其历史进行分析。

　　教派与异端邪说有关联,与正教自相矛盾。从《圣经》中的艾赛尼派教徒,到中世纪晚期法国的詹森主义者,以及掘地派、平等派和英国清教徒革命的普利茅斯教友会,到各种19世纪的空想主义者(乌托邦),再到20世纪60年代美国的学生非暴力协调委员会(Student Non-Violent Coordinating Committee），教派已经接受了一种与外面腐败世界隔绝的独立和禁欲的生活。如今，在所有西方世界的民主福利国家，19世纪异议者重组社会的方案已经成为公共政策。今天，其他种类的教派显然与我们同在。一个典型的例子是德国的绿党（Green Party），他们反对现有的权威。西方世界到处都有旨在减少人与人之间差异的其他宗派运动：女权主义、民权运动、同性恋权利、扶贫行动、精神疾病的"去机构化"运动，等等。

一个国家在同一时期可能存在多种社会秩序。例如，在现代之前，在包税和卖官鬻爵的实践中，个人主义元素与等级规范和结构融合在一起。几千年来，从公元前3000年美索不达米亚的城邦，直到1789年第一次法国革命，包税制（tax-farming）在各类政府中都很普遍。在缺乏资本市场为拖延已久的收入提供预付款的情况下，近代政府常常与私人企业家签约，收取他们的全部或部分税款，以获得急需的短期资金。持有此类收税合约的私人，在行使政府授权时聚敛了个人财富。

市场、宗派和等级制度在整个历史上的兴衰成败并不根据任何已知的周期。相反，这些可供选择的组织社会生活的方式总是存在的。正如我们所理解的，历史是关于人们在特定时期选择政治生活方式——统治制度和政权组合——的结果。

例如，在18世纪后期，一老一新两个国家向现存的税收和支出方式发起了挑战。美国和法国都由等级制度统治：美国走向了市场个人主义；与此同时，在短时间内，宗派主义在法国大革命的激进阶段实施了统治。埃德蒙·伯克关注美国殖民地对英国印花税的抵制，担心"因此陷入一场无休止的争吵，而不会得到持续的收入"[3]。1789年，本杰明·富兰克林（Benjamin Franklin）写到了死亡和税收的必然性，毫无疑问地，他是暗指其国家最近发生的抗税运动及其财政困难。他并没有说：任何税收模式都不适合一个坚决反对遥远等级制度的民族。[4] 如果认为印花税和茶税引发了一场革命，无异于把压垮骆驼的稻草和整体负载混为一谈。

当我们说预算是社会秩序的一部分时，并不是说预算没有自主权。我们也不认为任何社会的政治制度可以为所欲为——只是说编制预算就像执政一样，都是在一个特定社会中占据主导地位的政治体制的一部分。

如果询问预算应如何编制,你需要先回答社会生活应如何度过。文化组织需要社会的支持。人们必须能够为别人做些事情。他们必须能够共同行动起来,支持自己的生活方式,反对其他生活方式,让彼此为出错的事情负责。政府收支是集体行动和问责制的重要模式。

应对复杂性

从后宫到医院,消费对象几乎是无限的;从赠予到征收,增加收入的可能手段也差不多如此。然而,本书将要描述的各种各样令人叹为观止的税收手段和支出实践,是具有欺骗性的。仔细观察就会发现,政府财政管理的大多数形式只属于少数几种类别。

几代人以来,政府只征收几种类型的税收。他们对部分土地产出征收直接税:那些种植庄稼的人支付按麦芒(bur)计的粟粒、按斤计的大米,或按蒲式耳(bushel)计的燕麦,或牲畜、小绵羊和小山羊、鲑鱼或鲱鱼;政府也摊派人头税。数千年来,其他无须课税的穷人用义务劳动服务(服徭役)偿清债务。在中世纪和近代早期的古埃及、中国、中美洲、欧洲以及20世纪的非洲殖民地,没有钱的人每周或每年为政府提供许多天的义务劳动服务,大部分用于建造和维护公共工程。在苏联时期,一个提供劳动服务的定期日——"sabotnik",是对这一古老做法的回归。从最早的时候开始,古代美索不达米亚和古典希腊时期的城邦、罗马帝国自治市、中世纪的欧洲城市的公民们也捐献公共服务;自19世纪中期以来,州政府和地方政府成立了公共委员会;第二次世界大战期间,"年薪一美元"的男士们为美国政府服务。

尽管在历史上的大部分时间里,富人们都免受缴纳常规税的痛苦,但他们并没有逃脱惩罚。政府迫于资金压力,对财富的外在表现重复征税。当一个人的家是一座城堡,那不仅能表明他是谁,而且能说明他的价值。政府不仅对房屋征税,而且对撑柱、门窗、喷泉和其他富裕标志征税。正如18世纪晚期的英国公民每年要为马匹和乘用车缴税一样,如今在大多数行政辖区内,车主需要支付与车辆价值相称的购置税和注册费。

纵观历史,税收和市场一直相互关联。从近代早期的关税、消费税和印花税到今天的销售税和增值税,市场税一直是一项重要的收入来源。而且,从最早的时候开始,交换过程使得政府能够对交易征税:外来者在进入或离开某一强化管辖区域时支付税收。政府总是通过对粮食和盐、啤酒和葡萄酒等大众消费品征税来增加收入。事实上,市场税存在于所有的时期和地方,或许是因为交换本身是普遍存在的,或许是因为在市场上进行的交易很容易征税。

当个人设计出巧妙的方法来避税和截留税款供个人使用时,政府试图采用同样巧妙的控制措施来抵消收入损失。通常,这些方法都是笨拙和无效的,这对于政府和它们的人民来说都是一个持续存在的困难。但是一次又一次,纳税人和政府都没有实现他们的财务目标,或者说,即使取得了有限的成功,也很难持续。

税收和支出不断被意想不到的影响破坏。中世纪时期,旨在控制他人的英国财政部自身却由于理智阻碍了行动而变得无效。临近我们自己的时代,目标已经被取代。在19世纪,改革者们认为消除腐败可以让政府以更低的成本做他们一直做的事情。相反,随着规模扩张,政府要做的事情比以前多得多,由于支出不断增加,诚信已成为最好的政策。政府官员已经学会了如何提高收入和更有效地分配资源,但是,在社会预期截然不同的风气下,他们也学会了如何让政府规模比以往大得多。这一过程有助于解释为什么福利国家会紧随资本主义兴起而迅速崛起。在过去世纪的文明中,政府的征税和支出行为唯一确定的是——缺乏一个最终解决方案。

偏好源自哪里

人们对某种特定生活方式的偏好从何而来?是什么样的社会黏合剂将人们凝聚在一起?根据不同政治制度原则所制定的生活预算会产生怎样的结果?

如果存在无数种互不相关的文化,那么除了"视情况而定"之外,就无法给出容易理解的答案。历史具有独特性,但是,如果社会组织的数量有限且相互关联,那么就能得出一个可理解的答案:偏好源自人们对不同生活方式的捍卫或反对。

我们的前提是，人们表达他们自己的偏好，作为构建、改造、反对其社会制度的一部分。人们偏好的价值及其对世界的信念通过他们的文化交织在一起。政治文化被称为政权（统治制度）。

个人做出的重要决定同时也是对文化的选择。人们通过决定是否重申、改变或放弃他们的生活方式来发现他们自己的偏好。他们通过决策不断构建和重构自己的文化。

当事情出错的时候应该指责谁？宗派制度将其归咎于"体制"，即维护非自然的不平等的既定权威。等级制度指责那些因不遵守集体规则而损害集体利益的离经叛道者。市场制度认为是个人生产无效率或限制交易（不允许达成最好交易）的问题。假设有一个新的进展，在不太了解它的情况下，那些认同每种特定生活方式的人们可以猜测它会增加还是减少社会差别；他们的猜测将通过观察志同道合者的个体行为而得到证实。正如政党认同能使个人在选举中减少信息成本一样，人们会根据外部环境的变化来决定是否支持或反对现有的权威。对于一个市场或宗派制度的成员来说，想要弄清楚他们是否反对或赞成累进所得税；或对一个等级制度的成员而言，推测中央财政会比一个支离破碎的财政体系更能使国家强大，并不很难。

每一种文化都在寻求推销某些价值观和做法：集体主义追求维持社会差异，平等主义寻求缩小社会差异，而个人主义则允许社会差异扩大。关键的问题在于：什么样的人，分享何种价值观，合法化什么样的行为，会反复以某种方式行事，以维持他们自己的政权并令他们的对手感到不安？[5]

政治体制基于对两个问题的回答："我是谁"和"我该如何表现"。有关"身份"这一问题的答案在于：个人可能属于一个强大的群体（一个做出约束所有成员决策的集体），或者他们与他人的联系太弱，以至于他们的选择只影响他们自己。关于"行动"问题的回答是：个人行为受制于或多或少的社会方案（social prescription）。群体边界的强弱和对个体的约束（见图1.1），是其政治体制的社会组成部分。

拥有众多方案的强大群体结合形成等级制度。拥有很少方案的强有力群体组成宗派制度——一种自愿一致的生活方式，没有强迫和不平等。市场制度的竞标和讨价还价——一种将很少的方案与微弱的群体边界结合在一起，

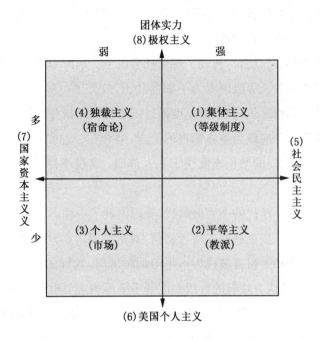

图 1.1　社会秩序的 8 种模式及其政治文化(统治制度)

从而鼓励了无穷无尽的新方案组合——创造了一种自我调节的等级权威的替代方式。当边界很弱,方案很强,以至于决策都由该群体以外的人做出时,这样的政权就是独裁主义者和宿命论者。

正如一项行为如果支持一种生活方式,那么这项行为就是社会理性的;预算过程如果维持其所处的政治体制,则这一预算过程就是理性的。例如,在市场机制下,预算反映的是通过竞标和谈判获益的机会。在等级制度下,预算反映了按阶层和地位对人及其活动的详细划分。另外,在一个强调纯粹自愿组织的宗派制度下,预算致力于分配平等的份额。根据我们的理论,等级制度努力施加权威,通过高税收和高支出维持每一阶层和地位。市场机制更倾向于减少对权威的需求,尽可能地少花费和少征税。平等主义政权则尽可能地多支出以实现资源重新分配,但是他们拒绝权威的意愿使得他们无法取得足够的收入。

这些体制中没有一个足以自圆其说。市场需要契约法,以凌驾于谈判之上。等级制度需要受控制的群众,以居于顶端。氏族与党派需要一个不平等的市场和不公平的等级制度,用以批判。磁铁需要两个磁极,而形成一套完整的政权(至少)需要混合两种不同的制度。

等级制度和宗派结合,构成了现代社会民主。宗派为获得更大的平等,放弃了对权威的敌意。等级制度为了加强共识,放弃了一些不平等。尽管市场可能仍然处于从属地位,但宗派制度通过国家政权重新分配收入的愿望,以及等级制度认为部分应该为整体牺牲的信念,结合在一起强化了政府的集体角色。因此,公共部门的增长速度快于私人部门,高税率伴随着更高水平的社会支出。

在19世纪30年代的杰克逊时代,美国出现了一种不同寻常的情况,市场和宗派联合起来。杰克逊的支持者相信,对机会平等的严格追求会带来更大的结果平等。当私人财富被视为不平等的根源时,这样的联盟无法建立。然而,杰克逊主义者认为政府的等级制度是不平等的主要根源。因此,市场和宗派制度在杰克逊的领导下结盟,通过强制执行低水平的支出和税收,组织起来对抗国家机器。因为不知道还有类似例子,我们称这一混合体为"美国个人主义"。

等级制度可能会走向上层和下层之间更大的分离,从而加剧权力差异,而不是与宗派结合以促进公平。统治集团底层的人们失去了他们在系统中的角色,变得听天由命。预算是为他们编制的,却不是由他们决定的;丧失自主权是他们宿命论的原因。在这样一个专制政权下,公共和私人之间的区别没有得以发展,因为一切东西(每个人)都属于掌权者。税收实际上是被没收的(充公的),但代表人民的支出受到严格控制。

在社会民主政体下,税收和支出都会增长,因为等级因素增加收入,而宗派因素要求重新分配。相比之下,在美国的个人主义体制下,税收和支出都很小,因为市场因素要求低税收,而宗派主义者决心削减政府的强制力。

在市场制度下,当大型竞争者将竞争对手排挤出去,游戏中只留下少数玩家,其他所有人都成为宿命论者,接受生活提供的任何东西,没有发挥独立的主动性。按照现代时尚,我们将这种个人主义和宿命论的结合称为"国家资本主义"。虽然它允许独立的权力中心,但国家主导着所有的主要活动。由于需要说服资本家继续留在联合政府,以及通过限制对本国公民实施高压政治的倾向,国家资本主义对支出和征税的欲望有所减弱;与专制政权不同,国家资本主义并不寻求控制一切。政府预算虽然大,但因为没有努力动员整个社会,因此不如极权政权(的预算)那样大。因此,就像20世纪30年代早期纳粹德国的情况一样,税收是适度的,但政府支出很大。

另一种文化组合——在不稳定的治理下,由大量等级制度、市场和宗派所组成,尽管比例不一定相等,但比单一的等级或市场制度,或两类政权加在一起要复杂得多。在历史上这种组合并不多见,但它主宰着当今的西方民主国家。

这样的联合可以通过多种方式产生。一旦市场竞争和社会等级组成一个既定团体,约束必然会放松。如果不允许其他自由,包括拒绝合同的权利——即批评和提出备选方案的权利,契约自由就很难得以保障。在17世纪和18世纪同时出现的代议制政府和不受管制的市场,是个人主义在政治和经济上的表现。作为政治评论人士开展活动的宗派,在没有外部胁迫的情况下,无法轻易地与竞争性政权的交易需求分开,可能会在这样一种宽容的环境下涌现。另外,宗派可能有助于建立政权,就像他们在美国所做的那样。美国的环境没有世袭的等级制度,随着新教教徒的定居,有完全开放的空间来吸收不同政见的元素,这对平等主义社会秩序的出现和发展非常有利。

令我们感兴趣的是由这种文化多元性所产生的不同类型的预算行为(见图1.2)。我们假设,在政治多元主义下,支出和征税模式取决于构成它们的主要制度的相对力量:市场力量越强大,税收和支出就越低;宗派主义政权越强大,支出就越高、税收就越低;等级元素越强,收入和支出则均会上升。

在过去的时代,只要政府能够保证税收——在古代中国、印度和埃及,在早期的罗马帝国、拜占庭和中世纪晚期的欧洲国家政府,政府内部的组织就表现出一定等级制度的功能特征分化。中央政府代理人对地方税吏的审计体现了等级制度的原则。然而,几个世纪以来等级制度的反复瓦解反映了僵化的方案是多么不适应不断变化的环境。

直到19世纪,任何政府都不存在计划和控制支出的集中能力。从最早时期开始,政府就通过指定用途的方式来管理税收和支出:从每一种税收获得的收入进入一项特定的独立基金;反过来,基金余额用于支付预先确定的支出类

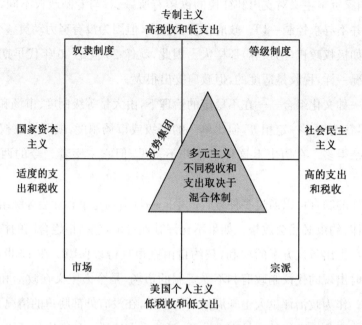

专制主义
高税收和低支出

奴隶制度   等级制度

国家资本
主义   社会民主
                                                 主义

奴势集团   多元主义
                不同税收和
                支出取决于
适度的支   混合体制   高的支出
出和税收   和税收

市场   宗派

美国个人主义
低税收和低支出

图 1.2　混合体制的预算结果

别。由于独立的管理员只对每一个基金拥有管辖权,那些处理政府财政的人既不理解支出或赤字规模,也不对国有资产的处置施加多大影响。

专款专用代表了个人主义与等级制度的结合,而 20 世纪六七十年代的项目预算和零基预算则反映了不同的社会秩序。通过消除职权界限,支持广泛目标的活动,项目预算旨在促进竞争。提出可选择方案的成本和收益,并在理想的情况下,考虑它们的回报,选择最有效的安排。重要的不是资源的组合,而是效率,只要有效,任何组合都可以接受。资源没有内在价值,只有一个工具性价值——回报率。项目预算建立在体现市场过程的经济模型的基础上,这已经不是秘密——事实上,这是它公开宣称的基本原理。项目预算是竞争性个人主义社会基本原理的一部分,其政治表现正是市场制度(market regime)。

相比之下,宗派制度的理想预算形式是零基预算。首先,这一方法认为没有什么是理所当然的——就好像预算昨天才诞生一样——非常适合攻击现有的关系。理论上,经过很长一段时间后,所有社会理解的产物都会被一扫而

空。没有祖先,没有过去的死亡之手强加于未来的界限(即"项目"),没有社会
秩序。还有什么比假定世界每年都要重新建立起来的预算形式更适合那些想
要拒绝既定秩序的宗派主义者呢?

一个在自愿基础上组织起来的社会组织将不得不拒绝分项编制预算
(line-item budgeting),因为这令人联想起等级制度。作为财政历史上的一项
重大创新,分项预算追溯到 19 世纪仍然是最常见的支出预算方法:分项预算
每行附有总额,并包含独立的项目,说明拟支出的对象;每一行可能是一项不
同的支出。目前,对这种方法的主要批评在于:项目反映了诸如运营、维护和
人事等的组织需求,而不是支出应该服务的广泛用途。但这是在混淆等级制
度和市场,因为分项预算编制是等级制度中的最优形式。行越多,它们之间的
分化越细,引申开来,越能更好地反映官僚机构内部的劳动分工,进而也更能
反映该政权试图维持的角色和地位。

每一种政治文化都生成了其特有的预算目标——市场制度下是生产力,
宗派制度下是再分配,等级制度下是详细的程序。在一个宿命论政权的剥削
性预算中,统治者寻求最大化他们的宿命论臣民所产生的收入盈余。在市场
机制的生产力预算中,在决策中起重要作用的是"钱生钱"的能力,或者是为一
个既定目标花费最少钱的能力。在宗派制度中,再分配预算的目标不是一个
实质性的结果,而是社会商品的均等化。而等级制度下常见的程序化预算则
寻求正确的形式,基于相信适当的劳动分工和专业化本身就会产生正确的结
果。在一个等级制度中,预算是如何实现的(游戏是怎样玩的)与取得了什么
成就(谁赢了)同样重要。预算的仪式,如中世纪"小步舞式"移动的国库仪式,
通过在仪式中浓缩其原则,强化了等级制度的正当性。

市场制度的成员青睐经济增长,只要他们能够为利益而竞争;宗派制度的
参与者支持份额平等,即使每个人得到的比在另外一种可替代的预算程序下
要少。宗派制度对平等的承诺(用现代的说法即"事先审计")感兴趣;等级制
度更关心事后审计,以确定规则是否得以遵守;市场机制则对生产率持续审
计。市场机制中的预算程序是灵活的,但对生产力的需求不灵活。"你最近为
我做了什么?"这是永恒的质询。

预算基数是社会秩序的体现

正如我们所主张的,如果一项预算既反映其政治体制,又为其辩护,那么它的边界就应该保护这一秩序。这是预算基数的重要性,基数是预算的最大组成部分,其大部分不受严格审查。在基数之外,除了小额增加或减少,一切都是可以争取(可供竞争)的。[6]因此,社会的政治支柱都建立在预算基数之上。对预算基数的全面攻击等同于一场革命。违反预算相当于开放社会契约的边界,重新谈判。政权的基本优先事项——谁要为何种目的缴纳多少税——被颠倒了。因此,各国政府设法使主要收入来源和支出项目神圣化。

在现代政府中,有3种预算界限:国家规模和经济规模之间,收入和支出之间,以及收入来源和支出项目之间。让我们从支出项目开始,因为自人类学会写字以来,支出的界限就很清楚了。

基数是不可任意支配的支出,是社会对必需品达成共识的一种表现。但是,如果这就是全部,不多也不少,预算将是预先确定的;去年的预算大致近似于基数,将和今年的预算相当。然而,资源分配取决于可自由支配的收入和支出,这些款项是否会被征收或花费,视情况而定。这种闲置资源(当资源超过即时需求时,在组织文献中被称为"slack")必须给出相对排序。这些增量是一般预算辩论的内容。

然而,有些政治制度的成员缺乏可自由支配的收入,因此,他们不按照通常意义上的资源获取或分配编制预算。在宿命论的政体中,规则不是由成员制定,而是为成员制定。就像他们没有需要维护的社会界限一样,收入或支出也没有盒子、壁龛或分项,人们随遇而安。他们的文化不受时间影响,天和年之间没有明显的区别,没有过去或未来,只有当下。他们没有储蓄,也没有对明天的期待。他们缺乏制定预算所必需的社会经验,例如周期性地将收入与支出联系起来,或将两者分成若干组成部分。因此,我们无法描述这些不存在的预算过程。

在宿命论控制下没有真正的预算,我们转向市场机制的竞争性预算。它们的形式是无形的:所有的交易都是允许的。预算基数随着每笔新的交易发生变化。项目相互竞争,优胜者会吸引更多可自由支配的资源。在市场制度下做预算就像坐过山车一样,如果你坚持下去的话会很有趣,如果你跌落则后果不堪设想。

我们可能会对罗伯特·弗罗斯特(Robert Frost)抱歉地说,界限能带来好的预算,但是缺乏内部规则则不然。由于劳动分工使一些人凌驾于他人之上,而专业化则表明一些人比其他人懂得更多,因此,宗派制度除了区分善(例如,相等的份额)恶(等级预算或市场预算)之外,拒绝一切社会划分。宗派反对总预算和分项预算基数,因为它保留了现有的秩序。

等级制度是预算基数的归宿。社会中的相互作用建立了一个基础,这个基础就像社会结构一样明确。税收和支出应该有一个优先级列表。因此,整个预算基数、每一个项目都获得了支持。但是,如果无法重新评估等级制度,资源就不能重新分配。如果适应不了,经济运行就会下滑。冲突不断积累,预算变得僵化。如果等级制度克隆自身,社会僵化就可能导致预算过程的僵化。

统治制度是我们选择理性的一部分

我们假设有各种社会目标依附于不同的生活方式,这些目标随着政治体制构成的变化而改变。收入最大化这一目标本身,并未说明由谁支付,或者收益会主要流向某些个人,或者是否将分发给公民以平衡其收入,或将积累的大部分归于那些控制政府的人。既然谁付款和谁收款关系重大,收入和支出的分配就会反映在预算目标上。对于那些宗派主义人士来说,收入最小化可能是最理性的路线。他们担心政府权力被用来对付他们,或者担心他们不能以足够平均的方式分配收益以避免嫉妒蔓延,而这种嫉妒的情绪是平等主义社会秩序中的分裂力量。相比之下,市场制度的成员由于不知道他们是否会有平等的机会申请政府资金,可能会选择削弱集体权威的作用,从而将更多的资源留给私人个体。只允许单一的预算目标将使政治和预算生活日渐凋零。

一个人可以把政府想象成是由寻求收益最大化的一个或一组统治者管理,接下来的任务就是让其他人以自己或他们愿意习惯的方式来支持统治当局。在针锋相对的预算策略中,这种统治者对被统治者(ruler-versus-ruled)

的二人博弈有一定的合理性。但一旦通过相互作用强加的约束变得明显，简单就会让位于复杂的社会游戏。我们饥饿的统治者曾经能够做些什么呢？与重商主义时代扩张的欧洲古代帝国或国家一样，他们能够寻求增加国家财富，以便拥有更大的收入基础。但是，他们必须限制其胃口（欲望），以免在鹅下金蛋之前就把它吃掉。统治者可以降低征税成本。然而，无论他们走哪条道路，是将国家征税者（税吏）的数量翻倍（他们自己也必须得到支持），还是将税收转嫁给其他人（这些人可能成为竞争对手或引发税收反抗），他们所统治的政权都会受到影响这一预期始终存在，因而限制了他们的行为。即使是在勉强维持生计的经济体中，统治者也可以通过征服他人来增加收入来源。然而，战争需要付出的代价往往超过战争所带来的好处。

强制执行是代价高昂的，因此统治者们寻求自愿遵从。与此同义的另一个术语是法定职权（legitimate authority）。当然，如果公民赋予统治者以他们的名义征税和支出的权力，而不要求特权，预算游戏就会更容易。如何实现互利互惠是社会契约论的主题。

纵观历史上几乎任何一段时期（在接下来的章节中挑出一页看看）的支出和税收，尽管记录草草，却也展现了沮丧的统治者和苦恼的公民。所获得的福利和所缴纳的税款之间几乎不存在等价关系，至少很少有人会承认这一点。然而，大多数的不平等是可以接受的；税收反抗相对少见。如果存在另外一种选择，要么被视为更糟，要么政治组织成员确实接受了他人统治自己的权力。怎么会这样呢？

为了挽救公共财政的理性选择理论，玛格丽特·列维（Margaret Levi）观察到了这一点：

> 承认剥削，即承认不公平的合同（契约），这本身并不促使人们做出纠正错误的努力。只有当被剥削的一方察觉到有办法做得更好，当这一办法不仅对商品分配有另一种愿景，而且有能力采取行动实现这一愿景时，行动才有可能。[7]

已经有了一项进展："商品分配的替代愿景"已经浮现。这实际上已经非常接近不同的生活方式。

收入最大化的假设无法解释为什么人们如此执着于那些被社会评论家视

为糟糕的交易。[8]我们认为人们会在大的选择背景下做出较小的选择;他们发现,他们的预算选择与他们如何管理和被管理的选择——也就是如何去生活本身,交织在一起。选择是很重要的,因为选择不是介于有无之间,而是在对立的政权之间。正在采取的行动范围已经扩大;行动者们的"兴趣"现在包括他们的政治制度。

作为地图的模型

为什么预算过程在特定的时间和地点是这样的? 因为政治制度就是如此——这就是我们的回答。我们希望,没有人会期望我们提供一套关于社会和政治变革的普遍理论。我们宁愿尝试将制度的变化与预算的变化关联起来。通过在整本书中贯穿使用一种常见的文化解释形式,我们希望一个时代的变革与另一个时代的变革之间可以相互比较。

基本的政治文化几乎在任何地方都能找到,这一事实并不意味着它们在任何特定的时间和地点都同等重要。例如,宗教派别出现于中世纪。由于在教义上背离了占统治地位的等级制度,这些教派(其成员被当时的社会秩序标记为异教徒)要么拒绝社会,要么被社会拒绝,因此他们没有行使实质性的政治权力(不过,随着时间的推移,有些异端邪说确实引起了等级制度的变化)。

显然,等级制度一直与我们同在,但古代社会中一直存在、涵盖生命的等级制度,与亚历西斯·德·托克维尔(Alexis de Tocqueville)在19世纪30年代访问美国时发现的那种几乎不为人知的、有限的、世俗的等级制度相去甚远。尽管市场关系即使在被正式宣布为不合法时也无处不在,它们的主导作用(在不同时间和地点)也有很大的不同,比方说:在南北战争之后的美国或在18、19世纪的苏格兰企业家中,与它们在东欧前社会主义国家的秘密存在有很大的区别。宿命论在高度发达的社会中并不普遍,因为富裕和多样性为个人创造了丰富的选择,但在过去的时代,当与等级制度联系在一起时,宿命论曾是大多数人的主导生活方式。

我们的模型考虑到了长远的变化。但是这些模型不能预测变化会在哪里发生,也不能预测变化会是什么。任何一种特定文化在特定的时间和地点可能是强大的,也可能不是。无论何时何地,文化所包含的思想和行为的多样性都有助于适应政治制度的多样性。如果以这种方式分析,虽然在特定时间也许有文化的不同组合,但是一组类别就可以用来描述所有历史时期的社会生活。

我们将在这本书中穿越的"地形"是精细的;读者急需一张地图。看看这些政治制度和预算过程的模型,作为接下来历史画卷的指南。当方向相当准确时,我们就会知道我们在哪里以及为什么。当它们把我们引入歧途时,我们会问自己是否没有按照地图走,或者是否需要重新绘制地图。

尽管仅限于西方世界,但税收和支出历史中固有的过多细节,确实令人感到疑惑:除了税收和支出是复杂的这一事实之外,我们还能从如此精细的描述中学到些什么。对于每个时期,读者可以了解到政府是如何增加收入的,它们用这些收入做了什么,以及在记录允许的范围内,还可以了解对相关政权造成了什么影响。因此,我们将列出历史背景,以便了解预算参与者如何看待他们的处境以及他们为什么那样做。

既然我们没有特权去了解死者的思想,就像我们所依赖的历史学家一样,我们富有想象力的重建可能会受到挑战。当然,这只是许多可能的解释之一。与我们兴趣不同的学者们很可能会找到另外一种意义。

我们把一套关于预算和政权之间关系的理论叠加在了历史事件上。然而现场并没有什么宗派或等级制度,也没有群众和阶级。正如我们所知,世界由个体组成。我们认为,如果允许他们在现有的权威和一些替代选项之间做出选择,总的结果就是所发生的预算行动模式,就好像这些个体与某个或另一个政治体制有牵连一样。

在这里,历史有三次从现实中脱离出来:一段由事件编织而成的历史,其中一些可能被错误报道,另一些可能被遗漏;在他人手中重建的内容看起来会有些不同;而且通过知识建构进行分析。当然,我们在书写历史的同时也在改变历史。表 1.1 是我们对历史强加的总结和扩展,即假设预算模式和政治文化之间存在关系。问题是,这三重炼金术是否将黄金变成了黄铜,或者它是否在质询历史方面提供了一些优势。

表 1.1 预算文化

社会秩序	个人主义	平等主义	集体主义
判断标准	生产力	平等性	合法性
平等的类型	机会	结果	在法律面前
指责(责备)	个人(个体)	制度(体制)	不正常者(离经叛道)
经济增长:愿望和成就	是,高	否,低	是,但是中等
政治体制	**市场制度**	**教派制度**	**等级制度**
政权	非集中的	共享的	集中的
权威(权力)	避免	抵制	接受
目标	增加差异性	减少差异性	保持差异性
预算过程			
选择标准	结果	再分配	程序
协议基础(一致性)	总体高;项目低	总体低;项目中等	总体高;项目高
税收	低	中等	高
支出	个人高;公共低	个人低,公共高	公共和个人均高
责任(职责)	根据项目	根据制度	根据地位
审计	永久审计	事前审计	事后审计
策略	最小化支出和收入	资源再分配	最大化收入和支出
赤字	低	高	中等

第二章　没有钱的财政：古代世界的预算

国王即国家。他是国家精神、现世和财政的统治者。国库和皇室私家金库之间的区别很小。印度政治理论的一句古老格言说："国库是国王的根基。"[1]另一句格言再三强调："国库不是国王的身体，而是真正的国王。"[2]因此，财政管理和政府是分不开的。[3]统治者没有收入和支出就无法生存。财政管理的很多基本冲突在古代已经显现。因为税收和预算是无处不在的状态函数，其角色可以追溯到不同时期、不同文化和不同政治，税收和支出问题是人类流传久远的问题。

在最早的时候没有货币，税收用谷物、牛、布料、劳动和其他有价值的物品进行支付，以支持僧侣王（priest-kings）和他们的家庭侍从、军队和官员。货物被运送到国王的国库，通过原始方法——内河船只、动物背驮和人运。皇家仓库由成群的官员看守，他们称重、测量，并且尽可能地偷窃（克扣）。当货币出现后，国家的系统分析涉及一种新的、货币和实物的二元经济。它还要求有一个标准化的交换基础和从一个系统转换到另一个系统的方法。

没有税收，国王就无法生活，他的臣民也无法轻松地生活。虽然一个明智的统治者应该在充足的收入和对那些承受他的苛捐杂税的人们提出难以忍受的需求之间划出一条界线，但没有证据表明古代君王这样做了。国王需要值得信赖的人做税吏，现在，税吏的职责诱使他作弊。因此，古代君王们开发了复杂的机制来确保他们的官员诚实——这些机制也可能会使诚实的人难以迅速执行他们的任务。

为了牵制行政管理上的过度行为，国王可能增加官员的数量来互相监视。

其结果可能是一个笨拙的官僚机构——其自身带有一种抵抗王室意愿的精神——如此庞大和复杂，以至于国王很难理解到底发生了什么事。国王能在多大程度上支配它或者反被它支配，这都是有疑问的。

如果所有的东西真的运抵皇家仓库，国王就能更好地控制自己的收入和支出。然而，原始的交通工具导致大量腐败和偷窃。当货物需要运回各省，及时运回它们或者避免来来往往固有的双重损失，可能是困难的。替代集中化的做法是建立省级政府仓库，并且任命官员来保护货物。运输和腐败的问题可能会有所缓解，但分散本身会产生新的困境。如果有外部攻击威胁，由国家任命的地方官员可能无法或不愿意提供足够的防御，国王就可能失去该省。接着，被削弱的中央政府将会受到攻击。而且，省级官员可以轻易地摆脱对国王的依赖和忠诚。他们可能会成为当地居民反对国王的支持者，或者觉得自己可以更加肆无忌惮地偷窃而不受惩罚。国王打发一个仆人到边远地区，有一天可能会发现自己面对权力的竞争。如果政府保持统一，专制统治就埋下了等级制度的种子；如果一个政府分裂，就埋下了竞争制度的种子。古代国王的臣民们，要么成为他的等级制度的一部分，接受他的统治，但对其施加约束；要么拒绝他的统治，为自己讨价还价。

在我们所考察的古代文明中反复出现的财政管理结构，是为了解决这些所有文明共有的问题而进行努力的结果。始于公元前 3000 年的美索不达米亚的城邦政府、古埃及和克里特岛（公元前 3100—前 1100 年）、印度的孔雀王朝（公元前 300—200 年）、中国商朝（公元前 1523—前 1027 年）和汉朝（公元前 200—200 年）、19 世纪的日本、撒哈拉以南的非洲的青铜时代文明（300—1500 年），以及秘鲁的经典印加文明（1200—1532 年），都有着发达的和非常相似的财政管理系统。这些政府在空间和时间上的分布范围很广，针对支持君主的问题，都产生了类似的解决方案。征收类似的税收，以相似的方式管理；资金用于类似的用途；为了防止欺诈和盗窃，也进行了类似的尝试。这些古代文明有着共同的专制统治的政治文化——一种由主人对宿命论的对象实施专制统治的政权——它们也有着类似的预算模式。①

政府的财政政策如何反映君主的目标？纳税人、税吏和财政官员在多大程度上成功地按照他们自己的或其统治者的条件(这些条件不一定相同)行事？行政结构中的紧张点在哪里？以及解决冲突的方法是什么？我们将描述古代世界中央集权政府的财政管理，以及分散管理、部分自治的行政系统——这些系统在中央权力因内部超负荷运转和/或外部攻击而崩溃时反复出现。

背景条件

社会

相对于新石器时代占主导地位的模式——由农牧民聚居的小定居点，人类的第一个城市或城镇文明出现在大约公元前 3600 年的近东(此处近东是欧洲人所指的亚洲西南部和非洲东部地区，但不包括伊朗、阿富汗。——译者注)。[5]在尼罗河、幼发拉底河和底格里斯河的肥沃的山谷，基于使用青铜产生的生产力，孕育了好几个社会。埃及和各种美索不达米亚城邦文明以劳动力分工和功能专业化为特征，在具象艺术、纪念性建筑和书面语言、文学方面达到了高水平的艺术、材料和认知成就。

表 2.1 古代财政年表[6]

文 明	年 代
古代近东	
城邦国家	
苏美尔	公元前 3500 年
拉格什	公元前 2300 年

---

① 古代世界没有关于财政管理的专题著作。在最早的时期，可用的信息是分散和零碎的。寺庙和金字塔中的雕刻和铭文被保留下来或被挖掘出来，对历史学家和考古学家而言，这些原始资料包括一些不朽的证据。有限数量的书面证据以楔形文字碑片和纸莎草纸文书的形式存在。学者们破译和解读了这些资料，以重建那些古代政府的一般形象。我们对古代政府财政实践的报道都是其他历史研究的衍生物，完全基于这些二手资料。但是由于我们的目的是研究一般趋势，探索在大致相似的条件下不同国家财政管理的演变，因此我们的工作不需要任何单一帝国的完整信息。[4]

续表

文 明	年 代
乌鲁克	公元前 2700—前 2500 年
古巴比伦阿卡德区	公元前 3000—前 2400 年
帝国	
巴比伦王国	公元前 1800—前 1600 年
亚述帝国	公元前 1100—前 600 年
埃及	
古王国时期	公元前 3100—前 2181 年
中王国时代	公元前 2150—前 1786 年
新王国时期	公元前 1561—前 1166 年
克里特岛(希腊)	
米诺斯文明	公元前 2100—前 1400 年
迈锡尼文明	公元前 1400—前 1100 年
印度河流域文明	
摩亨约-达罗和哈拉帕	公元前 2500—前 1500 年
孔雀王朝	公元前 300—200 年
希伯来王国	公元前 1020—前 925 年
中国	
商朝	公元前 1523—前 1027 年
周朝(西周)	公元前 1027—前 771 年
周朝(东周)	公元前 770—前 256 年
战国时代(封建制度的)	公元前 403—前 221 年
秦朝	公元前 221—前 207 年
汉朝	公元前 200—200 年
唐朝	600—900 年
中美洲和南美洲	
印加	1200—1532 年
阿兹特克	1300—1500 年
中非王国(各种)	300—1500 年

　　编者注:本表格及本书中涉及具体国家、朝代的纪年,可能与我国学术界的一般认知有一定的出入。

尽管古代近东文明之间的贸易很活跃,但它们的经济本质上是农业。①古埃及的城邦和帝国(公元前3100—前2181年)、巴比伦尼亚的苏美尔(Sumer)和拉加什(公元前3500—前2300年)、亚述(公元前1100—前600年)、迈锡尼文明的克里特岛(公元前1400—前1100年)、中国的商朝和印度的孔雀王朝,都由大量松散连接的农业定居点(每一个都大不过一个小村庄)组成,通过部落和宗教忠诚,或者通过向统治者居住的中心定居点的政治服从的盟约连接起来。以现代标准来看,首都城市都很小,人口可能不超过3万人。②这些城市里的人口,包括贵族、牧师、战士和奴隶,是由灌溉所促进的农业支撑的。在埃及、中国、印度河流域文明、美索不达米亚的城邦,建造、维护堤坝和运河是国家支持的重要活动。[10]许多学者将青铜时代文明的社会和经济分化,甚至政府机构的出现,都归因为是发展合适灌溉系统所必需的组织。

大多数人生活在陆地上。在没有灌溉的地方,农民和奴隶耕种土地以获得微薄的产出;他们的努力充其量每年只能产出少量的盈余,而且经常会出现作物歉收,从而带来真正的饥荒。[11]人口年轻,婴儿死亡率高,疾病和事故常见,人们的预期寿命很低。[12]住房是很原始的,大多数人处在生存线的边缘,过着艰苦、困难和危险的生活。

时间被概念化为循环。人们在由僧侣王代表的原始神和一群小众的当地神的保护下一天一天地生活着,人们相信这些神决定了每个人的命运。古代的君王是准宗教人物,类似于地球上的神;人们对超自然力量的普遍信仰赋予了君王权威。

古代帝国各个部分之间的交流是有限的。在埃及、美索不达米亚地区和中国,航道是各省和中央首都之间沟通的主要工具。当干旱或洪水阻碍航行

---

① 哈特穆特·施莫克(Hartmut Schmoeke)指出:在今天已知的古代美索不达米亚的楔形文字中,超过9/10的资料都与经济有关,这证明了商业生活的活跃。[7]

② 施莫克估计:公元前3000年中叶,最早的美索不达米亚城镇平均人口为17 000人。[8]其他学者的估计则是基于参考文本和预测,假设在被挖掘区域的每一在用住所的平均居住人口为6～10人(目前中东城市的人口密度)。这种技术对较小的城市做出了合理的估计。估计乌尔(Ur)的人口为24 000人;苏美尔的人口达36 000人;拉格什(Lagash)的人口为19 000人;省城乌玛(Umma)和卡法迦(Khafajah)的人口达到16 000和12 000人。考虑到当时的供应技术,法兰克福(Frankfurt)估计乌尔的人口达到36万人,似乎是不合理的。[9]

时，通信就会中断。公元前 2000 年发明的辐条轮几乎没有什么影响。就像在公元前 1000 年的中国和印度，只有在旱季，才可以用轮式车辆将税粮从一个地区运输到另一个地区。当雨雪使坑洼不平的车辙陷入泥泞时，边远地区就会长期与世隔绝。物理上的隔离导致那里失去控制，通常政府税吏是省和中央之间的唯一定期联系。①

盈余对支持政府至关重要。一些古代的君主，比如埃及古王国的法老，天生被赋予肥沃的土地，可以依靠他们的领地生活，相对自给自足。如果个人资产还包括矿山，贵金属就可以增强一个国王的独立性。

虽然王权和寺庙之间的关系随着时间的推移而发生改变，但是早期的僧侣王和寺庙都是从垄断对外贸易、为重大建设提供原材料的采石业等国内企业、销售盐和油等必需品中获利。在古代中东文明和孔雀王朝的印度，皇宫和寺庙也开展了大规模的借贷业务。从公元前 3 世纪开始，在美索不达米亚，寺庙和国王定期租借种子、牛和剩余土地给耕种者，以换取以 1/7～1/6 收成支付的利益。[14]②除了这些传统的生意外，美索不达米亚国王还从寺庙的妓女那里取得固定收入。[15]战争的胜利频频带来奢华的贡品以补充王室的财富。这些赔款的形式包括食品、纺织品和毛皮、贵金属和宝石、役畜和囚犯。这些囚犯成为奴隶，帮助维持国王庞大的宗教和家庭侍从，以及维持他控制人口的军费开支。[16]

由于不是所有的国王都富有，也并不是所有的战争都会获胜，因此在文明历史的早期，古代的国王就开始依赖税收。个人服务或食品和日常用品的供奉，作为偶尔自愿的礼物以安抚众神，随着时间的推移，成为支持寺庙和皇室家庭的系统性贡献。这些贡品就是古代世界的税收。[17]在一些货币不为人知或不常见的地区，税收按照土地出产的一定比例进行摊派，并以实物形式支付。起初，这些支付补充了国王的收入，包括国王从他自己的土地和矿产，以及皇家垄断生产和销售必需品的利润中获得的收入。后来，这些税收成为僧

---

① 早在中国汉代，马车车轴的长度就被标准化了，以允许装载税粮的货车从边远地区前往坐落在省级中心的皇帝仓库。由于马车车轴的宽度不同，而车辙又因地区的不同而有所不同，因此标准化促进了运输。[13]

② 在古美索不达亚和埃及的语言中，用同一个词表示牛犊、生育和利息。

侣王的主要经济来源。

在一个没有货币的经济体中,一个人也可以通过向统治者提供个人服务来履行他的纳税义务。古代的国王们接受这种以人类劳动支付的报酬,这同时解决了几个问题。徭役是古代世界的强制性劳动税,首先是个人对国王忠诚的明显体现。但更重要的是,徭役提供了一种可靠的招募方法:国王总是要确保有足够的人充当士兵、在皇家庄园或国王的矿井里劳动、修建和维护用于灌溉的堤坝和运河,以及为国王和众神建造庙宇和纪念性建筑物。通过向宫廷提供源源不断的人员,徭役帮助国王减少了不确定性,有助于确保他的统治。

这种政府仅单纯通过个人义务与实物交易相结合来管理其财政事务的观点,有点过于简单化了。考古证据表明,早在公元前3000年,在美索不达米亚的几个城邦中,货币和物物交换的平行经济就已经存在了。虽然物物交换或服务交换在农业地区盛行,但各式各样的货币确实简化了城镇的交易。[①] 在巴比伦的汉穆拉比统治期间,国家在城市里以硬币征税,在农村地区以同样的税率用实物计量。[18]公元前1000年的中期,随着整个古代世界都建立起了具有稳定价值的流通货币,货币与实物的平行支付变得司空见惯。

许多不同的文明——埃及古王国(公元前3100—前2181年)和中王国(公元前2150—前1786年)的青铜时代文明;中国商朝和汉朝;克里特岛文明(公元前2400—前1400年);希腊迈锡尼文明;美索不达米亚南部的苏美尔城邦;哥伦布发现美洲大陆以前中美洲的最近青铜时代文化(300—1500年)和撒哈拉以南的非洲(300—1500年)——都在这种"物物交换加服务"的预算模式下运作。但是即使在有货币存在的古代文明中,农业仍然占主导地位。为此,我们把这一时期的政府财政视为国家以实物形式取得全部收入。

财政管理既烦琐又昂贵。在以商品形式纳税的情况下,政府必须建立共同的计量单位[19],并确定一种商品换取另一种商品的约当比率。在任何时间和地点,商品交换或商品兑换货币的交换率——都可能是习惯的结果;然而,

---

① 参见本章的附录,"物物交换和货币交易"。

在一个周期性短缺的经济中，随着农业生产力的变化，兑换率随着时间推移呈现上升或下降的趋势。强大的国王，如巴比伦的汉穆拉比，通过颁布强制估值的法令来干预，以稳定兑换率。[20]各种古代国王所建立的价格和工资上限，是否有助于商业发展还有待商榷，但它们确实保护了政府收入避免因通货膨胀而造成损失。

在我们所调查的文明中，粮食是最常见的纳税形式，每个地区都按传统税率对土地产品征税。在不同的时间和地点，税收也以其他商品形式支付——毛皮、毛毡、亚麻布和丝绸、水果、蜂蜜、盐、基础和贵重金属、珠宝、马、牛、商人和工匠的产品。[21]定期征税的初始功能是减少不确定性，为皇室、保卫皇室的军队以及在发生饥荒时的其他民众提供持续的粮食供应。在寺庙和宫殿周围兴起的市场上，君主通过交易和平与繁荣时期积累的盈余来增加他的财富，起初是用余粮交换紧缺商品，后来交换货币。[22]因此，在古代世界的财政管理主要是后勤管理。它处理各种商品的收集、存储、分配和销售。产品管理、仓储、处理和推销是许多古代政府财政的特征。

僧侣王

早期的古代政府是围绕着一个僧侣王组织起来的。僧侣王被认为是神本身（如埃及的第一代国王）或当地的守护神首席代表（如古代美索不达米亚城市的国王或中国各地方的诸侯）。① 国王站在国家和社会金字塔的顶端，在一小群祭司和他自己偏爱的从贵族中拣选的亲信的帮助下，国王统治着一小部分的工匠和商人，以及广大的无地劳工（其中许多人是奴隶）。作为神祇、宗教领袖、首席行政官员、法律的赋予者和解释者，古代的僧侣王是最早的独裁统治者，统治着一个神权专制（theocratic-authoritarian）国家。建立在传统惯例基础上的法律，只有拥有无可争议权威的强大君主才能修改。最早的古代政

---

① 只要古代世界青铜时代的国家所统治的领地在地理上是有限的，就像在米诺斯时期的克里特岛；或在物理上是孤立的，就像埃及；僧侣王的神性就无可匹敌。在美索不达米亚的城邦，来自部落或敌对城市的攻击总是构成威胁；以及在印度河流域和中国的城市文明中，国王不能仅仅通过象征神的权威来维持他的地位，那里的王权相对不稳定。即使是在埃及，这个历史上大部分时间都被沙漠隔绝、免受外部攻击的国家，在约第一中间期（第六至第十王朝，公元前2263—前2050年）的崩溃也加速了人们对国王神性的重新评估。这一时期之后，法老更多被视为政治官员，而不是神。[23]

府对国王的私人角色和他作为神圣神殿的大祭司,以及国家元首的职能并无区分。根据他的技能和力量,国王监督行政机构、制定和实施政策,是政府成就的主要受益者。国王和国家是如此紧密相连,以至于国王的私人福利和公共利益同义。他的私人财富和公共财政之间也没有任何区别。王国的财富和所有的赋税和贡品,都属于神、神殿和国王。这是专制政权的纯粹版本。

古代僧侣王的权力,因其个性、他们的顾问的技能、军队的英勇、外部攻击性的程度以及当地气候和农业产出的情况而不同。古代世界的传奇国王——拉格什的乌鲁卡基那(Urukagina of Lagash,公元前 23 世纪早期),阿卡德的萨尔贡(Sargon of Akkad,公元前 2350—前 2300 年),巴比伦的汉穆拉比(Hammurabi of Babylon,公元前 1792—前 1750 年),埃及法老哈伦海布(Harmhab,公元前 1349—前 1319 年)、图特摩斯三世(Thutmose Ⅲ,公元前 15 世纪)和十八王朝的阿蒙霍特普三世(Amenhotep Ⅲ,公元前 1417—前 1379 年),以及印度孔雀王朝的皇帝阿育王(Asoka,公元前 274—前 232 年)——都是在经济扩张和国内繁荣时期进行统治的强大君主。

我们研究的所有古代文明都必须再三捍卫其边境,以抵御邻近的部落和移民,有时还不得不屈服于侵略者。大部分古代文明都经历了一段时期的帝国扩张。一些古代政府比其他政府更为穷兵黩武;例如,亚述人忙于连续作战,而古埃及人则很少发动外部征服的战争。[①] 中古王国时期的埃及显然只有一支小型雇佣军——由利比亚人和努比亚人组成的警察部队,在必要的时候,由民事官员率领进行军事远征。只有在新王国时期帝国统治下,国家才发展出成熟的常备军和军官团。大多数古代君主率领着庞大的常备军,确保政府在没有实际卷入战争时期的持续控制。为军队提供食物和物资供应是古代政府的主要开支。

反社会的罪行被视为对众神和国王的犯罪[25],同样也被视为对国王个人的背叛或对国王个人或国家财产的盗窃。罪行要受到惩罚;从国王处偷窃的人面临惩罚性的罚款、酷刑或严刑处死。[26]

---

① 与他们的亚述征服者不同,巴比伦国王很少卷入战争。他们的石柱印章记录和颂扬了他们的和平成就——建筑寺庙、运河、城墙和纪念碑。与此相反,亚述则是高度军事化的,拥有一支超过 20 万名战士的军队。[24]

土地是所有古代社会财富的基础，原则上所有的土地都属于神和他们的首席代表——僧侣王。因此，宫殿和庙宇是古代文明中最大的土地所有者，最初他们占有的财产并不彼此区分。

在早期的神权政府，寺庙既是财政中心又是礼拜中心。[27]其经济活动产生的收入大大增加了僧侣王的财富。竞争性个人主义（利己主义）的元素存在。寺庙的土地被租给了小型耕种者，以获取固定收益。在它们的城墙内，寺庙形成了自给自足的经济单位，工匠们（手工业者）在这里练习手艺，商人们买卖商品。国王和祭司们从每笔交易中分得一定的份额作为寺庙金库的收入，以换取保护和贸易特权。随着古代政府发展出货币体系，国王有时也充当银行家。寺庙和国王愿意把盈余的资金借给那些需求非常迫切以至于需要支付每年20%～30%标准利息的不幸臣民。[28]

几千年以来，在不同的时间和地点，寺庙和宫殿逐渐分离；而且由此开始区分寺庙财富和国王私库。[29]美索不达米亚的城邦国家在公元前3000年左右逐渐建立了独立的国库。由于土地是财富的主要来源，这意味着王室土地与寺庙占有的财产分离。美索不达米亚的僧侣王们慢慢地将原本属于众神和庙宇的大片公共土地世俗化。这些土地为供应王宫食物而耕种。国王也可以用他所有的财产以补助的形式奖励忠诚的服务。在美索不达米亚的部分地区，随着土地补助在继承人之间分配，私人所有制变得普遍，到后来土地变成了一种可销售的商品。[30]

宫殿和寺庙的财产分离后，国王经常要求寺庙贡献储备的食品和物资；随着时间的推移，这些贡献变成了一种常规的税收。财政权力在两家独立的仓库——实际上是两家金库，即寺庙的和国王的金库——之间的划分造成了周期性的紧张关系。虽然僧侣王继续担任寺庙的首席管理员，但小祭司们一再试图从皇家的征收中获得豁免。[像乌鲁卡基那和拉格什的古迪亚（Gudea）这样虔诚的国王，偶尔也会试图减少税收，并且重新统一寺庙和宫殿占有的财产，但他们的努力只是普遍趋势的例外。[31]]与此同时，独立于寺庙和王室的小土地所有者，有时也会削弱国王新建立的权威。虽然他们通常支持国王，但野心勃勃的贵族有时会与小祭司结盟，以获得国王税赋的豁免，或者甚至想篡夺国王的控制权。在公元前第二个千年的后半段，巴比伦尼亚和亚述的几个城市获得皇家特许,豁免了徭役和税收。[32]

与美索不达米亚不同,在埃及,宫殿和寺庙之间的分离是由于寺庙拥有的财产稳步扩大所导致的。理论上,神圣的法老拥有埃及的全部土地。但是,为了确保他们在来世的地位,一代又一代的法老们向建筑在埋葬他们尸体的金字塔附近的寺庙慷慨捐赠土地作为礼物。[33]政府国库和君主私人财富之间,以及寺庙和国家之间的区分,出现在公元前第二个千年的中期。早在埃及的第十二中央王朝,例如,一位行省的君主与三个独立的金库有联系——寺庙的、省的和他自己的——三份独立契约详细说明了他希望与其合葬的宝物。[34]

到公元前第二个千年末期,大约 1/5 的国土已经通过这种方式赠予了寺庙。那时,位于底比斯(Thebes)的阿蒙神庙(Amon)已经成为该国的第二大土地所有人,其财富可与国王媲美。[35]尽管埃及祭司在形式上臣服于国王,但大祭司一再干预朝廷事务,并试图获得王室税收的豁免。由单一、简单的等级制度统治的专制政权,开始被更加复杂(因为数量更多)的僧侣政治之间的关系所改变。

中央集权国家、官僚机构和财政管理

在任何时候,政府机构就像从古埃及和美索不达米亚(亚洲西南部)幸存下来的纪念碑一样,似乎都是一成不变的。管理技术一旦建立起来,往往会持续几个世纪,仅发生微小的改变。[36]然而,以几百年和几千年为刻度的时间标度来衡量,正如水和风逐渐侵蚀了古代的建筑一样,古代政府的行政管理实践也在缓慢地改变着。

虽然变化是缓慢的,但我们所研究的所有古代政府在其历史的大部分时间里,内部都是不稳定的,而且持续地易受外部干扰的影响。财政管理方面的零星创新,是试图在最近发生改变的环境中建立一个预期的稳定基础。[37]

如何组织一个行政管理系统,取决于必须完成哪些工作来支持该政权,以及利用现有的技术能够完成哪些工作。在早期的埃及和美索不达米亚,当寺庙和政府是同义词时,一个高度有组织的财政管理系统是不必要的。僧侣王用皇家领地的出产维持自己、下级神职人员和他的追随者们的生活。附近土地上的居民对寺庙的自愿捐赠补充了皇室的出产。① 寺庙的祭司只需要从祭坛上收取供物。易变质的供物无疑会立即被消耗掉,其余的则存放在仓库中供以后使用。在繁荣时期,贡献是定期的、可预测的,而且有时非常充足以至于产生盈余。然而,当收成不好时,国王可以逆转捐献的方向,利用盈余的储存来为饥饿的人提供食物,或者为下一轮播种提供种子。即使在自愿捐献变成了强制性的税收后,古代神权政治的财政管理也与寺庙或王室家庭密不可分;这一系统是简单、私人和直接的。

一个统治者能够有效治理的领土范围在很大程度上取决于当时的技术。对治理的基本要求是概念上的和机械的。法典和官僚机构都是建立在之前书面语言发明的基础之上。一套计数和数学计算系统,使得政府官员能够通过保留书面记录来维持行政和历史的连续性,这是官僚控制的先决条件。[39]在通信方面的简单机械发明,以及人员和货物从一个地方到另一个地方运输方式的改进,也影响了一个古代政府的有效行政领域。用纸莎草或羊皮纸书写的记录比起那些用铁笔雕刻在泥版上的记录,更容易准备、更轻、更耐用;而用钢笔或毛笔书写在纸上的记录,则更简单,尽管并不总是更为持久。随着交通运输方式的改良,缩短了定居点之间的时间间隔,古代国王可以控制更为广阔的领土。有辐条的车轮、用于驮畜的马鞍和马具、轻便的战车,以及稳定、宽梁的航行船舶的平行发展;所有这些或许不能立即增强联系;但是,数百年的叠加效应慢慢地从一个地方扩散到另一个地方,以前与世隔绝地区之间的交通便利度得以提升。[40]

我们推测,政府的财政管理技术首次被发明出来,是在财政任务的范围扩大,以至于超出了国王个人控制能力范围的时候。随着原始的交通和通信设施的普及,君主的有效地理控制受到了一个人一天所能行走距离的限制。超

---

① 在世界的偏远地区,古代习俗一直延续至今,人们仍然把食物作为礼物献给诸神。在危地马拉高地(Guatemalan highlands)的一个小天主教堂里,一位作者看到一名印第安妇女跪在一个临时搭建的祭坛上,她在那里摆放了玉米、南瓜和水果的供品,形状象征一个孩子。在那里,就像在世界各地的偏远地区一样,教会的传统仪式是关于原住民万物有灵论信仰和实践的一层薄薄的掩饰,而且"正式的天主教教义只到第八行"。无论贡献是如何提供的,教会都接受,并允许原住民遵循他们祖先的方式,只做微小的变化,这展示了教会的灵活性。[38]

出这个范围，人们将不愿意带礼物去寺庙。如果国王需要捐献，他就得派代理人到乡下去索要。

当国王脱离寺庙并建立起一个独立的权力基础时，他常常能够扩大他所控制的领土。如果国王有一支强大的军队，就可以成功攻打附近较弱的城邦，从而实现领土扩张。这样，被征服的人们就会居住在离新国王太远的地方，以至于无法给国王带来礼物。而且，不管怎样，他们可能更愿意效忠于他们的传统神灵，并继续向那些过去曾给予他们帮助的当地祭司献祭。[41]

如果一个政府在有效的通信范围之外发展起来，可能会有几种结果（我们只能通过推测来重建，因为没有记录保存下来）。在某些情况下，物理范围的扩张可能会减少自愿捐献，以至于国王被迫实行强制税收制度。但是，与从一个有限区域收集、储存和分配自愿贡献只需要相对较少的官员不同，这样一个地理分散的领土需要一个更大的组织。如果臣民们讲的是不同方言或语言，那么由于需要口译员，征收可能会更加复杂。

来自美索不达米亚的考古证据显示，最早的强制税是什一税（tithes），即根据一些官员对个人收获的估计，按照总收成的固定比例征收的税。一个送礼物到寺庙的人，只会给出他多余的东西；但是，当国王要求定期支付一定数额的款项时，不情愿的臣民的遵从则只能通过强迫来予以实现。因此，一项强制性的税收政策要求增加大量官员来评估和收集农作物。

将农产品从边远地区运送到首都，还产生了其他新问题。除了供养沿途的一大群官员之外，国王还需要提供驮畜或船只。强制征税通常带来收入增加和更加多样化的收入，使现有的粮仓超载。为了防范霉变、老鼠或偷盗，国王不得不扩大他的仓储容量和看守仓库的官员数量。早期的僧侣王起初可能不会预料到这些新税收的影响，特别是行政的超负荷。但是一种概念上的适应开始出现，政府逐渐发明了新的手段来维持对财政的控制。行政组织是政府用来完成其基本任务的工具。有人可能会说，古代国王发明官僚机构是为了应付超负荷的工作；究竟是官僚机构使得国王得以统治，还是成为国王，我们不得而知。

然而，如果没有一种分层的社会关系模型，政府的官僚主义几乎是不可能的。集权的行政结构是古代社会等级制度和政治结构的组织表现。例如，在高度分层的埃及新王国社会，"每个人都受所处社会组织为其规定的职责约束……原则上，没有人是自由的"[42]。

这些等级制度是简单的还是复杂的，取决于它们的社会结构。举个极端的例子，在一个小的、孤立的、种族单一的社会，一位强有力的国王可以保持对一个官员数量有限的集权官僚机构的个人控制。沿着有限数量的航道（如地球资源卫星对伊拉克南部的成像所显示）定居，既维持了古代美索不达米亚地区的等级制度，又便利了中央政府的征税努力。[43]领土分散、种族多样化的领土统治者通常通过中间人实施治理，采用松散组织的行政结构，在这种结构中，中央控制薄弱或根本不存在。

政府官僚机构通过职能和地理划分来应对日益增加的环境复杂性。当工作负荷增加时，可以通过将工作分配给几个人来维持或提高绩效。在水平组织的系统中，每个官员可能负责完成某一特定领域内的所有任务。垂直组织则将行政管理分为许多子任务，每一项子任务分配给一位专门的官员。他可以单独完成一项工作，或者监督下属完成工作。

在最早期的古代政府中，我们所知道的第一个功能专门化始于灌溉。公元前3000年，在美索不达米亚南部的苏美尔神庙社区、埃及的前王朝时期和中国商朝，寺庙的祭司们组织起人类的能量，为城市文明创造了农业基础。[44]提供灌溉设施是古代国王的一项重要的世俗职能；例如，巴比伦国王最古老和主要的工作就是挖掘运河。[45]级别较低的寺庙祭司承担了各种特殊的角色。就目前所知，这些神职人员同时服务于众神和国王，是古代政府的第一批官员，他们既是陆地上与众神打交道的媒介，又是现实世界中国王的组织代理人。[46]

早期美索不达米亚城邦的僧侣王们领导着各种各样的官僚机构。首席行政长官是苏卡尔（sukkal），其权力仅次于国王，掌管着所有的民事和宗教职能。紧随其后的是两个同等级别的专门职位。大祭司（sanga）是主要的宗教官员，负责寺庙的神圣职责。他的世俗对手是努班达（nubanda）或经济行政官，他们负责的领域涵盖了寺庙的许多实际问题。

经济行政官管理级别较低的祭司，他们的工作更加专门化。一些人担任水利工程师，指导和监督每年动员起来服徭役的劳工，疏浚运河的淤泥并加固堤坝。[47]当经济行政官就寺庙土地的租约进行谈判时,其他担任抄写员的祭司就会写下租佃书。还有一些人收取租金。一些祭司管理着寺庙的粮仓,存放着国王自己土地上的出产和以实物形式支付给寺庙的租金,以及供奉给寺庙祭坛的虔诚的供品。作为国王和人民之间的中间人,粮仓祭司在需要的时候将剩余储存分发给人民。当寺庙开始评估强制性税收时,祭司们就成了税吏(maskim)。[48]随着国王逐渐建立起一个世俗的政府,他用一套平民官僚机构取代了祭司。

官僚机构要求有选拔官员和下属的组织程序,然后,指定每个人应该做什么。接着,必须有一种方法使每个人了解他的工作,并将每一种职业的操作和社交内容从一代官僚传递到下一代。[49]在权力被委托下放的地方,必须有可靠的机制来确保每个官员真正完成了分配给他的任务。如果一个组织要继续有效地管理,就必须制定这些问题的解决办法并使之制度化。这些问题是密切相关的,有些是相互依存的。在古代世界最早的官僚机构中,选拔、文化适应和培训都是通过从贵族阶层中增补新官员时同时完成的。

继祭司之后,最早的政府官员是国王的近亲。在埃及前王朝时代的神权政府中,宗教教义决定了统治者对助手的选择。因为法老被认为是神的化身,只有他的儿子才能与他直接接触。因此,埃及的王子们就充当了国王和次要宫廷侍从之间的中间人,将王室的命令传达给人民。[50]

统治者任用自己的亲属作为管理者的宗教动机,有时会因权宜之计而得以强化。当苏美尔国王纳拉姆·辛(Naram-Sin,公元前2267—前2230年)废黜了美索不达米亚当地的酋长,并安置了他自己的亲戚时,他试图通过提供可被认为分享其神性的替代统治者来让被征服的人们接受他的权威。[51]类似地,乌尔第三王朝的苏美尔国王舒尔吉(Shulgi,公元前2112—前2052年)通过把他的女儿嫁给当地统治者,巩固了他与被征服国家的联盟。[52]可信赖是选择财政官员的主要标准。例如,在乌尔的美索不达米亚王国,国王通过任命自己的亲戚为祭司,首先从神庙祭司手中夺取了控制权。继祭司和亲戚之后,除了来自他自己阶级的人以外,国王还能信任谁呢?因此,早期文职官僚机构的官员都是宫廷内部圈子的贵族。

埃 及

埃及官僚机构的根基是由法老左塞尔(Djoser)在古王国第三王朝(公元前2800—前2700年)初期奠定的。在此之前,王室的王子们在法老的个人监督下,分别行使宗教、军事和财政管理的职能。左塞尔通过创建一个水平组织的行政系统,扩大了官员的数量及其政府可以控制的领土。他将王国划分为各省(nomes),但通过任命省级代表进入朝廷来维持中央集权控制。有些人是来自贵族阶级中受过教育的人;其他人则是神庙的祭司(不同于美索不达米亚和中国,这些地方的财政管理责任很早就被世俗化了;在古埃及的历史上,寺庙的祭司们占据了重要的官职)。[53]为了统一控制独立的行政管理职能,左塞尔创造了一个在王国拥有广泛权威的监督角色,即大维齐尔(grand vizier)。与早期美索不达米亚的苏卡尔一样,维齐尔是一个通才,负责管理国王的土地和个人家庭,以及司法和财政行政机构。维齐尔掌控着最高财政权力,监督作为税收流入君主金库的商品生产、收集和分配。起初,由王子们担任这一职位。到了第五王朝,非皇室成员开始被任命为维齐尔和许多下属职位。[54]

贵族是如何被挑中为国王服务的? 在古王国时期,重要家族的儿子们在童年时期就被任命了重要职位,并在宫廷中与王子们一起接受教育。通过这种方法,国王们的目标是创造阶级团结和对王位永不动摇的忠诚。他们并不总是能获得成功,正如一份来自中王国时期(古埃及十一王朝时期)的纸莎草文件所证实的:法老塞索斯特里斯三世(Sesostris Ⅲ)委托委任状给他的首席财政官,最后以请求结束了他的任命"我王差遣你,我心里深信你凡事都会遵行我王的旨意;因为你是在我王的培养下,在我的宫殿里接受唯一的教导"[55]。国王发现有必要以书面形式提醒他的首席财政官要忠诚于自己,这表明精心挑选的官员们并不总是忠心耿耿地服务于国王。

在埃及,就像在其他古代国家一样,官僚机构提供了社会中掌握权力的三个群体的相对实力的部分指数——贵族、祭司和国王。随着时间的推移,招募和培训方式发生了变化。随着官僚机构在埃及的建立,需要越来越多的官员和书记员。不久,受训人员就超过了宫廷学校的容量。边远省份的贵族管理者自己承担了文化适应和培训的职能。省级政府官员没有把他们的儿子送到朝廷,而是把他们留在家里学习如何管理地方行政。由于官职不断地由父亲传给儿子,对职位的要求也变成了世袭,最终削弱了对中央政府的忠诚。[56] 在每个地区,由于不同的等级制度必须对他们的分歧做出裁决,专制政权主人之间的关系变得更加复杂。

在第六王朝(公元前 2181 年)末期,随着其内部权威的削弱,虚弱的中央政权崩溃了。[57] 在中期和早期的中王国时代(公元前 2100 年),权力进一步被分散。贵族们自主地行动,继续监督着省级办事机构——法院、土地办公室、保护堤坝和运河的服务、民兵及其装备,以及省级金库——就像他们自第四和第五王朝以来所做的一样。[58]

到第十二王朝(公元前 1991—前 1786 年)末期,中央政府重新确立了对各省的控制。由国王任命的省长(nomarch)居住在每个省的首府,管理着中央政府的司法系统。

新王国时期的领土扩张加强了权力的分散下放;监督权力和管理权力一样,因地理区域而分化。取而代之的不是一名,而是两名维齐尔被任命来监督中央政府的省级利益。一名负责监督下埃及和中埃及,另一名监督上埃及。在第十八王朝(公元前 1567—前 1320 年)期间,又增加了一名监察官员,即库施(Kusch)的副国王,负责管理南方殖民地区。[59]

在埃及历史的各个时期,财政管理都需要一套庞大而复杂的行政机构。地方税吏仅仅是专业官员等级制度的第一级,这些人包括车夫、仓库管理员、服务员、监工和书记员。① 他们负责收集和分配组成政府收入的所有商品和服务。在中古王国时期的各省村庄和城镇中,"田间书记员"在每次收获后收取玉米税,一年三次。他在河岸上给玉米称重,然后马车夫把谷物装进驳船,运至国家粮仓。[61]

对于一个遭受周期性饥荒的经济体来说,货物运输的总量必定是巨大的。来自中王国时期的记录显示,将谷物和其他商品从各省运送到首都底比斯的

---

① 在整个古代世界,读写能力是祭司和贵族的专有特权。在古代近东社会,在印度和中国,阅读、写作和文件加密的能力既是一种荣誉标志,也是社会地位的象征。特殊学校训练从埃及贵族家庭挑选的男孩成为书记员。从孩提时代起,他们就开始学习在官方文件中使用复杂的象形文字。[60]

河船需要有一整只舰队。[62]在首都,国王的官员们将这些原料储存起来,等待朝廷使用或出售。古王国时期金库下属部门的一张清单详细列明了商品的种类,并说明管理实物形式的收入一定会是一项非常复杂的任务。金库有单独的粮仓储藏大麦和小麦;有单独的仓库储存枣子、新鲜蔬菜、葡萄酒和亚麻布;有用于加工原料的工作坊——榨油机、面包房、制席车间、亚麻编织和制衣坊,还有一间洗衣房。[63]一位著名法国学者对古王国时期金库的描述说明了其组织结构中的职能划分:

> 税收假设是各种物质形式,除了专门的建筑物、牧民、马厩、容器、谷仓、酿酒师、葡萄酒酒窖、啤酒酒窖和油窖之外,还需要不计其数的特别代理人接收这些形式的税收。20类劳动者为金库的各种需要贡献了他们的技能和服务。如果涉及家畜、谷物或纺织品,这种税就会被带到牧场,有时会被送到肉铺或送到制革匠的店铺;它会被过筛,制成面粉,做成面包和糕点;它会被熨烫、折叠,做成一件衣服或一匹布。[64]

在中王国时期,税收显然是用黄金和白银以及商品和劳动力支付的。在埃及历史的各个时期,没有财产的人向国王支付徭役。"白宫"(white house,国库)似乎与国王的家庭有所分离。除了粮仓和皇家畜群的划分之外,金库的细分还包括"双金屋"和"双银屋"。这些大概是国王金属财宝的储藏室。[65]

直到托勒密王朝(Ptolemaic)时期(当时埃及的统治阶级是雅典人,然后是罗马的一个省),评估程序仍然"极其费力和复杂"。在托勒密王朝的统治下,每个村庄的土地都必须根据所有权(皇室或私人)、面积大小、占有者的姓名和地位来划分。对每块土地收成的征税,随着耕种者的地位、种植的作物以及尼罗河洪水的水位的不同而变化。为了防止耕种者在不受监督的情况下收割庄稼,政府不得不在每个村庄派驻警卫。当种植者把谷物带到一个中心地点进行打谷(脱粒)时,税吏们就控制了政府的份额。[66]

美索不达米亚

与埃及一样,早期的美索不达米亚和中国也在内部控制较强的中央集权和权力分散的非集权体制之间交替变化。与埃及不同(埃及在其历史上非常早的时期——在古王国时期就建立了中央集权控制），美索不达米亚的城邦则很少在单一统治者的统治下统一很久。在乌尔第三王朝（公元前 2050—前 1950 年）的一段短暂时期内，苏美尔和阿卡德在一位伟大国王的统治下结成了一个松散的联邦，而恩西（ensi，被任命的各独立城邦地区长官）则被要求从当地的寺庙收入中定期贡献礼物给他的中央金库。[67]但是，即便如此，也没有统一的行政管理模式。在一些地区，恩西受到中央政府的严密控制；而在另一些地区，他们几乎是自治的。[68]直到第一个巴比伦王朝（公元前 1750 年）期间，独立城邦被汉穆拉比统一，而且在他统治后的加喜特王朝（Kassite）时期，地方统治者既不效忠中央当局，也不向中央政权纳税。

在汉穆拉比统治时期，曾短暂存在的高度组织化的行政体制将中央集权控制与我们称之为分权的区域管理相结合。通过允许每个城市最富有者组成长老会来管理地方事务，汉穆拉比创造了地方自治的假象。[69]与此同时，汉穆拉比对他任命的官僚机构，包括专门的地方长官、法官、驻军指挥官、地方官员和书记员，实行严格的中央控制；（这一体系）在整个帝国运行。[70]尽管所有城市的公民都必须向中央政府纳税，但官僚机构本身并不征收税款。这项任务被委派给每个城市的长老会，他们转而把工作交给当地的商人和银行家。这些商人和银行家如果不算是世界上第一批包税人（tax farmers），至少也是历史学家们发现最早带有包税痕迹的人。①

在美索不达米亚，随着财产的日益世俗化，创造了一种独立于寺庙和国家的私人经济，包税制。为了换取固定的费用，作为包税人的商人承包征收地方税，他们每年都要事先协商并向长老会支付一定的费用。通过出租税收特许经营权（tax franchise），长老会确保了一定数额的税收收入，就像中央政府把税收征收委派给城市一样。与此同时，长老会也回避了直面不情愿的纳税人

---

① 在这一时期，来自巴比伦城市西巴尔（Sippar）的楔形文字碑片似乎表明，这座城市的行政长官是由一小群富有贵族任命的，他们轮流执政，一次一年。一位东方学者推测："也许这个城市的'市长'是通过抽签从公民中选定的，他们的个人财务状况可以向国王担保对城市征税的支付。"在他担任市长期间，这个被称作"商人监督员"的首席官员有权从国王土地的产出中分得一部分，这或许是对他提供服务的部分补偿。像希腊后期的礼拜仪式一样，公职的责任在富有的公民中轮流承担，可能是为了确保服务的负担和风险公平分配。[71]在这一早期阶段，分散的征收程序将竞争性个人主义的元素和等级制度融合在一起。

这一令人不快的任务。尽管包税可能有利可图，但它总是伴随着风险。如果一个包税人雇用的代理人没有收到足够的钱来支付合同费用，他仍然有责任承担全部数额；而且在收成不好的年份，他可能会蒙受损失。企业的动机——就像在任何一种新的商业活动中一样——是存在收取比合同费用更多钱的可能性的。在任何一年，无论收入是多少都是包税人的利润，就像现今的任何一个商人一样，他试图增加税收。在美索不达米亚，接近公元前 2000 年末期，传统的土地税是作物的 10％，以实物形式支付。实际上，包税人征收的要多得多。为确保好年景的税收可以弥补坏年景时的可能损失，包税人要求从不情愿的农民那里平均获得 1/5 到一半的收成。[72] 市场元素加入等级制度，一种混合体制被创造了出来。

虽然中央政府下放了税收征收职能，但由 makisum（税务主管）领导的皇家官僚机构的一个部门接收并分配税收收入。在汉穆拉比统治时期，为了按时收获税收，巴比伦的税务主管走遍整个王国。如果税款缴付迟了，这名官员就会向当地长老会发出催缴通知：你们为什么还没有把 30 只羊羔作为税收送去巴比伦呢？你们不为这种行为感到差耻吗？我现在寄去一封信，你们一看到我的信，就把那 30 只羊羔送到巴比伦缴税。如果你们不送羊羔过来，就得为每只羊羔付一谢客尔（shekel）银子。[73] 为了使缴付更加容易，税务主管在城市入口处或市政码头设置了"出入口办事员"，以便纳税人一到就能卸下他们的担子。在收税员（mussadinim）收集到农产品后，它们被送到金库的谷物、羊毛、绵羊、山羊等各个部门。毫无疑问，这些部门只是临时的畜栏或仓库。易腐货品要么在王室消费，要么像在埃及一样，以固定利率出售或借给商人。羊毛和其他未经加工的原料则进入国有工厂。[74]

公元前 2000—前 1801 年，美索不达米亚的"河流和土地官员"从相对独立于软弱的加喜特王朝的省长那里收税。在中央控制日益退化的这一时期，省级官员的强制征收程序接近没收。当税收到期时，收税员和他的助手就会进入一个城市。为了确保遵从，运河检察员首先会关闭主要的水闸。然后，收税员会要求纳税人支付所有的货币税和全部牛、驴和小家畜数量的一成。市民们被迫提供粮食，以供养将税捐收入运回省城的马队，有时还要为军队提供马匹和马车。在征税时间，由省长派驻在城市的军队围捕城镇居民和农民，使其加入劳工队伍或军队。[75]面对这种敲诈勒索的征税程序,巴比伦的城市和寺庙试图获得免税,也就不足为奇了。

中 国

与美索不达米亚一样,中国在其早期历史上的大部分时期都是分散管理的政府机构。在相对较短的一段时期内,接近西周王朝末年(公元前9世纪—前8世纪),一个强大的统治家族管理着一个组织松散的封建君主政体——古代中国最接近中央集权的国家。与埃及和美索不达米亚的宗教不同,早期中国万物有灵论的宗教没有祭司。在户外的神殿或家中,每个人以个人礼仪直接与神交流。[76]因为没有祭司阶层,早期天子任用他们的亲属作为管理者;继而,这些皇亲国戚又将地方行政管理权授权给封建诸侯。毫无疑问,选择贵族官员不仅是为了补偿他们给天子提供的军事援助,而且也是因为他们的财富。

在稀缺经济中,只有有钱人才能负担得起教育他们儿子的费用。在周朝,就像在古王国时期的埃及,首席省级贵族开始把他们的长子送到首都的一所特殊学校,王位的继承人在那里接受教育。课程包含了一个省级行政官可能需要知道的一切。男孩们学习箭术和驾驶战车、礼节和仪式,以及写作和算术。大贵族的次子们和小省级贵族的子弟就读于省级学校,学习类似课程。10年的训练将这些年轻人塑造成了统一的模式。更重要的是,与王储的10年亲密关系建立了对统治家族持久的个人忠诚。[77]通过创造文化再生产的教育手段,等级制度自身开始制度化。

周朝的天子有一套中央集权的官僚机构,以及一位封建扈从辅助他管理各省。虽然在早期,人们对首席行政官的组织角色知之甚少,但是就像埃及的维齐尔或美索不达米亚的苏卡尔一样,它随着时间的推移而改变。最初,宫廷大臣是天子的家庭管家。"他是屠夫、厨师、食物保存者、裁缝、鞋匠、皮匠、染工、仓库管理员和司库的监督者。他管理着宫殿,指挥着宦官和家仆。"[78]到公元前7世纪的上半叶,宫廷大臣已成为天子的主要民政官员,负责征收税款和监管皇家产业,由几位内阁级别的行政人员协助他。虽然其他大臣们的专门职责只能被假定,因为没有他们的记录,但我们知道有两名财政官员:一名大司库和一名总财务官。司库(非常像巴比伦的税务主管)监督许多参与征税和交付政府收入的小代理人。财务官代表了一种实现财务问责制的早期尝试;他担任首席书吏、记录保管员和审计员。[79]

公元前 771 年,当蛮族入侵者洗劫了西周的都城,即使在鼎盛时期也从未强大过的西周中央集权瓦解了。此后的几个世纪里,封建诸侯统治着中国各省。这种长期的自治创造了一种独立的省级行政管理传统,这一传统在中国历史的大部分时间里一直延续着。在汉朝皇帝(公元前 200—200 年)重新统一各独立省份后,地方行政机构仍然掌握在相对独立于中央控制的贵族家庭手中。在每个地方,等级制度都发挥着主导作用;贵族和皇帝之间的关系是市场化的——即以交换为基础。

当然,地方自治在一定程度上是中国幅员辽阔的结果。由于在一年中的大部分时间里边远省份都与首都隔绝,地方行政官员可以自由收税和支付收入。尽管历代的皇帝和财政官员都试图对省级政府施加限制,但帝国统治始终是最小限度的。地方官员甚至不必对收入和支出做出解释。[80]

地方官员的贵族出身与他们的自治有很大关系。纵观中国历史,政府服务是富人独享的特权;只有上层社会的家庭才是其等级制度可以接受的成员。平民大众缺乏自主权和财富,商人的后代也不符合社会标准。即使汉朝之后的皇帝已经发展出通过竞争性考试为帝国行政部门招聘人才的正式方法,也只有最富有的贵族家庭才能够负担得起常年为他们儿子的将来做准备的文学教育的费用。此外,判断力也在挑选高贵的政府机关候选人时起到了缓和作用。一份中国治国方略的古老文件区分了"有能力"的贵族候选人和那些仅仅"有价值"的候选人。文件规定:内部行政机构中的重要职位应该由那些被认为有能力的人担任,而有价值的候选人"可以被委派担任外部领导职务"[81]。

在唐朝(600—900 年),对官员和职员的需求增加了,政府为"下层人民和低级官吏"举办了专门考试。但控制权仍然集中在高层;帝国行政部门最高职位的选拔程序(为伟大官员们的儿子所保留)绕过了公务员考试。优先选择最高阶级是有其正当理由的,因为"他们从童年开始就已经习惯了这种类型的职责(民政管理),因为他们耳濡目染法律事务,而且因为他们不用教就知道宫廷礼仪规则,而一个出身平凡的人,即使有非凡的才能,也不一定能适应它"[82]。

这份区分了"有价值"和"有能力"候选人的文件建议:一个人的"道德品

质、成就和实际才能"应该作为选拔官员的准则。成就和实际才能很容易被查明,但如何才能事先知道其道德品质呢?[83]将最高职位限制在有限的社会阶层并不一定能够保证国王免受背叛。等级结构的堆积使得一名强势的行政官员或军事领导人有可能试图利用权力谋取私利。根据一位中国法家学派的学者(公元前 2 世纪中叶)所言:如果一个统治者想要维持对政府的控制,他就不应该下放权力给大臣们。这一学者的思想影响了后来的皇帝们。该文件还建议:如果他这样做了,"这将是政府的毁灭……[因为那时]国君和大臣们的利益将会有所不同,大臣们将不再忠诚……[大臣们的利益]将得到加强,而……皇子们的利益将被摧毁"[84]。

印 度

作为印度治国方略的一部经典文献,《治国安邦术》(*Arthasastra*)建议公元前 3 世纪印度孔雀王朝的国王维持自己对政府财政的控制,以保护自己免受背叛:"内部的麻烦比外部的麻烦更严重,就像潜伏的蛇带来的危险一样。由大臣们引起的麻烦比其他类型的内部问题更为严重。因此,国王应该自己控制财政权。"[85]对于学习专制政治组织结构的学生们而言,考底利耶(Kautiliya)的《治国安邦术》是必不可少的。《治国安邦术》很像马基雅维利(Machiavelli)的《君主论》(*The Prince*),但是早在一千多年前就已经写好,是一本关于国王如何管理等级制度的实用建议的详细手册,是我们所发现的关于古代君王目标和方法的最好描述。[86]

印度孔雀王朝与亚历山大大帝(Alexander the Great)的帝国处在同一时代。在希腊军队入侵印度之后,印度与北部和西部的古老君主政体之间有了周期性接触。一些学者认为,《治国安邦术》反映了埃及、波斯和希腊关于君主中央集权和政府角色观点的影响。[87]与同期的中国政府相比,《治国安邦术》中描述的行政结构更加集中,行政职位也更为专业化。

在地方层级,一位官员执行多项与财政管理相关的任务。这就是戈帕(gopa),一位非专业化的政府官员。他的任务类似于那些部落社会的村落首领,只是领土范围更大,包括 8~10 个相邻的村庄。戈帕进行当地人口普查和地籍(土地所有权)调查,确定每个人欠国王多少东西,并在它们到期的时候征税。

与未对地方政府财政管理进行有效检查的早期中国皇帝相比,印度孔雀王朝的国王们则试图通过一系列的监察人员来实施控制。显然,在考底利耶写作《治国安邦术》的时候,希腊人关于通过审计进行行政控制的思想就已经传到了印度[88],因为他所描述的高级行政职位的主要任务就是财政控制。当地官员向地区官员(sthanika)报账所有收据。这些地区官员向中央政府审计员(pradestara)报账。中央政府审计员转而向国王的首席财政部部长(samaharta)报账,首席财政部部长再亲自向国王汇报。审计已经成为一项专门的政府职能。

在部长一级的层面上,印度的财政管理比埃及、美索不达米亚或中国更为专业化。两位平等地位的大臣——首席财政部部长和宫廷大臣(sannidhata)为国王服务,这反映了国王的个人家庭管理和国家财政管理之间的局部分离。在这两个办事机构中,宫廷大臣更加专业化。虽然他的工作包括管理宫殿庭院和监狱,但他的主要工作是监督与国王仓库有关的庞大官僚机构。一个由称重员、测量员和清扫员组成的团体收到作为税收支付的收入,将这些东西储存在地下的房间里,并支付收益以履行国王的义务。这些工作人员总是受到宫廷大臣的监督,他们控制着存入国库的商品的质量,并保存了收据和支出的完整记录。[89]

就像埃及的大维齐尔,孔雀王朝的首席财政部部长在财政方面的权威排在第二位,承担各种行政职能——警司和财政部部长。他的任务是提供信息,帮助国王制定政策:“要做什么”(决策),“做些什么”(实施),“还有什么要做”(规划)。[90]向国王提交的关于“收入与平衡”的定期账目无疑是为了评估王国的财政状况,并为国王提供一种控制手段。

首席财政部部长也负责财政控制,监督地方收入的征收者、地区监督员和政府审计员。作为警司,首席财政部部长在密探间谍的帮助下,试图确保税吏们不会从纳税人那里索取太多,也不会向国王的审计人员提供虚假报告。[91]

即使有定期的审计,也总是存在官员们试图欺骗国王的危险。考底利耶建议国王每天留出时间与部长们进行商讨,并检查他们的账目。每个部长都被要求产生盈余,否则就会被罚款。通过这种方式,国王的目的是迫使上层的人对下面发生的事情承担个人责任,因为如此多的权力等级增大了欺诈的可能性。为了避免勾结或共谋,考底利耶告诫国王,当地区会计员集合向审计长报告的时候,要单独面见[92],并让他们每个人在不同的地方等候。

在孔雀王朝的行政系统中,权力的集中和职能的专业化是为了通过增加组织控制来减少不确定性。等级结构、审计和考底利耶建议国王雇用的无处不在的密探网络,是为了实现行政稳定而设计的。但是,一如既往,这是要付出代价的:一层又一层的检查既昂贵又烦琐。

此外,当条件发生变化时,由上级强制施加的稳定性只有以僵化为代价才能实现。当条件有利于获得丰收时,一个中央集权的体制能够使国王获得大量农产品。但是,对于古代国王来说,收集到的农产品变质、被盗和官僚机构的薪水是一笔实实在在的损失。而当收成不佳时,他不仅面临着微薄的税收收入,而且他的首席财政部部长可能会成为他的竞争对手。

无论是由值得信赖的贵族还是由依据合同的包税人实施征税,分散的财政管理部门都平衡了收入和确定性。中央把其决策的执行权力委托给其他地区的官员。中央权威当局在某些领域的决策受到了严格限制,比如税收征收的权力掌握在半独立的单位手中。为了保持与地区长官的联系,公元前1000年的亚述国王沿着主要商队路线建立了一个驿站网络。[93]当被那些对边远地区的控制已经很薄弱的政府雇用时,非中央集权的行政机构给一个不稳定的环境带来了少量的确定性。所产生的收入将比中央集权体制下的要少,但征税并不需要花费有限的资源;国王经常通过预付款来保证少量的收入。虽然国王不能完全控制远程征收者的滥用职权,但是他们充分利用了这一点,即尽可能地获得他们所能得到的,同时获得的也是好的。

古代国王的目标及其实现

埃及和美索不达米亚的国王们写下(或命人为他们写下)宽泛的目标陈述,来配合他们的法律和规章。为了广泛传播,统治者把这些宣言刻在了公共场所的石板和石碑上。在这些宣言和他们与行政官员的私人通信中,国王们传达了一个关于目标和国王作为国家元首角色的共同理念。[94]和他们的现代继任者一样,古代的国王们也用宽泛的语言设定目标。政府存在的目的是为了向全体人民提供安全、公正和福利。在政府内部,国王的角色是一位仁慈的父亲。他要通过公义的行为给百姓树立一个好榜样。他的力量可以保护人民;他的智慧会带来公平正义;而且他的远见卓识将使他的整个领域繁荣昌盛。一位君王应该"通过让百姓接触财富并为他们做善事,亲近人民"。这样做,"他将永远不会缺少幸福,他可以同等程度地享受人生的三种追求:慈善、财富和欲望,它们是相互依存的"。这一有价值的宣言定义了印度孔雀王朝国王们的目标。[95]在巴比伦国王汉穆拉比统治的最后几年,他写下了对自己成就的总结,就像一个把一生工作做得很出色的人那样感到满意。

> 我结束了战争;
>
> 我提升了土地的福利;
>
> 我使百姓在平安的居所休憩。
>
> 我使他们不受任何人的恐吓。
>
> 伟大的众神召唤我,
>
> 于是我成为慈善的牧人,持有正义的权杖;
>
> 我的良善荫庇着我的城。
>
> 我心怀着苏美尔和阿卡德土地上的人民;
>
> 他们在我的护佑下兴旺发达;
>
> 我和平地统治着他们;
>
> 我用我的力量庇护了他们。[96]

《汉穆拉比法典》告诫国王要确保"强者不伤害弱者"[97]。甚至埃及法老的专制权力也因维护秩序和为全体人民伸张正义的义务而受到削弱。[98]如果一个国王既强壮又明智,他就能扩大国家的疆界,增加国家的财富。在这些广泛的目标中,统治者以传统的方式分配国家资源。无论他是强是弱,无论他的帝国是贫穷还是繁荣,国王在考虑任何新事物之前,都必须满足定期的固定开支。因此,"财富本身就很重要"[99]。

君主的财富所创造的帝王形象是其权力的重要来源。[100]因此,大型公共建筑也是如此,这是等级制度显示其威力的一种方式。埃及的巨大金字塔,巴比伦的纪念碑,中国和印度的坟墓、寺庙和宝塔——体现了如此巨大的生命和劳动支出——清晰可见地展示了国王的权力和财富,并且象征着他作为国家宗教大祭司的角色。[101] 国王为这些展示筹集收入的成本必定是巨大的,但关于这一点,记录是沉默的。

古代的君主们还利用财富修建基础设施,主要是为了防御领土免受攻击。从古代美索不达米亚城邦开始,强大的国王们就用城墙来加固他们的城市。① 当轮式交通工具开始普及后,国王们修建了道路,将王国的偏远地区与首都连接起来,以加快在军事紧急情况下的军队调动,并方便将税收运输到首都。② 这条道路只能在一年中的部分时间通行。中国周朝的一位匿名的军旅诗人写道:"昔我往矣,黍稷方华。今我来思,雨雪载途。"[104]

水路运输比公路运输更为可靠。汉朝的第一位皇帝在山区修建了一条穿越岩石地带的深渠,把黄河和渭河连接起来,从而便利了军队运输。[105] 在美索不达米亚,主要灌溉渠的宽度足够小船航行。[106]

最强大的国王通过对外征服来使国家扩张和富足。为了保卫王国,一些统治者还维持着庞大的常备军。尚武的国王将指挥职能委派给封建贵族,并通过徭役的形式征募军队。徭役是一种早期的征税形式,将一个家庭纳税和服兵役两方面的责任结合在一起。战争期间,士兵们靠在被征服的领土上掠夺为生,但在和平时期,国王不得不供养军队或者解散军队。[107] 古代美索不达米亚的国王们通过用土地补贴军队解决了这一难题,这些政府赠予的土地可以传承给他的后代。[108] 这种土地补贴的策略服务于两大目的:它提供了一支常备军,并保证了军队的忠诚。

---

① 如果一个国王很弱,他可能无法动员劳动力来维修城墙,那么他的首都就会变得易受攻击。在公元前 6 世纪末的中国,天子穷得连城墙都无法维修。幸运的是,他能够从他的封建封臣那里得到贡献。[102]

② 统一中国的第一位皇帝秦始皇是一位强有力的等级制度缔造者。他通过标准化文字、度量衡、货币的大小和形状,甚至道路宽度和车轴,使中央集权得以执行。公元前 220 年至公元前 215 年,他把北方各省的防御工事网络接入了中国长城,并在长城上修建了一条道路;长城绵延 2 000 英里。这座石头壁垒单高二十多英尺,底部深达二十多英尺,蜿蜒在陡峭的山脊上。北京北部这段修复后的古城墙向现代的游客们生动地展示了古代专制统治的强大力量。服徭役的劳工和战俘修建了城墙和其他公共工程。在这位皇帝的统治下,一个道路网扩展到了整个帝国,以便利军队的调动,并确保捐税收入输送到首都。服徭役的劳工们修建了皇帝的宫殿和在西安附近被发现的陵墓。他宣称"一切都井然有序……",但并不是每个人都同意;一位当代观察家记录道,"帝国被不计成本地课以重税"。强迫劳动和苛捐杂税使奴隶臣民们付出了沉重的代价。始皇帝死后 3 年,一场叛乱结束了其继承人的统治。[103]

一个国王的财富允许他从事慈善活动。国王们一只手攫取，另一只手施予。埃及中王国时期的一位法老，在其坟墓上刻下了他对人民慷慨援助的记录：

> ……在我的社区里没有一个可怜人；在我的时代没有人挨饿。饥荒来临时，我耕种了羚羊省（Oryx nome）的所有田地，直到它的南北边界，使那里的人民得以存活，并且给他们供应食物，使那里没有人挨饿。我赐给寡妇的，如同有丈夫的一般；我所赐的一切东西，给予大的和小的一样。然后，伟大的尼罗河（Niles）流过，丰富了谷物和各样物品，但是我没有收缴田地的积欠。[109]

小的州府官员也可以做好工作。第十一王朝底比斯省（Theban nome）的一位助理司库，居住在一个叫格贝伦（Gebelen）的地方，他显然很满意地描述了自己的远见卓识：

> 我在没有收获的年岁里维持了格贝伦的日常，那时有400人处于困境。但是，我没夺人的女儿，也没有夺其田地。我养了10群山羊，每群山羊都有人负责。我养了两群牛和一群驴……在格贝伦得以维持后，我又为以斯尼（Esneh）和土弗乌姆（Tuphium）带来了粮食。[110]

纵观古埃及历史，对法老们来说，对神庙拨款是一笔持续不断的开销。[111]

考底利耶建议印度孔雀王朝的国王们，"财政是执行善行的主要手段"[112]。因为吠陀法（Vedic law）禁止婆罗门祭司从事商业活动[113]，印度国王们将土地捐赠给寺庙，并免除了它们的税收；贡献给婆罗门的钱被视为"不朽的财富"[114]。为国王服务而被杀的人的遗孀和孤儿，可以得到赖以生存的食物或者森林产品、牛、土地，偶尔还可以得到钱。[115]在饥荒期间，人们期望国王分发食物和种子，免除税收，并启动建设项目为人民提供工作。[116]印度国王被要求"像父亲一样帮助盲人、聋哑人、肢体残缺者，以及那些与世隔绝的人"[117]。

虽然这些善行可能会给现在的生活带来幸福，给未来的生活带来救赎，但享乐主义和贪婪则会让国王受到诅咒。我们从苏克兰尼提（Sukraniti）的一篇文章中了解到：

> 维护军队和臣民，以及因其牺牲的业绩，为国王带来今生和来世的幸福；而其征收收入用于其他的目的，则使其蒙受痛苦：只为妻子儿女和个人享乐而积累的财富会使其通向地狱，来世不会产生幸福。[118]

古代的国王们没有必要为了救赎而放弃享乐，因为他们的资源非常丰富。命令人民服徭役的权力使大规模的公共工程无须直接成本就能实现，而且定期税收收入支持了国王及其家庭的奢侈生活，为慈善事业提供了充足的保证金。

直接收入和间接收入：税收和徭役

徭役，即个人劳动对国家的强制性贡献，是最早有记录的税收形式；事实上，在古埃及语言中，"劳动"（labor）是税收的同义词。在公元前 3000 年的美索不达米亚城邦，身体强壮的男人每年都要为僧侣王付出规定天数的劳动。在和平时期，工人们建造和维护灌溉系统、寺庙和城墙，并耕种和收割国王的田地。当国王与另一个城邦国家开战时，劳工就成为士兵。

在整个古代世界，以及直到今天现代世界的一些地方①，都有为政府服务的强制劳动。在中央权力强大的时期，古代的国王们长期征召大批的强制劳役队伍，他们建造了伟大的纪念碑和大量的公共工程。例如，据报道，法老基奥普斯（Cheops）强迫 10 万人每年工作 3 个月，用 20 年的时间建造了其坟墓之上的金字塔。[120]

根据传说，中国第一个皇帝的宫殿和陵墓建设征用了超过 70 万人[121]；将近 80 万名男性劳动力为后来的汉朝皇帝修建省道。[122]虽然这些古老的人力统计信息都是传说，但它们既说明了古代事业的规模，也说明了古代国王通

---

① 在历史的长河中，当国家的货币收入不足以支付人们的工资，或者劳动力供给短缺时，不同的政府都有征召过人力来建造公共工程。从 16 世纪到 19 世纪，徭役劳工在英格兰和苏格兰建造了地方道路，在殖民时期的美国和大革命前的法国也都使用过（徭役劳工）。尽管在 1946 年，国际劳工组织的一项公约宣布强制劳动为非法，但直到 20 世纪 50 年代早期，在比利时和法国殖民地的所有强壮男子都被要求每年提供 15 天时间的劳力修筑公路，或者向政府支付一定数额的货币。[119]

过徭役取得（非税）收入的程度。因为人力几乎都是免费的，古代世界建造寺庙、宫殿、都城和金字塔的货币成本远低于后来的时代。

　　如果一个人在他居住的地方为国王服务，他就要自食其力。例如，当一位印加皇帝征召大量劳动力修筑公路时，这些劳工被迫"自备食物和工具"[123]。然而，对于大型项目，国王会从远处招募人员。[124]如果政府不得不把他们从一个地方运送到另一个地方，国库就会提供食物和衣服。提供"每日 4 磅面包、2 捆蔬菜和 1 片烤肉，以及每月 2 套干净的亚麻服装"，超过 1 000 人工作了许多年，建造了埃及国王塞蒂一世（Seti，公元前 1318—前 1304 年在位）的坟墓。[125]他统治了 63 年，有足够的时间在从首都底比斯穿过尼罗河的帝王谷的石灰岩山上凿出一座宏伟的坟墓。坟墓里有 10 个大房间，与一百多码长的中央走廊相接。除了少数房间（显然在塞蒂一世死时还未完成），在所有房间的墙壁和天花板上满是色彩鲜艳的神像雕刻，以及对皇室成就的象形文字记录（穿插着丧葬文本）。那些住在大墓地附近的奴隶工匠，被禁止穿过河流进入阳世。

　　在古代城邦之前的部落社会中，集体劳动是所有身强力壮男性的共同责任；但是在古代政府，那些为国王服务的人除劳力以外实在没有别的东西可以支付，包括无地农民、罪犯和战俘。牧师和贵族免于徭役，有钱人可以用金钱或实物购买这种豁免。[126]一个重视条件平等的政权不可能实行徭役。

　　当中央政府软弱时，可能会出现逃税行为。在美索不达米亚的加喜特王朝时期，城市寻求并得到了义务的豁免，不再为服徭役和兵役提供人员。[127]当国家处于战争状态时，注册机制可能会崩溃；在动荡的周朝晚期（公元前 8世纪），许多中国男人离开了他们的祖宅，从一个省流浪到另一个省。通过这种方式，他们可能逃避服徭役，但省级政府发现了对他们征税的其他方法。[128]直到近代的 17 世纪晚期为止，历届埃及政府一直要求农民从事义务劳动；但是，在古代世界的其他地方，一种以实物或货币形式支付的人头税或家庭税，逐渐取代徭役成为一项收入来源。在唐朝（600—900 年）以后的中国，在封建日本（直到 1868 年）和孔雀王朝的印度，政府每年都要向每个身体健全的男子或每个符合条件的家庭征收税款。

　　在埃及和美索不达米亚，省长的地方代表执行劳工普查和征兵工作。在中国汉代(公元前 200—200 年),每一个地区的贵族家庭记录每户人家的贡献。每位成年男性每年必须付出一个月的时间去劳动,在紧急情况或特殊征召时,还要付出更多时间的劳动。那些年龄在 19 到 21 岁的人,在他们家附近建造公共工程;22 到 24 岁的年轻人,要在当地的民兵组织里待一个月;在二十四五岁时,一个人可能要跟随军队被派到偏远地区。[129] 在封建日本和孔雀王朝的印度,村落首领们保留了强制劳动服务的记录;他们对符合条件的人口进行了普查,并要求每个人在轮到他的时候按规定时间工作。例如,在 19 世纪的日本农村,每个家庭每年需提供相当于 40 个工作日的人工——相当于抵扣 10 天劳动税、10 天材料生产税,以及 20 天土地税。[130] 唐朝时,每一个中国家庭的男性每年必须为公共工程提供 20 个工作日的劳动,闰年还要额外增加 2 天;然而,如果有一名家庭成员自愿服务 30 天,那么整个家庭就可以免除一年的服役。[131]

　　除了劳动服务之外,古代世界的基本税种,也是最大的收入来源,是"什一税",是对农业产品按固定比例评估征税。虽然我们没有古代的税收统计数据,但据一位东方学者估计,在中国唐朝,80%～85%的政府税收收入都是用谷物来支付的。[132] 考底利耶建议孔雀王朝的国王从人民那里获得收入,就像农民收割庄稼一样。"正如每当果实成熟时从花园中采摘果实一样,税收也应在成熟时收集。"[133] 在美索不达米亚,在产犊和剪羊毛之后,政府命令牧人们去首都结算他们的账户;各个城镇都被要求提供特定数量的小牛、羊羔和羊毛,或者用货币代替支付。渔民和猎人支付他们捕获猎物的一定比例,而农民则支付他们产出的固定份额。在其他的古代社会,税收是在收获后才到期①,并且以当地的主要作物形式支付——在中国和日本是大米,在埃及是小麦,在印度是各种谷物和农产品。

　　税收征收率是很高的。据圣经记载,埃及农民将土地收成的 1/5 支付给法老。[135] 印度孔雀王朝的国王们占有每种作物的 1/4 产出。[136] 美索不达米

―――――――――

　　①　在埃及,每两年征收一次税,直到中王国时期(古埃及十一王朝时期),后来转变为年度征收。最初的做法源于国王每两年亲自沿尼罗河逆流而上航行,收取他的税款。后来证明通过省级官员收集税款更加实用,这可能是法老左塞尔建立省级组织的部分理由。随着行政管理机构的建立,政府可以在每年的三个收获季节后征收税金。[134]

亚的百分比较低,政府拿走收成的 1/10 和每一畜群的自然增长部分。但是,征收比例偶然也会提高到 1/5、1/4、1/3,有时是一半。[137]在中国周朝,存在着地区歧视[138];那些居住在首都或首都附近的人支付的税收相对较少(农产品的 1/20),而在偏远省份,封建诸侯不得不为中央政府收取该地区产出的 1/5~1/4 的农产品。① 一首可以追溯到西周时期的诗,唤起了农民耕种者对税吏要求的放弃:

> 硕鼠硕鼠,
>
> 无食我黍!
>
> 三岁贯女,
>
> 莫我肯顾。[140]

在美索不达米亚的城镇,统治者还向商人和工匠征收定期税(以货币支付)。商人公会是巴比伦国王一项丰富的收入来源,国王要求获得商人收入总额的 1/3 到一半;也许这就是为什么那些统治者能够负担起以低于其他古代政府的税率向农、牧民征税的原因。[141]

在古代世界的农业文明中,虽然基本税收是谷物,但也可以用大宗商品、纺织品、珠宝和贵金属,以及早期的货币形式来履行纳税义务。在埃及十八王朝,国库接受黄金、白银、珠宝、牛和亚麻形式的支付。[142]在孔雀王朝的印度,商人们用硬币支付。国王的仓库里也存放着各种各样的食物:小麦、大米、豆类、糖、盐、油、醍醐、蜂蜜、水果、蔬菜和香料。[143]在中国的周朝,可以用丝绸或硬币来支付[144],而山区的居民则用更为奇特的商品——野生动物的毛皮、犀牛角、象牙和稀有鸟类的羽毛——进行支付。[145]中国古代商朝(公元前 2 世纪晚期)的天子们不只是在京城等待进贡。与中世纪欧洲的国王们所做的一样,这些统治者在他们所辖的省份"狩猎探险",当他们旅行的时候,依靠臣民和收集礼物为生。[146]

当财源短缺或者在紧急情况下,国王可能会选择性地增加正常的实物税。考底利耶建议孔雀王朝的国王们要求农民额外贡献 1/4~1/3 的农作物,并让农民们为政府种植额外的农作物,违者会被处以罚金。他的建议反映了一个

---

① 后来,在汉代,农民们支付的份额更小,先是 1/15,然后是 1/30。[139]

人的实用主义：既要加速大型企业的发展，又要从人性的弱点中获取收入。那些执行有用的国家职能——如建设防御工事、花园、建筑和道路，以及开垦荒地和开发矿产资源的人，和那些住在王国边界的人，可以豁免缴纳附加税，而演员和妓女们则要向国王支付一半的工资。对放债人的敌意，也为利润提供了合理的借口；考底利耶建议，没收金匠的全部收益，"因为他们在假装诚实的同时进行着欺骗性的交易"[147]。

除了定期征税和特别征税（正税和临时税）之外，古代统治者还对从一个地方移动到另一个地方的人和商品评估征税；他们在王国以内征收通行费，对进口商品征收关税。[148]臣民们还向寺庙定期贡献，并在诸如王子出生[149]或国王来访他们地区等国事场合，缴纳特殊税。[150]古代政府也有一些非税收入来源。如果一个人去世时没有继承人，统治者就会充公他的财产，就如同一个人被判有罪时所做的那样。[151]

在财产不被完全充公的情况下，税收随着个人资产的不同而不同。很久以后（在现代的18、19世纪），这一社会分化的原则将在按个人能力或支付能力负担税收的原则中得以重现。在古代，政府似乎援引了一个平行的原则：税收根据政府让人民支付的能力而变化。

在古代世界几大文明之间逐步形成的税收制度的相似性，至少在一定程度上是由技术扩散引起的。当亚历山大大帝征服印度时，以前隔离社会之间的接触可能有助于将埃及的行政管理技术转移至孔雀王朝。中国的财政管理制度被输出到了日本。也有可能在埃及、美索不达米亚、中国、中美洲和南美洲前哥伦比亚文明中独立出现的税收形式，仅代表了在农业社会中运用基本的技术和组织能力，而且在仅使用有限货币的情况下，解决征税问题的最简单方法。16世纪的西班牙征服者在墨西哥发现了一种强制劳动税，非常类似于公元前2世纪中国汉朝的徭役。[152]在阿兹特克帝国（the Aztec Empire），没有财产的人每周都要为蒙特祖玛（Montezuma）工作一天。目前陈列在墨西哥城人类学博物馆里的《门多萨法典》（The Códice de Mendoza）是一份地籍调查，它逐条列记了在其领地里每个村庄的实物贡献。在这些遥远时空的文明中，类似的行政管理手段提供了政府服务。

税收和道德:偏袒和豁免

在高度分层、以农业为基础的古代社会中,支持政府的重担不合比例地落在了穷人身上。农民被束缚在土地上以劳役偿债或者被奴役,他们以实物形式缴纳了最大份额的税收,并提供了所有的强制性劳动服务。年复一年,农民们将其收成的 1/10~1/2 贡献给了国王的代理人,这些代理人在庄稼被运到打谷场的时候征税。当洪水、干旱或虫害等灾害使农作物减产时,拖欠的付款就会被延期,等到下一次好收成时再全面征收。如果一个人没有东西交给征税者,他可能没有办法,只能把他的妻子或女儿卖作奴隶来缴纳税收。[153]

纳税绝不可能是自愿的。从埃及古王国坟墓石头上的浅浮雕,我们看到了国王的代表,手持棍棒,驱赶着不情愿的纳税人去与国库官员清算(见插图6)。[154](其至晚到 19 世纪的近现代,埃及农民还是会抱怨他们在支付前遭受了多少打击。[155])

从古代中国和印度流传下来的伦理戒律体现了平等主义的原则。因此,一位智慧君王的施政应该用仁慈来调和;从原则上讲,臣民服务和支持统治者的义务应该通过考虑臣民的支付能力来予以调和。当孔雀王朝的国王要求额外征税时,只有灌溉地的所有者不得不支付更多的税:国王"永远不能要求增加那些以中等或低质土地为生的臣民的税收……否则他们会不足以维持生存"[156]。印度商人如果有钱就会付更多的税;经营奢侈品的商人支付的税率高于销售普通家庭用品和食品的商人。[157]但是在大多数古代文明中,某些受优待的阶级完全被免除了税收。例如,在中国,孝顺的子孙、忠诚的丈夫和忠贞的妻子,以及那些"谦逊和善良地生活,受邻居们敬爱"的人不需要支付税收。老人、病人、被流放的人,以及"功勋卓越的臣民"和知识渊博的学者们的子女,也都被免除了税收。[158]我们并不真正理解这些特殊分类的功能,也许它们只是作为偏袒的一个幌子。

埃及古王国的王室法令允许寺庙豁免税收和其他臣民义务。这些豁免的清单很有启发性,因为它举例说明了人民被要求为国王提供什么:为皇家的建筑工程提供徭役劳动以及为王室所属土地提供田间劳作;当王室使节及其随行人员在王国旅行的时候,为他们提供食物和住所;就牛、皮革、树木和水坑纳税。[159]尽管纵观古埃及历史,法老们一直向寺庙慷慨捐赠,但在新王国时期,寺庙处在了一个特别受优待的位置。寺庙的财产被免除了所有税收,而且任何试图侵犯寺庙财产的官员都会面临惩罚性的制裁。所有被挪用的财产都必须归还给寺庙,而且有时为了安抚祭司和神,冒犯者们还得付出百倍的赔偿。[160]在祭司和贵族们免除税收的情况下,支持国王的重担就落在了其余民众身上。

意识到惩罚性税收最终会损害国体,印度国王们会对那些过度收税的官员处以罚款。从考底利耶那里我们了解到:"谁让收入翻倍,谁就会侵蚀这个国家的活力。如果他把双倍的数额交给国王,且罪行不大,他就会被警告不要再犯同样的错误;但是如果他的罪行严重,就应该受到相应的惩罚。"[161]埃及第十八王朝的一位法老哈伦海布,会对敲诈勒索处以严厉的惩罚。一名被发现犯有向穷人要求过度支付罪行的税吏,被判决切掉了鼻子,并且被流放到阿拉伯沙漠的一个荒凉的边境定居点。[162]在巴比伦,税吏们有时会把税率提高到1/3甚至一半。公元前16世纪,阿米杜卡(Ammisaduqa)国王颁布了一项法令,禁止征税人员使用武力,并取消了纳税人的债务。在第三个千年的后半期,拉格什的乌鲁卡基那国王的改革也针对"寄生"税吏的敲诈勒索,并旨在让他的臣民"恢复自由"[163]。一名古代的书记员记录道:"从土地的一端到另一端,没有税吏。"[164]

虽然印度的国王们试图保护纳税人免受税吏勒索的影响,但税吏们还是会通过各种各样的非法手段来提高收入,这些手段从简单的虚假陈述到精心策划的托词、间谍活动和直接没收。孔雀王朝公共财政中的道德显然是机会主义的。为了维持统治者的权力,任何提供收入的手段都是合理的。考底利耶列出了各种各样获取收入的不正当手段:如果一个失败了,另一个则可能成功。这份列表包括消极的制裁、积极的奖励和对人类各种情感的诉求——虚荣、贪婪、欲望、无知、迷信和恐惧。它唤起了我们对时代的回忆,因此我们把它详细地记录了下来。

考底利耶清单:在需要时增加收入的不正当机制

税吏们一般会假借名义向市民和村民们寻求捐献,人们应公开支付可观的捐赠,并且以此为例,国王可以[同样]要求其他人(假扮成公民的间谍）应该斥责那些支付较少的人……那些自愿或有意行善的人，将他们的财富奉献给国王，将被授予在朝廷中的头衔、一把雨伞、一个头巾或一些装饰品，以换取他们的黄金……

或者在某个夜晚设置一个神或一个祭坛，或者开启一个苦行者的圣地，或者指出一个邪恶的预兆，国王可以用举行游行和集会[以避免灾害发生]的名义来收取维持生存费……或通过引起公众恐慌，由于城里有邪恶的灵魂降临在树上，那里藏着国王的间谍们在制造各种邪恶的噪声，在苦行僧的幌子下，可以收集到钱财[以安抚恶灵并把它送回去]。

或者，奸细们可以召唤观众去看一个与地下通道连接的井，里面有一条有无数蛇头的大蛇，并从观众那里收取观看的费用。或者，他们可以在一个钻孔里……在神庙的一角，或者是在蚁丘的洞里放置一条眼镜蛇，通过节食使它失去知觉，并召唤轻信的旁观者去观看[在支付一定的费用后]。对于那些天生不易上当受骗的人们，间谍们可以喷洒或者给他们喝混合了麻药成分的圣水，然后将他们的无意识归于神的诅咒……

在贞洁女子的外衣下，妓女奸细可以使她们自己倾心于那些扰乱治安的人。只要在女奸细的住所内发现了那些煽动叛乱的人，女奸细很快就会被逮捕，而且她们的财产也会被政府没收。或者当同一家庭中任何参与煽动的两方之间发生争吵时，之前曾为此目的而雇用的投毒者可以对其中一方施毒；而另一方则可能会被指控犯罪并被剥夺财产。[165]

然而，国王们的困境依然存在：征税太低使得国家陷入贫困；征税太高使得他们的臣民穷困潦倒。中庸之道仍然难以捉摸。

古代世界的财政管理

虽然以实物形式征税和用商品偿付债务并不是现代意义上的预算，但古代世界的财政管理采用了现代财政制度中使用的若干决策标准。现代预算是分配加控制。控制可能无法实现，但这一直都是事实。在短期内，现代政府每年出于大致相同的目的分配资源；由于许多义务是固定的，所以各种用途的可用资源比例保持相对稳定。预算管理人员通常会试图在他们的营业账户中保持"松弛"（slack）——超额资金，以提供应对意外事件出现的缓冲。预算决策根据对预期收入的预测做出（尽管过去和现在它们不一定会受到影响）。

古代政府的中央财政管理似乎也按照类似的决策规则运作。为了保护他们的人民免受饥荒的永久威胁，国王和财政管理人员试图积累盈余。考虑到农业生产，他们试图预测收入。而且他们还努力维持收支账目，以限制腐败带来的损失。在埃及、美索不达米亚、中国、日本和印度，地方行政人员详细记录了人口、土地所有权和每一块土地的生产力。当地的人口普查记录和地籍调查使政府代表能够对每个地区的预期收入做出粗略预测。这些记录也确保了最大化收入，因为如果一个纳税人试图宣称收成微薄，官员们可以引用过去几年他的生产力记录，以确定对他现在农产品的留置权。

在埃及新王国时期，以及在孔雀王朝的印度，为预测收入，财政部搜集了地方记录。由于知道了每个村庄预期的纳税义务，政府会计人员将村庄的账目汇总成了一个全国性的登记册①，定期呈交给国王，以便他可以评估王国的财政实力。当这些累积的账目与财政部对商品库存和支出的详细记录相匹配时，收入预测使得古代国王能够制定粗略的预算。根据考底利耶的说法，为了进一步帮助精确预测，埃及的法老们一直在记录尼罗河的水位，而且印度孔雀王朝的总收税官 sannidhata（宫廷大臣）还测量了降雨量。由此，他颁布法令："在仓库前立一个碗，碗口要有一个阿拉特尼（aratni）[（24angulas，度量距离的一种尺度]那么宽，作为雨量计。"[167]

在印度、埃及、美索不达米亚、中国和日本，农业税依土地质量的不同而不

---

① 虽然古代世界的记录保存需要投入大量的劳力，但累积的计数不可能非常准确。埃及祭司用的数字符号和在古代中国及印度使用的数字系统都是密码系统。在这个系统中，每个数字单词的首字母被用作这个数字的符号。由于没有零的概念，这些数字系统使用了许多不同的符号。

古代的书记员用算盘来简化计算。最初的算盘是一个撒满沙子的木板，在上面画出单位列和十位、百位和千位列。在每一列中放置鹅卵石、贝壳、竹棍或玻璃珠的计数器，以显示单位数量，这些单位在计算时可以添加或减去。随着时间的推移，一种覆盖蜡的石板，以及后来在表面刻上线条的桌子取代了沙子。算盘在欧洲的部分地区一直沿用到近代 17 世纪，在东方则仍然被使用。[166]

同。对灌溉地和干旱地、肥沃的土壤、贫瘠的土地、森林和果园按不同的税率征税。为了确定土地税的责任，村干部每年进行一次农业普查，测量并登记其辖区内的总面积——行政单元内所有地块的质量、土地所有权和收入评估。[168]这样的地籍调查在每个文明中的实施方式不同。在埃及，当玉米开始成熟时，"由两个书记员测量土地，他们分别是'拿（固定）绳子的人'和'拽（延伸）绳子的人'"，而且根据已获得的数据，将按每一 aurora（100 平方米，大约 2/3 英亩）的玉米蒲式耳或袋数进行评估。[169]在印度，税收用各种各样的农作物支付，土地分类方案更为详细。为了确保所有国家应得的收入被征集，戈帕通过"对耕地和非耕地、高地和低地、花园、果园、甘蔗园、[村里的]丛林、宅基地、圣地、神殿、筑堤防护的水库、火葬场、用于分配救济品和饮用水的地点、牧场和道路进行编号"以清点所有土地[170]。这些信息被记载在一份登记簿上，成为土地所有权和税捐收入的永久记录。

当地官员还进行了年度人口统计，以确定徭役和人头税的责任。印度的戈帕登记了每个家庭的人口数量：性别、年龄和职业（无论是耕种者、牧民、摊贩、工匠、工人或是奴隶），家畜的数量，以及每个家庭以前每年以现金、无偿劳动、通行费和罚款形式支付的税收贡献。① 在埃及，国王的代理人还对畜群实施了统计调查，以确定实物税的责任。[172]在埃及和美索不达米亚，每年的人口普查是一年中最重要的事件。[173]中国人从周朝开始定期进行人口普查。[174]

在埃及，大维齐尔监督着财政管理的方方面面。在新王国时期，国家被划分为两大行政区，所有来源的收入都流入了南方维齐尔在孟菲斯（Memphis）的财政部（金库），一位著名的埃及古物学者描述了他的财政职能：

> 要征收的所有税款和已征收入的分配都由他的办公室做出决定。他的办公室一直保持着收支平衡。为了控制收入和支出，所有地方官员每月都向他提交一份财政报告，这样南方维齐尔每月都能

----

① "……将房子编号为纳税的或不纳税的，他不仅应当登记每个村庄 4 个种姓的居民总数，而且应当记录耕种者、牧牛者、商人、工匠、劳工、奴隶，两足动物和四足动物的确切数字，同时确定可以[从每家每户]收集到的黄金、免费劳动、通行费和罚款的数量。他还应当记载驻留在每幢房子里的年轻人和老年人的人数，以及他们的历史、职业、收入和支出。"[171]

向国王提供一份皇家金库预期资源的完整报告。税收是如此依赖于洪水的高度以及随之而来的富足或收成不足的前景,现在仍然是这样,因此上涨的河水水位也要向他报告。[175]

大维齐尔从各种来源获得收入:土地税和人头税,来自寺庙国库的支付,以及被征服人民的贡品。在书记员的帮助下,维齐尔试图预测未来收入并控制支出。在新王国时代强大的君主统治时期,大维齐尔和他的下属——首席财政官,每天都在与这位积极参与财政管理的法老保持联系。[176]

监督财政管理是印度孔雀王朝国王们的主要职责之一。考底利耶建议国王"永远保持警觉"[177],每天留出部分时间检查收支账目,听取大臣们的(报告)并接收黄金。[178]"他应该对那些外部的和内部的收入,甚至是持续 100 年的收入都有透彻的了解,以便当他被问及时,可以毫不犹豫地指出满足开支后净余额的确切数字。"[179]

古代印度的政府财政管理表现出现代预算制度的几个特点。就像宫廷大臣的原始雨量计代表了一种粗略收入预测的尝试,他的百年记录同样也代表了过去控制支出的努力。印度孔雀王朝的国王们或多或少将资源系统地分配给了传统用途。他们将收入的固定份额(见以下列出的内容)支付给了"国家开支的主体"。

印度孔雀王朝的预算类别包括以下用途的资金:

1. 在祭拜神灵、祖先和赠送礼物的场合吟诵吉祥的赞美诗;

2. 在吉祥祷告的场合由祭司送出的礼物;

3. 皇室后宫;

4. 皇家厨房;

5. 用于……信使们的费用;

6. 皇家库房;

7. 军械库;

8. 商品仓库;

9. 森林产品的仓库;

10. 国家工作坊(造办处);

11. 强迫劳工;

12. 维持步兵、骑兵、战车和大象；

13. 国家的畜群；

14. 野兽、鹿、鸟和蛇的博物馆；

15. 存放木柴和饲料的地方。[180]

印度孔雀王朝的国王们有一份将收入的固定比例分配到主要开支上的正式预算。根据一本中世纪关于政治理论的专著——《修竭罗政术论》(the Sukraniti)的说法，收入的一半应支付给军队；1/12 用于购买礼物；1/12 用于支付政府部门领导的薪水；1/12 用于国王的个人支出。剩下的 1/6 将保留在国库作为盈余。[181]

中国汉代在确定人头税税率之前，官员们就试图通过制定一个粗略的支出预算来确保足够的财政收入。中国的官员们采用一种类似于现代预算拨款的古代分配技术，将特殊类别的收入 ——对山脉和水道、公园和湖泊，以及市场和商店征收的关税——分配给特定的人，这可能是为服务付费。[182]

由于古代的国王们对不利环境几乎无法控制，因此他们积累了大量盈余以抵御随时可能出现的饥荒威胁。关于"约瑟在埃及"(Joseph in Egypt)的圣经故事说明了一位国王(或者至少是他的顾问)的远见。古代和中世纪的中国皇帝们一直保持着一个恒定均衡的省级粮仓网络，并在沿着主要道路、水路的战略要地和帝国边境设有分支机构。虽然主要目的是为了通过向军队和饥荒时期的人口提供持续不断的粮食供应，以减少不确定性，但皇帝也想要通过这种方式影响粮食的价格。

当收成充裕时，国家以低价买进粮食并储存起来，从而提高生产者在市场上获得的价格。当粮食短缺的时候，政府以慈善捐助的方式将存储的一部分粮食分发给饥饿的人们，并将剩余粮食以低于当前市价的价格出售。虽然帝王们的目的只是为了以更低的价格为人民提供食物，但他们的市场运作也必然是国库利润的一项来源，因为粮食售价超过了最初的成本。只要这些经济活动在国王的官僚机构内部作为独立企业运行，服从其劳动分工，他们就仍然保持了等级制度。只有当皇家的谷物收购和转售产生了一类独立于皇室的放债者阶层时，市场关系才会改变等级制度。

渐渐地，粮仓的主要功能发生了变化。由于在收成好的年份积累了盈余，官员们开始向那些不幸的生产者发放有息贷款,这些生产者消耗了下一季种植所需的谷物。到公元9世纪,恒定均衡的粮仓已经从公益慈善机构转变为农业银行。[183]

维持巨额盈余是孔雀王朝公共财政的一项首要原则。考底利耶告诫说:"关于这些储备品……收集起来的一半将保留备用,以防止人民遭遇自然灾难,只有另一半被使用。旧的征收物应该被新的供应所取代。"[184]国王试图通过奖罚制度刺激经济。一个明智的征收者应该"增加收入,减少开支"[185],在价格上涨时出售国王的储藏获利,并且勾销那些用于造成不可挽回损失的"不幸事业遗迹"上的开支。[186]

考底利耶建议印度国王将总收入的1/4用于公务人员。实物形式的薪金规模将依据每个人的服务而定。详细的职业分类提供了按等级计算的报酬,这一报酬既要能给工作注入热情,又要能够保持持续的忠诚。①

经济原则支配着对实物收入的管理。一套精细的质量控制系统详细规定了从仓库分发的食物种类和数量,以支持国王的人和动物。②考底利耶的建议体现了财政管理的组织原则,为资源控制提供了指导。他所描述和要求的分项预算(line-item budget)支付某一职位的报酬很多,给另一职位的报酬很

---

① 以下是印度孔雀王朝职业分类的一些例子:

"献祭的祭司、教师、大臣、牧师、国王的母亲和王后,每人每年将收到48 000帕纳斯(panas)。有了这么多的生计费用,他们就不会屈服于诱惑,也不会感到不满。

"王子、王子的保姆、警察局长、镇长、法律或商业主管、工厂负责人、部长理事会成员、乡村和边界的监督者,每人每年将收到12 000帕纳斯。有了这些收入,他们将成为国王事业忠实和有力的支持者。

"军事组织的首领,大象、马匹、战车和步兵首领,地方长官,每人每年将收到8 000帕纳斯。有了这个数额,他们就可以在自己的社区拥有大批追随者。

"预言者、预兆的读者、占星家……讲故事的人、吟游诗人、祭司的随从,以及各部门的所有主管,每人每年将收到1 000帕纳斯。

"训练有素的士兵、会计人员和作家、音乐家,每人每年将收到250帕纳斯。这些人中,吹奏喇叭的人将得到其他人工资的两倍……

"'国王尊贵的玩伴、赶象夫、魔术师……'根据他们的功绩,应该每人每年获得500~1 000帕纳斯不等的酬金。"[187]

② "……10个adhakas的稻谷适合作为幼象的食物;11个adhakas适合坏脾气的大象;10个adhakas……适合训练用于骑行的大象;11个adhakas适合军队的首领们;6个adhakas适合王后和王子们;还有5个adhakas……适合国王们。

"1/6prastha的supa适合一个男人;而上述油量的一半将会为低等种姓提供一顿饭。

"同样的配额减少1/4,会提供一名妇女一顿饭;而上述配额的一半给孩子们。"[188]

少,这是对等级制度的模仿。

贪腐控制

古代的国王认为人性是卑劣的。如果不加以控制,天性自私自利的人就会攫取比他在国王收入中应得份额更多的东西。"就像你不可能尝不到在舌尖上的蜂蜜或毒药一样,一名公仆不可能不侵吞掉国王的一点收入。"[189]这些统治者试图设计出一套激励结构和控制网络来防止贪婪。他们相信,一整套制度对于控制贪欲至关重要。

在一套控制结构中,仔细挑选政府公务人员是必不可少的第一步。通过任命富有的人,从年轻时就挑选和训练他们来管理政府财政,君主们希望防止他们在其开支上自谋私利。国王们总是惧怕阴谋或背叛会削弱他们的控制,他们并不仅仅满足于从贵族中任命财政部部长①,而且一直对忠诚度的测试保持警惕。考底利耶建议,印度孔雀王朝的国王们在选择财政部部长时使用"欲望测试"。其执行方式如下:

> 一个伪装成禁欲者的女间谍在国王的后宫中备受尊崇,她可能会一个接一个地诱惑每一位首相,对他们说:"王后倾心于你,已经为你进入她的房间做出了安排;除此之外,获得大量财富也是必然的。"……如果他们放弃了这个提议,他们是纯洁的……那些在金钱诱惑下被测试过纯洁性的人,应当被雇用从事收税官和宫廷大臣的工作。[191]

一个能抵抗王后示爱诱惑的男人可以被信任来管理国王的财富。中国和晚期罗马帝国的皇帝们甚至很少去冒险,他们经常雇用宦官担任财政部部长。

汉朝建立吏治制度时,行政官员们只能得到很少的工资甚至没有工资,但允许将一定比例的实物收入用于个人使用。戈帕是印度孔雀王朝的地方官员,他们也从收集到的农产品中获得一定比例作为服务的回报。这一比例分别为1/16、1/8或1/6,具体取决于该地区的生产力。[192]日本人采用了中国的财政管理制度,按照从每个家庭收集大米的一定比例来奖赏世袭的地方官员

---

① 政治分析家怀疑他们的研究是否会使其变得保守,他们也许会考虑以下这条建议:"任用那些精通政策科学的新人为大臣……,这样的新人会把国王视为真正的权杖持有者,不敢冒犯他。"[190]

（大名，daimyo）。皇帝通过定期发放丝绸布料来增补这种生活津贴。[193]在孔雀王朝的印度和封建日本，支付固定的和相当大比例的税收给地方税官，是防止其侵吞的一种手段。显然确实如此，但这些支付也培养了一种独立的精神。

这种非正规的补偿方法还有其他缺点。在中国这样的多层次官僚机构中，所有州政府官员拿走他们的份额后，留给中央政府的就所剩无几了。等级结构是昂贵的。对征收者来说，实物支付也有不利之处，因为在短缺时报酬会大幅减少。中国的帝国官僚机构对其官员的适度补偿做出了独特调整。当货币成为正常的交换媒介时，实物支付就被取消了，只留下少量的工资作为服务的报酬。随后，帝国官员们用一种被称为"佣金"（squeeze）的货币来补偿自己。在税收征缴的每一个环节——地方、省和国家，每一位官员都向纳税人索取了一笔非正规、超出法律规定的付款。这种有偿服务和制度化贿赂的组合，成为中国财政管理的一种常态。

与任何一种部分基于个人主观能动性的薪酬制度一样，中国的方法为官员欺诈百姓提供了多重机会，并且有利于富人而不是穷人。一位土地所有者（地主）能够购买其纳税义务的减少或彻底免税，而将税务负担留给那些无力支付贿赂的人。由此导致的腐败现象曾是古代中国财政管理的特征。[194]

在古代政府中，以一种行政资格为国王服务是高度个人化的行为。一位被任命的官员基于履行或者未能充分履行指定的职责，对国王负有同样的责任。上级官员对下属的行为负责。然而，随着帝国扩张扩大了埃及、中国和印度等古代王国的疆域，被任命的官员无法亲自向国王汇报。原始的交通和通信网络阻碍了联系。一位国王能够采用什么样的策略来确保行政管理部门诚实可靠？为了补充对廉洁政府的激励，古代统治者设计了一套控制机制，以维护统治避免贪污。

最常见的控制机制存在功能重复、人浮于事。在沟通不完美的情况下，如果一位被任命的官员知道他的诚实正受到另外一位执行同样任务的官员审核，他就更有可能将国王的利益放在首位。这需要大量办事员、书记员、过磅员和监督员来处理作为税收支付的大量商品；但是由于一位官员检查了另一位官员的工作，官员数量的增加也起到了财政控制的作用。

随着财政管理任务变得日益专业化，古代的统治者们试图通过授予政府监察官监督的权力来检查渎职行为。在埃及中王国时期,法老从中央政府派出监察员,居住在埃及各省的省级总部。[195]中国汉朝的巡视员遍访各省,并将关于省级行政人员廉洁诚信情况的报告带回首都。[196]印度孔雀王朝的财政管理建立了金字塔式的权威。[197]然而,仅仅有政府检查人员的存在并不总是能够确保诚实,因为这些人并没有实权。作为中央政府的代理人,他们的功能只是通过威胁官员要报告国王来诱导诚实行为。

为了确保省级官员代表帝王的利益,中国汉朝不允许地方财政官员在他们自己的家乡任职。[198]埃及十八王朝的强大法老哈伦海布还提供了特殊的激励措施,防止他的巡视员队伍被腐化:

> ……哈伦海布对他们十分慷慨。他们每月都要到外面去视察几次,要么是在他们离开前,要么是在他们刚一返回时,国王在宫廷为他们举行盛大的宴会。法老本人出现在阳台上,称呼每个人的名字,并把礼物抛掷在他们中间。在这些场合,他们还会得到大量的大麦和斯佩耳特小麦(一种谷物),而且"没有一个人一无所得"。[199]

为了控制各省官员的腐败行为,哈伦海布试图通过起草一系列法令,对例如侵占税款、挪用法庭罚款,以及向士兵和军官发放伪造工资券等常见犯罪行为实施惩罚性制裁。[200]法老走遍了整个王国,以确保新法律得以实施。

印度孔雀王朝的国王们试图通过提供奖励和严格惩罚来引导健全的财政管理。一名官员如果为政府部门增加了收入,就会得到所增加收入的 8 倍作为奖励;如果收入下降,他将支付相当于损失额 8 倍的罚款。[201]考底利耶列举了管理不善的原因,其中包括无知、软弱、懒惰、胆怯和贪婪。[202]他的法令规定,对管理不善的罚款应与罪行的数量成比例。[203]一名官员可能因"刮掉"或"吞掉"国王的收入[204],或有 40 类挪用公款行为中的任何一项而被罚款。在这些行为中,考底利耶列举了簿记中各种各样的简单错误,以及通过虚报占用资金的技巧。

> 把早先实现的收入登记到后面(例如水稻);把后来变现的收入登记到前面(如晚熟作物、小麦等);把难以变现的(从婆罗门征收的税)显示为已变现;把全部征收登记为部分征收……陈述和实际完成的工作的不一致(就像船监侵占了渡船费,却伪辩称在某一天只有婆罗门过了河);使用伪造的度量衡;在

清点物品时弄虚作假[等]。[205]

因为"享用"国王的珍宝或其他有价值的物品,一名官员可能会被处死。[206]考底利耶认为政府公务员是"思想天生易变的,就像工作中的马一样,性情喜怒无常",他建议每天检查国王主要官员们的工作。[207]他们与国王商店之间的贸易提供了许多欺诈的机会。

如何发现挪用公款?这需要智慧:"就像在水里游动的鱼喝水不喝水都不可能被发现一样,政府公务员……不可能在为自己捞钱的时候被发现"[208]。印度孔雀王朝政府的每个部门都有一名会计人员,负责保留收入、支出和净额的详细记录。账目按规定格式保存;任何有偏差的职员都会被罚款,他的上司也是如此。[209]在新年的第一天,从各部门汇总的每日账目和年度净收入都会提交给国王审核。通过这种代表等级制度的审计,印度孔雀王朝的国王们旨在实施一套有效的控制系统。[210]

在中后期时代,埃及的法老们也有一套财政管理和全面审计制度;印度孔雀王朝的财政管理系统似乎是以埃及模式为基础的。但印度孔雀王朝的国王实施的控制措施则更进了一步,因为会计人员的总计要经过密探网络的核实或质疑,他们渗透到各级政府行政机构,并向国王汇报。国王任命了各种各样的密探,他们伪装成隐士、欺骗性的门徒、商人、学者、苦行僧或行乞的妇女[211],走遍整个王国,调查每一位任命的官员。部长、祭司、军队指挥官、法定继承人、后宫总管、总征税官、宫廷大臣、政府部门负责人和监督者[212]、地方税吏[213],所有人都受到了审查。为了保证确定性,印度孔雀王朝的国王遵循了冗余的原则。每一位官员都被3个密探调查(每个密探都有不同的伪装,他们中没有人知道其他人)。每个密探都向密探机构报告,该机构的官员有自己的密探来监视这些密探。"如果从这3个不同来源收到的信息是完全相同的版本时,则认为这一信息是可靠的。"[214]在像印度孔雀王朝这样的专制政权中,对侦测和报复的恐惧旨在强迫服从。然而,这种网络的存在本身就表明了腐败行为的普遍性。

存在一个富裕的中央金库是等级制度的明确标志。市场机制不会允许任何政府(区别于成功的私营企业家)变得富有。只有按照等级制度的原则组织起来的集体,如我们所描述的专制政府,才有中央国库。等级制度鼓励了中央积累和那些收集和分配社会财富的人吸取社会财富，这是对正当行为的偏离。

评估

弥漫在阿育王王国财政管理部门中的恐吓和暴力威胁是否带来了额外的收入，是值得怀疑的。在古代世界，支持任何政府的财政结构都是脆弱的。由于收入主要依赖于农业产出，统治者和个体耕种者的命运被自远古以来就一直困扰农业的不确定性所主宰。无论是农民还是国王，都无法指望定期的和经常性的收入。只有在下一次收获季节到来之前，才可以预见到事态的发展。

因此，古代的国王们积累了巨额的盈余，以防范意外发生。然而，在大多数人生活在生存线边缘的社会里，这种盈余实质上是一种浪费。即使在运输能力足以将国王的份额转移到中央仓库的地方，分配方法也常常不足以给需要的地方分配贮藏。在中国汉代，当饥荒在各省肆虐时，成堆的粮食却在首都腐烂。[215]大宗商品的储存既昂贵又麻烦；实物收入的收集、存储和分配，在某种程度上使国家卷入一项无法管理的事业。

对于分配问题，有一个看似简单的解决方案。税收收入可以在收集的地方储存并分配，以满足国王在当地的义务。这可能会减少运输农产品到中央仓库的损失，但随之国王会面临一个不同的、同样棘手的问题：如何防止遥远的地方官员各行其是？

在中国和日本，腐败被认为是财政管理的正常附属物。在封建日本的小规模社会中，一个软弱的或者没有野心、领土有限的君主能够容忍小规模的收入转移，如果税收豁免是定期的并且收入足够维持皇室的正常生活。庞大且地理上分散的古代中国帝国的统治则有着不同的策略。汉朝皇帝派遣野心勃勃的贵族（他们可能会威胁到皇室的控制）治理边远省份，行使实质上的行政自治权。作为管理广袤且遥远领土的成本，皇帝通过只接受象征性的收入或者根本不收[216]，有效地消除了一个野心勃勃的闯入者可能对其统治造成的威胁。然而，纵观中国历史，控制腐败的努力基本上是无效的。

在埃及和印度，控制收入和审计支出的尝试使政府卷入一项代价高昂的事业中，所需的努力产生了可变的回报。美索不达米亚的另一种选择是由包税人征集税收，对统治者的管理和控制能力提出了更小的要求。有了包税制，政府只需要一个相对温和的行政能力来协商合同并执行合同费用的支付。事实证明，包税制是对庞大中央集权官僚机构的一种可行的替代方案，新王国晚期的埃及采用了这一方案[217]，而且直到 18 世纪晚期的现代，许多不同政府都采用了这一方案。

"自下而上"的历史，甚至数据，在古代是不存在的。如果我们问民众从古代财政中得到了什么，只能进行推测。也许普通人获得了军事保护。或者，同样貌似可信的是，他们是其毫不关心的战争的最主要受害者。也许他们受到了保护，免受饥荒之害。我们确实知道税收和低生产率阻止了他们积累盈余。"用脚投票"是不可能的，因为没有地方可去。我们能说的是，政府在成长，扩大它的范围，划分和细分了它的职能。道德准则可能限制了政府的贪婪。对劳动力和产品需求的必要性可能限制了政府的敲诈勒索。但在当时的主要情况下，要么你在政府部门，要么你运气不好。

就普通老百姓而言，所有古代政权都是专制的。普通人既不能制定自己的生活准则，也不能改变它们。无论如何也不能限制其统治者的行动。即使"人民"不是法律上的奴隶，他们也可能是奴隶。奴隶制、等级制度和市场之间的差异，随着这些制度在历史发展进程中来来去去，不过是主人之间的不同罢了。

古代专制政治中的预算机制是社会组织的映射；古代政权等级森严，因此预算编制中的权力关系（谁从谁那里得到，以及谁给予谁）是完全不对称的。

为什么我们没有在市场或宗派制度中找到征税和支出的记录？也许这样的政权并不存在。然而，即使在现代，人类学家的工作已经揭示了在新几内亚、印度和非洲存在以竞标和议价为基础的社会。[218]不，我们怀疑只有那些规模庞大、等级森严的国家才会留下记录。这并不意味着等级制度首先出现在人类历史上，它是最初的制度，所有其他制度从这一制度中派生出来，或者分解进入这一制度。正如我们所看到的，古代等级制度有时确实会利用市场方法。

各种各样的社会秩序是可能的，但是，当它们出现时，等级制度比其他结构更大，因此比其他结构更容易被观察到，而且它们为后代保存了更好的记录。可以肯定的是，在古代国家，如果等级制度不是维持社会秩序的唯一解决方案,似乎也是主要方案。甚至像寺庙或粮仓放贷这样的市场活动,也要通过等级森严的僧侣和官僚关系进行调节和限制。在有记录的历史中,等级制度的出现似乎比任何其他政治文化都更为频繁。即便如此,基于结构性不平等的原则构建一个集体的方法也不止一种。

在种姓制度中,统治是通过分离实现的。例如,在考底利耶的指导建议下,婆罗门不仅将自己与从属种姓分离,而且也将自己从政治权力的直接行使中分离出来。神职人员依赖于下层阶级的社会和经济支持;而印度教教义反复灌输的从属原则反过来又帮助巩固了统治当局。存在着不止一种等级制度,但它们彼此强化,而不是为了争夺被排斥群体的青睐而相互竞争(其他神职人员统治的古代王国,想必是在世俗生活中彰显神的意志)。这种阶层划分的财政影响是对下级种姓征收高额税收,甚至提高对上层种姓的支出水平,以维持社会差异。[219]

所有形式的等级制度——阶级和种姓、简单的和复杂的——都在追求集体荣耀,这需要花费金钱。但是复杂的等级制度,包含了针对不同生活领域的不同策略,成本最高,因为"他们要支持更为精细的分级职位"。我们根据支出模式推算出明细支出账目,给每一个层次应有的价值。支出是很难减少的,因为每一个职位的人员的地位和职能(以及他们因此与其他人员和地位的关系)既是政府的花费本身,同时也是政府在他们身上花费多少的衡量标准。

这就是分化的开始。王室内部的事务得以分配,专业化出现。祭司的庙宇创造了他们自己的库藏并进行经济活动。他们也可以依靠自己生活。王室的官员们(无论他们基于地理还是职能提供服务,或者两者兼而有之)都系统化了他们的任务。他们发展了一些专业技术和自治权。这些王室权力的官僚工具不仅扩大了王权的影响范围,而且增加了它的开支,抽取了它的收入,并编织了一张约束特权的网。

革命和征服只是把不同的人放在了合适的位置上,并没有挑战等级制度的原则。等级制度之间的竞争已经开始。

附录:物物交换与货币交易

最早的货币被认为与宗教仪式有关。在遍布欧洲和近东、远东青铜时代的沉积物中,考古学家们发现了大量贝壳和各种类型适合个人装饰的金属环和螺旋状物品。这些物品在许多社会中经常出现,表明它们可能具有双重用途,既作为交换交易的价值储存手段,也作为个人装饰品。任何作为价值储存的物品也可以作为一种货币的原始形式。按照惯例,它可能成为衡量其他商品的价值标准。

在纯易货经济中,货物按其使用价值的比例相互交换。即使是在简单的易货交易中,对不同商品价值评估的困难,也导致人们采用一种共同的标准来衡量商品的价值。公元前 3000 年,来自美索不达米亚的楔形文字碑片显示,早期交易进行时就好像存在一套独立的价值标准一样。所交易的各种商品,参照一种共同的标准分别估价,这一共同标准似乎是由寺庙建立并由政府维护的。

在美索不达米亚,标准是相当于一蒲式耳大麦的古尔(gur)体积。大麦是该地区的主要谷物。其他商品的价值是根据他们所能带来用于交换的大麦古尔数量来衡量的。在任何涉及多项商品的交易中,仅结算商品总价值的差额。在其他社会的不同时期,各种主要大宗商品成为衡量价值的标准。例如,在 16 世纪中叶的刚果,价值标准是盐。一块特定尺寸的盐块(55 平方厘米见方,一只手掌宽的厚度)价值 3 只阉公鸡(capons)。3 块这样的盐可以交换 1 只山羊或绵羊,14 或 15 块盐可以换 1 头母牛,20 块盐可以换 1 个奴隶。比盐更为耐久的贝壳在远距离交易中被用作标准。同一时期,可可豆在玛雅神庙城市奇琴伊察(Chichen Itzá)充当货币。1 个南瓜价值 4 颗可可豆,1 只兔子价值 10 颗可可豆,1 个奴隶价值 100 颗可可豆。

当任何社会建立了这样一种习惯的交换单位,无论是大麦、盐或其他一些易腐物质的标准计量单位,交换都被大大简化了。商品的价值可以根据标准进行估价,并在市场上买卖。该标准还使得政府要求定期缴纳实物税更加容易。这些支付的价值可以按照以共同标准衡量的各种商品的习惯比率来评估。

随着金属作为标准,交易被进一步简化。出售或纳税的商品,可以以彼此为单位,按照实物形式的共同标准或者按照金属的共同标准进行估价。早期青铜时代考古学的沉积物中曾出土过铜、铅、黄铜、金、银的碎片,它们被制成大小和重量相似的条状、圆盘状、锭状和块状金属。这些金属碎片很适合交换，可能是最早的金属货币。

各种楔形文字和象形文字表明，这些金属碎片是在一座寺庙或一座城市的官方控制下被称重或测量的。正如某一特定寺庙用于支付实物税的谷物计量标准单位，可能会在其直接领土范围内被接受，用于交易的金属片的重量标准也可能由一座寺庙或一个城市建立，然后推广到周边地区。如果发行的寺庙或城市在粮袋或金属片上盖章，实际上相当于其官员保证了谷物的重量或（金属）鉴定的质量。

公元前 2000 年，在巴比伦、亚述古城、迦腻色（Kanish）和其他美索不达米亚的城市中，盖有城市印章的银、铜、铅条等被广泛使用。一块重 8 克的谢克尔银，价值 1 古尔大麦或枣（重 120 升）或两张半羊皮。

因此，虽然金属条货币的价值相对较高，而且只能用于大额支付，但它简化了寺庙市场的交易，因为人们需要经过长途跋涉才能在寺庙市场进行他们的交易。《圣经》里的一段话说明了金钱对贸易的有利影响："……若你的路途太长，以至于你不能携带它；或者如果那地方离你太远……那么你要把它变成钱，并且把钱绑在你的手里……而且你要用这笔钱买你灵魂所渴望的任何东西，买牛，或买羊……"[220]

适用于普通交易的小面额铜币出现在公元前 1000 年中期。铜币首先由吕底亚（Lydian）和爱奥尼亚（Ionian）等城市发行，在希腊地区迅速传播。在美索不达米亚的贸易城市，铜和银有十进制关系：100 枚铜币的价值相当于 1 谢克尔银。从那时起，造币开始在城市地区使用，但在农村地区很少出现货币经济。在农村地区，货币和实物的双重经济持续了几个世纪。

第三章　从共和国到帝国：古典雅典和罗马共和国及帝国的税收与支出

背　景

社会和经济条件

到公元前 6 世纪，地中海东端的阿提卡半岛（Attic）上建立了几个小型自治城邦；两个世纪后，在亚平宁半岛（Apennine）的罗马又出现了另一个城邦。在这些新的城邦国家，人民将权力委托给由部落长老组成的管理委员会，因此，它们的政治制度与古代王国的体制显著不同。其社会结构仍然保持和古代君主政体一样，有数量有限的有地贵族、一个军事阶级、一小群独立的地主和商人，还有大量的工匠和非熟练工人，其中许多人是奴隶。虽然在理论上，治理权分散在全体人民之中，但在实践中，财产所有权是公民身份的必要条件，妇女和奴隶都不能要求拥有公民特权或承担公民的义务。社会地位由出身决定，向上或向下的社会流动几乎是不可能的。

就像在古代君主制政体中一样，全体居民的生活都很艰难。在古典雅典，贵族和奴隶们都居住在雅典卫城下方狭窄、坑坑洼洼的肮脏街道两旁没有窗户的小屋里。多山的地形和干燥的夏季气候意味着食物从来都不丰富；饥荒的威胁是真实而持续的。无论是源于战争、儿童高死亡率，或者源于饥荒、疾病或事故，大多数人都英年早逝。由于平均预期寿命在 20 到 30 岁间[1]，人口数量保持稳定。

人们对当地神灵的信仰为充满不确定性的生活提供了稳定因素。每个城邦都至少有一个守护神，连同一座庙宇和它的祭司监督者。通过在那里做礼拜、贡献金钱或服务，以及参加许多节日活动，可以保证个人的神圣化。奥林匹克运动会和纪念当地神灵的戏剧表演主宰了公众的生活。

在希腊城邦和罗马，宗教和国家紧密相连，但不像在古代君主政体中两者是同义词。雅典娜神庙和在雅典阿格拉（agora，集市）的政府和政治中心在地理位置上都毗邻雅典卫城，但各自有各自的组织特性。和在罗马一样，雅典的寺庙和世俗政府都保持着行政和财政的自主权。雅典只有在发生紧急情况时才会偶尔违反这种自治，[2]比如从雅典娜神庙借款，但罗马共和国有一项法律禁止向寺庙提供贷款或向寺庙借款。

宗教与政府之间存在的这种共生关系，表现在宗教节日期间利用国家资金为城市贫民提供食物和娱乐。① 罗马帝国在面包和马戏团上的支出可以与雅典戏剧演出的奢华支出媲美，并且在游戏和纪念当地神的节日里分发免费的食物。

有限的农业生产力使得城邦国家依靠贸易或征服来生存。为了支持古典雅典的集中人口（估计将近 25 万人）[4]，必须从臣服的领土进口食物。[5]在意大利，过度耕种和被侵蚀的土地生产力有限的食物供应。自共和国后期开始，为罗马城提供食物一直是个问题。随着罗马人口增长到超过 100 万，用于维持居民所需的粮食越来越多地源自被征服领土，首先是从西西里进口，然后是北非、埃及和西班牙。[6]

就像现在一样，稳定的货币对海外贸易至关重要。虽然在公元前 6 世纪以前，小面额的硬币已经在埃及和近东用于商业用途[7]，雅典城邦还是古代地中海世界第一个长期维持稳定货币的政府。来自雅典附近劳利昂（Laurion）

---

① 几位雅典政治家对这种过度使用国家资源的行为表示了抗议。因此，狄摩西尼（Demosthenes）抱怨道："潘雅纳（Panathena）总是在适当的时候庆祝酒神节（Dionysia），在这些节日里，你花费的钱比用于任何一家海军企业的都要多……但当你派出一支舰队时，它总是姗姗来迟。"普鲁塔克（Plutarch）表示同意："如果计算雅典人在每一出戏剧上的花费，就会发现他们在……俄狄浦斯（Oedipuses）和安提格涅斯（Antigones），以及美狄亚（Medea）和厄勒克特拉（Electra）的悲剧上花费了更多财富，而不是用在了为了帝国和自由对抗野蛮人的战争上。"[3]

矿山的银支撑了阿提卡半岛的德拉克马(drachma),公元前5世纪后,它成为整个东部地中海盆地地区的价值标准。随着取得对周边城邦的军事胜利,雅典将其货币作为了经济专制的工具。臣服的国家不得不将其货币替换为按照有利于雅典人的比率兑换的雅典银币。[8]当罗马共和国的军队占领了由希腊人控制的领土时,罗马元老院引入了它自己的货币制度。

政治制度

在历史上的一个短暂时期,希腊和罗马城邦以共和政体的形式组织起来,以适应其公民中权势集团的偏好,而不是单一君主的意志。一种前所未有的治理方式,将严格的社会分层与竞争性的政治关系结合起来,取代了僵化的、截断的专制等级制度。在古代的专制政治中,所有的权力和权威都从顶端辐射下来。相比之下,在这两个共和国中,虽然由从世袭地主阶级中选出的高级官员组成理事会,拟订备选方案并执行所选政策,但也有一些权力的分散。在宿命论的政治文化中,通常没有发言权的农民、工匠和小地主也参与决策。[9]他们以某种不确定的比例批准或选择政策。根据传说,雅典最高法院[10]和罗马元老院都是在拥有土地的贵族篡夺国王权力的时候成立的。这种转变发生在公元前6世纪的雅典和大约一个世纪之后的罗马。

一小队政府官员协助委员会,并直接对他们负责。这些委员会制定了法律和法令,具体规定了国家将提供哪些服务:军事防御,民政和司法,公共建筑的建造和维护,提供诸如港口、道路及渡槽沟渠等重要的基础设施,以及对宗教节日的定期贡献。[11]在古代的专制统治中,国王的意志是不容置疑的法律,与之相比,共和国的委员会有时会对他们的行为做出裁决、改变和逆转,以回应来自公民的压力。在雅典和罗马,委员会都有权授予国有土地使用权,控制法院和军队,以及管理国家财政。

古典雅典的政府建立在希腊的城邦概念——即公民社区的基础之上。与现代的代议制政府不同,出生地点并不是公民身份的唯一标准;妇女、奴隶和没有土地的人不能参与公共生活。然而,在界定其公民身份的范围内,雅典的民主制度是新英格兰城镇会议的古代先驱;政府是由18岁以上的所有男性公民组成的大众集会。投票批准重要的国家政策——宣布战争或和平、赋予个人或州公民身份、投票放逐任何人，以及财政事务，例如授权世俗使用寺庙资金或征税，都要求达到 6 000 个公民（公民大会，Ekklesia）的法定人数。古代城邦国家的治理机构服务于有限目的：提供个体公民无法自己提供的集体服务，并在解决公民之间、公民与政府之间冲突时成为道德权威的来源。

由于一个庞大的机构只能就一般性政策达成一致投票，因此在雅典，一个规模较小的执行委员会负责处理日常事务。在公元前 5 世纪中期的民主改革中，公民大会创建了一个由 500 位公民组成的循环委员会，即"五百人会议"（Boulé），该委员会后来成为公民大会的执行机构。"五百人会议"的成员每年从所有 30 岁以上的男性公民中通过抽签选出，由于对成员资格没有财产要求，因此他们代表了一个成比例的截面，不仅代表雅典的 10 个部落（demes），而且代表了整个雅典社区。

"五百人会议"虽然是在形式上提供咨询和行政管理，但有效地制定了政策。它的主要任务是为大委员会准备议程；除非"五百人会议"就某一主题通过了正式决议，否则公民大会是不能考虑这一问题的。

"五百人会议"的财政权力相当可观。虽然除常规支出以外的所有开支必须经公民大会批准，但由"五百人会议"提出这些开支的具体数额建议，并在得到批准后使用这些钱。由于拥有对寺庙教派的财政权威，"五百人会议"负责监督寺庙的财政官员。它还负责协商寺庙土地的租约，为新的寺庙建筑和宗教节日支付费用。"五百人会议"拥有独立的权力，可以对国家债务人处以最高达 500 德拉克马银币（drachmai）的罚款——这对雅典人来说是一笔很大的数目。它还通过批准和管理与包税人签订的合同，控制税款征收。[12]

由委员会任命的行政官员在年度审计中直接对其负责，而被委派的官员——议员和地方法官——在任期结束时对整个城邦负责。虽然对公众负责的要求并不总是能确保诚实，但它使社区能够对其官员行使控制，并有助于确保公共和私人的角色及责任不会被混淆（罗马共和国没有类似的机构）。

在伯里克利（Periclean）的黄金时代，雅典城邦国家的稳定源于其管理委员会的保守主义和繁荣的经济。委员会的成员在维持现有秩序方面有着共同利益；大多数的分歧都可以在委员会内部得到裁决。而且在整个古典时期，雅典都是一个繁忙的商业中心。贸易带来的利润使商人能够以礼拜仪式的形式为国家提供大量支持(参见本章"礼拜仪式"),同时国库也从对国外进口货物征收的关税和消费税中获利。

希波战争(Graeco-Persian Wars)之后,雅典获得了周边地区的控制权。在担任提洛联盟(Delian League,一个地区军事防御联盟)的司库时,雅典没收了联盟的资金,使其收入翻了一番,从而稳定了它的财政状况。[13] 就像在国内事务中一样,雅典公民大会对雅典帝国财政状况行使最终权威。公民大会可以免除卫星国的税收或批准严苛的省级贡品。从省级城市流入雅典的资金创造了充裕的盈余,降低了做出不明智决策的风险。

雅典的代议制在多大程度上带有或被专制主义、等级制度和竞争性个人主义的元素所扭曲?关于雅典政治制度长达几个世纪的分歧,源于这些元素在其政治文化中的相互交织。雅典公民的政治平等是建立在奴隶制基础之上的。然而,尽管存在奴隶制度,尽管存在着形成决策和执行决策的贵族,雅典仍然体现了实质性的参与要素。

罗马共和国的情况并非如此。在那里(和公元前5世纪民主革命之前的雅典一样),管理委员会从拥有土地的阶级中选出,但是参议员的任期是终身而不是一年。尽管非参议员阶层的富裕成员偶尔会被选进参议院,但早在公元前4世纪共和国的大部分地区,执政官(参议院领袖)和地方行政长官(首席军事官员)的职位就被20个统治家族紧密控制。这一寡头政治控制了参议院,并设法通过政治联盟和包办异族联姻的手段使其统治地位得以延续。由于罗马参议院控制着首席地方行政长官和公共土地的租赁,这些家族的财富和权力稳步上升。他们的等级世界观解释了共和国落后的税收制度和烦琐的财政政策。①

随着罗马逐渐开始走上一条帝国扩张的道路,参议院不得不面对国内和各省政策的分歧。政治生活变得更加复杂;单一类型的纯粹政治制度被抛诸脑后。竞争的等级制度形成:更极端的是在贵族中得到了来自参议员阶层和指挥罗马军团的骑士团或骑士们的支持。一个较为温和的团体通过提出适当的平等主义政策,包括国家收入的再分配,以寻求大众的支持。这两大阶层为

---

① 在提比略·格拉古(Tiberius Gracchus)的护民官任期之前的100年里,只有很少的10个家庭提供了200名执政官中的半数;159名执政官从26个家庭中招募而来。[14]

争夺较贫穷的士兵和退伍军人的支持而竞争。派系斗争打破了寡头政治对参议院的控制，最终导致了内战。由敌对组织煽动的连续暴动最终导致了共和国的灭亡。

在共和国的最后两个世纪（公元前 2 世纪和公元前 1 世纪），参议院分裂成了两个对立的集团——代表着旧统治寡头的贵族派和平民派。平民派倾向于适度改变参议院的公共土地租赁政策，试图与下层阶级结盟，以从旧的寡头政治手中夺取参议院的控制权。两派之间的分歧最初集中在公元前 133 年提比略·格拉古斯提出的土地再分配方案上。[15]

共和国后期的军事扩张又创造了另一个敌对派系：在被征服领土上创建自己的法律时首次获得国家权威的将军们。当公民政府重建时，这些将军留下来继续指挥省级驻军。这些军事人员协助从罗马派来的文职省长进行日常管理，建立了增强他们个人政治财富的权力基础。

随着罗马军事力量的增强，一个庞大且不断增长的贫困退伍军人群体也为罗马政府带来了困难。许多在共和国晚期被征召的人以前都是农民，是拥有不超过 3～5 公顷土地的独立农场主。他们从战争中回来，发现他们的土地又变成了沙漠，于是他们放弃耕种，在城市里定居下来。但罗马对地中海东部的征服造就了大量有技能的、有文化的奴隶，这是比那些流离失所的退伍军人更有吸引力的劳动力供给。没有资源或就业前景，他们就成了城市内部潜在的不稳定核心。由于担心这些退伍军人对国内稳定造成威胁，平民派中的一些保守派参议员提出了在意大利半岛重新分配公共土地的"格拉古兄弟计划"（Gracchi Scheme）。

当野心勃勃的军人在不断升级的内部动荡中站队时，参议院内部的紧张局势变得更加复杂。在公元前 1 世纪的内战中，一位名为苏拉（Sulla）的渴望权力的将军为参议院的贵族派提供了支持。他警告参议院说，如果土地改革获得批准，他指挥的军队将会造反。之后，苏拉用从富裕省份没收的土地和钱收买他的手下，并将他的军队带回意大利，与平民派对抗，并将他们逐出参议院的控制。尤利乌斯·恺撒（Julius Caesar）和接下来的奥古斯都·恺撒（Augustus Caesar），当他们在共和国末期接管罗马政府时，通过提高士兵的工资和给予遣散的退伍军人小块土地来恢复军队的忠诚。①

参议院派系之间长达两百年的斗争,因骑士阶级不断上升的要求进一步复杂化。和参议员一样,骑士阶级也属于地主阶级,虽然对成员的财富要求低于参议员(正如出生在罗马社会中被赋予固定的社会地位一样,它也决定了每个群体的经济角色)。由于罗马法律不像对参议员那样限制骑士从事商业活动,许多骑士开始涉足银行业、借贷业务,以及罗马领土扩张所带来的繁荣贸易。

有了商业和财务方面的经验,骑士团能够为罗马国家管理经济发展和海外事务。早在公元前 2 世纪,在此期间,骑士们[后来被称为税吏(Publicans)]与参议院签订合同,负责建造公共工程,经营国有矿山,为军队提供食物和供应,并作为包税人收集省级收入。在这种竞争对手阶层之间的竞争中,产生了一种更明确基于讨价还价的类似市场机制的元素。

虽然它们的法律地位在名义上仍然是不平等的,但这两个有产阶层在功能上的相互依存关系发展了。参议院很快开始依赖于税吏们提供的中间商服务。虽然在最初的时候,税吏们可能有其他财富来源,而不仅仅是国家合同,但他们在为国家服务方面的专业程度越高,他们在经济上就越依赖于参议院。在共和国早期,骑士阶层在政治上从属于参议院,他们不能向民事和刑事法庭提起诉讼,因此对不利待遇没有追索权。

虽然从未达到与参议员同等的社会地位,但随着新财富的增加,骑士们的地位逐渐提高,成为参议院内部斗争的理想盟友。在第二次迦太基战争(Second Punic Wars)之后,有几名骑士被任命为参议员;他们取代了男性后裔在战争中牺牲的老参议员家族。在那之后,偶尔会有少数例外的骑士被许可进入参议院。后来,在共和国晚期的内战中,苏拉试图用贵族派塞满参议院;他任命了三百多名骑士作为新的成员。他们没有进入参议院的核心圈子;没有人曾被任命担任机构的最高职位。但是作为一个群体,在罗马政府内部对立

---

① 在现代以福利为导向的民主国家,政策制定者们已经学会了警惕那些逐渐扩大并消耗更多资源的小型项目的潜在财政威胁。像许多政府面临的政策问题一样,这一问题并不新鲜。当恺撒建立军事养老金制度时,他们在不知不觉中开创了一个先例,这将在几个世纪之后动荡的帝国后期造成严重的财政困难,当时有超过 10 万名男子有资格领取养老金。[16]

派系间长达一个世纪的冲突中,骑士是政治和经济发展的主要受益者。

在帝国的头两个世纪里,随着参议员在罗马政府中的地位逐渐减弱,骑士的数量稳步增长。第一位皇帝奥古斯都增加了参议员的财产要求;这一法案使参议院的成员减少到 600 人,同时允许骑士们保留成员资格。[17]而且接下来,由于早期的皇帝们不愿冒险恢复参议员们制造麻烦的能力,他们在新的帝国行政部门中任用骑士填补了职位。[18]

无论政治和社会背景是纷争和动荡(共和国晚期和帝国后期的罗马),还是稳定(伯里克利时代的雅典和早期皇帝统治下的罗马),政府在筹集财政收入方面总是存在问题。一个社会的财政体系体现了其过去和现在的政治和社会价值,以及当前的经济和技术发展。最重要的是,落后的技术和低生产力为古典世界的税收和支出奠定了基础。在这一章所涵盖的八九个世纪的历史期间(从公元前 600 年到公元 400 年),雅典、罗马共和国和帝国的公民一直生活在生存线边缘。由于盈余从未得到保证,代议制、寡头政治和专制政府都类似地建立了对公民征税的适度规范。如果地方税收未能产生必要的收入,那些拥有有限领土的国家就会转向外界寻求财政支持,从而将负担外部化。随着时间的推移,帝国的贡物取代了每一共和国对其公民的适度征税。[19]

市场方法是古典世界各国政府的一种适当的行政技术,由于交通不便和对会计及记录程序知之甚少,这一方法受到了限制。依靠他人(志愿者或承包商)管理财政,减轻了一个小国的管理负担,消耗的资源相对较少。然而,在雅典和罗马,就像在古代帝国一样,应用市场方法管理财政会带来受托责任和控制的问题。与古代帝国一样,在共和国和帝国的统治下,雅典和罗马政府也在市场和等级制度的财政管理之间摇摆不定。每种模式在一段时间内都运行得很好。然而,我们这里所概述的政府、经济和社会方面的变化最终导致了主流模式的功能失调。无论是市场或是等级制度,要么是因自身重量而坍塌,要么是由内部改革而缓慢修正,并最终被其对立面所取代。分权之后是集权,集权又被分权所取代。

财政技术

创新与变革

在过去的 2 000 年里,管理政府财政的技术并没有太大变化。相隔数个世纪和数千年的时间,在筹集和分配收入方面的主要创新进展缓慢。一些技术传播到地理相邻的地区,结果被遗弃,然后在稍晚的时期以略微不同的形式和改变了的环境重新引入。有几项创新不止一次地出现,它们的间隔时间太长,以至于它们只能独立发生。

古典雅典和罗马共和国的代议制政府产生了几种有意义的税收和支出新方法,这些方法与古代君主政体的中央集权官僚机构的实践不同。通过少数富人自愿捐赠和利用较少公共资源的市场手段,这两种方式都是每个共和国早期财政管理的典型。它们的几项技术——礼拜仪式和对所有税收和开支按基金管理——如今并不常见,或者从区分税收和支出分析类别的现代财政思维角度来看,也是可以理解的。

在雅典和罗马,一位公民的付出和国家的获得是单一过程的两个方面,同时也是虔诚的和尊敬的。富有的个人对这两个共和国的捐献显示出一种新兴的公共责任观。在这两个共和国的历史早期,当贡献是自由捐赠的时候,公平和互惠的规范规定了个人捐献的内容和数额。在罗马帝国晚期的动荡中,贡献被强制执行;仅有唯意志论的神话留存。

在早期雅典和罗马的财政管理中,征税和支出之间没有功能上的区分。无论他们是为管理委员会服务的公共收税官,还是与国家签订包税合同的个人,那些有权征税的人也有权为特定目的支付费用。与古代的君主政体相比,行政管理手段简单易行,而且消耗资源少。

礼拜仪式

在雅典和罗马,政府财政管理机构既是年轻国家有限权力和权威的表现,也是其结果。管理委员会有权征税,但不能征税太多——因为直接征税意味着暴政,而且被视为与自由不符。[20]此外,由于自由公民仅占每个城邦人口的一小部分,且地主阶级按照传统完全免除了税收,因此直接征税将产生有限的收入。

在古典时期的雅典,寺庙和国家是同义词,富裕的个人为国家提供礼拜仪式,为国家贡献物品或服务,而穆内拉(munera)是希腊礼拜仪式在罗马的改编,它使得这些小国的管理不受古代帝国繁复官僚机构的束缚。当时,礼拜仪式为圣殿或僧侣王定期自愿贡献物品或服务,以确保个人神圣化。随着寺庙和国家之间的区别不断发展,零星捐赠被制度化,并提供了一个国家可以预期并根据法律加以控制的常规支持来源。

礼拜仪式在希腊语中的含义是公共服务。[21]甚至早在公元前6世纪,当梭伦(Solon)第一次将雅典法律编纂成法典时,就期望雅典的富有公民为基本国家职能提供支持。在最初的日子里,大部分捐献用于纪念当地神灵的节日;礼拜仪式的宗教意义依然存在。但雅典的礼拜仪式不仅仅是一种仪式。它的表现是一种荣誉,是公民身份的体现。富有的公民试图引起公众对他们慷慨的关注;例如,在公元前5世纪晚期的一场诉讼中,被告声称在礼拜仪式上花费了将近10个talents(56 000个德拉克马)——是所需金额的三倍多。公开自夸是很普遍的,而且数目无疑是被夸大了,但它确实是一项很大的贡献。[22]尽管在古典雅典,以及后来在希腊帝国和罗马共和国的自治市,某些类型的礼拜仪式仍然保留了自愿性质,但是以没收或监禁的威胁所呈现的国家需求实质上是强制性的。[23]因此,从某种意义上说,礼拜仪式在实质上等同于强制性的劳动服务,或徭役。[24]

雅典富人的定期捐献主要用于支付一年到头举行的宗教节日活动的费用。这些"普通的"的礼拜仪式为剧场演出的合唱、体育赛事、运动会和市政体育馆、火炬接力赛跑和宗教游行支付费用。捐献的粮食喂饱了参加节日活动的群众。[25]

国家还在紧急情况下提出周期性需求,以抵御侵略者。这些"特别的"礼拜仪式最初是零星的,后来被规范化了。早在公元前6世纪之前,国家就强迫富裕的雅典公民执行"三列桨战船司令官负责制"(trirarchy)——对战船(trireme)的运营承担一年的个人责任。虽然这艘战船由国家提供,但三列桨战船司令官必须维护它,并提供一切必要的装备;召集船员并为他们提供伙食和工资;并且亲自指挥。[26]

这种"自愿"采购有缺陷,特别是在战时,因为国家无法控制其执行标准。间歇性服务意味着战船司令官们常常缺乏管理船只和人员的技能。要找到一个称职的舵手在不熟悉的水域航行并指挥船员是件困难的事。有时,雅典的劳动力短缺迫使战船司令官们从遥远的岛屿征召桨手,而且如果这艘船在战船司令官们服役结束前回到船员的家中,他可能会面临大规模的逃兵局面。[27]为了减轻负担,个别战船司令官可能会受诱惑走捷径,或者完全避免亲自参与,付钱给承包商来提供这项服务。[28]到公元前3世纪,当雅典经济以稳定货币运行时,战船司令官制不再是一种有效的分配手段,而变成了纯粹的荣誉。[29]取而代之的是对富人的资本资产征税,即战争特别税(eisphora),为国家自己建造、装备和操作船只提供了资金。政府偶尔会从富裕的公民那里收取强制贷款,就像一场特别的礼拜仪式。

公元前3世纪,当罗马人占领了埃及和希腊帝国的城邦时,他们只是采用了当地政府现有的行政管理办法,并设立了罗马的监察人。通过自愿礼拜仪式进行的市政管理极好地适合了罗马的需要,因为它未使国家资源受到影响。在共和国的最后两个世纪(公元前2世纪和公元前1世纪),罗马人将希腊的礼拜仪式应用于意大利及其西部省份省会城市的公共管理。[30]在那里,私人公民的自愿捐献被称为"munera",即拉丁文中的"公共服务"。

除了帮助支付当地宗教节日、奥林匹克运动会和角斗士表演的费用外,罗马各省会城市里最富有的人还承担了许多市政管理的日常工作,并为公共设施增建和修缮捐款。每隔一段时间,西部自治市的民选地方行政官就会选出一些富有的公民来监督市政当局——警察、供水、公共档案——而其他一些人则负责支付公共浴室的供暖、道路、排水沟和下水道、公共建筑和城墙的维修费用。[31]在共和国成立的最初两个世纪里,市政需求并不过分,富裕的市民对城市慷慨解囊,特别是如果他们有幸当选公职的话。例如,在希腊城市利西亚(Lycia),一位名叫奥普拉莫斯(Opramoas)的人捐献了数百万德拉马克来改善自己的城市和附近的定居点。[32]在没有地方自治传统的埃及,一名政府官员每年都会从每个村庄符合条件的财产所有者的人口普查中选出礼拜仪式的参与者,这些人的财富在 200～4 000 德拉克马。[33]

一套法律规范了雅典的礼拜仪式,以确保负担的公平分配。没有人必须在同一时间执行超过一次以上的礼拜仪式,或者执行任何礼拜仪式连续超过两年。孤儿、残疾人、老年人和妇女都得到了豁免,而那些在雅典省城开拓殖民地和执行管理的公民也得到了豁免。对普通礼拜仪式的豁免可以作为对公共服务的一种奖励,但对战船司令官的豁免是古代法律所禁止的。[34]

一套特殊的法律体系规定了特别的礼拜仪式。战船司令官被限制在一年以内,一位公民只有在经过两年时间以后才能被迫再次服役,同时在战船司令官服役期间,他的所有其他礼拜仪式可以被免除。拒绝的公民可能会被监禁并没收财产,但如果他认为财政负担过重,可以请求豁免。一种被称为"财产交换程序"(antidosis)的类似市场的法律程序提供税收减免(tax relief);这显然是为了防止逃税。任何有义务的公民,如果能够找到另一位愿意承担其义务的人,就可以获得豁免。但是国家强迫他将所有财产都交给这个代替者处置,并接受代替者的财产作为交换。[35]

在罗马控制的领土内,没有这样的法律或习俗来管理市政或帝国的礼拜仪式。罗马人只是为了简化地方行政管理和降低行政成本而采用了"礼拜仪式"。体现在雅典礼拜仪式中的道德原则——公民对国家的个人责任,以及国家保护公民和保证公平的相应责任——并没有被纳入罗马法律或行政实践。除了埃及以外(雅典的实践在早期被引入埃及),那些对罗马礼拜仪式负有责任的人,几乎没有针对财产过度要求的法律保护,也没有有效的申诉渠道。在最好的情况下,一位有责任的臣民可以向皇帝请求豁免,城市试图通过通信说服皇帝拒绝给予这样的恩惠来遏制这种做法。[36]

在共和国晚期和帝国早期,每个罗马自治区都有民选产生的地方行政官——在埃及,还有各州政府官员——负责收取贡品并将其传送到罗马。由于帝国繁荣昌盛,这种义务几乎没有负担。这些公民视其义务为荣誉,是对他们在社会中的崇高地位的公共认可。[37] 即使在帝国早期(公元 2 世纪)[38],市政费用开始上升后,什长们(decurions)仍继续捐献;也许他们是想消除公民同胞们的嫉妒心。[39] 从某种意义上说,早期的皇帝是通过与地方上层阶级合谋来施加统治的。帝国授予地方自治和元首统治的适度征税权,培养了市政精英之间的凝聚力。相互效仿促进了自愿捐献。[40]而且,只要公民缴纳了税款,decemprini 或 decuriones(在不同时间和地点的礼拜仪式承担者)就会心甘情愿地去收集收入;因为,除了获得公共荣誉之外,征收者们还常常可以从税收资金的个人短期使用中获取私人利益(相当于现代世界中的"浮动",即旅行支票发放者在支票兑现前利用这种浮动为自身谋利)。

在帝国的头两个世纪里,这种自愿安排运行得相当不错。然而,随着第三世纪的无政府状态和经济混乱,税收收入急剧减少;作为征收者的富人被迫动用个人资产来弥补赤字。3 世纪之后,这种义务实际上变成了一种选择性征税的形式,因为礼拜仪式几乎总是要对持有者的财产直接收取费用。[41]随着帝国的分崩离析,历代皇帝都要求增加服务和实物形式的贡献。什长们必须为帝国邮政提供马匹和骡子,为军队提供坐骑,并为驻扎在城市的军队提供食宿。[42]由于皇帝继续要求地方征收者个人对这些服务和所有的预期收入负责,而不管收集到的总量是多少,什长们变得不再愿意自愿服务了。[43]

帝国晚期(公元 3 世纪和 4 世纪)的法典表明了一项旨在防止公民逃避礼拜仪式的政策。它的无效性可以从法典的连续修订中予以判断;法律规定了礼拜仪式更为具体的绩效与责任标准。[44]最初,皇帝们援引集体责任的原则来阻止个别什长逃避责任;如果一位成员拖欠账款,他的份额将由其他成员支付。最终,除了贵族、军人和神职人员以外,所有有财产的公民都必须强制参加礼拜仪式。随着富人动用私人资产来满足国家的不间断需求,荣誉变成了负担。

然而,还是存在一些漏洞。一个有钱人可以参军,或者为自己和儿子们在罗马帝国的服务部门中买个职位。如果这一公务人员在罗马停留的时间足够长或达到了足够高的等级,这个职位甚至可能成为世袭,并对他的继承人产生永久豁免。[45]从事公共服务工作的男性——教师、医生、演员、运动员和异教的牧师,都需要有财富和闲暇准备——也得到了豁免。[46]在公元 4 世纪早期,君士坦丁大帝(Emperor Constantine)改信基督教后,他免除了基督教神职人员的所有市政税和礼拜仪式。为了逃避税收和礼拜仪式,许多公民逃离了他们的家乡城市。还有一些人加入了祭司的行列,或者进入了修道院,有些人甚至在埃及南部的沙漠中隐居。[47]一定是装模作样的虔诚让太多富人逃脱了(税收义务),因为不久之后,君士坦丁废除了这种豁免权,禁止什长们取得圣职。如果一个人想要担任祭司的职位,他就必须将 1/4 的财产上缴国家,以证明其信仰。[48]当罗马的臣民们为了躲避礼拜仪式而搬家时,历任皇帝都颁布了法令,规定所有公民都有义务在自己的出生地和现居地参加礼拜仪式。[49]

由于强制遵从的权力有限,晚期的罗马皇帝们采取了最有可能确保遵从的政策。在公元 4 世纪早期,一项颁布的敕令规定,从今以后,罗马教廷阶层的成员资格——即那些提供行政管理、后勤和财政服务的人——将是世袭的。[50]一个人如果出生在什长家庭,绝无可能逃避他的义务。不履行义务的惩罚是没收财产。在公元 4 世纪和 5 世纪,许多有钱人显然是通过贿赂宫廷官员授予头衔获得了贵族(参议员)的地位。为了防止收入的损失,皇帝们逐渐限制了参议员对礼拜仪式和税收的豁免权,并最终予以废除。[51]

如果政府对富有公民的要求相对较少而且简单,这种礼拜仪式就能有效地简化地方行政管理。但是,当外部压力迫使国家大幅增加对捐献者个人资源的要求时,各省公民的捐献意愿越来越低,自愿采购也就失败了。各国转而通过征税来提供所需的资源。

收 入

税 收

在维持收支平衡的持久斗争中,全世界各国政府在整个历史进程中主要依靠增加税收。当收入下降时,就会增加新税种或提高现行税收的税率。政府还经常以公民身份或社会地位作为要求额外征税的理由。例如,在伯里克利时期的雅典[52],只有外邦人(metics),即那些在雅典各省城市合法居住的商人,承担了税率增加的负担。公元 3 世纪,罗马皇帝卡拉卡拉(Caracalla)发现地方税收收入过低,于是就将罗马公民身份扩展到帝国的所有居民,无论他们居住在哪里,从而使各省城市的居民既要承担他们之前支付过的地方税,又要缴纳罗马税收。[53]公民身份成为支持国家的一种手段,也成为(有希望)影响国家的手段。

就像现代之前历史上的大多数政府一样,希腊和罗马在财富可见的地方取得收入。在保持对精英群体税收豁免的同时,两者都向商业阶层课以重税。特别法令迫使商人提供补充服务和额外税收。在紧急情况下,政府常常强行征募商业阶层持有的资金。[54]

雅典和罗马在早期时候几乎没有征收过直接税,因为它们都有足够的收入(从古代国王那里继承的公共土地)来支持它们的有限活动。最初,每个共和国的财政都依赖于为耕种国有土地或从中开采矿产资源,或使用市场、体育馆、澡堂及其他公共设施而支付的租金。[55]各种间接商业税(贸易税)补充了这一收入,包括在比雷埃夫斯(Piraeus)和奥斯蒂亚(Ostia)港口征收的关税,对陆路进口商品征收的市场税(在城门口征收,在销售点再次征收),以及对出售土地和奴隶等个人财产征收的特别税。[56]税率较低,在应税货物价值的1%~5%间不等。[57]

被征收直接税象征着不名誉,不符合自由公民的理想。例如,在雅典,只有地位低下的居民,如妓女和外国人,才缴纳直接税。[58]由于长期战争导致的财政紧急情况最终迫使雅典和罗马放弃了对自由公民征税的禁令,并采用了对资本资产直接征税。在伯罗奔尼撒战争(Peloponnesian Wars)期间,雅典议会重新启动了一种古老的资本资产税——eisphora。这种税按累进税率估值,最初由富人在军事紧急情况下作为一种特殊礼拜仪式进行支付。在希腊帝国时期,经常用它来补充收入。[59]

因此,古典雅典有3种不同的政治秩序元素;它们的共存可以解释关于雅典平等主义程度的争议。最没有权势的居民,即那些没有发言权或影响规则能力的人,支付了直接税。虽然他们不具有奴隶的法律地位,但他们生活在出于税收目的的奴隶制度下。在共和国时期,对贵族的平等原则支配着政策决策;于是,雅典征收低水平的间接税。由于战争导致财政紧张,收入需求增加,因此出现了等级制度的元素。雅典采用了直接征税。虽然最初新税由公民管理,但征收对象是所有的财产所有者。

公元前4世纪,当罗马共和国开始为士兵支付工资时,它采用了战争税,即对财产的一种直接征税。每年,参议院确定所需的收入数额,然后在纳税人口中按照每个纳税人的资本资产价值比例进行分摊，这一比例在一次特别的评估普查中予以确定。税率很低，不到纳税人财产的1%。[60]那些没有财产的人按人头（in capita）缴纳战争税，这是一种类似于古代君主人头税的对人税。这种税收负担完全落在了商业阶层和平民阶层身上，因为由拥有土地的贵族组成的参议员不缴纳直接税。[61]

随着罗马共和国在战争胜利后吞并领土，它接管了在征服之前已经在每个地区征收的税收。[62]省级收入主要来自土地及其农产品。为了耕作共和国没收的公共土地（ager publicus，公地），外省公民要支付一笔租金，或者供饷（stipendia）。此外，耕种者每年都要支付什一税，这是对土地出产征收的一种直接税，按征服前每个地方的传统，以不同税率的实物形式支付。[63]在西班牙和西西里，税收是名义上的。① 亚洲的富裕省份则支付更高的税率，通常是易腐作物的1/10和谷物的1/6～1/5。[65]来自西班牙银矿的矿石，由承包商管理的成群奴隶开采，也为罗马贡献了财富。[66]到公元前1世纪，这些省份变得如此多产，以至于参议院停止了向罗马和意大利半岛罗马城市所有公民的直接征税。[67]当西塞罗评论当时罗马的财政安全时，他注意到："……没有税收，政府就无法维持下去[68]，（因为）收入是共和国的命脉。"[69]罗马是奴隶制度的主宰。

帝国对等级制度的运用体现在其财政管理以及政治生活的其他方面。随着罗马各行省的帝国财政管理逐渐专业化，市场强化了等级制度。在帝国早期的和平与繁荣时期，各省继续定期向罗马汇款。早期的皇帝们放弃了什一税，代之以土地税（tributum soli），这是一种统一的固定土地税，最初以实物支付，后来用货币支付。因为偏远省份的臣民们通过交易以前在当地以物易物或消费的商品来筹集资金纳税，所以向货币形式税收的转变可能实际上已经创造了繁荣。内部贸易网络的发展反过来又有助于将这个庞大的帝国联系

---

① 罗马人从高卢（Gaul）、英国和西班牙等落后地区强征义务劳动的贡献，来修建、维护道路和渡槽。在罗马帝国征服之前的罗马、埃及，那里的农民在堤坝和运河上提供了数千年的征召劳动（conscript labor）；除此之外，在雅典统治的大部分领土上，以及在共和国时期和帝国早期的罗马，徭役是一种不常见的税收形式。强迫劳役是不必要的，因为许多公共设施由富有的公民建造，他们贡献金钱和材料，并提供他们的私人奴隶来做这项工作。[64]

在一起。[70]虽然在整个帝国时期税率都很低而且保持不变,但在皇帝行省①,当皇帝挑选的公务员取代了在共和国末年为参议院征收省税的包税人时,征收效率提高了。[71]

虽然罗马公民仍不缴纳直接税,但参议院继续对他们征收各种间接税,就像对各行省征收的一样。罗马自共和国成立之初就开始征收港口税(portoria,货物在陆路和海上运输的关税)。帝国早期的税率较低,在高卢和亚洲,税率是交易货物价值的 2.5%,而在非洲和伊利里库姆(Illyricum),这一比例可能达到 5%。[72]每当奴隶主释放奴隶时,国家就会征收出售奴隶价值的 2%~5% 的奴隶解放税(manumission tax);拍卖奴隶时,征收奴隶出售价值的 1%~ 4%。[73]其他各种各样的交易税带来了额外的收入。[74]

在公元 2—3 世纪,随着帝国官僚机构和军队的扩张,固定费用攀升。但是,尽管承担的义务大幅增加,直接税仍然维持在传统的低税率水平。帝国的等级制度开始被不断上升的成本和固定收入所挤压,同时部分由货币贬值和开支引起的快速通货膨胀降低了货币收入的价值。在公元 2 世纪,银币的价值下跌至上个世纪的 10%。[75]到公元 301 年,当戴克里先颁布规定最高价格的法令时,小麦的价格比 2 世纪的代表性价格高出 50~100 倍。[76]皇帝们拼命寻找可替代的收入来源,但仍然没有提高直接税。[77]因为当时的农业生产方式使生产力固定在一个较低的水平上,皇帝认为税收已经达到了上限。当省级财政收入不足以支撑国家时,罗马和意大利城市的公民就失去了免税资格;罗马公民不得不再一次支付所有的直接或间接帝国税。[78]

随着帝国规模和内部复杂程度的增长,一个统治者要想维持对国家的控制就变得越来越困难。一个又一个软弱的统治者迅速登上王位②,财政政策却没有连续性,支出也缺乏内部控制。后来的历代皇帝都试图通过对财产、住

---

① 奥古斯都在位时期(公元前 27—14 年),罗马行省被分为元首直辖(imperial provinces,皇帝行省)与元老院直辖(Senatorial provinces,元老院行省)两类。前者由皇帝指派总督管理,总督有权指挥境内驻军;后者由元老院任命总督管理,总督没有兵权。——译者注

② 历史学家将罗马帝国 3 世纪中叶的 50 年称为"无政府状态"。领导层的快速更替是政治不稳定的一项指标。在西弗勒斯·亚历山大(Severus Alexander)去世和戴克里先继位之间,大约有 20 个合法的皇帝;每个人的平均统治时间约为两年半;除了两个人以外,其他人或死于阴谋者的暴力谋杀,或在内战中丧生。[79]

宅、职业和商品销售征收不断增加的种类繁多的间接税，以减少赤字。[80]除了常规税收外，所有公民都必须缴纳不定期的紧急税，根据政治和经济情况，每年的缴税数额不等；由于政府提出了越来越多的特别需求，各项新税成为一项繁重的负担。埃及的一份文件传达了筹集资金的紧急期限："国王已再三下令向王室敬献礼物；要尽你所能，且尽快……礼物必须在三天之内送抵亚历山大……为了国王生日……该敬献的礼物也要按期交付。"[81]特别征税包括赠送给每位新皇帝用于就职典礼的大笔金币礼物——"皇冠金"（the crown gold），以及"农业产出税"（annona），这是为供应罗马日益增长的人口所需粮食的定期谷物或货币贡献（公元3世纪以后，还为军队提供粮食）。[82]

公元2世纪和3世纪的皇帝依靠军队维持法律和秩序；士兵的工资是最大的单项支出。当富裕的外省公民（在帝国早期，他们以自愿的礼拜仪式履行了这些义务）试图逃避帝国政府要他们用个人财富弥补赤字的要求时，士兵们也会帮助罗马统治者收税。[83]为了维持军队的忠诚，并减轻通货膨胀的影响，皇帝逐步提高了军队的工资，并向从各省返回的士兵发放了丰厚的抚恤金。①公元3世纪后，随着帝国国库的长期赤字和货币贬值，皇帝既不能支付士兵的固定工资，也无法支付给他们养老金。士兵们将法律掌握在自己手中，在各省搜寻食物和补给。[85]如果等级制度挥霍无度的倾向与相应收入不匹配，那么一个政权就会陷入真正的麻烦。由于政府失去了控制收入来维持传统义务的能力，它便失去了对帝国的控制。

在帝国后期，皇帝戴克里先发起的税收改革是通过强制手段由所有帝国行政分支机构共同实施的。就像古代君主政体一样，军队和帝国的行政部门联合起来监督人民，并强制他们遵守法律。

为了恢复帝国日渐衰落的权威，戴克里先采取了一项政策，旨在同时增加国家收入并扩大国家权力。根据大多数历史学家的说法，戴克里先在公元301年颁布的著名的税收法令并没有引入新的做法；但是，他们确实改进了上世纪常见的不定期征税的方法。[86]由于法令规定大部分税收和所有政府债务

---

①　恺撒和奥古斯都统治期间每年付给士兵150便士（denarii）；提比略任期是225便士，图密善（Domitian）将津贴提高到300便士；这一标准保持了一个世纪。然后康茂德（Commodus）把津贴提升到375便士，西弗勒斯提升到500便士，卡拉卡拉提升到750便士。[84]

都要以实物支付,那个时期的历史学家们对戴克里先的改革不屑一顾,认为这是回归自然经济的倒退。但是与上个世纪的财政混乱相比,这些税收法令反映了在政府和社会内部快速变化和不稳定时期采取的一种务实的做法。这些改革试图调动帝国的资源,以履行其主要义务——为维持政府权力所需的庞大的文职和军事官僚机构人员支付工资。通过增加税收收入,戴克里先试图创建一个财政缓冲来应对突发事件。

为了给军队提供食物,戴克里先将上个世纪的不定期税收合并为一种定期支付的农业产出税。[87]为了简化行政管理,他在整个帝国范围内建立了统一税率,但是通过建立一套灵活的税率结构来对冲不确定性。这一税率结构可以每年调整,以满足政府的需要,同时又能适应不断变化的省级供应。就像早期的罗马土地税(战争税)一样,农业产出税依赖于一项全面的农业普查,该普查根据生产力将帝国的所有土地分类。农业产出税结合了古代人头税和传统土地直接税的特点,按一种衡量平均生产力的假设方法进行评估。这一衡量标准,即"iugatio-caput",代表了一个人在一头牛的帮助下所能耕种并赖以生存的任何质量的土地数量。[88]

在军队的支持下,农业产出税由庞大的公务员队伍管理,征收非常昂贵,因为它涉及古代国王财政系统中的所有行政管理的复杂性——税收普查、地籍测量、国家税吏、国家粮仓,以及一个报告逃税的密探网络。[89]等级制度蓬勃发展。就像古代王国一样,每个行政区域以实物征收的税收用于支付当地军队和公务员的工资。据估计,仅东部省份就有一万多名公务员[90],以及驻扎在该省的四十多万名军人。[91]因此,在满足固定开支后,留给中央政府的钱就所剩无几。为了补充实物形式的收入,戴克里先每5年征收一次皇冠金,并像古代的国王一样,就授予地方商品生产力和销售垄断权收取费用。征收实物税抑制了经济活动。帝国内部的贸易开始萎缩;货币供应量也减少了。[92]

由戴克里先建立的征税和分配收入的集中系统在几个世纪里基本保持不变。在公元4世纪早期,东罗马皇帝君士坦丁做了一些小的修改,"iugatio-caput"为早期拜占庭帝国提供了支持。

税务管理:包税制

在雅典和罗马共和国的早期历史中,它们的收入来源与古代国王相同,都是定期租赁国有土地。雅典议会的财政官员（tamiai）指定代理人定期收取和汇出租金。当为补充这一收入而征收有限税收时，议会任命了直接对议会负责的额外官员——收税员和检查员，以确保收税员不会欺骗国家。[93]这种权力和责任的划分类似于古代君主政体的行政组织。随着每一项新税的出台，以及需要征收和分配收入的官员人数的增加，税收结构变得更加复杂和烦琐。到公元前4世纪中叶，议会采用一种完全不同、大大简化了的安排，以收集当地税收和来自遥远省会城市的全部收入。随着等级制度达到极限，它就被市场手段取代了。

随着货币的使用变得越来越普遍，雅典议会转向包税制以简化财政管理：它开始以按服务收费的方式收取税金。每年，议会都会与被称为税收买家（telonai）的私人商人签订合同来收取税收。作为白手起家、靠商业致富的人，包税人的社会地位通常低于统治他们的贵族阶层。（按照精英们的观点，一个包税人的特征可以描述为"性格粗俗，没有任何尊严，没有原则"[94]。）"五百人会议"将间接税的短期特许经营权授予个体包税人，并与个人或包税人财团（telonarches）签订合同，从省会城市收集贡品。[95]希望成为国家财政代理人的商人（个人或财团）向议会（the council）提交竞争性投标[96]，详细说明他们愿意为征税特权支付多少费用。

理想情况下，出价最高的竞标者将赢得议会的选择。但是，为了防止代理人因缺乏资金而可能违约，雅典方面施加了严格的条件，这些条件有效地阻止了除富人以外的所有人竞争一份合同。投标时，国家要求交纳保证金；中标的投标人必须提前支付一半费用，6个月后支付剩余费用。由于地方税不定期征收，这些对风险投资的要求阻止了那些不太富裕的人参与投标。

为了进一步防止可能出现的损失，雅典方面威胁称，如果在支付后面一半合同费用上违约，将受到严厉的制裁。违约者可能会被送进监狱并失去投票权；这些惩罚意味着违约者被判定为"非法者"（atimia，按照德拉古制定的法典，杀人犯应被裁定为"atimia"，其后果就是人人可得而诛之），是公民的耻辱。那些在财政年度过去9/10后仍然拖欠的人，将承担双倍的责任和财产充公，而且还会没收他们的保证金。雪上加霜的是，违约人的后代必须继承"非法者"身份，直到债务还清。不过，公民大会有时也能给予宽免；如果发生战争或瘟疫等重大危机，大会可能投票决定将合同费用减半。[97]

通过与包税人签订合同,议会同时简化了内部财政管理,确保了从每一特定税种或领土取得一定收入,并且消除了自然灾害、战争或欺诈可能造成的损失。但是这种安排有几项缺点。为了换取有保障的收入,国家不得不牺牲掉一些收入,因为在经济好的年份,合同费可能低于国家自行征收可以获得的收入(即使扣除了征收成本)。此外,通过同意将国家权力授予那些不一定认同诸如维护合法性和有效管理等其他目标的私人,议会也因此削弱了他们对政府的控制。

作为向议会支付款项的回报,包税人的潜在收益仅受其征收有效性的限制。包税人还承担了一项重大风险,而这一风险正是政府在避免的。作为国家的一个独立代理人,包税人只有很小的警察权力来强制执行:他有权搜查船只和货柜,没收通过海关走私的货物,并对走私者提出指控;除了这些权力之外,包税人只能依靠恐吓或胁迫来确保款项支付。由于受到歉收和战争的威胁,以及雇请的收账人因挪用公款而导致收入不断减少,普通代理人获得的报酬相对较少[98],有时,他们的经营利润太接近保证金,以至于不得不依赖新合同的预期利润来偿还旧合同的债务。[99]作为执行这一危险却又必要的政府职能的激励,议会保证包税人免于义务服兵役。[100]然而,合同能够找到现成的买家,这一事实标志着它们是合理的投资。在最有利的条件下,雅典的包税人每年可以赚取超过12%的收入,这是当时雅典投资资本的正常回报率。[101]

只要包税人按时支付另一半合同费用,就没有人试图监管他们的工作情况。但是,如果包税人作弊的传言蔓延开来,"五百人会议"就不会与其续约。虽然有一些串通投标以推高合同价格的例子,但是雅典包税人的运作太接近权力的源头,以至于无法滥用他们的特许权。[102]

随着雅典在希腊化时期的领土扩张,埃及和意大利半岛的希腊殖民地也建立起了包税制。[103]雅典的省会城市和希腊帝国的城市均远离雅典;在那里没有遭受严密监视的危险,包税人可以自由地通过贿赂消灭竞争对手[104],并且采用一切可能的方法向当地人索要贡品。包税人的贪婪有充分的文件证明。例如,在希腊化的科斯城(Cos),一位富有的女士代表她的阶级,在给朋友的一封信中抱怨说:"现在每扇门都在向包税人颤抖。"[105]

随着罗马军队征服了周围的领土,罗马元老院和"五百人会议"一样,简化了自己的行政职责,并通过与来自商业骑士团富有成员的税吏们签订合同来收取各省税收，从而避免了一套庞大且不可控的财政官僚机构。在意大利半岛的罗马自治市和西西里岛，罗马有节制地征税带来了适度的收入。元老院将每项税收的一年短期合同授予了每个自治市的几个小包税人。在那里，就像在雅典一样，承包商的作用有限，而且尽管其利润不多（只有收成的0.6%～1%），但他很少试图欺骗纳税人或国家。[106] 在埃及，罗马人采用了从托勒密王朝继承而来的财政管理制度，这是新王国时期建立的中央集权管理制度的改良版。罗马时期埃及的包税人受到严密控制，其作用不过是官僚机构的"一只手臂"。一个由政府检查员组成的网络对每个地区的小型承包商进行监督，以确保每一特许经营的利润不超过合同费的10%。[107]

在偏远地区的包税人拥有更大的自主权和权力。元老院只能通过行省总督施加最低限度的控制，而总督的个人利益有时与国家的利益严重分歧。至少有一位罗马总督，臭名昭著的费尔斯，利用其在西西里岛的职位，通过私吞资金、收受贿赂和与当地税收承包商达成合谋协议来中饱私囊。[108] 即使诚实的总督也缺乏足够手段来监督税款征收。由于没有其他办法来征收各省税收，元老院常常被迫忽视贪腐，并向包税人做出特殊让步。

例如，早在公元前 215 年的共和国，一个由 3 家骑士公司组成的财团（其19 名成员因向政府提供服务而致富）就与元老院签订了合同，以赊购方式向西班牙军队运送粮食和补给。由于元老院没有其他运输物资的方式，财团可以指定合同条件，使风险降到最低。[109] 只有当元老院能够补偿其成员因一些载着无价值货物的破旧船只在风暴中遭受的损失时，财团才会运载货物。作为对服务的进一步奖励，财团成员要求免服兵役。[110]

在罗马共和国和罗马帝国时期，罗马和地中海东部罗马各行省之间的陆路旅行，对于特别挑选的跑步者来说至少需要 6 个星期，而在天气好的情况下，速度最快的船只在海上航行则需要更长时间。[111] 为了简化租赁收入，元老院就每个偏远省份的所有直接和间接收入，协商了一个统一的合同。在共和国的最后一个世纪，亚洲富裕省份的包税人收集固定税（什一税、人与牲畜的人头税，以及公共土地的租金支付）和间接税（诸如通行费、关税、市政税，以及对门、窗户、石柱和盐的特别征税）。[112]

在一个高产省份，农业税征收需要大量资本的大型企业。例如，公元前 1

世纪,在波斯尼亚(Bythnia)持有包税合同的财团有成千上万的雇员。[113]在共和国成立初期,几家骑士团在罗马成立了名为"societates publicanorum"的股份公司,将它们的资金集中起来并共同承担远程交易的风险。[114]

这些财团有时以股份公司的形式运作,将它们的权力委托给当地的小型承包商,以换取一笔许可费。当地承包商的野心只会使利润小幅下降,但消除了对复杂内部控制系统的需求。财团有一个仓库网络,用于储存以实物形式征收的税款;还有一组船只,用来将部分农产品运送到罗马。在好的年景,当收入超过合同费用时,财团通过交易增加收益。在提洛岛(Delos)的大市场上,财团商人以优惠的价格用谷物交换香料和布料,然后把交换来的商品用船运到罗马,并在那里卖出获利。

税吏也为元老院提供其他服务。他们购买采矿合同,根据合同修建道路和公共建筑,并提供邮政服务。[115]在偶然的紧急情况下,罗马的财团成员通过借钱来支持元老院的国库。但其主要的辅助功能是为罗马提供一种灵活的分配方法。对元老院而言,包税制是履行省级财政义务的一种简单方式,无须承担在不确定条件下长途运输粮食或硬币的风险。

这些财团在收税后的年底向元老院支付他们的合同费用,因此,省级的财团代理人通常持有大量谷物或硬币。在共和国初期,元老院采用了从这些库存中提取资金来支付当地开支的做法。元老院将向包税制公司签发担保证明(warrant),然后这些公司以货币或实物支付国家的地方债务(从每年的合同费用中扣除预支地方的金额)。通过这种方式,元老院和包税人之间的大多数交易都是纸上协商,不需要大笔现金的实物转移,而在古代条件下这总是一种冒险行为。① 当共和国卷入征服战争时,它在大多数省份的花费超过了收集的收入;只有一小部分地方收入送达罗马。

只有亚洲的税收产生了年度盈余。[116]在那些富裕的省份,丰富的农业产出产生了大量收入,税收特许权是高回报的。作为远离罗马服务的激励,元老

---

① 希腊人和罗马人使用小型、吃水浅的船只,由桨手和脆弱的帆推动。他们只懂得基本的航海知识,而且总是害怕航行到看不见陆地的地方。通过沿着地中海沿岸,从一点移动到另一点,每天早上出发,晚上驶向陆地,他们就可以进行远距离的谈判。由于希腊和罗马的水手只愿意在春季和夏季航行,这时暴风雨不太可能来临,所以从雅典到亚历山大港的往返航程可能需要一年半的时间,单程6个月,中途停留6个月。

院批准了一份长期(5 年)合同[117]，而且因此要求支付一大笔费用。有了长期特许权的保障，这些财团可以对民众征收惩罚性的税款，而几乎没有被元老院取消特许权的风险。

获取额外收益的主要机会源自缺乏将农产品转化为货币的市场机制。由于农业地区仍然存在物物交换经济，当地的分包商通过将谷物形式支付的税收转换成罗马元老院要求的货币来获利。

西塞罗在公元前 1 世纪的著作中写道：腐败的统治者们指示包税人在那些纳税人不知道他们产品市场价值的偏远地区征收实物税。代理商可以将谷物按低于现行汇率的价格兑换为货币，然后再从谷物的销售中获利。在适当的情况下，财团可以持有谷物一直到价格上涨，然后获得投机利润。在一些地区，包税人实际上可以垄断市场并制定价格。[118]

在罗马帝国的亚洲地区，财团代理人毫不留情、不顾个人情况，从所有土地所有者那里索取庄稼收成的 10％。如果土地所有者不能支付，财团就会扮演农业银行的角色，以 12％(合法但无法强制执行的最高利率)到 48％的利率提供贷款。[119]当土地所有人不能支付拖欠的税款和累积的利息时，税款包征财团就会没收他的土地。①

元老院多次试图通过哄骗和威胁起诉或取消合同来控制这种敲诈勒索的行为。但是，由于元老院依赖包税人征收亚洲的税收，而亚洲行省又是如此遥远，因此元老院束手无策。[121]或者也许议员们没有控制财团的动机。有证据表明，一些议员虽然被法律禁止进行个人商业投资，但他们仍试图通过购买税款包征公司的未登记股份来参与分享财团的利润。[122]既然利益攸关，又何必干预呢？在一个由市场和等级因素组成的体系中，有时可能会产生一种互惠互利的共生关系：每一种社会秩序都能为另一种社会秩序提供必不可少的服务。等级制度提供了加强防御所需的组织边界，而竞争性的个人主义则提高了生产力。但是，如果等级制度变得过于僵化，或者个人主义者过于贪赃枉法，这种事态发展就可能会迫使两个群体之间的和解条款发生改变。

---

　　①　然而，我们不能走得太远；包税制是有风险的。一些贪得无厌的统治者向省会城市敲诈勒索，榨干了当地居民的血汗。例如，在共和国后期的 5 年时间里，西里西亚(Cilicia)的包税人蒙受了损失；因为总督在他们之前就去过那里，所以财团无法征收到任何税收。[120]

由包税人的高利贷利润造成的收入损失,以及在亚洲占有大量土地的积累(作为罗马公民,包税人无须纳税),导致罗马第一任皇帝奥古斯都·恺撒想要寻求更好的方式来收集帝国收入。在他的元首统治早期,除间接税之外,奥古斯都停止了在皇帝行省出售税收合同。① 奥古斯都用一种由国家公务员征收的固定货币税取代了以实物形式支付的什一税。这一改变使亚洲省份的税收负担减少了 1/3,同时大体上维持了罗马的财政收入,这表明了那里的包税制利润规模之大。[124]在帝国早期,因为皇帝们发展了他们自己的官僚机构,在元老院行省经营的包税人逐渐被驱逐离开了除北非以外的各个地方。

对一个弱小的国家或一个内部沟通有限、联系松散的帝国而言,包税制通过利用私营企业执行一项长期不得人心的任务,保证了国家的安全,是一项有效的策略。如果收入有限,不需要一套难以远距离控制的复杂官僚机构,或一套抵消公民常年不愿支付(影响)的强制执行机制。在银行业出现之前的时代,包税制提供了一种简便方式来处理税收收入和政府交付的服务,而无须将大宗商品和资金从一个地方运送到另一个地方。就像通过专项拨款支出一样,税款的征收和支出是一个过程。由于这些优势,包税制在拜占庭被重现,并被中世纪和近代早期欧洲的大部分政府所采用。

---

① 帕尔米拉(Palmyra)是位于亚洲和地中海之间商队路线上的一片绿洲。来自帕尔米拉的新证据显示,帝国努力制度化地方市场征税,并控制负责征收的包税人。

"因为在过去,大部分税捐并未在税法中明文规定,而是按照惯例征收……而且在……商人和……税吏……之间经常发生争议,解决之道是执政的地方行政官和(市政税务委员会)应将未在法律中规定的应缴税捐确定下来并将其写入下一份合同,并将按惯例征收的税款分配给每一种类的货物……当(税收)得以确认时……它们应该被写在……神庙对面的石柱上……[此外]地方行政官……应该……务必使承包人这样去做,不要收取任何额外的费用。"

这项法令详细规定了对主要食物(橄榄油、咸鱼、动物脂肪)、奢侈品(装在山羊皮制成的 ahbaster 容器中的软膏)、服装(染色织物、服装作坊、在城市四处移动的服装商人)、服务(对妓女、装卸驼畜征收的税)以及贩卖奴隶课征的市场税。在这个沙漠定居点征收的最重的税(每年 800 个便士)是由用水户支付的,他们用水灌溉耕地或给骆驼饮水。[123]显然,沙漠地区的习俗体现了不再普遍的市场原则,即根据水资源的稀缺对其定价。

共和国和帝国的支出

国库和专项拨款

平衡的政府预算是一项最近的发明，不超过一百余年的历史。在雅典和罗马共和国，就像在帝国、封建国家和君主制国家中一样，它们的收入和支出是对等的。即使寻求预算平衡，也往往是一种偶然，或者是有意为之的结果。在整个古典时期的雅典和罗马，正如在古代帝国时期，当强有力的领导恰逢和平与丰收，或者如果征服带来了大量贡品，就几乎不再需要额外的收入。[125]但是，当出现恶劣的天气或战争的损失再加上高层的软弱，政府和它的人民一样面临着困难。在古代世界，任何迫使政府动用固定资源的意外事件都会给国库带来额外负担。但是，收支平衡水平，或者盈余或赤字的规模，则不仅仅是偶然。预算平衡或赤字与政治制度有关。

"经济"与"适度"两大原则为国家财政管理提供了最佳指导；所以亚里士多德说过，他认为国家应该像一个管理良好的家庭一样运作：

> 在方法和手段上提出建议的人，应当熟悉国家资源的性质和范围，这样，如果有任何遗漏，可以补充；如果有不足，可以增加。此外，他还应该了解国家的所有开支，如果有任何不合理的开支，则可以取消，或者如果支出过于庞大，则可以削减。因为人们变得更加富有不仅仅是因为他们已经拥有了什么，还因为他们减少了开支。[126]

但是"经济"的目标很难实现。如果收入能够满足支出并提供了适度的盈余，就像在伯里克利时代的雅典及罗马皇帝奥古斯都[127]、尼禄（Nero）、涅尔瓦（Nerva）及哈德良（Hadrian）统治期间所发生的一样，虽然政府的权力和自主权因此大大增强，但这种稳定是短暂的。如果战争耗尽了盈余或者收入减少，雅典和罗马政府就不得不采取各种往往是不顾一切而且通常无效的权宜之计，以便使收入和支出大致相符。[128]历史学家从现代的角度看待古典雅典、罗马共和国和罗马帝国的财政实践，认为它们是不必要的混乱。[129]然而，有限的控制机会表明，少数短暂的稳定和财政充足时期是反常的。

古典雅典和罗马共和国的政府规模很小，提供的直接服务也很少，依靠自愿捐献或根据合同提供的服务来完成一些基本职能。它们不需要复杂的账目。

与接收和处理以实物形式支付的国家收入（像在古代的美索不达米亚、中国和印度）所需的烦琐行政机构不同，雅典和后来罗马的国家财政都是通过一种大幅简化了收入收集和分配的策略来进行管理的——这就是"指定用途"（earmarking）。现存的国家财政记录显示，专项拨款和包税制在一定程度上实现了今天通过预算完成的目标。通过要求包税人在征收税款之前支付特许经营费，共和国试图确保在短期内至少能获得最低限度的收入支付。虽然在长期控制资金流动方面收效甚微，但指定用途使追踪当前收入和支出成为可能。

将国家的常规收入划入不同的基金；每项基金只能用于支付特定的支出。对于财政和行政资源有限的国家来说，将特定收入来源的款项分配给具有特定用途的专项基金是一种直截了当的预算编制方式。有了专款专用，资源的用途被指定，因而不存在资源将如何使用的问题。资金的可用性决定了支出的数额；除非指定用途的基金存在大量盈余，否则平衡就会对支出起到抑制作用，因为当收入耗尽时，用于基金指定用途的支出必须停止。

一般来说，中央集权的国库与中央集权的统治是相辅相成的。拥有强大界限的政权——大的等级制度或小的股权制度——旨在同时为每个人分配资源。在过去的时代人们经常使用指定用途，仅仅是因为没有其他方法来实现集体分配——不存在更好的技术。但是，当指定用途不是由于缺乏财政技术而强制执行时，其使用表明了强烈的竞争性个人主义倾向。在现代政府中，根据来源划分收入和按职能分配收入实际上是将集体财产转化为个人财产，因为这种专一性允许按个人计算损失和收益。

指定用途简化了财政管理。在古代，这是直接通过资金的物理分离来实现的。[130]雅典人在雅典卫城的不同地方设有几家公共金库。每个金库都有自己的管理人员、接收付款的职员和一个用来锁收据的保险箱。官员们发放款项并对收到和支出的金额进行记录。在前古典时期，军事防御、基本建设和民政管理都有单独的金库，但是，由于这些职能主要由礼拜仪式提供，所以每个金库的数额可能都很小。

到公元前 6 世纪,雅典的商业活动已经普遍使用货币[131],并且在商业交易中征收的少量税款都是用硬币支付给管理委员会的。当雅典开始以货币征税而不是以个人服务或实物的形式征税时,出现了大量的独立金库。[132] 每一个金库都从一个单独的来源获得收入,并为特定目的进行支付。港口税的收入一度用于改善雷埃夫斯的港口设施;剩余部分用于修缮这座城市的城墙。[133] 来自诉讼费和罚款的收入,用于支付法官和陪审员的薪水。

自雅典共和国承担了民防责任后,军事开支由一项单独名为"theorica"的基金支付,该基金包含了对资本资产征税的收入。它的演变说明了像指定用途这样的配置技术是如何适应不断变化的条件的。最初设立 theorica 是为了取代战船司令官作为雅典海军的支持来源;其资金被用于建造战舰和支付每艘船上 50 名或更多桨手的工资。由于无论是否在战时,国家每年都要对资本资产征税,因此 theorica 的平衡在和平时期迅速建立起来。

到公元前 4 世纪中叶,这种盈余被用来支付大众娱乐和宗教节日期间分发的食物;由此体现了公平的原则。对 theorica 的控制赋予了基金管理人员很大的权力,因为这使得他们能够赢得人民的青睐。在公元前 4 世纪中叶,基金专员欧布洛斯(Eubulus)说服"五百人会议"采用一种灵活的专款专用方法。通过将所有盈余收入在和平时期存入 theorica 基金,或者在万一发生战争时将收入存入一项也由欧布洛斯管理的新建军事基金,这一方法进一步增强了他的权力。[134] 集权正在形成。

在希腊化时期的雅典和罗马共和国,主要开支是军队的工资,用从各省土地直接税所得的粮食以实物形式支付给各省的士兵。两个政府的民政开支均属适度。由管理委员会任命的官员自愿或以低薪服务,他们的私人奴隶负责日常工作。[135]

在罗马共和国,国家财政收入的主要来源——公共土地的税收,被存入了一项叫作"Aerarium Saturnii"的国库基金。之所以这样命名是因为它位于罗马广场农神庙(Temple of Saturn)的地下室。Aerarium 成为共和国的主要金库。所有来源的收入都流入了这里,包括公共土地的租金、土地农产品的税收、臣服领地的贡品,以及包税人支付的合同费用。元老院任命了 Aerarium

的官员，这些官员负责向军队、向与之签约提供内部改进的税吏支付费用，并负责支付民事行政管理的适度成本。罗马不断扩大的资源助长了贪婪的倾向。一位名叫卢西利乌斯（Lucilius）的人断言："我需要一名财务官或地方法官，他会从国家钱袋里为我提供金子。"[136]

在公元前 2 世纪下半叶，由于征服的战利品支撑了罗马的建筑繁荣，共和国的富裕变得显而易见。大量被掠夺的财宝流入罗马，用来支付（和装饰）新公共建筑，使城市面貌焕然一新。与此同时，还修建了一条渡槽，耗资 4 500 万便士。相比之下，雅典建造帕台农神庙（the Parthenon）、雅典娜神像和卫城的纪念碑入口只花费了 200 万便士。[137]

在罗马帝国的早期，国家开支急剧增加。为了安抚众神、创建个人纪念碑，并为城市不断增长的贫困移民提供就业机会，早期的皇帝们在大城市修建了宏伟的公共建筑和为不断增长的城市人口带来净水的渡槽，并修建了遍布整个帝国的优质、硬面的道路网络。[138]统治阶层开始建立起一套官僚机构。皇帝们逐步创建了一支薪俸制的公务员队伍来执行民政管理和收税的任务；其工资最终成为国家开支的一大项目。[139]

早期的皇帝们通过建立他们自己的金库来确立对国家财政的个人统治。在帝国早期，罗马至少有 3 个主要的金库。Aerarium 一直作为元老院行省的收银库（下文译为"国库"），直到公元前 1 世纪中期克劳多斯（Claudius）篡夺了元老院任命国库官员的权力。[140]在元首统治的初期，奥古斯都用他的个人财产收买了军队的控制权。奥古斯都捐赠了 1.7 亿塞斯特斯（sesterce），建立了一个独立军事金库，名为"Aerarium Militar"，专门用来支付士兵的工资和养老金。[141]

为了控制新吞并的皇帝行省的收入，皇帝们建立了独立的省级金库，称为"fisci"，这个词来源于拉丁语中的"篮子"。这个金库由他们的检察官管理。早期的皇帝也将世袭财产金库（patrimonium）与帝国资金区分开来。这种资金在地理上的分离并不是权力分散的表现，而是将中央控制扩大到各省的表现。早期大多数皇帝的财力来源于巨额的世袭财产，这使得他们有可能用个人财富来补充国家收入的不足。在与元老院的斗争中，主要是出于政治上的权宜之计，促使奥古斯都在他执政的 40 年里为国家贡献了二十多亿塞斯特斯,这一金额相当于在他就任之前 35 年——公元前 62 年共和国总收入的 7 倍。一旦皇帝对国家做出贡献的先例建立起来,他的继任者就会继续向帝国金库贡献他们的私人资金,直到皇帝的私人收入和国家收入之间的区别逐渐模糊。[142]

正如早期元老院收入和皇室收入的划分中所发生的一样,随着省级金库成为唯一的帝国金库,皇帝自己的财富逐渐被放弃。[143]与共和国时期公共土地的收入一样,世袭财产金库是公共用途的可靠资金来源和应急储备。[144]

在帝国早期,皇帝主要从各省级金库中提取资金。皇帝可以从国库中提取资金以支付在罗马的有限开销,包括帝国卫队的工资以及在节日期间向罗马人提供的食物。但由于从国库中支付费用非常缓慢,又受到官僚程序的限制,大多数皇帝宁愿使用个人的财富来代替。由于帝国各省严格的行政控制导致了收入盈余,各省的结余被转移到罗马并被存入省级金库的当地分支机构。来源于新帝国税的收入也被投入新的专项基金。到公元 1 世纪中叶,罗马至少有 5 个省级金库。①

到公元 2 世纪初,省级金库不再是指定用途基金的集合,而是成为帝国的主要金库。就像雅典的国库和罗马共和国的国库一样,省级金库从各种来源接收帝国收入;它的官员和办事员队伍根据需要支付维持军队、民事官僚机构、皇室和公共工程的费用。[146]但是,省级金库的职能远远超出了国库的传统职能,在许多方面类似于现代企业集团。毫无疑问,省级金库借出款项是为了赚钱;它可能是帝国最大的银行家。[147]省级金库还参与了商品销售。在维斯帕先(Vespasian)统治时期,省级金库开始向商人出租帝国广场的货摊并在那里销售商品,包括来自国家矿山的金属、来自帝国地产的农产品,以及来自那些仍以实物形式缴税省份的谷物。[148]

就像在共和国时期一样,军队仍然是帝国的最大开销。当整个帝国普遍使用货币时,皇帝们开始用硬币支付罗马军团的费用。当一名士兵驻扎在国外时,省级金库就把他的累积工资和给养费用用流水账记录下来。通常情况

---

①　两家省级金库持有来自亚洲和埃及的盈余收入;第三家省级金库存放皇帝的私人资金;第四家省级金库存放犹太人的人头税收入;最后一家省级金库存放来自新税的收入,即分配给军队工资的农业产出税。[145]

下,当这名士兵从漫长的战役中归来时,他的开销是如此之大,以至于当从他的累积工资中扣除这些费用后,国库就不必支付太多了。[149]在帝国的头两个世纪,罗马军队有28~30个军团,15万~16万人。此外,还有骑兵、轻武装部队和驻扎在罗马及其周围的部队,共计15万人。[150]虽然在帝国的头两个世纪里物价稳步上升,但士兵的工资滞后了,只是间隔了一个世纪才上涨,先是由恺撒提高到900塞斯特斯,然后是由图密善(Domitian)提高到1 200塞斯特斯,最后是由塞普蒂默斯·西弗勒斯(Septimus Severus)提高至1 800~2 000塞斯特斯。[151]

为了维持军队的忠诚并对他们的长期服役给予补偿,皇帝通过提供以土地或现金形式支付的遣散费,给予每个士兵补充奖励。对于普通的步兵来说,补允的奖金是很有限的(12 000塞斯特斯),但对于一名像首席百夫长(primus pilus)这样的军官来说,这笔遣散费可能足以让他在退休时成为骑士阶层(40万塞斯特斯或10万便士)。[152]①当把这些支出合计起来,再加上帝国后期臃肿的官僚机构工资,这个国家在工资和养老金方面的固定成本肯定是巨大的。

在公元3世纪,当入侵、经济混乱和政治异化导致收入减少时,帝国国库被迫通过物物交换来履行其义务。通过以实物形式收缴的军事粮食供给,士兵们得以再次获得报酬。[154]

公元301年,戴克里先对实物形式收入系统化征收的改革,对这段历史产生了重要的辅助结果。为了确保军队供应充足,皇帝指示各地区的官员每年估计所需的供给,如食物(小麦、大麦、肉类、油、酒)、制服、马匹,以及新兵。根据新的程序,劳动力和土地的联合单位(iugatio-caput)数量在该地区的地籍调查中予以确定。通过对每一种必需供应品的估计数除以应纳税单位的数量,管理者就可以得出当年每一种商品的地区税收配额。这一年度配额(指标)相当于一档税率;如果这一配额不是由预期支出决定,也明确地与预期支出有关。[155]

这个将资源与需求联系起来的过程是高度分散的。就像早期皇帝的账目

---

① 直到2世纪末期,古罗马货币的实际价值仍相对稳定。1便士可以买17.5升玉米;普通劳动者的平均日薪是0.75便士。从这些数据中,我们可以判断出高级官员退休福利的奢侈程度。[153]

(rationes)或古代帝国的地籍调查一样，对地区内的每一种商品和耕作单位一个地区一个地区进行列举。据我们所知，这种一个地区的资源与其预期需求之间的平衡，以前从未发生过。虽然戴克里先时期所采用的程序似乎体现了与现代支出预算有关的面向未来、目标和手段挂钩（means-ends-related）的思维定式，但是在任何政府都拥有技术能力或政治权力允许其按用途分配支出总额之前，已经过去了几个世纪。

公元 3 世纪以后，由于市民试图逃避礼拜仪式，帝国在各省的开支加大；帝国政府随后被迫承担了一些防御费用，诸如修复自治市周围的城墙等，而在此之前这些费用都是由当地居民支付的。

在公元 3 世纪早期，皇帝塞普蒂默斯·西弗勒斯通过没收那些反对其政策的议员的财产，以及高卢和西班牙那些无法向他们征收沉重贡品的公民的财产，极大地增加了他的私人财富。[156]塞普蒂默斯为没收财产收入建立了一个名为"res privata"的新金库。该项收入是如此庞大，仅在意大利就需要 8 名检察官及各省的许多其他人来管理该项基金。塞普蒂默斯死后，res privata便传给了他的继承人，留给这些继承人的财产比任何一位皇帝遗赠的财产都要多。[157]这个金库一直是皇帝的私人财产，直到公元 4 世纪，在早期拜占庭皇帝的统治下，这一金库与国库合并，皇室的私人收入再次用于公共目的。[158]

如果统治者软弱，或者管理委员会不团结，通过指定用途进行财政管理就会使国家难以控制腐败。由于存在很多金库，管理委员会很难监管每一个金库内部的财务状况。官员和办事员受到诱惑行贿受贿，或通过其他合谋手段挪用收入。在一个权力分散的政府中，比如雅典或罗马共和国，存在着许多独立的金库，每个金库都有一套自治的官僚机构并且定期获得资金。这些独立金库的存在创造了独立的权力来源，适时向管理委员会提出挑战。雅典和罗马财政的特点不是过分的等级制度而是半成形等级制度。在这两个政治体系中，等级制度都被市场的力量——竞争性个人主义的竞争秩序所调和。

财政责任

政府总是试图防止其资源被盗。为了有效地管理财政，一个国家需要值得信赖的官员,但如何才能找到这样的人呢? 罗马共和国因为不能阻止官员接受贿赂,一度放弃在奥斯蒂亚征收港口税。[159]

雅典和罗马的财政管理实践,与其他不同时期和地区的政府一样,代表了解决控制问题的两种方法。一种是个人的、系统内部的,并且基于自愿遵守的方法。统治者或管理委员会从他们自己的阶层中任命可能值得信赖的人来管理国家财政,并让他们个人负责。在像古代君主政体这样的小政府中,一名身兼数职的官员要亲自对国王负责。雅典和罗马的共和国委员会还有另外一种管理技巧:这些委员会通过从统治阶层中任命的几位专门财政官员来管理国家财政,并对整个社会负责。这些人是无偿服务的,因为希腊人认为薪水会使公职人员腐败。[160]

当任命一名官员监督所有的收入和支出时,就能够简化内部管理。由众多金库造成的行政混乱,可能迫使雅典委员会加强对其财政的管理。在公元前3世纪,委员会把权力下放给了一名专门的财政官员,即国家司库,他负责接收所有的收入并将资金分配给单独的金库。这一官职成为希腊帝国和罗马时期财政管理的原型。希腊帝国的战略制定者,以及罗马共和国和帝国时期的财务官(quaestor)、检查员(censor)、执政官(praetor)和会计股(arationi-bus,负责财务事宜),都模仿了雅典司库的职责。这些官职中的每名官员都对从事公共收入收集和分配的官员阶层进行监督。

有时这名官员是一个强有力的人,他推行全面改革,以提高收入和分配效率。雅典和罗马的改革者有几项明显的、有时相互矛盾的而且常常相互重叠的目标。一些改革试图简化行政管理以减轻管理负担,而另一些改革则试图明确责任所在,从而加强对税收收入和支出的行政控制。所有的改革者都担心总是存在腐败带来损失的威胁,并努力设计出更好的方式来确保政府内部的问责制。

考虑到公共道德,最早的改革者试图通过让政治家对支出负责来控制国家的资金。公元前5世纪,雅典人克利斯提尼(Cleisthenes)通过分离收入和分配建立了控制。他将国家财政的控制权授予了"Apodectae",这是一个从元老院抽签选出的10名成员组成的团体;它将接收所有支付给国家的款项,并保存各项收入来源的记录。与元老院一起,Apodectae 将收入分配给各个金库以供支出;但是,没有证据表明,司库们要对这些资金负责。[161]

雅典人的审计

公元前 4 世纪初,雅典的政治家们通过公共审计对开支和收入负责,这是古希腊人的发明。审计制度建立于前古典时期,是在雅典政治体制逐渐民主化的过程中发展起来的。它表达了希腊城邦的执政哲学——公民与国家的相互责任和义务。一名雅典官员在其服务年限结束被解职之前,被迫接受正式的公开考试。没有官员可以被豁免。所有的政府官员、最高法院(Areopagus)的成员、“五百人会议”、神庙的祭司,甚至是战船司令官,都必须说明所有的收入和支出。[162]作为公共信息,国库的账目被凿刻在石碑上,并被安装在公共建筑物上。[163]

审计包括两个部分:对一名官员任职期间的能力进行的一般性听证(euthynia),以及(如果他处理过公共资金)由公共会计师单独进行的单独财务审计(logos)。管理委员会从其成员中选出 10 名总检察官组成理事会。

如果会计师发现财务违规行为,他们可以在一个特别公共法庭对罪犯提起诉讼。这个法庭也是由会计师主持。而且,如果总检察官发现了针对人民的犯罪或轻罪的有效证据,他们可以将其递交给最高法院,或者(在公元前462 年的民主改革之后)移交给一家平民法庭,在那里听证并宣布判决。[164]

为了保障收入,历史上的各国政府也会采取避免损失的制裁措施。在一个合法性较弱的政府中,例如中央王国时期的埃及或罗马帝国后期,制裁是惩罚性的,会导致死亡、伤残或监禁。在一个像伯利克里时期的雅典那样的稳定政府中,制裁通常是温和的,只会给他们带来罚款和随之而来的耻辱,或者在最坏的情况下被没收财产。一名不服从审计的官员将被禁止进入法庭,被阻止向众神献祭,并且严禁在雅典以外的地方旅行。[165]如果他的账目有出入①,该名官员将受到审讯;如果被证明有罪,他将被处以罚款并被迫归还涉案金额。如果一名官员不交钱,国家就会将其监禁并没收他的财产。[167]一名公职

---

① 古希腊的会计技术充其量只是最初级的。雅典的建筑账目表明,财务记录是以叙事的形式保存的,而且通常是不完整的。收款和付款混杂在一起,并且没有试图达到收支平衡。毫无疑问,许多官员仅仅是因为一些收入或支出的物品丢失,或者是由于计算的错误而被判有罪并处以罚款。[166]

人员对公共资金的个人责任解释了为什么雅典人更加喜欢使用公共奴隶而不是自由公民做办事员。如果发现账目上有出入，一个奴隶可能会被酷刑逼供，而他的上司就可以无罪开释。[168]

但是，在事后对一名官员的行为进行仔细检查并没有使雅典人满意。政府试图预先阻止渎职行为的发生，为此举行了特别听证会(dokimasia)，在当选的候选人就职前对其进行筛选。所有的执政官、地方法官以及新当选的管理委员会的500名成员，都必须在即将退休的"五百人会议"举行的听证会上得到确认。最初，如果"五百人会议"取消了一名候选人的资格，这一决定就是最终的；后来，大概是在公元前5世纪之前，一名被否决的候选人有权向公民法院提出上诉。[169]

雅典审计的概念基础在于官员的公共角色和私人角色之间的明显区别。雅典并不是古代世界第一个将这种区别标记出来的国家；古代的君主们也曾通过鼓励或胁迫的手段，试图诱导财政官员们意识到这一点。但在经济稳定、政治保守的古典雅典环境下，公共审计倾向于在公共服务中营造一种道德氛围。(或者，从我们所处的遥远的有利位置来看，引导我们相信如此。)在雅典的局部环境中，一位官员诚实或不诚实的名声在他接受审计之前就已广为人知。这位官员很可能在任职期间慎重行事，以避免不审而判和可能在公众面前的尴尬。

这并不意味着所有的官员都是诚实的，甚至也不意味着诚实的人总是无可指责的。希腊评论员波利比乌斯(Polybius)报道称，如果"国家交托给任何个人一个talent(相当于6 000德拉克马的金额，对希腊人来说是一笔非常大的数目)，即使国家有10名检查人员，以及同样数量的印章和两倍多的证人，也不能保证他的诚实"。[170]

事实上，贿赂行为在古典雅典和现代政府中一样普遍。如果一名雅典官员不能解释所有资金的来龙去脉，就会被怀疑有勾结行为。就连伯里克利也曾被认为对公共资金处理不当。[171]尽管如此，被公认的模范雅典公务员，是一个在任职期间克制中饱私囊的欲望的人，这样国家财政管理可能会比没有公共审计时更为诚实。

但在古典雅典和罗马的众多财政管理者中，确实有一些杰出人士脱颖而出。公元前 4 世纪的雅典政治家莱克格斯(Lycurgus)是一位值得信赖的公务员模范,他同时也是一位卓有成效的财政改革家。他是如此诚实,以至于雅典公民将他们的私人资金存放在他那里以便妥善保管。莱克格斯以经济方式管理公共资金长达 15 年。在其任职期间建造的骑术学校正面墙的一块碑牌上,莱克格斯自豪地陈述了他精心管理的成果:建造和修理了 400 艘船,在雅典卫城储存了 5 万枚飞镖,为庆祝战争胜利在全城各处竖立了金色雕像,建造了体育馆、码头、兵工厂和剧院,以及增加了总收入。[172] 我们不知道那些付钱的人是否也一样高兴。

与莱克格斯良好管理声誉相匹配的是罗马改革者卡托(Cato),卡托在公元前 184 年当选为共和国的审查官(首席财务官)。卡托列举了他在担任西班牙总督期间没有做过的事情,详细阐述了他的公共道德观念,这显然在他的时代并不常见:

> 我从来没有在你们的城镇里部署过驻军指挥官……夺取他们的财物和家人。我从未与我的朋友们……瓜分过战利品……或者赃物,为了剥夺那些赢得它的人的奖赏之目的。我从未允许随意征用,以便我的朋友们能使自己富足……我从未把士兵的酒钱分给我的侍从和朋友,也没有使用公款让他们发财。[173]

在他担任审查官的任期内,卡托通过提高富人缴纳的税收,并试图通过严格执行,增加了公共收入。无论是在公共场合还是在私人生活中,卡托都很节俭。卡托从包税人那里收取了最高的费用,但是为了节约资金,他只会为改善城市的道路、下水道和渡槽支付适度的合同费用。卡托通过切断将水引入私人住宅和花园的管道,来限制将公共资金用于私人目的,展现了一种在那个时代罕见的公共道德观念。[174]

随着一个国家管辖领土的面积扩大,通过一个人对另一个人的直接责任和问责来进行内部控制变得不可能。统治者或委员会逐渐将其权力分散给那些不知名的人,这些人的诚信可能值得怀疑。雅典和罗马共和国的半自愿财政管理方式——礼拜仪式和包税制,使得这些政府有可能避免权力下放所固有的问题。由于礼拜仪式和包税制主要是自我管理的,雅典和罗马政府只需要一套适度的民事官僚机构就可以管理大片领土,而没有必要建立一套精心设计的控制装置。

罗马共和国的授权财政管理

虽然罗马人也使用公共审计，但这并不是他们的主要控制技术。在共和国的最后两个世纪里，元老院通过对每一建筑、道路或渡槽的确定金额进行投票表决，然后将建筑合同交给税吏来收取该项金额，以此控制公共工程和对罗马公共建筑修缮的支出。

为了支付军事开支和行政费用，元老院投票决定在军事指挥官和各省省长任期开始时向他们提供整笔拨款。[175] 为了授予合同和管理拨款，元老院将其权力委托给了财务官。这些专业的国库官员在共和国后期行使了相当大的权力，因为法律规定他们有权以合同方式控制所有公共支出，并对拨款项下的开支负责。一名被要求为其支出辩护的官员将自己的账目直接提交给财务官，而不是元老院。

罗马共和国后期的军事指挥官不必为他们的开支负责；而各省省长只在任期结束时才需要提交账目，尽管这些账目往往是不准确或粗略的。① 如果一项拨款在任期结束时还没有完全投入使用，省长通常会将余款分配给他的工作人员，或将其转交给他的继任者。由于他往往需要好几个月时间才能返回罗马，一名无良的官员可能很容易通过与省级财务官或他的继任者合谋分享余额来占用公共资金，然后填平他的账户以弥补赤字。[177] 即使发现有出入，元老院也无力收回任何资金。

虽然将管理财务的权力委托给诸如财务官这样的官员，可能会减少混乱，但这并不能确保腐败行为得以遏制。一般来说，财务官的任命期限是有限的，即使他倾向于诚实，通常也很难控制那些长期任职的小型金库官员。在共和国后期，这些文书工作的市场很活跃。一名来自骑士阶层被任命在国库任职的书吏，可以轻易地将其职位卖给任何足够有钱的人，而不管申请人的资格如

---

① 费尔斯（Verres）是共和国后期西西里岛的腐败省长，他提交的账目非常简短，以至于自封为公共道德卫士的西塞罗为此发表了长篇大论："……让我们看看他的账目中是怎么说的……首先，注意它们的简洁性——他说'我收到 2 235 417 塞斯特斯；我为了支付士兵的费用，为了玉米，为了罗马教皇的使节，花费了 5 417 塞斯特斯……'有任何人曾经以这种方式提交过自己的账目吗？……在公职人员曾提交的所有账目中，有什么先例吗？"[176]

何。这些书记员的官方薪水微薄,他们通过收取费用作为补充。每当他们中的一人提交一份账单或收集一笔税收时,他就增加了一笔小额的个人收费。许多书记员无疑也收受了贿赂。这些职位一定是有利可图的,否则在任者不会愿意花钱购买这些职位。[178]在2世纪中叶(公元前159年),罗马元老院通过了几项反对贿赂的法案;显然,这些法律是无效的。25年后,一位外国当权者提出另一项法案的建议——在罗马,任何东西都可以出售。[179]大约40年后,当一位名叫穆奇乌斯·斯凯沃拉(Mucius Scaeveola)的男子被从罗马派往亚洲管理一个省的时候,进行了一系列的改革。根据他的年代史编撰者狄奥多罗斯(Diodorus)所述,斯凯沃拉的表现堪称模范:

>……他决定他和他的员工应该自掏腰包支付所有的费用。以其自身简朴的生活方式和……清廉,他使这个省从以前的不幸中恢复过来。因为他的前任……与包税人建立了合伙关系……他(通过裁决)包税人犯有(敲诈勒索)的罪行,并迫使他们赔偿那些被冤枉者的财务损失,抑制住了……不法行为。[180]

授权财政管理并没有控制住罗马共和国后期的腐败,元老院的审计只是一种形式。只有当一名官员的行为公然违反了自雅典继承下来的理想化的公共道德规范时,才会引起人们的关注。由于缺乏有效的制裁措施,因此元老院将财政控制授权给财务官后,往往无法控制他们。而且,随着元老院分裂成不可调和的派系,一名腐败的官员总能找到一名志同道合的议员来为其辩护。

在共和国后期,也许授权问题更多是由于派系之争和不稳定,而不是管理方面的缺陷,因为授权确实有其优点。例如,对一个资源有限、行政管理能力有限的国家来说,让官员收取服务费是一种合理的补偿方式。例如包税制,与之相关的收费管理使国家能够通过授权,以低成本完成一项基本职能,因为纳税人承担了大部分的费用。收费管理或许也导致了公共收入的增加。由于官员的个人报酬取决于所收集的数额,他很可能会为国家利益努力工作。但是,收费管理与包税制存在同样的弊端,因为当国家取消对小官员的控制时,它必须容忍官员在收费上的过度热情,并且对官员收受贿赂或有其他不正当行为视而不见。

帝王的中央集权管理

早期帝王通过逐步发展集中管理结构来实现内部财政控制。由于通过阴谋获取了权力,早期的皇帝并不信任由他们来自议员阶层的同僚管理财政。为了弥补罗马东部省份包税人的收入损失,尤利乌斯·恺撒和他的继任者奥古斯都逐步废除了在皇帝行省征收直接税的现有合同。皇帝用检察官取代了省级包税人,这些委派的官员都是皇室的私人代理人。由于认识到征税需要有组织和专业知识,皇帝们从骑士阶层挑选了同样的商人和金融家作为监察官,这些人曾经作为包税人为共和国效力。但是,骑士行政官并不是拥有个人自由裁量权的私营企业家,而是成为对皇帝负责的中央行政机构——罗马行政部门的第一批公务员。至少在一段时间内,等级制度取代了竞争的个人主义。

这并不是说廉洁的骑士很容易找到。一个人的诚实名声很少是选择的标准;相反,皇帝们的选择基于这样一种认识:一名候选人不像其他竞争者那样贪得无厌。早期的皇帝试图保持对被任命者的个人控制。奥古斯都的继任者提比略在罢免埃及的一名地方行政长官之前,训斥他说:"臣民应该被修剪,而不是被剃光。"[181]

为了确保骑士公务员能够正直地服务,奥古斯都和后来的皇帝们任命了一些曾是皇室奴隶(帝国自由民)的办事员担任公职,负责财政管理的日常工作。这些帝国的自由民忠诚于赐予他们自由的皇帝,忠心耿耿地为皇帝服务。皇帝通过从自由民的后代中挑选一代又一代的小行政官员,来提供管理的连续性。[182] 少数例外的自由民甚至登上了最高行政级别。①

起初,皇帝试图只在皇帝行省集中财政管理,在这些地方,由检察官指导

---

① 诗人斯塔提乌斯(Statius)在一篇悼词中留下了对其中一人的描述。这篇悼词是为了纪念他的父亲——一位早期皇帝手下的财政官员。如果我们相信斯塔提乌斯感情洋溢的语言,那么他的父亲就是韦伯理性管理者的原型,是一位理想的公仆,无私地献身于一项可能压垮其他更小人物的任务。

"……我们神圣统治者的财富只有你得以管理。万国所给的财富……那些金银财宝,由你全权负责。那是希比米娅(Hibemia)从其金矿中铸造的黄金,是达尔马提亚山上 (Dalmatian hills)闪闪发光的金属;是所有从非洲收割的庄稼或是从闷热的尼罗河打谷场上收获的,或是潜水员从东方水域所收聚的……比你的任务更轻的是给森林的树叶或冬天的雨滴计数。你敏捷的头脑很快就能计算出罗马军队需要的金额……你很少得到安宁;你的心对快乐关闭;你的食物很贫乏,而且饮几杯酒也从未使你的勤勉减少。"[183]

税款征收，并将公共资金支付给驻地的军事力量。在元老院行省，检察官充当皇帝的业务代理人，管理世袭财产金库——皇帝的私人地产、矿山和商业利益。随着皇帝逐渐废除了在元老院行省的包税制，帝国检察官也开始在那里负责征收税款。[184]帝国早期对省级财政的谨慎管理产生了盈余，这些盈余被用于公共建筑和设施投资。[185]通过以集体名义进行有形的支出，等级秩序获得了支持。

罗马帝国的行政部门经历了几个世纪的演变。由奥古斯都发起并由继任者在其基础上进行改组，最终产生了一套由付薪专业人士组成的复杂组织，他们精通帝国政府管理的所有工作，包括管理政府财政。由于奥古斯都和他的继任者提比略都试图管理一个私人政府，并任命了相对较少的官员，因此罗马的行政部门形成缓慢。为了应对不断扩张的帝国，在奥古斯都之后统治了50年的克劳多斯皇帝，扩大了文官部门，并发展了一个由专门官员组成的小型中央内阁，来管理各省的法律和财政。在接下来的一个世纪里，历代皇帝都在克劳多斯的创新基础上加强了中央控制；他们扩大了帝国行政官职的权力、数量和职能的专业化，并倾向于从内部提拔。随着文官职位开始掌握更多的权力，威望和薪水的提高，皇帝任命的自由民越来越少；到了公元2世纪，在哈德良的统治下，团队主要由地位较高的骑士组成。到了2世纪末，行政管理的发展已相对完整；在帝国行政机构中有136个不同的办事处，按照薪水高低将其划分为4个等级——毫无疑问，就像今天一样，这与公务人员的职责和能力是相称的。①

帝国行政机构的扩张是以牺牲元老院贵族的利益为代价的，逐步但相当大地扩大了皇帝的权力。随着帝国官僚机构发展出有效的管理技术，财政控制权逐渐从元老院转移到皇帝手中。在共和国时期，这一权力属于元老院。早期的皇帝在财政事务上拥有控制权和主动权，尽管元老院仍然保持着正式的职责。为了维持共同控制的假象，奥古斯都和他的继任者们继续征询元老院的意见，并设立了财政事务委员会。但是元老院的财权受到皇帝权力扩张的侵蚀，以至于在1世纪末期，当国库耗尽而皇帝维斯帕先在罗马以外的地方

---

① 在康茂德（Cornmodus）的统治下，这4个等级的年薪分别为6万、10万、20万和30万塞斯特斯。[186]

旅行时,元老院不得不等待皇帝归来并决定如何提供必要的资源。那时,元老院行省的检察官们已经掌握了对公共财政的控制和对帝国地产的管理。

早期的皇帝控制国库时,放弃了元老院审计。但是,随着皇帝们建立起对财政管理的控制,他们确实开始管理帝国各地的开支。起初在皇帝行省,后来在元老院行省,罗马检察官接收当地征收的税收,并将这些资金支付给驻扎在那里的占领军和帝国官员。

随着皇帝派遣代理人进入帝国,在罗马共和国时期有效运作的联邦行政管理体系开始瓦解。虽然省级城市在原则上仍是自治的(就像它们在共和国后期那样),但检察官们开始干预省级城市的财政,目的是防止公民进行可能危及帝国收入的不明智投资。今天,统一的欧洲各国政府在寻求地方政府贷款方面也采取了大致相同的做法。

小普林尼(Pliny the Younger)在担任波斯尼亚省的省长期间写给皇帝图拉真(Trajan)的信,提供了中央政府限制市政开支的证据。尼西亚(Nicaea)的人民几乎建成了一座剧院和一座体育馆,但是建造得很糟糕;克劳狄奥波利斯(Claudiopolis)在一处贫瘠的地方修建了一座公共浴池;尼克美狄亚(Nicomedeia)建造了一条渡槽,然后弃之不用。普林尼向图拉真请教如何防止这种不称职再度发生。在普鲁萨(Prusa)市,普林尼请求皇帝准许建造一个澡堂;阿玛斯特里斯(Amastris)要求覆盖一条下水道;自由之城锡诺珀(Sinope)要建造一条渡槽。[187]后来,在哈德良统治时期,亚历山大·特罗亚(Alexandria Troas)城开始更换雨水储罐,但是费用大大超出了成本估算,而且当地的检察官向皇帝提出了抗议,于是皇帝停止了这个项目。[188]

尽管所有这些在市政设施上的投资都是作为省级礼拜仪式捐献的,但皇帝的地方代理人觉得有义务通过限制支出来保护帝国的利益。在一些行省自治市,皇帝的官员试图限制在诸如婚礼和节日等私人仪式上的奢侈花销。在其他一些地方,这些代理人审计市政账目,违反了地方自治的传统。[189]等级制度扩大了它的特权。然而由于每个职位都有其自身的要求,因此等级制度有时会通过禁奢令,以法令来约束习俗所规定的东西。

对经济的担忧并不仅仅限于各行省。早期的皇帝还试图减少国内的运营费用。《关于水道管理》(De Aquaeductibus)是图拉真皇帝的公共工程管理人弗朗提努斯(Frontinus)的一篇著名作品,描述了他为降低罗马喷泉维护成本所做的努力。弗朗提努斯的陈述显示了一位擅长成本控制、具有现代经济头脑的行政管理者的全部正直;它反映了关于财政控制公开声明中的一个普遍主题。

> 关于管道的维修问题仍有待讨论……存在两队人(为这一目的建立的奴隶团队)……一队属于国家,一队属于恺撒……这两大团队都经常因……徇私舞弊,或因其工头的玩忽职守,转移去做私人的工作,我决定通过前一天写下每一团队要做的事情,并把他们每天所做的事情记录下来,以恢复某些纪律……属于国家的奴隶团队的费用由国库支付,这笔费用因从水权中收取的租金而减轻……这项收入以前由于管理松散而蒙受损失。我煞费苦心地将其置于固定规则之下……这样可能会很清楚什么……属于这种税。[190]

从思想史的角度来看,早期皇帝最显著的成就是建立了一个管理帝国财政的信息库。"帝国配给"(rationes imperii),即奥古斯都的官员所编制的帝国资源和开支的表格,并不是预算,因为它只是对过去的收入、资源和承诺的一种会计方法。但是,就像古代帝王的地籍调查一样[191],"帝国配给"代表了对帝国资源进行系统盘点的一种尝试。鉴于古代世界欠发达的簿记技术,罗马的书记员用罗马数字保存他们的记录,而罗马数字是很难累积的,因此,任何编制帝国账目的努力都是令人惊奇的。[192]

这些努力背后的推动力是对过去的兴趣,目的是将其与人们希望的集体未来联系起来。预算不仅仅是前瞻性的,而且是追溯性的,它为过去发生的事情辩护——使某一政权合法化。早期罗马帝国的资产负债表服务于后一种目的。

奥古斯都在公元前23年以及此后每隔一段时间定期提交给执政官的帝国资产负债表,包括了对每一省份的单独计数:(1)驻军人数;(2)收入;(3)国库的支出和现金余额;(4)皇帝省级金库的现金余额;(5)仍旧在元老院行省征收固定税的包税人到期应当缴纳的金额。在他去世之前,奥古斯都还留下了一份简要的资产负债表。这个"帝国整体摘要"(breviarium totius imperii)累积了各行省的"帝国配给",并列出了"帝国奴隶"和"自由人"的名字(他们是王室的重要资本资产)。奥古斯都的继任者提比略继续发布"帝国配给";提比略之后的卡利古拉(Caligula),只维持了很短一段时间的账户。之后,这种做法就失效了,也许是因为随着帝国的扩张,记账变得过于困难,或者因为公共财政和帝国财政之间的区别变得越来越模糊。[193] 每一任皇帝的私人财产都与帝国金库合并,并传给下一任统治者;因此,帝国财产逐渐呈现与罗马共和国的公共土地(公地)或希腊城邦的神庙财产相似的特性。

帝国对罗马各省市政开支的控制一直延续到帝国后期,在鞭笞的惩罚下,要求什长们对所收取的收入和发生的费用负责。[194] 但是,中央政府问责制的概念随着早期皇帝"帝国配给"的消失而消失;在整个动荡的帝国后期,对帝国当局铺张浪费的开支既没有控制,也没有会计核算。

到帝国后期,主要由元老院和骑士团官员组成的行政部门已经士气低落、腐败成风。皇帝们采用了古代东方的做法,任命宦官管理国家财政;这些被阉割的男子不可能拥有合法的权利要求,也没有继承人,因此人们相信,他们可能不会损害国家资金。[195] 然而,就像一些帝国自由民一样,帝国后期的一些宫廷宦官也确实积累了大量的个人财富。至于这些财富是通过出卖影响力还是通过其他不正当手段获得,则不得而知。[196]

皇帝们试图应对这一问题,目的是通过重复功能设置,结合恐吓和惩罚性制裁的威胁来控制财政。[197] 几名官员被任命执行同样的任务,期望一名官员检查另一名官员,并报告任何违规行为。但在罗马帝国晚期,试图通过营造一种恐惧氛围来实现政府道德是没有希望的,而且这种策略也未获成功。因为需要对文职官员和人民进行持续监督,通过恐吓手段控制腐败十分烦琐;这一手段也很昂贵,因为它需要从军队或秘密警察中抽调人员组成一个广泛的、代价高昂的密探网络。而当皇帝们加紧控制时,纳税人又发现了新的逃避方法。

应对:收支平衡与逃避惩罚性税收的对比

古代经济的低生产率给政府和纳税人造成了类似的压力。由于受到人类无法控制的灾害——鼠疫、洪水和干旱的影响,雅典和罗马的农业生产力是有限的,而且总是不可预测。由于用于支持自给自足经济政府的资源留给被统治阶级的份额较小,古代国家没有太多的选择。像雅典这样的政府,可以通过援引利他主义来维持合法性,吸引人民赠送礼物来表明自己的忠诚。如果它的需求很小(只要没有发生灾难),私人慈善事业甚至可能维持这样的一个政府。但如果资源需求增加,古代政府要么不得不采取强制手段征税,要么必须寻求其他支持。

首先,政府可能会让货币贬值。古代政府在铜币上镀银,或者发行重量较轻或金属含量较低的新硬币。[198]例如,早期帝国时期(公元 1 世纪中期),罗马硬币的含银量为 98%。到 3 世纪中期(公元 250 年),硬币的含银量只有40%,而且在接下来的 20 年动荡岁月里,连番贬值使银含量降低到了4%。[199]这种战略有一个固有缺陷,由于贬值总是伴随着物价上涨,基本服务成本的增加抵消了获得的额外税收收入。[200]在罗马共和国和帝国时期,最大的一项开支是军队工资,超过一半财政收入。[201]当在遥远省份的士兵得到以贬值的罗马货币支付的报酬时,他们的将军为了避免大范围的兵变,要么铸造发行他们自己的货币,[202]要么更常见的做法是,让军队通过抢劫来补充他们的工资。[203]

政府还可能会敦促道德约束,颁布法令禁止公民在个人装饰上奢侈消费;节省下来的钱将捐献给国家。公元前 4 世纪,在希腊的以弗所(Ephesus)城邦,妇女们被迫向国库捐赠珠宝首饰。[204]亚里士多德叙述说,斯巴达的公民要求所有公民、奴隶和牲畜禁食一天,然后捐献本应消耗的食物,向他们的邻居——萨摩斯岛上的居民(Samians)提供经济援助。[205]在公元前 2 世纪的罗马共和国,为了支付迦太基战争的费用,监察官卡托对家具、战车、珠宝和衣物征收奢侈品税,并试图限制在宴会上食用的肉制品数量。[206]

当社会等级制度与经济个人主义共存时,公共辉煌与私人荣耀之间存在矛盾。因此,公众谴责私人奢侈很难坚持下去。由于罗马人喜爱富丽堂皇的公共场所(正如 50 年后西塞罗观察到的),与等级制度的规范相一致,他们声称憎恶私人奢侈行为。政府旨在荣耀罗马,而不是为了授予私人特权。为了在民众中差不多平均地分配捐献,卡托表现出了平等主义的特征;他还公开反对向穷人分配粮食。[207]显然,捐献并不流行;在公元 2 世纪,罗马试图实施 6项不同的禁奢法令。[208]

因为颁布了禁奢法令的政府很少具有强制遵守的权威,所以几个罗马

113

皇帝采用了更为直接的策略,通过没收议员和富有公民的土地及个人财产,以获得支付军队开支和养活城市贫民所需的粮食和牲畜。[209]在公元3世纪这样一个无政府状态的混乱时期,这项政策产生了一个令人满意的副作用:减少了反对意见。

当所有其他手段都失败时,作为最后的手段,统治者可以动用他个人的财政资源,通过出售或出租王室地产、贡献他的私人财富,或者甚至拍卖皇冠上的珠宝或皇室家具,为国家提供支持。国王和国家的合并,在雅典和罗马共和国中曾短暂消失,在希腊和罗马帝国中又重新出现。然而,对于一个统治者来说,动用个人资金(就像奥古斯都和尼禄所做的[210])或者卖掉皇家家具和祖传遗物[就像马可•奥里利乌斯(Marcus Aurelius)所做的[211]]来补贴国家,比它的反面要少见得多。更为常见的情况是,希腊和罗马的统治者,就像古代君主政体的僧侣王一样,通过从国库中提取资金来扩充他们的私人财富。[212]无论臣民们支付什么,都被等级制度消耗了。

在罗马帝国后期——战争期间的入侵造成经济混乱,以及国家对私人土地的大规模没收——使得人们的收入减少到微乎其微——戴克里先皇帝恢复了古代僧侣王的预算实践。一系列法令重新规定强制征收实物税,迫使所有人继续耕种他们赖以生存的土地,以产生税收。与古代君主制度一样,这些法令规定,土地按产量分类,每一种作物都要按固定比例支付给国家税吏。戴克里先派出密探进入帝国,恐吓纳税人,并强迫纳税人遵守他的法令。[213]

在这种情况下,一名公民能做些什么来保护自己呢?他通过什么策略可以逃避税吏并保护其个人财富?罗马帝国后期负担沉重的纳税人——以及在空间和时间上广泛分布的其他国家的公民,采取了非常一致的策略。

对有财产的人来说,征税可能会带来不便甚至是沉重的负担,但是惩罚性很少能达到剥夺他们生存的程度。罗马帝国后期的富人们找到了逃避税吏的方法,就像他们在历史上所做的那样。在3世纪,许多富有的罗马人将他们的珠宝或金币储备埋藏在地下。[214](储藏物埋藏的位置和内容为研究古代世界的现代经济历史学家提供了数据。[215])对于骑士阶层的商业成员来说,逃税并不困难,因为他们持有抵押和贷款等无形资产。如果商人没有交易记录,国家就不能对他们增加的资产征税。在帝国后期,除了少数商人和银行家外,几乎所有人都停止了记账,这在很大程度上是为了逃避税收。[216]土地所有者在逃避税收时遇到了更多麻烦,因为他们的资产难以隐藏。除了在提供应课税资产估计的"地籍调查"中谎报他们所持的资产外,土地所有者们只能寄希望于通过武力阻止税吏进入他们的土地。

在4世纪,为国家提供基本服务和物资供应的商人和工匠可以免税。为军队提供食物和补给,以及为皇室提供服务和用品的商人[217]是免税的,还有那些将粮食从各省运送到罗马的船只的船主也是免税的。

一个穷人没有什么选择。如果付不起钱,他唯一的合法求助途径就是参军。许多生活在贫困地区、拥有小块土地的小农户宁愿放弃土地也不愿缴税;他们去了罗马或君士坦丁堡,在那里他们可以靠帝国的救济金生活。从小块土地的逃离使得戴克里先皇帝采取了一项政策,将劳工和土地视为一个征税单元;如果一个人搬走了,他仍然有义务为其土地缴税。偶尔地,小地主也会采取非法手段逃避税收。在公元3世纪,东部一些省会城市的公民联合起来,寻求驻地军队的帮助。都城以外的人为士兵们提供金钱或食物作为礼物,以换取他们帮助驱赶税吏。[218]最后,一个小地主可以牺牲他的独立性,将自己置于一个强大地主的保护之下,而这个大地主所拥有的资源足以对抗那些税吏。[219]作为给予保护的交换,土地所有者拿走部分农产品;富有的地主常常没收穷人的土地。

由于富人和穷人都试图逃税,帝国后期的历任统治者采取了更为严苛的执法和控制措施。由于税收始终不变,当富人的策略成功时,税收负担就落在了穷人身上。就像在古代帝国一样,那些最无力支付税收的人被剥夺了所有的财产,在那些土地生产率低下的省份,他们还被剥夺了生存资料。[220]公元5世纪,在拜占庭时期的早期,圣徒萨尔维安(Salvian)长老在他的著作中描述了平民百姓的悲惨处境:

> 但是,这些可怜的人们,他们承受着无休止的……税收课征,还能有什么别的愿望呢? 对他们来说,沉重而无情的放逐总是迫在眉睫。他们离家出走……他们寻求流亡……(因为)对他们来说,敌人比税吏更为仁慈……这种税收课征,虽然严酷和不人道,但如果所有人都能平等地承担,它就不会那么沉重和严酷……因为并非人人都

承担了所有的负担，税收变得更为可耻和烦冗。他们为了富人的税收向穷人勒索贡品，而弱者为强者担负了责任。[221]

公共利益的概念

负担过重的公民试图逃税不足为奇。统治者和财政官员们通常都是先于国家为自己服务。在位期间的任何行为，无论多么自私，都是公平竞争。无论何时何地，只要发现腐败官场强制征收惩罚性税收，就会抹杀了公众利益的概念。因为如果没有互动的公众来回应和保护，等级制度就会变得专制。

公共利益的理念是脆弱的。它的出现很缓慢；而且一个政体必须精心培育它，才能维持。古典雅典和早期罗马共和国的财政实践标志着公共利益理念的遥远开端——就像雅典对公职人员的仪式化审计一样。而且正如理想化的公平规范支配着雅典和罗马共和国省级自治市的礼拜仪式分配，它们也支配着个人在礼拜仪式上的表现。

要使个人愿意通过纳税和为政府诚信地服务，将个人利益置于集体利益之下，必须具备一些条件，因为道德规范和个人行为的高标准只有在特定的背景下才会出现。必须有一个强大而且稳定的政府，具有建立和维护财政公平准则的合法性。如果政府的税收是适度的，而且如果税收是由在担任公职期间保持高度诚信和责任性的官员公平地管理，公民会更加愿意支持政府。在个人会限制私人贪婪的冲动以增强公共利益之前，公法必须始终如一地强制执行。因此，只有当对个人的限制长期持续运作时，纳税人和政府内部的诚信才有机会制度化。公职人员必须学会保持和尊重私人、个人利益和公职所体现的集体利益之间的区别。

在古典雅典和早期罗马帝国的和平与繁荣时期，国家强大到足以强制区分政治家和行政人员的公共和私人角色。在希腊化帝国、晚期罗马共和国和后期罗马帝国，国家缺乏权力延续这一区分，公共利益的概念也随着政府腐败成为常态而破灭。[222]

唯物主义的解释不难找到。人必须以这样或那样的方式生活。如果公共服务不是富人独有的，除非公务员收到生活工资，否则不存在廉政。因此，公共控制在和平与繁荣时期最为强烈。正如希腊和罗马帝国后期所发生的，当被战争、通货膨胀和饥荒耗尽盈余的国家无法支付其官员的薪酬，或者当自愿管理员的个人财富被礼拜仪式和敲诈勒索的税收所威胁，在古典雅典和早期罗马帝国曾短暂出现过的公共利益理念就消失了。但是，如果我们要问，为什么应对逆境强调的是个人利益而非公共利益，这里有文化上的解释。

什么样的社会关系会产生一种公共责任感？哪种政治文化会激励他们的拥护者尊重公共与私人之间的区别并自愿支持公共领域？

如果仅仅是关于政府规模或范围的问题，那么竞争性个人主义的市场机制就必须排除在外。这种文化更看重私人的财富而非公共的辉煌，其目的在于减少社会对公共机构的需求，而不是增加对公共机构的依赖。市场文化的成员选择自治；面对面交易，讨价还价，他们寻求互惠。为公众目的做出牺牲会妨碍贪婪的冲动。然而，如果通过限制来防止公共领域消耗私人资源，政府的作用会受到限制，那么它的税收可能会减少。在市场机制下，对公共领域和私人领域进行良好的制度化区分，可以防止公共领域侵犯私人领域。

然而，在一个完全以市场原则为基础的社会里，只会有一个精简的公共部门，主要维护财产持有、买卖的规则。就像文艺复兴时期意大利城邦的雇佣军，或者近年来在非洲的雇佣军一样，甚至连防卫都是通过谈判合同、投标和讨价还价来提供。这些雇佣军只有在情况需要时才会为保卫政府服务，因其努力而获得回报，但预计在召回之前会逐渐消失。如果只有它的市场要素建立了社会结构，那么它的大部分本质上将是私有的。

同样地，如果一个社会完全建立在等级原则的基础上，私人观点和利益就没有立足之地。由于牺牲伦理使各部分服从于整个社会控制，公共部门将吞并私人部门（如果确实存在私人部门的话）。

我们寻求探索的公与私之间的区别假定了一种两者之间相互关联的概念；公与私的理念在政府中是相互依存的。因此，在前一章所讨论的古代帝国中，几乎看不出公共和私人之间的区别，因为所有的东西和每个人都属于统治者。垄断的、结构紧密的古代社会通过为统治者服务而服务于集体；由于那些社会是有组织的，社会秩序之间几乎没有差别。如果没有文化的结合，公共和私人的区别就没有社会生活的基础。

　　强烈的公共责任感是平等主义社会的典型特征。公民个人投票以达成集体行动的共识;这种共识随后成为对越轨行为的道德制裁。如果平等的含义是条件平等,那么古典雅典还有许多地方有待改进;奴隶、妇女、穷人和外来者不能成为公民。但是按照当时的标准(公元前3世纪伯里克利的黄金时代),通过雅典议会进行统治,虽然常常得不到切实的执行,但极其平等主义。基于社会和经济标准的等级制度虽然存在,但并不是包罗万象或无所不能的。因此,社会秩序之间的差异为区分属于集体的东西和属于公民的东西提供了可能性。

　　第一次出现公私区别最初萌芽的城邦共和国,可以被描述为等级制度和平等主义制度的结合。除去"社会民主"一词的现代内涵(尤其是它对社会福利事业的投入),我们可以赋了它一个更基本的目标:共和国的政府不应该为增加现存的不平等而采取行动。政府应该由公民积极参与治理。随着基于同意的公民身份的发展,集体责任感也随之产生,首先体现在自愿捐献(礼拜仪式)上,然后被税收这种强制对城邦国家共同贡献的手段所取代。

　　罗马有所不同。在那里,平等主义要弱得多,等级制度则更为强大,而且其分化的规范遍布政府。当参议员阶层能够达成共识时,由它来投票决定政策,但对政府事务的间接参与也被延伸到了骑士阶层;它的成员为政府履行类似市场的职能,并常常因其风险和努力而获得慷慨的回报。正如我们所知,罗马和省会城市的论坛确实是市场,但是,由于罗马法禁止议员从事市场活动,如果议员们确实想买卖,他就会通过一位中间人——私人奴隶、自由人或骑士阶层的成员——进行交易,想必所有这些群体都能从市场活动中受益。

　　共和政体的罗马建立在公与私之间正在出现的区别之上,通过伟大的元老院家族以一种寡头政治的方式扩展统治。因为政府由符合条件的人共享,所以公共资金不可能属于单一统治者。"公共"领域虽小,但它确实存在。虽然帝国收回了共和国给予的很多东西,但它以服从市场原则的社会阶层(同样包括骑士,以及由帝国自由民组成的公务员队伍)逐渐壮大了它的皇家等级制度。由于善于将自己的事业与个人利益相结合的阶层削弱了它对代表国家的皇帝的责任,因此,对他来说,从集体资源中分离出更多一点他的祖传财物是值得的。公、私区分所体现的多样性必须建立在社会关系及由此产生的政治关系的类似多样性基础之上。随着公、私财产间的区别和统治者特权逐渐被打破,西罗马帝国的内部行政管理也随之瓦解。

在等级制度中体现不平等的一项基本原理是这种不平等保护了集体。一个组织中的等级制,就像在军队中的等级制一样,不仅仅是为了抵御外来入侵。如果一个社会按等级制度的原则运作,那么在基本原理的运行下,最终每个人都会过得更好,即使每个人的改善程度与他的社会地位直接相关。于是,过去和现在世代所做出的牺牲可以在更光明的集体未来中得到救赎。

具有等级制度特征的精细的社会层次(追溯显赫的祖先,并期待未来相同关系的再现)能够适应于组织治理的其他方面。(因此,在当今时代,等级原则指导政府账户按功能分类,并为具体时间单位编制预算。对等级制度的判断证明了政府投资的正当性,并有助于使高税收合理化,迫使公民推迟当前消费,以实现未来的目标。)

但是,如果在等级制度中按级别授予的特权没有伴随相应的义务,就像罗马帝国后期的情况一样,个人主义取代了集体主义。那么中心就不能凝聚。当人们认识到那些执政者的行为只是为了服务于私人利益,而不是为集体利益服务时,他们维持社会秩序的理由就会被削弱。"人人为己"不是集体主义的行为规范。由于受到个人主义的威胁,集体主义可能通过拥抱某种形式的专制来维护等级制度。由暴力引发的恐惧随后成为社会控制的主要手段。或者,作为一种选择,像罗马早期基督徒这样的小群体可能会脱离集体。为了保持独立,这样的群体可能会在一段时间自愿努力实践集体理想。

正如集体主义的经济承诺,它将产生未来财政资源的盈余,以满足社会渴望进步所强加的要求。因此,它的道德前提是,只有每个人承担与其社会角色相称的道德义务,这一制度才能发挥作用。如果该中心不清楚如何分配职责,或者劳动的社会分工是由反集体主义原则(诸如购买职位)决定的,那么这座大厦将会崩塌,因为它的道德基础被破坏了。

罗马帝国后期,当争夺国家控制权的斗争使国家成为一个派系领地时,公平和诚实的标准消失了。到了公元 4 世纪,人们对混乱的反应是将其屏蔽。最近,在罗马附近的奥斯蒂亚和在小亚细亚的以弗所,发掘出了 4—5 世纪的马赛克和公共雕塑,描绘了一群内向的人,他们从关注公共事务转向关注个人事务。[223]个人对社会和政治效忠的维度，从帝国收缩至村庄，再到庄园。公共利益的概念，即由全体公民平等分享共同事业已不再有意义。在中世纪早期的欧洲，向地方化、个人化和私人政府过渡的舞台已经搭建好了。

第四章　穷困的国王:中世纪欧洲私有政府的财政

在欧洲中世纪之前和之后,历史上存在过许多政府不存在核心。[1]封建时期的例子有中国周朝末期、汉末、唐代,日本的 9—18 世纪,古埃及的中王国时期,古代美索不达米亚的加喜特时期,10—12 世纪的拜占庭帝国,等等。在历史进程中,政府权力通常分散在多个不同的地方司法管辖区,相对于中央集权状态,分权状态更为常见。有利于中央集权的条件:准许中央集权控制丰富的资源或控制关键资源(如灌溉),内部社会和政治稳定,不受外部压力影响,以及执政官员的强有力领导……在一个反复无常的世界中,以上不管是一个条件还是多个条件组合,都无法永续保持。事实上,正是因为没有这些条件,才更加迫切地需要集权。尽管在长期中央集权的政府内部,财政管理也在中央集权与地方自治之间摇摆。迄今为止,我们对古代政府获得和分配资源实践的分析几乎完全集中于中央政府强硬的时期。中世纪早期原始的、近乎不存在的政府与古代君主制、后来的罗马帝国、早期拜占庭帝国的中央集权式的行政机构形成了鲜明的对比。

与古代的帝国一样,中世纪早期地方当局和公共当局的私人法律和财政特权(民事的或宗教的)本质上没有区别。同样,管理公共服务和设施与管理当权者的私人财产也没有区别。在中世纪欧洲的封建时期与前封建时期,政府意味着某人对有限领土的个人统治。在他所管辖的土地上,公共经济和相应的财政义务与其私人家庭的私人经济一样。

只要人民被封建制度束缚在土地上,公共和私人机构的惯例或法律就没有区别。但 12 世纪后,农民开始定居在欧洲各地的城镇,私人政府权威的早期中世纪观念改变了。如同雅典的礼仪官或早期罗马帝国的当地议员(decurionate)一样,个人角色与公共角色融为一体。常见于中世纪晚期汉萨同盟和意大利北部公社的商会和城镇政府之间的共生关系,往往带来公共利益。行会向成员收取税款以支持公共设施的建设——市场建筑、城镇钟楼、道路桥梁的建设和维护等;来自行会的税款使所有市民以及行会成员受惠。[2]

希腊古典时代,在希腊帝国和罗马共和国的税收体系中,商人和政府的关系尤其突出。罗马共和国时代的政商关系又一次出现在中世纪晚期,意大利商人资本家担任封建君主的顾问,有时(担任税官)征收税款,当国王缺钱时借钱给国王。公与私之间的界限十分脆弱,因为封建君主和商人资本家的财政权力是紧密相连的。在雅典和罗马,政府与商人在维护国家财政稳定这一问题上利益一致。当时的政府事务围绕军事展开,封建君主通过征税为战争筹集资金,商人也自愿通过贡献资金,换取封建君主有权颁发的贸易许可。由于中世纪封建政府常常收不抵支,集体主义和利己主义的联合使彼此得益。

尽管如此,古代政府与中世纪政府的相似之处要远小于它们的差异。从规模和组织结构上来看,中世纪早期私有庄园式的政府和后来在英国与法国出现的封建君主制,比古代帝国和罗马帝国末期规模宏大的专业化官僚机构式政府规模更小、结构更简单。

尽管整个中世纪宗教都是社会最强的黏合剂,教会主导了社会上的所有活动,中世纪却不存在古代社会既是祭司又是君主、既是统治者又是神的人物。根据法国卡洛林王朝(771—987 年)时期逐渐形成的政治学说,封建君主将上帝的意志传达给人类,但与古代神权君主制不同,封建君主并不是上帝的肉身,不受人们崇拜,不受神父保护。在欧洲中世纪早期众多形式的政府之中,教会权力最大,但公共权力机关主要是世俗化的。尽管当地主教在封建前期(6—10 世纪)提供公共服务,教会也具备一些准公共职能,如向穷人提供救济等,教会和国家的行政组织结构却向不同的方向演变。

但是,如同公共与私人界限,在西方中央集权制结束与 5 世纪后的中央集权制复兴之间的历史时期,教会和国家之间的界限模糊不清。从 6 世纪开始,教皇在罗马行使了民事政府的所有职能,地方主教在内陆地区也是如此。直到 12 世纪,地方封建统治者仍保留了任命效忠于他们的封臣为主教的权力。他们的目的不在于使自己的灵魂在来世得到安宁,而在于从现世教会广袤的地产中获取收入。整个 12 世纪,教皇与封建君主之间就教会地产收入的归属问题纷争不断:前者主张主教(作为教皇的代表)有权获得财产,后者主张当地的世俗统治者有权获得财产。

主教叙任权之争(1075—1122 年)以后,由于国王和教皇之间的这场争斗已经被贴上标签,国王不再被视为圣灵的肉身。随着 12 世纪罗马教皇格列高利八世的政治改革,封建政府及其法律和王权本身也逐渐变得更加世俗化。随着罗马法研究的复苏,逐渐限制了统治者的权威;在国家财政以外的所有法律事务中,国王不再是唯一有资格对其他人做出判决的人。[3]当一批专业法学家开始界定和阐述国王作为国家元首的角色时,自公元前 4 世纪雅典共和国以来,掌权者公共角色和私人角色之间的模糊界限再次变得清晰起来。

公共与私人角色的分离、对职位期望的分化在 12 世纪和 13 世纪的法律和宪法发展中都有所体现,并且使早期等级制得以复兴。但统治者和被统治者对作为公共实体的国家有相应的具体权利和义务这一观念是崭新的。在古代早期和中世纪早期,国家的财政和行政手段的存在是为一个统治者服务,统治者的公共角色与私人角色无法区分。由于 12 世纪标志着公共与私人角色、统治者特权与统治概念区分的开始,可被视为现代的遥远开端。

古代财政实践从中世纪进入现代时发生了变化。例如,土地是财富的主要来源,政府应该通过对农产品征税提供公共服务的观念深深植根于过去的农业生活方式。在中世纪,土地税由古代固定比例以农产品实物形式支付的税收,转化为根据对土地生产价值的预测,并以货币形式支付。土地税时至今日仍与我们同在。美国和大多数富裕国家一样,地方政府大部分运营预算来自土地税。①

在财政机构的演变中,对方法的争议很少带来根本的变革。② 相反,创新与意图维持现状、负隅顽抗的守旧势力并存。因此,在讲述封建制度历史时,几乎没有关于新式财政机构的叙述,因为中世纪初欧洲地方司法管辖区的财政机制与古代君主制时期类似。在一个停滞不前、生产只能满足基本生活所需,且使用原始本地货币的经济体中,人们就像在极度匮乏的远古时代一样,以服劳役或定期上缴实物的形式来完成对统治者的义务。财政史也在财政控制的工具上重申自身。11世纪以后,诺曼底、弗兰德斯和英格兰早期封建王国的程式化的审计与雅典古典时期的国库审计非常相似。

当代著名政治哲学家 J. A. G. 波考克认为:

> 西方历史学一直以来对于封建主义的性质在根本上是矛盾的……法理结构意义上对金字塔式从属关系的依赖,与在实践中封地领主的独立性之间……以及佃农对于领主的认知和领主爵位本身世袭、近乎毋庸置疑的观念之间(存在着错位)。[5]

因此,随着封建制度的出现,与等级制相关的集体主义要么被个人主义侵蚀,要么与其结合,两者均是现实。在古代的秩序中,集体主义主宰了个人主义。在封建社会秩序中,集体主义在两个重要方面受到限制:没有封建领主可以控制其他所有或大部分的领主,而他们没有在地方独立自治的下属领主提

---

① 现代美国城市与罗马帝国后期首都城市在预算问题上存在一些有趣的共同点,两者都是由于固定收入基础缺乏弹性而陷入财政困境。公元3世纪后,罗马和君士坦丁堡有大量贫困人口依靠皇帝的慷慨救济获取食物过活。帝国谷物税是针对土地定期征收的土地税,以实物形式收取,专门用于皇家赈济,运往两市,每天分发给城市里的穷人。由于罗马和君士坦丁堡非常依赖进口食品,政治稳定与整个帝国的农业生产力密切相关。根据传统,谷物税以固定的费率支付;因此,农业生产力或税收效率的下降意味着进口食物和赈济粮减少,最终会导致城市暴动,这些都是皇帝要不惜一切代价避免的。虽然现代美国的城市并不像罗马皇帝那样以实物形式收取,但他们必须利用相对固定的土地税收入为越来越多的社会服务提供资金。即使在抗税行为爆发之前,加利福尼亚州和密歇根州等地财产税的市政收入既没有跟上通货膨胀,也没有跟上地方福利计划造成的固定成本上涨。美国各地的税收评估依然根据大部分城市土地市值的一定比例来确立。[4]

② 一些陈旧的财政和行政手段被政府故意保留,以免冒犯既得利益者,触犯他们的利益,而其他陈旧的财政和行政手段,在其原本目的被遗忘之后,还会继续保存很长一段时间。铁匠的秤从前用来为欧洲银行的硬币称重,至今依然保留在美国财政部的印章上,就是时代混乱鲜明的例证。秤是中世纪后期财政管理的一个重要工具,那时候,身无分文的封建领主经常使用货币贬值来迅速增加收入;未经价值鉴定的本地货币无法在其他地方流通。

供的资源，也无法维持自己的权力。每块独立的疆域内，等级依旧森严，但随着时间的推移，规则能够控制的领域越来越少，不可被他人侵犯的私人空间越来越多。

现代人对封建社会的兴趣不仅仅因其自身。在封建主义中个人主义和等级制的结合，是政治自由、资本主义和科学的源泉；无论是统治者、金钱还是思想，都建立在竞争的基础之上。我们必须从形成竞争的两样条件——中央威慑力的缺席以及制度参与者的独立性上，探寻封建主义形成的背景和本质。一些学者认为，现代社会中一些现象的源头可以追溯到中世纪时期的物质、军事与财政变革，如农业生产力提升，马镫、十字弓和复式记账法的发明等。我们在社会秩序最初显现的地方，寻找这些社会秩序变化的根源。

8世纪以后意大利北部的商业公社和12世纪波罗的海沿岸的汉萨同盟城镇出现的财政革新，揭示了封建关系中个人主义的逐渐扩散。商业复兴使得人们在满足生存所需之外还有少许结余，政府也能征收更多的税，为政府管理和财政创新创造了肥沃的土壤。不同文化之间的交流带来了文化的多样性，而贸易的稳定增长也为社会和经济的快速变革创造了适宜的组织环境。意大利北部地区商业公社发明的财政实践——所得税、财产税、领取薪资不带个人色彩、有限任期的官僚机构，以及复式记账法，是现代政府财政实践出现几个世纪前的先兆，也为跨向现代财政架起了一座桥梁。

背 景

时间线

古典时代政府机构变革十分缓慢，而与之相比，中世纪千年历史却见证了不同历史时期之间鲜明的对比。从公元5世纪左右西方中央集权的罗马政府崩溃，到15世纪重建欧洲民族国家强大的中央政府之间，至少有3个重叠的子时期，每一个时期的政府模式都不同，因此处理财政的方式也不同。中世纪早期（5—7世纪之间的时代，历史学家称之为"黑暗时代"）是一个非政府时期，或更准确地说，是最低限度的政府时期。与强大的拜占庭帝国相比，中世纪早期的西欧是一潭死水。除了 6 世纪墨洛温王朝的较短时期和查理曼大帝时代的 9 世纪之外,西欧意大利以外的政府权威仅局限于罗马占领时代遗存下来的定居点,掌权地主的领地和主教宫殿周围几英里的疆域。在 5—7 世纪时,人民对保卫的需要为政府的出现提供了动机,正如在 10—13 世纪间,封建主义是最为主流的政府形式。

蛮族入侵

即使在最剧烈的政治混乱之后,我们也能看到历史的延续;中世纪早期的众多经济和社会关系的根源,可以追溯到 3 世纪和 4 世纪罗马已经开始出现的现象。在西罗马帝国,土地所有权变得越来越集中,而且在公元 301 年罗马戴克里先大帝颁布税收法令后,农民离开耕作的土地就被法律严令禁止。

从早期基督徒开始,就不断有人试图猜测罗马帝国衰落的原因。尽管 3 世纪之后,蛮族部落大规模迁入后对帝国前哨的袭击越来越多,但在恺撒时代(公元 1 世纪)以前,日耳曼部落就已经向帝国慢慢渗透。罗马帝国在西方的逐渐衰落延续了几个世纪。但是,如果将中央行政控制失效作为衰落的标志,尽管罗马的行政形式被 7 世纪的日耳曼君主沿用,西方帝国仍终结于公元 5 世纪。

评论家用神秘主义、道德退化、种族被稀释、气候变化、铅中毒导致的人口减少等诸多原因来解释罗马帝国政府的衰落。[6]

蛮族入侵确实导致当地社会和经济生活中断,后果可能是灾难性的。然而,即使在 5 世纪德国国王开始执政后,罗马的社会和经济制度以及法律和行政惯例,仍然在高卢和意大利的部分地区继续发挥有效作用。[7]尽管过程可能断断续续,意大利的蛮族逐渐融入了罗马社会[8],也沿袭了一如既往的生活方式。但是在侵略逐渐打破当地经济生活的北欧和西欧地区,蛮族征服者的部落制度有时会在昔日蓬勃发展的行省首府中取代罗马的行政惯例。长期以来,在罗马帝国统治的所有疆域,缓慢进化与极速革命两种形式的变化趋势得以并存。

从公元 3 世纪中叶开始,西罗马帝国就感受到了无情的压力。日耳曼部族人一开始被罗马行省城镇的财富吸引;公元 3 世纪,从多瑙河东部迁来的匈奴、阿瓦尔人和斯拉夫人不断入侵，打入帝国腹地。自那时起，蛮族对西方帝国的军事重镇产生了持续的威胁，财政资源不断流失。不少君主都开始征收惩罚性的税收，来供养越来越多的雇佣军，用以打击蛮族向贯穿莱茵河和多瑙河整条流域的西部边境发动的袭击。到了 5 世纪，尽管英雄努力力挽狂澜，帝国的防线还是崩溃了。蛮族取道东部行省长驱直入，侵入高卢和意大利境内，抢掠、焚烧城镇。

蛮族入侵之后，城市人口下降。曾经蓬勃发展的行省城镇在公元 3—4 世纪紧缩开支，并重建了城墙来保护减少的领土。高卢南部的波尔多面积从 175 亩减少到 56 亩，而奥坦城区面积的缩小则剧烈得多——从 500 亩减少到 25 亩。[9] 尽管不像传说中的浩劫那样具有灾难性，但公元 410 年匈奴族阿拉里克一世和他的追随者洗劫了罗马，标志着蛮族侵略带来的物质财富的毁灭以及社会秩序的崩塌。

早期中世纪经济的地方特征，与西方帝国在公元 3—4 世纪的农业条件存在密切的联系。随着通货膨胀逐渐降低货币收入的价值，土地（古代社会地位和权力的传统来源）成为更具吸引力的投资。从 2 世纪开始，富裕罗马人（持有）的土地持续增加。

地主不一定居住在他们的住宅内，他们中只有极少数人对提高农业生产力或管理庄园和土地感兴趣。2 世纪以后，当西方奴隶劳动力供给开始减少时，地主雇用承包商来监督农民耕作者——其中，一部分是奴隶，另一部分是无财产的农村穷人，他们共同租下土地，辛勤耕作，来换取微薄的口粮。

随着 3 世纪和 4 世纪的蛮族入侵，领主们从城市转移到乡村地区。在那里，他们建起了几乎是自给自足的庄园，庄园中央是壮丽的别墅，领主们依靠平民劳动者生产的剩余价值生活。尽管蛮族入侵，领主的生活基本没有变化。

穷人就没那么幸运了；在那些不断遭受攻击的地区，那些收入微薄的人——独立的手工业者和匠人逃离城市，向庄园主乞求保护，以不确定的城镇自由生活方式，换取靠土地的生活方式，更有可能存活下来。与此类似，一些小农场主（small holders）将土地抵押给富人以换取他们的保护，还有一些人为了逃避沉重的税收负担，将土地完全抛弃，大地主通常就将这些被抛弃的无主土地收归己有。

3—5 世纪,不交税的富裕地主人数不断增长。由于帝国的收入主要来源于土地税,而且固定成本不断上升,小块耕地的抛弃意味着国家收入的降低。皇帝试图通过颁布将人民束缚在土地上的法律来阻止贵族把土地纳入免税庄园,但这些立法只对大地主有益。在人口不断下降、劳动力普遍紧缺的时代,大地主因此获得了劳动力的可靠供应。

5 世纪,西方罗马帝国的阶级结构逐渐两极分化;在罗马社会中一直以来存在的收入、社会地位与权力分配不平等的情况进一步加剧。5 世纪,罗马社会逐渐形成了极度富裕和极度贫穷的两大群体,而非在罗马共和国晚期以及帝国时代早期由贵族地主、富裕商人、独立小农场主、自由城镇工匠和劳工以及农村和城市奴隶组成的阶级混合模式。[10]如往常一样,那些无法自力更生的人——穷人和异族人,是社会和经济变化、叛乱与动荡的主要受害者。在帝国时代晚期,中世纪早期的典型经济和社会形态得以形成。

行政衰落

当君士坦丁堡成为罗马帝国的首都之时(在公元 364 年东西罗马帝国分治之后),帝国的中心向东转移;意大利与高卢逐渐成为行省前哨。尽管东罗马帝国的皇帝一开始试图维持中央集权,但派遣传令使从君士坦丁堡跑到罗马需要至少一个月[11],而且 4 世纪与 5 世纪的社会环境动荡不安,罗马帝国东、西部官僚机构之间的联系交往逐渐衰落。东罗马帝国不断扩张的国家官僚机构在结构上头重脚轻,滥用职权的现象十分普遍。尽管如此,官员在获得最高职位之前,必须在帝国政府服务大半生这一要求确实培养了一批专业的行政官员。在西罗马帝国,地方行政长官(praetorian prefect)由元老院的贵族任命。这些人无论是接受的训练、品格秉性还是经验上都不足以胜任行政职责。自更为稳定的罗马帝国时代早期开始,所有这些人都十分依赖下属。上层的懒意为其他人提供了机会。

贵族行政人员已经适应了个人所得税的免除,而且总是愿意为他们同一阶级的人提供类似的特权。无论是由于这种偏袒行为,基层腐败还是蛮族入侵导致的生产力下降,西罗马帝国的财政收入骤然下降,直至无法负担公职人员或军队开销。[12]东罗马帝国皇帝不愿意将东罗马的收入用于西罗马的防御;因此,当 5 世纪日耳曼人迁入意大利时，仅仅遇到了程度很低的有组织抵抗。

自 3 世纪开始，西罗马帝国的皇帝采取了一种将日耳曼人纳入罗马社会的策略。随着入侵者逐渐占领帝国最外围的行省，罗马帝国将军与蛮族首领签订了条约。将军宣布这些部落为盟友（foederati），将他们纳入罗马军队。日耳曼人获得了来自皇帝的私人金库或者从教会或当地贵族处没收的土地封赏。[13] 在大多数情况下，罗马人将当地的税收收入割让给征服者。尽管日耳曼首领忠于罗马帝国政府，而且部分首领也与地方罗马贵族通婚，但大部分的部落首领不识字，而且他们接受的游击作战训练不足以让他们担负起行政职责。因此，他们依赖地方贵族，而地方贵族同样能力不足。两班人马都能力不足，罗马行政管理体系的逐渐分崩离析也就不足为奇了。包括道路、驿站以及防御军队在内的与中央的联系是由来自各个行省的当地收入资助的，边远地区[14] 与中央的联系逐渐减少。6 世纪，日耳曼国王统治了意大利，曾经统治着从地中海到北海有着统一的法律和行政系统的西罗马帝国，变成了一系列支离破碎的地方管辖区域，由占领地首领、地方主教或是有权势的罗马地主在少数识字的教士辅助下统治。

每个地区，居民逐渐开始遵守兼收并蓄的地方法律，它囊括了旧罗马法的遗存与统治部落的习俗惯例。[15] 在帝国时代晚期，罗马法中规定的地主居于主人地位处置私人财产以及佃户居于从属地位的权利之间的界限变得模糊。像这样对个人财产权的弱化处理与日耳曼部落的群体所有制融合以后，为之后封建制度中土地所有权与使用权的法律界限奠定了基础。[16] 与此同时，前封建时期的法律在掌握权力的土地所有者日常决策中逐渐形成，趋于为未来类似的行动建立先例，解释了整个中世纪时期欧洲不同区域之间法律不同的原因。

中世纪早期的匮乏经济

人们对于 5—9 世纪西欧经济生活的认识出现了缺口。重要的证据并未浮现，就好像夏洛克·福尔摩斯的嗅探犬不吠一样。区域之间的贸易作为经济活动的常用指标，并没有完全停滞，但是大幅下降。自 6—8 世纪，尤其是在意大利，仍有些区域贸易中使用当地货币。但是由于只有相对较少的人拥有货币,人们(正如古代帝国的民众)通常自给自足,或是以标准比例换取邻居能够提供的商品或服务。[17]在欧洲北部接近边界的地区,自然环境为小型农场的物产提供了补充:人们捕猎野味,采集可食用的根茎与野果,还养蜜蜂。[18]

正如现代社会较不发达的经济体一样,由于资源、技术和手段的缺乏,人们的选择十分有限。中世纪早期的经济生活局限于本地,以农业为主。当时的人们行程仅限于早上走路去耕种自己的土地,晚上回家。普通人一辈子都住在出生地,没有离开过,极少有例外;邻近村子的居民们很可能从未见过面。[19]

中世纪早期庄园的生产与罗马时期的大庄园制(latifundia)类似。意大利和高卢南部古代的旱作农业属于劳动密集型,然而没有轮作制度、化肥和有水源地方的人工灌溉,土地的粮食产量有限。古典时代,罗马政府一直需要进口粮食以满足人口的需要。到了罗马帝国时代晚期,生产力的提升意味着耕作者可以承受更高的税收时,改变几个世纪以来的实践变得缺乏动力。

在阿尔卑斯山北部,雨量丰沛,二年生庄稼轮作制也许提高了粮食作物产量,但由于日耳曼部落实行平均继承制度,拥有的土地逐渐碎片化,最终导致了农产品产量的下降。[20]然而,到了9世纪,欧洲很大一部分土地还没有被耕种——法国有一半或以上的土地,低地国家和德国有2/3,英格兰有4/5[21]——这些土地在蛮族入侵时期被抛荒,后来从未被重新耕作。正如今天中心城市中被抛弃的楼房一样,当人们放弃了曾经为获得它和保卫它而奋斗的土地时,这往往意味着分裂和反常激励的存在。

到第6和第10世纪时,气候变化加上技术进步逐渐提高了农业产出[22];然而,对于大部分人口而言,中世纪早期的生存条件与过去古代的匮乏经济区别不大,甚至与今天世界上的某些不发达地区和人口过多地区区别不大。罗马帝国时代晚期的西欧人口数量骤降。[23]尽管没有中世纪早期人口形态的数据记载,但通过分析几千个罗马的墓碑[24]可以知道,当时的婴儿死亡率高,期望寿命低,很有可能中世纪晚期也是这样。所有的社会阶级都存在儿童早夭,成年人寿命短的现象,但平民阶层由于长期的营养不良和流行疾病而尤其严重。[25]

与此类似,帝国时代晚期把农民束缚在土地上的佃农制度与中世纪欧洲的农奴制度区别不大。正如罗马时代大庄园中的佃户耕作者一样,中世纪的平民被人身、政治和经济限制束缚在土地上。意大利和高卢庄园中的奴隶一直到 9 世纪以前都没有权利，而平民与奴隶不同，并非完全没有个人权利。通过劳动，平民可以获得领主的保护和维持生活水平的食物补给，换取一栋房屋和一小块土地。他可以结婚，积累财富，传承给下一代。尽管如此，平民或他的家人依然每周（在英格兰是每周）或每年须指定几天在地主的土地上劳作，而且必须向地主的征税官支付地租，或者以实物形式上交例行封地贡赋（customary feudal payment），这些都将他不时可能生产的盈余掏空。[26]

在 6—8 世纪间，墨洛温王朝时期发展起来的西欧封建制度的底层经济逻辑中，农业庄园体制是基础，而农奴处于生产链的最低端。英格兰的农业组织形式被称为"庄园制"（manorial），而欧洲大陆上的封建制度被称为"领主制"（seignorial）。土地占有制（land tenure）和提供服务的义务之间的关系正是相互依赖的联系网络的基础，而这一关系正是封建关系的核心，表现为不同的等级——从最低一级的农奴，到经济上并不富裕的中间阶层骑士，再到头衔最高的封建贵族。[27]现代人将这种服务交换视为私营业务的内在表现方式（一份将劳动的地位置于闲暇之上的合同），而在欧洲封建制度下，它却是社会交往、促进集体共同解决问题的唯一基础。在那段岁月中，公众的观念只有依靠依附关系而产生的双向义务，而这种义务关系是强制执行的。

8 世纪经济复兴开始

随着粮食和纤维产量的增长，促使 5—7 世纪自给自足的小农经济转变为中世纪欣欣向荣的城镇商业经济，这也是维持一个庞大的没有生产力的封建骑士和贵族阶层的必要条件。在 7—10 世纪间，北欧和西欧沿用的几项技术改进大大提高了农业生产力。每年使 1/3 的耕地保持休耕状态的三地耕作方式，用马而不是牛耕作的犁板，都创造了农业盈余，成为中世纪经济复兴的基础。[28]

这一切逐渐转变了人类长久以来对自然被动的态度：人类成为自然的主人，而不是听天由命的倒霉鬼。8 世纪的加洛林时代，古代文明中的循环往复的时间观念被农历所取代，这种农历创造了一种渐进的、线性的时间观念。农夫日历上的每个月都排满了具体的任务：从 3 月份开始，冬季降雨停止，便于他从葡萄园中除去枯木;一直到 10 月份,他从田地里收上最后一批谷物,并把它们加工成啤酒。[29]

农业产量的增加为社会各阶层提供了更多的粮食,最底层的人民尤甚。相比起中世纪早期木刻画上骨瘦如柴的人物,文艺复兴时代早期绘画上丰满的人物,是人们生活水平提升的鲜明例证。随着人口的增长,已定居的土地人满为患,迫使人们大举开发未开垦的处女地;中世纪的土地开发计划在规模上可与美国西部殖民、苏联西伯利亚开发和以色列的荒地开垦运动相媲美。从 10 世纪起,开垦新农田的运动开始大规模开展。人们砍伐森林、排干沼泽、建设堤坝以从海洋那里夺回陆地,并发起有组织的移民运动,移居无人定居的荒地。[30]

随着农业技术的进步,农民在上缴地租和封建税后还有余粮。正如今天的中国农民一样,这些农民可以出售剩余的农产品;自 9 世纪起,隶属于教堂和城堡的当地集市每周定期举行。由当地贵族发行的钱币逐渐替代了实物交易;到了 9 世纪,英国和高卢的部分地区已开始使用货币;10 世纪,货币甚至开始在意大利北部地区的农村流行。[31]余粮除了给人们以更多选择之外,也为非农业的社会角色和活动的变革创造了合适的条件。渐渐地,以地区专业化为基础的货币贸易经济逐渐取代了在北欧持续近 500 年的原始小农经济。[32]有货币的地方,就有变化和流动。

在大型社会的经济变革中,方方面面的要素互相影响和联系,而经济的复苏也逐渐改变了人们的定居模式。马以更快的速度和更高的机动性,取代了牛在种植业中的地位,农民可以住在农村,每天往返田野。10—13 世纪间,在德国部分地区、法国北部和英格兰,受到城市中教堂、学校、集市以及多元文化的吸引,农民们抛弃了孤立的小村庄,迁入城镇,农村人口逐渐聚集。[33]几个世纪以来,在那些继承人平均分配遗产的地区,人口剧增使得土地划分越来越碎片化,而自由平民的非长子开始离开土地,背井离乡。随着劳动力的过剩,离开土地迁往城镇的农奴数量稳步增加,根据 12 世纪发展起来的习惯法,如果一个农民在城里待上一年零一天,就会成为自由人。[34]

随着经济的复苏,小城镇也因为移民和自然增长的人口而壮大起来。随着时间的流逝,逐渐壮大的人口使得城市变得越来越拥挤,进而导致了城市土地面积的扩张。在弗兰德斯和意大利北部迅速发展的地区，设防城镇的边界经常向外移动几次，定居点从现有的城墙内部蔓延到周围的乡村。[35]例如，意大利的比萨，在11—14世纪时，城墙以内的面积扩大了6倍，从74英亩增加到了456英亩；佛罗伦萨的发展后来居上，12世纪末面积为197英亩，到13世纪中期增加了1 300英亩，为未来增长提供了空间。[36]9世纪，西欧人口超过5 000人的城镇数量极少。而13世纪末已有数百个中小城镇。许多城市在自发从河流交汇处发展起来，或沿着活跃的贸易路线发展。其他城镇则在11—12世纪由国王、当地的贵族和主教颁布宪章成立。他们预见了商业定居点未来的繁荣发展，因此将名下一部分的土地交给了商人定居者，以贸易税收作为抵押。

意大利半岛的威尼斯、那不勒斯和阿马尔菲的沿海城市与阿拉伯和拜占庭的世界贸易联系从来没有完全中断，因而也是商业率先复兴、最有活力的地方。① 到9世纪后（热那亚和比萨的伦巴第混血地区在11世纪之后），商人们用当地的原材料——木材和铁，来交换远东地区的纺织品、异国香料和珠宝。随着10世纪之后北欧经济的复苏，意大利商人将特色产品运送越过阿尔卑斯山，在当地市场上兑换现金。十字军东征中，北欧人见到了东方琳琅满目的商品，也间接刺激了贸易的发展。[38]

通货膨胀带来价格上涨，使传统封建制度下按照固有价格支付的实物收入贬值，法国北部的一些贵族在贸易中看到潜在的现金收入机会。自12世纪以来，法国香槟省每年举办6次集市。一开始，这些集市的目的是从过路费和市场税中获取收入，但没过多久，就变成了经济发展和文化交流的重要工具。香槟省地理位置优越，位于意大利、法国和德国中间，香槟集市成为整个欧洲特色商品的重要市场。在集市上交易的商品有食品、谷物、香料、金属制品、皮革，尤其是羊毛和亚麻纺织品。[39]这些集市还具备区域间金融票据交换所的功能，意大利银行家、商人们从兑换中世纪欧洲不同地区当地货币的套汇行为

---

① 威尼斯在中世纪和文艺复兴时期的欧洲扮演了当今时代日本相同的角色。在崇尚竞争的个人主义文化普及之前，威尼斯就是闻名遐迩的贸易之国。威尼斯是共和国，和现代的日本一样，由寡头统治，寡头成员将集体利益置于个人利益之上。与其他国家的贵族不同，威尼斯两百个贵族家族彼此合作，通过参与威尼斯连接东西方繁荣的商贸活动，增长家族财富。[37]

中获利。

意大利商人在设法规避教会对放贷的禁令以及制订计划缓释投资风险方面,都一样聪明。[①] 他们穷其所能,从签订条款繁多的正式保赔合同,到彻底的欺诈行为。每次贸易往返航程,都有两个或以上的合同缔约方。单个大额投资者,或者一个小投资者组成的财团提供资本。一名非投资者合伙人收取 1/4 份额的利润作为报酬,陪同货物运输,负责货物交易,并将可以卖出的货物运回原来的港口。投资者可收到相当于 3/4 利润的利息,但如果船舶未能返港,则承担全部风险。金融资源和企业家资源汇集到一起,功能相当于海上保险,如果交易完成,双方都能获得丰厚的收益。平均回报率似乎都能达到 150%。[40]

13 世纪以后,当教会(通过一连串的诏令)限制利润时,商人常常采取诡计来保护他们的投资。在与附近城镇单方面的贸易中,一个热那亚商人会起草一个合同(cambium maritimum),指定只能用外币付款。通过故意低估支付货币的价值,商人可以获得比教会所允许的更高的资本回报。涉及外汇的合同也可以成为放贷的掩护,而且利率高得离谱。[②]

意大利商人开发了商业内部管理的新技术。12 世纪,热那亚地区发明了复式记账法,该记账法于 13 世纪传播到其他的意大利城镇[③],使得商人们可

---

① 中世纪教会不是第一个禁止放贷的机构。在过去的稀缺经济时代,大部分个人贷款都是为了在困难时期满足消费的需求。因此,自古代起,政府和宗教命令都规定高利贷(收取利息或过高利息)是一种对社会有害的行为,在最坏的情况下可以定罪。在物质严重短缺的中世纪早期,教会对于放贷的禁令得到进一步加强。

② 以下交易正是教会试图禁止的交易的一个例子。13 世纪初,一位热那亚银行家向一位当地商人借了一笔钱,(约定)于下个月在普罗旺斯(Provins)的集市上还清。他们的合同规定,这些资金应以普罗旺斯货币偿还,而按照当前以热那亚货币计算的汇率,普罗旺斯货币的价值是被低估的。如果商人在规定的时间内不能还款,他可以将贷款延期到下一次或者再下一次集会,但是只能以外币支付,每次延期额外贬值 3%。如果借款人连续 6 年每次都在集会上续贷,他每年要付利息的年利率达335%![41]

③ 复式记账法的概念基础可能源于中世纪后期意大利北部地区通过与阿拉伯商人的接触掌握的代数知识。复式记账法的基本要素是将每笔交易重复记录为费用项目(借记)和到期金额(贷记),定期检验这两个类别并加总,如果记账正确,两个类别总额将会是相同的。与之相比,古代抄写员采用杂乱无章的记录方式;用罗马数字和段落形式记录支出和收入的部分金额清单,而新的复式会计方法使记账方法显著地系统化,促进养成了有序的工作习惯。1494 年,首本复式记账法论著——路易吉·帕乔利(Luigi Pacioli)的《算术汇编》出版,但历史学家认为,帕乔利所阐述的原则,是意大利北部银行和计算所工作的无数职员在前两个世纪实践的纲要总结。有关复式记账法的起源有许多文献资料,我们仅进行了部分节选。[42]

以连续记录库存、资产、未偿还债务以及应收账款等项目。有了这些有用的资讯，商人们可以在商业交易上做出考虑更全面的决策，因而商业也更加蓬勃发展。到了 13 世纪，意大利的银行家商人——卢卡的巴尔迪（Bardi）、佛罗伦萨的里卡尔迪（Riccardi）、弗雷斯科巴尔迪（Frescobaldi）和佩鲁兹（Peruzzi）向北欧运送资本和商品，并从中获利。那时他们已成为欧洲中世纪的主要企业家，也成为商人和封建国王的主要借款方。

随着市镇的蓬勃发展，改变了人们传统的地位观念和阶级结构，改变了认为从商不是世家子弟应从事职业的传统观念。到了 12 世纪，一批新的商人寡头已经成为意大利北部经济和政治力量的来源。当北欧处于萌芽阶段的王国仍是私有、分散的封建爵地时，意大利的城镇已经建立了自治政府并发展了财政系统来维持政府运转。在威尼斯、热那亚、佛罗伦萨、米兰和不计其数的小城镇中，一小部分商人和工匠成功地从教会和农村地区贵族那里夺回了治理权，并且一度巩固了在城镇政府中独立于教会和贵族的影响力。现代政府财政制度起源于城镇，而非新兴的民族国家（它们的财政管理制度一直到现代都过于陈旧）。

封建王国中的再集权化

"来自北方的异教徒使灾祸降临基督教世界……他们强大的军队集结……一些……城镇被围攻，其他城镇被焚毁，最糟糕的是，这些异教徒还迫害基督徒。"[43]

自 9 世纪起，侵略者再一次打乱了欧洲北部人民生活的平静。来自斯堪的纳维亚半岛善于劫掠的部落乘着他们的浅水船，向英格兰、爱尔兰、德国和法国的沿海定居点发起了零星的袭击，深入内陆，一直到他们的船只可以驶入最远的内陆深处。从 9 世纪到 12 世纪，欧洲大陆部分地区几乎完全没有书面记录，就是这场浩劫的生动见证。[44]

与 6 世纪罗马帝国的蛮族侵略者一样，诺曼人定居在诺曼底（法国北部以其名字命名的部分），并通过与居民的通婚逐渐融入当地社会。他们同化了当地习俗，逐渐改变了地方的政治和社会制度，以适应自己的习惯。

随着袭击的减少，秩序和稳定的政府渐渐回归了北欧。可以肯定的是，基于军事防御需要产生的政治组织,作为封建制度的一个基本要素,导致了长期的低频战争。北方袭击入侵结束后,被迫失业的骑士和贵族们继续使用他们终身学习的专业技能。同等权力的男爵之间不断出现武装纠纷,即使是强大的封建贵族也往往无法阻止封臣之间的争斗。[45](我们的时代也一样,尽管争斗的规模较小,但有一点是我们有而过去没有的:公共警察的权力由私人保护协议来有选择地补充。)但是,与海盗入侵时期权威的绝对解体相比,政治权力逐渐恢复。在10—12世纪的欧洲,部分地区缓慢的集权和封建分权并存。

在一些地区,新型小规模的中央政府从封建制度中发展起来。在那个通过武力才能统治的时代,指挥权带来秩序与组织的回归。到了英国12世纪后期和法国13世纪,强大的封建君主制度已经维持了近200年的控制。通过军事征服,通过战略的包办婚姻进行政治联盟,并与教会联合,每个王国的统治者可以管辖和指挥的领土逐渐增长。封建王国是建立在强大的军事领导人的个人权威之上的,但是历代统治者也逐渐建立了一个组织负责管理民事事务。在几百年来都不存在中央政府的地方,封建国王们建立了秩序。

法国和英国的国王成功地镇压了封建地主之间的战斗。国王们在统治的领土上筑起了坚固的前哨,来试图保护自己的利益,同时阻止潜在的对手建造城堡。他们试图通过制定法典和确立执法机制来维持秩序。他们任命值得信赖的人作为他们的当地代理人,然后逐渐建立起一个世俗的官僚机构,并加以检查以确保其顺从皇室意志。封建君主在造币方面占有垄断地位;国王造币的较为优越的内在价值使其较当地货币更受欢迎。尽管封建国王的货币价值并不总是稳定,却提供了比以往更可靠的价值标准。

政治稳定、货币可靠,贸易和手工业因而得以繁荣发展。为了补充王室传统的实物收入,封建国王开始征收市场税。随着中世纪欧洲从易货经济转向货币经济,封建王国掌握货币收入的权力(小商人只能获得封建服务和实物支付)带来了财政盈余,可以雇用中央军队,有助于进一步巩固政权。英格兰和法国的再集权过程是很好理解的。它是一个渐进的过程,并非毫无波折,但总体趋势是向一个更加有效的、小规模的中央政府演进。[46]

在欧洲的其他地方,中央集权出现得更迟。神圣罗马帝国日耳曼地区被男爵之间的纷争所撕裂,且在整个12世纪因与教会控制教会收入引发的争议而陷入困境，封建制度仍然持续了几世纪之久。除意大利的诺曼领地和西西里岛以外，意大利半岛的政治控制在整个中世纪仍然是分散的。因为正如埃文斯·普里查德所说的那样，这些非中央集权的政府是"有序的无政府"，持续时间没有长到可以载入史册，我们对中世纪晚期的行政和财政实践的分析主要集中在英国和法国的封建君主制，以及意大利北部城邦的独立城镇政府。

虽然英法两个国家的发展模式大致相似，但是法国落后于英国近两个世纪。[47]诺曼征服后，英格兰在很短时间内实现了名义上的集权。法国君主制在经过两百多年逐渐获得领土、影响和组织能力之后，才成为欧洲封建时期重要的政治力量。这两个封建国家沿用了加洛林王朝、拜占庭帝国、罗马帝国以及之前古代君主制时期的中央君主政体模式。与之相反，11—13世纪意大利北部城邦出现的政治形式，又恢复了古典雅典的民主政治，是现代自治市的原型。

中世纪政府的收入与支出

中世纪早期

罗马高卢地区最早的法兰克王国征收了臣民所要缴纳的所有税款，但由于不再有公共财政，他们熔化税收钱币，并将金条占为己有。①　但是墨洛温王朝在征税上花费的功夫注定是短命的。刚刚皈依基督教的法兰克国王把征税等同于邪恶之举。

6世纪的主教图尔的格雷戈里（Gregory of Tours）描述了一起真实性存疑的事件，说明日耳曼统治者对罗马收入制度的看法，并且记录了它的崩溃。在希尔佩里克国王（King Chilperic）统治期间，他的两个孩子得了重病。王后将孩子的重病视为神的报复，恳求自己的丈夫"惩罚邪恶的税务登记员"，希望

---

① 面对不确定性（现代与中世纪一样），人们选择持有流动个人资产。中世纪早期的史诗文学记载了日耳曼士兵装饰华美的衣裳和兵器——金银戒指、护臂、束衣扣；镶金嵌银的宝剑、盾牌和长矛，还有镀金、镀宝石的马鞍和挽具。在那个价格低迷、货币流通量极低的时代，贵金属制成的小配件具有极高的内在价值。相对同等价值钱币较低的购买力而言，宝剑、马鞍或者一件珠宝是极其贵重的资产，占个人财富的主要部分。贵金属组成的个人财宝库不断累积，使得墨洛温时期的经济陷于停滞。[48]

以此能治愈孩子的重病。[49]

因为看起来似乎非常有必要,国王开始烧毁土地清册,使得已经开始解体的行政组织加速解体。随着西欧罗马政权组织的崩塌,地税收入逐渐下降,直至全部消失。在有些地方,人们仍然需要支付当地的过路费和市场税,但由于贸易行为很少,因此税收收入也非常少。[50]当地的贵族往往将税款据为己有,或者用于维护在他的保护范围中居民使用的公共设施。当地管理者将公共资金挪为己用,显示了中世纪政府和经济的地方性特征。

到了 7 世纪,和之前不同,政府成为地产管理的同义词。庄园产权和政治权威之间的界限不再明显。[51]法兰克王国当地贵族的收入来源于私人庄园。[52]农产品为庄园主提供生活所需,有些类似于古代君主的实物收入。然而,由于土地并不相连,较为分散,因此庄园主与古代君主的实物收入在征收方式上有很大的不同。

中世纪时期,缺乏收集农产品的行政组织,将农产品从边远庄园运送到庄园中心的运输网络,因此中世纪的国王和贵族常常需要出巡。一年中,在骏马和随行官员的簇拥下,国王从一处旅行到另一处,消费他们产自分散在不同地域的农产品。巡回法庭是中世纪政府的普遍特征,这一组织形式是当时动荡的背景造成的。

通过出巡,中世纪统治者除了可获取生活所需以外,还能维护政治威望。在交通不便、地方主义和私人政府盛行的中世纪,统治者在所辖疆域内定期出巡,有助于树立良好的公共形象,告诉人民,国王的确存在。经常出巡亦有助于巩固国王政权的稳定性。①用马克·布洛赫(Marc Bloch)优美的语言来说,中世纪国王"通过旅行来消耗自己的生命"。公元 1033 年,神圣罗马帝国皇帝康拉德的出巡就是一个典型的例子。他旅行的直线距离大约有 1 600 英里,而当时道路较为曲折,实际旅行里程不止于此。他从勃艮第地区,旅行到波兰边界,再到德国中北部的卢萨蒂亚过冬。[53]几百年后,公元 1298 年 8 月到 1299 年 10 月之间,英格兰国王爱德华一世复杂的出巡路线长达 1 300 英

---

① 古代政府的统治者带随从出巡的原因和中世纪国王相同。中国商代统治者临朝听政的朝廷也是巡回式的。罗马帝国早期皇帝哈德良也时时巡视他的领土。罗马帝国晚期无政府主义政治乱象丛生之后,罗马皇帝的出巡在罗马民众心中树立了帝国的权威。

里以上，从他较小王国的一端旅行到另一端。[54]和古代帝国时期一样，大雨和大雪使得大路无法通行，国王和贵族都在粮草供给充足的地方歇息，直到春天来临，他们再次上路。①

中世纪早期的政权和古代帝国还有一个共同点。在货币流通量极低、自给自足的经济体中，佃户通过持续提供重体力劳动来完成对贵族的义务。对于贵族来说，对劳动力的需求具有季节性和不定期的特点，而且贵族并没有钱支付劳工薪水，将土地分给每个平民家庭，佃户自行耕种，作为回报，佃户有强制性义务定期为贵族提供一定的劳役，这样要比全年供养一大群劳动力更省钱。[56]没有积蓄的奴隶、农奴和自由佃农通过定期为土地主人提供强制性劳役，来支付耕作土地的地租，以及为领主代为行使的政府职能埋单。

劳役的时限和种类随佃农的地位而变化；对于非自由人来说，负担更沉重。自由劳动者可能需要为每年的庄园杂务、犁队和马夫提供一辆马车和一匹马，或每年四五周，向庄园主提供木工或安装马蹄等专业技能。领主可能要求每个农奴家庭每年每周要劳动 3 个工作日，农忙时要求更多。因为服劳役的佃户们没有马匹，亦无专业技能，他们只能做体力劳动者——砍木头、剪羊毛、晚上守卫庄园、修桥筑路；他们的妻女则为领主家庭织布、洗涤衣物，并提供其他的家庭服务。[57]

中世纪的强迫劳役比古代的徭役压迫更加沉重，不仅从绝对意义上而言劳动强度更大，而且无法逃避。农民违规的处罚是被没收财产，在稀缺时期，没有人会冒险逃跑。中世纪早期，一个贵族和他的武装家臣之间的关系中，仍然保留了一些典型的德意志酋长与他的部落成员互动中的自愿主义精神，但随着封建制度的发展，习俗逐渐确立下来，领主对每年特定服兵役天数的要求得以巩固。虽然骑士可能更愿意留在家中，而不是每年都必须 40 天跟随领主投入战斗[58]，但他也没有多少选择余地。但是不论对贵族和平民来说负担有多重，中世纪的强迫劳役具备互利性，相比古代社会的徭役，剥削性质没有那

---

①　作为政治控制的一种手段，巡回式法庭一直持续下去，直到文艺复兴时期。公元 1535 年，驻法国弗朗索瓦一世宫廷的威尼斯大使在给上级的信中说道："我的大使职业生涯持续了 45 个月……我总是在路上；在这期间，朝廷不会在一处待超过两周时间。"英国女王伊丽莎白一世将出巡作为减少政策反对意见的一种手段；当批评家们看到女王和她为数庞大的随行官员豪华的巡访阵容时，很快就会转向支持女王的立场。[55]

么强。在中世纪早期的微型政府中,人们用劳务交换土地或土地使用权,而古代君主制时期,人们在胁迫下被迫长时间为政府服务,但没有任何回报。

在罗马帝国土地税已淡化成过往的模糊回忆时,领主扮演了准政府的角色,使得他具备征收类似税款的能力,要求平民向领主家庭上供农产品、小动物或者几枚钱币。习俗逐渐演变,这种自愿的礼物甚至转化为法定的强制义务。[59] 例如,在 8 世纪英格兰威塞克斯撒克逊王国的伊内国王[他拥有 10 海德①(hide)领土]的统治下,他的佃户通常需要上供"10 瓶蜂蜜、300 片面包、12 桶威尔士啤酒、30 桶澄清啤酒、2 头成年牛、2 只阉割的雄性绵羊、10 只鹅、20 只鸡、10 块奶酪、1 桶黄油、5 条鲑鱼、20 磅饲料和 100 条鳗鱼"[60]。每户佃户的供品较为有限;一些历史学家将这些供品等同于为土地支付的地租。以实物形式向领主支付的供品以及劳役为领主带来了定期收入。

庄园的第三类收入来源于领主对于重要资产的垄断。平民将谷粒带到领主的磨坊磨成面粉后,须留下一部分作为费用支付。将面粉烤成面包时,因为他自己没有烤炉且必须使用领主的烤炉,烤好面包后须留下一两片面包。由于平民没有其他选择,欧洲大陆称为 banalités(法语词汇,意指封建时代付税使用领主磨坊、面包烘炉等的义务。——译者注)的税对于平民有限的财力来说,是持续而沉重的负担。一些领主垄断了售卖红酒、啤酒的权利,其他领主有偿提供牲畜作为配种,还有人有偿提供马匹用作打谷。[61]

尽管在稀缺经济的时代,这些税收十分沉重,但并没有像古代世界的土地税那样过分。平民从未被迫贩卖亲戚来支付中世纪的税收,庄园-封建关系的相互依存性使领主在饥荒或个人困难时期成为一个宽容的地主。在现代标准看来,对人身自由的诸多限制,如农奴在结婚[62]前须得到领主同意的普遍规定,在中世纪却是稀松平常的,现代社会中一些较传统的社会形态也是如此。在物资极度匮乏的时代,人们会容忍最为苛刻繁重的条件,因为惯例如此。[63]领主有权从佃户处获得劳务和以实物形式支付的地租,当地租成为惯例沿袭下来后,只要租金不上涨,佃户就会不假思索地接受下来。与此同时,在当时混乱的时代背景下,基督教教条对社会起到了很强的稳定

---

① 海德是中世纪的土地面积单位,1 海德约合 120 英亩。

作用。教会教导人们，上帝按照自己的形象创造了世人，因而现状将永续保持。由于现世仅仅是来世的开端，只要遵守教会的统治，未来就可升入天堂极乐世界——受此激励，人们想着来世生活会比现世更好，便可以忽略现世的苦难。[64]

尽管中世纪不同时期宗教和世俗权威时而融合在一起，时而独立，宗教和国家层面的社会秩序却是对等的。不论是国家层面上唯一的君主或国王，还是宗教层面上唯一的上帝和教皇，两者的结构都由不同的等级组成。然而，随着个人主义在社会生活中越来越有吸引力，政治和宗教生活中的变革也即将到来。

封建契约

欧洲的封建制度是动员各方资源以作军事防御的系统。正如庄园制经济由罗马帝国晚期土地佃租制度发展而来一样，封建制度个人、政治和军事网络的起源都可追溯到罗马帝国开始衰落的末期。当时，几乎每一个贵族都在私宅内供养了私人武装，以抵御日耳曼部落蛮族的入侵。在墨洛温王朝时期日耳曼部落平等主义传统规范的影响下，罗马帝国晚期雇用来的武装士兵逐渐演变成住在主人宅邸内、共享主人财产的战友，他们往往大半生都在为主人服役。

墨洛温王朝的战士们不再是罗马时代粗鲁的平民步兵，而开始成为拥有专门技能的专业人士。随着马蹄铁和马镫在北欧的发明和逐渐普及，骑马冲锋战斗（mounted shock combat）逐渐成为主要的军事技术。获得战斗必备的战马和装备都需要钱。8世纪中期，一匹马、一把剑、一支矛、一块盾牌和一副铠甲总共价值20头牛，或10个平民家庭的犁队。同时，骑在军马上手持长矛的战斗方法须经过很长的学徒期才能掌握，在当时自给自足的经济体制下，几乎没有普通的自由人可以负担这一成本。到了8世纪的卡洛林王朝，墨洛温王朝伙伴式的军事服役形式已是过去时。随着封建制的军事制度逐渐将其取代，军事服役成为贵族精英的专门特权。[65]

武士住在领主家里时，由于他与领主之间基于互利互惠的关系，他向领主提供服务的报酬仅有基本生活所需的口粮，以及和其他武士之间的战友精神。

随着维持武装军队花费的不断攀升,由于领主并无其他资源可赏赐给武士,所以领主赏赐封臣(武士后来的称谓)有生之年可拥有一块土地逐渐成为惯例。卡洛林时代的帝王把从皇家领土和教会手中没收的大片土地赏赐给手下的封臣。[66]作为交换,封臣们遵循日耳曼民族的传统,每年向领主服40天兵役。[67]在9世纪蛮族入侵后兵荒马乱的时代背景下,封臣制逐渐有了次要的政治功能。在他的封地上,封臣拥有管治的权威,拥有司法权、征税权,可建设道路桥梁,甚至可以征兵组成自己的军队——同时,他还拥有封地上的农产品。[68]在加洛林王朝衰落后,各个封地成为仅存的政府。

当封臣拥有封地的治理权后,除了收回土地之外,领主将无法再控制他。到了10世纪,当大多数封地成为世袭封地时,正式的效忠仪式使人想起教会保护领主权利至高无上的权威。封臣在圣人遗骨或《圣经》前,向领主宣誓效忠。他承诺,加入领主的军队战斗,将骑士送去支援领主,保卫领主的城堡,在朝廷上协助领主,领主和随从任何时候经过庄园时(封臣)都要尽心招待。[69]为了完成这一协议中条款的义务,拥有大片土地的封臣须将土地进行分割,把土地的使用权分给更低一层级的人;而这些人将进一步分割土地,进而在一系列的土地分割之后,最小的一块土地将分配给一名骑士。这一过程称为分封,而通过土地分封,每一个封建等级都对上级效忠,且有服役的义务,直到最高等级,最大的封臣对王室效忠,且有服役的义务。在这样的关系中,等级制度与互惠作用相互平衡。

欧洲不同国家的封建契约虽然有所不同,但他们共同拥有的核心特质是较弱的控制力,这使得政治学家们将封建制度描述为去中心化的极端案例。

正如雅典时代的祭司、罗马行省的市镇地方官,或是任何基于忠诚的政治契约一样,一旦双方的直接需求得到满足,就不存在明确的绩效标准。当政府的传统特权——共同防御、维护法律和秩序仅仅依赖来源于土地所有权带来的私有权威时,土地所有权转移的方式变得重要起来。如果受封者仅能在有生之年拥有封地,领主拥有有效的处罚权,因为他随时可以收回封地;但当封建制中的封地时限成为世袭时,领主则失去了这一权力。

作为封臣单纯承诺的有效补充,封建制度的习惯法逐渐建立了领主对继承条件施加影响的惯例,这样领主就可保护自己由土地而生的权力。在领主的权力可以保护他属下人们的权利的情况下，受他保护的人同样可以从领主未来有能力履行的承诺中受惠。封建法中的长子继承制（primogeniture）确保土地可完整无缺地传承给继承人，而欧洲各地也逐渐沿用了这一制度。①封建法还有两条规定，使得领主可以控制封地的所属。如果封地主人去世时无继承人，或者领主认为继承人并无能力，领主拥有征收的权力（escheat），使得他可以收回封地，将其分封给其他人。如果封臣去世时，继承人尚未成年（这种情况非常有可能），领主拥有监护权（wardship），使得他可以暂时收回封地，直到封臣的继承人长到可以宣誓效忠的年纪为止。领主对继任权和继承权的控制还包括批准寡妇再婚和为封臣女儿选择合适配偶的权力。[71]领主权力的最后一道保险是限定继承的权力（power of entail）。有了这一规定，至少在理论意义上，如果封臣的表现不能满足他的需要，不论封臣的真实表现如何，领主都可收回封地。

这些惯例上的权力的主要功能是维护封建关系的稳定。或许这些权力的存在就表明了封臣试图逃避义务最常见的方式。只有在封臣的领地受到攻击时，领主才有提供军事援助的义务，以及在封臣需要时，无论在法庭上还是在战场上，为封臣主持"公平而迅速的正义"。[72]

分封制度发挥稳定作用的原因如下：主要封臣可能不愿意违背他与国王之间的契约，原因是他一旦违反，可能会为那些向他效忠的下属封臣立下坏榜样。[73]

不论封建等级如何，所有封建主从拥有的土地中，都可获得劳务和以实物形式支付的收入。[74]他们的收入只有多少之分，因为在封建政治经济制度下，人们的财富和权力与他所拥有的土地大小直接相关。

怜悯穷困的国王：封建时期的财政机构

公元 11—14 世纪，欧洲的经济正在逐渐复苏，而封建君主面临的主要财政困难在于发展封建制以外的收入渠道。随着中世纪经济的不断发展扩张，物价也随之上涨，国王和下属的封臣发现依靠名下土地的收入生活变得愈发

---

① 只有贵族家庭的长子才可获得结婚的准许。女儿出嫁时获得的嫁妆代表了她们最终能分到的家庭财产。向教会和修道院的捐赠可以为次子和其他儿子买到教会不同等级的神职。[70]

艰难。然而他们扩大收入的努力屡屡招致民怨,因为人民向中央权威纳税是很久以前的做法,而这一传统已不复存在。

如果说下令征税和征税的能力是中央集权的有效措施,法国则是中世纪欧洲出现的唯一拥有强大中央集权财政系统的王国。到了 14 世纪,法国国王已经建立起有效的收入系统,从非封建收入渠道中征收名目繁多的赋税。英国国王重建征税权力的努力没有那么成功。在整个中世纪时期,甚至是中世纪之后一段时期,因为长期面对收入紧缺,他们必须节衣缩食。他们面临的财政问题并非由资源不足导致;王国的真实财富在稳步增长。[75]问题来源于政府动员资源的历史上从未出现过的现象:对于统治者征税无条件权力的限制。11—13 世纪初政治体制的发展,标志着从基于君主颁布法令的古代政府向基于默许的现代政府的转变。13 世纪后,英国国王时常面临与贵族内阁就征收新税的皇室权力的争夺,而这些税收则是为了从王国不断增长的财富中分一杯羹。尽管英国的贵族希望他个人领地上的佃户应当遵守等级制度的规定,他却不愿意被其他人立下的规定所限制。在自己的领地之外,他奉行自治。

从 13 世纪起,法国国王不定期召开贵族会议;正如古代君主一样,他们仅基于自身的皇权征税。[76]与之相比,英国的男爵们在 13 世纪末就牢牢树立了税收收入的共同控制权。1215 年后,当贵族男爵们强迫约翰国王签署《大宪章》时,国王无议会批准不得征税的原则被一再地公开重申。通过 13 世纪后期一系列宪章的签署,《大宪章》的原则得到重申,贵族男爵们定义并丰富了国王及其臣民在征税上具有的相互权利。[77]尽管在《大宪章》起草时,其关注点较为狭窄,这一文件仍成为英美政治传统中基本自由权利的来源;通过确立国王在开征新税之前必须取得臣民同意这一规定,贵族男爵们公开宣称,和其他所有人一样,国王也要受法律约束。国王和贵族男爵之间有限的竞争逐渐扩散到其他的社会群体。至少从征税权的角度来说,中世纪的英国逐渐形成了有限的君主制度。

11—13 世纪,北欧地区逐渐从封建庄园制经济转向市场经济。在 11 世纪不发达的封建君主制度下,按照惯例,庄园收入足够满足国王和仆从从一地旅行到另一地时的需要;国王的开支(正如古印度孔雀王朝的大臣考底利耶辅佐的国王一样)不会超过王室的基本生活所需。对于学习财政史的学生来说非常幸运,因为 11 和 12 世纪英国诺曼王朝的君主仿佛在遵循考底利耶关于如何成为明君的建议:对开支进行记账。

一份 12 世纪的史料告诉我们,亨利一世向他的仆从支付货币薪酬、微薄的食物补贴,以及完成工作所必需的、定量的货品。因此,他的首席管家的收入为:"一天 5 先令、一块主人的重油水果蛋糕、两片腌制的小麦面包片、一赛克斯塔里(古英国液体计量单位,大致相当于一品脱。——译者注)清酒及普通酒、一支脂蜡烛以及 40 支蜡烛。"[78]其他次一级员工的工资则低一些;如果仆从住在国王宅邸内,工资更低。①

诺曼征服时期,英国国王的庄园年收入达到 11 000 英镑。[80]国王仅为王室仆从支付较为微薄的薪水,同时也不需要维护和武装军队,因为他的封臣会提供这一服务;因此,11 世纪和 12 世纪的英国国王花费并不高(其他王国的封建君主也是一样)。除了王室花费以外,国王最大的开支是偶尔向教会和慈善机构捐款。国王的金库通常来说比较寒酸,仅有几枚硬币、几件珠宝和个人的贵重物品,国王可以在旅行期间随身携带。在中世纪的法语中,"la bougette"的意思是"小提包";而国王的预算(budget)一词也是从装个人财产的"小提包"一词引申而来。[81]

12 世纪,随着货币的普及,英国和法国的封建庄园主为获得自己的利益而操控庄园税的上缴过程。正如罗马共和国晚期时代的亚细亚行省(同样处于易货经济到货币经济的转型时期)一样,封建国王和贵族控制了商品转换为货币的估价以及支付形式,无论是货币形式、商品形式,或是两者兼有。如果货币是稳定的,封建君主则会要求以货币形式支付。如果君主的货币贬值(对于中世纪政府来说很常见),他会要求贵族以实物形式支付。[82]但当封建庄园主将以实物形式支付的税款转换为同等价值的货币时,他们命令仆从以一个固定的、远远低于当时市场价的价格来衡量商品的价值。[83]也许国王会希望通过压低商品价格以增加要求的商品数量,或是卖出剩余商品赚取利润的方

---

① 与孔雀王朝极尽繁复的各种专项衙门(其中还包括非常异域风情的专门官职,如"后宫主管""凶兆占卜师"和"大象森林管理员")相比,中世纪国王的私人宅邸实在平淡无奇;它唯一的目的就是满足国王的个人需要。国王的仆从包括厨师、面包师、屠夫、门房、吹号手、马夫、猎手,以及国王的私人助手(the ewerer),"晾干国王的衣服可获得每日 1 便士的收入,而国王沐浴时,他可获得 4 便士的收入"[79]。

式,来弥补价格上涨造成的庄园固定收入下降。市场经济创造了持有像谷物这样的商品,以期不久之后以更高价格卖出的动机。[84]

除庄园税以及武装兵役之外,封建传统习俗确立了领主在特别场合(如向儿子授爵、女儿结婚,封臣和家臣在战争中被俘时支付赎金,以及领主定下的任何场合)向封臣和家臣要求以货币形式上缴额外费用的权利。[85]这些不定期的费用被称为援助金(aids),封臣和家臣出于对与领主之间互相依靠关系的肯定,通常会自愿上缴援助金。也许这一援助金的合法化,为封建国王试图寻找扩大收入渠道时,向臣民定期征税的做法提供了法律依据。

直到封建国王希望通过率兵前往圣地来展现自己的虔诚的12世纪,国王才第一次需要对固有的收入加以补充。就算是在前几次十字军东征期间,当国王可以召集一支封建军队时,他们也需要钱来支援那些因穷困而无力支付旅费的骑士,以及支付整支军队跨海的旅费。[86]12世纪末,法国国王非利普·奥古斯都(Philip of Augustus)支付了热那亚执政官5 850马克银币(等于富饶的弗兰德斯领地超过一年的收入)的报酬,送他由650名骑士、1 300名侍从、1 300匹马组成的军队,以及各种武器、行李和海上的军粮给养,跨海去往圣地。[87]

毫无疑问,渴望从非教徒手中解放圣地,并获得救赎的十字军是受到宗教狂热情绪的驱动。但是从这一"圣战"中幸存下来的骑士们,却可从中获取巨大的物质财富。举例来说,在11世纪末的最后25年,拜占庭一位实力较弱的帝王用礼物、头衔和官职贿赂了诺曼贵族罗伯特·吉斯卡(Robert Guiscard)和他的随从。[88]德国的亨利四世也获得了同样巨额的财富:亚历克修斯·科穆宁(Alexius Comnenus,拜占庭帝国皇帝。——译者注)奖励了他100匹丝绸,并承诺还将奖励他16 000匹丝绸;同时,还奖励他14 400个诺米斯玛塔(Nomismata,当时使用的铜币)和200个官职。[89]这些官职主要是仪式性的虚职,担任这些官职的人却依旧可以领取年金。(如果这些官职被卖给拜占庭的公民,年金数额将等于买官人投资额的利息。)如果担任官职确实需要工作,那么担任这一官职的人,无论是外国人还是本国人,都可以从向拜占庭人民提供的服务而收取的费用中获得收益。贵族家庭子弟们参加十字军东征又有了一个很好的理由:前往圣地,就有可能暴富。[90]

为了给十字军东征筹集资金，封建君主开始借债和征收额外的援助金。[91]12 世纪后，他们开始越来越频繁地征收援助金，来资助当地的封建战争。

到了 13 世纪，欧洲的货币变得充足起来。随着经济不断增长，传统的骑士兵役资源动员的方式，不论对于资助者还是接受资助者来说，都变得不便且昂贵起来。财政制度改变又一次带来了社会秩序的变革。随着城镇里的商人也有了社会地位，正如货币经济的增长带来了社会的分化一样，它也带来了履行封建义务的新方式。

13 世纪初，骑士受到领主号召时仍会响应，仅为获得战争的荣耀。到 13 世纪末，很多骑士成为定居的地主，相比战斗，他们对提升土地生产力更感兴趣。很多英国骑士拒绝服兵役，尤其是有极大可能要服役超过规定的 40 天的海外战争。13 世纪末法国国王和他的封臣之间的封建契约规定了他们彼此之间的双向义务。尽管封臣必须承诺完成传统骑士的服役期限，国王如果不支付报酬，将无法扣留他更长时间。① 这一契约更进一步规定了封臣的长期豁免权。

> 男爵和国王所有的封臣须在国王发起号召时，亲临国王御侧，并在 40 日和 40 夜之内，自行负担开销，带领属下的所有骑士履行服役义务；同时，男爵和国王的封臣在有需要时，亦可以从他属下所有骑士那里获取同等的服役。如果国王希望他们在 40 日和 40 夜之外，自行负担开销履行服役义务，他们若无意愿，无须留下。如果国王为保卫疆域，要求他们留下，并承担相应开销，他们必须留下。如果国王希望率领他们赴海外作战，他们若无意愿，无须随行，因为他们已经完成了 40 日和 40 夜的服役义务。[93]

骑士不愿参与战斗，也是因为战斗装备的开销。随着骑马冲锋战斗技术

---

①　14 世纪的国王承担骑士服兵役的费用，但也可以召见他的封臣前来王宫。15 世纪，利己主义已经开始逐渐在封建等级制度的仪式中出现。愿意展现实力的地位较高的贵族，只要愿意，可以带领两三百名随从出巡。他的随从不再自愿前往（如同以前那样），但如果有报酬，则愿意前往。15 世纪的随从不再是展现集体利益和义务的形式，而成了封建随从中领取薪酬的一员。"Retainer"一词后来的用法改变了之前的含义，意指为专业服务支付的薪酬，或是为签订有需要时获得专业服务的合约预付的定金。[92]

演变得愈发复杂,骑士和他昂贵的战马都要身披装甲,因此只有最富有的骑士才能负担得起铠甲的费用。[94]对国王来说,征召缺少武器装备的士兵是极不合理的,因此 13 世纪,随着历史不断推进,渐有以货币形式付费取代封建兵役的趋势。

在英国,付费有两种形式——兵役免除税(scutage),即代替兵役的特殊援助金,以及骑士爵位扣押(distraint of knighthood),即对不响应号召服兵役,应受罚的骑士征收的罚款。这些罚款的初衷是对逃役行为的处罚,但收上来的罚款至少从理论上可以让国王为更易掌控、更可靠的雇佣军支付酬金。实际上,由于逃避兵役非常普遍,土地使用权的复杂形式带来的亏损,以及土地分封导致的复杂个人义务网络,使得这一收入还远远不够。[95]

到了 12 世纪,诺曼王朝时期的封地被过多次分封,以至于封建金字塔最低一层的封臣平均只拥有一小部分的骑士采邑(原先为供养一名为国土征服者威廉服役的骑士的土地单位)。到了 13 世纪,这些“普通”的骑士成为事实上的自由佃户——即最底层的乡绅,尽管这些普通的骑士仍然拥有骑士的社会地位,但他们拥有的土地过少,无法提供战斗装备所需的盈余。

由于封建土地使用权的记录在分封时没有更新,直属封臣(即首要封臣)被要求向国王提供的骑士人数与欠领主封建服务的更多封臣数量之间存在累积差异。如果直属封臣收取罚款和兵役免除税时能够更为系统化,他们可征收远超过国王所要求数额的罚款和税金。伯爵和男爵可能每年有义务向国王提供 3 名或 4 名武装骑士(或上缴等额兵役免除税),但他也可以向最多 90 名骑士收取免除兵役的费用,并可将差额利润据为己有。同样地,在 11 世纪末的法国,巴约主教(Bishop of Bayeux)有超过 100 名封臣,但只需向他的直接领主诺曼底公爵提供 20 名骑士。[96]当法国国王们征收极高的援助金时,他们的主要封臣是收税代理人,正如英国的直属封臣一样,法国的主要封臣从收税官这一官职中获益,在法定应上缴国王的税款之外,保留一定的盈余。

尽管在 13 世纪中期,财政大臣几次试图更正封建义务记录和实际数额的差距,但由于遭到普遍的消极抵抗,提高兵役免除税收入的努力并没有成功。到了 14 世纪,为征税所付出的烦琐工作和昂贵花销使征税变得不再划算,同时国王也开发了更有效的收入渠道,因此封建军队和税款逐渐消失了。[97]

13 世纪末，正当兵役免除税即将在英国彻底消失之际，代替封建服役的税款依旧是法国王室收入的重要来源。13 世纪初，一名贵族可以通过向王室上缴一半年收入，来免除封建兵役。[98]强大而统治有序的法国美男子国王腓力四世（King Philip the Fair，他的统治时期横跨 13 世纪晚期和 14 世纪早期）为了补充兵役免除税的收入，首先开征了一系列的收入和财产税。举例来说，在 1304 年的大型封建税征收行动期间，如果贵族有意愿，他可派出武装骑士。如果没有，每少一名骑士，他的每 500 里弗收入中，就要上缴 100 里弗的税款。到 14 世纪，缴纳这一税款成为全体人民的义务。因此，在 1304 年，法国人民拥有每 100 个壁炉，就要派出 6 个步兵（后来减到 4 个）。[99]

8 世纪时，英国的撒克逊国王向英国人民征收年税（丹麦税赋）以抵御丹麦部落的侵略者。因此，11 世纪诺曼人入侵英国时，他们发现英国已经存在基本的财政系统，拥有定期征税的先例，运行良好的估值和征收机构，诺曼统治者可以通过提升行政管理手段，不用遭遇太多抵抗就能提升税收。

然而，法国国王们必须从零开始，他们通过几个世纪的谈判和妥协，才最终确立了对收入和财产征税的权力。当卡佩王朝的国王们试图巩固对分散的领土的统治时，他们利用手中可自由裁量的征税权作为筹码，来与教会、抗命不从的封建男爵和市民谈判。12 世纪，王国几个不同的城镇市民同意定期上缴领地税，一开始以商品形式支付（面包和酒），后来以货币形式，以换取国王有生之年维护货币稳定的书面承诺书。[100]14 世纪征税权力的建立源于军事需要：法国须抵抗来自弗兰德斯和英国的武装侵略。当国王召集由男爵、市民、高级神职人员和官僚组成的顾问委员会，要求开征临时援助金为抵御侵略筹款时，委员们可以理解国王需要钱的缘由。毋庸置疑，他们不乐意直接缴税，但是作为委员会的成员，他们必须同意从其他人处征税。

随着雇佣军逐渐取代自愿应征的封建军队，首个封建时代的正常军事活动逐渐变得昂贵起来。13 世纪末，英国向法国发动一次突袭的花费超过 5 万英镑[101]①，超过国王从王室领地中获得的年收入的一半。非军事的花销也有所上涨。随着封建君主逐渐在 13 世纪末到 14 世纪统治权威的巩固，不断扩

---

　　①　正如现代城市的政府在外包诸如垃圾收集和消防的服务时，会遵从市场惯例一样，派遣雇佣军也证实了当时的政府对竞争性个人主义至少有限度地承认。

大的领薪官员人数也增加了王国政府的直接支出。维持秩序所需的成本在上升。

一边是不断上涨的支出,另一边是稳中有降的收入,夹缝中的中世纪晚期君主采取了各种各样的财政手段,从通过传统手段增加现有资源,到急需资金促成的即兴决策,范围极广。

中世纪晚期,英法两国的国王为完成个人的政治雄心,发动资源的策略基本相同。他们时而投机取巧,时而剥削民众(程度可与古代君主相提并论),时而极具创新精神。他们的增收策略缓解了短期财政赤字,但在提供永久性收入渠道方面并不都是成功的。到了我们随意划下的分界点——14世纪末时,中世纪政府的财政机构与中世纪政府一样,处于从私有政府向公共政府的转型时期。尽管14世纪末象征着西欧中世纪的结束,除了意大利北部的小型自治城邦政府以外,当时政府的财政机构与现代政府的财政机构还是相差甚远。

中世纪晚期政府的收入策略

11世纪封建君主不成形的、小规模的封建私人政府逐渐在13世纪发展成为稳定的政府机构。尽管君主制政府依旧是私人政府,但它的私人性质有所减弱;中世纪晚期的国王正在重建行政和财政制度,如此一来,他们再次可以获得中央权力,控制广袤的领土。当封建主义逐渐衰落之时,之前从未存在过的鲜明对比(除了在古典雅典时期和罗马共和国时期)逐渐显现:国王和臣民之间相对的公共角色和私人角色逐渐分离。

在西方政治传统之中,公共政府这一概念的发展离不开几个世纪以来沿袭至今的概念、法律和行政上的创新和适应性。与此同时,封臣对"国王个人的私有职责逐渐演变成……对没有个人色彩的国家的公职服务"[102],国王的主权逐渐建立在象征意义的、法律和行政的基础之上,而非如封建早期一样建立在情感关系之上。英国、法国和意大利北部迅速扩张的市镇政府的掌权者正在发明全新的政府角色,并实验许多政府提供服务并创造收入的新颖渠道。

日耳曼民族的王权理想中,统治者在习惯法的框架下,对他的臣民的权利有潜在的托管权。国王的职责就是在他统治的疆域中维护正义与和平。国王和臣民相互之间的义务和默许建立起他们之间关系的基本框架。但当封建主义逐渐发展成为契约责任的网络时,早期国王与人民之间的习惯关系有了变化。在封建制度下,国王的权利只有不与臣民权利相悖,才能够卓越超群。然而,中世纪晚期的法官逐渐意识到,只有将国王的私人权利约束到某种程度,他的权威才能够维系。[103]

自 13 世纪开始,封建国王面临着两大密切相关却名义上区别较大的基本任务:第一大任务是建立政治忠诚度与政治组织的全新概念——疆域的抽象概念——表现出国王和人民的集体利益;第二大任务则更为具体,但在很多方面来说也更难达成。随着封建服役逐渐过时,君主制必须开拓新的、非封建的收入渠道,才能支持他们不断发展壮大的政府。

之前,统治者主要通过对某一特定领域的军事控制获得权威,与此不同,中世纪晚期对疆域的概念超越了封建时代早期的家长式统治和地方主义。正如 13 世纪法律理论学家所说,王国是一个由臣民团结而组成的社群,主要不是由契约责任、疆域邻近或是个人忠诚联系在一起,而是由对法律的共同遵守联系在一起。

尽管国王在他的顾问委员会建议之下明确阐述了法律,法律的合法性却不仅仅依赖于他个人或宗教的权威,而是源于国王作为被承认的君主可以"为大多数人的利益"而确立政策的权利。13 世纪的政治理论家从罗马法理学中寻找依据,宣称国王在他的王国内"是自己领土的帝王"[104]。国王有权力"颁布法律,或是……在法律无法解决问题时",做出政策决定。[105] 在法国(尽管不是在英国),国王为公众利益而立法的权力被自由解读。到 14 世纪,法国国王有权"使用任何财产,动产或者不动产……为实现公众利益以及保卫王国安全"[106],因此在封建服役逐渐消失之后,可以向臣民征税。维护秩序的需要,时常会导致滥用权力的合法化。

国王发明了各种各样的方法,来动员资源——通过王室特权的胁迫,以及通过弘扬来自互利互惠精神的个人主义。为了获得支持,国王采用了各种方式:货币与非货币,财政与非财政,精心安排或是灵光乍现——逐一进行,循序渐进,或两者兼有,只要是行之有效的权宜之计,就会被采用。中世纪晚期政府增收策略的共同目标,就是利用商人不断增长的财富。找到绕过宗教教条的迂回方式之后,统治者们发现,多多益善是自古以来不变的诱人真理。

特许城镇

在无人定居的荒地上建立新的城镇是间接增收策略的最佳例证。11—13世纪间,封建贵族和拥有土地的神职人员以极大的活力和激情拥抱了城市化的浪潮,他们向城镇颁发特许状,一部分是受投机热潮驱动。他们的目的非常明确。相比庄园地产而言,在同等面积的土地上建起城镇是极为有效的收入手段,无须处理实物收入的极大不便,就可获得货币收入。作为向城镇颁发特许状的条件,贵族和神职人员往往会要求居民付年税;城镇议会答应付税,因为在城镇生活可以有一定的个人自由,同时也免于受到封建剥削。[①] "当封建国王向城镇颁发特许状时,他们比地位较低的贵族和神职人员颁发得更多;由于国王的收入需求更大,可从特许权中获得的收入也就更多。"

国王和市镇议会中发展出互相之间的平等交换关系——用土地交换自治政府,用贸易自由交换缴税的承诺——标志着互惠主义规范雏形的兴起。竞争性的政治和经济制度要运行,不仅需要为系统所有参与者提供诱因,而且所有系统参与者之间必须有一定的独立性。在任何时候,现有制度都反映了各种行为者偏好之间的平衡,每个行为者的行为都是根据一种评估,即给予什么以换取什么是有利的。在政治环境中,当主要系统参与者开始讨价还价时,互惠主义和竞争才变得有意义。

还不止这些。系统性的变革,可能伴随着系统性限制的放宽。正如包税制支持古代君主专制体制一样,进取心强的君主所面临的不利因素,或许可以通过与城镇居民共享权力得以缓解,尽管权力共享可能造成一定的损失。有一种观点认为,国王授予城镇王室特许状,使城镇议会议员的权力与地位较高封建庄园的当地行政机构大体相当,而后者的权威却仅仅来源于土地所有权

---

① 12世纪由法国国王路易六世向小村庄洛尔里(Lorris)颁发的特许状就是其他特许状的模范典型;特许状中列明了住在城镇中的好处。"选择住在洛尔里的人只需为住宅和……土地缴纳6个德尼耶(法国旧银币——译者注)。如果他在城镇中相安无事地住满一年零一天,他就是自由的,他的前主人无法追回对他的所有权。他可以免于所有的……强加的苛捐杂税;以及看守义务和强迫劳役……只要他想,住在洛尔里的居民就可以卖掉他的财产,前往别处。他无法在城镇以外接受审判,而在城镇也须按照特定规则和程序接受审判。任何罚款和惩罚措施须严格限定。"[107]

的世袭。[108]

12—13 世纪,法国和英国国王在与城镇的管治议会就税收金额达成一致并获得同意之前,无法向城镇居民收取税收。在君主希望上调现有税收金额或开征新税之前,英国国王会召见城镇居民的代表前来伦敦,法国国王则会派代理人前往行省就税收变动进行协商。由于征税权力尚未牢固确立,13 世纪的国王无法直截了当地提出要求,因此他们采用了谈判的策略。如果某一城镇拒绝支付国王要求的金额,国王就被迫调整需求,或是颁发次级特许状;他们明白,谈判持续得越久,最终的收益也会越少。在某些情况下,国王会减税,接受分期缴税,承诺恢复贬值货币的价值,或准允免除兵役,让城镇商人担任包税官。[109]如果达成协议可以为国王带来一定的收入,尽管可能比国王所要求的少,灵活处理显然更有利。

中世纪晚期的国王不完全依赖谈判本身。为了创立并维护新税,国王也同时采用了劝说的策略。当国库因封建战争花销而空虚之时,中世纪晚期的国王会化身为自己的代言人,在王国中四处出巡,向臣民索取捐款、贷款和临时战争补助。1282 年,当时忙于平息威尔士叛乱的英国国王爱德华一世派他的财政大臣走遍全国筹款,最终筹得 16 000 英镑。[110]1303 年 12 月和 1304 年1 月,法国美男子国王腓力四世从巴黎长途跋涉到法国南部,宣布征税意图。[111]他们的这些行程非比寻常,源于特殊的经济困境,但也反映了贯穿中世纪晚期政府财政活动中的机会主义特征。

来自教会的支持

观察到收入滞后的情况后,中世纪国王通过行使传统王室特权来获得特殊的收入。财政危机越来越严重时,向拥有大量财富的教会征税常常是有诱惑力的方便选择。墨洛温时代,刚刚改信基督教的前异教徒国王们曾向教会捐赠了大量罗马帝国的土地。在教皇权力较弱的 9 世纪和 10 世纪,为了将教会土地的农产品据为己有,当地的封建庄园主开始将自己属下的世俗封臣任命为主教。教皇重掌大权之后,开始于 12 世纪任命神职人员作为主教,但封建国王依然对他们领土中的不同神职等级保留一定的控制权。国王任命世俗人员为主教的做法很晚才完全绝迹,部分原因是国王可以在主教选举出现争议之时,与神职人员一同投票。[112]尤其是在英国——诺曼王朝君主建立的封建制度确立了国王(作为最大封臣)拥有王国内所有土地的最终托管权,无论土地是世俗还是神职人员所有——在法国[113],法国国王继续对教会土地保有一定的控制权。[114]从 12—14 世纪,英国国王掌握了在主教去世和任命继任主教期间教会土地收入的专用权。由于教会掌管的土地往往由产量较高、年收入可达 1 000 英镑的庄园组成,国王有强烈的尽可能长时间拖延任命①新主教的动机。[116]主教去世之后,国王可以趁机选择忽略告知教皇,他也可以为尽可能长时间地拖延任命新主教找到借口。如果国王不认同选举上任的主教,他可以行使一票否决权,强行重新选举主教。[117]6~18 个月的主教空缺期非常常见,而一些利润丰厚的肥缺甚至可以空缺 6 年之久。[118]在国王对教会土地行使托管权期间,除庄园常规收入之外,他还可以向主教的封臣全额收取所有的兵役免除税和援助金。[119]

除了不定期侵占教会收入之外,英法国王还会向教会直接征税。当国王需要为战争筹款时,向教会征税比向世俗人员征税更方便,这是因为中世纪晚期不存在可以打仗的主教,而教会在面临王室命令时,很难违逆和抵抗。12世纪早期,英国国王间或向主教空缺的教会土地征收货币税。到了 13 世纪,向教会土地的佃户征税非常普遍,而到了 14 世纪,征收教会地产价值 1/10 的定期税收成为英法两国君主制的常规收入来源。[120]13 世纪中期,英国国王爱德华一世将英国几处修道院地产抵押给意大利银行家以获得贷款。[121]

国王和教会也不总是财政上的对手。12 世纪晚期,国王试图为资助十字军东征筹款,教皇准许国王向教会收入征税;这也为几个世纪后向教会定期征税立下了先例。在 13 世纪英国国王亨利二世和 14 世纪法国国王腓力六世统治期间,教皇向国王直接进贡。[122]而在法国,亚维侬(Avignon)一位友好的教皇向法王贷款超过 100 万弗罗林(florin),相当于超过一年正常的支出,以资助法国百年战争中花销巨大的防守行动。[123]

作为一个独立的政府机构,教廷也拥有征税的权力,但地方的税收似乎很

---

① 每个王国中,教会与国王都会选拔(选举)主教,通常这些主教都是王国内贵族家庭中的次子或排行更靠后的儿子担任。由于选拔主教需要教皇的正式确认,即便是在国王没有阻拦这一过程的情况下,替换主教依然需要很长时间。12 世纪的教皇比任何世俗统治者拥有更多的权力,他们有自己的主张:为了确保遥远的教区内的主教能够代表教会的利益,教皇试图任命意大利人担任外国主教的职位。[115]

少上缴罗马。从 9 世纪开始,教会对基督教世界的所有家庭征收年度壁炉税(称为"彼得便士"),但在 12 世纪,来自英格兰的年度总收入仅有象征性的200 英镑。[124]

13 世纪的国王们为从教会获得的资金找到了不同的用途。当他们有相当的偿付能力时,英格兰的亨利三世和他的儿子爱德华一世都将从空缺的主教职位上获得的收入用于提高君主的象征性影响力。他们修建城堡,为大教堂和教堂的建设捐款,为慈善事业捐款,并为朋友们设立了闲职。① 在战时,当支出经常远远超过收入时,两位国王似乎都为资金确定了优先次序。他们采用现代预算计算模式,将来自特定空缺主教区的收入指定用于向皇家官员提供整笔拨款,以偿还为维持军队而签订的贷款,并作为进一步借款的担保。[126]当财政压力过大时,这些国王有时会在主教去世前很久就将空缺的主教区的预期收入分配给债权人。[127]

正如国王计算从教会获得收入时使用权宜之计一样,在分配空缺的主教职位的产出时也常常投机取巧。招待来访的皇室成员对皇室的库存提出了过高的要求;一位英国君主可能会发出紧急命令,要求"为皇室提供数百个鸡蛋、鳗鱼、蝙鱼、鹿和猪",而他的管家"必须安排必要的捕鱼、狩猎、腌制、装入桶中并运往温莎、威斯敏斯特、格洛斯特[或]国王可能去的地方"。[128]国王还从教会的森林中伐木,向教会的庄园要求食物为封建军队提供给养。举例来说,13世纪中期,爱德华一世利用职位空缺的主教辖区为他在法国南部加斯科尼(Gascony)的军队提供给养。1242 年 3 月,他下令让温切斯特(Winchester)的侍从送"1 000 只培根,1 000 夸脱(谷物单位——译者注)小麦",以及"最迟在复活节国王跨海之前"将相同数量的燕麦运送到朴次茅斯(英国南部港口城市)。13 世纪末,他又一次下令从同一主教辖区运送谷物以支持他在威尔士

---

　　① 英国 12 世纪末一名经验丰富的财政官员撰写的政府开支分析反映了当时的时代精神,回顾更早期公正君主的目标(公正显然是有回顾性的):"……资源丰富程度会影响国君的能力。国君缺乏资源,将沦为敌人的猎物;而拥有丰富资源,可重创敌人。金钱很有必要,无论是战时,还是和平时期。战争时期,收入可用于巩固城防,支付军饷及众多其他用途;……而和平时期,尽管战争的武器被闲置一旁,虔诚的国君可将金钱用于建造教堂,基督化身的穷苦民众可得温饱,俗世中的钱财可用于其他慈善之举。国君的荣耀通过战时和平时的壮举得以彰显,但在贡献物质财富之时,获得神永恒的保佑与赐予,更加卓然超群。"[125]

的军队。[129]

征发权

对于13—14世纪的国王来说，为远离故土征战的封建军队提供补给造成了物流难题。打仗时，军队可以在故土以外安营扎寨，但粮草和装备必须运送到战场上。为了将军队运往国外并获得补给，中世纪晚期国王向臣民行使征发权（purveyance）。与中世纪早期国王有对封臣下令接待的权力相类似，中世纪晚期国王拥有的征发权使得他们可以向船主征发渔船和商船，向当地商人征发粮食和补给。在为远征做计划时，或战时出现物流上的紧急状况时，英法两国国王会命当地商人运送他们的货物——通常情况下是谷物、肉、盐和啤酒——到战场或登船地点。无论国王的代理人出价为何，商人都必须照单全收；即便是国王付了钱，价格也往往比商品的市场价低一大截。英吉利海峡五大港口的所有英国船主每年共需供应57艘船只达40日。尽管船主会获得一定的收入，但对船主来说，国王在需要船只之前很长一段时间就征发船只给他们造成了很大的不便和经济损失。国王没有钱时就会赊账，赊账账目往往会不断累积，直至与财产充公无异。其他时候，国王会命臣民服劳役，建造王室宫殿、道路和桥梁。[130]

《大宪章》中，有一项条款专门阐述国王对商品和服务的征发权，这足以说明征发权在有义务的臣民之中引起了反对的情绪。提供补给给民众造成的负担在长时间的战争中尤其繁重；成百上千名普罗大众须为政府的花销埋单。英国王室征用财产的规模通过一个事实就可得到证明：近13世纪末，爱德华一世向当地商人欠下巨额债务之后，教会代表商人开始干预；教皇也威胁要开除国王手下的大臣，以归还征发欠下的债务。[131]

通过符木借款

随着时间的推移，英国国王的间接借款策略变得越来越丰富。采购物资时如果资金不够（经常如此），财政官员就会依据预期收入发行木制的符木（tally）收据，来代替现金支付。这些符木属于12世纪尚未使用文字记录的国库用品，是有刻痕的木棍，之前原本用作上缴国库庄园收入的收据，或是国库支出的凭证。[132]12—13世纪，弗兰德斯和英国都使用符木。

尽管通过木棍来还款看起来是一种原始的财政管理方法，对于行政管理能力有限、时常缺乏资金的政府来说，却有很多优势。在当时对银行业务流程知识十分匮乏的英国，可让国王推迟还债的符木，是后来固定债务（funded debt）的前身。从行政角度来说，通过发行符木还款是专项拨款的一种形式。就特定收入渠道预期获得的收入发行符木，且在收回时只有满足符木上规定的所有条件，符木才有效。如果（这种情况也经常发生）国王发行了规定港口指定关税官的符木，如果在债权人前往指定地点收款之前，关税官被撤职，那么债权人就无权要求偿还债务。这样一来，符木就成为金融工具，相当于非正式的合同。同时，与合同一样，符木的收款责任为债权人所有。如果符木失效，不论是因为会计失误，还是因为发行特定条件的变更（如国王驾崩），符木就成为强迫的无利息公债。这是因为失效符木很难兑现，尽管可以兑现，也比账面价值要低。如果国王驾崩，他的继任者很少会兑现前任国王的符木，即便是兑现，也少于去世的国王欠下的金额。尽管国家承诺可以兑现，但通常要经历漫长的过程；债权人在从君主处获得还款之前，可能要等 2～10 年。因此，以发行符木代替付款为国王争取了时间，让他得以发展新的财政策略。

为了减少债权人持有国家不确定兑现的符木的风险，符木逐渐发展成为可议价的工具，类似一种非正式的基于信用发行的货币。由于符木上没有刻债权人的名字，它可在市场上以任意价格出售。但是，当国王的债权人为了缩短不定期等待还款的时间而接受相当于部分账面价值的价格时，他们无意间与君主的关系调换了。通过以一定折扣出售符木，国王的债权人无意间成了国家的贷款人。[133] 为了补偿以折扣价格出售符木的损失，国王的债权人会要求国王支付更高的价格。

货币贬值

通过发行符木来偿还债务是一种间接的货币手段，与中世纪窘迫的政府在紧急情况下补充收入而采用的另一种方式的本质相似。自 10 世纪起，正如罗马帝国晚期一样，欧洲许多地方的当地货币被一再贬值。[134] 古代和中世纪政府的货币策略似乎建立在简单的经济线性因果关系基础之上。[135] 在贵金属储量固定且需要更多钱来支付政府债务之时，古代和中世纪的政府常常会搜集现存的货币，送到造币厂将其熔化，制造新模具，并铸出贵金属含量减少的新币。古代和中世纪政府既不了解货币价值和价格间的相互关系，也不了解货币与价格水平的直接关系,因此在实际操作中,他们以为无论货币价值为何,只要增加流通货币数量,统治者的财富就可自动增加。

他们的假设短期内是可以实现的,因为在中世纪(正如固定汇率下的国际货币贬值一样),货币供应量变化导致当地价格变化之间存在时间差。如果国王的国库空虚,相比参与冗长的会议谈判和妥协,最终才能获得征新税还债的批准,发行新币要简单得多。

通过货币贬值,国王可以获得一定的利润。扣除收集旧币和发行新币的花费之后,国王可以将贵金属收归为己有。重新铸币在中世纪早期可带来4%~5%的利润,而在11—12世纪,利润可超过8%。[136]尽管中世纪晚期的国王可能明白劣币驱逐良币的道理,他们似乎已经明白无论贵金属含量为何,货币都可以在本国流通。货币贬值还有另一个优势:通过从重新铸币中获得的利润,国王可以以较便宜的价格还债。反过来说,如果一个国王想要征税,他会有动力去改革货币,发行贵金属含量增加的新货币。这样一来,臣民就可以付给他价值较高的货币。[137]①

货币贬值对统治者来说也有弊端:人民如果恐惧货币贬值,就会感到愤懑不平。1103年,在法国的普瓦图省,"(当)银币被征收,铸为铜币时……遭遇

---

① 13世纪意大利北部城镇的寡头商人采用了一种复杂的策略,来应对当地的货币贬值。通过开始使用金和银的双金属标准,商人在接受还款时仅接受完好的金币,而付账时却使用稳步贬值的银币。

现代对古代和中世纪的货币贬值现象的历史评论恰当地反映了当时存在的经济因果关系概念。其中,影响最大的要数对货币内在价值概念的理解。如果货币贬值了,随之而来的价格上涨是由于新币中的金银含量减少,而不是因为流通中的货币数量增加。理解这一点,对于理解为何价格因货币中金属含量变化而变化至关重要。

经济学家认同一国价格水平因流通中货币数量以及商品库存变化而波动。如果货币供应量增加,而商品库存却没有增加,市场上商品带来的竞争使价格上涨。这一解释似乎在中世纪也适用。在中世纪,货币贬值会带来通货膨胀,因为君主的金银库存和商品库存都相对稳定。如果国家对外征战,国王也行使了征发权——以低于目前市场价的价格进行采购,或是从商人那里没收财产——对其他人而言商品库存减少了,价格因而上涨。14世纪,食品短缺加上通货膨胀促使法国国王调整巴黎和周围地区的物价。同样在14世纪,英国君主严禁关键商品出口,以降低商品的国内价格。

现代对中世纪货币贬值的历史评价有时应用了货币量理论。经济快速发展时期,如13世纪的欧洲,尽管流通中货币量没有增加,现有流通货币转手的速度(流通速度)仍会加快。不论出于什么原因,如果货币供应量增加,而商品库存维持不变或缓慢增加,货币流通速度较高,也会带来通货膨胀。因此,贫穷的中世纪国王借款时,无论是以非正式符木的形式,还是从国外借下巨款,贷款带来的货币供应量增加同样会带动国内价格上涨。[138]

了极大的阻碍"。[139]封建制度中的相互义务在货币汇兑价值固定上得到正式确立时,连地位较高的转租佃户都警觉起来。当他们的佃户还在支付固定的地租之时,货币贬值事实上增加了庄园欠国王的债务。[140]12世纪晚期和13世纪早期,欧洲许多封建庄园主都颁布了章程(确认函),宣布意图维持货币稳定。为换取臣民缴纳名义税,国王和公爵颁布章程确认将维持货币稳定,这也体现了新兴个人主义思潮的早期萌芽。

尽管13世纪后货币贬值现象更加少见,但在紧急状况时,贬值货币仍是一个有用的工具。13世纪末,法国美男子国王腓力四世政府国库中高达2/3的收入(超过100万里弗尔)是通过贬值货币获得的。[141]14世纪中期,腓力四世的继任者之一,法国国王"好人"约翰二世似乎有时候将货币贬值当作唯一的收入来源。1337年至1350年的13年间,他贬值货币达24次;其中有一年贬值了18次。[142]

在一切顺利的情况下,货币贬值仅能暂时缓解财政危机。收集已有货币回炉重造不仅不好操作,而且成本也高。由于中世纪晚期的政府通常财力物力都很缺乏,雇用货币收集官(国王的代理人,通常是银行家)的开销使原本困窘的财政资源雪上加霜。

为弥补财政赤字借款

相比起来,中世纪晚期政府时常使用的借款策略,是更加有效率的增收方式。12世纪晚期,英法两国国王以及加泰罗尼亚的伯爵开始借款以支付王室不断增长的开销。一开始只是偶尔为之,到13世纪,借款成为平时提供财政缓冲的常规手段;而在非常时期,这一资源尤为宝贵。贷款人主要是国内外的商人和放债者。

国王从私人放债者处获得支持有几种常见的情况。国王和私人放债者之间的界限相互交叉重叠,反映了不断变化的条件下,借款人和贷款人与彼此有关的行为。一开始,他们之间关系的核心是互惠互利;借款人相对贷款人较为弱势时尤为如此。国王需要钱时,他们会向有盈余的个人和机构贷款。12世纪英法国王不定期向世俗和教会人士获得少量贷款——犹太放债人、主教、修道院、骑士、圣殿骑士团、宗教慈善团体成员——以及富裕贵族、商人和城镇市民。[143]为换取贷款,国王给贷款人一些优惠条件,如贸易自由或在当地收税,或以礼物的形式支付利息。

向国王贷款可带来丰厚的利润,与本金一起归还的利息可高达 26%～50%。[144]13 世纪晚期至 14 世纪,意大利富有的银行机构时常向英法两国的国王借高额贷款。银行家在国库收到付款前向国王放款,以帮助国王调控现金流。爱德华一世是首位与意大利银行机构商讨私人贷款业务的英国国王,他和卢卡的里卡尔迪之间形成了极为坦诚的借贷关系。无论君主是否有足够资金,他的贷款人都做好了"用国王或自己的钱"替国王付账的准备。有时候,银行机构会向君主借少量款项来支付王室开销("国王现在手头没有资金");但有一次,国王欠里卡尔迪高达 23 000 英镑。[145]

除了以礼物形式支付的利息之外,国王还为贷款人制定了鼓励政策,确保贷款会获批及续贷。国王与外国银行机构签订协议之后,他会在王国境内赐予该银行机构垄断地位;14 世纪英国国王爱德华三世在与巴尔迪家族(Bardi,意大利银行世家——译者注)协商时,正是这么做的。

除了银行业务之外,中世纪晚期的银行家还从事多元化的商业活动;银行家将未经处理的英国羊毛出口到欧洲大陆市场,将法国红酒出口到英国,同时也扮演了教皇的税收官的角色。[146]急需用钱的国王可通过为贷款人的生意创造一个较好的营商环境,让贷款人更愿意给他们贷款。爱德华三世与巴尔迪之间的交易是一个典型案例。由于急需为对法作战提供资金①,爱德华三世授权财政大臣替巴尔迪讨还个人债务。爱德华一世与里卡尔迪之间的协议也类似。[148]因此,由于国王与银行家的利益极为攸关,他们之间的商业伙伴关系也极为紧密,商业与政府的界限非常模糊。14 世纪英法两国交战之时,巴尔迪从巴尔迪银行的诺曼底支行雇了若干名间谍,向英国国王提供法国海军调度部署的情报。[149]13 世纪末英国议会批准国王向羊毛出口征税之后,此后即位的英国国王将未来海关收入作为担保来贷款。国王继而任命银行家为关税税务官,以确保关税可以成功征收,同时确保银行家在羊毛出口生意之外也能额外获得一笔利润。[150]14 世纪末期,成为间接税收税务官的法国商人也向国王贷款。[151]

---

① 在议会的一次演讲中,国王的财政大臣以戏剧化的夸张语言来描述国王急需贷款。他宣布:"整个王国的收入,都不足以满足国王一半的开销。"[147]

建立在互利互惠基础之上的关系,只要双方从中获得的利益大致相等就可以维持下去。只要国王颁布的优惠条件为商贸活动提供了较好的环境,以及国王按时还款,银行家就愿意借款。但如果国王(或者银行家)贷款额度过高,同时贷款违约,或者国王的财务状况有所提升,找到了其他的资金来源,君主和商人之间的暂时盟约马上就会瓦解,和结盟一样轻而易举。[152]这样一来,国王掌握了王牌,而银行家却无力改变结果;利益结盟不知不觉,或是一瞬间地转变成没收-剥削的模式。

到中世纪晚期,政府逐渐建立在较为稳固的法律基础之上。在国王还无法向人民定期征取财政收入之时,习惯法以及再次流行的罗马法赋予了国王逐步提升的法律权威。其他人在国王的政令面前较为脆弱,因为当国王没收他们的财产时,他们没有法律上的追索权。犹太放债人,如金融家林肯的阿伦(Aaron of Lincoln),是最早一批向英国君主借款的人,12世纪末,意大利银行家在英国站稳脚跟之前,就已向君主提供周期性贷款了。[153]自从犹太商人不再受教会禁止收利息的命令限制之后,他们可以通过裁剪硬币(clipping coins)或者放贷款来积累一定的盈余。尽管犹太人的商业活动对于中世纪末期的商品经济发展较为重要,但作为主流社会的局外人,在面临充满敌意的政府挪用财产之时,他们也无能为力。到13世纪初,英国人不再向犹太人借款,而是对他们的财产征收罚金和税。13世纪末,君主在征收重税直至完全没收财产,又找到了其他的贷款来源之后,将犹太人驱逐出了英国。

法国君主对犹太人采取的主要做法也类似:借款、债务违约、没收借款人财产,并逐出国境。正如英国人一样,法国人也向犹太人借款,并课以惩罚性的重税,并且最终将他们逐出法国。在法国国王拥有国库之前,他们将国家存款存在类似于现代富裕雇佣兵的十字军东征骑士圣殿团的巴黎支行。圣殿骑士团逐渐在管理资产方面变得熟练,在欧洲全境和近东地区拓展了银行网络。[154]12世纪末,路易九世向巴黎圣殿骑士团借款,他的继任者也沿袭这一传统长达一世纪。(现西班牙境内的阿拉贡和加泰罗尼亚的国王,也于12世纪和13世纪用圣殿骑士团处理财政。[155])在14世纪初,法国财政依旧用圣殿骑士团管理财政之时,美男子国王腓力四世逮捕并以异端邪说罪起诉了法国所有的圣殿骑士团成员;圣殿骑士团的高层成员被处以火刑。腓力四世需要资金发动战争,同时法国财政官僚系统已经建立起来,不再需要圣殿骑士团。正如他没收犹太子民财产并将他们驱逐出境一样,腓力四世想方设法将圣殿骑士团的巨额财富没收。当圣殿骑士团在法国的财产比想象中获利更少之时,腓力四世设法说服了权力教皇,将圣殿骑士团解散了。[156]

14 世纪时,向法国国王和英国国王借款的意大利银行家也受到了同样漫不经心的对待。在法国,好几名向法国国王借款的意大利银行家被控以放高利贷的罪名,被投入监狱,在银行支付巨额罚款之后才得释放。其他没那么幸运的银行家则死于狱中。[157]13 世纪和 14 世纪,英国国王一而再再而三地债务违约。由于君主拒绝还款,资本金很快用完,意大利银行被迫宣布破产。银行破产以致无法放款时,国王也撤回了对银行家的优惠条件。之后,国王对曾经施以援手的银行家反咬一口,将他们流放出境,并转而向愿意以更有利条件借款的其他银行贷款。①

可以说,在中世纪,国王和银行家之间的关系,以及他们的关系折射出的半合作、半竞争的文化,对双方而言都是模棱两可的。他们需要对方,同时也惧怕对方。

到中世纪末,国王不再需要到国外贷款。到 15 世纪,史泰博公司(the Company of Staple,垄断英国出口到法国羊毛的商人工会。——译者注)积累了足够多的盈余,以君主明确定下的条件向君主贷款。[159]中世纪末的法国国王有时候必须依靠行政官员来从私人渠道获得私人贷款。有时,英国和法

---

① 意大利银行家清楚他们在有风险的外国环境中经营业务。14 世纪初,佛罗伦萨富于诗情的弗雷斯科巴尔迪家族开设的银行为英国君主的财政提供了支持,家族向派往英国的成员提供了以下与外国客户打交道时要小心谨慎的建议:

勿着亮色,谦逊行事;

大智若愚,谨小慎微。

自由消费,切忌苛刻。

现购现付,礼貌收账,诚恳恳求;

切勿过于好管闲事;

价格好时果断买下,但切勿与宫廷朝臣交易;

顺从有权之人,与同胞友善相待;

早早上门闩。[158]

国国王也向城镇政府、富裕商人和地主借款。[160]①

被迫变卖王室财产

但有时候,滥用借款的特权损坏了君主的信用评级,导致无人愿意借款给国王。如果出现这一情况,国王就会采用孤注一掷的策略——变卖王室土地和典当珠宝,来获取收入。因此,在 14 世纪末,英国国王理查二世继位后不久,就通过变卖王室珠宝,筹得超过 9 000 英镑。15 世纪早期,法国王室信用的瓦解迫使国王将几大串宝石从皇冠上取下,抵押给意大利银行,作为贷款的担保。15 世纪初,英国亨利四世强迫他军队中的指挥官通过典当珠宝或私宅作为国家借款的担保。[162]随着真正的封建主义制度逐渐瓦解,腓力四世想出了紧急时期增加收入的新策略。他将骑士身份公开出售,使出身卑微的富有商人或者暴发户可通过支付一笔费用,从国家那里购买贵族头衔或者掩盖自己的出身背景。[163]但这些增收策略仅仅是权宜之计,因为并没有挖掘到王国内真正的资源。

几乎以上所有列举的收入策略:与城镇居民协商谈判、宣传(征税必要性)、教会财产充公、操控货币、行使征发权、王室借债以及没收财产,仅能暂时解决中世纪国王的收入问题。除设立特许城镇以外,其他增收策略的目的仅仅是临时缓解资金紧缺的压力,而并没有考虑到这些策略对王室收入和经济大局的影响,甚至在有些情况下会带来政治代价。中世纪国王和现代政治家一样采用权宜之计,任何政策都是对当时最可行的方案进行投机评估的结果(这一评估过程不可能还原)。尤其是在英国,直到中世纪后的转型时期,议会还在持续拒绝国王筹措资金的需求,国王所获得的任何收入都源于机缘巧合或者临时政治结盟。

合法征税

尽管英国直到中世纪结束后几个世纪才形成了允许永久征税权的政治气候,中世纪晚期的君主也偶尔获得了征税的法定权力。只要征税仅针对外国人,政治成本就会比较低。13 世纪末,英国议会批准国王对从英国港口出口

---

　　①　新成立的加泰罗尼亚财政管理局存在一种不同的借贷模式。在 12 世纪末期,伯爵们完成了收入征收过程的封建化和商业化,而非仅仅从商人银行家那里借钱。第三方贷款方将未来收入作为担保来放款;而不间断的交易证明了国王的收入远远不足以支付开销。[161]

的羊毛征税，主要是因为在英国的意大利商人垄断了英国向欧洲大陆的羊毛原料出口。这一税种被称为"古老关税"，一开始每袋羊毛仅收 6 先令，但为之后征收羊毛产量价值 25% 的税收奠定了先例。最终，所有从英国出口的商品，无论是通过本土商人还是外国人，都要缴纳关税。古老的关税很容易征收，因为几乎所有羊毛都从英吉利海峡五大港口出口。一直到中世纪末，羊毛出口关税都是羊毛最大产地英国产出最丰厚稳定的"主要财源"。[164]

设置出口税可以通过将负担转移到外国买家那里来获取新兴商业的财富。法国规定，所有运出国的货物都必须购买执照。[165] 中世纪末期的国王有时也会获得临时权力，对本国人民不断增长的贸易收入征税。有时候，男爵议会（baronial council）会批准英国国王征补助税（lay subsidy，一种税额较小的收入与个人财产的直接税）的权力。与古代的财产税或者早些时候的实物封建收入不同，补助税是潜在的有弹性的收入来源，因为补助税的税基价值通常仅仅稍微落后于物价水平的变动。补助税从来都不是主要的收入来源，因为税率比较低，通常占到须纳税公民个人财产的 1/13、1/15，最多 1/10；财产也不会全部纳入评估，也不会以全部财产价值计入。补助税依然是个很有趣的税种，因为即便是在几百年前的中世纪，在税收评估和征收中就秉承了公平的原则，在当时是史无先例的。

由于国王必须为征税而讨价还价，他不能向那些投票批准这一税种的人索取太多，或者把税负转嫁到这类人群身上，因此贵族得以部分免税。穷人也一样：财产很少或者没有财产的人也不用交补助税。这一规定可能源于对臣民缺乏支付能力的实用主义评估，甚至是将他们的福利纳入考量。无论规定的出发点为何，税负最终落在了那些从经济增长中获益的人群——商人、拥有土地的士绅以及有财产的平民身上。[166]

英国国王没有成功地将对商业财富的直接税制度化；每种补贴税都会在有限的时间内颁布，缓冲紧急情况，然后终止。法国统治者无须征税。到 14 世纪末，法国确立了国王有权从其王国中除贵族之外的所有人那里收取常规税的权力。这被称为租税（taille），是累进式的税种，其实质类似于古代的壁炉税或人头税。每年，国王的代理人都向其辖域内的每个人或家庭收取固定费用。无论他的财富有多丰富，资源多么有限，没有人可以免税。租税富有成效；到 15 世纪中叶，它占法国皇家收入的大约 2/3，在 15 世纪末占到近 85%。[167]

13—14 世纪，在意大利北部的某些城市，商业财产的直接税收为米兰、锡耶纳（Sienna）、佩鲁贾、佛罗伦萨和卢卡等市政府提供了可观的收入。这些直接税值得研究：在中世纪的欧洲人没有其他政府系统地平衡支出与资源的时候，意大利的城镇正试图通过对商业财富征税来筹资。

为弥补前一年城镇财政中的赤字而征收的财产税，事后来看似乎符合预算的特征。像补贴税一样，由于迫切需要资金，所以不定期收取直接税（称为"dazio"或"libra"）。在支出巨大的城镇之间的战争中，一个城镇可能会在一年内多次征收直接税。有时候，两次征收之间可能间隔 3～5 年或更长时间。如果出现赤字或即将出现赤字，则由城中的长老确定他们需要多少，然后通过在需纳税公民间按比例分配来筹措资金。每个人所占的比例等于其财产在集体总评估财富中所占的比例。不像古代的人头税或法国的租税从所有人身上征收相同的金额，意大利城镇的这种直接税体现了公平。在宣布开始征收新的直接税宣言的前言中，锡耶纳的长老阐明了征税的原则。他们的声明表达了对"将在公民中保持更大平等"的关切，并非空洞之辞。每位公民须按比例共同分担税负。穷人不交任何税，富人交了很多税。[168]如果一个人支付了超出其应得的税收份额，他就可以进入上诉程序，要求减少其税收负担。①

财产估值决定了直接税的应税额。不同城镇应缴财产税数额不同，就算在同一城镇之中，不同关税的应缴数额也不同——市民们缴纳一部分个人财

---

① 中世纪将公正视为公平的概念侧重于机会均等，这是在个人主义政治文化中最常发现的一种价值。如今，在工业早期的社会民主政治文化中，出现了两种均等主义思想，即收入再分配思想，以及后来很晚在工业化早期社会民主主义政治文化中出现的通过对收入征税来限制消费的思想。然而，再分配是中世纪生活中一个永远存在的部分。再分配的模式既反映了个人主义元素，又反映了阶层元素。宗教学说给慈善行为披上了圣衣。人们期望有盈余的人与众多穷人分享财富。在一个以社会各个层面充斥着暴力为特征的世界中，确保一个人通过天国之门是一项艰巨的任务。有钱人为寻求灵魂的安息，向教堂捐赠了土地，捐建了教堂和修道院。对教堂或修道院的大笔捐款可能要以宗教阶层对捐赠者继承人的支持为条件（实际上，这相当于当代的人寿保险或社会保障）。在中世纪晚期的英格兰，有钱人向教堂捐款，要求教堂在自己或特定人士去世后举行弥撒和祈祷仪式。还有一些贵族会捐赠资金，向穷人布施救济金（也期待穷人会为捐赠者的灵魂祈祷）。其他人则留出钱来为贫民们买新衣服，让他们参加葬礼游行队伍。教会负责慈善捐赠的管理。就像现代慈善事业的目的是获得税收优惠，这种重新分配的动机主要是个人利益。[169]

产的可见项价值,或当地房产,有时是无形资产,如贷款和合同。正如应税财产价值不等一样,应税额也不同。不同情况下,根据需求紧急程度不同,直接税率从最低佛罗伦萨的 2% 到最高锡耶纳的 20%,平均税率在 5%～6%。[170] 税率不同,税款收入也不同。以较高税率征收关税时,收入将会非常可观。[171] 因此,1289 年,佛罗伦萨市镇税收收入达 71 000 里拉(lire,意大利货币单位),为应税基数 1 152 000 里拉的 6%。[172] 一名学者估计,直接税在 13 世纪后半叶为城镇贡献了大约一半的收入。[173]

为了提升效率,基于财产价值的税收需要一个复杂的组织能力来确定每个人应该缴纳多少税。市镇政府缺乏维护财产所有权记录的行政能力和技术手段;因此之后在每种关税开始征收前,都需要开展新的财产调查和评估。

衡量财产价值的程序多种多样,既有简单程序,也有复杂的程序。衡量评估结果可通过邻居和几位村庄长老的评估结果的平均数获得①;也可通过昂贵而复杂的财产调查获得。一些市镇为了简化行政流程,采用零基法(zero-base technique)。例如皮斯托亚镇(Pistoia)在每次开始新一轮财产调查评估前,会采用有效的政治手段——烧毁旧有的税务登记资料。[175] 其他城镇如锡耶纳、卢卡、佛罗伦萨和普拉多(Prado),短暂试验过财产永久登记制度,但后来因为财产易主后继续登记过于困难而放弃。[176] 13—14 世纪政府的组织能力较为有限,就算是在政治稳定的情况下,市镇政府要维护全面的财产记录也很困难。行政能力低下,加上政治不稳定和价格波动,让市镇政府不可能维护账本记录。

财产评估的困难最终导致市镇政府放弃直接征收收入和财产税。但随着时间流逝,这些税种的有效性也下降了。由于缴税属于自愿行为,且纳税人的应缴税额仅由自身估算决定,这一税种很容易被成功逃税。纳税人可将动产藏在缴税区之外,或将当地的房地产捐给修道院,以便在保留土地使用权的同时,可以免于缴土地税。市镇政府则以罚款和监禁相威胁,给逃税行为形成一

---

① 13 世纪中叶佛罗伦萨使用的程序阐释了公正规范如何应用于行政。在城市的每个区域,5 名男子被选为财产评估师。每个人都基于对居民财富的个人了解,对所有居民财产的价值做出独立判断。排除了对每个公民的最高和最低评估分数,对评分中间三者取平均值以确定每位公民的财产评估价值,然后按指定税率征税。如今,一些国际体育比赛的评判方法也与此类似。[174]

定的震慑力；有时候，政府怀疑宗教团体与逃税者私下串通时，也会胁迫宗教团体提交审计报告。[177] 14 世纪，佛罗伦萨法律强制要求商人提交损益表以及直接税纳税申报表。[178] 就算是在更小、更民主、政治生活基于市民许可的城镇，如果政府要求居民从口袋中掏钱交税的次数过多，就算是慷慨仁慈的政府，也会逐渐被人民疏远。平等主义的政权在征税上鲜有放松。无论是在中世纪城镇处于萌芽阶段的北欧国家，还是现代美国的城市和各大州，直接税由于透明度较高，使得这一税种极其不受欢迎，政治代价也较高。到 14 世纪中期，直接税占市镇政府收入的比例降到了 15％～20％。[179]

市镇政府利用间接税收弥补这一缺口。从 13 世纪晚期开始，市镇政府针对集市交易开始征收一系列复杂的税种。这些新增的税种，也被称为盐务税（gabelles），在任意商品或服务生产和销售的任意阶段征收。市镇政府没有放过任何一个地方；当时一名评论家指出，政府"除了空气和水以外，所有东西都要征税"[180]。盐务税的范围涵盖了现代的关税、消费税、销售税、增值税、奢侈品税，兼收并蓄，体现了在商业环境下财政的实用主义精神。由于市镇生活几乎完全依靠进口商品，间接税相当于向全部人口征收，且无法避税。间接税的征收对象有通过海运或城门的进口商品，食品与衣物的生产与销售，士兵和市镇官员的工资，以及履行服务等。（就工资和履行服务征税这两项，盐务税相当于收入的直接税。）相比直接税来说，盐务税转向税收归宿（tax incidence）下降；向盐、谷物、面包、肉和酒等主要食品类别征收的关税效果很好，随着时间推移，税率也在上调。[181] 佛罗伦萨酒的盐务税是一个典型案例：最早在 13 世纪末按照销售价格的 6％征收；到 14 世纪中期，这一税率上涨到 50％；之后，税率在市价的 40％～66％间浮动。[182]

包税人的个人利益由想尽办法获取较高的税收收入来维系，而市镇政府依靠包税人来收取为数繁多的间接税（13 世纪中期佛罗伦萨共有 34 种[183]）。税款包征这一做法提升了收入的确定性，包税人提前支付一定费用时，市镇政府就拥有了确定的收入。收入还可进行系统化分配，用以偿还政府债务。后者在威尼斯十分普遍，政府时常向市民借钱，征收上来的盐务税会被用于贷款的分期偿还。12 世纪末，威尼斯将市场交易所摊位租金和几种盐务税的收入用于偿还 4 万里尔的贷款。[184] 14 世纪中期，佛罗伦萨的管理委员会则走向了相反的极端;佛罗伦萨似乎加入了"一月一税俱乐部":佛罗伦萨用 1336 年 7 月的城门盐务税收入支付了战争的开销;10 月使用盐垄断税,12 月使用红酒销售税。[185]

销售税拥有固定的扣除通货膨胀因素的价格指数,随着市场价下跌,从人民处征税额也下降了,但是 14 世纪末的各种各样的盐务税使人民负担加重,引起了越来越大的民愤。随着富人成功避税,穷人肩上的负担越来越重。举例来说,富裕的佛罗伦萨商人在城外建起了永久定居点来避税;市镇政府则通过将城墙边界向乡村地区外扩,来把城墙外 3 000 步的疆域都囊括进来。[186]

当缺乏共识时,用征税弥补财政亏空充其量只能算是防守的政策。14 世纪末,在欧洲商贸发达地区和意大利,封建制度的社会稳定特性逐渐消失,社会动荡逐步加剧。黑死病导致欧洲 1/3 的人口死亡,带来的一个重大后果就是经济萧条。[187]工资下降、价格上涨和失业对穷人生活的影响是最严重的。平民和城市工人不再像他们的祖先一样,从远古以来就逆来顺受地接受命运的安排,而是预见未来,试图应对环境的变化,从而改变现有的境遇。正如如今一样,当穷人受到引导,对政府有了更多的期望,不满的情绪就会招致抗议。佛罗伦萨、卢卡和佛兰德斯的市镇都出现了抗税暴动,法国和英国政府在试图提高穷人税收时也引起了平民的反抗。[188]1381 年,英国平民起义通过援引传统来使他们的需求合法化。平民抗议政府征收人头税,征税额一刀切,不考虑百姓的收入水平,起义平民要求"除征收 1/15 的税收之外,不得征收新税,因为只有这 1/15 的税收是(我们的)父辈和祖先所知且接受的"[189]。税收归宿的新规范标准逐渐演变成意识形态上的工具,证明了征税权力共享范围扩大是正当的。只要男爵和国王之间的谈判为大家所接受,其他社会群体也可利用同样的原则为己所用,只要他们同时坚持宣称新近获得的权益是自古以来就有的,就可以做到。

中世纪末失去征税权后,英国国王重新开始应用动员资源的间接手段。15 世纪,他们向伦敦商人强制贷款,为了在无须征得议会同意的情况下维持君主制的正常运转,国王们采用了农业自给自足的策略。为了提升王室的收入,国王们试图提升皇家地产的收入①;15 世纪中期,爱德华四世向众议院承诺,"我打算自食其力"[190]。

公共贷款

在中世纪晚期政府采用的所有收入策略中,最具创新性的收入策略并不属于这一章节的时代,因为这一策略的特性较为现代。意大利北部市镇政府收入部分靠贷款,并将还款和贷款管理得井井有条,这一做法是未来的先兆。遇到诸如饥荒和战争的紧急情况时,富人在罚款的威胁下,被迫向市镇政府提供一定数额的短期贷款。[191]为了在民众中进行强制借款的分配,市镇政府遵循与评估直接税同样的准则和程序:一个人的贷款份额与他的财产价值成正比。14 世纪,市镇政府在收入紧缺时频繁向市民借款;拥有盈余资金的富人对于向市镇贷款十分满意,因为市镇政府保证归还本金加 10%～60%的利息。[192]同时,从 12 世纪晚期开始,市镇政府利用了一种巧妙的长期借款的方法,绕过了教会的利息禁令。以保证市民土地所有权作为抵押,市镇政府领袖向市民长期借款,期限不定,以借款人的有生之年为借款期限。市镇政府不会在借款期间支付利息,而是归还本金加一定数额的"租金",且这笔贷款在贷款人去世时或他的继承人去世时归还。由于教会将本金基础上增加的数额视为人身保险,这一伪装成租金的利息得以逃过神职人员的审查。[193]

为了更好地进行还款安排,市镇政府通过复式记账法记账。[194]一些政府则指定了专门的代理人,对贷款人进行记录;还有一些政府则悬赏知情人举报冒充贷款人要求还款的行为,来打击冒充者。[195]通常来说,市镇政府的盐务税收入会被专门用于还款。[196]借款和规划还款的需求,使市镇政府参与到未来导向的活动中,预示了一段时间之后出现的固定债务和公积金预算(consolidated-fund budget)。最早在 13 世纪时,人们可以成功改造身边环境的现代观念就已经在市镇财政管理手段上得到体现。意大利北部的市镇财政机构与英法两国封建君主制原始的收入系统相比,领先了至少 500 年,因此这些创

---

① 提高农业生产率是一项前瞻性的举措,预示着现代理性概念的出现。到了 15 世纪,大多数土地所有者(包括国王在内)对新耕作技术和地产管理的改良方法感兴趣。(这种技术是从 12 世纪开始在修道院的地产上发展起来的。)一旦封建制度消亡,土地所有者可以直接将之前用在战争上的钱财,用于改善所有地产的管理。

新可谓成就非凡。事实上,这些市镇的社会结构更接近工业革命时期资本主义中的个体竞争,而非封建君主制的集体主义。

财政控制:中世纪行政结构与国王的穷困经济状况

中世纪的人民明白财政管理对国家的繁荣发展和综合实力非常关键。一名 12 世纪的英国政治理论家索尔斯堡的约翰(John of Salisbury)用有机体做比喻,称国家的"财政大臣和金融专家"就好像是人体的肠胃,"如果肠胃因暴饮暴食而堵塞,导致严重便秘,就会引起各种各样无法治愈的疾病,使身体受损"[197]。然而,理解财政管理中的诸多问题,不代表就可以解决问题。尽管中世纪的国王可能已经意识到了他们面临的严重问题,但他们也不知道该做什么,或者即使他们知道该做什么,也无法做更多的事情。

中世纪晚期国王的穷困不仅是因为封建制度衰落导致国王无法调动资源,而且有封建体制用以征收和支出国王收入的机构性质的原因。正如王国的真实财富和君主可以征税的财富之间存在差距一样,机构也面临短缺的窘境。由于财政和行政机构无法满足不断增长的需求,中世纪晚期的政府甚至无法有效利用已有的资源,他们使用的策略相对极其有限的技术和行政资源而言,过于繁复细致。惯例存在时,程序会变得更加正式、更加死板;惯例不存在时,国库中的每一笔交易都需要行政人员关照。行政机构征收、计算和支出收入的过程中常年缺乏连贯性,正是这些临时起意的资源利用方式导致的。

在组织结构以及收入类型方面,中世纪早期的财政行政机构与古代帝国有显著的相似之处。一开始是简单地由收税员(collector)和收款员(receiver)构成的两层结构,中世纪末期,政府财政组织逐渐演变成一整套由各种相互重叠的部门和行政官员拼凑而成的混合体,包括收税员、收款员、审计员、监督员(supervisor)和审裁员(adjudicator)。这些岗位职权范围有所重复,工作任务相互重叠。不同的时代,私人代理人(作为收税员服务国家的封建官员或外国银行家)以及公职人员(在刚刚成立的君主制官僚机构中领薪的行政人员)负责管理财政系统。

行政系统与收入来源一样,都在不断地变化。11世纪末到12世纪(时代背景相对较为稳定),由复杂程序和众多官员和书记员组成的完备组织机构取代了之前由国王少数仆从组成的非正式管理。一开始,中世纪的国库在中央和地方层面上由业余人士管理,到后来,职位较高的国库工作人员高度职业化。尽管随着外部环境变化,固定程序使得记录更新更加困难,如有需要,负责财政运营的官员在行政事务的处理上,可以与寻找收入新来源一样灵活。中世纪晚期将程序改造得更为零碎化,主要是为了简化控制和分配资金的方式,但对于更为现代的个人所得税来说,众多小变化带来的聚合效应使系统比以前更为复杂和不协调。中世纪政权本来理想中是层级鲜明的,但最终结果并非如此。

一名当时的评论员菲茨尼格(FitzNigel)就政府财政行政机构点评道:"国库在哪里,陛下的心就在哪里。"[198]正如古代帝国一样,中世纪早期的国库可以等同于国王的私人宫廷。封建国王将他们的财富藏在寝宫或是帐篷中。一名侍从(后来被称为宫廷大臣的私人仆从)负责守卫国王和他的财宝。这名宫廷大臣受国王委托掌管国王的金库,依照国王的指令赏赐礼物,或接受任何国王臣民的贡品。[199]

在权力结构的最顶端,中世纪早期的行政机构规模较小,属于私有性质。因此,中世纪君主的私人财政和国家财政之间的正式区分并未出现,但王室的私人开销和政府的其他花费之间的行政区分逐渐出现。这一区分伴随着从财政金融行政管理到更加细分化的行政管理模式的转变而出现。

这一转变并非线性,也并非同质化;英法两国的转变方式也有所不同。狭义的行政机构视同技术工具,中世纪政府在不同时期采用的种类丰富多样的工具,反映了国王和顾问们处理财政难题的投机主义精神。在政府形成行政能力之前,私人代理人代理了国家国库的职能。在14世纪早期法国美男子国王腓力四世建立财政署(Chambre des comptes,即法国中世纪的财政部)之前,圣殿骑士团的巴黎分支机构是唯一负责接收和分配王室收入的中央机构。整个中世纪,不同的个人和私有机构——从地方郡守到意大利的银行家——都担任过政府的收税官。

行政组织的变化反映了当时人们对于为政府工作的人员与政府之间关系

的理解。当国王仅仅是许多当地封建领主中的一员时,他的代理人就是他的好友和战友、封臣以及私人仆从。尽管中世纪国王依旧会选择任命他的朋友担任顾问一职,财政管理私有化的程度也在下降。尽管由于他们之间私人效忠的成分依旧存在,政府和效力政府的个体之间的关系还不是现代公职人员和国家之间的合同关系,现代的职业观念逐渐开始出现。

到 14 世纪,经过培训的领薪人员开始担任行政官员;中世纪之后的过渡时期典型的组织架构也开始出现。在组织架构最上层,英法两国的财政管理非常相似:在两国,简单的财政管理逐渐进化成中央国家的财政机构,领薪的专业人员负责收入和审计常规收入,并支付国王的账单。[200]

行政官员的社会背景是中世纪晚期英法两国的中央财政管理之间的主要不同点。自 12 世纪始,英国财政部的高级官员都是贵族——主教或宫廷世俗男爵,均从"王国疆域内最重要最审慎的臣民中"[201]选出。而腓力四世则选择中级骑士进入卢浮宫内新成立的中央财政署工作,没有选择神职人员。这些"普通"的中级骑士受过良好教育以及法律和会计学的良好训练,个人资源有限,不好高骛远。

与英国的行政官员不同,14 世纪法国的行政官员并没有被 12 世纪国库效率低下的财政实践方式限制住。法国财政署建立之初,他们采用了最新的管理方式:随着经验逐渐丰富,效率也逐渐提升。与所有专业公职人员相同的是,国王支付的薪酬仅是职位奖励的一部分,而那些非物质的好处——工作顺利完成后的满足感,以及靠近权力核心等,都是极为丰厚的报酬。[202]

由于在中世纪大多数时期,地方税务征收仍然由私人代理人负责,政府公职职业化仅存在于权力结构顶层。尽管英法两国的地方官员职位不同,他们的职责较为类似。盎格鲁-诺曼语中的郡守和法语中的"prévôt"(行政官吏或司法官吏的头衔)都是界定模糊随时代而变的官职统称。7 世纪和 8 世纪,地主的庄园管家以及自由耕种平民就是地方行政官员。[203]作为小型私有政府的代理人,他们负责裁决争端,在领主的土地上进行劳务分配和监督,征收封建实物赋税,并确保领主回到庄园时一切都已准备就绪。9 世纪在法国,一定任期内的管家一职可出售给出价最高者。随着封建主义的逐渐发展,地方官职逐渐变成世袭财产,在英国由贵族世袭,在法国由出身更低的人世袭。[204]

由于中央政府近乎缺失,控制力较弱,因此地方官员的角色与收税官的角色较为类似。无论这些职位是购买来的还是世袭得来,地方代理人都会保留司法收入或国王土地的封建税赋收入的一部分,可能是 1/3 或更多。[205]包税缺乏来自中央机构的监督,滥用权力的空间很大;贪婪的代理人甚至可能从国王的佃户那里征收超过应缴税赋数额的税收,并通过保留盈余让自己暴富。[206]一名著名的中世纪研究学者这样推断代理人的贪婪之举:"这名可憎的乡村暴君……到底从农奴身上剥削了多少税收和劳役;从他们的禽舍中……掳走了多少只鸡;从他们的酒窖中……抢走了多少桶酒;或是从他们的仓库中……抢走了多少培根;强迫他们的妻子织多少布。"12 世纪服务法国国王的主教阿贝·苏格(Abbé Suger)提出以下谏言时,肯定也反映了当时的民情:"一处交给管家的庄园就与失去的庄园没有什么两样。"[207]

为了减少地方收税官的贪婪行径,12 世纪中期,法国国王在地方行政的基础上,增加了中间监督层。国王从巴黎派出领薪的官员(在北部被称为 bailiff,在南部被称为 seneschals)作为国王在行省督查行政官吏的代表。正如中国汉朝四处巡视的督查公职人员一样,这些官员也通过不断现身,建立了在地方行政官吏之上的权威,这样就能减少一些滥用权力的行为。

随着王国版图越来越大,中央政府的常驻代表逐渐取代了四处巡视的督察员。13 世纪中期,一名常驻的督察员在每处辖区(行政片区单位)任职 3～5 年。[208]这些区镇地方长官的地位在行政官吏之下,为行省的行政管理带来了稳定性,因此也对法兰西的统一做出了贡献。区镇地方长官拥有对军事、司法和财政的管辖权,通过在服务的区域施行相同的政策,他们也促进了新式行政观念的传播。这些管家和区镇地方长官将法国北部和南部的法律和行政措施带回了中央,且同质化现象逐渐出现。[209]这些官员从一处行政辖区到另一处,逐渐创造了使国不同行省统一成一个国家的统一行政基础。

在英国,中世纪晚期的地方财政行政管理基础,是 12 世纪亨利二世重申任命和罢免地方长官的权力时奠定下的。亨利二世选择比男爵更好控制的中层骑士担任地方行政长官,而没有选择从撒克逊时期就担任行政长官的贵族。由于这些新人可能没有足够的财力来完成工作,亨利二世为他们预留了支出预算。每 6 个月,郡守会将收据交回国库,他们可以报销超过支出预算的合理花销。

由于庄园收入占政府收入的比重越来越低,因此郡守(仅从王室土地征收庄园税收,等于封建惯例税收)的地位也越来越不重要。随着 12 世纪后新收入渠道的增加,评估和征税的工作逐渐由其他组织职位承担。无论这一职位由神职人员抑或由普通民众承担,大部分职位都没有报酬。12 世纪后,代替郡守行使评估职能的委员是家底丰厚的地方名流,他们拥有足够的财富来支持公职所需的花费,每 6 个月无论税收是否征收完成,都要将资金上缴国库。(现实中,后者的义务很少实现。)英国唯一的领薪全职地方财政官员是管理充公产业的官员(escheator),负责管理王室名下的土地(且在找到新的封建佃户之前都行使这一职位的职责)。12 世纪晚期之后,在每一个港口,国王都任命了领薪的官员以管理关税——称重官、收税官、审计官、走私品搜查官和督查官。[210]商人答应承担征税工作,以作为换取国王颁布城镇特许状的条件之一,国王依靠这些商人来完成征税的工作;后来,公会承担了这一任务。

在地方主义盛行的年代,英国郡守与法国的行政官吏都可以滥用权力,但不会持久。如果国王在王国巡视期间听到了民众的怨言,他会派一名品行更为正直的官员来替代腐败的官员。除了这一种方式之外,国库也有一整套正式的流程来检查地方代理人。这一流程被称为审计,自 12 世纪后每年都会举行两次。

中世纪财政内控制度:审计

面对选择官员履行其意愿的问题时,国王会选择他认识的人,他们的反应是可预测的,国王也会重视他们的判断。举例来说,在一份 12 世纪的文件中,提到了"从事……国王秘密事务……的忠诚和亲密的臣民,由他指挥皇家会议和国王的事务"[211]。但是国王选择的人越多,这些人距离越远,国王的任务就越困难。

国王选择的重要性与中世纪制度的规模直接相关。随着国王要治理的领土不断增加,通过不间断旅行进行个人控制实际上变得不可能。规模也是官员人数的函数。当官僚机构的层级成倍增加时,信任就成为最重要的选择标准，不仅对于那些在国王附近服务的人，而且对于随后的层级较低的人员也是如此。

在政府的所有事务中，尤其是在财政方面，一个人必须是可信任的。阿贝·苏格十分简洁地归纳了问题。他建议法国国王："没有比不经过深思熟虑而更换政府人员更危险的事了。那些被解雇的人会尽其所能偷钱，而那些继任者会十分害怕遭遇他们的前任同样的下场，因而不会浪费任何时间，马上去偷一大笔钱。"[212]包括司库、顾问、法官和审计师在内的高级职位，首先是由高级牧师或贵族担任，他们受过良好的教育，因为这些人拥有丰富的个人财富，因此似乎值得信任；但是，就像在古代帝国中一样，控制当地财政官员并不是一件容易的事。如果官员出身贫困，贪污出于必要；如果官员出身富有，贪污则出于贪婪。

古代政府通常使用旨在创建信息流动和控制平行渠道的间谍网络来处理信任问题。考底利耶对智者国王的话阐释了这种方法。"用荣誉和金钱报酬……鼓励了……间谍之后，应告诉他……'你要告诉我们你在别人身上发现的任何邪恶的事情'。"[213]在中世纪专制统治的拜占庭，皇帝通过买断国家官员来减少国库的消耗。通过向头衔和官职持有人提供大量的衣食津贴，无论是否需要官职，都支付高昂的薪水，皇帝在试图劝这些官员不要贪污。① 由于财政官员的职责繁重，经常要抵御偷钱的诱惑，他们的薪酬是最高的。[215]尽管中世纪欧洲的政府缺乏贿赂的资源，而且缺乏情报间谍工作所需的自制能力，但是仍然具备一些替代信任的有效工具。

与古代君主制通过恐吓进行的严厉控制方法相比，中世纪的审计是一种更有效的威慑手段。

审计的存在本身就容易营造相对诚实的氛围。从思想史的长远角度来

---

① 10世纪中叶，来自简朴的神圣罗马帝国宫廷的留德普兰（Liudprand）担任驻拜占庭大使，他似乎对拜占庭官员的财富惊叹不已："前一周……圣枝主日（Palm Sunday）那一天，皇帝派发了……薪水。我应邀参加了典礼，有人认为我可能对这感兴趣。事情发生如下：一张长十肘、宽四肘的大桌子上堆满了金袋。每个……上的徽章表明了主人的身份。皇帝开始点名……根据他们的职务等级顺序，他们被陆续召集上前……（每个人）收到的大量礼赠是如此之丰厚，以至于他们无法将它扛在肩上。他们奋力地在随从的协助下将货物拖到身后。据我观察，皇帝点到了一大群人的名字……每个人都……按照他的职务等级收到了赠礼。与此同时，仪式并未在一天内结束。从圣枝主日当周的第五天开始，典礼从1点到4点，然后在当周的第六天第七天重复进行。"[214]

看,中世纪审计是一个概念再造的例子;在许多方面它与古典雅典的国库审计类似。从现代社会科学的角度来看,审计可以被看作是一个行政机构。某种制度出现的社会环境会影响其潜在动力的表现形式。当狭义地将审计视为行政创新或技术手段时,这一程序在 11—13 世纪的中世纪欧洲各个地方的出现表明了技术传播的过程。①

综合来说,古代雅典的审计和中世纪的审计都是一种仪式,是统治者合法性的象征性代表。两者都有相同的目的:控制政府的官员。两者都是针对个体的,代表着该个体具备正直品格和职位所需能力的宣言。这些政府通过要求财政官员发表公开声明,对收入和支出进行汇总(在任期内或任期结束时),可以检查官员的作为,阻止他们做错事,从而在财政管理中营造诚实氛围。

但是,雅典人的审计是由公民控制最高层。由于雅典法律认为财政收入属于公共财产,因此首席财政官在任期结束时,须面对人群公开宣布自己诚实管理公共资金。审计首次出现在 11 世纪后期的北欧,当时还没有公共政府的概念。由于封建制度下的政府规模小,属于个人和私人性质,中世纪的审计由中间集团控制下层行政级别,以满足上层利益。首次采用审计时,每个地区的世袭代理人(而非包税人)都会在国王的土地上征收封建纳贡(feudal dues)。封建君主利用审计来防止其财产被盗,与古代帝国一样,而在古代帝国,君主的个人财产就是国家财产。与古典雅典不同,在整个中世纪,政府高层没有财务控制权。强迫国王考虑其支出不符合中世纪的君主专制观念。对政府和在政府中实行问责制的想法是片面的;它仅适用于地方上的征税官和收入——这些收入既来自国王的土地,也来自司法的利润(臣民为破坏国王的和平而支付的罚款)。[217]直到 15 世纪,政府高层的财政责任制概念才短暂出现,然后

---

① 诺曼底人在英格兰及欧洲大陆的领地上进行了审计。13 世纪后,法兰德斯伯爵也开展了类似的审计程序。在 12 世纪的最后 10 年(1190—1194 年),法国进行了审计,10 年后审计制度建立完成。12 世纪末期(1178—1180 年)开始,加泰罗尼亚的伯爵进行了定期审计。遗存至今的加泰罗尼亚庄园收据记录,以及由执行官替伯爵代扣的支出扣除额,更像是古典雅典的国库记录,而不是北欧审计报告的遗存的摘要文件。庄园记账在每个执行官辖区(bailiwick)不定期进行;调查结果以段落形式列出。一位学者推测,这些分散的审查可能代表了审计发展的早期阶段。但是,即使在审查集中的地方,程序也确实有所不同。法国财政部的秘书对收款和支出进行了系统的记录,但据我们所知,他们没有签发木质符木作为付款收据。[216]

又消失了。对财政的有效控制制度化首先在英格兰出现，议会让国王对其支出负责的斗争持续了几个世纪。

尽管中世纪的审计仪式包含古代的元素，但没人知道这些元素如何传到北欧或如何组合。我们有充分的理由相信，中世纪的人们重新发明了审计，将复活的个人责任观念与古老的地籍调查实践相结合，地籍调查在加洛林时代（10世纪）偶然进行。中世纪审计师的计算是使用算盘进行的，算盘是法老时代以来抄写员所使用的工具。也许是诺曼人在10世纪入侵地中海地区之后，将算盘从西西里岛带到了北欧。

中世纪审计的又一个最重要的工具是符木收据。[218]尽管在10世纪也曾在中国使用，[219]并且可能由贸易商带到欧洲，但我们无法找到两者之间的联系。因此，我们认为它在11世纪之后在欧洲得到了广泛使用，这仍然是概念上进行重新发明的又一个例子。

中世纪审计还包括几个原始组成部分：从概念和技术角度，它综合了新旧元素。平衡的理念——即收支之间应该存在粗略的对应关系——并不是雅典仪式的一部分，这可能是因为古老的会计技术还无法做这种比较。雅典时代的仪式是对用钱者的一种审计，在那个时代，雅典德拉克马（雅典货币）是古代世界的硬通货。由于中世纪的国库可能会收到许多价值大幅波动的货币，并且由于中世纪的人具有内在价值的概念，因此对于中世纪国王的审计师来说，通过抽样和测定来确定以硬币支付的税金的金属含量非常重要。[220]审计员从每个收款人的汇款中随机选择了几枚硬币；如果抽样的样本看起来已经贬值了，则审计员将整笔付款的所有银币熔化以进行分析。如果汇款中的银含量低于现行标准，则必须由收税人来弥补赤字。

中世纪对审计的主要贡献是司法上的贡献。每当中世纪的政府在诺曼底、英格兰、佛兰德斯、加泰罗尼亚或法国进行审计时，都会由一部分选定的贵族组成的委员会参加会议，来裁决收集者和接收者之间可能发生的纠纷。如果可以证明差异存在，则司法委员会会确定需要采取哪些制裁措施。

在中世纪的审计中最著名的是英国财政部的仪式。丰富的史料对此进行了详细描述。① 至少有一部分过程具有益格鲁-撒克逊人的起源：一种完善的皇家地产收入的会计体系在诺曼底征服时就已存在。负责征收王室土地封建税的地方收税官须一年两次向国王听政的朝廷报到，无论朝廷在哪里。每位收税官需上交他收到的税款，并就支出做解释。所有郡守将轮流面见审计团。郡守会站在一张由黑布覆盖的画有方格的桌子前上交税款。审计官清点税款，并将收入总额和郡守提出待扣除的支出总额与国库上次审计的财政记录进行比对，来判断收税官的支出数额是否合理，以及算出收税官的欠款总额。欠款总额将在税务署计数板（Exchequer board，即方格表当时的称谓）的方格中以计数筹码（counter）表示，从中减去已缴纳的税金。然后总数将与郡守上一次审计中提交的总数做比较；如果两者大致相当，郡守会收到一个有刻痕的符木作为永久收据（permanent receipt）。一位财政历史学家这样描述审计过程，将半年度审计比作一场比赛（/棋局）：

> 现在"比赛"开始。司库……询问郡守是否准备好报账，郡守给予肯定的回答，并在报出的首个事项时立即受到挑战。继而人群中会出现一阵骚动。记账员接着翻开过去几年的账簿进行比对，财政大臣的侍从继而将卷封的银币、计数符木（counter-tallies）②和代表会计师在国库资质的特许状放在一起。然后计数员起立，准备在宣读大卷轴内容时，开始移动相应物品来进行比赛。
>
> 郡守宣读郡中每个包税区（farm）单独账目汇总的总数时，计数

---

① 与以前相比，有大量的原始资料可供研究中世纪后期的政府财政。大量的资料来源至少是中世纪记录保存技术的部分成果。与埃及、巴比伦和罗马的抄写员所用的纸莎草纸、黏土或蜡片不同，中世纪的办事员在由薄animal物皮制成的羊皮纸上书写。羊皮纸经过适当鞣制和准备后，可提供坚固耐用的书写表面。有大量关于中世纪行政管理的文献，由于中世纪政府的任务是有限的，因此财政管理研究是其中的重要部分。财政部审计的主要来源是"财政部对话"（Dialogus de Scaccario），这是对 12 世纪财政部运作的令人愉快的讨论，由"亨利二世统治期间经验丰富的官方财政官"伦敦主教理查德·菲茨尼格（Richard FitzNigel）以教理主义的形式撰写。[221]

② 中世纪的符木长 7 寸或 8 寸，由一个记号分为不等长的两部分。专门的国库员会在符木的两边切下凹痕，这是在使用标准化的方法来表示每个郡守支付给国库的数额。每个郡守的交易都结束时，符木切割员（tally cutters）会将符木分割为两部分。每个符木较长的那一部分（被称为 countertally 或 counterfoil）将保存在国库中。较小的那一份（被称为 foil）将给与郡守，作为收据。英国君主的收入办事员一直在不断地完善符木的设计，直到 1832 年为止。财政系统的第一原则就是墨守成规。而现代英语中"counterfoil"一词的用法却反映了专业用语的含义随时代而演变。在现代银行术语中，"counterfoil"可以指代收据或支票存根，中世纪指代收据的"foil"一词已不再使用。

员……在相应的栏目中将相应数量的硬币或计数筹码放好。然后,计数员在这些虚拟财富同一栏下方的方格中,将贷方的硬币和计数筹码堆成小堆放好。一切就绪后,每一便士减去每一便士,每一先令减去每一先令,每一英镑减去每一英镑,直到借贷两边的相应计数筹码都被用光。然后,除非会计师发现账目收支相等(quit)①,郡守或国库两边的剩余金额即为相应各方的盈余或赤字,随即须填补赤字或保留盈余……

与此同时,郡守仆从持有的符木将与财政署(Exchequer)中留存的收据(foil)进行比对,用来防伪。如有发现仿冒的痕迹或瑕疵,即便是刀不小心刻了一道痕迹,郡守也将陷入麻烦,除非郡守能证明这一欺诈行为是他的代理人或律师所为,他将被交给将军,被军队拘留起来……

这一比赛进程缓慢,成堆的银子、金子和金属计数筹、木棍和纸卷,被人调拨、前移、从计数板上拿下……直到包税区的账目结清为止……至少 6 个月之后,整个过程又会重来一遍。[222]

这一审计过程貌似是有效的控制手段,因为它创造了一种有益的合规氛围。尽管财政署对于管理不善或挪用公款的处罚手段十分有限,仅限于小额罚款,或最多短期监禁——但这些威慑手段貌似已经将侵吞公款的现象维持在最低水平。12 世纪中期之后,随着郡守任期由每年一次的任命决定,盎格鲁-诺曼王朝的郡守会征收应缴税额的税款,他的利润十分微薄。即便有滥用权力的情况,也是在动荡期间,例如从实物支付到货币支付的过渡期,国王在海外,或是当中央政府的权威被削弱之时。

定期的行政改革也加强了对郡守的控制。甚至在亨利二世掌握了每年重新任命郡守的权力之前,他的前任就已经试图通过将买官价翻倍来降低这一职位的利润。为了提升王室直辖领地(royal land)的收入,君主也尝试通过设立新的职位,准许郡守可以专门从事税收征管,来使当地行政管理合理化。[223]在 13 世纪后半叶举行的一系列公开问讯(inquest)中,当地地产价值

---

① 当一名郡守的账户被注销时,他准确地支付了所欠的金额,不多也不少。

被重估,将通货膨胀的因素考虑在内,从而提升了封建收入。[224]

问讯还有第二个作用:为市民宣泄对贪腐郡守的愤怒情绪提供了一个渠道。正如许多行政改革一样,最终的结果没有达到国王的初衷;一位当时的评论家评论道:"国王将他手下的委员派到全国各地,询问民众对郡守和区镇地方长官的看法,却无济于事。"[225]不仅如此,到13世纪末,国王扩大了财政署的特权;他的封臣的仆从与郡守一样,都必须参加审计会议。如果财政署的男爵可以证明郡守拖欠了应向国王缴纳的税款(无论是直接缴纳给国王的抑或是间接缴纳给国王的封臣),男爵都可将这名不幸的郡守直接投入监狱,在狱中,他会"被铁链牢牢禁锢起来……并……(自行)承担费用,直到(他已经)使逮捕他的领主满意为止"[226]。

11—12世纪时,中世纪政府规模较小,封建税也大多通过实物支付,这一审计形式看起来十分有序。国王主要的收入来源就是领地的农产品,而这一审计过程使国王的代理人得以追踪应上缴的税款。由于国王会四处旅行,国王朝廷中的成员会消耗一部分实物收入;大部分剩余的实物收入则会被郡守用于地方支出。尽管郡守必须要逐项解释他的收入和支出,在半年度的审计过程中,少有需要缴纳硬币的情况。随着封建税逐渐转向以硬币形式缴纳,审计过程变得越来越复杂。货币支付使得检验硬币质量是否达标变得有必要起来。有时候,支付形式部分为硬币,部分为实物;如果是这样,就有必要进行平行记录,并将一种支付形式转换成另外一种支付形式,而这些行政工作的细致程度有时候超过了地方征税员和中央财政署记录员可以处理的极限。①

财政署的记账方式有严格的规定。为了让记录得以永久保存,庄园的记录写在羊皮纸条上——并经过晾晒、延展、剪裁为统一尺寸,并用线缝合在一起形成一个线性卷轴。可能是因为文件被卷起、系好时,看起来像一截烟管,这一财政文件被称为"国库卷档"(Pipe Roll)。对于国王的许多庄园每半年结算一次的巨额封建款项,国王的记账员(clerk)都会在纸卷上用墨水单独记下

---

① 区镇地方长官递交的加泰罗尼亚伯爵税收的征收记录显示,管理这一实物与货币混合的收入系统极为困难。羊皮纸上以3种形式列明了收入余额:实物、硬币和记账货币(money of account)。为了简化实物税收的衡量方法(度量系统包括罗马、日耳曼和摩尔式),区镇地方长官将易腐坏的商品转化为等值谷物,并将等值谷物转化为记账货币。[227]

每一笔收入。过多的明细项目使这些财政记录极为细致。尽管 12 世纪时阿拉伯数字就已传到了北欧,但由于传统惯例用罗马数字记账,且罗马数字可以防止伪造,财政署的记账员依旧使用罗马数字。[228]由于罗马数字相对于阿拉伯数字占的空间更大,记账员如果需要通过在原记录上重写,会有些困难。一旦写下记录,就不允许再删改;如有错误,抄写员只能通过在纸卷字里行间插入改正的部分来修正。中世纪细致入微的庄园记录主要目的是加强行政管理,让审计员增进对庄园的了解,但让不识字的收税员,甚至是受过良好教育的国王的审计员无所适从。局势稳定时,庄园记录就难以维持,在时局变迁时,记账程序愈发显得缺乏灵活性且反应迟钝。他们处理账目的复杂程度远远超出能承受的范围,使工作负荷过重。随着土地所有权、土地使用期限和习惯义务(customary obligations)的变更,财政署的国库卷档记录落后了好几年[229];直到中世纪结束后很长一段时间为止,这些记录一直没有更新。

记录条目中的细节对更好地控制征税员很有用,但如果需要计算总数,却会造成障碍。由于这些庄园记录比较散乱,中世纪的国王从来都不清楚他们到底拥有多少财产。国库的抄写员(scribe)将每个区域来自世俗和教会的特别津贴(subsidy)以及来自包税人的庄园收入分开记账。由于包税合同已经提前谈好,并已缴纳固定的费用,因此包税收入金额相对较为稳定。庄园收入也较固定,理论上是可预测的,但就算中世纪的人们想计算价格上涨时庄园收入的真实价值,他们也缺乏分析能力,因此面临不少困难。来自世俗和教会的特别津贴不定期发放且不固定;收入多少取决于国王的受欢迎度、收取津贴的理由以及经济形势。收入不确定的主要原因是中世纪晚期政府缺乏综合分析的概念基础、技术和行政能力。账目累计和总计额的计算方法要到很久之后才出现;创建自主基金(autonomous fund)、专项拨款的实践在政府会计方式简化之前,只会带来更多困扰。税务署的角色仅仅是进行部分的统计。一位 12 世纪的知情人士表达了他的观点:"……税务署的工作与其他职能部门的工作有所不同……很多时候,我们可以说'模糊比精确好',但是对于税务署来说,正好相反,是'精确有用,模糊有反作用'。"[230]

复杂的记账仅仅是问题的一部分,支出的程序同样繁杂。来自国库的每一笔支出都需要国王的记账员准备一份令状(一份授权将钱转出的文件),然后获取国王或他的财政大臣的签名。为了保证合法性,每份文件都盖有国王的御印。[①] 这一过程不仅费力耗时,而且面临仿冒王室御印带来的挪用公款的风险。[231]

不论国王在国内抑或在国外,总会面临物流难题。尽管圣殿骑士团和后来的意大利银行家担任了长途金钱运输的转账代理人,地方上金钱支付仍需要大量的硬币。随着国王从一处旅行到另一处,财政大臣和他属下的记账员会将庄园的记录和装硬币的容器随身携带。中世纪的文献会引起一定的困惑。财政大臣先要找到马车和马,继而要保证国王的宝贵财产在随从护送经过人烟稀少、道路泥泞、强盗埋伏的乡村地区时可以安全运输。举例来说,从12世纪的财政部记录可以看出,财政大臣支付了6英镑,"以雇用马车将(国王的)财宝从伦敦运送到温切斯特,再运到索尔斯堡和多切斯特(Dorchester),以及在国王旅居海岸地区时料理财政署的种种事务"[232]。财政大臣和他的骑士将当时仅有的货币——便士银币(silver pennies)放置在木桶之中;每个木桶中有价值100英镑的硬币。然后,他们会在钱财运输途中保卫它的安全,并从护送车队经过的郡县长官那里抽调支援。[233]

13世纪中期,财政署在伦敦设立了永久总部,但是支出面临的问题依然十分复杂。当国王在离伦敦有一段距离的海外地区(或苏格兰和威尔士地区)率兵征伐时,财政署会派出护送队运送钱财用作补给及支付军饷。在战场上,财政署的代理人大笔大笔地支出,钱"用麻布袋和木桶装",如同普通商品一样。因此,13世纪早期,英国国王约翰在法国时向他的发薪人员(paymaster)写下了如下的指示:"从已经支出100英镑的700英镑木桶中支取买马的钱,付给商人……"[234]为了加快内陆地区的支付速度,约翰王在王国内四处筑有防御工事的城堡中建立了多处省级国库。一份载有约克市财政署分支机构开幕仪式的文件得以保存;为了将钱财和记录从伦敦运送到约克,调动了

> 23驾马车,每驾马车配了5匹马……马背上载的人可以组成一
> 家公司……许多财政署的官员,他们的记账员和仆人,马车、食物的
> 供应商,马车条凳上的传唤者(喊话为车队开道)和照料马匹的人,总

---

① 文件有两部分:一份由收税员保管,另一份由国王的港务监督保管。每张文件上的双重御印可能会阻止出口商试图贿赂收税员。

共 50 人。车队中还有奉伦敦和米德尔斯(Middlesex)郡守之令随行保卫人马安全的守卫。[235]

财政署提前通知林肯郡的郡守，在托克西(Torksey)备好"4 艘完好结实的小船，每艘船都可承受 8 个酒桶和装备的重量，同时需要招好船上的水手"[236]。

没有银行网络的时候，尽管国王手头上有钱，支付程序也十分复杂。中世纪末，在银行存款业务普遍之前，资金转移的问题在财政大臣开始发行行省征税官的符木收据之后有所缓解。符木除了作为财政赤字融资(deficit financing)的重要方式之外，随着符木逐渐取代硬币，支付过程也逐渐简化。

11—14 世纪间，随着中世纪政府行政机构组织逐渐丰富，不同组织机构之间相互关联、相互依赖。与所有复杂组织一样，单个变化往往会带来预料之外的反响；对某个目的合适，对另一个目的就未必合适。随着国家逐渐扩张，财政收入和支出的压力增长，中世纪政府开始扩大中央官僚机构；英国则创建了去中心化的财政署。由于未经考验的新人成为行政人员，行政机构扩大有时会导致人员失控现象的发生。举例来说，13 世纪晚期，伦敦一名佚名的威特郡斯特拉的亚当(Adam of Stratton from Wiltshire)靠贪污国王的财富，向穷人借钱而致富。他仿造王室御印、特许状，甚至加斯科尼的克朗尼艾克修道院(Cluniac monastery in Gascony)的契据(他想将其据为己有)。[237]

但是，只有最严重的滥用情形才会招致起诉和牢狱之灾，由于中世纪末期，现代对于利益冲突的观念还不存在。当时的财政官员通常同时处理私人业务和公务；富有的确是担任公职的先决条件。14 世纪后，法国国王利用了他们的手下官员榨取财富，他们并没有将官员的公职和私职、国家资源和私人资源进行区分，法国国王一有机会就向他们借钱。这些官员继而再向其他个人放高利贷，以获得资金向国王贷款。这一做法极大地削弱了国王对于财政署官员的权威性，因为只要国王想要继续贷款，他就必须对官员的腐败行为置之不理。[238]

15 世纪时，法国君主的财政事务与财政部的官员是紧密相连的。例如，商人雅克·科尔(Jacques Coeur)尽管是国王的财政顾问，他个人的进出口贸易也经营得欣欣向荣。他运用个人能力，为国王筹集了大笔的资金，但作为报酬,他也将国王的收入用来资助自己的贸易。[239] 13 世纪,治理意大利北部城镇的元老(governing elders)在制定和执行政府的财政政策时,承担了同样雄心勃勃的角色。作为拥有公职身份的政府官员,这些意大利官员授权准许城镇政府贷款。然后,作为商人和银行家,他们运用了高超的理性思维,以自由指定的利率向城镇贷款。接下来,他们又回到公职身份,授权以税收支付贷款利息,最后,他们决定本金偿还的优先级。(贷款造成的通货膨胀肯定为城镇的繁荣做出了贡献,而工薪阶层的实际收入却有所下降。)在现代世界,如果发现类似的假公济私的行为,会招致排斥、起诉和监禁,但在社会急剧变化的中世纪末,规范还没有发展到可以区分政府官员的公共角色和私人角色的程度。笔者描述的行为是一个开展政府业务的可行方法,除非国王需要找到一个替罪羊,否则没有人反对这些做法。

建立省级财政署解决了英格兰地区的货币转换问题,但也带来了新的难题。人员、记录和财富被分散开来,使得管理中世纪国王的财富比以往任何时候都困难。王室财富混乱的管理,部分是世俗和教会津贴(lay and clerical subsidies)和关税等额外收入管理方式的混乱导致的。

获得这些津贴的权利逐步被授予国王;每个特定的津贴都是为渡过财政危机而立法设立。国王没有组织,也没有预先通知,因而在管理上不得不即兴发挥。在英国,主教负责管理最初几个开征的补贴。国王指定若干高级神职人员负责征收补贴,下令主教将硬币存储在墙尤其厚的修道院,收集完成后,他们将钱运往伦敦的财政署。不久,领薪的财政署代理人接手了征收教会津贴的工作。13 世纪,财政署的办事员正式负责收集世俗津贴[240],但由于这些津贴是房产税,与意大利城镇一样,房地产的估价造成了严重的问题。英国与意大利城镇使用了相同的方法。纳税人自愿申报地产价值,或者由当地委员会中的 12 个人决定地产价值。正如现代物业税在计算机评估普及之前,低估一定是常态一样,到 14 世纪中叶,每项津贴的地产估值都超过了财政署可以应付的水平;地产估值被固定下来,且之后 3 个世纪都没有改变。[241]

在法国,包税人、私营业主或意大利银行家负责征收世俗和教会津贴。[242] 由于法国国王直到 14 世纪以前,还没有中央财政行政能力,他们被迫使用包税人征收额外收入;但是,通过这种方法,国王实际收到的收益远远不

如潜在收益,而包税人赚取了中间的差价。尽管中世纪的人们从未想过这些
条款,但他们通过合同行政的机会成本仍然很高。直到中世纪结束后很长一
段时间,对于通过包税人征收的英国国王来说,包税收入也是最可靠的收入来
源之一。或许,当国王拖欠担任包税人的意大利银行家的贷款、迅速将银行家
驱逐出境,并没收银行财产时,中世纪君主也在试图挽回一些损失。

中世纪的意义:变革性的理论

中世纪欧洲历史对于试图阐释它的学者而言,是颇具争议性的;通过中世
纪,古代的专制制度逐渐演变成充满政治、社会和经济个人主义的社会制度。
1 000 年的中世纪,先后经历了政治和行政的偏心化(noncentralization,权威
碎片化)、去中心化(decentralization,权威分散化),以及再中心化(recentral-
ization,权威集中化)的过程。

一些历史学家通过概括 5 世纪后西罗马帝国政府行政组织的极为匮乏的
实证证据,推断封建制度的出现是因为缺乏有效的中央权威的情况下对防御
的共同需要。封建关系传播的原因归于战争时期的技术革新(马镫和弩);封
建主义带来的生活水平提高则可通过新耕作方法的传播来解释——这些耕作
方法包括马蹄、犁耙、选择性种植和轮作。

近年来,经济理论概念被学者用来解释封建主义;努力实现个人和集体在
极端不确定条件下的优势最大化为封建关系的形成提供了动力。这一论点认
为,到 5 世纪时,超级大国(罗马帝国)的运行成本已经超过了它带来的收益。
随着有组织的帝国防御在西方的崩溃,帝国的边缘地区居民遭到掠夺者的间
歇性袭击,而且没有任何办法来解决这些争端,因此他们愿意从一个成为他们
保护者的个人那里,购买军事防御和司法裁决。

保护者获得的报酬是农民耕种田地的劳务,以及地位较高男子的兵役,保
卫他的疆域。罗马帝国的崩溃,使将俘虏征为奴隶成为历史,再加上贫困和疾
病造成的极短的预期寿命,导致劳动力的短缺。对于在不稳定困难时期寻求
避难的人而言,私有政府(实际是地方称霸的垄断者)的高压胁迫性,因保护者
维护的加固城防带来的安全性而有所缓和。

最终,一些私人政府既扩大了他们的疆域,又在某种程度上扩大了权威。

经常暴发的瘟疫疫情延长了劳动力短缺的现象，导致的结果之一是面向劳动力的竞争。（用经济学家的话来说，劳动力的交易条件恶化了。）在新兴封建制度的金字塔顶端，势力薄弱的国王为获得可能成为自己封臣的大地主的忠心展开了竞争。而且，随着劳动力紧缺现象的加剧，较低级别的封建地主试图以一种方式将他们的农民束缚在土地上。随着封建契约的出现，与每块采邑上封建佃农有义务服务封建主一样，拥有土地的封臣们也以同样的方式与国王绑在一起。

但在当时，随着封建权力逐渐世袭，以保卫自己脆弱的权威不受潜在挑战者的侵犯为目标的国王开始对自己的直属封臣（tenants-in-chief）——大地主们拥有义务。当这些大地主集结时，国王的支持者旗下的武装骑士可以组成一支听命于国王的军队。在两个地位近乎平等个体之间的关系维护以发挥个人和集体优势为目的时，决策往往是通过讨价还价来达成的。从分析的角度来看，封建关系中存在明显的不和谐现象，因为个人主义在封建阶层内部出现了。一个纯粹的阶层鲜明的社会秩序（如古代的专制制度）在一定程度上解散；取而代之的，是具有个人主义特征的互惠关系。

中世纪末政府的再中心化是如何形成的呢？根据一个解释变革的经济理论，劳务贸易的条件出现了转变。不论是像马克思可能解释的那样，封建关系中蕴含了自我毁灭的种子；还是我们换一种说法来解释，封建制度的成功恰恰形成了社会的经济基础。解释这一现象同样也要考虑到外生因素（exogenous factors）。从 14 世纪毁灭性的瘟疫中逐渐恢复后，人口出生率开始上升，14 世纪初灾难性的洪水和结冰灾害过后，天气有所改善，同时新的耕作方式促进了生产力发展，产出了足够多的食物，支持了人口的扩张。在英国等地区，没有无人定居的土地，劳动力相对土地变得丰富起来。地区间专门产品的交换在 14 世纪非常常见；经济增长带来了交易区域的扩大和专业化程度的提升。

在战争期间涌现的创新——包括 14 世纪的长弓和矛，15 世纪的火药——都使得军队有能力攻打和防守较大范围的领土；静止、固定的装甲骑士和筑有防御工事的城堡，都不再需要。随着时间推移，由国王支付军饷的军队取代了封建战士。随着封建关系的削弱，几位君主统治期间全部被敌对领土之间的战争占据。根据中心化现象（centralization）的经济学解释，达成和平局面后,在扩大后的领土上可以开展贸易,对于可以从中分一杯羹的国王来说,越来越有利可图。利用经济增长创造的资源,国王向土地和贸易征收新税。

尽管封建劳役(feudal service)依旧令人恐惧,但它不再是自愿的行为。当封建首席佃户可以和不止一个备选保护者讨价还价时,竞争促使国王与下属共享收入;他的征税能力依然有限。

如果具备一定规模的经济体的军事防御有可能建立(不论是因为新技术还是因为地理位置的优势),战争的花费也许可以与可获取的资源相当。在这种情况下,国王无须获得增税的许可,而封建关系则可以维持。这一解释封建主义兴起和衰落的理论是由两名经济学家道格拉斯·C. 诺斯(Douglas C. North)和罗伯特·保罗·托马斯(Robert Paul Thomas)提出的。他们的理论中囊括了从建立在相互义务基础之上的静态经济,转变到建立在获取个体利益基础之上,继而高速增长的经济的变化方式和变化速度方面的地区间差异,引发了历史学家热烈的争论。土地和劳动力之间相对价格的变动,以及从地方贸易到国际贸易的转变都是诺斯和托马斯理论中的重要变量。经济零和理论(zero-sum view)认为,经济参与者试图在规模既定的产出中,寻找利益最大化的方式,而正和理论(positive-sum view)则认为,生产力提升会给所有人带来更大的回报,无论经济产出分配如何不平等,而诺斯和托马斯的理论旨在找到从零和理论向正和理论转变的原因。他们的理论对英国中世纪经济关系最为适用。①

---

①　诺斯和托马斯陈述他们的中心论点:

"西方世界的兴起(是由于)制度的发展导致激励机制的重新定向,这种机制使得在任何经济活动中尝试提高生产力都变得更有利可图。封建制度本身发展起来的原因,正是相对于土地较为丰富的劳动力,使得封建主迫切需要从劳动力那里收取租金,而无处不在的土地供应则不会带来租金。人口增长的压力,通过由于收益递减而扭转的价格关系和扩大市场规模,破坏了封建制度组织的经济基础。相对于良好土地固定的供应量而言,人口增加导致农产品价格相对非农产品价格上涨;这反过来又增加了土地的价值,随着每个劳动者的产出下降,降低了劳动者的实际工资。不断增长的人口,土地殖民化以及随之而来不同区域的优势条件导致了贸易的增长。其结果是,地主发现用实物和现金支付劳务费用,并出租土地以换取租金对他们较为有利。

"……人口长期下降的影响是惊人的,相对价格逆转,现在比较而言,相对丰富的土地变得不那么有价值了;劳动力变得更加稀缺,并且由于领主之间争夺劳动力的竞争,变得更加珍贵。为了从现在更有价值的劳动力中重新获取损失的租金,领主试图运用他们的政治权力来重新实行封建义务。另一方面,农民和劳动者将免于尽这些义务的自由视为获取更多自身劳动力回报的机会,而回报表现在实际工资的显著提高。"[243]

　　经济理论有两个方面,两者之间的区分有实际价值。唯物主义视角对人类行为的解释基于每个个体对任何有价值事物争夺的欲望。个体行为也被认为是理性的,或是经过了工具主义的计算;当人类处于更有利的位置时,会试图改善自己的处境。当人类勉强挣扎求生时,唯物主义观点就可以充分解释他的行为,当维持生命的手段极为有限时,个人总是希望有足够的生存空间。但如果存在超过生存水平的盈余,唯物主义观点就无法解释为什么物质利益比友谊、独立自主、舒适或团体支持等价值观更受欢迎。简而言之,经济理性试图解释人们如何试图得到他们想要的东西,而不是他们想要得到它的原因。我们既想了解偏好的形成过程,也想了解偏好是如何实现的。

　　经济学家努力扩大物质价值的范围,以将人类的所有偏好囊括进来,将人类的获得性冲动(唯物主义)与他希望取得个人优势的愿望(理性)结合起来。经济学家时常使用的用于衡量价值的相对价格概念就囊括了个人利益。他们的论点认为,正是因为社会中成员的选择会影响最终的结果,且他们认为社会在特定条件下会更好,因此社会呈现或集中或分散,或帝国、封建或资本主义等社会形态。与另外一种社会形态相比,目前的这种社会形态可能税更低,居民享有更多保护,或者争端可得以解决,结果让拥护者感到满意。

　　技术也有助于转变相对优势。因为区分任何具体创新的原因和结果较为困难,相比经济因素而言,技术对社会变革的影响更难以孤立分析。如果创新的范围超越了具体的发明创造,将体制(institutions)创新(如包税制或新的支持政府的财政手段)也包括在内,创新与其他所有的社会实践之间的界限就变得模糊了。

　　我们更倾向于找到在经济或技术之外的因素,更广泛地解释变化的来源;变化来自不同社会秩序(social order)备选方案之间的差异。对人们来说,相比选择职业或收入,选择集体主义、个人主义、平等主义,或者某种组合意义更重大。社会秩序反映了整个社会的价值观和实践,而一个人身处的社会秩序则会影响他存在的所有方面:他的日常生活,他的家庭关系——简而言之,他的世界观。如果人们试图让他们的生活保持一致,正如我们认为他们的确如此那样,一个等级社会中就不大可能出现基于竞争的开放、流动的社会结构。就这一点而言,这样的社会结构也不会培养出有利于开展实验的氛围,比如最终可能产生新思想体系的科学和艺术。毫无疑问，所有的社会秩序中，都会有具备创造力的个体，但是他们的思想在更鼓励竞争的文化氛围中，更容易传播。

我们认为，中世纪广义的社会变革不是源于经济和技术，而是表现在社会秩序的互相渗透上。在中世纪，除了教会之外，不存在一个强大的中央权威，但这并不意味着其他的选项就被排除在外。随着封建金字塔（feudal pyramid）中近乎平等的个体（near-equals）之间的关系得以建立，基于互惠关系的谈判议价（bargaining）的确出现了。随着地方显贵（local notable）之间的联盟形成、解体，然后又逐渐形成，相互依存的互惠主义在等级关系（hierarchical relationship）中渗透。个体和群体之间的平等交换（give-and-take）正是个人主义的特征之一。

新的个人主义治理模式既有长处，也有短处。不论地域、经济增长都在加速，人口也随之增长。因为地方显贵形成的临时联盟无法在维持内部秩序的同时，捍卫他们共同的领地免于外部攻击，每一处领地（territory）的对外关系都处于不稳定状态。因此，建立有效的中央权威（central authority）意味着在等级制度与个人主义之间维持微妙的平衡。地方显贵为了维护领地的内部秩序，贯彻领地的等级制度。然而，统治者的支持者在领土和权力上与统治者近乎平等，因而有抱负的统治者为维持统治地位，必须促成支持者之间的竞争。经过几个世纪的反复试验，那些渴望成为国王的直属封臣通过将等级关系向上扩张，来寻求其他直属封臣的支持。实践证明，自下而上的权力结构（authority structure）的建立，不易重建古代帝国的专制主义关系（despotic relationship）。

封建君主制出现的过程并非我们所理解的集权化过程。在经历了几个世纪的政治分裂化（或偏心化）过程后，中世纪末期的封建君主实际上创建了分权的王国。地方显贵取代了中央权威，对地方司法和军事防御行使管辖权。然而在每个封建领主（feudal tenant）的私人领地，管辖权范围仍然因人而异，属于个人自治范畴。与中世纪不久之前相比，封建君主制在一定程度上重新经历了中央集权的过程。但是，正如同每部宪法都是为防止上一个篡位者的行为重演而起草一样，相比古代帝国而言，新成立的王国是分散的。封建王国君主一步一步建立起集体主义和个人主义可行的组合机制。最终，等级制度主导了政治体制。然而，等级制度的正式结构与经济个人主义成分共存，而资本主义和新教（Protestantism）在各自的领域中，都是个人主义的表现形式。两者都反对集体主义控制，注重个人关系，无论与上帝，还是与竞争对手。毕竟资本积累早在中世纪之前很久就已存在。早些时候，几乎所有的资源都在统治者建筑城堡或是牧师建造教堂时，被集体消费。我们认为，必须解释的是，一个教会和一个帝国自上而下的等级集体主义为何演变成了基于私有市场和个人良知的竞争个人主义（competitive individualism）。新教不能解释资本主义的来源，因为从社会的整体角度来看，它们是一样的。因此，我们试图解释封建贵族（feudal magnate）之间的竞争如何扩散到其他地区和社会，使得集体主义逐渐减弱，个人主义逐渐增强。

第五章 贫穷的人民与富有的国王：
近代早期的欧洲税收与支出

欧洲中世纪的国王和人民都很贫穷。在近代早期(15—18世纪)，大多数人仍然贫穷，但随着政府收入能力的提高，政府财富开始增加，国王也变得富有。统治者精明地评估了国民的耐受程度，逐渐增加臣民(subject)的税收负担，每次开征一项或几项税收。国王从生产力提高中获益，增加的收入使得君王能够过上奢华的生活，能够发动全国性的战争。但是在一些国家，税收负担超出了臣民可以容忍的程度。

演变与革命，延续与变革

17世纪和18世纪欧洲政府的财政实践与创造代议制国家的伟大政治革命密切相关，革命为中世纪政府和行政方式画上了句号。政府不再是富人和特权阶级与生俱来的专利。革命的意识形态使得古代雅典关于政府、当权者及其支配的资金应当属于所有公民的概念得以复兴。统治者将国家及其财产视为己有的不受约束的权力即将被国家立法机构禁止。从此以后，政府将成为公有政府，成为国王和公民共同组成的法定代表机构。革命实践了组织这个世界的各种理念，自此之后这些理念就紧密联系在一起：对政府钱袋子的立法监督，以及公共行政和公共财政的共生概念。但是当臣民成为公民后，却发现自由也有代价：他们仍然需要缴税。

有史以来，在社会中掌握权力群体的突然转变，从未导致国家财政管理方法发生如此巨大的变化。在17世纪和18世纪，人们对国家的态度和与国家的关系发生了深刻的变化,在集权式和分散式国家财政管理和控制方式之间持续几个世纪的摇摆不定得以结束。在整个欧洲,现代财政机构发展缓慢且发展速度不尽相同,行政结构因国家而异。然而,它们的共同属性掩盖了差异。这个时代开始出现集中、高效的收入支出体系;到这个时期结束时,基本的构建模块已经建立。

直到近代早期以前,财政管理唯一重大的变化是严格或宽松;同样的管理模式出现后消失,并再次出现。主要从国王宠臣中选出的国家官员负责征收直接税;同一批官员将各地征收的收入用于支付地方支出。如果政府设法让官员对征收的资金负责,图谋私利和不完善的会计程序,绝对会使政府白费功夫。当收入不足和/或资金到达权力中心的速度极为缓慢时,国家会通过向选定的私人贷款人(银行家、金融家和包税人)以高利率借款,来获得预期税收的预付款。

和从前一样,国家财政收入的一个重要来源是出售头衔和官职,这是有志向上流动的商人家庭成为社会名流的快速通道。

虽然从 16 世纪开始,国家政府的力量稳步增长,但各州通过不断扩张和修补中世纪的结构来管理财政。尽管起初政府活动并没有超出中世纪政府的活动范围,但政府规模的增加与物价水平的上涨提高了现有活动的成本。与贫穷的中世纪国王相比,近代早期的君主过着奢华的生活,他们需要大量的金钱来支持极度奢华的朝廷,并为他们国家赖以建立的战争支付费用。近代早期的战争需要领军饷的军队,为商贸提供保护的舰队,以及在各省代表国家政府并获取资源以稳定和增强其权力的扩大的官员队伍。

为了这些目的,政府以新组建的中央集权结构,取代了过时的、去中心化的结构,并且创建了时代典型的混合管理体系。近代早期政府沿袭了过去的权宜之举,征收市场税并运用市场行政手段来筹资和支出。政府通过向不会抱怨的穷人征税来增加收入,并通过雇用包税人来征收名目越来越繁多的间接地方税,以支付地方支出,从而一站式完成了所有的财政管理任务。在没有发达资本市场的情况下,包税人为国家提供了极其重要的短期信贷,非市场税则逐渐流向国库。在许多国家因私有财政管理(private financial administration)开销过大而转向创建中央集权管理制度后,私有财政固有的借贷潜质使一些国家仍然在很长一段时间内保留了这一制度。

巴洛克时代经济拮据的政府筹款和支出策略，形成了复杂的公有/私有财政管理体系，这一体系如此复杂，以至于其行政碎片化、高成本和缺乏公平等缺点显而易见。在识字率不断提高的时代，对不同地区、城乡居民以及社会阶层之间差别征税的认识愈发广泛，引起了不同社会阶层之间的对抗。随着私人管理者不断加强对国家金融机器的控制，国家财政收入不断中饱私囊的现象越来越明显，加剧了国家不断增加的财政需求造成的紧张局势。财政压力很大程度上引发了影响深远的政治革命，而革命的其中一项成果，是带来了国家财政重大创新的合适气氛。

正如前任国王和后来的国王一样，近代早期统治者和顾问通常认为，他们的财政问题是前所未有的。看到问责制被复杂击败，臣民可能很容易达成一致。但国王和臣民都错了，政府可以更简单，但同时仍有巨大的需求。当时任何人都没有想到，当臣民成为公民时，将学会忍受携带武器和纳税。

近代早期欧洲临时专设的财政方式投机取巧、不停变化且极为分散，适合那个动荡的时代。无论是现代还是近代早期，各种各样的税种和征税方式都令人困惑不已。这些财政手段选项被视为倒退，是对过去的粗劣模仿。但这些方法是有效的，政府也的确通过这些方法筹到了大笔资金。

也许正是因为这些财政手段复杂低效，在面对正在快速学习如何进一步索取臣民个人财产的国家中央政府时，臣民得以获得一定的保护。

背　景

技术、效率、人口增长和经济增长

几代人以来，欧洲人口数量保持稳定。15—18 世纪间，正如今天还处在工业化前期的社会一样，如果一个孩子活到成年，平均预期寿命为 40 岁左右。除了当时原因不明的疾病带来的自然减员（normal attrition）以外，缺乏卫生条件、简陋的饮食、肮脏的住宅和周期性的灾难——战争、黑死病或饥荒——都造成了人口减少。每年净增人口（出生人口减去死亡人口）约占死亡人口的

40‰。[1]

正如之前人类历史上的所有时期一样,欧洲大多数人口处于极端贫困。17世纪人们对计数和列目录的狂热,让我们获得了反映当时人口状况的原始数据。16世纪时,没有财产的人口占西班牙总人口的80%,17世纪末[2],超过一半的英国和法国人生活在穷困的边缘。如果和近期数据一样,劳工阶级收入的80%用于食物,10%用于住房,剩余收入用于衣物[3],用于不可避免的应急开销就所剩无几了。

在货币经济中,农民比城市居民(townfolk)更为脆弱,因为农民没有可靠的现金收入。当一个地区连续几年都天气恶劣时,由于缺乏食物(正如早期自给自足经济体和今天世界上经济欠发达地区一样),人口会下降好几千。农民只好食用谷种(seed-grain),变卖自己的财产,但是迫于形势的变卖所得仅能维持很短时间,很快又会陷于饥饿。法国西南部一名目击者指出,穷人“每周只吃三次面包”。根据另一处记载,“有几个居民整整14天没有吃东西”[4]。一本17世纪中期的编年史描述了世界上最糟糕地方的情景:“洛林(Lorraine)和周边地区的人民生活如此窘迫,以至于他们像动物一样食用草原上的草……和骷髅一样又黑又瘦。”10年之后,根据该名记录者记载,饥荒导致勃艮第地区超过17 000人死亡,迫使一些城镇的居民食用野草。他写道:“有些人食用人肉。”[5]

17世纪末,由于农业生产效率的提升和家用技术(household technologies)的创新,少数群体(占欧洲社会人口的5%～15%,因地区而异)的生活水平有所提升。然而在15世纪初到19世纪初,尽管对于大多数人来说生活依旧艰难,欧洲人口却几乎翻了一番,从8 000万至8 500万增长到1.9亿人。[6]尽管无论是贵族还是普通人的死亡率(尤其是婴儿死亡率)依然很高,出生率还是在缓慢上升。

新作物和新的栽培方法提高了农业生产力,也是人口增长的其中一个原因。封建制度的衰落意味着地主更多留在家中,且许多地主对提高祖传土地产量抱有兴趣。15世纪后,国王、贵族和平民都采用了创新的农业技术。庄稼轮作、使用肥料和灌溉排水工程都提高了农作物的产量。[7]来自新大陆的谷物(maize)和玉米补充了传统的大麦和小米。随着新兴市场经济的发展,一个必然结果是陆路运输的改善（道路和运河建设），局部饥荒的幽灵逐渐散去。

近代早期的欧洲属于农业社会。10 个人中，有 7 个人以务农为生。[8] 和历史上所有农业社会的农民一样，种植和收获的周期模式主导人们的生活。短时间极为密集的劳作与长时间无事可做形成了平衡。只要按照惯例完成相应任务，就会有足够充裕的时间来参加丰富多彩的节日活动，无论是宗教节日还是世俗节日，都标志着季节的变换和人生新阶段的开始。新教徒自然会劝诫人们不要犯下懒惰和醉酒两大罪，但在 17 世纪中期，圣徒纪念日、斋日（feast day）、施洗仪式、婚礼和葬礼每年平均占到一百多天，无论是城镇还是乡村地区都是如此。[9]

10 个人中，有 2 个人住在乡村地区或小城镇中。[10] 工业化带来的大规模城镇化浪潮仍未开始。17 世纪末，只有伦敦、巴黎和君士坦丁堡三大城市的人口超过 40 万。包括国家首都和商贸中心在内的大型城市居民点的典型居民人口规模在 4 万～10 万户。[11] 近代早期之初，这些大城市散布在欧洲大陆各地。近代末期，城市定居点的现代模式出现了；在主要的商贸路线上，小城市，尤其是位于北欧和意大利北部的小城市的人口和规模都有所增长。[12] 对于那些深信"小即是美"的人们来说，这是一个黄金年代。

在当时的城市中，空间、社会和经济结构与今天发展中地区的城市十分类似。大城市是由道路和桥梁连接的分散村落的集合体，富人和穷人混合居住、比肩而邻，这是因为在中世纪，短工和熟练工通常住在主人家。许多仆人同样住在城市；17 世纪中叶，甚至像塞缪尔·佩皮斯（Samuel Pepys）这样的伦敦中产阶级家庭也至少拥有 5 个仆人。在贵族和富商居住的大宅邸林立的区域，当地人口可能 1/4 以上都是仆人。[13]

当地的生意与现代亚洲城市中克里弗·吉尔兹（Clifford Geertz）分析的"集市"经济（"bazaar" economy）非常类似。[14] 当地市场不再只在一周的特殊日子开市，而成为商人经营专门商品的小摊或商店的集合体。[15] 制造商和工匠们的操作主要是手工进行，在小作坊里工作，类似的商业活动集中在同一条街道或地区。街头小贩在整个城市尤其是人群密集的地方出售食物。因为除富人的房屋以外，所有的房屋都肮脏狭窄，坐落在街道和小巷，全天都人潮涌动。在时钟掌管人们的作息之前，男人和女人们因不同目的来来去去，在多变的城市环境中,他们有时是旁观者,有时是参与者。大多数人采取步行的通勤方式;马车车夫拉着满载货物的手推车穿过街道;富有的人乘坐的马车驶过,将泥污和垃圾溅在行人身上。夜晚独自一人行走很不安全,因为盗贼和土匪很可能潜伏在暗处。

当时英国与世界其他地方的贸易以奢侈品为主。更为确切地说,欧洲不同地区初级商品的生产和销售较为专业化。自中世纪晚期以来,英国向欧洲大陆出口羊毛和成品布料;波罗的海国家出售用于建筑、造船和燃料的木材。17世纪以后,瑞典出口矿产:铜和铁;法国卖葡萄酒;西班牙卖油和雪利酒;意大利出口用于纺织品染色的明矾;荷兰人出口鲱鱼和其他腌制鱼。陆运极为昂贵,因此大宗商品主要通过可通航的河道和海运运输。欧洲商人从更遥远的地方——东方和美国殖民地进口仅有富人能消费得起的商品:香料、丝绸、瓷器、糖、烟草和茶。

17世纪,一小部分新兴的中产阶级试图模仿贵族的奢侈消费方式,提升了需求,创造了欧洲制造奢侈品的市场。这其中,衣物装饰品占主要部分:丝绸、优质羊毛、天鹅绒和蕾丝。诸如挂毯、镶嵌家具、瓷器、银盘、机械钟和玩具成为荣耀和地位的象征。由于当时不存在产生小额盈余的资本工具以及储蓄银行,为家庭购置昂贵的家具是非常合适的投资。到17世纪中期,至少对部分人而言,生活的水平正在提升。18世纪末,法国至少一个城市中,贵族间和向上流动的专业人士和商人正在创造出一种共同的生活方式,包括对工艺品和艺术品的豪奢消费,但仅仅局限在家庭的私人领域。正如莫里哀对我们婉转的提醒那样,豪奢的公共消费是粗鄙的象征。[16]

但是直到18世纪中期,当北欧的工业化进程开始之时,大多数劳动阶层的人和他们的祖先一样,还生活在贫困的边缘。正如现代印度大城市住在人行道边,将穷酸的家当在几平方英尺的人行道上铺开的人一样,穷人几乎一无所有。他们的全部家当,就是几口壶、几只盘子、一只箱子、一张床、羽毛枕头和被子,还有几件衣服。[17]

尽管欧洲近代早期的收入总额有缓慢增长,收入增长的人群主要由商人、熟练工匠、专业人士和政府公务员组成,且他们大多数居住在欧洲北部,在欧洲大陆南部,收入分配依然十分不平等。工作的人们过着力所能及的生活;大多数人以务农为生，越来越多的人在城镇从事低薪工作。一些人靠慈善救济生活。越来越多的人在社会边缘夹缝中求生，成为流浪者，当地方政府发现并驱逐他们之时离开，然后去另一个城市流浪。①

有工作的穷人维持生活都难以为继，却要支持整个专制主义政权。近代早期政府试图通过各种可能的手段提升收入，向市场上销售的商品征收一系列令人眼花缭乱的间接税，而由于穷人大部分的收入都用于消费，穷人的税负比富人要高得多。与此同时，国家还要求穷人参与道路建设维护工作、服兵役，甚至有时候为军队提供粮食补给和住所。

穷人是一个沉默的政治群体（political constituency）。自远古时代起，响应甚广的暴动就很少见。尽管如此，一呼百应的暴动的可能性却依然存在，政府过于软弱而无法迅速有力地镇压暴动时尤其如此。当社会中的大多数人生活在贫困线之时，看起来极为微小的事件——如主食的价格小幅上涨，或是开征新税——都可能会引发民众的抗议。因此，最为专制的古代统治者也会通过时常向穷人捐款，来维持公共秩序。

欧洲近代早期频繁的粮食暴动、平民暴动和其他下等阶层的抗议证明，当时社会和政治环境正在发生变化。[19]政府声称财政面临窘境，常常在"旧伤口"上开征新税，那些最先受到影响的人群开始抗议。为数众多的贫困人口、食品价格飞涨、新征的食物税，以及征税热情过高的包税人对地方税务的管理，看来都是引爆政治火药桶的因素。

短时间内，在大多数的粮食暴动（想想20世纪80年代波兰和摩洛哥的暴动）后，政府往往会倾向于开始干涉市场，以提升粮食供给量。1790年的法国大革命意义比想象中深远：它带来了一系列的事件，基本改变了政府的根本性质。

专制主义的理论和实践

政治专制主义（political absolutism）与中央集权是同义词。国王不再是

---

①　在欧洲的所有地方，当平民人口被迫离开家园讨生活时，流浪者的偷盗行为让生活更为富裕的人头疼不已。无家可归者"把鸡从鸡笼里偷走，在疏于照管的牛身上挤奶，偷窃晒在篱笆上的衣服，剪掉马尾巴……他们变成了走私犯、拦路抢劫的强盗、小偷和妓女"[18]。

巡回四方的封建君主,他们的势力范围扩张到社会的最边缘。通过再集权过程中的种种冲突,控制力较弱的封建政府向国家转变,而国家是凝聚力极强,拥有共同向国王效忠语言、习俗、法律统一的人民的政府单位(government u-nit)。尽管如此,值得注意的是,专制主义只是相对从前而言,这一术语不应按字面意思理解。这是由于在新国王之下,还有根深蒂固的传统势力;他们不总是(或者说经常不会)听从王室的命令。举例来说,护国者(Protector)克伦威尔就很难在宫殿 3 英里之外的地方成功执行征税的令状。

中央集权于 16 世纪早期开始加速,当时西班牙、法国和英国出现了许多强势的统治者,地方贵族的权力被置于国王之下。中世纪时期,地方贵族[通过地方显贵理事会(local council of notables)]执行政府核心职能——诠释法律、将传统税收摊派分配给地方人民,以及任命地方官员。当国王重新收回这些权力的时候,专制主义就开始成形了。

这些强势国王用于证明其做法正当性的依据并不新奇:君权神授的教条是古代神权君主制的变体。中世纪晚期的法官(jurist)通过调解国王和教会之间的矛盾,同时进一步明确他们的管辖权领域,将君主的世俗和宗教职权加以区分。为了维系国王作为教会重要左膀右臂的忠诚,中世纪的法理学家复活了以下观念:在社会的所有人中,唯有国王拥有政治权威,因为社会中只有国王与上帝有直接联系。国王不再像古代既是神又是国王的君主一般,是人格化的神,而是象征着教会与国家的统一。当教会掌握宗教事务话语权时,国王就暂时掌握了最高权力。

在实践中,如果不是以国王个人意志,专制主义意味着以国王为名义的渐进权威集中化的过程。因为随着政府规模越来越大,政府需要一个强大的领袖,才能维护国家这艘船船身的平稳。有些弱小的国王通过他们个人的代理人表达意志,还有些国王继位时仍是孩童,国家大权由摄政掌握。有少数国王缺乏处理问题的才智。还有些国王十分懒惰,相对于统治国家的艰难工作,他们更喜欢寄情于形式越来越丰富的贵族消遣——宴会、狩猎、情感纠纷和朝廷仪式。

如果国王缺乏能力,在社会和政府机构急速变化之时,权力中央和权力边缘的平衡局面就会趋向于打破。然而,尽管当时的交通技术影响了内部沟通,从 16 世纪末起，专制主义政府还是建立起了中央控制的体系。

最大的欧洲国家法国无论从时间上还是从集权措施的程度来说都是领先的。相对于更小国家的统治者而言，法国国王面临的超越地方自治的问题更大。尽管在近现代早期时，法国是欧洲最富有的国家，法国在筹到足够多财政资金的方面还是很少成功（原因较多，后文会详细探讨）。在开拓逐渐增长开支的管理方法上，荷兰共和国、英国和普鲁士更加成功。当然，我们要赶快补充的是，法国国王每年的筹资额并非逐年增加，而是支出的速度越来越快于收入的速度。如果朝廷和官僚机构的限制不够的话，这一不均衡意味着集体主义社会秩序即将到来。

对于某些现代观察者来说，法国对于财政的控制手段似乎较为不稳定，缺乏一致性，地方和中央行政混合在一起。传统地方贵族的特权和过去时代的市场方式融合在一起。中央政府官僚行政机构影响更甚于两者，有时候可以互换（有时候国王会使用市场方式招募和奖励国家官员）。尽管中央政府官僚行政机构扮演了保护伞（umbrella）和平衡物的角色，却无法在持不同政见的地方利益群体面前维持自身的利益诉求。

地方和中央，国家和私人不同权利和角色不停变换的组合，意味着同一个个体可以在服务国家的同时，服务自己的小家，既能代表地方，又能代表中央政府。我们相信，这一安排并非不一致的体现，而是反映了当时政府和社会处于变化不定的状态，与现代标准不同。当时与现代之间如此明显的差异，在旧制度时期（Ancien Régime），欧洲所有国家政府都有所体现。同一人扮演的不同复杂角色，以及专制政府多种多样的控制手段，形成了旨在与国家增长的规模保持一致而创造管理新方式的实用主义尝试。

经过传播后，法国政府发展的社会结构——地方行政官员（intendants）和中央政府总督（surintendants）组成的等级金字塔中，国王位于塔尖——在欠发达国家形成了专制主义范式（paradigm）。位于中心的活跃国王通过已建立个人信息和权力网络的有为下属来实行统治。路易十四足智多谋的财政大臣科尔伯特（Colbert）以及太阳王自己都是榜样。17 世纪末，当专制主义的官僚机构在法国已经完全成立后，一些具有新思想的国王为了让地方贵族向自己效忠而模仿法国模式。法国政府的使者到访瑞典、普鲁士、沙皇俄国和西班牙,教国王和顾问如何运作中央政府。

加强国家权力是目的,而专制主义国家也开始活跃地干预这一发展过程。随着资本主义国家机构逐渐成形,国家从控制市场中获得权力;因此,一系列争夺商贸和领土主导权的战争爆发。为了开拓国外新市场,国家与私有资本通过股份公司这一新型法律手段,共同承担殖民地开拓和定居的风险和成本。合资公司也承担了母国发展的成本——通过道路和运河建设,促进了交通和贸易的发展;在大城市搞地面排水系统、安装路灯、用水泵供水。

专制君主建立了国营产业,来从不断壮大的奢侈品市场中获益。现在,全世界的收藏家和博物馆都十分珍视 17—18 世纪国营作坊的珍贵产品——质量优良的挂毯、陶瓷和装饰精美的玻璃制品。巴洛克时代宫廷繁复的礼节和浮夸的炫耀文化同时也留下了丰富的艺术遗产:专制君主的赞助支持了那个时代最有创造力的一群人——画家、雕塑家、诗人、音乐家、发明家和科学家。

在专制主义时期,政府发起的以及为政府打造的奢侈品消费成倍增长。例如,16 世纪中期的法国国王弗朗西斯一世于 1542 年为装饰宫廷花费了 300 万里弗。[20] 路易十四时期以及之后一百多年,宫廷花费近 2 000 万里弗。从过去沿袭下来的传统财政政策和效率低下的行政手段,相比专制国家豪奢的消费和战争开销而言,仅仅是杯水车薪。

回顾过去,我们发现对于近代早期的政府而言,最重要的任务就是实现定期财政资金收入。到 17 世纪时,大规模战争已经成了扩大国家实力的组织化方式。为了支持雇佣军和海军不断攀升的费用,欧洲所有国家的财政支出都在剧增。在 17 世纪早期的 30 年战争期间,武装军队有 10 万~20 万名士兵。20 年后的西班牙王位继承战争(the War of the Spanish Succession)中,参战双方共有 45 万~50 万名士兵。[21] 1640 年时,普鲁士军队有 2 000 名士兵,勉强算是一支武装军队,到 1786 年就剧增到 20 万名。[22] 英国战争支出从 16 世纪末的 4 000 英镑上涨到 18 世纪初的 400 万~900 万英镑(估算有所不同)。[23] 17 世纪早期(1607 年)时,法国战争的预算是 450 万里弗;100 年后(1706 年),预算已经涨到 1 亿里弗。[24]

财政政策是为了支持国家争夺主导权而制定的。专制主义政府补贴出口,但向进口商品征收重税。由于战争十分昂贵,政府也向国内消费征税。到

18世纪初,国家调控的手段无所不在。在专制主义的范式下,只要能够达到目标,国家对人民的要求再怎么严苛都不为过。[25]

如果说实行新的治理模式就是创造力的体现,那么国王和他们的顾问促成集权工具形成的17世纪,就是欧洲专制主义颇具活力的阶段。然而,与早些时候相对平静的时局相比,精神生活却颇不平静,影响了政府和社会的体制结构。到18世纪末,专制主义制度对于其周围的环境来说,已不再合时宜。

在大多数人都识字的18世纪,政府成为主要的被批评对象。那些反对专制主义的人引述了约翰·洛克(John Locke)提出的个人主义理论。新的政治理念是未来代议制国家参政的先兆。洛克的观点在经济学中的体现是法国重农主义学者魁奈(Quesnay)、坎迪隆(Cantillon)、杜尔哥,以及大卫·休谟(David Hume)和亚当·斯密(Adam Smith),他们提出的自由市场理论提供了国家监管之外较有吸引力的选项。

矛盾的是,政府外部有关市场机制理念的成功却为政府内部的变革起了反作用。在中央集权的时代,从过去年代沿袭下来的去中心化市场行政手段——卖官鬻爵、赞助、挂名闲职、公职服务承包制(contracts for state services)因为成本过高而不再获认可。然而专制主义的中央结构同样也被认为成本过高。

成本是批评的重点。统治者和他们的顾问都了解降低成本的必要性。中世纪末之后,私有资产的使用越来越注重管理技巧和成本意识。生产商旨在维持产出水平不变甚至有所提升的同时降低成本,体现了现代的效率概念。16世纪后,农业手册和商业实践指南广为传播,它们将最新的技巧转递给响应积极的读者。有时候国王和贵族试图通过遵从这一建议,来提高个人财产收益。

然而,与革新国家财政预算的宏大工程相比,无论私有地产规模有多大,节约私有地产或商业公司的成本都可谓易如反掌。对于规模浩大的国家机构来说,财政提升举措的概念形成过程本身就很困难。然而,私营领域效率的提升证明了如果足够重视,政府也可以很有效率。其中,提升效率降低成本后国家支出会保持不变这一隐含假设并未得到验证。只要相比糟糕的过去来说有所改善,就足够了。

当掌权者在财政上极为依赖维持旧习惯的既得利益者时,政策实施就变得极为困难了。除非政府采取严苛措施,不偏不倚地处理问题,否则,内部的阻挠势力会限制所有的创新举措。

英国 17 世纪清教徒革命期间,贵族对国家财政机关的控制权有所削弱;斯图亚特王朝于 1660 年复辟后,包税制被摒弃。哈布斯堡王朝和普鲁士均在不同时代以不同方式实现了行政的现代化,并以改进后的形式维持了王朝统治。一些穷困而欠发达的国家,如意大利、西班牙、瑞典和波兰却丝毫不受影响,没有变化。而在法国,当保守贵族和唯利是图的私人金融家牢牢把持了过时、低效率的财政机关时,革命就开始了。

中世纪末开始的再中心化在随后的两个世纪转变成专制主义。在专制主义的理念之中,依然回响着古代专制主义的余音,但呼声甚高的国王神授的权力相比起神权君主制睥睨一切的权力而言,仅仅是存在感微弱的模仿重现罢了。在现代早期,期望与实际成就并不对等。当时,没有人知道一个国家征服了另一个国家(正如许多古代神权国家一样)之后可能会发生什么事情,导致国际争端转变成国内管治问题。缺乏补救措施、丧失备选方案之后,效率更为低下的国家很有可能会被更有效率的国家吞并,正如自治领土勃艮第公国在近代早期与法国融合。

随着时间的推移,没有形成国际层面上的垄断国家,取而代之的是许多国家组成的垄断寡头联盟,每个国家都欠其他国家债务,在经济和军事上相互竞争,力争上游。为了在国际竞争中取得成功,国家必须积累经济资源。重商主义政策代表了专制主义政权通过与专制社会秩序相一致的方式积累财富的尝试。在海外殖民地,政府在榨取竞争资源的同时,也保持了政治主导权,但是同样的政府在欧洲无法在国境之外施加控制力。股份制公司以管理殖民地领土的半自治组织为原型,其建立宗旨在于发展国内经济。当这些公司显现经济竞争价值时,内部权力中心逐渐变得更加多元化。专制主义有所削弱,转变成了集体主义,且容纳了越来越多的经济个人主义元素。国家的等级结构制度和经济竞争的事实同盟正在形成;这一同盟被称为"当权派"(the establishment)。这一同盟最终被贴上资本主义的标签,而在早期,个人主义与集体主义共存。但是不久之后,就会出现通过将个人主义和集体主义秩序限定在各自的范围之内，以达到分离目的的尝试。

国王和他的内阁成员：角色的演变

两个世纪间，内阁这一角色不断发展，以响应近代早期世界的环境演变，从实践中的非专业私人代理，发展成技能娴熟的技术专家，既可以构思与设计新政策，又能够通过适当的政治手段，实行这些政策。

在欧洲，内阁政府（ministerial government）与专制主义相伴而生。对于管理国家的许多问题的建议，中世纪君主们求助于皇家内阁（curiaregis），一个由 30 名或更多的牧师、贵族组成的圈子，而这些内阁成员都是国王的家臣或好友（希望如此）。在国王巡游时，皇家内阁会跟随在侧，这样一来如果有紧急事务需要立即决策时，皇家内阁可以马上投入工作。但是随着国家版图不断扩大，问题也越来越繁杂，内阁在决策和采取行动上显得越来越笨拙。

16 世纪专制主义政权正在成形时，国王逐渐开始依赖越来越小的顾问群体。在这一转折期，国王持续依靠知名度高、备受信任的助手——朝臣、好友、情妇和配偶。当治国难题超出国王的理政能力时，国王会在亲友圈之外，向那些被证实有能力将思维付诸行动的人寻求帮助。这些成为国王内阁大臣的后起之秀中，部分人是高级神职人员，他们通过管理教会层级结构积累了一定的行政经验。随着时间流逝，国王更经常从不断壮大的成功商人和金融家群体中选拔大臣，而他们都是白手起家，拥有丰富现实事务实操经验的能干之人。

从一开始，国王就挑选那些在外交、国防、司法、财政等方面有一定专长的大臣。正如经常发生的那样，如果国王越来越多地依赖于一个大臣，而不是其他大臣，那么一开始，他最有可能依赖外交部部长；在这样一个充斥着外交阴谋的世界，调解的专业知识对于实现国家的主导地位至关重要。

整个 17 世纪，每次外交部部长们之间的谈判崩溃，都会导致武装冲突，而冲突的规模和开支都在稳步增加。在各个国家不断增长的资本市场出现之前，钱先用完的政府不得不首先投降。1667 年英荷战争时，英国海军没有钱支付给水兵，也无法借款，导致英国战败。雇用常备军、基于围攻、行军和机动（maneuver）的创新战术稳步推高了成本，尽管这些军队力量可以保证持续参与战争。为支持其军队征收税款而面临的公众阻力是法国在奥格斯堡战争

(War of the League of Augsburg,1697 年)和西班牙继承战争(1713 年)中战败的原因之一。17 世纪逐渐过渡到 18 世纪后,财政大臣寻找维持国家机构日常活动所需的方式和手段的技巧逐渐提高了他在大臣中的地位。

17 世纪末至 18 世纪初的财政部部长是财政机构的设计师,同时还是具备丰富经验和富于创新的高手。如果我们要创建出那个时代领先的财政部部长组合,首先要加入的是强有力的科尔伯特,他厘清了收入和支出的平衡,在 17 世纪末法国混乱的财政中引入了秩序和诚实(无论持续时间多么短暂)。17 世纪晚期和 18 世纪初,许多英国财政官员通过创建和实践国家向公众借款方法的能力,来遵从新兴的专业标准。乔治·唐宁爵士(Sir George Downing)十分积极地传播行政管理技能。唐宁爵士是斯图亚特王朝复辟时期英国驻荷兰共和国的人使,他观察到了荷兰公共银行的成功运营经验,继而将由议会担保的公共债务的概念引入英国。西德尼·格尔多芬(Sidney Godolphin)——光荣革命前后四任君主统治下的英国第一财政大臣(First Lord of the English Treasury)——代表了实施新计划的务实派。他通过监督一系列决定新成立的银行如何向公众借款的实验,使英格兰银行开始运作。他的继任者威廉·朗兹(William Lowndes)起草了年度支出预算,并将其与税收提案进行平衡,从而有效地创造了第一个议会预算。

18 世纪末典型的财政部部长致力于改革,与花费精力发展中央集权结构的财政部部长形成了鲜明的对比。杜尔哥(曾短暂担任路易十六的财政部部长)和小威廉·皮特(William Pitt the Younger,乔治三世时期)都试图引入集中控制的方法,以减少市场管理造成的损失。杜尔哥的任务比这两项任务更艰巨,因为他试图实现荷兰和英国 17 世纪革命期间和之后发展起来的理念。由于他提出的改革方案涉及税收归宿和管理模式的根本转变,他失去了国王周围的权势人物的支持,因为改革注定会触犯这些人的利益。结果,杜尔哥的改革努力失败了,他很快就失去了职位。在英国,皮特采取了渐进主义的改革策略。他愿意让时间来帮助他实现降低行政成本的目标。皮特并没有彻底清除财政部的闲职人员,而是等到他们去世后,不再更替。

在专制制度下,大臣首先是而且永远是国王的私人仆从;后来,面对来自许多新利益集团和选民日益增长的压力,政府大臣开始以从广泛的角度审视他的职责。除了为国王服务以外，到 18 世纪末，他还为一个抽象的集体——国家服务。国王虽然名义上是国家首脑，但国王只是众多人中的一个。绝对君主被迫与有影响力的对手争夺权力，在一些国家是与贵族争权，而在另一些国家则是与议会派系争权，18 世纪的国王成为名义上的统治者。他的权力更多来自他的人民的同意，而不是来自神授。当国王的绝对权力被削弱时，大臣的权力就会增强。

启蒙与改革

17—18 世纪，欧洲思想家的理念是代议制政府组织原则的重要来源。这一时期萌芽的思考方式——有关人性、人与社会和与经济的关系，以及政府在协调个体与集体利益中的角色——直到现在仍然塑造着我们对于个人与政府关系的观念。启蒙时代记录思考的草稿中概念化的隐喻列表读起来十分眼熟，是因为设计美国政府的人们——富兰克林、麦迪逊、杰弗逊和杰伊的观点是由当时主流思潮塑造的。自然赋予的权利、自然秩序、平衡、个人权利、一般福利、通过行使理性而实现的人的进步、公共利益与私人利益在政府中的分离、经济效率、行政理性——这些观念以及更多的观念，都是他们使用的语言。美国政府的基本文件《独立宣言》和《美国宪法权利法案》都体现了这其中的大部分原则。

18 世纪后期法国思想家将思想史这一时期命名为"启蒙运动"，意指较长的黑暗时期后，起源于人类智慧一个世纪的光明时期。通过理性行事，不被过时理念束缚，人们就可以不受限地改善身边的环境。有志者可以改变现有的组织模式（modes of organization），而这些组织模式是自然法则（自然是有秩序、仁慈的）经过不断累积的传统修正的产物。

启蒙运动的哲学家认为，与理性的光辉相比，不久之前的中世纪和旧制度遗留下来的思维和组织模式是野蛮而黑暗的。所有的实践和制度，特别是中世纪的宗教迷信，君主专制独裁统治的缺陷，以及导致经济发展受到局限的君主专制国家的重商主义经济政策，都是他们批评的对象。这些思想家认为，如果继续实行这样的政策，会抑制人们改善境遇的能力。主流的启蒙思想认为，人的现世生活是高贵的。

启蒙运动的理论家从 17—18 世纪科学的成就中汲取了乐观的精神。对他们来说,笛卡尔和牛顿强大的物理理论证明了宇宙内在秩序的存在。如果人可以通过科学实验发现自然界的秩序,同理,他也可以通过实验,改变现有的社会组织,从而改善人的境遇。因此,社会变革既是人心所向,又是可以实现的。人性并非像中世纪遗留思想灌输的那样性本恶,人性本质上是良善的,但可能因邪恶的组织结构腐蚀。谴责现有机制压制善良的人性及导致不良行为的出现,体现了平等主义社会秩序的重要方面。

除极少数例外情况,启蒙理论家阐述了线性的进步主义历史观,导致了19 世纪的社会改革,并且仍然存在于现代社会政策的提案中。对人类完美性的信仰,催生了新的需求,要求改善普及教育,通过感官体验带来人的启蒙。在一个公开处决轻刑犯成为群众娱乐的时代,启蒙理论家认为施加于人的残暴权力是腐败的。他们向政府施加压力,要求刑事诉讼程序和监狱的改革。因为他们认为,对于生活境遇悲惨的人,社会有责任改善他们的生活,一些启蒙倡导者也主张国家救贫济困和废除奴隶制。

有关政府,启蒙思想家认为,如果能够听从他们的建议(正如哈布斯堡王朝皇帝约瑟夫二世听从伏尔泰的建议那样),专制主义的君主可以成为开明的统治者,那么一个国家的所有人都会受益。如果在国家组织和管理上,理性的力量得以取代传统做法,政府的效率就会提高。虽然他们也谴责市场管理的浪费和野蛮,但并非所有人都了解更好的做法。有些人认为,为了公众的利益,由聪明人来管理政府简化税收制度是可能的。

启蒙运动中最有影响力的范式融合了牛顿的平衡观和利他的个人主义。它为代议制国家提供了理论依据,而这个代议制国家的结构和立法机构组成,均衡地代表了该国的公民。当这一范式应用于经济学领域时,概念要素的相同组合产生了一个简单而有效的理论模型,这一模型即在均衡状态下自我组织、自我调节的市场。

自中世纪起,代议制政府就存在于欧洲。当时,地方贵族联合反对中央政府,并产生了一个地主贵族的代议制政府。约翰·洛克概括了代议制共和国(representative commonwealth)的主要内容,并宣布其为最理想的政府形式。英国 17 世纪两次革命的成果之一是政治参与程度的扩大,而代议制共和国则

让它合理化。在洛克写作时（1688 年光荣革命后不久），和联邦党人文集
（Federalist papers）一样，洛克的著作既是论辩小册子，也是政治理论。在洛
克的理想共和国中，立法者应当从社会各个阶层中选出。当时，英国政治结构
产生了巨变，选举权和政治代表从贵族群体扩展到包括平民出身的群体，而洛
克通过比喻论证，阐释了巨变的合法性。在欧洲大陆，代议制政府直到一个世
纪之后才出现。

洛克将已经发生的政府变革进行合理化，而 18 世纪兴起的经济思想却是
通过辩证法，反对当时政府施行的重商主义政策。重商主义代表了集体主义
和个人主义的联合，更确切地说，重商主义代表了个人主义被集体主义包含。
国家成为经济活动的主导者和中央指挥，而不是企业家个体。当时，中央集权
拥有古老的传统，历史与古代帝国一样悠久。重商主义理论认为，国家通过拥
有更多商品并将商品留存在国境内，就可以而且将会变得富有，从而证明了国
家干预市场的正当性。

重商主义国家通过许多不同的方式干预市场。一些国家（法国和哈布斯
堡王朝）对诸如盐、矿石和燃料之类的重要商品的生产和销售实行垄断。没有
实行垄断的政府则将垄断权授予朝廷得宠的权臣贵族，以换取礼物或借款。
如果他们的确利用了皇家特许经营权，利用时也十分低效，且成本很高。在法
国和普鲁士，生产奢侈品的国营作坊从其他高效的生产活动中抽走了大量的
资本和熟练劳动力。欧洲各地对进出口的限制让生产商没有了原材料，卖家
没有了市场。政府包括土地直接税，几百种商品生产和销售的间接税等在内
的财政政策，通过在商人、地主和劳动力，买家和卖家之间设置数目繁多的税
种，降低了私人投资者的积极性，妨碍了贸易的发展。

自动调节的市场模型是 18 世纪的主流经济学概念，而这一模型的出现是
对重商主义的反抗。当政府限制性的经济政策导致人们办事极为困难时，那
些思考周到的理论家和实践者很容易就想到减少规定数量是更好的决定。然
而，在 18 世纪末，政府对经济的控制如此根深蒂固，以至于对现代人来说自动
组织和调节的市场体系，在当时似乎是可望而不可即的理想。18 世纪经济政
策思想真正落实之时，已经过去近一个世纪。最终，这一思想为 19 世纪温和
政治改良主义政府的自由放任主义政策提供了理论基础。

"公共"政府的出现

随着大臣角色的演变,新的规范标准逐渐开始规范他们的行为。在 16 世纪和 17 世纪的大臣们身上,几乎看不到他们对国王和国家的个人义务与他们的个人利益之间的区别。在所有利用市场经济结构和激励机制来组织和奖励人员的前现代政府中,将国家利益和个人利益结合起来,在旧制度时代达到了顶峰。有了资助可以分配,有了合同可以出租,有了比以往任何时候规模数量都要大的官职可以出售,大臣们可以在为国家服务的同时很容易地中饱私囊。反过来说,当国家的债权人迫切要求国家偿还债务,而国家没有其他资金来源时,这些人不得不以自己的名义借款,然后将个人资金发放给国王和国家。

到 18 世纪末,"公共"政府的抽象概念开始出现。如今,这一概念对于我们共同理解政府的行为和组织方式而言如此基础,以至于我们很少问它意味着什么。但是这一群体共识是最近才出现的成果。随着时间的推移,"公共"这个概念被不断修改,其最基础的含义是"集体"。当美国宪法制定者形成这一概念时,公众选举、服务于公众利益的政府权力来源于接受管理的民众;政府并非由诸如大臣或国王的单一人物构成,也并非仅因他们的指令行事,与此相反,政府服务的对象是一个抽象的概念,即一个国家的人民。

这一公共的概念来源于多种渠道。当文艺复兴时期的知识分子为了证明一个比国王更具权威的政府的合理性而寻找历史类比时,他们并没有用到中世纪的代表大会(议会),这个会议仍然存在于欧洲的大多数国家。批评专制主义的理论家们明白,议会代表了社会的一小部分,即特权阶层,甚至于议会的成员也在反对国王日益增长的权威。随着时间的推移,人们对现实的认识似乎越来越模糊,近代早期的政治理论家在古典时期雅典和罗马的政府结构中,发现了一个由人民选出、为人民服务的政府理想化形象。人民在政府中的权力和对政府具有的权力(尽管在古典时期是虚幻的)对于 17 和 18 世纪的人来说,是极具吸引力的。

正如我们看到的那样,公共政府意识也是从与古代概念相反的思想体系演变而来。对于个体、社会和政治秩序的新认识,是从哥白尼和牛顿的假说演变而来。哥白尼和牛顿的平衡带来秩序的总论点认为,正如宇宙一样,政府对于所有人来说也可以是平等的。[26]

通过工作和成就完成的个体救赎的教条，也为公共和私有之间区分的逐渐扩大做出了贡献，而这也是伴随着清教徒主义影响逐渐扩大带来的社会结构改变而出现的。英国 17 世纪的历史学家克里斯多夫·希尔（Christopher Hill）将英国极具革命性的新教徒形容为"较为勤奋的那一类人"[27]。新教徒不准备为未来升入天堂而活着。他们可以在现世中，通过做对社会有用的工作优雅地度过每一天。在英国的新教社群中，工作取代休闲的现象比欧洲任何其他地方都要普遍。随着生产力的增加，利率也有所下降。因为学习具有价值，教育也广泛开展，新闻自由随之出现。一个受过教育的中产阶级在政府中的影响力以及对政府的影响力都有所提升。当然这种变化并没有在一瞬间发生，对社会所有成员的影响也并非完全一致。但渐渐地，由于所有这些方面的发展，在生活的方方面面都涌现了创新。

尽管对于像新教如何影响资本主义这样开放式的问题没有一个论点可以提供全面的结论，我们还是认为考虑社会运动对于个人主义社会秩序的影响是很有价值的。天主教会的教皇是集体主义宗教秩序的领袖。教皇之下，天主教会的组织原则等级森严。如果欧洲各地都严格遵从天主教会的组织结构，一位皇帝领导下的神圣罗马帝国将统领各地。

很显然，这一点对于新兴的欧洲民族国家而言并不适用，至少不是对所有民族国家都适用。在一个宗教信仰深厚的时代，强调个体有能力与全能的上帝维持直接的联系，而不经过中间人，对于即将成为国王的王储以及希望维持独立性的国王而言很有用。同时在每个国家，都有隶属于教皇的土地和收入，可能会用于世俗用途。

从宗教情感的角度来看，教会滥用权力（例如出售赎罪券，与政府唯利是图地卖官鬻爵有着相似之处），意味着集体主义被个人主义腐蚀。教会人员的私利已凌驾于信仰救赎信徒的公共利益之上。诸如为利益出卖灵魂这样极为反常的事情，如何才能逆转呢？首先，第一种方法，就是改革天主教会。除了渗透层级结构之外（应当从顶层开始，逐渐向下延伸，直至最底层），最终，集体主义应当被再次重中。

马丁·路德极具慧眼地看到了另外一种方法。他提出因信仰称义而非因圣经称义(或者说因信仰和圣经称义)的理念,让信徒得以与上帝建立直接联系。就像埃里克·埃里克森(Erik Erikson)在《年轻的马丁·路德》(*Young Man Luther*)一书中陈述的那样,包括路德的父亲及圣父在内的任何权威人物,都不会阻碍信徒和上帝建立直接联系。

我们应当了解的并非路德指明通向救赎的道路,而应当了解为何路德的信条吸引了如此多的支持者。假定我们设定个人主义文化的前置假设——而个人主义文化拣选信条来使它的信仰和实践更加合理化——也许我们可以更好地理解新教和资本主义之间的关系。新教徒和新兴资产阶级并没有试图去改革集体主义(教皇、国家资本主义管制),而是试图通过将个人主义限制在他们最为关注的领域,从而达到改革个人主义的目的。

路德作为一名社会等级制度坚定的支持者和经济平等主义的反对者,他将个人主义思想局限在信仰领域,使之不会攻击集体主义,也免于被集体主义攻击。而新兴的企业家满足于坚守商业领域的阵地,用国家及其官僚机构的支持来交换更强的议价能力。新教徒和资产阶级建立了私人的个人主义领地,而不是加入集体主义阵营。同时,为着这一目标,公共和私人领域、集体主义和个人主义的角色的概念和实践上的区分变得非常重要。

这些影响都塑造了那些严正宣称政府应当民选、民享的人的观念。进入19世纪,改革的条件已经成熟,代议制政府随即在一个世纪内成形。

就算是在现在,公共政府概念隐含的角色分离内涵依旧不够完善。一些政府官员依然将高级官职视为牟取私利的执照。高级政府官员收受的贿赂被披露后,在全世界引起了广泛反响,残酷地体现了这一公共意识是如何的根深蒂固。

18世纪末,公共政府理论已广为传播,实施才刚刚开始。

为政府筹款

资本市场

在财政史上,一个稳定的国债公开市场的出现是这一时代最重要的制度化成就。我们对运作良好的现代公共债务市场已经习以为常,很难想象过去时代低效运作的市场情形。只有在偶尔发生的情况下,当正常的资本市场被破坏之时,比如 1975 年纽约市的金融危机爆发之际,我们才会得以一瞥过去时代极度混乱的环境中公共债务市场运作方式的现代投射。

18 世纪中期,亚当·斯密提出市场化制度拥有独一无二的统一个人和集体利益的能力,好比是"通过看不见的手"[28]之时,欧洲的资本市场已经存在了接近两百年。一个制度要达到这些目的,必须先满足几个条件。如果资本是商品,那么必须有一些需要借钱并且愿意为之支付一定资金的人,以及一些拥有盈余资金,并愿意为获取一个约定好的报酬,将资金借出去的人。如果资本要得以自由兑现,每一笔交易的互利最终都有赖于信任的建立——即贷款人会履行他的承诺,借款人也会完成归还本金债务和支付先前承诺利率利息的义务。当有了信任作为资金交易基础之时,正如亚当·斯密所提出的那样,个体之间的债务合约提供了社会上的功能,而这一功能是出乎借贷双方意料之外的。例如,如果借贷双方都遵守信用,债务合约可以在二级市场上以一个较小的折扣出售,从而扩大了资金的供给。

现代城市、国家和发达国家定期会在公开市场上借款,为在实现正常收入之前填补财政赤字,支付开支。因为发达国家的政府信用较为稳定和安全,国债在初发布时是非常有吸引力的投资标的,同时在二级市场上也可以自由议价。尽管变化的市场环境可能会决定某个特定债券发行的市场现价,但政府债券仍然是一种近乎可以全流通的商品,近乎可与货币相互交换。

在成熟的、现代的资本市场中,财政部通过中央银行代理发行利率浮动的国家政府债券。通过在公开市场上购买和销售国债,中央政府不仅控制了货币供应,而且通过将国债的市场价值控制在可容忍限度内,来影响利率。中央银行管理国债的程序已如此程式化,以至于我们早已习以为常,但是很显然,这一程序并非总是以现在的形式存在。现代国家的银行管理方法是几个世纪以来尝试、犯错和方法改进后的成果,而这也是许多技术创新的必经之路。

私人贷款

为了超越反对从贷款中获取利润这一根深蒂固的道德约束,最早的实验从建立私人资本交易市场开始。由于贫困如此普遍,天主教会直到 17 世纪和之后才对贷款进行了谴责。新教神学家也是如此。16 世纪中叶,路德赞扬那些向小农提供低息贷款的人。在日内瓦,加尔文试图保持低利率以使穷人受益。[29]

到 16 世纪末期,在欧洲南部,各种新制度使个人能够放贷或借款,并且随着 17 世纪中期北欧使用贷款的增加,可通过在二级市场上交易债务工具来扩大货币供应量。私人贷款合约以折扣价发行直至到期或续借,在各州发行纸币之前很长一段时间就作为信托货币流通。除了汇票(随着时间的推移变得更加普遍)之外,资本交易商可以交易期票(promissory note)、银行支票,抵押或典当不动产或个人财产、银匠或金匠的硬币存单,以及在国内等同于汇票(bill of exchange)的强制性票据。因为在近代早期,铸造的硬币供不应求,这种债务工具对于不断壮大的商业经济至关重要。增加的货币供应支持了经济增长,金融资本主义在天主教和新教国家都得以蓬勃发展。

在 17 世纪阿姆斯特丹具有活力的环境下,荷兰反抗西班牙战争之后,贴现债券(discounted debt)市场出现。商人通过向银行家支付汇票现值的一小部分,将未来价值转化为现在的资产。私人企业家很容易在阿姆斯特丹市场上融到资金。来自欧洲各地的汇票在这里贴现流通,为荷兰共和国 17 世纪的经济迅猛增长和繁荣提供了资本。

政府贷款

虽然有偿付能力、有信誉的个人可以轻松借到钱,但国债的市场依然发展缓慢。在中世纪晚期和近代早期的君主制观念下,国王和国家的身份使国家财政成为国王的个人责任。在一个国家作为其公民的集体政府单位的概念出现之前,国家不能获得贷款。当国家需要资金时,国王和他们的金融代理人必须以自己的名义从私人贷款人那里借钱。

在文艺复兴早期,仍然有银行家、商人和贷款人,他们的盈余足以向国王借出大笔资金。当富格和威尔沙(Fugger and Welser)商业和银行家族开始向皇室提供贷款时,贷款活动中心逐渐从意大利向北移动到德国南部。到了 17 世纪,贷款活动的中心已转移到安特卫普(Antwerp)和阿姆斯特丹(Amsterdam);佛兰芒(Flemish)和荷兰的商人和金融家向不同的欧洲国王客户提供合同下的信贷服务,以及不时提供行政服务。[30]

从国王的角度来看,在国内借钱比在国外借钱更为可取;同时,他的治理权力将允许他而不是银行家来规定合同的条款。随着经济发展带来私人资本的累积,国王逐渐找到了国内贷款来源。

当国王从国内贷款人那里借来资金的时候,皇室的威慑力和权威经常可以确定贷款的条件。因为借款人和贷款人对彼此都缺乏信心,所以政府财政资本的稳定市场发展缓慢。由于国王在没有还款的情况下不能被起诉,有钱人在向皇室借钱时经常犹豫不决。[31]而国王是臭名昭著的坏账者。无论是因为君主的反复无常,快速扩张导致的入不敷出,还是因为战争的高成本,无效的财政管理方法,又或者通常情况下,这些原因的综合,国王很少能够履行义务。

因此,国王援引专制主义权力来维持他的偿付能力。有时他们会通过大规模的破产来拒绝还债。其他时候,君主会任意降低利率和延长贷款时间,从而减少贷款人的回报。欠个人大量钱财的国王可能会针对贷款人提起法律诉讼。中世纪晚期,法国路易九世指责他的金融家雅克·科尔企图毒害王后。对科尔进行监禁,在施以酷刑和秘密审判之后,国王对前任财政大臣进行了罚款,没收了他的大部分财产,并将他驱逐出法国。[32]1627年,法国国王弗朗西斯一世(Francis Ⅰ of France)指责他的财政大臣、商人银行家博恩·德·尚布朗西(Beaune de Semblancay)渎职。3年前,尚布朗西面临调查并设法恢复了自身的名誉,但这次他没有那么幸运。为了使国王摆脱令人尴尬的债权人,法院认定他有罪;两天后他被实施绞刑。[33]在整个近代早期,法国国王雇用了司法法庭(Chambre de Justice,对模糊指控进行的皇室审判),以获得对其债务的免除。[34]

皇室还款的承诺经常毫无价值,因此中世纪晚期时,早在国家资本的稳定一级市场形成之前,就出现了一个非正式的国债债务二级市场。当国王以预期收入作为保证金借款时(通过向在国债到期时,以特定收入还款的指定债权人发放符木或票据),贷方试图通过出售原始债务工具来回收资金。正如在中世纪晚期符木和票据的二级市场价值稳步下降一样,债务工具每次转手销售,都会以一个更高的贴现率售出。

国王和他们的大臣发现私人资本市场正在兴起后，试图通过发明新的贷款工具、短期和长期的资本工具来进入这一市场。预期收入票据（revenue-anticipation note）在概念上与符木类似，但谈判起来没那么令人难堪，而且理论上是一种短期的工具。国王会将这些票据出售给任何有意购买的买家（票据在法国被称为 rescription，在哈布斯堡王朝——奥地利、南意大利和西班牙被称为 censo 或 asiento）。国内与国外的银行家、商人和任何贵族都极其渴望获得向国王投放贷款的机会，以换取王室的恩典，而这种投资让他们的资本承担了一定的风险。正如符木一样，票据以一个较低的折价流通，反映了市场对于票据现值的评估水平。

当国王作为私人个体进入资本市场，并以个人还款承诺的优势借款时，他们较差的信用评分让市场为他们投放高息贷款，高利率反映了借款人的风险水平高。尽管国王通过出售长期年金（long-term annuities）或通过王室领地的收入进行抵押贷款，将继承祖地作为担保，贷款利率仍然较高。正如它们模仿的中世纪终身租赁（life-rent）一样，这些年金让购买者一到两代人终身可以一个约定好的利率获取固定的收益。当时的现实利率在下降，而王室年金由于可以支付固定利息，成为颇具吸引力的投资产品。当国王和大臣发现年金的高成本时，他们会在支付利息上违约，并寻找借款的其他方式。

短期债务还是长期债务

很久以前，长期借款和短期借款之间的界限（如私有职位和国家官职之间的模糊区别）并不清晰。国王经常进行短期借款，但在本金到期时无法还款。在这种情况下，他们可能通过续贷或延长贷款期限来推迟还款期限。正如1975年纽约市债务延期偿付（debt moratorium）一样，短期票据变成长期债券。西班牙国债的术语在短期债券（censos）和长期债券（juros）中做了区分。但是出于所有实际目的，哈布斯堡王朝的所有借款，如同其他欧洲国家的借款，在经过多次破产和延期后最终成为长期债券。[35]

一些分析师[36]认为，短期债务到长期债务的转换是稳定国家财政具有理性前瞻思维的措施。长期贷款的合约规定了一定期限的定额利息，意味着对于国家资源已知、可预测的索求权(claim)。而短期债券通常是在严重的财政危机时发放，仅将紧急情况发生的时间向后推迟，国家可以在未来收入汇入国库或开征新税之前，归还最为紧急的债务。在现代财政分析的话语中，长期借款创造了一种固定债务，而为支付国家持续开销而发行和再发行的短期票据(short-term notes)则属于短期债务(floating debt)。[①]

由于近代早期国家在进入资本市场时面临竞争劣势，或许通过将不同利率发行的短期债务确定下来，转换为长期、固定利率的还款义务，情况会有所改善。因此，长期贷款的利息和赎回费可以得到支付，而还款来源则是预先安排的某个收益可预测的收入来源。

事实上，正如现代政府的银行家所知，短期、中期和长期债券发行是国家财政管理的必要工具。短期债务——现代国库券或州和市政府的票据——在正常收入纳入国库之前，支付日常开支。中期和长期债券，发行期限为1~20年或30年(实际上，如果我们使用中世纪的金融语言来说，发行期限为人的一生)，支持国家的财政赤字，以及州和市政府对旨在很长一段时间内摊销的设施的投资。

在近代早期，国家借贷没有这种规律性。在战争期间，当财政紧急事件经常连续出现时，国家的财政行为有时不可避免地陷入非常不稳定的境地。正常情况下(主要是战争与战争的间歇性间隔期间)，早期现代政府会采用熟悉、久经考验的方法来稳定国家财政。

市场管理提供信贷

对短期信贷的不断需求促使国王采用并维持合同形式的财政管理方式，以弥合收入与其对缓解国库压力之间的差距(在最极端的情况下最多4

---

① 财政环境面临极端不确定性的情况下，20世纪60年代到20世纪70年代的拉美政府常发现无法全额归还债权人的贷款。面临压力时，他们可能每次会归还债务总额的几个百分点。因此，他们发行的票据以一个折扣价进行流通。一段时间后，会出现巨额的短期债务，数额巨大且未知，使得弱势的政府十分苦恼，并且在军队接管国家后，债务被废除。[37]更近期，第三世界的国家无法从私人银行处获得开发贷款(development loan)，只好直接将所欠的利息加到贷款本金之上。由于美国的银行将未偿还贷款记为资产，任何大额借款人的债务违约会威胁到一家银行的资本结构，可以想见，这会导致银行破产。1985年7月，秘鲁新选举上任的总统威胁要债务违约，将秘鲁外国贷款支付的利息限定在该国出口收入的某一百分比之内，并将未偿还的利息加到贷款本金之上。

年[38]）。当包税合同续签时,包税人缴纳税款的预付款是在市场环境较差时向各国政府提供短期信贷的有效来源。通过威胁撤销包税合同,或在合同更新时确定严厉的条款,国王可以从合同持有人处索取更多短期贷款。因此,在1638年,与苏格兰的战争突然需要大量资金支持时,英王查理一世召集了关税包税人联合会主席查尔斯·平达爵士（Charles Pindar）,请求平达的帮助。国王可以指望他的帮助;一位法院法官说:"查尔斯爵士在国王最需要的时候,永远不会让国王失望。"[39]包税合同持有人希望保证他们的投资不会失败,因此答应了国王要求他们做的任何事情。由于在近代早期政府管理中存在徇私和赞助,紧急财政援助往往是给君主的礼物,而作为回报,贷款人希望君主能支付预付款。直接的财政激励支持了贷款人缓解国王财政困境的意愿。如果贷款得到偿还（通常情况下都会实现,如果君主希望继续借钱的话）,贷款人就可以从君主支付的最高利率与贷款人借款利率的差额中赚取利润。[40]

因此,旧政权时期的所有欧洲国家共同出售官职的做法,实际上是政府在不进入资本市场的情况下长期借款的一种方式。虽然法国出售官职的持续时间最长,但在所有欧洲国家,以权谋私都是财政管理的副产品。当各个国家政府可以在资本市场上,以相同或低于私人借款人支付的利率支付利息时,它就消失了。

公共资本市场

公共概念在适用于资本市场时,与国家问题和国家债务担保的概念相关。当代表一个国家的人民而非国王个人的管理机构为国家借钱时,国家财政就成了公共财政。管理机构以公共代表的身份贷款。立法机构在法律上有责任提供足够的税收来支付公共债务的利息,并在到期时归还本金。

发展一个安全、规范的公共资本市场——允许政府向其广大人民借款的市场需要很长时间。在公开资本市场出现的过程中,几个彼此独立但密切相关的中世纪和近代早期金融机构的概念基础共同创造了一个新的机构:国家中央银行,后来成为稳定、现代化公共财政的基石。

中世纪晚期和近代早期,与现在相反,城市的信用评级比任何国王政府都要良好。15世纪,意大利北部城邦的动态环境中,产生了市政债务集体担保的理念。集体担保首先用于为准银行机构获得资金，这些机构是为贫困公民提供小额贷款而设立的。这一被称为"monte de pietà"（英文为 mount of pie-ty，直译为"虔诚之山"。——译者注）的城市贷款银行从富人的慈善捐款中获得了营运资金。

虽然"虔诚之山"的慈善目的从未完全消失，但银行逐渐承担了新的角色。在一些地方，"虔诚之山"成为私人投资者和政府的资金来源。为了增加营运资金，管理机构（从城镇的主要公民中选出）通过承诺支付 4% 的利息，筹集存款。由于银行资本金和所有未偿还贷款的背后，有议员的集体责任（collective liability）作支撑，个体有动力将个人资金存入银行。

16 世纪初意大利北部共有 89 个"虔诚之山"。除了提供消费者贷款之外，"虔诚之山"还承担起了传统的私人银行的职能：储蓄银行、安全存款，以及寻求安全投资的资本去处。"虔诚之山"同时也承担了公共银行（public bank）的职能，通常扮演了城市出纳和市政债务担保方的角色。① 一些城市银行的资本金十分充裕，甚至可以向国王放贷。16 世纪末，佛罗伦萨的公共银行通过向西班牙的菲利普二世发放 30 万达卡特（ducat）贷款赚取了极为丰厚的利润。[41]

国王发现投资者有购买城市债的意愿后，开始利用市政信用来担保个人贷款。国王不再以个人名义出售债券，而是用大城市的良好信用作为担保发行债券。英国都铎王朝时期，伦敦市法团（Corporation of London）被迫为王室贷款提供担保后，由市政担保的国家贷款开始流行。[42] 在几乎同一时期，法国国王也开始以巴黎和里昂市出具的担保凭证借款。[43] 哈布斯堡王朝通过小型西班牙市镇比王室更好的信用评级贷款。[44]

荷兰共和国的公共银行

尽管市政银行并未立即在其他欧洲国家扎根，却在富裕的荷兰共和国找到了肥沃的土壤。早在 17 世纪，阿姆斯特丹就以威尼斯银行为蓝本，建立了

---

① 城市可以比国家更容易出售债券，因为城市中最富有的公民集体担保贷款。虽然这些公民的承诺似乎体现了古希腊和罗马礼仪中公共服务的无私动机，担保人无疑也有物质上的动机：他们是城市贷款的主要投资者。

自己的市政银行。[45]阿姆斯特丹银行的成功使它成为其他国家政府的银行的典范。市政府不依靠慈善机构获得资金,而是长期通过出售市政担保的生息债券资助阿姆斯特丹银行。随着时间的推移,阿姆斯特丹银行成为荷兰国债的发行机构。通过承诺以平价兑换荷兰债务并维持这一承诺[46],该银行吸引了来自欧洲各地的资金。融资更容易后,银行只要有需要,就可在任何时候借款,同时 17 世纪的利率在稳步下降。17 世纪的后半叶,当英国复辟的斯图亚特王朝国王查尔斯二世借款利率达 10%,法国路易十四借款利率不低于 15%时,荷兰就在以战争时期仅 6.5%,和平时期 3.5%的利率发行债券[47]。(显然市场对战争风险的价值评估为 3%。)荷兰共和国的票据和债券成为如此受欢迎的投资,"普通人的安全与国家或城市的安全密不可分"[48]。通过创造和保持投资者对共和国义务的信心,决定银行政策的阿姆斯特丹市议员(由所有顽固的商人组成)有效地创建了首个国家公共银行。

银行政策推动了稳定国家资本公共市场的出现。对于荷兰共和国通过阿姆斯特丹银行进入公共资本市场,为国家创造了灵活、有弹性的资金来源,外国观察者感到十分惊讶。无论是战争时期还是和平时期,都可以自由借款。"当他们偿还本金的任何部分时,"复辟时期的英国国家官员威廉·坦普爵士(Sir William Temple)表示:"……(投资者)含泪收下,这一过程来得如此安全和轻松,以至于都不知该如何处置。"[49]

17 世纪末的英国商人和金融家们看到海峡对岸的竞争对手荷兰借款成本如此便宜,都十分羡慕。英国重商主义作家约西亚·奇尔德爵士(Sir Josia Childe)和托马斯·亚兰顿(Thomas Yaranton)指出,阿姆斯特丹银行"对他们来说是如此巨大的优势"[50],因为荷兰发行的国债"在贸易中等价于现金,甚至在很多情况下比现金更好"。

英国政府观察员也没有忘记从荷兰财政的实践中学习。斯图亚特王朝复辟后的英格兰驻阿姆斯特丹大使乔治·唐宁爵士说服英国国王查理二世,尝试以荷兰为蓝本的债务融资新模式。它将重视预期收入的旧借贷原则与集体担保的概念相结合,并增加了一个新的要素——行政手续简化。为了支持 1667 年的英荷战争,英国财政部发行的债券由议会而不是国王担保,保证在特定时间从指定的税收收入中支付利息和赎回费用。债券按销售顺序编号并注明日期,因为财政部承诺按照相同的顺序赎回债券,所以担保债务变得更易流通。系统性债务(systematic)融资的实验虽然是暂时性的,但为有序的长期国债融资奠定了先例。

英格兰银行

汉诺威王朝的威廉三世(荷兰人)在1688年光荣革命后被推举为英格兰的共同统治者时,属于英格兰的公共银行得以建成。以阿姆斯特丹银行为蓝本的英格兰银行在发行公共债券方面非常成功,很快成为其他国家公共银行的原型。在许多精明的金融创新者的指导下,英格兰的新公共银行迅速建立了投资者对[51]政府债的信心,使英格兰能够以稳定下降的利率来借入大笔资金。1711年(英格兰银行成立10年后),约瑟夫·艾迪生(Joseph Addison)在《观察家》杂志中,将公共信贷与"坐在黄金宝座上的美丽圣母"进行类比,称其拥有克利萨斯(Croesus,小亚细亚西部之古代王国里底亚最富有的人。——译者注)的力量,"可以将任何她想要的事物转换成珍贵的金属(即黄金——译者注)"[52]。到18世纪前30年末期,据商人议员萨缪尔·伯纳德(Samuel Barnard)称,公共信贷对于公共和私人经济活动来说已经变得至关重要,并且与"人的呼吸"一样可靠[53],甚至比私人信贷还要好。公共资本市场已经在英格兰扎稳了根基。但直到18世纪最后10年的灾难性事件发生之后,其他欧洲国家才出现了良好的公共资本市场。

国家的收入:扩大收入基础

治理国家剧目中的领衔政治家主演明白,稳定的财政是国家权力的基础。就像文艺复兴时期通过引述古典时代先辈的论点将自己的观点合法化的学者一样,16世纪的政治理论家让·博丹(Jean Bodin)可能已经熟知罗马执政官西塞罗的著名论述:"收入是共和国的命脉。"[54]博丹阐述了这一古老比喻的新版本:"财政手段是国家的神经。"[55]与来源未知的训诫书一样,博丹的论点不断重现。例如,16世纪的威尼斯官员用华丽的隐喻这样形容:贵金属赋予了政府"脉搏,动力,思想,灵魂,本质及生命本身"[56]。据称是科尔伯特阐述的简洁格言称:"金钱是战争的重要神经。"[57]对现代人来说,这些格言似乎已变成空洞的老生常谈了。

近代早期的政府从未有足够多的资金来支持王室的野心。如果我们还能记得这一点,将金钱和稳定等同起来是可以理解的。对于在这个大发展的时代衡量其国家力量的政治家而言,税收和税收带来的货币收入是可互换的指数。君主专制主义的出现带来了长期的战争,而不情愿的人民能够或将要提供的收入增速赶不上战争消耗收入的速度。国家的贫困是如此普遍,以至于它变成了讽刺的主题,"手下们巧取豪夺,吃干抹净,囤积堆放,我们的国库却总是空空如也",歌德所著《浮士德》(Faust)中的财政大臣向他的皇帝叹道。[58]然而,没有钱就不可能发动战争;没有工资,文艺复兴国家合同制雇用的雇佣军和专制主义政府的雇佣军都不会长期作战。"我们的雇佣军的不安情绪与日俱增,愤怒地要求他们的工钱。但是,如果把工钱都付清了,我们知道他们会坚持下去,永远不会离开",这位统治者的陆军元帅承认。[59]

私营部门,至少是头部的私营部门正变得富裕的同时,公共部门,特别是权力顶层并没有变得更富裕。社会上出现了相反的趋势:依赖等级制度的权贵阶层正在消费,个体工商业阶层正在储蓄。依照臣民的标准,尤其是纳税的中低阶层,政府既富裕又挥霍无度,将所有征来的税都花光,甚至花得比收的多。随着政府的消费意愿超越了征税的成就,统治者在寻找和消费新收入来源的成果方面变得更具创造性。

近代早期国家永远缺乏资金的原因是系统性的、彼此间相互依存的,并非所有原因都与其试图征收的税收有关。古代和中世纪有关政府财政权力的观念限制了国家的税收权力,由于封建制度残留犹存,贵族免于征税,只有穷困的平民和小商人须缴纳税款。实际生产率低下,政府不可能从勉强维持生计的人民那里获得很多税收收入,直接导致传统土地直接税收入非常有限。

除了由于经济缺乏发展导致的这些因素之外,近代早期国家缺乏技术能力,来确定可以在哪些部门产量扩大时征税,并且管理税收,让税收最大化。对于一些观察家而言,早期现代国家用来增加收入的方法的大杂烩不过是投机取巧的做法,且由持续的紧急情况引发:

——土地直接税,16世纪英格兰恢复的封建制度(feudal wardship),没收土地和货币，货币贬值，出售王室土地和官职换取收入等方面，古代和中世纪的方式得以持续。

——在新组织和股份公司的活动中，个人和国家利益混合在一起，这些组织在中世纪私人政府和现代公共政府之间的历史发展阶段和组织结构上都处于中间地位。股份公司为私人投资者产生了利润，为国家政府带来了收入。

——为了增加收入，一些国家垄断了有价值的矿产资源，包括银、锡、明矾和铅。正如当今欠发达国家将矿产权出租给私营公司一样，近代早期国家授予私人承包商开采权，然后尝试（尝试有时会成功）控制价格和销售条款，以实现最大收益。

——间接税逐渐成为近代早期国家的财政支柱。无论是股份公司还是矿产权，都没有消费税增加收入的能力强。

——在拿破仑战争的赤字压力下，18世纪后期各国恢复了意大利文艺复兴时期城镇最初使用的收入直接税。由于缺乏近期先例，所得税对当时的纳税人来说是如此难以接受，以至于战争结束时，它又被废除了，直到30年后才恢复。

尽管这种收入来源看起来不一致，在理解这一时代的财政实践时，我们需要铭记一个要点：包括国家本身在内的国家财政的关键机构仍处于发展阶段。此外，据我们所知，在这一时期，人类有史以来首次开始研究财政系统，作为改善和重新设计国家机构的方式。神职人员、商人、政府公务员和学术知识分子都为越来越多的关于政府财政的思辨和写作做出了贡献。例如早在16世纪后期，人们就已理解货币贬值是一种在短期内提高收入的经典方式，但由此产生的价格通胀使货币贬值成为徒劳的策略。

在这一财政史时代结束时，最基本的公共财政理论雏形已经出现，它比较零碎，通常比理论更具有论战性，而且不系统。与现代财政理论一样，理论家们对国家应当做什么存有不同的观点。然而，恰恰是因为近代早期国家的财政动荡，这些理论才会形成。为了应对政府在此期间无效的财政政策，现代公共财政理论的基本概念——财政公平，经济效率和财政生产力在这一期间初见雏形。

正常收入和特殊收入

在 16 世纪和 17 世纪初期,古代和中世纪关于国家财政的观念限制了国王增加收入的能力。国王的正常收入或世袭收入与从其他渠道获得的特殊收入之间的区分,一直延续到近代早期。正常收入不足以维持国家发展需要,最初获得授权征收的短期补充税种成为永久性税种很久之后,正常收入和特殊收入之间的区分使国王及其大臣们难以(但并非不可能)扩大收入基础。

征收新税受到传统的约束而止步不前,财政管理系统不发达导致已有的税种也难以征收,近代早期君主的收入仅能勉强度日。例如,13 世纪中期,就在 30 年战争(Thirty Years' War)之后,勃兰登堡-普鲁士的选帝侯(Elector,是德国历史上的一种特殊现象,指德意志诸侯中有权选举神圣罗马皇帝的诸侯。——译者注)弗雷德里克·威廉一世每隔一天从柏林市地方法官那里借 15 塔勒(thaler)①,为他自己和宫廷购买食物。[60]君主体制须花费巨额资金来履行相关的仪式和义务。西班牙国王查理二世去世时,他的继承人不得不向马德里商人借钱,来举办在任君主统治期间驾崩应当举办的漫长而昂贵的葬礼仪式。[61]当时,即使在并非王室的普通贵族家庭,合适的葬礼仪式也包括数百场弥撒、葬礼列队和给穷人的施舍,花费相当于一个资产阶级家庭的年收入。[62]1619 年,由于资金紧缺,英国国王詹姆斯一世被迫推迟了他的王后的葬礼仪式。伦敦的商人预计国王还款需要很长时间(假设国王会还款),应还款项按借款金额的两倍收取。[63]

土地及农产品的直接税

由于传统收入不足,当货币需求增加时,各国继续征收土地直接税,这是古代和中世纪政府的主要收入来源。法国的租税(taille realle);英国的封建税,向英国城镇征收的 1/10 税(tenths)和 1/15 税(fifteenths),法国的捐税(contribution),西班牙王室的服务税(servicios)、货币保值税(moneda forera)和共同利益税(vecinos pecheros),甚至英国克伦威尔主政之后的评估税(the

---

① 当时普鲁士的货币单位;美元(dollar)一词的词源。

assessments)都是土地税的衍生税种。尽管这些税种效率较高，但由于政府对收入的需求与日俱增，征税土地收入增长速度依旧不够快。

此外，几个世纪以来，直接税的逐步扩大，导致税收归宿、豁免和税率不连贯。虽然这一时期普遍缺乏可靠数据，但杜尔哥在担任利摩日（Limoges）的行政长官时，就试图估算利摩日省租税的税收归宿和税率的变化。在其中几个教区，靠土地为生的农民将 56.5％的利润支付给国王；在其他的教区，这一比例是 54％和 49％；一些受到优待的教区仅支付 20％～25％。他还发现，土地拥有者平均支付的税收占总收入的 48％～50％。分益佃农（metayer）在租赁的土地上耕种，除交税之外，还需要缴纳农产品的一部分作为租金，处境更糟。这些杜尔哥称为"可怜穷人"的人，需要将收入的 80％上交给土地所有者和国家。[64]

17 世纪之后，道路和运河的建设促进了地区之间的沟通，对地区间不平等现象的普遍认知，进一步加剧了通常和税收有关的紧张局面。正如在古代时期，纳税人反复的抗争情绪导致专制主义国家采纳严苛的收税措施，当应缴税款未被缴纳之时，国家会没收个人财产和土地。① 在 17 世纪和 18 世纪间，对国家财政征税要求的抗争不定期以抗税行为的形式爆发出来。为了安抚民心，确保直接税收不断流，国家不时被迫对征税进行调整。

即便是在生产效率不断提升的地区，由于传统的权力和机构设置根深蒂固，直接税的收入也没有很快提升。政府担忧可能会失去政府重要支持者地主阶级的支持，始终对提升税率持犹豫态度，同时更新地产估价登记带来的行政障碍影响了政府从土地价值的提升中获取收入。16 和 17 世纪的西班牙、法国和英国的君主受到债权人的压力，同时又不能借款，不得已只好采取最后的手段——变卖或抵押王室封地以弥补赤字。

---

① 法国宗教战争期间（16 世纪末期），天主教徒和新教徒都承担了沉重的税收、为军队提供食物和庇护所的责任。他们抱怨说，国家正在从他们那里拿走"除黏土和石头之外的所有东西"。如果贫穷的农民已经出售他们拥有的所有资产来购买食物，那么国家进一步通过税收榨干农民的回报可以忽略不计。17 世纪中期，法国西南部一个贫困地区的法警被委托没收逾期未缴税者的财产，他在报告中汇报当地的情况："到达那些欠税的人的住处时，我们看到他们家徒四壁，一件可移动的商品都没有，佃户说他们已经将商品卖掉或典当去买面包。"[65]

没收财产

和很久以前一样,没收弱势群体的财产是正常收入的补充来源。我们不会将国王从贵族、市政当局和商人那里取得的强制贷款视为真正的没收,除非是国家未能支付利息、宣布破产或者(国王心血来潮之下)未能偿还贷款的情况。相反,没收财产的受害者通常是信仰与多数人信仰不同的个人和组织,当时宗教宽容程度非常低。因此,宗教改革期间,新教国家从天主教会手中夺取了财产和收入。当英格兰的亨利八世、瑞典的古斯塔夫斯·瓦萨以及神圣罗马帝国的各北欧公国的王子各自皈依了各自的新教教派时,他们的政府通过出售土地、建筑物和从教堂没收的贵金属和珠宝制成的仪式物品等财产,暂时免受经济压力的影响。与教皇发生争执后,亨利八世退出了教会,然后接管了英格兰的所有修道院以支付战争开销。清教徒革命期间,克伦威尔和他的追随者没收了保皇派、被废的斯图亚特国王查理一世和英格兰教会的财产。保皇派的财产以一半的评估市场价格出售给任何愿意购买的人,在这样的交易中被出售的没收财产成为一些私有财富的主要组成部分[66],但财产销售的收益对于第一次被迫靠本期收入生存的政府而言十分微薄。

宗教改革运动将修道院的财产划归君主所有,但是除了废除了神职人员免税特权的直接影响之外,并未出现任何财政创新。

同样,反宗教改革运动也仅仅是为天主教国家提供了临时的延缓期。无论是法国 16 世纪的宗教战争后从侨居胡格诺派那里没收的财产,抑或是宗教裁判运动期间哈布斯堡王朝从犹太人那里夺取的财产都没有改善这些国家政府的财政状况。(支持教皇的国王——法国和哈布斯堡王朝——继续从教会的土地税收中获得定期、关键的收入,而且可以在紧急时期从教会那里获得更多的经济支持。[①])法国大革命后,没收的王室和教会财产被大革命政府拍卖以恢复国家的偿债能力,但这是徒劳之举。

---

① 有时候教会财产会被天主教国家政府没收。1690 年,路易十四将银器送至铸币厂熔化,听说"教堂中的银器多过体面礼拜所需"。因此,路易十四下令巴黎区主教盘点可以铸成硬币的礼器的清单。不久之后,路易十四又下令教会上缴 1 200 万里弗的现金"礼物",而教会阶层通过出售教会土地筹资。[67]

殖民地探索和开发

曾经有一段时期，从国外掠夺可以有效补充国内政府的正常收入。从殖民地领土掠夺的丰富战利品增加了国家收入，还因为各国之间为争夺遥远的土地资源控制权而进行的竞争带来了授权的海盗行为，进而导致了战争，从而创造了更多的需求，形成了循环。根据布劳黛（Braudel）和施普纳（Spooner）对塞维利亚海关机构保存记录的粗略估计，西班牙从其美国殖民地在高峰期1500—1650 年间掠夺了 180 吨黄金和 16 000 吨白银的战利品。进口金条使欧洲的黄金货币库存增加了 5%，白银库存增加了一倍。[68] 西班牙君主不耐烦地等待来自新世界的船只抵达；这些船只携带了金条，用以偿还热那亚银行家补充空虚国库的贷款。但是，随着通货膨胀不断侵蚀货币价值，而支出在不断增加，货币金属供应的增加暂时被证明是有益的。① 到了 17 世纪，通货膨胀成为欧洲经济生活的现实。通货膨胀不再仅仅是货币贬值带来价格上涨的简单结果，而是由于印刷或铸造超出政府收入的货币以及社会生产力的增长带来的现象。

贬　值

近代早期的财政大臣尽管可能知道有更好的方法，却仍然不时使用货币贬值的方式来提升国家的财政状况。渐渐地，以召回货币并掺入廉价金属假币或重新发放尺寸较小的货币为代表的传统货币贬值手段逐渐被国家总货币供给贬值的正式手段代替。当时国家的计价货币类似于现代社会的固定平价货币，属于记账工具，是商人和银行家用于跨国贸易计价的虚构方式。由于有大量的商贸活动都是通过包括汇票、银行信用证、国家和市政债券以及公司债券等财政工具交易，货币贬值带来的影响变得极为普遍而直接。国家通过任意将计价货币贬值，就可以在海外购买商品，直到国内的通货膨胀将优势抵

---

① 一位 17 世纪早期的评论家用生动的语言描绘通货膨胀："在前往秘鲁的旅途上，人们本可将许多财富保存在一小块地方，但当金银因过量而贬值时，运送财富需要带上许多大箱子，而从前只需要粗布一裹就足够。从前，一个人只需要袖子里的钱包就可以远行，但如今他需要一只大箱子和一匹马。"[69]

消。这一策略在战争刚结束之时尤其有用,因为可以使用便宜的外币支付被遣散的军队的军饷。

随着有效金融机制逐渐被发明和采用,各国在面临财政紧张时停止了货币贬值。到 18 世纪末,权威之士都明白,国债对公开资本市场投资者的吸引力与货币的稳定直接相关。对于贬值可能带来的临时优势而言,安全信贷来源更为重要,因此大多数国家都放弃了货币贬值这一方式。

出售官职

一些历史学家认为,在 16 和 17 世纪的欧洲,出售头衔和官职的传统做法非常常见,这是近代早期国家增加收入的方式之一。作为税收系统以外的收入来源,出售官职被贬为财政的"权宜之计"。在当时的时代背景和体制下,交易对各方而言都有利可图。在近代早期的财产观念中,官职的市场价格是购买者的投资,而这一官职的地位、收费和特权则构成了他的回报。与长期年金一样,用金钱买到的官职在市场价值随时间增加时被证明是有利可图的投资。

由于缺乏足够的收入,各国政府充分利用了新富对头衔的渴望,他们希望这些头衔能够带来社会地位。商人家庭只需要给国家一笔中等规模的投资、礼物或贷款,就可以获得一个头衔,久而久之这一头衔的来路可能会被遗忘。如果官职有利可图,那就更好了;官职的收入可能会被投资于土地,而土地可以提供进入传统贵族阶级的合法手段。①

在整个 16 和 17 世纪,与行政任务没有任何关系的官职数量激增。早在帕金森(Parkinson)公布工作内容与分配的人员应当成正比的原则之前,卖官鬻爵的官僚机构似乎也在按照他的模式运作。1621 年,卡斯蒂利亚(Castilian)财政部由 1 名监督员和 3 名文员管理。25 年后,它雇用了 3 名监督员、11 名职员、14 名会计和 40 名战争议员。[71]1534 年,9 位将军总督统治土耳其的欧洲和亚洲地区;40 年后,有 20 位将军总督;再过 40 年之后,有 25 位将军总

---

① 当时血脉古老的贵族大家庭消费豪奢,但可以通过让家族中的儿子娶商人的女儿来重振家族衰落中的经济状况。商人之女可以带来一笔丰厚的土地或现金嫁妆,成为商人家庭向上变成贵族的阶梯。阶层上升只需要一代人就可完成;如果这对夫妻能生育,后代成活,那么他们的孙辈及其后代就会列入贵族行列。[70]

督。[72]然而，为官职持有者找到事情做的所有努力有时候仍然无法满足官职数量不断扩张的需要。为了从追名逐利者那里获得最大的收益，法国国王在16世纪后期出售了极多的官职，以至于官职持有者无法立即上任：订立协议后，每个官职由两个或更多的持有者隔年轮流担任。[73]

即使依照当时的自私道德标准来看，现代人也认为当时官职的回报过多。因此，在1619年，卡斯蒂利亚贵族委员会注意到任命了100名新的公职人员后，向国王抱怨这些人（他们认为是从较低社会阶级招募的）欺骗人。[74]法国贵族早些时候同意这种观点；1504年的一项法令宣布"通过欺骗、欺诈、偷窃、挪用公款和其他邪恶手段"，"税务官员"正在"使用土地的公共产出来中饱私囊"[75]。

出售官职在某些时期对国家收入做出了重大贡献。16世纪后期，以及在17世纪的第二个10年中，法国社会被宗教战争撕裂时，30%～40%的国家收入来自卖官鬻爵。[76]这之后，法国政府学会了通过向官职持有者征收官职价值1/16的年度税来获取卖官鬻爵的最大价值。[77]这一年度税被称为"paulette"，证明了持有者对这一官职的财产所有权，并保证了持有者的后代对于任何未来费用和津贴的索求权。当卖官鬻爵的官职成为世袭官职时，它就不再仅仅是一种获取收入的手段。由于政府可以永久持有合法购买官职支付的资金，卖官鬻爵成为一种原始的债权融资形式。通过出售头衔和官职获取私有资金与近代早期国家政府个人的私有性质非常匹配。即使国家没有正式出售头衔，国王也喜欢收取秘密赞助金，用来奖励宠臣。馈赠金钱或土地、授予专利、专卖权（monopoly）或任命挂名职务可以作为国王对青睐之人忠诚度表示尊重和奖励的方式，也可以作为缓冲未来不确定性的投资以及固定收入来源。未来财政面临困难时，大臣出于对王室慷慨馈赠的感激之情，可能会允许国王收获慷慨馈赠的延期回报。由于礼物隐含了回报的义务，因此礼物的接受者可能是国王的潜在捐赠者或贷款人。专利和专卖权持有人还向国家支付年度许可费。

股份公司

有一段时间特许股份公司拥有带来丰厚回报的潜力。国王们怀抱从新世界和远东地区利润丰厚的奢侈品贸易中获利的期盼,为冒险者的航行提供补贴。例如,卡斯蒂利亚的伊莎贝拉女王(Isabella of Castile)支付了哥伦布前两次航行花费的 7/8,同时保留获得利润相同比例的权利。[78]英格兰女王伊丽莎白一世对非洲公司(Africa Company)进行了个人投资,作为交换,她要求获得 1/3 的利润。法国亨利四世亲自与荷兰商人谈判组建荷兰东印度公司。17世纪后期,皇家赞助特许股份公司是一项增加收入的普遍策略。旅费除君主承担部分之外,剩下的资金来自私人投资者,他们分享了君主的风险和回报。欧洲国家在新世界、非洲和远东地区建立了贸易中心,然后又建立了殖民地,殖民的利润补充了异国商品贸易的回报。股份公司除了在其章程中被授予贸易垄断权以外,在法律上也被授权在这些遥远的地区担任国家治理的角色,拥有为设立居民驻军(resident garrison)而征税的权力。仅举几例而言,东印度公司、非洲公司、南海公司(the Company of the South Seas)和哈德逊湾公司(Hudson's Bay Company)通过殖民地开拓和贸易增强了国家力量。公司代理人掠夺的贡品和战利品、合法贸易的收入以及公司在殖民地领土上征收的税收都促成了近代早期国家财富的不断增长。

股份公司的组织结构和运作方式(以及资本来源)包含了国家和私有的元素,股份公司是这一过渡时期组织结构的创新。股份公司这一形式本身就体现了个人主义和集体主义的融合。公司的董事试图实现国家贸易和政治扩张的目标,同时他们也在努力为国王和私人投资者赚取利润。[在一个旨在实现集体目标的组织中出现了国家和私人资源与权力的混合,在当今时代就已非常普遍,如区域或国家发展公司,公司国家(corporate state)的工业集团。]

近代早期国家的行政文化中形式上存在不同层级架构,但因为私人影响决定了政府所有任务执行的方式,层级尚未实质实现。除了主要和次要公务员由赞助人选出之外,投资者向政府投资时,私人会对投资者人选施加影响力。除少数例外情况,股份公司的有限持股股东都是国王的亲信。17世纪开始出现公开资本市场时,私人影响决定了投资国家债务的人选。阿姆斯特丹银行(The Bank of Amsterdam)将其证券出售给担保银行贷款的同一群富商。同样,英格兰银行(The Bank of England)最早的债券发行并未在公开市场上出售;银行董事邀请人数有限的金融家(已知具有偿付能力)购买证券。

这种内幕交易在当时很常见，而当时的人们认为这一适用于所有业务的风险规避策略较为审慎，有助于新兴国有金融机构的成功运营。

尽管国家在增加收入方面付出了巨大努力，但收入仍然无法满足需求。通货膨胀和支出的不断增加，导致国家财政总是处于赤字状态；反过来，这也促使人们不断寻找新的收入来源。国家需要可以随通货膨胀和经济增长而增加的可征收的税收来源。随着贸易的扩张，为了从国家最富有成效的经济领域中获得收入，近代早期政府转而征收市场税。到 18 世纪末期，消费税贡献了约 2/3 的国家收入。[79]

市场税：海关关税

近代早期的国家官员并没有发明消费税，但他们比以往任何时候都更加努力地征收消费税。

在整个近代早期阶段，政府通过对国内贸易和外贸征税获取大部分收入。在稀缺的背景下，中世纪晚期的重商主义思想家发展了财政保护主义（fiscal protectionism）初步的理论基础。与几乎 2 000 年前的亚里士多德相同，相对名气较小的重商主义思想家建议政府通过外汇管制来保护财富，以防止贵金属的流失。[80]16 世纪到 17 世纪欧洲的货币供应扩大时，这一理由似乎不再成立；但是，财政保护主义的旧观念也对新观念进行了兼收并蓄，而不是逐渐消失。新兴的平衡准则贯穿了 17 世纪和 18 世纪的政治和经济思想，从而佐证了保护主义。后来的重商主义者西班牙的塞拉（Serra），法国的让·博丹和英国的托马斯·孟（Thomas Mun）、威廉·配第爵士（Sir William Petty）以及米塞尔顿（Misseldon）——都阐述了重要的（和持久的）重商主义的"贸易平衡"概念。[81]

无论是由于重商主义学说提供的合法性，还是通过权宜之计，近代早期政府都采用了越来越多的进出口税。港口税（port tax）不仅提供收入，而且成为促进国民经济发展的新兴财政和经济自给自足的工具。如果国家通过在国外采购来损失货币是有害的，那么为什么不通过在国内尽可能多地生产来避免诱惑呢？在哈布斯堡王朝、法国和普鲁士，重商主义学说导致了国家工业的建立。

然而,无论国家是征收对外贸易税还是促进国内产业的发展,这个时代的决策者的目标一直都是提升国家权力。(即使在今天,在日本和其他欠发达国家也一样,保护主义被认为是国家经济发展的必然结果。)事实上,正如亚当·斯密、大卫·休谟和他们的 19 世纪接班人所指出的那样(充分展现了科学和政策制定中思想的逆转是如此普遍),关税是不好的税收,因为它们阻碍了国家之间互惠互利的贸易。高额的进出口税提供的收入低于它的支持者的期望,港口税不会促进经济发展,反而会阻碍经济发展。[①] 海关关税的收入潜力未能实现,因为逃税如此普遍。托运人尽可能在夜间非法运输货物,在偏远的地方靠岸,以绕过税务官的视线。此外,直到 18 世纪,大多数国家都没有尝试征收关税,而是将特许经营权出租给包税人的联合组织(syndicate)。那些缺乏足够的行政能力来收取关税的国家在拦截走私者方面无能为力。17 世纪晚期英国财政史上扮演重要角色的经济学家以及统计和概率理论的创始人威廉·配第爵士[83]计算了他的政府收入损失的规模。在克伦威尔领导国家税收 12 年后,查尔斯二世及其顾问恢复了关税的征收。在斯图亚特王朝复辟之后不久,配第估计,虚假申报关税和关税包税人的利润使英格兰的财政部门的间接税收减少了一半。[84]

国内消费税

纳税人逃税和海关市场管理导致的低收益率促使官员寻找其他可征税的方式。为了补充进出口税收(自古以来所有政府都在征收),所有欧洲国家从 17 世纪开始对在国内市场交易的商品和服务征收种类繁多的间接税。在商业发展的时代,商品和服务的国内税似乎是一个合理的选择。只要是在以钱易物交易取代易货交易的地方,各国政府都可以通过当地市场的税收带来可观的收入。

----

① 任何从吕德斯海姆(Rüdesheim)游览莱茵河一直到美因茨(Mainz)的人,如果在沿途密集的城堡中停留,可能就会理解近代早期的保护主义是如何阻碍经济发展的。据一些 17 世纪中期普鲁士人的估计,在莱茵河沿岸 60 个或更多车站装卸货物以确定每个车站征收的税费的成本,使得货物的价格增加了 3 倍。每 60 个漂浮在河北上的木板中有 54 个都在去支付关税的路上。本来,从德累斯顿船运到汉堡,通常要 8 天时间,但如果是一艘载货船需要 4 周时间。文艺复兴期间的当地税费可能使法国道路和运河上运输的货物价格翻倍或增加两倍。[82]

通过一次或多次征收消费税，政府机会主义地瞄准了人们购买的产品。最终，政府对如此多的消费品征税，以至于即使是消费品的部分清单中，也很好地反映了生活标准的指数。消费者须上缴食品（糖、香料、谷物、肉、麦芽、醋）和饮料（巧克力、葡萄酒、苹果酒、啤酒、咖啡和茶）税。从中世纪晚期开始，对盐征税为一些国家提供了可靠的收入。在没有冷藏技术的时代，食物保存必不可少，构成农民群体基本食谱的淡而无味的风干谷物（燕麦片、玉米粥、谷粉、荞麦或大米）是一种家庭主食。由于对煤炭、蜡烛和肥皂征税，增加了热量、光线和清洁的成本。用于制造纺织品的材料（明矾和氨）被征税，因此，丝绸和羊毛织物、皮革、帽子和紧身胸衣中使用的鲸须也必须被征税。在英格兰，从 17 世纪中期开始，政府故意尝试对奢侈品征税，向外貌打扮敏感的公民的假发征税，而假发对男性和女性都是时髦的单品。所有个人的恶习（或嗜好）均无一例外，政府对烟草、扑克牌和骰子征税。[85]

16 世纪后期，修建宏伟的城镇别墅和乡村别墅蔚然成风，以反映一个家庭的财富和社会地位。新贵富商、金融家和包税人很快就抄袭了贵族对建筑的热情，仿效贵族的奢华生活方式。这个时代的英格兰政府通过与现代累进税形式最接近的税收，从这种炫耀性的展示中获得了一些收入。国家对房屋以及建筑用瓷砖、砖块和窗户玻璃（然后是手工制造的奢侈品）使用的材料征税。已经建造的房屋则需要根据其窗户和烟囱的数量征税，并根据规模进行累进制评估。法国对锡铅合金制成的普通家庭物品征税，而英国不仅对富人为装饰房屋而购买的银器征税，而且对他们的车厢、马匹和马车椅征税。

市场税和股权

除了对奢侈品征收的税之外，市场税收却是高度累退（regressive）的税种。尤其是在欧洲大陆君主专制国家，穷人负担的直接税也十分沉重。在战时，诸如道路强迫劳役（road corvée）、没收粮食、役畜、为军队安排住宿等实物剥削的行为，与富人相比，他们的贡献相对财产比例更多。但这个时代的政策制定者并不这么认为。政治家和重商主义理论家援引新兴的普遍规范，为市场税提供了正当理由，因为市场税与早期的直接税不同，没有人可以免税。在 17 世纪，瑞典的总理奥克森谢纳（Oxenstierna）表达了一种普遍的信念，即市场税是"上帝的喜悦,对任何人都没有伤害,也不会遭到挑衅和反叛"[86]。1732年,在关于延长征收盐税的议会辩论中,英格兰首相罗伯特·沃波尔爵士(Sir Robert Walpole)表示赞成:

> 在我所能想到的所有税收中,没有一种(税)更普遍,也没有一种比盐的税收负担更少……每个臣民都有所贡献;如果他是一个穷人,他的贡献那么小,几乎不会留下名字;如果他很富有,他的生活更奢华,因此贡献更多;如果他拥有一个伟大的庄园,他会雇用一些仆人,因此必须贡献更多。[87]总而言之,这一税种"对人民来说负担最轻微,并且在一般情况下臣民的负担较为平均"[88]。

沃波尔没有停下来反思,对那些最付不起钱的人来说,不断寻求收入的尝试几乎无法阻止。

食品骚乱和税收改革

在整个欧洲,普通人在财政负担不断增加的情况下变得躁动不安,17世纪中叶以后,内乱发生率的增加就证明了这一点。当地物资短缺和价格上涨带来的消费者抗议,反映了封建制度(feudal tenure)的衰落以及城市和国家市场扩张带来的对用于购买食物和纳税的钱的需求。[89]农民和贫穷的城镇民众无法理解这种大规模的世俗运动;他们只知道面包和啤酒等主食的价格上涨给他们的饮食造成了威胁。有时候,收税官替包税人肆无忌惮地征收新税时,就会引起一阵骚动。人们通过攻击当地商人、闯入和抢劫食物储备来释放他们的怨愤。

虽然骚乱并没有导致国家政策的改变,但骚乱的确把人们的注意力集中在市场税征集和征收的方式上。随着18世纪的到来,并非所有观察家都同意沃波尔的论点,即"最平等、最普遍的税收是最公正,负担最轻的"[90]。财政正义——我们称之为财政公平——占据了人们的思想高地。

在我们这个时代,公平的概念构成了财政理论的核心。税收负担的公平性是衡量税收优惠的一个标准。在18世纪,财政公平意味着所有人无一例外都应纳税。基于这一理念,市场税确实符合公平标准。但逐渐地,随着市场税的增加,启蒙理论家开始意识到穷人支付的税金超过了他们应当承担的部分。

杜尔哥向路易十六呼吁税收平等，雄辩地提出了一个修辞问题：

> 什么是税？是通过武力施加在弱者身上的负担吗？如果是这样的话，那么政府就无须依赖除了武力以外的其他原则行事，而人民将把王子视为公敌。

他继续为现在所谓的"横向"公平辩护：

> 为了所有人的利益，政府的费用应该由每个人承担，一个人享受他继续陈述他对现代称之为"横向"平等的概念做出的判断：社会优势越多，他就越应该为这些费用做出贡献。[91]

政府没有改变他们的税收政策，但新的想法正在酝酿。杜尔哥的朋友和同事大卫·休谟认为，税收"必须逐步实施，而不能影响基本生活"，因为"过高的税收，正如极端必需品，会带来绝望的情绪，摧毁工业的发展，甚至在工业的产出达到一定程度之前，就会提高劳动者的工资，进而提高所有商品的价格"[92]。

或许，如果市场税可以带来统治者理想中能维持支出的收入，那么启蒙理论家可能会忽视它对穷人的影响。最后，导致国家财政的烦琐机制如此严重地压在那些最负担不起的人身上的原因既不是市场税的绝对数额，也不是他们认为的税收不足，因为财政机制不断陷入从一个危机到另一个危机搁浅。如果所有税都能被收集上来，然后迅速送到财政部，那么近代早期国家就可能保持偿付能力。但是，用于管理税收和支出的方法与这种看似简单的行政效力规范不一致。

政府花了几个世纪才建立起结构来征收所有到期税款，并将所有收益汇给中央，并计算收入和支出。早在任何人理解应如何实施改进措施之前，人们就认为需要更好的方法来管理税收和支出。

为谋取私利的国家治理：
过渡时期的混合行政体制

近代早期国家的行政管理与其税收一样，体现了各种要素的折中。从中世纪治理模式中保留下来的行政自治的地方精英与一小部分正在增加的政府公务员队伍共享控制权,而他们在复杂事务上以国王的名义行事的权威有时会赋予他们广泛的权力。政府缺乏执行力的任务,如动员军队和间接税管理的任务被出售或出租给私人代理人、个人或企业集团联盟,他们创业的财富和声誉为顺利完成这些任务提供了保证。

根据一些过渡时期国家现代观察家的观点,三类人物——地方精英、政府公务员和私人合同管理者——在同一系统内共存,导致政府与过渡时期之前或之后形式上不相称和不连贯。近代早期国家行政管理的大多数历史学家隐晦地将当时组织和行政方法的观点与现代行政科学的传统智慧做比较,批判性地列举了近代早期制度的许多不足之处:无法控制人员或费用;普遍存在腐败;在现有的几个级别之间,或者有时整个系统之间的沟通常常崩溃。

我们认为,用一个时代的规范来判断另一个时代的系统是无用的。与高度发达国家的现代政府不同,近代早期政府是按市场原则组织的,它主要是致力于为国王个人服务的私有企业和私有管理部门。尽管发生了如此迅速的变化,各国仍然坚持采用其古代和中世纪前辈的组织原则和结构,并且在现实环境不断变化、对传统方法的有效性产生影响之后依然在很长一段时间内这么做。

然而,关于行政管理的新想法也逐渐出现。特别是在财政管理方面(因为这是市场管理成本最高的领域),各国逐渐采用创新的管理模式,这些模式最初与旧方法同时运作,然后取而代之。如果我们从发展的角度来看近代早期的财政管理制度,它作为当时存在的组织机构,努力在有限的条件下来应对政府、经济和社会的巨变,那么它的混乱和不协调则可能是可以得到理解、赞赏、甚至是宽恕的。

赋予现代国家行政管理以连贯性和结构的开创性思想发展缓慢,逐渐形成了 17 世纪(以及今天)先锋派的观点。现在熟悉的经典理论中,包括管理者对国家作为抽象实体的忠诚,而不仅仅是个人对国王的个人义务或他作为国家元首的角色。与此同时,一种起源于雅典,尔后长期处于休眠状态的观念重新出现,认为国家是(或应当是)一个“公众”的集合体——最终,政府的所有工作都是为这些人执行的。17 世纪和 18 世纪的革命浪潮中诞生了两大观念:(1)服务于行政抽象体国家的专业管理者;(2)国家本身作为一个积极有为的、可行的政体,获得公民的同意后获得治理权。

专制主义下的集权化

随着政府权力和技术能力的逐渐发展,对自治的边远管辖区施加控制,逐渐消失的行政集权原则(自拜占庭帝国改变过去罗马帝国的组织遗产之后在欧洲沉寂已久)成为 17—18 世纪行政改革的基本原则。正如在范式的重大转变时期中常见的那样,权力集中化的新趋势是对前一时代分权政府中保留下来的权力分散化(组织内部和组织之间)的反应。在近代早期的语境中,那些试图通过权力集中化来提高政府管理能力的人将自主管理的结果视为行政混乱,而改革者却开始相信,作为抽象实体的国家,决策和执行的权力从中心向外辐射的形式能够更好地服务公众。

团结是口号。近代早期国家的收入和支出管理都是通过指定用途来实现的,这是一种权力去中心化的方法,难以从中央维持有效的财政控制。为了巩固财政管理,近代早期政府首先尝试将各个自治单位结合起来,然后逐渐淘汰消耗国家资源的非生产性官员。如果这一做法听起来似曾相识,就证明了政府重组这一观念的韧性,以及它们在集体主义背景下反复出现的倾向。

分权:专款专用与市场管理

近代早期国家如何通过这种多样化和去中心化的手段来管理财政?与以往年代的财政管理部门一样,资源采购和资源分配之间没有分离。获得收入和花钱是同一个组织的工作,每个组织都有权收取"特定税收"。反过来,每个税收的收入都被留出来支付特定类别的支出。

无论是国家代理人还是私人行政人员——贪得无厌的官职持有者和包税人管理的征收和支付都没有对结果产生任何影响。很久以前在古代各国发明的收入来源和支出种类有限的指定用途是一种处理收支的简单方法。理论上,负责每个自治基金或账户的收集者都有权寻求法定的收入。如果征收到足够的资金,其职员可能会被授权向那些对该基金提出财产索赔的人付款。专款专用就像用信封管理家庭财务一样,如果收入充足(很少如此),款项用途的数量和种类有限(这种情况不常见),并且管理基金的官员没有个人目的(几乎闻所未闻），专款专用的方法可以是有效的。

在整个过渡时期沿用的市场化方法保证了国家财政管理人员可以并且也会将通过政府制裁措施收集的资金用于个人目的。官职持有者和包税人通过私下谈判，表示其资源可供国家使用，从而将国家权力掌控在个人手中。通过购买官职，租赁包税特许经营权，以及将产生的某一特定收入作为担保向政府提供贷款，所有这些为国家财政提供资金举措的动机是从中可以获得的可观利润。市场管理者的处事原则与任何现代商人相同。当一个近代早期投资者为购买官职或税收特许经营权付出高价，或者通过向政府贷款而冒险投资时，为确保自身利益最大化，他都会试图获得最大回报。将收入中饱私囊——这对于市场管理完全正常和合法——消耗了大部分收入；剩余的资源往往不足以支付国家的账单。

国家管理者也不能免于受到市场管理部门产生的自我扩张驱动力的影响。在塞缪尔·佩皮斯担任海军部职员之前，他的赞助人三明治伯爵（The Earl of Sandwich）以他现行的通用诚信标准向他提供指导。作为一个长期以来的克伦威尔支持者，佩皮斯是复辟时期英格兰具有公共精神的新兴行政管理者之一。尽管如此，佩皮斯的赞助人告诉他："让一个人富裕起来的并非任何职位的薪水，而是身居高位时谋利的机会。"[93]佩皮斯听从了他导师的建议，决定"首先要服务好国王，接下来……思考如何自己从中赚取一部分"[94]。日记记录了他在界定应得的奖励与贪婪间的脆弱界限摇摆不定，不断与良心做斗争的经历。

去中心化对政府而言成本可观，对管理者而言有利可图

随着独立管理的税种的数量成倍增加，对政府而言，市场管理中长久以来沿用的专款专用方法变得越来越混乱和昂贵。虽然这一时期的量化估计充其量是不可靠的，从一些17世纪法国的数据中可以看出政府损失的规模。1627年，在黎塞留成为法国首席财政大臣后不久，他的一位下属估计，财政部可以预测当年从租税中获得1 900万里弗。而其中只有约1/3，即600万左右的金额是实收金额，剩余的金额被国家行政人员、22 000名当地征税官、160名地区监督员和21名监督员的费用消耗了。[95]（17世纪30年代，仅在诺曼底就有

3 000～4 000名官员。[96])1639年,黎塞留的财政助手预测即将到来的收入为7 900万里弗,而最终只有40％,即3 200万里弗入账,征税成本占4 700万里弗[97]。当科尔伯特就任路易十四的财政部部长时,他也试图估计各种收入来源的生产效率。为了将科尔伯特的计算简化呈现,我们将它呈现在表5.1中(再次提示读者注意,应当谨慎理解表5.1的含义)。表5.1说明,路易十四时代征税的效率与早期财政生产效率很明显是相似的。

表 5.1[98]　　　　路易十四时代法国征税收入预期与实际收入对比

收入来源	预测收入	实际收入	实际收入占预测收入的百分比
	(百万里弗)		(％)
租税	57	20	40
消费税	8	2.5	30
盐税	20	4	20
包税人	37	11	30

编者按:本表中百分比为预估值,非精确数字。

由国家政府官员负责征收的税种得分最高:他们从租税中获得了约40％的收入。由私人管理的间接税(消费税)和包税人产生的收入较少:每种税收的实际收入都低于预期收入的1/3。而自文艺复兴以来,由国家政府官员使用秘密惩罚手段来抓住潜在逃税者的盐税实际收入仅占科尔伯特预测收入的1/5。我们可以将这些低回报率与现代高度发达国家的财政生产效率进行比较。例如,美国所得税的行政费用目前平均约为收集金额的0.5％。[99]当然,如果将私人会计师和税务律师的费用计算在内,这个比例会更高。

除了官员从中获取的利润之外,给国库汇款这一过程中出现的延误也会带来损失。如果在每个税种款项用完之后仍有结余,行政官员则需要将预计剩余的(法国称之为"les restes")汇给中央。各级政府依靠退还的余额来支付尚没有指定收入来源的开支费用。然而,由于各种因素的综合作用,对资金盈余汇回中央的要求实施缺乏执行力;政府很少能够从这个来源获得大量资金。将政府官职作为私营企业来运营的观念,无能、不诚实的簿记和欠发达的银行机构,使得专款专用的资金在地方行省长期滞留,无法被中央政府征收。

公职私用阻碍问责

市场管理中固有获利的潜力使得政府固有的抵制创新的趋势进一步加强。在当时,当行动的形式与实际行动一样重要时,最重要的就是不要偏离先例。矛盾的是,即使变化发生得如此之快(也许正是因为变化本身),重复财政管理中无效但传统的做法仅仅是通过长期的连续性才被赋予了合法性。通过购买或偏袒担任官职的人更愿意维持从前先例创造的内在保守主义做法。如果新的管理方法导致行政团队的扩张,就可以通过将业务转移给新人来减少公务员的费用和津贴。改进后的管理技术,如复式记账法,需要全面、及时、准确地记录,这引起了政府和私人行政人员的抵制。这并不是说,这些技术很奇怪或是难以理解;自中世纪晚期以来,复式记账法就在商业中得到沿用。通过追踪收入转移的可能性,全面的分析式会计法将揭示有多少收入被官员抽走,从而可以减少欺诈性的费用或投资购买官职带来的过高的利润回报。

无论官职是通过购买、继承还是预约获得的,对于持有者个人特权的观念都会影响对国家资金的处理方式。在收到收入和将未支付余额汇给中央之间的间隔期,征收者私人保管国家资金,存放在他们家中的保险箱或(17 世纪中叶以后)存放在金匠处,余额随时可能被官职持有人个人使用,大量未支付的余额可用于放贷以获得利息,用作个人贷款的担保或是被贪污掉。由于存在大量的自主收入资金,官员渎职风险成倍增加。

从文艺复兴时期开始,政府要求国家资金的托管人记录收入、支出和余额的账目。从这一时期得以保留下来的一些政府财政文件表明记账是存在的。但是这些账本往往形式意义超过实质意义,而缺乏对政府的有用信息。行政人员忽略了记账的必要性,而这些账本由缺乏训练的职员在没有监督的情况下保管,这使得政府难以对收入的减少加以限制。18 世纪中叶英国税务专员"关于对窗口税不满意的管理"报告的摘要为我们提供了一个内部人士对问题的看法:[100]

斯坦福斯先生(Mr. Stanforth)……(是)一个完全粗心大意的官员,甚至从来不回信……劝他履行职责……

巴桑·林奇(Barthw. Lynch)是如此专注于另一个工作,他没有任何闲暇去执行任何一部分工作义务……他既不参与筹款，不签署费率，也不补充或结算征税官的账目，而这些有时候会导致……关税支付被延后，这笔钱直到……到期两年后才收到，许多居民已经去世或搬家；他的账本到处是错误，而且他经常雇用一名代理人，而这可能会带来很多不便……没有账目，也没有做过调查；他的本职工作是一名外科医生……

在威尔士，警察将他们的职责看作是一种挂名的闲职，因为他们大部分都不记账，而那些记账的人也没有章法。

如果一个人决定通过当官来发财，他还可以审改账目。即使是在这个随心所欲的时代，也有一起贪污案件引起了轰动，那就是 17 世纪的财政家巴特勒米·赫尔瓦特(Barthelemy Hervart)，他在 17 世纪抗税暴动投石党运动导致法国信贷系统崩溃后不久，担任法国主计长（总会计师）。赫尔瓦特不遗余力地从国库中抽走资金，伪造文件以获得他向政府提供资金的非法利息收入，并修改合法的支付凭证，以便收取其他人的钱。在他的管辖范围内，以前源于无能的情况被形式化为政策。由于他属下的职员被指示以掩盖个人交易的方式记账，财务账目对外人而言变得难以理解。在收到收据和付款后，职员烧毁了主要登记册，因此无法确定赫尔瓦特的资金转移情况。[101]

除了建立程序和保持合规存在困难以外，由于账簿（如现代国家机密文件）是公职人员的财产，因此出现了困难。一个人上任时，他可以保护账户免受审查。如果他在有生之年离职，他会将税务登记册带走；如果他在在职期间去世，记录会传给他的继承人。由于账户数量如此之多，审计程序烦琐至极且缓慢，在当局开始审查某个账户之前，可能都过去好几年了。18 世纪晚期，英国公共会计官员发现几位海军部官员的账目七十多年内未被起诉（审计）[102]，对于其他国家也通常如此。

国家资金的托管人可以保持自主权，因为向中央转移资金仍然存在过度转移的风险。即使是作为高利贷主义最后捍卫者的新教国家也很难采用信托工具来转移资金。16 世纪晚期的法国财政手册详细说明了运钱的程序，与中世纪方法并无不同。硬币装在小罐中，每只小罐中的硬币价值不超过 500 里弗，由骡子拉的车或马车车队运输，由书记员和武装警卫护送。延迟会增加成本,因此车队应该尽可能快地在道路状况允许的情况下前进——"夏季每天可以走 10 里格路(长度单位,约为 3 英里。——译者注),冬季每天走 8 里格。"[103]跨过国界使得安全问题进一步加剧。17 世纪后期,由于西班牙与其在荷兰的驻军之间的海上航线受阻,菲利普二世不情愿地选择从陆上运钱。将 10 万克朗的军饷从佛罗伦萨通过车队运送到巴黎,需要 17 辆货车,由 200 名士兵和 5 个骑兵公司负责护送。如果急需资金,穿着缝入金币的衣服、备受信赖的信使会奉命亲自跨越欧洲大陆。并非所有人都能安全抵达目的地。例如,在 1590 年,巴塞尔附近的劫匪扣留了 6 名将资金从意大利运到安特卫普的信使,抢走了他们身上的 5 万克朗。[104]

直到 18 世纪晚期,当国内汇票(一种代理银行票据,国内相当于汇票)被发明之前,政府不得不运送大量资金,这带来了各种不便和风险。如果没有资金账簿转账技术,边远地区留存的资金规模与距离中央的距离直接相关。1786 年,当英国财政部的财政官员调查这个问题时,按照惯例,作为税收人的下层绅士被允许保留累积的国家资金 6 个月。[105]在实践中保留资金的时限很少超过 1 年,超过 2 年甚至 3 年的就更少了。平均而言,从税收上来到汇款到中央政府需要 7 年。[106]同时,正如早先(1780—1782 年)的会计专员所说的那样,"如果公众想要使用他们自己的钱,就有义务支付费用……"[107]

早在 18 世纪后期,政府资金管理者就明白市场管理会带来的损失。如果某人公然玩忽职守、购买多个官职(多重任职很常见),他可能偶尔会被撤职。[108]政府总是试图在与包税人的谈判中获得最大的回报。例如,16 世纪的法国官员被指示在夜间拍卖包税权,以方便更多的人参加。为了防止参加者串通导致出价过低,拍卖师不会满足于接受更早的报价,而是要延长报价的过程,直到他桌上的蜡烛燃尽为止。[109]

通过威胁和树立典型进行财政控制

只要政府依靠市场管理者的现金预付款来为赤字支出提供资金,就很难挽回市场管理本身带来的收入损失。然而,国王和大臣们定期集中火力调查罪行最严重的罪犯。被问责的管理者在皇家法庭受审,被控犯有针对国家的经济犯罪,保住性命已很幸运。16—17 世纪间,一些法国财政总管大臣被审判并被监禁;一人被绞死,还有一人在他去世前服刑了 18 年。国王和大臣们通过在国家财政工作人员中树立关键人物的典型,让其他人知道索取过多的国家资金可能导致的下场,灌输给他们恐惧的情绪,从而控制贪污资金的现象。国家在缺乏其他控制手段时会进行恐吓;博谢尔(Bosher)所说的"可怕惩罚的模糊威胁"可能会使被告倾向于付清罚款,甚至可能暂时停止转移资金的行为。[110]

当政府面临任何形式的问题时,为了转移人们的注意力,国家财政的私人管理者会成为替罪羊;整个近代早期,通过进行财政管理以获取利润来支持国家的人普遍引起了民众的敌意,而这不仅仅是因为包税人的代理人在执行攫取民脂民膏这一令人生厌的任务。在传统社会中,财富和社会地位主要来自土地所有权的继承,而私人管理者迅速积累的财产,以及民众看到的炫耀性消费,是可见的不义之财的表现。[111]由于市场管理者的服务对于保持国家运作是必要的,他们确实在为他们所付出的努力和承担的风险赚取收入,但很少有社会接受。面对正常商业问题之外的其他问题时,唯利是图的公务员会想知道回报是否值得付出一番努力。英荷战争期间(1667 年),由于水手们几个月内都没有收到报酬,他们的妻子在海军部静坐了几天,之后,佩皮斯的上司告诉他:"真希望战争初期就把自己的官职卖个好价钱,现在也想这么做,但是没有人愿意买。"[112]出售官职的利润还必须减去敌意的成本以及经济损失。私人征税者的愤怒情绪有所缓解时,他们也会为国王提供财政以外的服务。

绝对主义带来了最好的和最坏的预算世界。专制主义一半是等级制度,一半是市场制度,有时会导致每种政治文化中隐含的最不理想的预算结果。这个时代特有的各种奇怪的做法结合了等级制度的僵化和市场助长个人贪婪的倾向。等级制度的支持者不知道如何有效地管理大型官僚机构,而个人主义者则尽力利用这些机会谋取个人利益。

然而,虽然缺乏连贯性,但两种制度之间的相互作用最终带来了创新。国家/私人混合财政管理对政体和人民带来的不利影响如此显著,足以使人们呼吁改革。在适当的条件下,当两种制度之间的不相容产生高度的压力时,秉持新想法的新人可能填补这一空白。财政管理改革加强了等级制度,同时创造有利于市场观念传播的背景,改变了社会阶级间的权力分配。无论是贵族由于需要缴纳与其财富相称的税收来支持政府而被迫从商,还是成为政府公务员的中产阶级群体采取贵族的生活方式,创新确实带来了社会流动性。由于身份的混乱和角色的日益替代,财政管理改革与英国王政复辟时期(17 世纪60 年代。——译者注)的喜剧一样,伪装面具齐上阵。

早期政府预算

各国努力通过它们所知的唯一手段削减行政费用。从 17 世纪中期开始(尽管意大利北部的市镇很快就开始),政府试图通过早期预算编制来管理他们的财政状况。预算编制通过将支出与收入联系起来来提前分配资金。近代早期预算主要涉及支出收入等式的收入方面,因为专款专用的方式已经预先决定了资金的分配。当近代早期国家官员谈到预算时,他们通常指的是征税提议(和预算一词在英国的含义一致)。

17 世纪和 18 世纪的国家官员将维护和审查政府财政登记册的程序称为预算。由自主基金托管人保存的记录呈现了可能来自多个来源的收入的粗略估计,毫无疑问存在相当多的误差和延迟。在最近一段时间内收到的经审计记录的收入为预测当期可能的收入提供了基础。近代早期的收入预测在时效性上严重滞后,只能算是后见之明,它只提供了即将到来的收入的粗略衡量标准,而且从来没有一个精确的操作程序,即使是现代使用了复杂的预测技术也是如此。通过比较上期收入与分配给它的相应的支出,国家财政官员可以得出对基金是否处于盈余或赤字的临时估计。特定基金出现早期赤字,同时当前形势(如战争)使得赤字进一步扩大,导致支出进一步上升时,表明需要更高的税率或开征新的税收。[113]

各国政府在为为数众多的所有自主账目进行预测和平衡方面都进行了这样的步骤。与现代政府预算一样,当时估计收入和支出的过程是渐进式和连续性的。具体数字的估计基于不久以前的数据,上下浮动很小,而且存在反复的联系。但是它与现代预算的相同点到此为止。近代早期政府只关注预算的各个部分。如果没有全面的、分析性的账目记载,政府就会缺乏有用信息来做出整体性的判断。总额内的分配不属于支出过程,历史上收入记账关于总收入和支出的信息也不具备。对于过去的收入记账和今天的权利性支出来说,这一点都成立：由于大量自主账目导致的分散管理使得很难知道每个账目的真实情况，更不用说所有账户。

毫无疑问，将预期资源与拟议支出联系起来的过程来自损益核算（profit-and-loss accounting），当时在商业和农业管理中很常见。尽管近代早期政府用于预测收入和平衡收入的技术仍然存在错误和遗漏，政府中的一些人已经开始以现代方式思考国家财政。小国普鲁士的收入预测程序就是案例。到17世纪后期，普鲁士将预期的国家收入与可能的支出联系起来的方法开始体现预测性预算的要素。每年越来越多的国家机构——包括传统的地方机构和重商主义国家的新的专门中央机构——都会准备收入预测的秘密估计。（笔者查阅到的资料来源并未说明普鲁士官员如何计算出预测收入，但我们知道早在16世纪后期，那不勒斯的财政官员就通过计算前3年任何特定税收收入的平均数来得出收入预测。[114]）普鲁士的收入估计数先由省级官员检查，然后提交给中央政府的财政机构。来自各省的大臣们核实了当地的数据，然后将估算结果发送给国王。一旦国王批准了估算结果，大臣及其助手就会将所有省份的预测税收进行加总，获得中央政府的总收入预测。整个程序在新财政年度开始之前完成。

通过这种方式，国王和大臣们可以确定是否需要更多的收入。国王拥有专制权力，有权单方面征收新税以使收入和支出达到平衡，但是，我们查阅到的资料来源没有说明收入与支出的差距是如何弥合的。毫无疑问，国王必须考虑征收的可行性。然而，我们知道弗雷德里克·威廉一世曾反复试图平衡预算。一个新的中央会计机构（建立于18世纪初威廉一世的统治初期）负责审计省级机构。惩罚性执法迫使人们遵守预算；如果一个机构实际支出超过其支出估计，官员须支付罚款。如果差额很大，省级官员甚至可能会入狱。[115]

普鲁士在财政系统化方面的实验规模较小，且在秘密和胁迫下进行，并没有持续下去；这些实验也没有带来后来的制度发展。要找到现代财政程序的来源，我们必须研究早期政治革命突然改变现有秩序的政府。17世纪革命后的荷兰共和国和英格兰立法机构获得了专制主义君主的财政决策权力。在官员提出新税收提案之前，这些提案已提交给立法机构内的不同选区；无论他们达成何种共识，都会成为法律。

英格兰有关财政决策权从国王到立法机构的文件记录是最完整的。对查尔斯一世的高压征税方式的敌意，极大地促成了英格兰清教徒革命的爆发。英国空位时期(Interregnum)早期，在内战和对邻国的战争中，为了支持和治理分裂的国家，完成设计政府架构这一直接任务，清教徒和议会中与克伦威尔一起投票的保皇党人颁布了新的财产税和内部贸易税。当王室政府于1660年恢复时，由于王室的传统税收封建税费被废除，议会继续征收这些新税，作为查理二世复辟的条件。为了放弃对封建特权的主张，议会同意给查尔斯一笔款项（每年120万英镑，由关税和消费税收入担保）。[116]

因为国王对所有包括民事和军事在内的国家支出负有个人责任，而且金额总数不大（克伦威尔10年来每年花费大约200万英镑[117]），议会旨在通过限制国王可支出的金额上限来控制年轻国王的活动。为了躲避议会的控制，查理二世通过借贷找到了资助他的战争和铺张浪费生活方式的方法。他的继任者詹姆斯二世对国家稳定构成了更大的威胁：詹姆斯在法庭上用度节俭，因而他的年度议会拨款得以维持一支庞大的常备军队。因此，国王的行为似乎与他的统治期间国家是富裕抑或贫困有很大关系。

议会通过詹姆斯的好战行为了解到资金获取不受限制带来的危险后果，随即采取行动对行政部门开展了进一步限制。1688年，当议会邀请威廉三世接管英国政府时，每次授权给国王的资金只够维持民事机构一年（的开销）。如果国王希望发动战争，他将被迫回到立法机构陈述理由，以争取获得更多的拨款。

实际上，整个18世纪，议会很少否决国王的拨款申请。然而，立法机构通过要求国王的大臣们到议会为额外拨款辩护，保持了独立原则，维护了自主权，抑制了王室专制主义重新抬头的倾向。

公共政府，公共财政和公共行政

在这个动荡的时代，与国家及其财政形成有关的最重要的思想是有关公共政府的思想。革命的论调宣称国家是一个抽象的实体，由公共集体构成并对其负责。这样一个国家的管理者权力从整个国家获得，因而服务方式和以往不同，当时他们仅仅为国王的个人利益或他们自己的利益服务。17世纪和18世纪政府管理人员所阐述的"公共性"有时简单，有时是华丽的阐述，反映了宪政政府的新兴理论。这些陈述既佐证又记录了在立法决策中积累的经验。

在这个时代即将结束时，许多与国家财政有关的其他思想、制度和技术汇集在一起，创造了有利于行政改革的气氛。源于启蒙理论的规范性原则——通过运用人的理性可以实现秩序——让人们开始考虑采用新的财政管理方法，一些政府也开始采用。部分政府可以在17世纪之后通过中央银行直接向其人民借款。这些政府不再需要私人管理者作为资本市场的金融中介。当中央银行为公共债务提供资金时，政府可以放弃包税制。

为了持续获得来自公众的可靠的流动资金，各国纷纷采取行动，建立并保持对偿还贷款的信心。投机性资金实验的失败使人们明白，如果在不确定时期获取的收入不足以担保政府借款，立法机构就不能保证国家债务得到偿还。

英国早期的成功（以及与政府对公共债务管理无关的一次大规模失败）为其他国家的集中债务管理梳理了规范和行为模式。在南海公司泡沫事件（South Sea Bubble）①带来崩溃之后，英格兰通过指定特定税收的收入用于偿

---

① 英国央行早期管理者的保守债务管理方式——在利率下降时发行长期（40年）年金——导致反对派提出另一种债务融资方式。1711年，新任命的保守党财政大臣罗伯特·哈利（Robert Harley）说服安妮女王为一家股份公司，即南海公司颁布特许状。按照这种股份制公司特许状的惯例，女王授予该公司与南美洲和太平洋群岛的贸易垄断权。

（与近代早期政府特许的所有股份公司一样——通过君主以公共身份提供的资产和私人投资者的补充资金完成资本化——这些公司的公共和私人活动之间的区别并不明显。）

南海公司的早期交易企业通过定期向股东派发年度股息，增强了公众的信心，这些股东使用国库券换取了股票。到1718年，公司的董事（不再属于哈利的派系，而是属于一个新的派系）抱有的期望如此乐观，他们提议承销英格兰全部未偿还的公共债务（这次总额达到惊人的513亿英镑）。他们再次建议通过以有利的条款用财政年金交换公司股票来筹集资金。该公司的债务合并措施再一次在与英格兰银行通过出售长期国债年金筹资的保守建议的政策竞争中胜出。早在1720年，当南海公司股票以每股128.5英镑的价格交易时，超过一半的长期国债年金持有者急切地将这些资产换成该公司股票。

因此，世界上第一次大规模的投机热潮和随之而来的萧条开始了。任何一个手中有余钱的人，无论多么节约谨慎，都无法抗拒这股热潮，疯狂购买南海公司的股票。截至1720年6月，其每股交易价格为890英镑；到7月份，超过1 000英镑。但是，除了一些从内幕交易中获利的公司和财政部官员以外（这些人的所作所为即使在这个随心所欲的时代也被认为是可耻的），股票交易者在几个月后股票大跌时就赔得一塌糊涂。到1720年11月，南海公司股票交易价格为135英镑。（英格兰不是唯一遭受投机热潮的国家；同时，法国和欧洲其他国家也未能幸免，对投资者来说，也承受了同样灾难性的后果。）

还个别发行的债券(以及支出类别),即专款专用的方法来管理债务。

虽然南海公司明面上的功能是贸易,但哈利及其支持者希望通过公司管理的再筹资业务整合大量浮动债务(约 90 亿英镑)来降低公共债务的利息成本。一开始,南海公司提出以现有未偿债务(英格兰银行债券)以优惠条件兑换南海公司股票。

英格兰银行于 1693 年获颁特许状,它花费了近一个世纪来为战争贷款提供资金。到了 18 世纪末,对比早期的标准,英格兰的公共债务已经获得了很大比例的增长——从 1688 年的 66 万英镑增长到 1784 年的 2.46 亿英镑。[118] 1700 年到 1800 年间的每 10 年间,用于军事和偿债的总支出从未低于总支出的 82%。陆军、海军和总债务费用的平均支出和中值支出占整个世纪总支出的 88%～89%(见表 5.2)。虽然利率稳步下降,但在整个 18 世纪,光是偿债就消耗了每年税收收入的 1/4 到一半。由于对巨额借款的持续需求,财政部不能连续几年等待自主管理人把钱送进来。它必须按时支付利息和分期偿还债务,以确保未来信贷的安全。

表 5.2   **18 世纪英格兰的支出金额和用途**[119]

单位:百万英镑,占总支出的百分比

年份	政府民事事务		总债务费用		军费		总债务费用与军费之和		总额	
	£	%	£	%	£	%	£	%	£	%
1700—1709	0.7	12	1.3	21	4	66	5.3	87	6.1	100
1710—1719	0.8	10	2.7	35	4.2	55	6.9	90	7.7	100
1720—1729	1.0	17	2.8	47	2.1	36	4.9	83	5.9	100
1730—1739	0.9	17	2.1	39	2.3	43	4.4	82	5.4	100
1740—1749	0.9	9	2.4	25	6.2	65	8.6	90	9.5	100
1750—1759	1.1	12	2.9	33	4.9	55	7.8	88	8.9	100
1760—1769	1.1	8	4.5	33	8.1	59	12.6	92	13.7	100
1770—1779	1.2	9	4.8	38	6.3	49	11.1	87	12.8	100
1780—1789	1.4	7	8.4	39	11.5	53	19.9	92	21.6	100
1790—1799	1.9	6	11.6	35	19.4	58	31.0	93	33.4	100

专业管理取代市场管理

在清教徒革命期间出现了针对公职人员的新的技术专业行为规范。虽然克伦威尔任命的许多官职人员仍然在岗位上谋求个人利益，但技术能力（除了表现出虔诚）也决定了官员的选择。写给克伦威尔的官职申请者的推荐信不仅强调其忠诚度和可靠性，而且强调写作、会计、外语和人事管理方面的技能。在克伦威尔摄政任期的 11 年间，一些政府公职人员获得工资；在某些情况下，服务费被降低或被取消。[120]

克伦威尔时期曾担任官职的人以某种方式进入了查理二世的复辟王朝政府。与革命前管理国家财政的不合格的闲职人员相比，国王想要"新鲜血液……'手段更加严厉'，'对待品性恶劣的人不用文明的手段'"[121]，但是在财政管理方面很有能力。

为了管理国家财政，查理二世招募了已经具备令人印象深刻的专业素质的乔治·唐宁以及其他人。唐宁在克伦威尔的野战军中首次担任"童子军团长"（scoutmaster-general），后来他成为英国财政部的出纳员。在担任财政部职员的同时，唐宁代表英格兰担任联合省（荷兰）的特使，曾将管理权移交给年轻的佩皮斯一段时间。在有能力的助手的帮助下，唐宁通过在 1667 年新成立的财政委员会（Treasury Commission）建立起系统的管理方法，为偿还债务奠定了基础。虽然唐宁的成就很快就消失了，但他的财政记录的维护程序为英格兰银行接管国家债务融资提供了一种组织形式。1688 年后，财政部和英格兰银行采用了复式记账法。

到了 18 世纪初，商业化管理的能力成为一群对政治敏感、技术能力强、专业化的管理者的标志。除了朗兹、格尔多芬和哈利（都是财政管理人员）之外，英格兰银行还聘请了杰出的顾问。洛克、牛顿和霍布斯运用他们强大的思维解决国家财政问题。尽管市场管理方法主导了 18 世纪的英国政府，但唐宁引入政府的组织理性仍然存在。①

当立法机构参与决定财政政策时,利益集团之间的联盟会影响决策和结果。由持不同政见的派别设立的立法委员会每隔一段时间就会陷入财政管理不善的状况。1702 年、1713 年和 1741 年的调查(更多地作为政治仇杀行动而不是改善管理的行为)证明了财政正在变得政治化。议会的后座普通议员通过指控执政党转移收入和贪污腐败攻击执政党。

从 18 世纪中期开始,出于对债务服务和财政部支离破碎、分散化的收入管理导致的高成本的担忧,财政管理改革面临越来越大的压力。学者[亚当·斯密(前海关职员)、大卫·休谟、詹姆斯·波斯尔思韦特(James Postelth-waite),《公共收入史》的作者,后来成为财政部职员]指出了方向,公众人物紧随其后。由于债务负担不断上升给国家带来了成本,议会出于经济利益的考量,迫切需要通过削减行政费用来限制征收新税收的需求。因此,一位来自诺福克的绅士于 1780 年写信给他在伦敦的朋友:

> 有关财政部奢侈浪费的报道沸沸扬扬:一些官职的巨额薪酬;大笔款项没有记录;给承包者的巨额费用……还有养了一批无用的人,以便在君主领导的议会中维持巨大的影响力。[123]

腐败是能感知到的成本。埃德蒙·伯克对他的国家的业余且自私的财政管理下了判断。他认为,这样的财政管理中,充满了腐败的影响……就好比是常年活跃的喷泉,

> 喷涌着浪费和……混乱;(它)给我们带来了超过数百万的债务;(它)……夺走了军队的勇武,议会的智慧,政府机构的权威以及我们宪法中最令人尊敬的部分的信誉。[124]

到 18 世纪末,即便是保守的国家——看到法国无法放弃私人财政管理方

---

① 国家放弃包税制后,不得不招募和培训税务官员。早在 1698 年,早期经济理论家和英格兰银行职员查尔斯·达文南特(Charles Davenant)就已对组织问题以及如何管理国营海关税征收进行了推测:

"……选人必须得当,年轻而活跃……他们必须得到勤奋、规范、熟练和稳定的管理。刚开始,在新的征税系统中,新的征税方式与任何现有的可接受的秩序和方式都格格不入。官员缺乏经验且无知;在征税官了解去哪里征收关税很久之前,人民早已学会如何避税了。刚开始,将官员指派到各个便利的驻地和地区并不容易。无论国王指派的关税站的首要管理者如何假装自己具备的技能有多娴熟,他在一开始都会感到困惑。"[122]

式——也开始倾向于改革。改革者认为，因为财政部的职员受过行政管理和财政技能培训，收入与支出控制集中化将使国家能够保留更多的收入。如果降低成本，税收也可以集中化。改革者甚至没有考虑到增加收入意味着增加支出，以及可能有更有效的公共支出方式；国王和腐败是敌人。

改革和改革者

旧制度时期末期，对政府、经济和社会之间适当关系的看法的改变，使得大众普遍对政府产生了不满情绪。旧制度遭到怀疑，启蒙思想为评估现状以及为平息民众骚乱而改革政治和行政结构提供了标准。那么，思想如何引发行动？启蒙思想如何影响18世纪改革者对政府内部问题的看法，以及解决这些问题的努力？

就这些问题而言，法国经济学家和管理者杜尔哥是我们论述中的改革者典范。[①] 他对政府和经济的理解，以及他与两者的关系，都是在18世纪中期的巴黎沙龙中形成的。知识分子在沙龙聚会，新思潮在交流中产生，知识分子一同切磋如何使思想影响政府。而法国正是知识分子论述根深蒂固的特权和落后过时的行政体制削弱国家实力的典型案例。

杜尔哥和他的经济学家朋友指出了法国困难的根源之一——混乱的财政体制。经历了一段和平时期之后，一次次花费高昂的战争使得国家自身筹资困难的永久性问题愈发积重难返。经济学家认为，长期赤字可以通过在财富的源头征税这一改革措施来解决，因为这样一来，承担税负的是土地所有者，而不是贫困的佃农。他们认为，如果能够降低间接税由私人管理的高征税成本，税收会相应增加。

杜尔哥在政府中的第一份工作是地方行政长官，负责管理一个未开发的

---

① 杜尔哥并非首个将公共政策思想放在现实中检验的知识分子。虽然当时的世界更为简单，但是科学和哲学的伟大作品所体现的创造力可以转化为公共政策的制定（就像科学家为现代政府提供咨询和建议一样）。1688年的英国革命之后不久，洛克、休谟和牛顿各自向新国王威廉三世提供了有关货币贬值对国家财政安全影响的建议。亚当·斯密在担任海关职员期间，理解了市场税收对经济带来的限制。苏格兰人约翰·劳（John Law）在祖国找不到伯乐时，他将创新的财政金融理论（Theories of Public Banking）带到法国并在那里付诸实践。18世纪末的英国牧师和化学家约瑟夫·普利斯特列（Joseph Priestley）和法国工程师让·沃邦（Jean Vauban）也向他们的政府提出了财政方面的建议。杜尔哥离开巴黎沙龙入职政府后，也走上了所有这些杰出前辈走过的路。

偏远省份。在那里,他通过实施行政方式的变革将理论付诸实践。他逐渐减少了当地贵族对当地收入的影响,并提升了政府的收入。杜尔哥委托政府代理人执行任务,重新评估税务登记簿中记录的财产,以提高固定税收收益率。然后,在要求人民支付比以前更多的税收时,杜尔哥就金额和税收归宿的争议进行裁决,使税收更加公平。在当时,高贵的土地所有者往往会遭人嫉恨地保护他们传统的直接税豁免权,杜尔哥的成就显得尤为重要。此外,凭借经济学家对比较成本的理解,杜尔哥通过将繁重的封建徭役转为可选的税,来解决持不同政见的农民问题。如果一个农民的封建徭役义务(被安排)在收获季节,或者如果他不愿意服徭役,他可以向政府支付少量费用,由政府作为报酬分配给其他劳动者。由于有偿劳动者的劳动效率比受胁迫的应征者更高,法国的道路系统得到了改善。

杜尔哥对启蒙经济和行政理性原则的理解决定了他作为路易十六的财政部部长的政策。杜尔哥上任时,法国的赤字如此巨大,以至于法国几近破产;他建议通过严格地节约来恢复对国家信贷的信心(并希望通过这种信贷来防止国家财政崩溃)。

杜尔哥引起我们的兴趣不仅是因为他的财政方针,而且因为当时法国的财政状况与1975年纽约金融危机有很多相似之处。18世纪的法国和20世纪60年代末70年代初的纽约市一样,多年来一直依靠借贷来填补日益增长的赤字。当收入紧缺时,前任财政部部长遵守的标准程序是从一些专用账户(caisses)借款以支付其他的欠款。与纽约一样,法国推迟支付短期票据利息,将短期票据转换为长期债券,然后推迟偿还一些长期债券。

杜尔哥上任时,法国承担了2.35亿里弗的债务负担,并面临每年3 700万里弗的赤字。[125]杜尔哥在写给国王的一封信中概述了他的政策:从此以后国家必须勒紧裤腰带。在他的治理下,将"没有破产,没有增加(税收),也没有借款"[126]。杜尔哥的节约建议道出了法国财政体系困难的根源;他希望通过降低贵族的财政特权来增加收入,并通过放弃间接税的私人管理方式来降低成本。此外,杜尔哥打算通过行政合理化程序控制所有政府部门的支出,这在以前任何欧洲主要国家都是不可能实现的。在18世纪所有的欧洲国家,只有小型的、经过专制统治的普鲁士才能实现财政责任制(financial accountability）。"如果这些改革失败，"杜尔哥颇有先见之明地向国王写道，"第一声枪响将使国家破产。"[127]

与最近通过减少从政府获得收入的人数（无论是在纽约市还是其他地方）削减成本的努力一样，杜尔哥的提议立即被那些既得利益损失的人阻止。但是，与持有大部分纽约债务的银行不同，法国税款包收人集团权力之大足以让一个大国屈服。包税人作为间接税的管理者，通过税款包收合同的预付款向法国政府提供必要的营运资金。包税人通过支付预付款并将每月支付的金额控制在较低的水平，破坏了公众对国家信用的信心。[128]（由于包税人从向政府贷款中获得了很多收益，他们可以容忍高风险。）由于国家的借贷能力受损，并被迫向包税人和其他富有的金融家支付高额利息，国王别无选择，只能在杜尔哥任职两年后将他解雇。

如今，一些历史学家很流行问"如果……会怎么样？"，如果杜尔哥的政策得到实施会怎么样？法国大革命是不是还会发生？或者革命走向可能会发生改变？在复杂的革命病因学中，财政只是影响革命的因素之一。我们可以用来回答这个问题的唯一证据来自启蒙思想得到部分实施的国家。在哈布斯堡王朝、普鲁士和俄国，一位开明的君主（约瑟夫二世）和两位专制主义的暴君（弗雷德里克二世和凯瑟琳大帝）实施了启蒙理论家提出的一些改革。每位君主都以不同的方式对贵族征税，废除了农奴制和包税制，并加强了对国家财政的管理。在这些国家，没有发生革命——至少在18世纪没有发生过革命。

英格兰18世纪晚期的改革者认为，造成国家严峻形势的业余官员不仅应当被问责，而且应当被撤职；财政部作为中央金融机构，应该控制自主资金。英格兰伟大的保守派政治家埃德蒙·伯克主张统一和巩固财政权：

> 财政部的首要大臣要如何……对财政负责，如果各种较小的国库……同时存在，（其中）每一个国库……按照它所认为合适的方式，负责管理公共支出某一部分？除非财政部是支配公共资金的唯一机构，并且管理包括总额和细节在内的整个支出，否则期望财政部的首要大臣负责是不公平（和）不公正的。[129]

在整个18世纪80年代的英格兰，一系列委员会研究了财政部的运作，提出了程序上的改进意见；委员会提出的主要建议包括管理专业化，合并财政部控制下的收入和支出,以及更好的审计程序(必然导致未付款项及时支付给财政部的结果)。委员会还提出,对财政部的职员应当论功行赏;只有"通过勤奋、专注和……精通业务脱颖而出的职员才会得到提拔"[130]。应当降低或废除收费,根据官员的技能和承担的职责支付官员的薪酬。公共资金应得到严密控制,应当建立和执行年度审计机制。更多的建议是关于行政上的改进。改革的支持者引用了公共意识形态来证明自己的立场。1783 年财政委员会总结了对公职财产化(property-in-office)的反对意见,阐明了公共利益的广泛概念。"如果能促进公众利益",国家可以减少财产的神圣性:

> ……设立和管理每个公职的原则是国家利益……就每个提名的官员而言,官员自身的利弊永远不能成为主要的考量因素。唯一需要考虑的问题是,从国家的利益和发展出发,是否真正需要? 这决定了该法规的优先顺序;决定财产的规则只属于监督公共利益的最高权力,同时旨在改进和保护公共利益。[131]

最后,18 世纪晚期的英国改革成就远远没有达到支持者的期望。法治政府及正当法律程序,调查委员会和对财产的尊重往往会抑制急剧的变革。未经议会同意,不能废除官职所有权和收费。终身任期制被逐步淘汰;随着闲职人员逐渐去世,财政部废除了他们的官职。部分自治账户被合并;"60 或 70 个极为复杂,令人咋舌且难以置信的账目"(J. E. D. 宾尼之言)减少到大约 12 个。[132]后来,审计也得到了改进。

英格兰的改革到 18 世纪晚期仍未完成,我们不应为此感到惊讶。当时,财政已成为政治;它的本质是妥协。

结论:时代的成就

根据我们追溯制度演变的广泛时间尺度来衡量,这个时代将古代、中世纪和现代与国家财政有关的思维方式联系起来。因此,了解这个时代及了解后来的事件演变至关重要。欧洲经济和社会不仅在规模和富裕程度上超越了以前的历史时期,而且政府改变了应对这些变化的方式。无论是在政府内还是在政府外,人们都发明了新方法来处理收入和支出的永恒问题。财政创新对经济和政治变革至关重要;国家财政的管理方式与近代早期国家所卷入的其他动荡互为因果。

盘点这个时代在国家财政史上的永恒成就,也是在盘点宪政历史上的关键标志;控制财政的思想与对君主的宪法限制同时出现。当立法机构从国王手中夺取了确定征收何种税款的权力,并给予国王有限的财政津贴以管理他自己的事务时,国家的财政政策不再能由强制性法令制定。一个国家的人民选出的立法机构,通过肯定或否决财政筹资和支出方式提案,将国家财政从专制行政人员的个人特权中移除,并将其交给更广泛、更具代表性的选民。国家财政应该是公共财政,是这个时代出现的最重要的思想。

这个时代的实质性创新伴随立法控制理念产生。中央银行、固定债务、行政合并和账户简化,财政管理的专门化和专业化都是新兴的立法机构在国家财政中占主导地位的手段。

到了18世纪末,现代国家财政的宪法基础比执行人民意志的技术手段更为牢固,但也有很长的路要走。政府学会了如何向公众借款,以有序的方式偿还债务,并开始学习如何控制国家支出。从当时开始,财政改革者援引成本和公平原则来证明政策建议的合理性,一直到现在都是如此。

这些成就为以后的发展奠定了坚实的基础。19世纪的政府扩大国家活动的规模和范围,正是建立在近代早期许多创造性制度建设者制定的宪法思想、经济学说和行政结构的基础上。

如果我们通过历史当事人的视角看待近代早期的欧洲财政史,它可能看起来颇为混乱、随意、勉力而为,像是处于不断变化之中的权宜之计。它的确就是这样。如果我们像历史学家从今天的角度那样回顾历史,认为税收和支出机制应当更有效,那么当时反对贪污和腐败的斗争,以及废除公然谋私的市场化财政机制的改革,将看起来具有大公无私和英雄主义的色彩。不能轻而易举地认定历史的进程具有必然性,并宣称公共美德优于私人罪恶。但这些尚处于萌芽阶段的新生事物的潜力比其实际效力更多样化。诚然,近代早期的财政体制效率低下,颇为腐败。然而,它们在提高收入方面还是有效的。实际收入持续上升。如果当时没有采纳榨干纳税人的粗暴征税方式,可能有些人还会认为该体制具有优势。中央政府的强制力受到其财政效率低下的限制。强迫执行平等的政策可能更加公平,但不一定更可取。近代早期政府可能开始时很穷,但在这一时期末不再窘迫。如果他们的支出经常超过他们的收入,则发生赤字时的富裕程度也是越来越高的。

在中世纪时期,不同的私人政府无法相互控制;它们之间的这种关系体现了一种近乎平等的平行多元主义。在每个政府内部,尽管义务对等的传统一定程度上调节了权力运行中的不对等,但是政府中的纵向关系仍然是等级森严的。在近代早期欧洲,政府变得更加巩固和集中,但也比以前更加多样化。在这些规模更大的政府中,官僚化导致横向关系中的等级越来越多,但纵向关系上更具竞争性。市场增长不是引发竞争的唯一因素;尽管改革踌躇而随意,但与之前时代相比,这个时代的一个差异在于不同等级之间的竞争更加激烈。从教会与国家关系的变化开始,竞争扩散到各个领域——从教会领域内不同教会的竞争,扩散到社会中各阶层的竞争,再扩散到世俗领域内的派别和政党竞争。曾经单一融合的宗教和世俗等级演变成两个等级,又变为多个等级。当然,从任何意义上讲,立法机构与王室或公民的关系都是不平等的,但立法机构不仅存在,而且很重要。从此以后,既定的政府将代表着等级和市场文化的联盟。如果等级制的要素仍影响经济市场的关系,那么竞争元素就会影响政治统治。

第六章　工业化早期代议制国家的税收和支出[①]

改变政府财政的范式

尽管政府财政机构的变化几个世纪以来几乎都悄无声息,在 18 世纪的最后 25 年却开始加速。尽管政府一开始落后于时代,但也逐渐开始进入现代世界,摆脱了传统的管理模式,正是这种管理模式在 19 世纪抑制了西方国家经济和社会的变革。政府变革加速的过程就好比是一个引擎,从死点(dead point)开始启动,首先克服惯性,然后势头加速,更快地运行。在大多数国家,政府建立公共财政机构和结构的变革是渐进式的;而在一些国家,这一变革是突变式的。

19 世纪,民主革命的浪潮席卷了整个西方世界,将征税权力从国王手中转移到选举权范围逐渐扩大的公众选举产生的立法机构。这些立法机构根据理论学说而创立,没有先例或规则指导其运作。它们逐渐学会了协同运作,以便治理的顺利开展。由于利益集团衍生出不同的派别和政党,立法机构必须建立起与民主思想一致的决策和行动原则。在 19 世纪,对公众的立法责任的概念成为民主理论的核心。为应对公众压力,19 世纪晚期的立法机构从这一原则中获得了扩大政府相对独立性的权力。设计和实施立法监督公共支出的机构只是立法责任原则的一种表现形式。

---

① 本章的工作资金来自阿尔弗雷德·斯隆基金会,领衔研究员是亚伦·威尔达夫斯基。

19 世纪的政府一步一步创建了管理税收和支出的机构，每个机构都拥有独立的专业结构，最终构成了一个顺利运作的互补整体。从法国大革命到第一次世界大战期间，学界常用机械来比喻西方国家的财政管理。但是在这一时期的开始和结束之间，这一类比的内涵经历了大逆转。由于西方国家的财政管理在 17 和 18 世纪间常常不规律地陷入危机，西方国家的财政管理经常被类比为损坏的机器。但是，到了 19 世纪中叶，评论家们开始在文章中提及政府强大的财政引擎。随着财政管理逐渐发展成为我们能够认识和理解的结构，它成为政府公众获取收入并将收入用于实现西方史无前例的集体目标——战争的有力工具。如果 19 世纪动员和分配资源的能力没有大幅增加，20 世纪的群众动员和福利国家就不可能实现。

自然而然地，工业化时代的学界开始将财政管理比喻为运转良好的机器。当然，国家财政能力的增长与改变西方经济和社会的工业革命密不可分。18 世纪的最后 25 年，科学思想、机械发明和组织化的工作方式之间的联系已经很明显，并随着 19 世纪的进程推进而得到加强。通过将生产划分为专业任务并由个体工人按顺序执行，将劳动力组织成规模越来越大的生产单位，并通过蒸汽驱动机器提供的机械动力大幅提升人类的能量，从而成倍地提高生产率。在逐渐摆脱政府限制的环境中，劳动力、生产资本和企业家精神共同创造了盈余。自中世纪晚期以来，与工业发展一样，农业产量也一直在提高。

在 19 世纪工业化的欧美国家，与现代发展中国家一样，经济增长逐渐增加了人民的收入。未充分就业的农业劳动力进入城镇，一些人在工厂找到工作。他们摆脱了对土地的依赖，逐渐融入货币化经济和城市化社会。随着收入的上升和交通的改善——一个连接城市和乡村的铁路网络在这一时期建成——古代和中世纪经常发生的饥荒消失了。虽然用今天的标准来看，大多数人还很贫穷，但收入和生活水平实际上在缓慢上升。随着饮食和生活条件的改善，随着科学找到了治愈或预防过去时代瘟疫的方法，人们的寿命也变得越来越长。

尽管从长远来看，发展的确改善了大多数人的生活，但伴随而来的短期错位给人们带来了困难。随着每个社会的基础产业从农业转向工业，为传统社会可能面临的逆境提供缓冲的个人相互依赖模式被逐渐弱化。发展提高了人们的期望,但在发展的早期阶段,大多数无人可以依靠的无产者,以及那些少数拥有财产和安全保障的人之间的差距似乎越来越大。恩格斯曾指出,曼彻斯特的工薪劳动者生活在贫困和肮脏的环境中,并且常常由于他们无法控制的原因失业——这是 19 世纪所有工业城市社会评论中的主导主题。这样的生活条件是否仍然比"愚昧的农村生活"更好,在今天引起了很多争议。

最终,发展带来的好处扩散到所有社会层面,为企业家和投资者提供更高的回报,也提高了工人的工资。当收入增加为新旧税收提供了不断扩大的税基时,政府的财政也从中受益。伴随工业化而来的思想和行为的改变慢慢渗透到政府中,并逐渐形成官僚结构和行政规则,政府筹集资金和支出的能力也得到了提升。

现代政府财政的主要属性——拥有普遍的、被广泛接受的但有时不相容的规范;税收和支出的专业化、集中化、公共化管理;以及依赖对收入征收的直接税,这些都是 19 世纪的遗产。随着时间的流逝,西方民主国家的政府发展出的财政结构被广泛认为是高效而富有成效的,并且比以往任何时候都更公平。

在 19 世纪,公共辩论议题也集中在与税收、支出和财政管理相关的问题上,这些问题缺乏决定性的解决方案,仍然主导着公共议程。其中最重要的是实现两个总目标,这两个目标受到同样的高度重视,但时有冲突,它们分别是:在不抑制生产的情况下增加收入,以及随着时间的推移改善社会福利。然而,政策制定者意识到,要实现这两者中的任一目标而不干扰另一目标的实现是不可能的。19 世纪财政政策背后的正统经济理论指出,税收应该保持在较低的水平,以创造企业的生产激励。从 18 世纪财政创新中继承的债务管理原则决定了政府预算应当平衡,以维持公共债务的良好市场。到 19 世纪中叶,平衡预算规范被广泛接受,以至于它已经获得了道德层面上的意义。管理缺位或管理不善以及支出超过政府支持能力的旧时代做法仍然存留在时代记忆中。如果政策制定者违反了禁止不平衡预算这一禁忌,他们的行为一定会损害公众的信心。

但是,由于改善社会福利需要支出,政府无法在不改善财政生产力的情况下平衡预算。此外,税收和支出模式的任何变化都会给一些群体带来负担,同时也会使其他群体受益。虽然生产与福利之间冲突的时代背景在今天发生了很大的变化，实质上却没有改变。在现代福利经济学的语言中，它是效率与公平规范之间的权衡。

生产力和福利之间的这种紧张关系解释了从 19 世纪初到今天西方工业国家公共财政理论和实践的大部分历史。[1]随着公众对有限政府的认同在所有西方国家不断增长，了解这些思想从何而来很有必要。近年来，有关汇总支出、试图确定政府支出带来的收益、缩减政府规模、减税和设定支出限额的建议，都直接来源于我们在此追踪的思想传承脉络。

19 世纪的公共财政理念部分来源于之前的思想革命。17 和 18 世纪的自然法哲学家在寻找政府和经济的一般组织原则时，首先提出了政府财政的公平和效率规则。亚当·斯密的集大成之作反映了当时的时代观点，提出了 4 条判断新税收提案的规范。它的发生率应该是公平的，而不是某些群体比其他群体负担更重。它应该易于理解，便于评估，应用程序统一，管理成本低。最重要的是，它应该产生足够的收入。[2]

在 19 世纪，人们将 18 世纪有关公平、财政效率和组织理性的想法联合起来，成为规定国家税收政策并限制国家借贷和支出能力的法律。在 20 世纪上半叶，逐渐形成了一个受规则约束的税收、支出和财政管理新范式，取代了早期的机会主义政策和实践。

在近代早期，欧洲国家政府试图通过对财产和消费征税来增加收入。随着 17 和 18 世纪对个人权利的兴趣日益浓厚，两种税收都可以以权益为依据：财产和购买力是有形支付能力的指标。但是，财产税和市场税都带来了政府尚未解决的行政困难。税收和支出的前现代结构，由多种税收构成，每一种税收都单独管理，通常由个人管理以牟取私利，因而回报总是很有限。传统的专款专用方法并不符合亚当·斯密经典著作中提出的理念。由于财产税和消费税难以被理解，应用起来复杂且管理费用昂贵，所以没有产生与政府征税努力相称的收入。如果支付消费税的能力与大多数纳税人的有限资源相关，那么这些税收就不符合不断变化的公平观念。

虽然 19 世纪的政府被所有国家都存在的政治派别之争割裂，被一些国家的政治不连续性所动摇，然而，在 19 世纪头 2/3 的时间里，大多数国家还是建立了现代财政管理机构。政府模仿这个时代重要的主流思想——经典力学中的节能理念,实施了一系列措施,包括集中征税以及对税收进行支出和审计。19 世纪的民族国家创建了一个单独的税收组织和一个平行的支出组织,取代了早期的许多自治基金。

19 世纪的立法机构和行政机构在保持偿付能力的同时,试图将财政手段与预期支出相匹配,制定了程序,以便提前决定如何花费所有流入国库的收入。为确定下一年的支出而制定的每年预期支出预算是 19 世纪的一项创新。

当旨在对支出过程施加秩序的规则随着时间的推移而得到实施时,程序的不断重复使其更具权威性。然后,工具性的规则成为目的;它们获得了自己的生命。在 19 世纪出现了为现代政府预算提供框架的伟大规范——统一性、年度性、平衡性、全面性和控制性。专业化的公务员,即具有财政管理专业知识的行政人员,在逐步赋予立法授权的规则具有实质内容的情况下制定了这些规范。

负责税收和预算编制的组织体现了关于权力分立和联合监督的新观念,随着越来越多的政府开发出有效的中央集权结构,这种观念变得越来越普遍。财政管理创新由强有力的行政机构发起,经公众辩论之后,由立法机构订立法律。行政部门执行程序,但新组织对立法机构负责。当然,这一理想——通过立法批准对税收进行公共授权,以及通过改善管理对支出进行公共控制——并未普遍实现。税收和支出模式因国家而异,每个国家的税收和支出模式也各不相同。即使越来越多的中产阶级支持税收应获得公众同意和政府对支出负有责任的理念,他们对于税收的观点也远非一致。随着拥有投票权资格的财产门槛被逐渐降低并最终取消,公众对政府的压力反映了比以往更广泛的利益。通过分权和确保对选民要求的回应,联合立法/行政部门决定税收和控制支出是政府中必不可少的稳定因素。

尽管如此,我们不能得出更为激进的结论。即使投票权范围被扩大,它也被用来在相互竞争的精英中进行选择,而不是废除精英阶层。在 19 世纪初期,只有少数被孤立的人反对既定政策,他们赞成平等主义思想。当时的平等仅仅意味着有机会分享社会决策(通过投票)和财富(通过工作)。人在法律面前越来越平等,机会比以往任何时候都更加平等,但社会批评者寻求的条件平等仍然是一个短暂的目标。

在工业革命之前,西方世界各地的大规模贫困造成的个人痛苦是常态。由宗教和公共机构批准的对慈善机构的私人捐助是应对不幸的基本社会机制。因为每个人都面临着相同的生活条件,所以毫无疑问,捐款被视为社会保险,如果需要时可以为亲属使用。即使一个家庭尽力储蓄,如果家庭顶梁柱去世,可能也会导致这个家庭丧失自力更生的能力。

人道主义传统认为慈善援助的对象是"值得救济的穷人"(deserving poor)——面临个人境遇中突发且无法控制变故的个体。[3]通过宗教秩序、私人慈善机构和(在15世纪之后)地方税收产生的公共资金,欧洲社会试图为突然因疾病或死亡而失去依靠的人提供食物和住所。这种慈善事业的目的是维持寡妇、孤儿和没有幸存子女的老人的基本生活。

自文艺复兴以来,社会对于值得援助的穷人和因个人管理不善而导致贫困的"暴民"(rabble)之间进行区别对待。根据那个时代的上层权威人士的判断,游走于全国的无家可归者与今天的拾荒女士或向路人索要零钱的乞讨者是同类;这些人与既定的社会秩序不合拍。就像今天中东或非洲的难民一样,近代早期流浪者最初因战争或饥荒而流离失所;他们的家属成为永久的下层阶级。这群人数不断增长的"不值得救济的穷人"对等级制度支持者来说更加令人不安,因为它形成了一个潜在的不稳定的社会单元,其人数(从15世纪开始的欧洲人口的1/4~1/3)之巨大使得任何试图将援助组织起来的尝试都望而却步。[4]

随着工业革命带来的剧变,人民对政府也产生了许多新的要求。19世纪生活和工作模式的变化将个人福利的个人问题转化为通过公共政策寻求适当解决方案的社会问题;人口集中在人口密集的大城市;生产、就业和收入的长期周期性波动;工作人员在长时间工作中承担伤害或死亡的责任增加。这些问题很快地积累到较大的规模,以至于私人慈善事业已无法解决。

值得救济的穷人和不值得救济的穷人之间的区别依然存在;它影响了19世纪的社会思想和关于贫困的公共辩论。当英国政府和其他国家政府相继开始试图减轻因贸易衰退期间非自愿失业导致的家庭收入损失的痛苦时,任何有需要的人都可以申请公共援助。在19世纪二三十年代,英格兰的"激进托利党人"表达了他们的家长式关切,为了保护现有的社会等级,向不幸的人分配利益。但帮助"工作的穷人"(一个开放的社会阶层)而非"穷人"(寡妇、孤儿和有需要的老人,属于一个限定集体),会将个人捐赠的道德义务转化为受益人的合法接受权。19世纪的广泛公共援助削弱了值得救济和不值得救济的群体之间的区别。[5]从19世纪的济贫院获得的小额公共资助,很难被解释为理所应当的收入。但是,对需要援助的身体健全的人提供公共援助的改革持批评态度的人都明白,这些政策可能会改变传统秩序。①

在拥有公民权的群体范围不断扩大的大环境下,政府不再只是为了保护富人的权利而服务:他们开始采取行动以改善穷人的生活。尽管一些有权势的新贵从工业生产中获得财富继而获得政治影响力,他们仍试图促使政府放弃在重商主义时代对市场强加限制的做法,工业化也带来了另一方面的压力。从激进的托马斯·潘恩到杰里米·边沁(Jeremy Bentham)及其追随者,政治领域的社会批评者提倡将政府监管作为限制自私行为的手段。他们认为,不受约束的个人主义倾向于对公众产生有害的影响,尽管这些影响可能是无意的。批评者认为,政府是一个中立的代理人,没有自己的利益,并且比任何其他组织更有资格保护公共利益。当然,卡尔·马克思持不同的观点。他认为政府通过以符合资本家利益的方式定义什么是进步的标准,来达到控制社会的目的。

由于经济萧条引发的与失业相关的持续动荡,19世纪的立法机构逐渐开始回应改革者的诉求。政府开始制定法律,旨在纠正公众对最严重问题的看法,并开始规范工厂的工作时间和工作条件,起初是针对妇女和儿童,后来拓展到全部人群。在将卫生与健康联系起来的细菌理论出现之前,地方政府就

---

①　埃德蒙·伯克和杰里米·边沁为反对过度慷慨的公共援助的长期争论奠定了基调。当今个人主义者指责福利接受者不道德的言论听起来很像边沁,他认为国家不应该像奖励勤奋和勤劳一样奖励闲散和玩忽职守的行为。另一边,边沁也回应了伯克的信念:"怜悯……往往会使(工作的穷人)对自己的状况感到不满,并教导他们寻求其他资源……而不是依靠他们自己的勤勉、节俭和清醒。"查尔斯·默里在最近的论著中批评了20世纪六七十年代的再分配社会计划。他声称,美国的贫困计划将公共资源"从工作者转移到懒惰者","从最有能力的穷人(即"值得救济的")转移到能力最弱的穷人("不值得救济的"),从最守法的人转移到最不守法的人,从最负责任的人转移到最不负责任的人"。与伯克一样,默里认为,这些计划会使人们不承担应承担的责任,长期而言对他们不利。[6]持平等主义观点的批评者则挑战了默里的观点。

已采取行动改善城市的生活条件。到 19 世纪末的最后 25 年,大城市已建成水管、雨水渠和卫生下水道。政府铺设了道路,修建了街道照明灯和公园,并开始规范住房。到那时,中央和/或地方政府面向所有儿童提供充分的教育,以培养基本的识字能力。到 19 世纪末,许多中央政府(美国除外)开始为失去收入能力的人群提供保险,保障范围包括衰老、工业事故和经济衰退带来的非自愿失业,作为大型工业社会对人的一生中主要风险的缓冲。政府负责管理由雇主和工人提供的保险资金,通过建立收入底线保障网络来调和个人主义带来的弊端。强制性的积蓄可以维持后来的需求。[7] 如此一来,19 世纪晚期的政府走上了一条通往福利国家的道路。

有史以来,为政府付费对西方工业国家而言,第一次不再难以实现。只要支出增长缓慢,生产力的提高就提供了充足的支付账单的手段。一旦经济起飞,19 世纪的政府就可以毫不费力地从增长的收益中为国家活动提供资金。为了扩大收入和财富,各国可以很容易承担内部改革与改善绩效的行政成本。增长也助长了民族主义的火焰。虽然并非总是有可能这样做,但是如果将军队、海军以及殖民地管理的支出控制在一定范围内,政府就可以从获取生产所需的廉价资源以及扩大国内产品市场中获益。

但政府如何筹集资金是一件严肃的事情。19 世纪的立法机构代表了一系列的利益和观点,受到来自社会各界的持续批评,而立法机构的组成正是社会结构的映射。与今天一样,立法机构也对财政问题提出疑问。关于税收和支出的公开辩论中出现了两种强有力的新范式:市场保守主义和干预主义。两者都得以保留,塑造了当代的思想。

如果我们为简单起见,排除规范经济的措施以后,现代高度发达国家对财政政策的争论就集中在支出上。由于财政政策承诺支持各种政府计划,它的制订从政府支出的前提出发。然后,立法机关和公众会争论政府支出规模应当是多少,支出都有哪些项目,以及筹集过去和现在支出所需的任何收入的最佳方式。直到最近,最重要的问题还是政府将如何花费,以及花费多少。

在 19 世纪的大部分时间里,这种对政府角色的概念都将被视为异端邪说。限制关于税收和支出的辩论的理念决定了政府应当是小政府。政策制定者和公众认为,如果政府退居二线,对经济和社会实行最小限制,公共利益将得到最好的实现。这一世纪流行的机器比喻提供了一个模型:政府应该像发动机上一个简单的机械装置——调速器一样,自动将操作保持在可容忍的范围内,使发动机速度不至于太慢或太快。

这一观点认为,如果没有外部干扰,政府就没有必要支出了。由于收入只用于支付有限的支出和摊还债务,政府征税规模可以非常小。税收应该在政治上可以接受,但尽可能少地干预强大的市场力量,而如果不对市场力量施加限制,它就可以自行管理经济和社会。与直接税相比,少数主要商品的间接税可以提供足够的收入,而不会引起纳税人的反对。

这类思想综合了 19 世纪的政治学理论和 18 世纪的经济学理论,现在仍然存在,尽管存在的形式有所减弱。它在欧洲被称为经济自由主义(因为最初由英国自由党在大约 1853—1870 年间实施),而在美国被称为市场保守主义。反对大政府和高税收的这一思潮在今天再次出现。个人主义者强烈反对 19 世纪政治领导人所指出的支出心态(spending mentality)。在这方面,现代宗派主义者与个人主义者一样反对政府支出,除非支出专门用于他们所赞成的具体政府计划,不达目的誓不罢休。

与自由主义模式相反,19 世纪出现的另一种税收和支出范式是干预主义、改良主义、集体主义和平等主义模式。这种新模式扩大了政府的作用,并支持从根据支付能力征收的所得税中支出。

这种范式背后的思想起源多种多样,互不兼容,来自各种不合群的革命者和反动派、改革者和活动家的构想。它的集权、干涉主义偏见源于杰里米·边沁和詹姆斯·穆勒(James Mill)的功利主义,并经由 19 世纪晚期的实证与理论社会科学进一步强化。历经多年,这一范式中再分配和集体主义的组成部分得到了进一步发展。一个共同的线索将不同人物的想法和政策结合起来,例如平等主义者和掘地派(17 世纪英国清教徒革命的激进派)提出英格兰伊丽莎白时期贫困法律改革的小威廉·皮特,在著作中回应法国大革命的托马斯·潘恩等。与此同时,拥护这一范式的人群也囊括了 19 世纪各种各样的人物,从早期的英国宗派主义者威廉·科贝特(William Cobbett)到温和的英国改革家罗伯特·欧文(Robert Owen),再到统一德国的保守党总理奥托·冯·俾斯麦(Otto von Bismarck),到激进派恩格斯和马克思[8]:通过直接没收财产、自愿个人捐款,或者对富人征税,每一项措施都旨在通过改变收入分配来改善社会福利。集体主义曾经如此轻微地偏向平等主义的那一端。

虽然工人骚乱和激进运动迫使政府为普通民众提供一些安全保障,但19世纪的政策制定者在很大程度上代表了富裕阶级的利益。他们不赞成征用财产或其收益来帮助穷人。在大多数国家的19世纪的大部分时间里,只有在紧急情况下,所有其他收入来源的收入未能涵盖当前支出和过去债务成本的上升时,所得税中隐含的没收财产的想法才是可接受的。战争在制造严重财政压力、动员民族意识以外,给了19世纪的政府(等级制度和市场制度的联盟)足够的理由征收所得税以覆盖国防支出,并增加借贷以确保国家信用基础的稳固。

19世纪的政府不愿意借钱。他们试图通过将支出与税收收入挂钩来维持平衡的预算。但当他们需要在公共资本市场筹集资金时,政策制定者知道需要提供能够偿还过去借款能力的证据才能获得投资者的信心,从而成功售出新的债券。(愿意投资于英国的统一公债——以固定利率出售的不可出售的债务工具,永久性支付的季度利息——证明了对英国信誉的信心。)19世纪的政府适应了市场规定的纪律(并遵循早期战争对富人征税的先例),于是颁布了所得税以支付军费。

然而,英格兰在19世纪中期的和平时期征收所得税,减少了对进出口关税的依赖,以实施自由党的自由贸易政策。商业和制造业的利益集团认为,各类间接税抑制了商业发展,并提议废除其中的大多数,并减少剩下的少数间接税的税率。英国将所得税作为临时措施,为政府提供了几年的收入,直到间接税收入增加到无须其他税收就足以支持政府的程度。就像战争期间在大学校园里建造的临时搭建建筑一样,临时税收趋向于成为永久性税收,扩展了现有的税基,而不是取代现有的税基。

随着经济增长和行政管理的改善,所得税成为偿债能力不可替代的堡垒,通过提供收入来保持预算平衡以支持不断增加的支出。所得税是非常理想的税种,从19世纪90年代早期开始,一个接一个的国家(美国通常例外)开始征收各种形式的所得税。和今天一样,这些税收为武器和食物提供了资金支持——一些国家的老年人和无行为能力的公民获得了适度的养老金,而更多时候国家获得了武器。

到了 19 世纪末，大多数工业化国家已经找到了一种方法来支付政府不断增加的成本，同时轻微征税并保持平衡的预算（在大部分时间）。虽然支出增长势头强劲，但随着生产力和新的所得税的增加，收入仍在增长。

就在第一次世界大战之前，大多数西方国家的财政政策融合了 19 世纪创造的两种税收和支出范式：（1）由少数低效率的间接税支持的最低限度政府；（2）小额福利支出，由保险基金以及富人支付的累进收入和遗产税收益支付。第一次世界大战的开支促使各国政府提高税收和扩大借贷范围，这两种范式所体现的观念保持了一种来之不易的平衡状态。集体主义是所有政权的支柱；通常它与个人主义一起发挥作用，但有时与平等主义一起发挥作用。政府开始为福利花钱，以减轻个人主义带来的严峻问题。但是，再分配思想在被宗派主义者接受之后，发展出了属于自己的道路。福利国家作为一个等级制、市场和宗派的综合体，成为一个超乎所有人之前预期的更强大的实体。

变革的背景

所有的常规指标都表明，19 世纪标志着与过去的决裂，所有人的生活中出现了一系列的变化。从一个国家传播到另一个国家的民主革命没有立即扫除中世纪关于政府、经济和社会观念的残余，正如前两次革命（在美国和法国）试图通过法令完成的那样，但这些中世纪的残余痕迹仅仅存留了很短的时间。随着大多数西方国家建立宪政政府，旧的政治秩序在 19 世纪结束。尽管立法政府并没有立即将权力从少数人转移到大多数人手中，但随着公民权范围的逐渐扩大，19 世纪的立法机构代表了比以往任何一个政体更广泛的利益。

将较长时间段划分为可研究的部分时间段是历史研究中一个重要的概念问题，它囊括了延续与变化背后的潜在动力的有关理念。一个历史时期代表了一种思想综合体，历史学家会运用概念和方法为一段时间做出统一的归纳，而这些概念和方法可能源于他的知识传承或者利益取向和价值观。在大多数情况下，生活物质条件和有关的思想沿着一条具有延续性的主线展开，后来的发展建立在广泛共识的基础上，由特定时期和地点的文化组成。在政府和社会的悠久历史中,变化是渐进的。决定性历史事件可能标志着历史时代之间的界限,表现为人工制品和思想的转变;但是它们背后的动力建立需要很长时间,并且在很长时间后继续运作。影响19世纪发展的开创性思想和重要事件在整个18世纪的最后25年汇集在一起,而它们都是基于早期的变化。

在整个早期工业时代,欧洲和美国的人口越来越多。人们从乡村搬到城市。第二产业和第三产业——制造、营销和服务——取代农业成为主要收入来源。机器技术和工厂组织带来的生产力提升增加了个人收入。而且,由于在拿破仑战败与100年后的第一次世界大战开始之间没有重大的武装冲突,政府也可以从生产率的提升中受益,并保留一小部分增加的盈余。

整个19世纪,尽管缺少战争的支持,民族主义意识形态却在增长。选举过程培养了中央政府的公众意识,为国家赋予了意义。通信的改善与新的交通方式缩短了各地之间的时间距离,结束了各个地区孤立的状态,巩固了国家团结的运动。推广教育通过提高识字水平,使公民能够理解公民身份和公共方面的抽象概念,并做出选举的选择。与此同时,中央政府改革建立了专业化的公共服务。由于公务员多次表现出对公共利益的忠诚,他们本身就是民主意识形态中隐含的一些抽象概念的具体体现。

各国的政策反映了其主流占优势的政治文化。虽然各国政治经济发展的模式变革速度有所不同,但各国在等级制度、竞争性个人主义和新兴的平等主义之间表现出不同的平衡。随着19世纪时间的推进,每个国家的不同群体都获得了制定有利于其特殊利益的法律的权力。

在19世纪20年代的英国,工业化进程创造了为自身利益发声的商业中产阶级,商业利益迫使政治上占主导地位的地主集团取消当时生效的一系列保护性关税。这些关税和商业利益得以维持,提高了生产成本,并抑制了英国制造商在世界市场上竞争的能力。在19世纪三四十年代,对个人主义的支持越来越多,这导致英国在削减和取消大部分关税以实施自由贸易方面打破了先例。

拿破仑战败至19世纪最后25年间,贵族精英和商业利益集团组成的联盟创造了法国的财政政策。尽管法国是第一个建立全面财政管理结构的国家,但1817—1827年间颁布的程序改革持续时间过短,不足以成为预算规范。

改革的初衷是有利于等级制的,但没有执行,因为整个 19 世纪法国政治局面动荡,并没有提供维持强大的、有能力执行一致的财政政策的等级制度所需的稳定环境。法国的立法机构通过预算外账户和补充拨款规避了预算平衡。相比之下,德国各州在统一之前和之后都体现了等级制度,维持了近代早期时代专制的财政管理制度。由于立法机构的批准不是强制性的,统治者和管理者自顶层做出了支出决策并加以实施。税收结构一直有利于富裕的土地所有者而非城镇利益集团。同样在瑞典,直到 19 世纪最后 25 年,统治者实施的税收政策还保留了贵族农村居民的特权,牺牲了市民的利益。在一个拥有许多小型农场和小企业的新兴国家,许多农民也是企业主,个人主义有助于限制中央政府、增强市场力量。美国是由一群认为中央政府的权力应该控制在最低限度的人通过抗税起义成立的,它的公民严重限制了中央政府整个 19 世纪的税收和支出能力——内战期间的短短几年除外,当时收入几乎完全来自进口关税。

由于这一时代变化很快,如果我们将早期工业时代划分为两个长度不相等的时期,就更容易理解影响政府财政的力量。第一个时期是 1776—1870 年,与近代早期历史阶段的末期重叠;第二个时期是 1871—1914 年。

在第一个时期,宪政和理性在政府中的基础得以巩固。这一时期始于 1776 年,因为当时发生了几个至少具有象征意义的事件:亚当·斯密的《国富论》出版;蒸汽机的发明;英国首相诺斯勋爵向财政部提议根据择优原则选拔官员,并根据技能和经验支付固定的年薪;英格兰在美洲大陆的一个殖民地爆发了抗税起义。大约在接下来的 100 年里,中央政府形成了关于税收和财政管理方法的现代思想并逐步实施。

这一时期囊括了一系列政治革命以及工业革命的第一阶段,充满了与政治权力转移和重大社会转型相关的所有压力。大量的社会评论关注这些压力,塑造了 19 世纪生活的主要负面形象(直到最近,几个修正主义历史学家对证据的重新诠释更新了 19 世纪的形象[9])。

至少从那个世纪初开始,社会变革就产生了两种相反的公共政策制定学说。第一部分源于对英国-苏格兰启蒙运动典型的政治理性的观点,表达了调研与政策制定之间的必然关系。这种观点的直接来源是边沁的提议,即关于任何主题的立法应该基于公民委员会的研究。如果在经过充分调研后再起草法律和制定政策，那么它们将反映通过政治过滤的最佳专家意见。这种思维方式具有建设性和干预性，总体基调很乐观。19 世纪政府引入的行政结构的改善以及设计的大多数政策遵循这种事实调查方法，在政治上较为保守，依靠专家；在财政上比较自由，因为专家倾向于扩张自己感兴趣的领域。从那时起，一直到现在，专家建议从纳税人那里征收更多的钱，这样政府可以根据他们的优先级支出。

在工业时代的第一阶段，18 世纪的经济个人主义学说逐渐发生了变化。在抗议活动中形成的理念在 19 世纪的公共政策辩论中具体化，然后庸俗化。均衡状态中的自由竞争市场范式为自由贸易政策提供了理论基础，正如理性和效率的概念对行政重组和维持平衡预算的努力提供了理论基础一样。对结果的需求来自代表经济个人主义的力量；这些要求冲击并威胁着社会等级制度。如果衡量有效政府的标准是结果而不是惯例，那既有秩序面临的其他挑战也会随之出现。

市场看不见的手能带来有益影响的有关论点很快成为新的经济和社会秩序的防守性的意识形态。尽管新秩序在提高产出和财富方面取得了成功，但随着 19 世纪的推进，不仅出现了许多音乐、艺术与文学的批评家，而且涌现了一批政治和经济批评家，因此新秩序需要自我辩护。这些反建制力量启发了第二种政策制定方法，即对欧洲大陆启蒙运动的超理性的浪漫主义回应。

浪漫主义运动（Romantic movement）拥护直觉和情感，而非冷酷的理性，自然是反市场的；它谴责"金钱联系"是个人关系的不恰当基础。在非人格化的工业体系中，左派和右派都只看到了在恶劣条件下的非人化劳动。一些浪漫主义者将受爱情等级制度支配的传统父权婚姻关系理想化。其他人则设想了一个乐观的乌托邦未来，在这种未来中，人类从必需品中解脱出来，从有限的资源中解放出来，可以在纯粹平等的基础上团结起来。既然这些无法实现，浪漫主义的观点预见了当代宗派主义者对建制派的批评。如果无法从社会退出到农村公社中，或通过暴力政治革命，情况就不可能有所改善。如果新秩序中的劳动者面临严峻的生活环境，那不仅是因为商人贪婪，而且是因为结构不稳定已经在系统中存在。如果正如马克思和恩格斯所断言的那样，资本主义存在利润下降的内在趋势,那么就没有改进的希望。工人的生活可能变得更糟,除非他们自己掌握了生产资料,通过制定自己的规则来结束他们异化的过程。就像邪恶的等级制度和市场对人造成腐蚀一样,工业化对未受污染的自然的破坏会不可避免地导致灾难。

浪漫主义诗人以哀叹失去的乡村美德作为对工业化的回应;他们的比喻是对现在的拒绝和对过去的理想化。工业创造了现代的巴比伦城;农村空无一人,象征着乡村生活中纯真和朴素的永远消逝。在社会科学开发出用于分析社会问题的经验方法之前,在识字率不断提高且代议制政府减少对言论自由的限制时,文学成为社会批评的有力工具。虽然社会小说家狄更斯、特罗洛普和巴尔扎克不是浪漫主义文学家,但他们在作品中表现了城市生活的残酷一面。[10]他们创造了可以理解的工人阶级角色,然后通过同情和怜悯的笔触,将他们与阴郁的中产阶级及控制商业和政府的短视的贵族成员进行了不公的对比。他们的作品记录了新型分散权威模式的出现,取代了以继承地位为基础的传统关系。这些小说在报纸上连载,吸引了广泛的受众。

浪漫主义的政治遗产是复杂的,其中包括19世纪的福利计划以及革命的社会主义,两者都具有乌托邦与马克思主义的性质。一些持人道主义信念的实业家在农村建造了计划定居点,将工厂、工人住房和公共设施整合在一起,作为对贫困生活和恶劣工作条件的补救措施。政治和经济自由主义的主要理论家约翰·斯图亚特·穆勒(John Stuart Mill)赞成政府进行有限的干预,以改善穷人的生活。但是,穆勒并不认可"发布命令并通过惩罚来强制执行",他和边沁一样,认为政府可以通过提供信息和建议来帮助工人。他支持允许有动力的个人通过自愿努力改善自身状况的措施,赞成提供公共教育资金,以及鼓励工人移民到海外殖民地的政策。[11]

站在当下回顾历史,我们才意识到,19世纪上半叶欧洲与美国的社会和政府问题与现在欠发达国家所面临的那些问题类似。将单纯质朴的乡村民众转变为纪律严明的劳动力需要时间和社会学习。无知和缺乏技能使得农村移民孤立无援,使他们被迫接受最不理想的生活和工作条件。在发展的早期阶段,农村或城市贫困民众的生活环境可能同样脏乱,但由于城市生活拥挤,问题更加明显。[12]在工业时代的第一阶段,卫生条件与公共卫生之间关系的知识还处于起步阶段。经济发展也没有创造足够的资源来支持公共基础设施的资本投资——公路、照明、供水网络、排水沟和下水道以及公园——这原本可能改善大城市人口的生活。经济发展的承诺在于未来，它带来的贫困问题存在于现在。

如果在长时间劳动之后，劳动人口有时会爆发骚乱，那并不是因为城市生活不够舒适，而是因为在反复出现的经济萧条时期（甚至在价格上涨但工资落后的经济恢复期），劳动者的实际收入在下降。

按所有商品的人均消费量衡量，19世纪上半叶，贫富差距似乎在扩大。[13]直到1850年，在英国这个最繁荣的国家，工人阶级仍然需要花费家庭收入的2/3来购买食物。与由比顿夫人（Mrs. Beeton）为中上阶层制定的内容极为丰富的菜单相比，工人阶级的饮食种类有限，碳水化合物含量高，蛋白质含量低。[14]随着改善了的交通网络连接起来的全国市场的增长，驱散了长期以来大规模饥荒的"幽灵"，但是，如同过去的时代，食品实际价格上涨、社会动荡和政治不稳定之间仍存在直接关系。①

与从国外获得技术援助和财政援助的现代发展中国家不同，19世纪初，地方和中央政府几乎没有足够的行政能力来应对微小的变化。以当前的速度管理增长完全超出了政府的能力范围，城市的经济发展和增长是在没有政府干预的情况下实现的。

然而，政府逐渐接受了私营部门有关权力和控制渠道、组织工作、提高效率、降低成本以及实事求是的资源管理等的管理知识，并制定了新的方式，使其在更大规模和不同的公共组织情况下都可以适用。为公共行政建立（由公众建立，为公众建立）的法律、监管和程序基础是19世纪上半叶立法政府的卓越成就，为抽象意识形态提供了实质内容。

在这种背景下，政府的合理性意味着中央集权。尽管他们付出了所有努力，但在17和18世纪的政府中尚未建立起有效的中央控制结构。17世纪后

---

① 紧张局势在19世纪40年代后期非常严重，当时贸易萧条和大规模失业加剧了食品价格上涨并引发动乱。托克维尔目睹了在1848年初的几个月里在巴黎发生的导致君主制被推翻的暴乱，以及政府对暴乱者的野蛮报复。他把法国的社会气氛评价为一场反封建的战争。"我看到社会被一分为二：那些陷入共同的贪婪的无产者；还有陷入共同的恐惧中的有产者。在这两个伟大的阶级之间没有任何联系，没有同情，人人都在想着一场不可避免的，即将到来的斗争。"[15]

期政府内外的批评者发现了公共和私人混合体制的许多缺点。如果不考虑扩大公共官僚机构可能带来的成本，追逐利润的冲动激励了向政府提供行政服务的私人个体，而政府因此遭受了损失；至少在当时是这样。

到19世纪初，对政府私人管理的负面看法已经积累到了一定程度，达到了触发变革的临界点。政治革命之后的改革思想气氛促使各国政府尝试将启蒙思想的理性付诸实践，而这些思想早已被企业用于实际应用。改善公共财政管理在各国的政策议程中占据重要位置，因为旧有的私人网络非常浪费公共资源。每个人都知道政府需要加快征税，并确保将全部收益迅速汇入财政部。管理支出的方法也不充分；专款专用使得权威变得支离破碎。由于一种故意拖延的心态渗透到税收和支出过程的各个层面，政府往往处于身居高位而信息不通的状态（high and dry），缺乏关于即将到来的收入金额或何时可将收入用于支付的信息。如果政府要履行其为公民提供公正和安全的义务，就需要更好的财政管理。

走向合理的财政管理需要巩固财政部在税收和支出方面的权力。行政等级制度将取得专业化的地位。此外，开发合理的方法需要专业化，包括征收收入的权限和单独的支出组织。由于每个部门账户以及许多公共和私人收入基金都是自主运作的，因此，确保各部门只为立法机构和行政机构指定的目的支出拨款的程序是必不可少的。协调部门程序以实现统一，以及定期生成可比较信息都非常关键。所有政府机构都应保持永久性记录，采用相同的模式并遵守相同的规则，这是公认的良好公共管理的标志，这些做法似乎是永恒的。但直到一段时间之后，19世纪早期的改革规定了预算统一性、全面性、年度性和经过审计的支出控制，这些改革成为规范，随后被政府各部门毫无偏差地采用。

正如关于代议制政府的观点在19世纪上半叶迅速从一个国家传播到另一个国家一样，关于财政管理的创新思维也在迅速传播。1776年，专业官员管理的综合财政基金的提议首先出现在英格兰；大约在1870年，所有工业化国家（当然美国除外）都采用了现代的财政管理程序。19世纪的行政机构及行政管理人员将规范性的规则以及对行动的限制转变为积极的行为规范，包括1817—1822年间法国的路易·德·维尔男爵（Baron Louis de Villéle），世纪之交的路易斯·梯也尔,19世纪中期英格兰的罗伯特·皮尔(Robert Peel)和格莱斯顿,以及1848年革命后在普鲁士当选的自由主义者鲁道夫·康普豪森(Ludolf Camphausen)。虽然行政级别较低的官员鲜为人知,但他们的贡献在实施19世纪立法机构提出的未经验证的思想和规则方面同样重要。

专业化是这种合理化过程的必然结果。到1870年,所有财政管理任务都嵌入了合法性。财政系统根据能力选拔官员并支付与责任和技能相称的工资,执行这些任务的官员对公益事业的忠诚和尽责负有责任,而忠诚和尽责的品质体现在财政部的运作中。受到效率、经济以及最重要的平衡等新兴规范的制约,公共官员在19世纪上半叶建立的中央财政结构在1870年之后为公众提供了良好的服务,这一时期公共支出压力也增加了。

从我们目前的角度来看,19世纪立法机构和行政官员设计的税收和支出问题的解决方案似乎很简单。一旦人们一致认为政府应该努力在运营中实现节约,那么每个人都认为集中财政统一管理是显而易见的方案。然而,在像英国和美国这样的个人主义的社会秩序中,甚至在像德国和法国这样的等级社会中,共识必然掩盖了残余的矛盾心理。这是因为在不满情绪开始出现之前,中央集权式的体制几乎无法运作。一旦体制成功建立,人们似乎很快就忘记了体制漫长而艰难的建立过程。人们认为这是理所当然的,就像它一直存在一样。因此,一个时代的正统观念引起了下一个时代的异议。

当下流行的观点是谴责集权式体制的统一规则。这一观点认为,为公众提供许多不同服务的大型、复杂的政府中,集权会产生僵化。规模较大的组织受到中央强加的规则的严格限制,无法对变化做出反应(至少反应缓慢)——无论这一变化是从内部还是从外部引起的。集权制度的批评者认为,如果一个社会希望促进政府内部的创新并提高其响应公众需求的反应能力,那么等级制度中也许可以令人信服地保留一般规则,但要通过重新创造具有经济个人主义特征的分权体制和思想理念来提高其绩效。然而,矛盾的是,地方政府不响应中央的指令,市场化的管理方法和自治(通常会带来腐败)是前几代改革者所反对的。为了遏制浪费行为,19世纪的改革者试图制定规则并建立一种体制,可以每年在政府收入和支出之间取得平衡。然而,预算平衡一旦成为公认的行为准则,违反这一规范的压力就开始出现。面对来自公众促进内部发展和改善社会公平越来越高的呼声,在不断升级的民族主义气氛下,19 世纪晚期的政府一直面临着支出超过收入的压力。从 1880 年到第一次世界大战爆发,所有国家对税收结构的持续修正反映了在一些国家比在其他国家更成功的努力——在试图将军事力量现代化、遏制社会动荡的同时,保持平衡的预算。

1870 年后,变化进一步加速。随着制造业对每个国家的产出贡献稳定增长,工业化的经济提高了生产率,而农业所占产出的比例则在下降。这种趋势在英格兰最为明显。1900 年,即工业革命最早阶段出现的 100 年后,其国民生产总值(GNP)的 40％ 来自制造业。进口使得农业占产值的比例下降到 6％。虽然欧洲大陆工业化进程更晚,但在一些国家,工业化的进展相对更加迅速,因为这些国家已经奠定了工业化概念、技术和组织上的基础。1860—1869 年间,在德国统一之前,德国工业产值仅占该国总产量的不到 1/4,而农业产值则占 1/3。使用最新技术生产化学品、钢铁、电子产品和机床的大型工业综合体的快速增长使得制造业占 GNP 的比例在 1905—1914 年间增加到 40％。尽管德国东部农业州保留了工业化前的土地所有权和权力架构,但同期农业产出下降到 GNP 的不到 1/5。在 19 世纪最后 25 年,法国、意大利、斯堪的纳维亚、俄国和美国的农业依然为 GNP 做出贡献的同时,工业化也在稳步推进。[16]

1870 年后的工业生产反映了科学技术的不断进步。虽然纺织品作为 18 世纪晚期和 19 世纪早期工厂的主要产品仍然很重要,但是它正在被重工业取代。高炉生产出多种用途的钢坯和钢板:火车、有轨电车和地铁的车厢和轨道;蒸汽机和重型机械;轮船;桥梁和摩天大楼的结构构件;以及武器、自行车和汽车。电在 19 世纪之前是神秘的,但现在人们已经解开了电力的秘密。电让通信联系变得更加快捷,增强了原动力,并为规模不断增长的人群改善了照明。今天的我们都对 20 世纪初的生活物质十分熟悉。

对于工业生产的受益者——实业家、金融家、投资者和中产阶级而言,快速的技术进步带来了乐观的展望。这似乎很有道理;增长创造了越来越多的盈余,社会各阶层,甚至是最贫穷的工人的生活水平都有所提高。食物消费在数量和种类上都有所增加。随着税收收入的增加,地方政府可以提供公共设施来减轻交通拥堵的社会成本。随着公共资金资助的中等教育逐渐成为所有西方国家的义务教育,地方和中央政府拨款支持建设包括图书馆、剧院和博物馆在内的文化设施。

但是,尽管快速增长提高了预期,但也会产生相反的后果。1870年以后,与19世纪早期的工厂一起首次亮相的经济活动的周期性波动似乎变得更长、更严重。不同国家之间经济周期波动的持续时间和强度不同,但大致在1873年至1879年,1882年和1886年,1890年和1893年,1900年和1903年以及1907年和1909年之间[17],19世纪末和20世纪初的经济萧条证实了马克思和恩格斯的预言。长期没有收入使得工人更加激进。在所有工业国家,包括罢工和骚乱在内的暴力冲突引发了专业人士和知识分子发起的改革运动,旨在制止冲突,然后试图消除冲突背后的原因。

改革者认为,如果更广泛地分配增长所带来的物质利益,冲突就会减少。1880年以后的实证研究在统计上验证了显然的结论:尽管近期工人生活水平有所提高,但工业化国家的收入、储蓄和财富分配仍然非常不平等。一小部分人口(不到5%)持有大部分财富,并且财富变得更加集中。[18]虽然工人在繁荣时期获得了一定的收益,但在经济低迷时期,失业带来的收入损失似乎更难以承受。在这个时代,与从前或现在不同,贫困者无法期望从公共或私人来源获得援助。

当时流行的经济个人主义意识形态加强了对19世纪制定的对穷人援助的法律约束。塞缪尔·斯迈尔斯(Samuel Smiles)和其他世俗辩护者[19]宣扬工作即真理,将接受慈善援助的需求污名化,称之为道德的弱点。他们认为,工人应该限制他们的家庭规模,避免所有多余的消费,特别是酒精的消费。他们应当节俭,以便积累储蓄以备不时之需。如果工人有先见之明,他们的不幸就不能像工会和社会主义者所声称的那样,归咎于制度的普遍失败。

改革者敦促各国政府调解实业家与工会之间的冲突。中产阶级和上层阶级为保护家人免受风险而持有人寿保险,这同样也是一种降低工人生活不确定性的方法。如果政府、雇主和工人可以联合出资,确保工人避免遭受疾病和步入老年带来的收入损失,并且政府能够在长期经济衰退期间为失业工人建立一个基金,就能够缓解工人目前对贫困的恐惧心理。

19世纪末和20世纪初政府实施的适度再分配政策是企业对不平等现象的应对之举。应当理解,这些措施与集体主义完全兼容。集体中的每个人都在为集体做出贡献,如果有些人的贡献比其他人多,那么这正反映了他们在事物发展过程中的位置。工人和工会的增选(当时工人正在发展他们自己的等级制度)就是目的。这些计划确实在很大程度上成功地缓解了冲突。

1870年之后国家之间的关系也对财政提出了要求。专业化培养了国家之间相互依赖的关系,但经济竞争同样也加剧了民族主义。随着国际军备竞赛的势头增强,中世纪的最低关税自由贸易政策不再受欢迎。一个国家在1880年之后颁布关税,可能出于几个理由。正如它们在采纳自由贸易政策之前一直做的那样,各国旨在保护国内生产者免受外国竞争。工人和工会对保护自身免受经济社会兴衰影响的要求,不仅可以通过基本社会保险来满足,而且可以通过贸易壁垒来满足。支持者还希望新的关税能够产生足够的收入来支付昂贵的军事装备——连发步枪、大炮以及钢铁加持的蒸汽动力战舰舰队,马汉和麦金德(Mahan and Mackinder)时代的战略家将其视为主要的威慑力量。

公众态度的不断变化让国家的角色越来越重要,但即使有各种新关税的收入,武器和福利支出也让预算面临越来越大的压力。德国是个例外——其大量的武器投资主要通过借款支付,所有第一次世界大战之前的主要财政部部长都认为平衡式预算对财政稳定至关重要。[20]由于关税本身不能支持不断增加的支出,所以国家需要更具生产性的税收。19世纪后期的政策制定者越来越倾向于所得税;以名义利率征收所得税效率较高,因而较高的税率会提高征税回报率。

对富人征税的先例是存在的。在法国大革命期间没收的保皇党财产,使得相信社会主义的批评家认为不仅应该而且可以对有钱人征收重税;从1848年开始,他们鼓动政府对富人征税,以救济穷人。自从意大利北部公社在文艺复兴时期征收第一笔所得税以来,不同收入水平的税负不平等就促使一些政府免除收入最低的人缴纳所得税的义务。

政府内外的温和派并没有忘记19世纪初的抗税暴动。19世纪的立法机构通过其他手段扩大了公平原则。纳税人在确定可负担的收入时,可以减去自己及其需要赡养家属的个人豁免额度,豁免额高于维持基本生活水平的家庭所需的金额。

19 世纪末的民主政府面临着两难的困境。政策制定者致力于贯彻源自法国启蒙运动的公平和平等原则,却同时坚持个人主义者提出的最低税收和平衡预算的规范(在过去的半个世纪中已成为正统的财政观念),因此对提高税率犹豫不决。然而,当面对收入和支出之间日益增长的差距,并且考虑到少数人持有大量财富时,依然有一定的人群认同国家为经济提供的保护应由主要受益者支付这一观点。

从 1870 年后形成的新古典经济理论衍生出一种新的收入思维方式,帮助政策制定者解决了两难问题。边际理论假定,在自由市场中,对于一无所有的人来说,任何额外增量都具有很高的边际效用,而效用的减少与他拥有财产的数量成正比。

边际效用递减假设作为一项普遍原则,对收入和消费同样适用。因此,根据新古典理论,虽然收入的增加对穷人来说具有很高的边际效用,因为他开始时拥有的财富很少,但对于富裕的人来说,由于他本身收入较高,所以收入增加的边际效用较小。累进税的思想观念在当时本来由暴徒提出,这样一来突然变得可敬起来,披上了学术的外衣。以高于低收入者的税率向高收入者征税被认为是合理和公平的。

除了所得税之外,边际效用理论也为政府应对社会支出和军备支出而征收的遗产税和累进税率表提供了理据。从 1894 年英格兰为资助战舰费用而首次征收累进税(继承财产)到第一次世界大战之间,社会主义的论点在主流的所得税与遗产税的评价中取得了一定的市场。除了非常富有的人之外,其他人怎么会反对征收累进税呢?穷人和中等收入者无须缴纳这些税;遗产税和累进税率表的目的是榨取富人的财富。

效率、理性和平衡预算的理念

预算成为工业早期时代的代议政府的合法职能,它的知识基础融合了古代和中世纪的政府责任观与启蒙运动的理性教义。17 世纪和 18 世纪的思想重点探讨了秩序的本质。英格兰和苏格兰的道德哲学家推论了政府与社会之间关系的转变，并从牛顿的宇宙学中推演出了一个政府模型。亚当·弗格森（Adam Ferguson）和他的学生亚当·斯密认为政府应该在不同的要素之间取得平衡。由18世纪的欧洲大陆思想家提出的人类认知概要模型认为，人类通过运用理智可以找到解决社会问题的可行方案。法国的启蒙理论家正在寻找在政府中实现并维持秩序的最佳方式。

财政问题尤其需要秩序。政府运作、税收和支出问题的关键仍然在于杂乱无章的方法和之前遗留下来的过时结构。早在18世纪之前，反复出现的财政危机就证明了当时条件下预算工具的不足。一些创新已经出现，比如公共银行为荷兰和英国的债务融资创造了稳定的环境。在源远流长的政府历史中，19世纪的立法机构和行政机构首次制定了改进的管理程序，随着政府收入的稳步增长，这些管理程序为政府财政带来了稳定性和可预测性。

健全的财政是政府适应中世纪晚期以来私人部门决策和行动的理念的副产品。自封建制度崩溃以来，有组织的、目标导向的行为一直是西方世界人民所有工作日活动的常态。在庄园或农业小农场、手工艺作坊、工业车间以及商业中，贯穿西方思想的线性过程概念通常占上风。生产活动本身并不是目的，而是另一个目的的手段——为了资源将生产要素组织起来。无论目标是提高庄园的生产力还是增加企业的利润，手段都是技术或管理创新，以减少浪费，从而削减成本。[21]削减成本在私营企业中如此普遍，以至于在中世纪晚期的簿记记账和农业管理技术的发展都是为了削减成本而出现。在现代从业者中出现了专门的术语。公共和私营企业的管理习惯将成本削减描述为实现经济的理性行为（rational behavior），而将过程本身描述为合理性（rationality）。古典经济学家被认为发明了理性这一概念，但事实相反，更公平地说，他们是将周围发生的事情正式表述出来。他们的创造力在于将理性的组成部分抽离出来，然后加以系统地表达。古典经济学家用来描述通过提高生产力的创新来增加回报的术语——节约，旨在实现效率——充分利用给定的资源或以最少的投入实现规定的目标。

基于效率、节约和理性概念的18世纪和19世纪早期的物理学和工程学也起源于牛顿在17世纪晚期开创的革命性的宇宙学。在牛顿系统中，普遍存在的引力创造了一个平衡的宇宙。因为每个作用力都有与其平衡的反作用力,整个系统是节俭的。[①] 在牛顿的世界里,任何事情的发生都不是偶然的。一切都是有组织、平衡和可预测的。

很快,牛顿方程式的简洁对思考人与人之间的关系的学者产生了影响。对于英格兰与苏格兰启蒙运动的哲学家来说,牛顿的宇宙为政府、经济和社会创造了一个模型。如果彼此对立的作用力之间的平衡在维持宇宙秩序,那么平衡原则是否也能提供维持社会秩序的手段?经过洛克的阐释,牛顿的理论为代议制立法者和社会多样性提供了理论基础,从侧面否定了绝对君主制和文化单一性。

在古典经济学中,根据牛顿的理念,在自动稳定、自我调节、达到均衡状态的竞争性市场中,经济效率规范指导着决策和行动。科学、经济学、实用商业和农业管理的效率概念在 18 世纪末和 19 世纪初汇集在一起,创造了一种具有深刻实践意义、对政府具有更大规范性影响的混合思想——统一、全面和平衡的年度政府预算思想。

预算平衡是个人主义和集体主义之间的完美妥协。等级结构倾向于过度花费,因为每个等级都希望维护这个等级的尊严。倾向于竞争的个人主义者认为奢侈的私人支出并没有错。但由于他们必须支付税款以支持过多的公共支出,而市场制度则支持将公共支出维持在最低限度。个人主义者和集体主义者都与政权的稳定有关;个人主义者贡献财富,集体主义者贡献组织性和规范。因此,等级制度同意限制花费(或至少自己支付账单),并且在预算保持平衡的前提下,个人主义者要支付更多。

19 世纪行政管理的演变过程表明,设计相反的安排是纠正制度缺陷的一种方法,这种方法近年来也很常见。引入竞争的变革可以减少混乱和腐败现象,这是 19 世纪早期新行政方法提案的基础。(今天,情况已经非常不同,关于税收和支出政策的公开辩论是在同一概念框架内进行的。随着富国和穷国的赤字攀升,人们普遍认为预算已经失控。)将组织与节约联系起来,为编制年

---

① 牛顿作为一名教徒,希望自己的理论能与当代新教神学相容。上帝通过自身无限的智慧在地上和天上创造了需要的一切,不多也不少。直到达尔文和华莱士构想出另一种观察世界的方式之前,没有人能够理解大自然令人惊诧的丰富规模。

度综合中央政府预算而出现的行政结构标志着现代政府理性思想的重大开端。改善财政管理对于中央政府其他所有职能的执行至关重要,因而优先于其他政府部门的理性管理,并且当中央政府在 19 世纪末期开始承担新职能时被树立为榜样。

为响应公众对于"经济改革"的广泛兴趣,于 1780 年完成的英国议会委员会的 14 份报告载有可能仍出现在现代行政改革建议中的政策处方;它们所体现的效率与合理性原则已成为公共行政的正统观念。报告提倡"简单易懂"的财政管理,其规则应该促进经济,限制或者削减"每一项多余和不必要的费用"。应该制定单一的合并支出预算,而不是大量丰富的收入资金。为了编制预算,应该提前一年制定部门费用的概要估算。为确保准确性和可比性,所有部门费用记录应以统一格式保存。[22]

这些报告在若干方面促进了预算统一和合并。编制年度支出预算可以节省政府资金。因此,预算编制将减少征税的必要性。它将带来灵活性,为在不同服务之间转移资金创造机会,而现有的将特定税收收入分配给特定支出的方法无法做到这一点。部门会计的简化和统一减少了审计后的时滞,从而阻止了欺诈的发生,当时的时滞平均在 15~20 年。

虽然预算技术的组成部分似乎一次成形,但预算技术的实施花了一个多世纪,各国实施的速度和完整性各不相同。英格兰在 18 世纪的最后 25 年开始编制预算,但直到 1866 年才建立起财政对支出的完全控制。在 1817—1827 年的 10 年间,法国颁布了一系列法律,确立了税收和支出的集中管理制度,但在 1830 年、1848 年、1851 年和 1870 年爆发的革命中,法国对这些制度的遵守时断时续,并不完整。比利时在 1830 年革命之后,按照法国模式建立了预算结构,很快就形成了分段的财政管理制度。其立法机构在财政年度开始之前就立即投票,然后(正如一些第三世界国家今天所做的那样)全年间不断审查支出提案,试图按月平衡分期预算。荷兰于 1848 年后建立了立法控制支出的中央集权结构,其他国家的建立年份分别为:意大利,1860 年;瑞典,1876 年之后;挪威,1905 年;丹麦,1915 年。总而言之,这些变化是在政府结构发生根本变化之后发生的。美国在预算方面有所落后,直到 1921 年才创建预算局。

各国中央政府预算的制定和执行各不相同,但是这些程序都建立在相似的前提下:在支出方面,部门应从属于财政部;财政税收和支出政策应体现立法意图[①];财政管理不应是临时性的;应该通过提前规划来维持秩序。与此同时,出现了以下一般程序序列:

1. 每年各部门都要向财政部提交下一年所有支出的详细预算。

2. 财政部汇总部门预算,制定预期支出的综合预算。

3. 财政部准备提交给立法机关一项足以支付下一年预期支出和早年积累的偿债义务的税收和借款提案。

4. 立法机关对该提案进行了辩论。由于税收和支出政策影响每个人,所以辩论充满激情,往往非常激烈;辩论的过程反映了政治、经济、部门和阶级利益之间的分歧。立法机关接受了一些措施,拒绝其他措施,制定了预算——一项规定计划支出数额和目的的法律。依据控制流程的节约规范,平衡预算是强制性的。在除了最不寻常的情况之外(涉及极端的国家紧急情况),收入应当至少相当于支出,最好应该大于支出。因此,足以支持支出的税收要么在支出计划之前就已制定,要么与支出计划一起制定。税收是支出的必然结果,是预算等式平衡的重要因素。

5. 在适当的时候收税;资金被分配给各个部门进行支出。

6. 最后,为了确定实际支出是否与立法授权相符,财政部对所有部门收入和支出记录都进行了追溯性审查。审计是在上一财政年度结束后的9个月到1年内进行的。[②]

总而言之,很难发明一种更好地结合集体主义和个人主义的预算程序。从自上而下的制定过程到后来的立法和预算执行,预算程序都体现了等级制度。遵循市场原则意味着检查结果——通过审计查看资金是否按照预算提案花费——至少尽力达到当时可能实现的程度。

---

① 然而,在1860年之后的意大利和德国(德国于1871年统一),预算仍然遵循早期的模式,由专制的有权推翻弱势的立法机构的行政高官控制。

② 意大利于1860年统一后,审计局获得正式授权,不仅可以在支出发生前批准支付令,而且有权规定任何其他涉及财政影响的立法行动。但是,因为意大利专制的行政高官总是秘密做出决定,并通过法律法令强制执行这些决定,所以支出限制在实践中被证明无效。与德国一样,意大利在第一次世界大战前实行赤字融资,通过出售债务以弥补税收和支出之间的差距。[23]

随着 19 世纪政府的预算制度得以建立,预算的所有这些阶段都在一个涉及角色专业化和立法机构与行政部门之间分工的过程中进行了规范化和系统化。立法机关根据财政部的意见,授权采购和分配资源。支出的管理与控制是行政部门的责任,具体由财政部负责。

与早期国家财政的私人秘密管理不同,大多数国家制定并实施了公共财政政策。立法机构在公开辩论后做出决策,新的利益集团试图推动形成旧阶层不可接受的政策。① 积极活跃的媒体在摆脱了诽谤法带来的起诉威胁后,可以对公众舆论产生重要影响。到了 19 世纪的最后 25 年,尽管妇女不具有投票权,大多数政府却已经废除了投票的财产门槛。各行各业的批评者都对立法机构表示批评;在对预算进行投票时,立法机构的成员必须重视许多不同利益集团的政策建议。

在政府中实现效率成为财政部的任务,它将旧的行政结构用于新目的,并设计了以前不存在的结构和程序。最终,组织和行为发生了很多变化,这些变化逐渐积累,形成了管理革命。

19 世纪的财政部试图通过编制有用的短期未来支出预算和提高对过去支出审计的有效性和及时性来获得合理性。良好的支出预算需要统一的部门程序。政府通过限制个人和部门的权力来实现更好的审计。

早在 19 世纪之前,各国政府就试图追究征收资金和花费资金的个人的责任。但是,由于涉及的人和组织数量非常多,每个组织都有独立的权力,审计通常非常困难,而且更多是个人之间上下级关系的象征,而不是对腐败的威慑或改善管理的激励。

几个世纪以来的部门自治使管理者的封建心态持续存在。就像今天一些第三世界国家的高级官员一样,18 世纪末和 19 世纪初的管理人员将任命职位视为致富的机会,并通过给亲戚朋友介绍工作来帮助他们。为了集中控制,财政部必须制定更好的程序来限制个人对部门基金的权力。制定、实施和执行规则需要时间,但努力最终得到了回报。全面、概要的会计允许进行足够快的事后审计,以确定政府是否按照立法机构的要求支付了资金。更进一步的

---

① 在中世纪,英国议会通过了几项专门用于阻止工人阶级成员支出要求的规则:阻止国会议员提出支出提案(1852 年),限制对财政问题的辩论(1866 年)。[24]

措施是禁止部长和部门下属将资金用于其他目的。然后,当他们被迫将财政年度结束时没有花费的拨款返还给国库时,权力被进一步缩小了。各部门无法再建立私人储备基金以逃避立法意图。

至少建立私人储备基金不像以前那么容易了。这些部门被英国财政部官员称为"支出部门"(spending departments),在欧洲大陆术语中被称为"部"(ministries)。这些部门为了避免未动用资金被迫返还给财政部,甚至第二年被削减资金,仍想尽办法在财政年度结束之前用尽他们的未动用资金。通过在不同类别和未用余额之间转移资金这一方法,部门可以自行决定资金的使用。就像现在一样,某些部门的支出得到了特殊赞助者的支持,各部门可以依靠受益人来捍卫他们的预算份额。例如,欧洲大陆的商业利益团体偏好国家对公共工程和铁路建设的支出。

根据部门支出估计编制合并预算从本质上来说是困难的,因为预测未来在不确定的世界中出错的概率很高,即使是提前一年的短暂间隔去预测未来也是如此。但是,当自治部门几乎没有共同的程序时,进行短期预测甚至是不可能的。早期的改革主要集中在看似简单的问题上——保持统一的部门记录;使用类似的形式;遵守同一财政时间跨度——所有这些实践都旨在实现各部门支出估算之间的可比性。19世纪行政革命的核心是制定预算所需的程序标准化和统一性,这有助于创造现代官僚制。但19世纪的财政部从未发展出复杂的预测方法。财政部通过简单的估算规则运作:以上一年的支出金额作为来年估算的基数,尽可能减少,但如果情况允许增加,就增加一点点。虽然现代的预算制定者用复杂的数学技术来预测支出,但仍然沿用了这一规则。

随着预算的制度化,政治扩大了问责制的重点。编制年度综合支出预算的结构和程序是在改进审计部门账户的能力的同时制定的。在合并预算取代多个收支基金时,政治和组织问责制已经取代了个人问责制。

19世纪的立法机构因教义和意识形态差异分为不同的派别和政党。预算不仅仅是分配资源和审计支出的技术手段,也是持续获取党派优势的强大武器。随着支出的稳步增长,新型的政治家取代了早期的业余贵族和企业家管理者。如果政府要抵制反对的声音,负责财政的官员就必须提出可靠的预算。概括的能力,在理解复杂性的同时用功能类别分类思考的能力,以及保持高标准的个人操守和职业操守成为政治领导和有效财政管理的必要条件。在政党政府下,部门官员负责支出估算,如果审计暴露了腐败或错误的问题,部门官员就要为此负责。但随着新的管理方法的实施,他们的责任变成了政治和组织的责任。

节约是 19 世纪政府财政政策的主要目标,因此节约这一有价值的目的塑造了审计和估算技术。改革者最初将平衡预算视为达到节约这一目的的技术手段。但是,19 世纪的政治改变了关于平衡预算的观念。关于税收和支出的党派争论将平衡预算从次要地位提升到主要地位。当估算和审计程序成为例行公事时,平衡预算成为组织行为的规范以及道德义务。平衡预算成为规范性理论的一个要素,整合了关于效率、经济、组织以及政府规模和职能的思想。预算平衡意味着制度和财政之间的平衡,它成为一种文化理想,也具有自己的禁忌。平衡预算的理论代表了稳定、健全的管理和不受市场约束的原则,它维系着重要的社会关系。

平衡预算的戒律很简单。首先,总是从小处着眼。政府在保障公民安全和福利上应当只做最少的必要工作。财政政策的设计应考虑到这一目的。在必须进行的少数活动中,政府应随时随地削减开支,以获得最大的收益。支出较少时,政府可以少征税,将税收负担分散到整个社会,以便资源可以自由投入生产性投资中。除了维护顺畅的现金流的目的以外,政府不应该借贷。政府的目标应该是通过在指定用于债务偿还的偿债基金中每年扣除一些收入来偿还现有债务。

平衡预算如何适应这种模式?平衡预算的职责是对一直存在的愚蠢花费(或任何花费过多的项目)或允许政府规模无理增长的趋势的积极检查。每当公众要求开展新计划时,其他地方的同等经济体的产出必须抵消增加的支出。如果没有,就必须增加税收。最终的规则是支出必须与收入相匹配。

平衡的概念将税收和支出可接受水平的隐性社会理解形式化。虽然税收可能会增加,但由于公众反对,不会增加很多。支出也可能会增长,但支出受限于社会预期的支出限制以及公众容许范围内的税收水平。

在预算过程中,通过对估算的协商和有关替代支出的公开辩论,预算过程在理想情况下应当接近平衡的自由竞争市场的配置效率。然而,虽然平衡预算的想法被人们广泛接受,但过度消费税收的糟糕历史并未完全消失。在 19 世纪和今天,政治压力往往威胁到预算的统一性和全面性,当这种情况发生时,预算平衡也被牺牲了。外部威胁或内部不稳定导致政府以我们可能仍然认识到的方式违反预算平衡规范。特别是在欧洲大陆国家,"特殊"预算和"补充"拨款是整个世纪财政管理的共同特征。19 世纪 30 年代,一位比利时评论家把特别预算称为"财政部部长用于处理赤字的杂耍杯子"[25]。经常发生的情况是,特殊用途的预算外支出没有从税收收入中支付,而是通过借贷支付,因此增加了赤字。在 19 世纪后半叶,法国立法机构多次颁布补充拨款以规避平衡限制。

经济的快速增长使预算平衡的理想(不一定是实践)变得更容易实现。在 19 世纪,经济增长为政府创造了盈余,就像 20 世纪 70 年代的通货膨胀一样。总收入稳步增长,但预算占 GNP 的比例相对稳定(3%～5%)。随着收入的增加,政府可以保持较低的税收,逐渐增加用于传统目标和新目标的支出,同时在大多数时间保持平衡预算,而不必花费太多精力去调和收入与支出的差异。

平衡准则被公众广泛接受,以至于当政府开始按比例增加社会福利计划和军事装备的预算时,他们就开征新税以维持预算平衡。尽管最初设计者并未设想这一点,但平衡的预算规范可以被构造为提高税收的要约,并且可以通过等级制度实现。

税收方式和方法

在整个 19 世纪,税收是所有国家的重要政治问题。公众对抗税起义的广泛响应在一开始就确立了后续讨论的主旨。19 世纪的人们认识到需要稳定的收入,他们深信政府的征税权力应该是有限的。他们认为税收应该仅用于收入,不超过支付下一年的开支以及偿还债务的成本。一旦建立了预算平衡的规范,税收和支出的相互依赖性就是影响财政政策制定的最重要因素。

税收一如既往地引起了激烈的反响。但现在政府有义务为税收提案辩护。当更多的公众参与到政策辩论中时,负有义务的公民在面临税收的威胁时发起了抗议。被机会主义改造的过时的传统税收已经不能与当下变革后的环境相适应,也不为19世纪的公众所接受。随着不断扩大的选举权扩大了政治基础,经济发展赋予了强有力的新利益集团在立法机构中的代表权,产生收入的能力不足以成为开征遗产税的理由。那些支持收税的人试图提出合理的论点:他们引用了政治学理论,并通过引用政治经济学家的公理来动员支持者。

政府可以征收的税收与国家经济、历史以及国内外的政治气候有关。如果政策被大多数人看作是仁慈的,并且如果它产生的财政需求是适度的,西方国家的公民将更容易支持他们的政府。在这种情况下,治理近似于市场交换行为;正如霍姆斯大法官所说,税收是公民为文明政府付出的代价。历史悠久的惩罚性税收,在建立法治政府的革命中戛然而止,将对公民的态度产生长期的影响;在这些地方,对中央政府的偏见持续了很长时间。这些社会征收新税的速度很慢。当社会这样做时,不情愿的纳税人仍然记得过去的不公正,千方百计寻找方法逃税。

一个国家的经济发展决定了资源、收入和财富的分配;反过来,这些因素会影响政府关于谁应该纳税,以及纳多少税的决策。农业社会拥有的资源十分微薄,只能从初级生产税中获得收入。通过商业和工业增长的经济发展创造了复杂的市场和复杂的金融机构,并增加了财富;经济发展还增强了资源基础,并创造了适合更有成效的税收形式的体制结构。市场税和所得税变得可行。

历史和经济在现代税收中留下了发展早期阶段的印记,当时政府支持自身行政管理的资源十分有限。现在,与政府进行私人交易所支付的小额费用(进出口许可证、签证和护照费用)仅仅是中央权威的象征。代议制政府倾向于回应支持各种税收的社会选民。因此,对烟草和酒精饮料征收的消费税,原本是为奢侈品征收的消费税,由于道德和健康的原因而持续存在。对于那些征税的人来说,旧的税收正如格言所说,是良好的税收,并且总能找到新的理由征税。

18世纪的商业扩张使大多数西方国家从交易的间接税中获得了可观的收入,但额外收入的来源各不相同。与其他欧洲大国相比,商业经济蓬勃发展、工业化刚刚起步的英国和荷兰更少依赖传统的土地和个人财产的直接税。

由于制造业(由国家补贴的奢侈品作坊生产)规模有限,农业产业规模较大和内部市场发展缓慢,欧洲大陆国家——法国、普鲁士、俄国和哈布斯堡王朝——在乡村地区对人员、农业生产和财产征收直接税,以及在城镇征收一些交易税。美洲大陆上诞生了一个年轻的国家,它在抗税起义中诞生,仅仅给予其中央政府最低限度的征税权。在法国反对专制主义的革命的激进阶段,出售被没收的保皇党财产在短时间内取代了税收。这种动荡产生的部分原因是压迫性的直接税,因此造成了法国对直接税收的偏见,直到今天仍然如此。

19 世纪初期建立代议制政府的宪法的依据是个人权利的启蒙原则,承诺将以公平的方式对待税收。过去时代的任意征税不再被人们接受。公平(或公正)开始与经济效率联系在一起,这是古典政治经济学的主要原则。这两个原则一同确立了财政政策辩论中个人主义者和新兴等级制度的规范性框架。最好的税收应该产生收入而不会抑制生产;无论多么富裕或贫穷,税负都应平均落在每个纳税人身上。随着立法机关的平衡在 19 世纪发生变化,代表劳动人民的团体也动员了效率和公平的论据,以促进社会共同利益的实现。

经济效率概念塑造了 19 世纪前 2/3 时间里关于税收的公共辩论。(因为税收和支出相互作用,效率观念与导致政府预算的组织理性思想同时出现。)个人主义者认为,国家不应该制造人为的市场障碍。如果没有进出口税限制贸易,各国可以从专业化中获利。每个国家都可以生产和销售其独特的气候、资源和技能禀赋带来的具有比较优势的产品。最大化经济效率和不受约束的市场可以使每个人受益;以最低成本销售所有国家的产品将导致更多的消费。

1815 年,英国的农业利益集团推动议会通过关税法案,保护国内粮食生产者免受外国竞争。拿破仑战争期间高粮价和自给自足的需要促使土地所有者将边缘的土地纳入耕种。关税通过允许农场维持低产耕地的生产,有效地补贴了低效率。在动荡的 19 世纪 20 年代的许多地区,农业的最低工资与粮食的价格挂钩。由于食品价格上涨导致城镇劳动者爆发骚乱,个人主义者和新兴平等主义者显然认为最贫困的人承担着补贴的主要负担。

越来越多的民众呼吁废除玉米法(粮食关税的名称),至少是修改玉米法以限制对农业的保护。英国的众多内部市场税被视为其生产成本居高不下的原因,因此商业和制造业利益集团开始进行改革行动。在整个 19 世纪二三十年代,一个由自由贸易商人和反玉米法活动家组成的联盟代表劳工开始要求减少消费税和关税。尽管有地方利益集团的反对,但该联盟通过承诺减少开支,设法取消了一些市场税,并降低了其他一些市场税的税率。废除个人主义者称为"知识税"的纸张消费税是一项重大胜利。

受到经济萧条和收入减少的影响,欧洲大陆的关税改革也在酝酿之中。[26]拿破仑战争结束后,贸易壁垒阻碍了普鲁士主要产品谷物、木材和亚麻的出售。1818 年,为了促进国内商业发展并增加与邻国日耳曼公国的交流,普鲁士开始通过取消对 2 800 种不同商品的 60 种消费税来减少内部市场障碍。进口壁垒也有所下降:原材料可免税进入,制成品的市场税率为市场价(当时还是名义价格)的 10%。[27]

消除贸易壁垒改善了德国各州的商业环境。这些州注意到集体行动的优势,在 19 世纪 30 年代组成了一个关税同盟(称为 Zollverein)。与目前的欧洲共同市场一样,它最大限度地减少了成员国之间的内部贸易壁垒;它还适当增加了进口关税,向非成员国征收一系列共同的关税。

欧洲大陆的改革影响了英格兰的政策环境,强化了个人主义者的主张。在 1840 年议会委员会关于进口关税的听证会上,贸易委员会的官员提供了有力的证据,证实了自由贸易商人关于关税低回报率的论点。在过去的一年中,从对 89 项税项中获得的 1 200 种税目税收收入的 98% 来自 89 种税目税收,9种商品税收收入占 83%。此外,进口关税给走私者提供了充分的动机。大部分这些税收不仅带来行政上的麻烦和社会负担,而且收入很少。该委员会建议取消除最具生产力的关税之外的所有关税。

平衡预算的思想在财政妥协政治中发挥了核心作用。在 19 世纪头 1/3的年限里,政府获得了预测和控制支出的行政能力。由于债务累积意味着需要提高税收,所有政治和经济利益集团都认为借款威胁了政府的财政稳定。在没有长期贷款的情况下,从当前收入中支付支出是财政政策的主要目标。由于占英格兰财政收入 2/3 的海关税和消费税会对经济波动做出即时反应,政治领导人不愿冒险失去任何收入来源,因为担心可能出现赤字。19 世纪二三十年代的历届政府仅仅是通过承诺削减支出,才取消了一些间接税,并对谷物和其他几种商品进行了适度的税率降低。

工业化国家中更广泛人口的个人收入增长创造了维持生计以外的盈余，使得征收所得税对 19 世纪的政府来说是可行的。但是，在 19 世纪和 20 世纪初期间废除间接税的运动以及对所得税的接受度不断增加都与独特的社会力量有关。在法国和德国，传统的等级制度与商业利益集团结成联盟以维持对政府的控制，而在美国则是市场和世俗集团的联盟，仅仅赋予中央政府最低限度的税收权力，间接税在 19 世纪的大部分时间里仍然占据了最大的收入份额。在英格兰和荷兰，公民愿意缴纳所得税是由于政治文化中不断壮大的平衡预算思想，以及在面对大规模军事和后来的社会支出时的机会主义。

只要所得税是可以接受的，征收所得税就允许政府在实施政策以实现财政和经济效率的同时保持平衡的预算。在增长的环境中，所得税补充了其他收入，为重整军备和战争的有限支出提供了资源，而无须大规模借款。同时，所得税有助于使税收公平。随着政府成为社会所有群体的代表，而不仅仅是代表有产者的利益，财政公平变得更加重要。

开始征收所得税的先例诞生于紧急情况之下。文艺复兴时期意大利北部城镇对邻国的战争动员了集体意志，使得公民愿意容忍所得税。[①] 17 世纪中期，在斯图亚特王朝复辟（1660 年）之后，英格兰征收了短期所得税以支付其对法国的战争费用。在 17 世纪后期，为法国路易十四提供咨询的工程师让·沃邦试图设计出一种针对收入征税的方式，但没有成功。在恐怖统治时期（1793 年），法国的革命派对富人的收入征收累进税；拿破仑时代（1797—1815 年）法国约 1/3 的收入来自对代表财富水平的不同财产征收的税，以及针对商人和专业人士征收的所得税。因为单靠市场税显然无法产生足够的收入来支持其反对拿破仑的运动，英格兰于 1798 年立法颁布了所得税。[②] 1797 年，荷兰征收所得税以支付其战争费用，奥地利在第二年也这样做了（1808 年的巴登公国和 1812 年的俄国也是如此）。

英国在拿破仑战争期间的经验留下了丰富的史料记载；随着管理的改善，所得税提高了财政收入，具有无可比拟的效益。与今天的所得税相比，当时的

---

① 见第四章，"合法征税"一节。

② 对酒精征税帮助拿破仑支付了战争费用。"他从白兰地酒的税中赚取了 500 万，并希望知道哪些美德也能为他服务，"一位观察家写道。[28]

所得税实行的税率较低（占所得的 5%～10%）。在战争年代的大部分时间里，它带来了约 1/5 的总收入。所得税的征收是自我管理的过程；纳税人必须宣誓承认他们的应纳税额真实有效。但为了确保至少最低收入，政府公务员和投资者从政府票据和债券中获得的收入的所得税在支付前就被扣缴。

关于所得税的公开辩论体现了个人主义的现代态度。从一开始，立法者、政策制定者和公众就对税收优惠进行了争论。商业和农业利益集团对税收政策提出了质疑，每个利益集团都提出了有利于各自利益的措施。如果收入需要纳税，应该如何定义收入？在计算应税收入时，可以合法地扣除哪些收入成本？通过劳动赚取的收入承担了个人努力的成本，是否应该以低于继承收入或投资资本回报的税率征税？在不惩罚创业努力的情况下，什么税率和税收归宿会产生足够的收入？为了获得最高的政府回报，应该在收入产生的哪个阶段对收入征税？国家如何在不给最贫困人口增加负担的情况下增加收入？英格兰 1798 年初次颁布的所得税的合法期限在 1802 年、1806 年和 1812 年每次需要延长时，公共辩论和立法辩论的主题都集中在这些问题上。

公民能够容忍所得税，仅仅是因为它增加了政府收入，支持了与拿破仑的战争。在整个战争期间，批评者反对税收及其所有的相关程序。纳税申报表应披露所有来源的收入的要求已经非常繁重，而纳税人不得不宣誓其真实有效性更是雪上加霜。（当时的纳税人相信神的力量在监督他们的行为，害怕自己少报收入的最终清算。）人们一如既往地反对政府的财政等级制度。在 19 世纪早期的英格兰，财富和社会地位受到广泛尊重。需要缴纳所得税的公民把可能会质疑他们纳税申报的管理者视为暴虐的审判者。他们认为提交纳税申报表是对隐私的专制侵犯，有辱绅士的人格，税收本身"是对民意的侮辱"，"原则上是不公正的"。1815 年，议会的一名请愿者将所得税描述为"冒犯了自由的观念，有违英国人的感情，并且与英国宪法相矛盾"。议会也认同他的观点，在战争结束后立刻就废除了所得税。[29] 所得税在欧洲大陆国家也遇到了同样的命运。

公平考虑也影响了英格兰的战争所得税。生活困难的穷人可以免税。年收入低于 60 英镑的人不需要纳税；年收入在 60～150 英镑的人须缴纳名义金额。税前抵扣是一项旨在平衡纳税人在不同情况下的税负的各种措施，允许扣除家庭义务支出(受养人和人寿保险)和赚取收入的具体成本的金额。

战争结束时,来自早期时代的公平争论为所有欧洲国家回归间接市场税提供了正当性。政治人物往往引用大卫·休谟和亚当·斯密在18世纪系统化的受益理论,由法国政治经济学家弗雷德里克·巴斯蒂亚特(Frédéric Bastiat)和让·巴蒂斯特·萨伊(Jean-Baptiste Say)加以扩展。这一理论认为:市场税对群体没有偏向性。由于富人和穷人从国家的保护中获得同等的利益,要求所有公民支付相同的税款是合理和公平的。由于奢侈品以最高税率征税,市场税将从最富有的纳税人那里获得收入,这些纳税人可以轻而易举地负担税收。

由于短期强烈的经济萧条引发的大规模暴动事件导致福利的长期改善被中断,19世纪二三十年代失业工人的贫困使政策制定者们注意到食品和家庭主食的税收具有累退性。在尚处于萌芽阶段的社会研究提供切实证据之前,像威廉·科贝特这样的宗派批评者反对腐败当局征收的税收;他声称支付生活开支已经耗尽了劳动者的微薄收入。糖、面包、啤酒、蜡烛、肥皂和类似物品的征税占工人收入的比例大于富人。[30]英格兰的自由贸易商和反玉米法活动家辩称市场税并不像理论家所假设的那样公平,强化了关税改革的效率论点。在自由主义者的支持下,一些市场税在19世纪二三十年代早期被取消,其他市场税也被削减了。

1842年,当英格兰恢复所得税时,效率、公平和平衡预算的理念融合在了一起。拿破仑战争以来,英格兰首次连续几年通过借款来弥补预算赤字。19世纪30年代后期的经济萧条导致工业中心城市出现了普遍失业。自伊丽莎白时代以来,私人慈善机构和教会以及地方政府的拨款支持了英格兰的贫困人口救济。但是,当某些地方的救济需求超过可用的资源时,中央政府出于对贫困群体中出现无法控制的暴力行为的担忧,通过补充地方政府的拨款这一方式来加以干预。这种政府干预的行动绝不意味着社会政策的转折;相反,它是社会上层阶级传统的家长主义的衍生品。(当然,很久以后才有人想到政府反周期支出。)虽然由于经济萧条的环境,英格兰中央政府被迫进行贫困救济,但正是这一大环境大大减少了市场税的收入。当1837年之后政府出现预算赤字时,议会的决策者以传统方式做出回应。英格兰恢复了保护主义的政策,对威士忌、葡萄干、糖和茶征收进口税,并对国内生产的近来提升工人阶级的生活标准的大量消费品征收消费税。

到 1840 年,英格兰经济在过去半个世纪的变化改变了其社会结构和政治生态。英格兰富裕的商人和实业家利用他们的新财富购买土地,并安排他们的后代与传统世家联姻,渐渐与这个国家的传统精英阶层合并。18 世纪后期废除陈腐的自治系统促进了商人进入政界。19 世纪前 30 年间,随着社会和经济利益的变化,政治党派联合起来,具有商业背景的国会议员越来越多地与反对市场税的自由贸易商人保持一致。议会外的一群极端个人主义者也动员起来了:1841 年,曼彻斯特的反玉米法联盟成员威胁称,如果这项憎恶的法律没有被废除,他们将发起抗税行动。抗税行动可以"随时停止政府的运转,随时震慑针线街(Threadneedle Street)和邦德街(Bond Street)"[31](针线街位于伦敦,金融机构云集,英格兰银行坐落于此;邦德街位于伦敦,自 18 世纪初期以来一直是财富与权力的象征,现在为奢侈品购物商业中心。——译者注)。希望通过降低投票资格门槛来增加政治参与度的中产阶级专业人士和年轻的政府行政管理人员也支持自由贸易。因此,自由贸易的推动力源于商业、自由派专业人士和年轻政府管理者的联盟,代表着市场力量和等级制度力量。

1842 年,经历了 5 年的经济萧条之后,尽管市场税增加导致广泛的失业和持续的预算赤字,辉格党(其政策大体代表了农业利益集团)还是失去了议会的控制权,保守党赢得了胜利。由于消除贸易壁垒可以恢复经济,保守党中的一群年轻改革者鼓励党的领导人罗伯特·皮尔爵士降低关税。与当代供给经济学家一样,这些改革者确信,及时改革关税将产生足够的收入来维持政府服务并同时偿还债务。但经过 5 年的赤字,新政府无法再继续等待下去,政治的力量也促使新政府必须立即平衡预算。

皮尔不是理论家,但只有当市场税为所有群体提供同等的利益或筹集到足够的收入时,他才能证明市场税的正当性;然而在实践中,这些都没有实现。在选举之前,他经常谈到市场税给穷人带来的过重负担。随着长期经济萧条加剧了劳动人民的艰辛,皮尔很清楚,对谷物和其他粮食征税会对所有消费者带来成本,同时只为国内生产者提供福利。

皮尔仍记得所得税在提高收入方面的早期成功经验,决定暂时恢复所得税。一旦获得批准,谷物、黄油和奶酪的进口关税立即降低,肉类关税被取消。最终,第一轮改革降低了对 600 种不同商品的关税。1846 年,国内粮食产量不足导致价格上涨,随后发生了粮食暴动,保守党的回应是发起了比第一轮力度更大范围的减税运动。

这种经济学说和政治权宜之计的结合以及行政管理的改善,带来了堪称幸运的结果。随着 19 世纪 40 年代广泛的私人铁路投资带来的经济扩张,商业发展得到改善。由于市场税减少或废除,英格兰的收入在 19 世纪四五十年代稳步上升。

在普通人中,自由贸易思想在英格兰比在欧洲大陆更受欢迎。随着制造业对英国经济的贡献稳步增长,英国商人和工人比欧洲同行更有动力去降低关税,他们相信这样做肯定会为他们的产品创造新的市场。平等的社会力量也影响了关税。例如,在 19 世纪 40 年代后期,当时自由党抗议一些地方仍然存在的奴隶制,糖税的征收以 4 种不同的税率进行;奴隶生产的糖支付最高税率。

虽然工业化在欧洲大陆刚刚开始(德国和法国的铁路投资得到了政府的部分补贴),自由贸易政策中隐含的效率理想确实产生了一些影响。普鲁士已经放弃了保护主义;在 19 世纪 30 年代,自由贸易思想传播到瑞士和萨克森。自由革命后(1830 年),比利时与普鲁士签订了减税协议,并试图与法国谈判达成类似的协议,但未获成功。法国商业利益集团和农业主义者试图扩大优质葡萄酒和丝绸面料的市场,也试图在 19 世纪 30 年代降低关税。原始煤、铁和棉纺织行业利益的代言人阻止了呼吁降低关税者的努力,他们担心如果英格兰的产品被免税,他们就会失去市场。法王路易·拿破仑是一位热情的自由贸易支持者,在 1860 年与英格兰签订了商业条约。在这一商业条约有效的 19 年中,英格兰与法国减少了彼此之间的贸易壁垒。条约中的一项创新条款(最惠国条款)提供了降低一般关税水平的手段。如果任何一个国家与第三国达成贸易协议,其条款将自动延伸到另一国。荷兰在 1845—1875 年间几乎减少了所有关税,甚至关税高于欧洲其他任何国家的俄国也在 19 世纪 60 年代降低了一些贸易壁垒。[32]

美国在整个 19 世纪都保持着保护主义政策。除了在两个短暂时期征收所得税(在南北战争期间的北方和南方都征收所得税,直到最高法院认定所得税违宪为止),仅有烟草和酒精饮料的关税和消费税为联邦政府被授权征收的税种。

19世纪五六十年代的自由贸易政策与最低税收支持的有限支出意识形态密切相关。英国自由党领袖格莱斯顿1853年、1858年和1862年的自由贸易预算建立在不需要政府采取行动的和平与内部稳定的假设(并非所有人都认同这一假设)之上。格莱斯顿作为财政大臣和后来的首相,坚决抵制在他自己党内和反对派中的消费倾向。他相信,财政部的盈余只会让政府把钱花在不必要的事业上。政府最好保持低税率,只要征收足够的税收来维持简陋的民事和军事机构即可。

尽管支出有限且收入稳定增长,但预算赤字的威胁仍然困扰着政界人士。19世纪50年代、60年代和70年代的政治领导人都无法确定收入是否足以平衡预算。英格兰的财政部部长年复一年地在制定预算期间向公众道歉,因为皮尔很久以前就承诺的废除所得税并未实现,通过将所得税再保留几年来推迟风险。对租金、工资和资本所得按名义税率征收,补充了其他的税收收入,并确保了财政安全。在1843—1870年间,所得税贡献了政府年收入的10%~14%,而这一期间间接税收入占比则从76%降至约62%。[33]因此,所得税具备了有效率的理论基础,成为英国财政政策的永久固定组成部分。

在19世纪最后25年里,英国所得税的高效率带动了其他国家开征所得税的风潮。热心的倡导者认为,所得税使政府能够从富人那里获得收入。随着时间的推移,人们对所得税的期望与日俱增:所得税支持19世纪末西方国家在世界政治版图中扩张的野心,以及支付国内的社会福利计划。

1880年之后,舆论氛围逐渐发生变化:公正取代效率成为税收的主要理据。由于政府通过资助学校、公共基础设施(道路、供水、下水道和公园),以及通过为针对失业和老年风险的公共保险提供资金来承担公民个人福利的责任,那些向政府提供有关税收建议的人士从创新的财政理论中汲取力量,这一理论的形成与公共福利思想相容。根据在欧洲和美国出现的社会税收理论,在存在巨大财富差异的工业化社会中,公民的纳税能力而非他从政府获得的收益才是他应该支付多少税收的最公平的标准。收益理论符合有限政府的思

维方式:每项拟议支出都必须有明确的理由。随着支付能力课税理论的发展
(即根据支付能力征税),适应公平制度的唯意志论社会秩序的思想正在挑战
个人主义和集体主义。

但如果说对收入征收直接税是通向财政正义的必经之路,那么这条路既
不确定也不直接。实施纳税人认为公平的所得税并不容易。随着一个又一个
国家在 19 世纪 80 年代和 90 年代和 20 世纪初期采用各种所得税(见表 6.1),
公共辩论的重点是公平问题,以新兴公共财政经济学学术领域的专业习语的
方式呈现。在 1843 年拿破仑战争期间以及随后每次关于所得税续期的立法
辩论中都提出了同样的问题。与今天一样,主流公共财政分析主要涉及税收
归宿的问题;立法机关决定支出的对象。①

19 世纪 80 年代的一个重要问题(政府恢复保护主义政策)是市场税是由
原纳税人支付,还是转由其他人支付。公共财政专家在学术工作中以及在为
立法机构提供税务政策建议的理事会和委员会任职时,试图衡量税收归宿以
更好地识别承担最终负担的人群。(有些专家是统计学家,如英格兰的 F. Y.
埃奇沃思)他们试图寻找到实现税收贡献平等的方式和方法,并敦促立法机构
考虑如何在收入相似但财务状况不同的公民之间平衡税负义务。客观的分析
证明了规范性结论。财政理论家在确定高收入的税收最能实现平等之后,试
图找到如何不过度干预个人储蓄或抑制投资的征税方式。

表 6.1 19 世纪部分收入和遗产税[35]

国家(地区)	所得税		遗产税	
	征收年份	百分比 (%)	征收年份	百分比 (%)
英国	1799	0.01~10.0	—	—
英国	1803	1.2~10.0	—	—
英国	1842	1.5	—	—
英国	1853	2.0~2.5	—	—
英国	1863	3.0~3.5	—	—
英国	1865	1.6	—	—

---

① 到 19 世纪末,意大利的理论家们试图分析公共支出的生产率。效率问题之所以被忽视,很大
程度上是因为人们假定对管理机构达成了共识。[34]

续表

国家(地区)	所得税		遗产税	
	征收年份	百分比（%）	征收年份	百分比（%）
英国	1875	13	—	—
英国	1886	3.3	—	—
英国	1894	1.3～3.3	1894	1.0～8.0
英国	1907	5	1907	7.0～15.0
英国	1910	5.5～8.3		
法国	1909	3.0～5.5	1901	1.0～20.5
德国	1891	0.1～4.0	1906	4.0～25.0
荷兰	1892—1893	2.0～3.2	—	—
丹麦	1903	1.3～2.5		
瑞典	1897	1.0～4.0		
挪威	1905	2.0～2.5	1905	1.0～10.0
瑞士*	1840	1.5～6.0	资料不详	0.1～75.0
奥地利	1849	5.0		
奥地利	1896	1.5～10.0		
意大利	1864	7.5～15.0	1902	0.1～22.0
意大利	1894	7.5～20.0		
澳大利亚*	1895	1.2～3.0	—	—
新西兰	1891	2.5～5.0		
美国	1862—1871	3.0～10.0		
美国	1914	1.0～6.0	—	—
加拿大*	1892	1.5～5.0	1892—1894	1.5～5.0
好望角	1904	2.5～5.0	—	—
日本	1887	1.0～5.5	1905	1.2～10.0

　　注：*各省、州和国家在不同时间以不同的税率征税。本表格中列出了指定日期的最低和最高税率。

　　与现在相比，19世纪的政体也并没有更好的方法来解决这些问题。每当缺乏一致意见时，就会产生许多不同的实现普遍目标的具体措施，这是公共政策制定的固有困难。从拿破仑时期的战争税到现在，一种公平的税收方法必须对收入进行分类。来自不同来源的收入——工资和薪水、租金、投资资本的回报、企业的利润或亏损、遗产和赠予的收入是否应以相同的税率征税，从一开始就存在争议。在整个 19 世纪，英格兰的商业和行业利益集团都争辩称，为生活而工作的纳税人通过纳税要比"不劳而获的"收入的接受者做出更大的牺牲。在一项关于 1799 年所得税法案的辩论中，一位议员谈到"一名每年因投资而获得 1 000 英镑收入的男子与另一名通过职业或商业活动获得相同年收入的男子缴纳（相似）的税金，体现了极度不平等"。他断言，这样的税收将"全力打击工业和工业成果"。一位苏格兰土地所有者和实业家认为这项措施是不公平的，以至于会"鼓励移民"[36]。

个人主义者要求降低商业和制造业收入的税率并慷慨地扣除经营成本。但从一开始议会领导层就拒绝了选择性降低税率。他们想要达成公平，但他们不赞成平等。他们提出所得税的目的是增加收入，而不是重新分配收入。法国大革命期间激进分子篡夺财产的方式令人反感，18 世纪晚期的首相小威廉·皮特和他的 19 世纪的继任者反对任何给予优惠群体免税或低税率的措施，他们认为这会导致财产被没收。不平等的税率"只不过是引入一项均等财富的计划"。

皮特认为，无论他的收入来源如何，每个人都从国家获得同样的利益。"难道说艺术家、制造商、机械师的行业收入相比土地收入受到法律保护更少，参与我们参与的大国竞赛的次数更少，在任何国家灾难中都更不可能被颠覆吗？"皮特还断言，对劳动所得征收低税收将带来超出政府能力的复杂行政手续，因为"如果不进行比法案允许的更具压迫性的调查，不进行法案所允许的范围更广的披露"，就不可能实现税率的分化。[37]但是特殊待遇的问题一再发生。当 1843 年英格兰的所得税法需要更新时，一位来自爱尔兰的国会议员就专业人士的税收负担发表了饱含情感的论证："这种税不仅是审问式的，而且是最具犯罪性的！"为了维护公平，政府不应当向"一个人的思想成果（可以称为他头脑中的汗水），以及国家一样稳定的[财产]收入征收同样的税收"[38]。

所得税的推动者确实试图将公平纳入考虑因素；通过选择性豁免最低收入者的税收，目标是制定公平的规范。他们推断，一个家庭的生活需要最低收入，"如果从这一收入中再加以扣除，这个家庭维持生计的必需品就会被剥夺"[39]。出于同样的原因，1799 年的法律允许根据纳税人的收入，按照他的每个孩子的开支以及他支付的人寿保险费进行税前抵扣。所得税制定者不想伤害企业的积极性,试图对净收入征税。因此,纳税人有权扣除与其生产相关的成本。在计算纳税义务之前,业主可以从总收入中减去土地税、评估的税收、排水成本和修缮改造成本。企业可以扣除生产成本、领薪专业人员的费用和经营费用。[40]

提高税法的特殊性以提升效率或公平会造成公共政策困境。由于税法包含了特定的措施来应对利益集团的压力,税法变得越来越复杂,反过来使总体目标也变得模糊起来。为了对一些纳税人更公平而采取的措施会导致对其他人不公平。为了适应不断变化的环境,对税法进行修订,通过删除一些条款和插入其他条款来修改税收以适应不断变化的情况,会使其更接近一个国家当前的财政正义理想。但只要法律适用于一些纳税人,它就会存在漏洞(特殊豁免、抵扣和税率,我们现在称之为税收优惠),而其他人认为这些漏洞是不合理的。

一旦支付能力成为可接受的征税依据,随着越来越多的利益集团提出税收公平要求,增加特殊性的道理就打开了。1880 年后不断变化的时代背景和新的财政理论的出现共同导致了 19 世纪中期关于收入有限税收的观念的变化。边际理论和税收社会理论扩大了税收的合法功能。除了提供收入外,征税还可以激励或抑制人们的行为。税法在实际运作中变成了一个市场替代品,成为实现社会重视的其他目标的工具。例如,从亚当·斯密和"重农主义者"(Physiocrats)到亨利·乔治(Henry George),经济学家们对所谓的"自然增值"(unearned increment)——对土地价值和/或租金随时间推移增值的部分进行征税。土地被视为个人动力的来源,也被视为农业社会财富的源泉,人们普遍认为,对自然增值的部分进行征税将削弱富人购买土地的动力。同样,如果政府允许从应税收入中扣除购买土地而贷款的贷款利息,这一措施可能通过扩大土地所有权的分配来稳定社会。在 19 世纪晚期的工业化和城市化背景下,收入适度从富人到穷人的再分配是西方工业化国家政府乐见其成的非财政税收目标。

随着公共支出的增加,通过累进税实现的适度收入再分配对政治领导人和公众来说变得可以接受。累进税的概念早已有之。从 18 世纪的最后 25 年开始,少数人的意见开始倾向于对富人征税要高于穷人。累进税的支持者建议以随着收入增加而逐渐上升的税率征收直接税,而不是通过富人的消费来将税收与收入联系起来(就像间接税一样)。英国道德哲学家威廉·佩利(William Paley)虽然绝不是累进税最早的支持者,但是他在 1785 年的作品中,在公平的基础上证明了累进税的正当性:"……我……相信一种税……应该随着不同的社会阶层的上升而增加,而增加的幅度比他们收入的简单比例高得多。关键……不在于人们拥有多少,而是他们盈余多少。"1789 年的法国《人权宣言》赞同同样的论点;它规定税收"应该在所有公民中按照其才能(能力)的比例平分"[41]。在托马斯·潘恩的小册子《人权》(1792 年)和《土地的公正》(1797 年)出版后,为劳动者争取权益的激进派和改革者一再要求征收累进的所得税。每当经济萧条加剧了工人的困境时,抗议声势就越浩大。在 19世纪二三十年代,为了减少对英国食品和家庭用品的征税,威廉·科贝特等工人利益代言者在与自由贸易商业利益集团达成一致之前就支持了累进所得税。在欧洲大陆,累进所得税与社会主义有关。人民对消费品税的抵制是1848 年革命爆发的原因之一。1848 年以后,尤其是在革命引起广泛同情的地方,提出了一些通过对收入征税来实现财政正义的建议。1849 年,奥地利对工资和薪金征收累进税,普鲁士用直接税取代了城镇的一些间接税。几个自治的德国公国——巴伐利亚、黑森-达姆施塔特、萨克森和巴登颁布了所得税与累进税率表,其中一些税种从未实施过。1848 年后的政治反应导致了其他税种的废除。然而,在这些地方,变革的速度比英格兰慢得多,这些行动表明,依赖于皇家领地收入、内部消费税和对外关税的社会旧秩序正在回应宪政和平等主义的力量。

整个维多利亚时代中期,英格兰的所得税都按法定税率征收,税率与纳税人的收入成比例。随着有限政府成为普遍意识形态,人们几乎已经无法接受低税率的所得税。像约翰·斯图亚特·穆勒这样的著名理论家也无法为累进的所得税辩护,而政治领导人也不能接受累进制。

但到 19 世纪末,反对的声音逐渐削弱,首先是在英格兰,而且部分原因是对预算不平衡的担忧。19 世纪 80 年代后期,财政大臣在议会发表讲话时,委婉提及最近的支出增加。他断言,支出的增加并不是因为政府的业务"以更昂贵的方式进行",而是因为"新的职能不断被强加给政府,政府被要求……提供新的服务……在舆论的压力下,(议会)不断向政府施加新的责任,并强迫它承担……迄今为止之前由地方当局或私人承担的工作,或……根本没有承担过的工作"[42]。

随着军备支出和福利支出的增加,政府需要更多的收入来维持预算平衡。由于得到延续的保护主义政策没有产生足够的回报,政府探索了其他替代方案。再分配伦理证明了社会项目的合理性,而专门用于其支出的累进所得税也是如此。

1886年,议会的一名后座议员向财政大臣抱怨他的中产阶级选民的所得税负担过重。他认为富人没有支付应付的公平份额。

> ……财政部的议员先生们……总是有一个补救办法,那就是增收一两分钱的所得税,无论是由于收入下降,支出增加还是为了救济富裕的地主……我想知道尊敬的各位议员是否反思……所得税对劳动阶级带来了何其严重的生活压力……他们无论如何不能以任何方式逃税。我相信没有一类人……与他们拥有的资源相比而言,比劳动阶级为财政做出更多的贡献,并做出如此重大的牺牲……我一直……攻击社会主义理论;但除非我们有所作为,并且……迅速为之……相信会滋生越来越多的不满(与)富人逃避为当地贡献税收的情况。[43]

这位发言人希望通过修订当地财产税税率以减轻中产阶级的负担;其他人认为补救措施是对富人加重征税。由于遗产接受者纯粹是因为出身背景才获得遗产,因此对遗产收入征收累进税是一种有力的工具。

在19世纪90年代初的英格兰,不断增加的支出并未获得与之相等的收入。财政大臣1894年向下议院发表的讲话中传达了坏消息:"你的支出增长远远快于收入增长,在这一情况下,你必须预料到这势必会带来后果。"后果就是按累进税率表征收的遗产税。英格兰专门颁布了遗产税用于支付战舰的费用。价值100～500英镑的房产须支付的最低税率为1％;那些房产价值超过100万英镑的人支付的最高税率为8％。尽管土地所有者郁郁寡欢地预测遗产税预示着旧秩序的结束[44],但它是如此成功,以至于到1898年(就在布尔战争之前)其收入已经覆盖了自遗产税通过以来增加的支出的一半左右。[45]

税收和福利开支

政治文化理论可以产生关于福利政策起源的假设。实施这些政策的计划旨在实现以下两个目标之一：通过强制储蓄促进社会保障来增强抵御逆境的安全性；或者通过重新分配收入，政府从最富有的人那里征税，然后通过政府计划转移资金或为较贫穷的人提供服务。通常福利计划的安全和平等主义动机是混合在一起的；从一开始，大多数政府要求工人和雇主共同为社会保障做出贡献。

政治文化理论揭示了有关谁会更喜欢更多福利以及谁会想要更少福利的线索。例如，对于市场文化的拥护者而言，风险意味着获得收益的机会，而成功的企业家精神会不可避免地导致回报的不平等。因此，市场倡导者反对法定增加收入或利益的大规模福利计划。由于市场制度通常比其他制度产生更高的经济增长率，仅增长就可以支持福利。因此，该理论预测（"回顾"一词可能更准确），竞争性个人主义制度中的福利计划最初并不是由支付能力决定的税收来支持的。之后，如果社会对福利资金的需求超过了工人和雇主支付的数额，市场制度可能会接受适度的再分配税来维持这些计划。

平等主义的制度倾向于实行再分配计划而不是保障收入的安全性。无论实现何种程度的平等，平等主义者追求的社会平等仍有待实现，因而他们总是反对稳定现有手段分配的尝试。

等级制度追求通过稳定社会成员的收入来实现社会安全的最大化，很可能是三种产生和加强福利措施的制度文化之一。等级制度认为个体应当（并且确实）要为整体做出牺牲，且等级制度可能会适度重新分配收入。某个特定地点和时间的政体中的等级制度的元素越强，市场制度的元素越弱，那么实行福利计划的可能性就越大。由于社会凝聚力在等级价值观的地位排序中高于经济增长，文化理论解释称，增长缓慢、等级占主导地位的社会应该是首个建立福利计划的社会。

伊恩斯·阿尔伯（Jens Alber）对 15 个西方国家社会福利计划起源的主要研究可以检验这些假设。毫无疑问，可用的富余资源为社会福利计划开辟了道路。但是，工业化水平和城市化水平（作为应对经济增长错位的必要措施）

都与福利计划的起源无关。相反，经济欠发达国家相较早期工业化国家更早开始实施社会保障制度。根据阿尔伯的说法，欠发达国家的政府当局颁布了福利措施，专门用于"自上而下"使其专制政权合法化。在我们看来，市场力量最弱而等级制度最强的国家迈出了通往福利国家的道路上的第一步。[46]这是一个反直觉的发现。看来，文化分析方法有助于解释福利计划的出现。

这种不太可能出现的情况是如何发生的？事实上，19世纪中后期的建制派政治回应了新兴社会主义政党的平等主义政策建议。在德国各州，贵族和专制制度的影响依然强大，社会主义政党支持的再分配学说对不断扩张的工业城市劳动者颇有吸引力。1871年德国统一后，德国保守派总理奥托·俾斯麦沮丧地看着德国社会民主党在立法机构中的代表席位缓慢但稳步地增加：1870年，社会民主党拥有1个德国国会席位，1873年有7个席位，到1878年有12个席位。俾斯麦来自拥有悠久的中央集权管理传统的普鲁士，并没有真正反对扩大政府的社会和经济角色。为了通过赢得劳动者对建制派的选票来削弱社会民主党，俾斯麦有意推动社会主义者的计划。19世纪80年代，他提出并实施了几项措施，以促进劳动人民生活的稳定。德国颁布了由工人和雇主共同出资的强制性疾病保险制度，并在次年（1883年）颁布了以相同方式出资的意外保险制度。1889年，德国建立了一个老年和残疾保险基金；这是世界上首个社会保障基金。虽然这些计划未能阻止社会民主党的成员数或其在立法机关中代表席位的增长（1890年该党拥有35个立法席位），但这些最早的现代社会保障计划很快成为其他工业化国家类似制度尝试的典范。[47]

随着工人党在欧洲其他地方获得支持，该机构的成员开始将国家视为实现社会正义和抗衡社会主义的工具。英国保守党领袖亚瑟·詹姆斯·巴尔福（Arthur James Balfour）在1895年告诉曼彻斯特的听众，如果集体负责制能使社会"更坚定，更坚实"，那么工人阶级就不会被社会主义所吸引。[48]

在20世纪初期，英国自由党风头正劲的领袖大卫·劳埃德·乔治（David Lloyd George）希望开始实施一项与德国相似的养老保险计划，由雇主和工人共同出资。但由于他想要让这项计划覆盖所有公民，包括那些从未就业的公民，因此需要补充资金。在1908年6月议会辩论《老年退休金法案》期间，劳埃德·乔治表示，他打算寻找实施新方案的手段："明年我必须考虑怎么从有钱人那里榨点钱出来。我正在寻找最容易到达的地方和我应该在的地方。受到的惩罚最少,获得的收获最多。"[49]由于劳埃德·乔治不想冒出现赤字的风险,他开始对年收入超过 2 000 英镑的高收入人群征税,税率比其他所有收入类别都高。英格兰 1909 年颁布的《税收法》实施了一项温和累进的"超级税收"——对最富有的公民征收再分配税(见表 6.2):

表 6.2   英格兰 20 世纪初大额收入征税情况

全年收入	税(英镑)	税率(占收入的%)
高达 2 000 英镑	9	3.8
2 000~3 000 英镑	12	5
超过 3 000 英镑	14	5.8

在国内投资收益率下降近 10 年之后,这一措施引发了个人主义者的强烈抗议。商业和地主利益集团争论称,税收不但不会创造长期利益,反而会削弱国家力量:"税收将消耗生产性资本,把资本吓跑到国外,还会抑制企业发展,摧毁经济中的财富生产力。"[50]由于英国对一些快速增长的殖民地所获得的收入不征税,批评人士认为,大地主有足够的动力卖光英格兰家中的土地,将收益再投资到加拿大或非洲等免征累进税率的地区。乔治五世的财政顾问在评估新税收政策的可能结果之后,建议君主自己采取保护手段,防止他的祖传遗产最终被侵蚀:"如果有人研究过这个国家最近的立法,无论是财政还是社会方面的立法,那么他们必定会发现,那些利用加拿大西部和非洲某些地区仍然开放的领域进行投资的人是多么聪明。"[51]1909 年,只有大约 100 万人缴纳所得税;收入最高的约 1.2 万人按累进税率缴税。[52]

即使所得税制度在一段时间内已经比较完善地建立起来,但它在 19 世纪对国家的收入贡献不如现在大,所得税只是其他来源的收入的补充。政策制定者年复一年地寻求平衡预算的方法,而且总是倾向于提高现有间接税的税率百分比或者开征新税。中世纪的自由贸易政策减少了间接税的数额和税率,但即使在英国自由贸易最为兴盛期间(1845—1870 年),间接税仍至少占中央政府收入的一半,某几年甚至贡献了近 2/3 的收入(见表 6.3)。

表 6.3 关税和消费税占总收入的百分比,英国,法国,德国,1810—1916 年[53] 单位:%

年份	英国	法国	德国
1810	56		
1815	55		
1820	70		
1825	77		
1830	72		
1835	72		
1840	73		
1845	64		
1850	64		
1855	57		
1860	50		
1865	62		
1870	63	21	
1875	64	22	95
1880	53	29	97
1885	54	29	91
1890	50	29	94
1895	48	28	94
1900	46	28	90
1905	46	26	90
1910	35	35	80
1912	37	28	80
1913	36	28	80
1914	35	26	55
1915	35	36	53
1916			50

　　1880 年后,间接税占总收入的比例确实有所下降,但直到 1909 年累进税率开始实行之前,关税和消费税仍然贡献了英格兰近一半的年度税收收入。尽管如此,19 世纪后期的欧洲政府并没有像德国那样从间接税中获得尽可能多的收入。根据 1871 年的宪法,各州保留征收直接税的权力;中央政府征收间接税的权力较为有限。在 1880 年到第一次世界大战开始间,间接税的收入

从未低于德国中央政府收入的80％，并且在大多数年份中几乎贡献了全部收入（90％及以上）。19世纪末，代表中产阶级商业利益的个人主义者以及代表传统贵族派别的等级制度主义者组成的松散联盟统治着法国。联盟一再设法避免了社会主义团体施加的通过所得税重新分配收入的压力。该联盟在1880年之后颁布了一些新的间接税，但是，由于法国仍然沿用了法国大革命期间对财富外部表现征收的税收①，在第一次世界大战前，间接税收入仅占其前40年总收入的1/4～1/3。同样，由瑞典的工人和小农联盟引入的个人和企业所得税旨在惩罚富人，而不是创造收入。[54]1902年瑞典人平均收入为972克朗；首个1 000克朗免征累进所得税，年收入税率在收入的1％～4％。加上地方税和许多间接税，富人在第一次世界大战前支付了最多10％～12％的收入。[55]在统一后的意大利，银行业和工业垄断国有企业的利润以及直接征收的个人所得税占总收入的比例超过了间接税。

　　直到第一次世界大战之前，与现在相比，财政需求仍非常有限：大多数工业国家的税收收入不到国民收入的10％。进入20世纪后不久，一位英国公共财政专家对几个国家有根据的观点进行了总结，预测了不久的将来税收可能产生的影响。他说，占国民收入5％的税收代表了国家最低限度的需求。这一比率从5％～10％都是温和合理的。所有评论家都认为，超过10％的比例后，税收负担过于沉重，而且所有评论家都一致同意，"当这一比率达到15％或16％时，就不可能再增加了"[56]。不可能发生的事件与人人都不希望看到的事件同时发生已经不是第一次。即使在第一次世界大战期间，在税收负担和税率不断增加的情况下，也没有一个国家的比率超过这些预测。

　　当1914年爆发史无前例的战争时，各国政府没有足够的资源来投入对抗。19世纪的物质财富和政治发展加强了国家主导的意识形态，进而动员民众支持战争。19世纪积累的技术与熟练的工业劳动力相结合，转而投入战时生产，提供了战斗工具。工业化带来的国民收入增长和收入平等化创造了大量的资本储备，政府可以用于借贷和征税。稳定的金融市场资助的大规模战争贷款以及对商业收入征收的累进税（附加税和超额利润税）为第一次世界大

---

　　①　4项税收即自1799年以来未改变的quatrevieilles（四大旧类），分别是：（1）不动产税；（2）基于住宿租赁价值的个人房产；（3）基于赚取收入的商业和专业许可费用；（4）门窗税。

战提供了资金。被征税的企业没有选择,支付了这些税。在第一次世界大战之前,累进税的先例就已经建立。这些税收在紧急情况下被认为是合法的。

现代税收与支出的 19 世纪遗产

对和平、繁荣和个人安全的追求是西方思想中反复出现的主题。在整个19 世纪,各种各样的改革者都在寻找新兴工业资本主义的人道替代品。大多数 19 世纪的乌托邦都向后看,试图复制中世纪庄园经济的理想化版本。虽然乌托邦的建议获得了一小部分知识分子的认同,它却从未在更广的社会范围中流行起来。无论是在私人生活中,还是在制定公共政策方面,启蒙运动的知识遗产——通过理性获得进步的理念仍然占据主导地位。

启蒙运动的理性遗产在应用于政府时,产生了税收和支出有效公共管理的行政结构。两种启蒙思想有所不同,英格兰-苏格兰派强调个人主义和自发性,法国-欧洲大陆派则专注于将理性和上层控制作为维持集体主义的一种方式,而这两种启蒙思想在平衡预算的提议中汇集在一起。到 19 世纪中叶,平衡预算不仅成为现实,而且已经在某种意义上成为道德义务。预算取消和全面性的平行规范也支配了支出过程。大多数政府中,行政机构必须向立法机构提交年度预算。在大多数地方,立法机构制定的预算也被视为一项包罗万象的支出计划。因此,在制定财政政策方面,支出首先出现;为了应对支出而提高税收是次要的。

欧洲各国在 19 世纪中期采取的自由贸易政策基于一种假设,即以名义税率征收的有限的消费税可以提供足够的收入。当个人主义占主导地位时,最低限度政府的意识形态加强了对支出的平衡预算的约束。19 世纪末,随着集体主义倾向不断加强,欧洲社会回应了平等主义者的要求,政府开始帮助纠正城市工业生活中的不平等。各国通过对收入征收直接税以及对最富裕公民的继承财产和财富征收累进税来获得资源。如果个人主义者无法迫使集体主义者减少支出,他们至少可以避免负债。

几乎所有影响 19 世纪财政政策的强有力思想仍以不同的形式留存至今。支持自由贸易或保护主义,平衡预算或赤字支出,将税收最小化以创造投资激励,或对收入和继承征收高度累进的税收以支持各类旨在实现再分配目标的计划——这些意识形态都是当前极为发达的国家税收和支出争议的一部分。

当我们回顾这些意识形态的起源背景时,显然可以发现,历史自有一套将强大思想玩弄于股掌之间的方法。历史条件的改变通常导致这些思想会在支持者从未想过并且无法预见的情况下得到运用,而且目的也同样出乎意料。一连串意想不到的后果与社会本身一样古老。使税收和支出合理化的运动正是手段导致目标与最初设想完全不同的其中一个案例。

支持 19 世纪政府理性运动的改革者们无法想象现在建立在高税收基础上的大政府。他们会憎恶这样的大政府。这些改革者的直接目标——提高内部效率,消除腐败和徇私现象,旨在让中央政府以更完善、成本更低的方式运作。

任何思想中都存在着许多的可能性,而理性这样强大的思想观念尤其如此,而且不可能将这些思想全部限制起来。[57]一旦手段被建立,任何人都可以将它们用于任何目的。思想的实践不仅取决于它的内在内容,而且取决于它随着时间的推移会发生什么。

当通过预算编制实现有效的资源分配以及通过所得税实现有效的资源积累时,政府在新方向采取行动的能力也已合法化。随着 19 世纪的进程不断推进,民族主义和爱国主义在税收增加的支持下,推动了支出的增加。各国政府可以合理地声称,武器和福利支出是由民主的立法和行政机构反映的大众需求批准的。

19 世纪的政治气氛越来越多地支持政府在战争和福利方面的大规模支出,加上政府动员和分配资源的技术能力的提高,高频导致了政府规模的彻底改变以及政府效率和合法性的提高。即便理性的思想可能意味着会达成这些结果,但可以肯定的是,这些结果属于无意为之。一句古老的议会格言如是说:"想要达成目的,必须拥有方法。"这句格言可以修改为:"提高能力来锻造方法的人,无法确定方法将被应用于何种目的。"

19 世纪结束时,无人可以宣称千禧年已经到来。贫穷和不公正仍然存在。但如果回溯历史,对比尚未开始发展的地区,19 世纪的进步无疑支持了一种乐观的信念,即相信人类有能力进一步改善在地球上的生活。到 20 世初,代议制政府扩大了传统的公共利益观念。在工业化时代,政府仅仅维护公共治安和国防已远远不够。政府开始保护物资匮乏的公民的利益。政府的新角色提供了社会主义前景光明之外的替代方案,并开始回应乌托邦批评家的诉求。对于期盼进一步取得重大进展的公民而言,所有这些发展都提高了对于未来的信心。

第七章 权力制衡,预算平衡:
为何美国与众不同

一个成熟的财政体系应与主导当前社会的政治理念相一致,并能根据特定社会的政治结构进行自我调整。

——亨利·卡特·亚当斯(Henry Carter Adams)[1]

从 17 世纪中叶到 20 世纪 20 年代,美国和欧洲的财政预算行为存在明显差异,几乎没有一个国家能与欧洲各国产生如此的差异。美国的人均收入和支出均明显低于欧洲。美国赋予立法机构更多财政权力,而欧洲各国则将这一职权赋予行政机构,即立法委员会(内阁)。欧洲的财政预算权力较为集中,支出和收入同时考量。美国的财政预算则实行分权制度:每个机构都提交支出提案,收入单独考量。虽然也有单一制预算机构(财政立法委员会),但在 1865 年之后,美国一直实行分权制。从长远来看,美国财政预算更平衡,这个意识形态最为淡化的民族实践多于说教。为什么美国会如此不同?

众所周知的解释也应得到重视。美国在反对英国行政主权的革命中诞生,因此美国人不信任行政权力也无须大惊小怪。但这还只是美国例外主义(American exceptionalism)的一部分,并没有解释其如何转化为预算行为。来自印第安的威胁和外部势力的打击,以及基本的社会经济秩序的需求都呼唤某种形式的中央政府的出现。"第二次美国革命"(Second American Revolution)——用宪法取代《联邦条例》——的发生是为了建立一个更强大的国家。美国的自治是激进的,并不是为了经济社会平等(equality),旧时称"均等"(leveling)。从制宪辩论和《联邦党人文集》中可以看出,开国元勋虽不信任人民,却十分需要民意支持。问题在于集权政府及其对立面——"暴民政治"(mobocracy)之间进行谈判。

宪法的制定者担心,民选官员为了争取民众的支持,会采取经济手段——例如,通过贬值货币,或者政策偏向债务人而不是债权人(《联邦条例》中都已列出)。此外,他们还担心这只是政客们又一次的"权宜之计"。因为政客会因此得到民众的支持——但在之前很长的一段时间里,为什么他们反对加大支出和增加税收?

大约 19 世纪末,包括布赖斯勋爵(Lord Bryce)在内的很多人,都表示美国是凭借本国的自然资源脱离了金融危机[2](据推测,他们效仿欧洲的做法来应对金融危机,但是失败了。但是,一些突然发现国内有丰富石油储量的国家,已经十分富有,却不知道怎么提高消费,这该做何解释?)。所以,仅仅是物质上的丰富不足以解释这种情况:为什么美国政府在国民财富允许的情况下,只能提高一小部分财政收入?

也许正如路易斯·哈茨(Louis Hartz)所强调的那样,美国的幸运之处在于没有世袭的等级制度和封建传统。[3]那么,等级制度如何与另一种不同的预算模式结合,这仍然是个问题。《论美国的民主》一书深刻地解读了美国政治的权威性,作者亚历西斯·德·托克维尔将一般的条件平等与土地的可得性联系起来:美国的分散定居模式促进了自愿结社[4];加入民营企业的人越多,他们就越不希望政府(尤其是中央政府)进行干预。托克维尔定律是指自愿结社,反对非自愿结社(如政府的,强制性的结社)。

如果要问与之相关的时政问题,为什么美国在扩大社会福利方面"落后于"欧洲社会民主国家,安东尼·金(Anthony King)给出了答案:因为美国存在反对"大政府"的理念。[5]美国政府做得少是因为美国人民反对政府过多干预。但是,这种观点不代表所有美国人;相当一部分人可能喜欢管控能力更强的"大政府"。

在西方工业国家中,为什么单单只有美国没有强大的社会主义政党,这个问题引发了一场长期的争论。[6]显然,美国拥有可持续的商业价值观念;与政府干预型企业相比较而言,自由企业已经做得足够好了,可以用成果抵御左派的抗议。但最后，价值观似乎解释了一切。

这些解释却成了新的问题：美国价值观是如何形成的呢？如果美国的价值观是统一且延续的，那么我们的分析就仿佛回到了原点。但除了价值观上的分歧之外，还有什么因素能解释美国持续的政治冲突呢？

假定一个国家在任何时候都只有一种政治文化，我们就需要努力基于单一价值观来艰难地解读不同的行为表现。我们希望摒弃价值观统一性的观念，以文化多样性为前提，从共享的价值观和欧美奉行的社会实践出发，来解释欧美在资源流通及分配方面的差异。

我们认为，美国例外主义是集体主义、个人主义和平等主义这3种相对均衡的社会秩序势力相互角逐的产物，我们称其相应的政治制度为等级制、市场制和宗派制。由于美国公民特殊的生活环境，与其他国家相比，支持这3种政治制度的国民分配更为平衡。在美国精神的驱使下，他们追求的不是同一，而是不同的愿景。在美国，人们甚至难以想象不同生活方式之间的冲突与协作能产生什么抽象的问题。但是，如果我们能在预算制定过程中探明这类文化的政治表现，我们对美国的了解将更上一层楼。

我们知道，集体主义在美国是较弱的部分，原因是其精英阶层必须通过竞争来获得青睐。由此，顺其自然地决定了竞争性个人主义的强势地位。平等主义则时强时弱。更重要的是，尽管目标相同，但平等主义已彻底摒弃了能实现其理想的路线。

当代的平等主义者支持国家福利支出的倾向具有误导性。200年前，宗派主义者认为中央政府治理下的社会是不合理、不平等的。因此，他们在平等主义方面的支出仅用于支持州政府，同时通过这种方式拉近与人民的距离。他们坚持通过平衡预算来削减机构开支。

为什么预算平衡在美国几乎成了一种宗教信仰？因为它得到了所有3种文化潮流的认可。

原则上，虽然个人主义者不反对赤字（只要他们能从借贷中受益），但他们也不想支付税款。因此，市场机制抵消了这种意图，即渴望从债务中获利，却又不愿支付更高的税收，并认同收入通常应涵盖支出。由此产生的平衡机制限制了平等主义者努力取悦民众的行为（这在州立法机关中很常见），也限制了统治集团以一种不适合商人的方式来强化政府职能。如果任由统治集团自己裁决,那么会导致各级官僚机构产生赤字。但是,在一个财政收入更多的只是承诺而非实际支付的时代(在大陆会议和起草实行《联邦条例》期间),作为增加收入能力的交换,统治集团同意限制开支。由于市场和各党派都会限制中央政府的开支,统治集团寻求至少在增加足够的收入方面达成一致意见。因此,任何一个政权都无法支配其他政权,这会促成政权间在平衡预算问题上达成共识。违反这一准则的政权将遭受(至少在想象中)可怕的惩罚——出现公共不道德现象、私人恶习盛行、通货膨胀、民众失业以及集体破产。

我们做出了这么多猜测,现在来看看文化多样性的假设在预算行为中是怎样体现的。

殖民时代

第一批殖民者到达后的 50～100 年间(17 世纪末至 18 世纪初)并没有本位货币。他们穷困潦倒。当时流通的货币有荷兰盾、英镑,后来开始使用西班牙银币。特别是在新英格兰地区,人们用荷兰盾、西班牙皮斯托尔、西班牙八里亚尔、西班牙杜布龙金币、英镑以及先令作为计价单位。更糟糕的是,如同中世纪的欧洲,每个殖民地对各自的金属货币都采用不同的标价方法;当一种金属货币在一个地区消失,另一种金属货币便会在同一时间取而代之。[7]因此不难理解,现金短缺一直是殖民者在抱怨财政问题时的话题。

大多时候,由于金属货币不足,人们进行的是易货贸易。如同古代的君主制国家,人们将几种主要的货物作为法定货币:在南部地区,大米和烟草成为法定货币,在新英格兰则是牛、玉米和动物毛皮(尤其是海狸的毛皮)。当时一个大学生的学费可能是一头牛,也有可能是一只羊。由于没有更好的货币,荷兰殖民者开始使用印度贝壳珠子,或是产自海螺中的贝壳串珠,更珍贵稀有的是贻贝或蛤蜊壳中的黑色珍珠。那时人们可以用贝壳串珠缴纳税款、人工费用,或是支付法庭裁决的罚款。[8]两颗白色珍珠等于一颗黑色珍珠,这种兑换比率与货币的汇率一样(当殖民者或印第安人指控一方将白色珍珠故意染成黑色时,则这种兑换比率会降低更多)。[9]

美国独立战争之前没有商业银行,随着信贷范围扩大,开展贸易的商人们开始铸造"松树先令",故意使其含银量比标准先令轻 22.5%,这样就能够将松树先令保留在殖民地,而不是运往海外。[10]其他商人则充当外汇代理人,或向海外的美国人开具信用证。在那个时代,银行业是一种应运而生的行业。新英格兰殖民地的清教徒们认为,负债是不道德的;确实如此,法律如此之严苛,狱中的债务人如果因为没钱而无法获释,可能就会在狱中忍受无限期的折磨。纸币的尝试发行很有可能起源于殖民者促进贸易往来的合理需求,以及减轻对债务人的刑罚。[11]

为了支付殖民战争与行政费用,殖民者们必须增加税收,于是发行了另一种形式的货币——国债。如同中世纪的欧洲,殖民地政府纷纷贴现纸币以获得现金;但由于要转手多次且没有确定的价值,最终还是被弃用了,取而代之的是在征收税款之前进行的流动贷款。[12]殖民者如此依赖于他们在国内所能获得的信贷,1719 年英国《泡沫法案》先后禁止在英国和美国开具信用凭单[13],这自然在 1751 年引起了强烈的反对。[14]

由于殖民者指定了金属货币,在 1730—1760 年间与法国的战争加剧了硬币的短缺,直到税收增长至战前水平的 10～20 倍[15],几个殖民地不得不发行"纸币"(信用凭单),这种纸币有利息,且需要以硬币偿还。由于这些钞票只占可用货币的一小部分,它们的价值便能得以维持,但最终它们从原来价值的一半贬值到 1/10。[16]

由于面临巨大的压力,几个殖民地开始发行纸币,但由于印刷纸币的数量太多,很多纸币的价值不仅有波动,而且迅速贬值。因此出现了用于说教的文章,宣称控制流通纸币的数量能够预防通货膨胀。尽管在奉行和平主义的宾夕法尼亚州,对于限制货币的呼声并不高,但在这个问题上,本杰明·富兰克林发表了一篇抨击文章,这是他第一批抨击文章中的一篇,宾夕法尼亚州与其他的殖民地不同,此处的贵格会教徒坚决反对发行纸币以支付战争费用。[17]虽然如此,富兰克林支持英国限制纸币的做法仍然导致他在唯一的一次选举中落选。[18]

尽管殖民时代的政府简单、节俭,甚至很简陋,但还是面临着高昂的启动成本,这与收入特别是现金收入有关。殖民者需要建设军营、庭院、监狱和公路。除了殖民地对税收的需求之外，还有英国本国的需求，事实上英国本土有时也试图掌控税收。

英国盛行重商主义；贸易和航海法以及英国海关和税务局的主要目的就是为英国制造商提供出口渠道。当1756—1763年的七年战争结束后，皇家海军成立了一支"殖民中队"，以中止未经授权的贸易。或许自然优势总能为英国赢得这场交易，但盛行的经济学派不赞成对其进行考验。[19]毕竟与本国竞争并不值得称赞。《航海法》的目的是支持海关服务，而不是筹集资金[20]，所以实际上只产生了很少的收入。

在各个殖民地中，税收增加了。新英格兰殖民地倾向于对个人财产征税，例如牛和奴隶，并按当前市价的6倍对房屋和土地征税。从1676年菲利普国王战争期间，16倍的最高估值到8倍的最低估值，按照一便士对一英镑的比率进行估价。这项税收对那些很难隐藏谷仓、牛和房子的农民来说是最沉重的负担。为了使农民免于承担全部税收，殖民地对个人征收人头税；据说一个人的价值为20英镑，按每英镑1便士的比率征税。人头税随着财产税起起落落，对于穷人来说很艰难，后来便废弃了人头税。当然，殖民地总督、学校教师、外交使节、残疾人和哈佛大学的学生都享有税收豁免权。由于财产和人头税与收入并没有直接的联系，因此对那些收入超过一定数额的人也征收"能力"（收入或收入能力）税；此项税收假定，一般在没有最佳证据的情况下，某些职业会带来预期金额的收入。[21]

由于他们的财富与财产息息相关，南方种植园主更倾向于对所有进出口商品征收间接税，而不是征收财产税或所得税。南部殖民地也征收人头税，通常是用烟草或其他商品来支付。

中部殖民地如纽约州、新泽西州和马里兰州等，采用了直接税和间接税相结合的方式。此外，他们还增加了一些改进措施，比如征收等级人头税，显然社区中不受欢迎的法官、有钱的单身汉和律师受到的影响最大。尽管遭到贵格会反对，所有的殖民地都曾用发行彩票的方式筹集教育经费；达特茅斯、普林斯顿、哈佛和耶鲁等院校都曾获益。一些殖民地不强迫人们去公共项目上劳动，但要求实物捐助，比如烟草，将其用于建设军营，或作为不去教堂的罚款。[22]

　　从不同的时代角度来审视,殖民时期的支出与殖民税一样简单而平淡。在本国,照顾穷人、病人或其他需要帮助的人是地方政府的责任。虽然有限的资源抑制了公共工程的建设;高速公路长度短且粗制滥造,殖民地的法院也很简陋,尽管有时也有漂亮的外观。法官人数很少,也不需要助手。殖民地没有海军存在,除了在印度战争期间或在与法国争夺北美大陆控制权的战争期间,军队都由当地民兵充当。立法机构举行多次短期会议;如果议员是有偿工作的,就会得到象征性的补偿。根据当时的惯例,小型行政部门的少数官员是收取服务费的,而不是从一般收入中提取工资。仅皇家总督就获得了丰厚的薪水。

　　在美国,重要的是权力关系,而非实际支出。为什么殖民者要花钱去支持那些他们未经任命且有可能违反当地意愿的总督呢?英国在此问题上也同样坚决。为何英国本国要为遥远的殖民战争埋单,而人民却要将作为封建税费残余的租税支付给政府,充实殖民地的国库? 1762 年,国王拒绝向不愿意花钱维持驻军开销的殖民地派遣驻军。[23]

　　若殖民地属于英国,殖民者是英国国民,那么他们就应该得到皇家总督的支持。然而,想要得到英国保护却不想要英国统治的殖民者,自如地利用英国拒绝提供帮助的惯例,强迫英国遵从立法意愿。革命前,殖民者极力鼓吹一个观点,即如果英国国王通情达理,人民就会爱戴他,但这一观点并未得到事实的财政支持。

　　只谈及皇家总督服从殖民者的意愿,并不能公正评价"北方佬"在设计财政改革方面的独创性。殖民时期立法机构的不凡努力赋予了其特殊的控制权。[24]康涅狄格州发薪水的方式最特别,总督与其他重要的行政人员依靠每半年一次的拨款生存,但最常见的管理方式是以投票决定每年的薪水。也许人们会认为,间接税、消费税和进口税会维持不变,但这些税收规定每年都会重新确立。殖民者不愿提供皇家总督永久的收入来源,担心这可能会使他们"骄傲自满"[25]。但这还仅仅是开始。拨款不仅规定了支出的对象,而且规定了支出的数额。拨款条约非常长,规定了可以做与不可以做的事。未使用的余额要立即归还国库这一规定简直是不讲半点人性。

　　即便如此,人们可能还是会认为,一旦拨款获得表决通过,行政管理人员就能够花上这笔钱。但事实并非如此,殖民地专门选举出了财政部部长,这使总督无法自行管理财政,其他殖民地立法机构坚持认为,必须得到政府同意才能支付款项,由此立法机构才能获得对所有公共资金的支付控制权。当遭遇紧急状况需要特别拨款时,殖民地议会可能会任命特别专员来使用拨款,专员只对议会负责,而不用对总督负责。如果说这些措施过于宽松,还有其他措施:例如对建造军事堡垒、灯塔,或州长的工资这些范围内极其琐碎的事宜进行税收投票,将此类税收加以区分,且总是加上附加条款,即一旦这些目的实现,这笔钱就可以用于"任何其他用途或目的"[26]。殖民地议会还减少了皇家官员的薪金;规定了从事这项工作的人的确切姓名,他们要对在没有直接和具体立法的情况下支出的所有资金承担法律责任。如果一个政府的特征是由其财政状况来判断的,那么美国除了名字,实质上已经"独立"了。[27]

大家都明白其中的利害关系:皇家总督及其支持者迫切需要一份独立于立法拨款的任命和特权的民事清单;殖民者想要制造不确定性并坚持节俭,并缩小行政事务的范围,以使皇家总督服从于地方的意愿。对英国人来说,殖民者支持他们名义上所承认的皇家政府似乎是合理的。但是对于殖民者中的宗派分子来说,对总督的支持掩盖了议会中的国王官吏和议会中官僚的阴谋,他们认为这些人通过臣服于君主而不是民众来颠覆自由。《印花税法案》、茶叶税和其他因受制于君主而非殖民者而强加给自由的税收,是为在美国的英国官员提供独立收入来源。真正的问题是权力,而不是资金。美国独立战争是为了一个革命性的问题而进行的斗争:即谁来统治美国。现代人是这样评价纽约殖民政府的:

> 可以看出,殖民政府的民主机构将总督及几乎所有其他职位置于依赖其投票和措施的状态。未经立法机构同意,一个先令也别想从国库中拿出。这使副总督大为光火。这剥夺了他的行政庇护和影响力,他认为这对他的政府是如此重要。事实上,这极大促进了美国独立的进程。[28]

即使是这种简要的背景也能帮助现代的读者理解殖民者的财政立法方向。当代欧洲国家不会选择这种为革命战争提供资金的策略,也不值得当代的我们采用。但是对殖民者来说这是自然而然的事,从他们的角度来看,如果仅是用新的政权来取代遥远的英国国王,独立战争并不是一种合理的方式,因为距离越近就越容易遭人憎恨。

美国的第一次和第二次资产阶级革命

大陆会议并不像它的名字所意味的那样;相反,它只是一个临时的殖民地集会联盟,聚集在一起打一场"临时"战争。确切地说,大陆会议的行政主体象征着一种错误的权威,并暗示了一种任何殖民地议会都无法想象的执行力。由于可以想象的是殖民地政府过去的样子,在新的国会机构中,殖民者继续表现得就像他们曾经在殖民地的立法机关里那样。国会效仿殖民地议会,成立委员会指导外交事务和其他重要活动,包括处理财政问题。这些委员会(财政委员会和财政账户办公室)并不直接采取措施,而只是通过殖民实体采取行动,这在当时看来似乎是恰当的。这个故事是众所周知的——一个由无数的困难、尴尬、不平等和矛盾拼凑起来的故事,只有最后的成功证明了情节的合理性。如果我们重申这一老生常谈的故事,那么不仅是为了概述制宪会议试图克服的弱点,而且是为了更好地描述革命战争期间财政的不足和混乱。由于殖民地应付战争的能力不同和所经受的苦难程度不同,殖民地对战争的投入也有区别。除了付出更多的钱之外,弄清应该怎么做的能力也各不相同。的确,由殖民地议会支付薪水和供给的殖民地民兵参与了战斗,但这没有帮助到乔治·华盛顿将军(General George Washington)所领导的部队。[29]随着大陆会议开始要求更多的捐款,以实物和货币形式支付的殖民地付款就远远不够了。因此,美国大陆会议开始印刷纸币。在很短的时间内,该纸币贬值到几乎一文不值,剩下的唯一财富就是一个至今仍象征毫无意义的精华短语。

当时有这样一首打油诗——"一文不值"[30]:

一名难民船队长丢了两个壮男。

渴望重新补齐,

特向少校申请,要以换人来解决,

并提出是否可以以二换六?

亚当斯少校二话不说就同意了,

帕迪(Paddy)收到通知到岸上去领人。

大吃一惊:"哎呀,我亲爱的,

我们的人现在的贬值速度跟钱一样快。"[31]

几年来,人们感到十分困惑,普通士兵以自己有个人资金为由,只拿很少的工资,还常常被拖欠,而军官的工资甚至更低。罗伯特·莫里斯(Robert Morris),《独立宣言》的签字人之一,他被要求来恢复正常的财政秩序。最终,一个全职的高管而不是一个兼职的立法者从事该项工作。尽管莫里斯是富有传奇色彩的人物,但他也是巧妇难为无米之炊。经过长时间的通信,乔治·华盛顿将军给他写信道:

如果可能的话,我特恳请您保障我所管辖的部队一个月的薪水。一部分部队很长一段时间都没得到任何报酬了,并已几次表现出极大的不满。他们的服役现状对北方军团来说是糟透了。但我毫不怀疑,花点小钱就能改善他们的态度。如果无法获得全部款项,得到一部分总比没有好,可根据人们的各自需求和索求金额而按比例分配。[32]

莫里斯回复道:

我曾向阁下告知过关于资金短缺的困境,并担心将无法如您所愿地支付该部队一个月的薪水。因此最好别让他们抱太高的期望,万一能支付,那他们也将更欣喜。[33]

遭受各方压力,有时还受到债务人和士兵们殴打的威胁,莫里斯认为如果他声称能偿付每个人是不可能的。[34]威廉·格雷厄姆·萨姆纳(William Graham Sumner)评价:"凭此一点即能证明莫里斯有足够的才能,相配'革命财政家'这一称号。"[35]在如此情境下,莫里斯的策略是竭尽所能筹集资金,以面对随时而来的偿付要求。他的策略之一是向去巴黎筹款的本杰明·富兰克林开一张汇票,并自己将此汇票承兑,同时将筹钱文书通过古巴发送到马德里,因为他知道在文书到达前以他的个人交际能冒充富兰克林几周。当债务到期时,"穷查理"的任务就是想方设法偿付。当然,莫里斯并没有照顾到富兰克林的感受,但顾忌太多的人反而无法胜任此项工作。毫无疑问,格雷森认为莫里斯"撒了一个弥天大谎",但对此有作者认为无须去辩解那些无关紧要的批评。

"当一个国家一贫如洗时没有人能拯救他。"[36]作为一位革命英雄,莫里斯之后的遭遇也令人唏嘘,由于投资土地的投机活动失败,他进了位于费城的债主们的监狱。值得慰藉的是,当乔治·华盛顿得知此事后,带着晚餐陪同莫里斯在监狱里度过了一晚。[37]

大陆会议从 1775 年持续至 1781 年,直到后来被《联邦条例》所代替。该条例中提到国库,但征税权掌握在各州手里。财政困难始终困扰着革命力量。随着战争期间及随后几年债务的增加,各州要求印制纸币,然而债务依然无法偿付并不断积压。并且财政措施使各州要在国内或国外进行交易变得十分困难。货币在发行州之外贬值,不得不令革命领袖们怀疑是否能够维持住共和体的团结。

其他人则持不同的看法。[38]《宾夕法尼亚邮报》的一名撰稿人并不谴责通货膨胀,他表示:

> 自然而不可避免的折旧税可以说是最确定、最快捷、最平等的税。在现有的经济规模下,每个货币持有者都按照持有货币的时间成比例地缴纳了税款。这就像是出租车一样,必须付费(或按小时付费)。[39]

如果有充足的时间,货币和信贷的共同市场将可能建立起来。但由于美国宪法修正案结束了这一尝试,结果便无人知晓。

宪法制定者意识到这项"自治"试验缺少先例。当时的普遍观念是政府在不断发展,它们并非来自有意的自我创造行为。要让人们遵循自己制定的规则且不失去自由,这正是他们认为的一场激进的试验。

美国宪法概述了一个足够强大的中央政府,可以自行征税,从而赋予其恢复经济秩序的权力。[40]然而,1789 年的美国宪法只是一纸空文,缺少美国民众的实际认可。他们经历了两百多年的殖民统治,在殖民议会的体制下管理自己。因此,他们在这两个世纪所获得的实践经验和思维习惯,多少都带着争议和恐慌,体现在作为自治工具的宪法规定中,也就不足为奇了。

美国在税收和支出方面特有的"小气"做法,其重要性常常受到忽略——首先,因为人们认为缺乏欧洲等级制度,意味着缺乏系统结构;其次,统一的做法意味着缺少操作原则,其实正好相反。这个新国家对于预算平衡的承诺与其拒绝中央主导、追求非集中式及立法形式的预算方案，在其历史上具有同样重要的意义。美国当时缺乏任何可以被称为中央预算的形式，却拥有协调支出和收入的强大能力，尽管这是非正式的。这一现象既不需要批评也不需要赞美，而是需要理解。20世纪初，预算改革运动兴起，人们反对起过去的做法和结构形式（包括美国宪法中的权力分立），倾向于行政控制，掩盖了这个国家早期不同的预算程序。

公众债务和平衡预算

总之，我认为与公共开支相等的税收政策是我们能够继续稳固国防、保持独立性、避免公共债务的破坏性增长，并稳定我们的货币（硬通货或纸币）价值的唯一根本性方法，也是保证工业的福祉惠及每个公民、保证物资充裕、恢复公众信心和重塑国民道德，并确保我们自己和后代得到上天眷顾的唯一途径。

——毗拉提·韦伯斯特（Pelatiah Webster）[41]

我希望能修改哪怕一次宪法，我会根据它来降低政府对真正意义上的宪法的管辖权。我意思是要有一个补充的条例，限制联邦随意借钱的权力。

——托马斯·杰弗逊（Thomas Jefferson）[42]

私生活的习惯在公共场合也很难改变；我们应当把制度经济和基于风俗习惯的经济搞清楚。

——亚历西斯·德·托克维尔[43]

历史上，美国人对国债的态度明显很简单，这从收入和支出的相关公式就可以看出来。第一个方程[44]本身就很简单：税收（尤其是关税）减去国债的利息就等于国家政府支出。新宪法规定了大量的税种，包括直接对个人所得税和增值税的征收。然而，对于宪法的合理性争论中，宪法拥护者不断强调，税收的大部分还是关税和公共土地交易税，还有一些为了应对紧急情况而征收的个人所得税和增值税。尽管亚历山大·汉密尔顿（Alexander Hamilton，美国开国元勋之一）通过征收国内税让政府拥有了一个稳定的经济基础[45]，杰弗逊流派(Jeffersonians)却坚持政府经济主要由关税支撑,比如,与英国交易所获得的国家利益。考虑到政府的平衡预算与节俭拥有广泛的支持者及其还清国债的渴望,第一个方程在很长一段时间都广为流行。

然而在内战时期,第二个方程已经流行:收入(此时包括了国内的税收)等于普通市民的花销减去战争的负债。当顺差显现或是已经无法阻挡改善国内情况的法案出现,抑或是两者都有时,第三个方程就起了作用:包含顺差的收入日常消费－国内改善性投入＝中央政府消费。虽然预算处于较高的水平,但仍然是平衡的,因为顺差部分用于道路、桥梁,以及我们如今所称的"基建"。只有在 20 世纪 30 年代大萧条后出现的财政理念大变革的情况下,第四个方程,有时也被称为充分就业顺差,才建立起另一套预算标准:收入＋足够保障充分就业的赤字＝消费。此理念是为了充分就业下的经济而非平衡预算。而今第五个方程正在讨论,也许会细化到国家商品中无害的逆差会占到多大的比例。

由于宪法反对通过美国 13 州邦联宪法,新的政府需要有足够的权力在没有各州直接同意的情况下征税,以此来为国家信贷提供坚实的基础。在乔治·华盛顿担任总统的首月(在财政部诞生之前),国会实施了法案,包括建立关税和征收关税的行政职位。[46]在 1790—1795 年担任财政部部长期间,亚历山大·汉密尔顿在其关于公共信贷的报告中提出加强各州合并负债并将其计入国家负债,并安排筹集与收入总额相等的资金来实现这一目标。然而,他的农场经济很难让杰弗逊派反对者所接受。一方面,大部分的负债已经被大幅折减并由投机者持有。如果债务被全额偿还,他们就会比原来的持有者获得的多得多。另一方面,各方都知晓,债务是中央政府维稳谋利的一种方式。对那些支持宗教体系的人来说,汉密尔顿的提议会引起焦虑;他们认为腐朽的国会立法者要尝试恢复君主统治。然而就如同相关的理念,通过严格为债务注资来帮助平衡每年的债务,以此鼓励每代人都来偿还一样,汉密尔顿的理念中对公共的信心和稳健的信誉的部分难以抵制。[47]卡罗来纳州的约翰·泰勒(John Taylor)在承认失败的演说中,侃侃而谈又略带夸张地向因汉密尔顿言论不安的农场反对者说道:"我们走向现代化;我们启发了美国人;我们摈弃了等级和头衔;但我们不得不屈于被征税……我们不曾被上帝的允诺,地狱的遣责……或迷信所欺骗或恐吓……我们已经中了'公共信心和国家信誉'这几个字的魔咒。"[48]

然而,众所周知的是汉密尔顿确实设法安抚了杰弗逊派。有一个双方切磋的经典事例,汉密尔顿为了获得通过债务转移法案(国债法案)的足够票数,将美国首都从纽约转移到了华盛顿特区(华盛顿特区距离弗吉尼亚州和美国南部更近)。[49]双方的辩证讨论或是折中方案通常以此收尾,但理应继续进行。两方没有就预算平衡达成一致同意,这种政治交流不能说是切实可行的。更何况,大多数历史学家都没有提及共和党(现在土地利益者对自己的称呼)对行政权的冲击。杰弗逊派不仅仅是认可了(虽然有些勉强)各州和联邦债务。正如联邦派试图将偿付能力的制度保障写入《宪法》一样,杰弗逊派用严格限制行政部门使用通过假设获得的所有支出权力来填补宪法的空白。

托马斯·杰弗逊总统(Thomas Jefferson,1801—1809 年在任)推行了一项与他的信念相符的预算事业,他坚信自由的土壤必须用每一代烈士的鲜血浇灌(不夸张的说法是每一代都要奋斗)。他认为上代人束缚下代人是错误行为,任何债务都应该在 20 年内还清。对这位总统来说,经济意味着节俭。杰弗逊偏好低调朴实的言行,他把节俭和偿还债务看作是道德义务。"我认为节俭是共和党最重要的美德之一,"他写道,"国债是最可怕的危险。"[50]杰弗逊更喜欢削减开支而不是增加税收。"我赞成政府严格节俭和简约,将所有可能节省的公共收入用于清偿国债。"[51]

正如开头的杰弗逊名言所示,他认为收支平衡非常重要,足以提议将这一概念纳入《宪法》。事实上,对他和其他反联邦主义者来说,如果违反了收支平衡,共和党政府就会面临危险。基于政治哲学家詹姆斯·哈林顿(James Harrington)和英国的辉格党的思想,杰弗逊把债务,尤其是债务的持有人,看作是议会中的庸官碌吏,他们因为追求个人经济利益而腐化了政府。[52]

杰弗逊对债务的反感并非空穴来风,而在那个特定的历史背景里,中央政府在其行政权力的驱使下,会试图用债务打破收支平衡。没有腐败的诱惑,州政府或将可以随心所欲地负债。

对早期的美国人来说,生活还是很美好的。尽管杰弗逊执政第一年废除了国内税,并花费 1 500 万美元获得路易斯安那州的领地,美国商业的繁荣还是可以偿付大量债务,收益促使国库储备大增。杰弗逊和财政部部长艾伯特·加勒廷(Albert Gallatin)偿付债务的部分动力是一定要减少这个"精神负担",但他们同样相信清偿债务能为公共目标释放余下的财政收入。

1812 年的战争代价高昂,扰乱了国家财政预算的预期。它摧毁了贸易,从而降低了财政收入。起初,国会企图通过发行长期债务来为战争筹资,但到了 1813 年,由于战争耗资如此巨大,国会不得不通过投票通过数百万美元的国内消费税,同时提高了关税税率。战争的步步紧逼促使市民自愿缴纳这些税款,但市民对由此产生的债务存在极大的担忧。[53]在杰弗逊的领导下,总统詹姆斯·麦迪逊(James Madison,1809—1817 年在任)希望他的政府"通过风光地解除公共债务来释放公共资源"。同样,詹姆斯·门罗(James Monroe,1817—1825 年在任)和约翰·昆西·亚当斯(John Quincy Adams,1825—1829 年在任)希望减少债务,而允许将关税收入用于国家的发展。[54]平衡预算的理想带有道德色彩;约翰·昆西·亚当斯认为这一成就"是政治经济学的格言之一",他的财政部部长称削减债务"是一个国家的最高职责之一",因为这表明政府是一个能即时付款的国家机构。[55]不管是它自身还是作为借款的前奏,减少债务都是一件好事。债务减少可能意味着减少或增加支出。

等到安德鲁·杰克逊(Andrew Jackson)总统上台(1829 年),减少债务已经变成了一项爱国的职责。杰克逊意识到余下的债务有可能在他的任期内偿清,他动情地演说:"到那时,我们会展示一个伟大国家的罕见奇迹,充满着各种幸福和安全感,全部都脱离了债务。"当财政部部长李维·伍德伯里(Levi Woodbury)宣布债务的消失将是一个"全世界范围内史无前例的奇观……",美国例外主义在此得以被公开宣扬。[56]

平心而论,富足的源泉会浮现出水底的邪恶怪物。安德鲁·杰克逊称它为"不必要的公共收入累积",更简单地说,就是过剩。这有什么不对吗?总统马丁·范布伦(Martin Van Buren,1837—1841 年在任)在他最后一次的年度报告中探讨道,过剩"将会助长国家的奢侈浪费"。因太过诱惑而令人难以抗拒,它将开启一个因增加支出而很快引发新的赤字的恶性循环。[57]对历任总统及其治理下的公民而言,财政盈余和财政亏损都是让人头疼的事情。因为盈余或亏损的存在就象征着特权。财政支出会产生非劳力利益,财政负债会给特殊利益群体操控政府的机会。无论是何种情况,政府都会加剧社会的不平等。

也有人认为债务会削弱国力。由于经济萧条造成收入降低进而导致债务,约翰·泰勒总统(John Tyler,1841—1845 年在任)反对政府欠债,坚持[同他的继任者詹姆斯·K. 波尔克(James K. Polk,1845—1849 年在任)]削减债务会巩固美国同他国的关系。波尔克回顾 1812 年第二次独立战争的教训——尤其是在过度和不必要的支出方面,他认为战争是节省一切日常开支的另一个原因。[58]

这些总统认为,政府支出不应该将国家财富从富人手里重新分配给穷人。相反,他们害怕政府支出会将财富从普通人手中夺去献给富人。"民众的情况不容乐观,"波尔克总统写道,"任何政府想要维持下去,只能依靠一套能够定期将大量财富从大多数人的劳动转移到少数人的钱库里去的系统。"[59]

在 1849—1860 年内战期间,每个美国国民政府都承诺会动用盈余资金偿还政府债务,保证将收入降至支出的同一水平(尽管收支平衡的状态出现得并不多)。一旦超过最低限度,总统詹姆斯·布坎南(James Buchanan,1857—1861 年在任)便只会批准宪法中明确规定的支出(例如增加海军及沿海防御支出)。[60]

一种收入与债务负相关的经济学理论大大增强了人们对于平衡预算的信心。正如财政部部长罗伯特·沃克(Robert J. Walker)在 1838 年曾说过:"总的来说,任何国家想要达到收入增长,只能依靠增加资本,即用于支付工资的资金……破坏或削减用于支付劳工工资的资金导致资本被破坏或削减,必然会减少劳工工资。"这种工资资金论具有附加价值,即表明无论是雇主还是国家政府,一旦通过债务增加自己的收入,必然损害工薪阶层的利益。[61]在 1837—1838 年经济衰退期间,国会试图增加联邦支出以减缓资金压力。范布伦总统援引开国元勋的权威;他们"明智地判断政府对个人的干预越少,越有利于国家繁荣"[62]。布坎南总统将 1857 年以及 1858 年的财政恐慌和衰退归罪于"习惯性地过度开支"[63]。

1860—1865 年的内战标志着债务削减共识迈出了第一步,但国家仍需确保财政收支平衡。由于战争的胜利和工业化的开始,政府有了更多的实权,这也让人们开始质疑债务的意义。亚伯拉罕·林肯（Abraham Lincoln，1860—1865 年在任）认为公民"不会因为欠债而受到太多的压迫"。他的这个想法，在十几年后也被总统卢瑟福·B. 海耶斯（Rutherford B. Hayes，1877—1881 在任）所追捧，而他的理念，就是要确保各个公民手中都多多少少有点贷款。而总统尤利西斯·格兰特（Ulysses S. Grant，1869—1877 年在任）断言，随着时间的推移，债务可能会被全部偿还，人民的支付能力也会随着国家财富的增加而增长。因此，他的决策是：在短时间内，不通过增税来还国债；相反，他会像 80 年代的领导那样，通过减税来增加人民手中的财富。[64] 从长远来看，这反而增加了国家和人民的收入。在这样一个领土和经济的扩张时期，想要内部的经济增长就需要国家提供一个相对稳健的财政方针。

总统安德鲁·约翰逊（Andrew Johnson，1865—1869 年在任）接手时，美国当时大约背着 25 亿美元的内战债务。他认为债务是经济的负担，打算在 20 年内还清。但后来约翰逊吃惊地发现，尽管人口和财富大幅增加，在他任期内的支出还是有约 16 亿美元，仅略低于 1789—1861 年这七十多年间的全部支出。总统格罗弗·克利夫兰（Grover Cleveland，1885—1889 年在任）认为，从人民手中撤走资本并将其转移给政府，会阻碍人民发家致富。他的话是对随之而来的消费热潮的最后一击。他认为："公共财政，本应只是作为一个将人民的贡品输送到其合法支出用途的渠道而存在，现在却成了一个囤积贸易和非流动资金的场所，这样就削弱了我们国家的实力……"[65]

而传统观念随着国家的发展而改变。正如我们所看到的，到了 19 世纪末，一些精英舆论开始将债务视为一个和国家偿付能力相关的、一个民族自己欠的债，而不是之前所说的那般对抗性的概念。与这个想法相仿的是，财政赤字的规模比政府（以及政府下面的人民）的投资回报率更重要。伍德罗·威尔逊（Woodrow Wilson）对于这件事的判断是："如果美国人民确信他们的需求得到了满足，并且钱花在他们认可的事情上，他们就不会太多地去干涉政府开支。"[66] 然而，在 1898—1920 年的历届总统中，像威尔逊一样的，麦金利（McKinley）、西奥多·罗斯福（Theodore Roosevelt）、威廉·霍华德·塔夫特（William Howard Traft），这些总统都反对财政赤字的政策。[67]

在一篇鼓吹大众储蓄的说教文献里，提到了在新兴的专业领域中效率的重要性(新的公务运动同时强调中立能力和专业知识)。而在国王长椅监狱里,米考伯(Micawber)先生也曾对大卫·科波菲尔(David Copperfield)说过:若人民的收入高于消费即为幸福的生活,若低于消费则是痛苦的,然后开始了一个无限循环。因此,节俭是美德和成功的代名词。

20 世纪 20 年代,为避免债务增加,实现财政收支平衡,美国的审慎财政政策摩拳擦掌,预备好要卷土重来。当时举国上下都有着一个疑虑:战争年代形成的肆意挥霍的习惯是否会延续至和平时期。1919 年的《自由贷款法》(Liberty Loan Act)建立了一个以减少债务为目标的偿债基金,10 年之间,债务削减了 1/3(从 240 亿美元减少到 160 亿美元)。总统沃伦·哈丁(Warren G. Harding,1921—1923 年在任)当政时期的财政部部长戴维·休斯敦(David F. Huston)指出:"我们遣散了众多团体组织,但那些将目光集中在财政部的团体则是例外。"[68]

两千多年前,亚里士多德曾主张公众应该像经营一个井然有序的家庭一样来经营一座城邦。而 20 世纪 20 年代的主流观点则是:公众应该将政府这个"公共家庭"市场化,让政府如私有企业一样在"强劲而不失理性的经济形势"下运作。在早期的几十年中,政治领导人希望减少政府债务,以期最大限度地降低其外国持有人的国内影响力。相反,总统卡尔文·柯立芝(Calvin Coolidge,1923—1928 年在任)辩称,政府降低税率,节省开支,才能让美国人民"获得满足感和内心的平静,从而免受对其他国家的任何嫉妒之心"。领导层普遍认为:只要美国实现了国内繁荣,市场竞争就会平息。[69]柯立芝总统称:"稳健的财政政策不仅对政府官员至关重要,而且普通民众可享受它的恩泽,因为经济具有整体性。"此后,1929 年,美国发生市场崩盘,接着是 20 世纪 30 年代的大萧条。大萧条既标志着平衡预算的首要地位的终结,也标志着可变支出作为经济维稳工具的开始。财政部门的工作重心从追求实现支出和收入最大可能的平衡,转向创造性地规划运用支出。此时还出现了另一项惯例,即进行内部改进,这些改进让曾经主张扩张型财政政策的支持者们得到了以史为证的平反。

内部改善

建议联邦政府考虑更重要的事项,尽早提供高效的援助。只有各部门开放交流,美国巨大领土上带来的不便、抱怨还有潜在的危险才会消除。坚固的道路和运河将缩短各地的距离,促进商业发展,加强人际交往,即使是美国最遥远的地区也可以团结起来。在政府权力之下,和以上的行动相比,没有哪个行动可以更加有效地加强联盟了。

——艾伯特·加勒廷[70]

运河把亿万人民团结成一个不可分割的联盟,他们有相似的习惯、语言和兴趣。这样相似的群体拥有的手足情谊是世界上最无懈可击、最强大和最可敬畏的。

——罗伯特·富尔顿(Robert Fulton)[71]

尽管人们对预算平衡的概念有过意见分歧,但直到20世纪30年代,一些佐证加上此后的民意调查都明确地表明,大多数公民支持预算平衡。事实上,从共和国成立到1960年,超过3/4的时间里,预算都是盈余的(或者失衡少于10%)。预算平衡是美国政治文化的交汇之处。但是如果有人问,国家税收的目的是什么,支出的目的是什么,谁来控制收入的分配,如何分配,美国历史上对此问题的冲突多于共识。

我们可以大致地将内部改善(即人们认为值得支出的内容)描述为任何政府的补贴,不仅仅是指最常资助的道路和运河的建立。根据我们的分析,市场的支持者通常希望降低税收和支出,但支持者总是想接受补贴,目的是让所有纳税人分担维持商业的成本。等级制度的支持者通常愿意出钱促进国家统一,帮助维持秩序。平等主义者是矛盾的。社会联系对于公民参与共同事业至关重要,同种族的国家倾向于减少内部矛盾。然而宗派主义分子不会愿意给中央政府的人员提供好处。对于已经超过应得财富和特权的公民,宗派主义也不想提供帮助。那些把内部改良看作是帮助小农场主的一种方式的美国人分散在全国各地(在购买路易斯安那州后,美国领土扩大了),持这种观点的美国人会感到痛苦。他们打算通过支持平衡预算来解决这一冲突;一旦实现了这一目标,任何积累的盈余都可以用来为所有公民提供福利。鉴于这种力量的粗略划分,过一段时间可以预计美国将获得更多而不是更少的补贴。随着美国工业化加强,市场人士对政策有了更多的发言权,反对为内部改良支出的声音渐渐消失了。

乔治·华盛顿与约翰·亚当斯(John Adams),曾依靠长期贷款以弥补当前的财政赤字。直到1800年,30%的联邦预算都还被用于支付国债所产生的利息,另有55%被划拨为陆军和海军的开销。当时的美国仍旧处于革命战争后的恢复期,这使得其缺乏进行国内建设投资的能力。杰弗逊麾下的共和党人施行了一种紧缩政策——其在几乎裁撤海军的基础上,削减陆军规模,并减少联邦公务员的数量。他们还减免了国内消费税,但又想在同时创造贸易顺差,以继续征收关税。[72]在1805年前,随着贸易环境改善与胜利在望的公债清偿,杰弗逊借此希望"随之而被释放的税收,能够在和平时期……被用于包括每个州内的自然河流、运河、道路、艺术、制造商、教育在内的重要项目上"。由于这样的开销存在宪法上的不确定性,杰弗逊建议,使用宪法修正案以消除任何相关干扰因素。作为其财政部部长的加勒廷,早已开始修建康伯兰大道(Cumberland Road)。用以修建国家收费公路的资金,则来源于售卖俄亥俄州国有土地(当时仍属于领地)[73]的收入。在杰弗逊执政末期,加勒廷起草了一份有关市政工程的重要报告,其中提了一项耗资两千万美元的运河与高速公路建设项目。[74]

虽然杰弗逊摒弃了与国内建设相关的共和党传统原则,并由此在党内引发了冲突,但一种与每个州的自身权利,以及行政官员那界限分明的角色所相关的绝对立宪主义,仍旧抵消了其行为对于绝对平衡原则的背离。包括约翰·伦道夫(John Randolph)与约翰·泰勒在内的那类共和党元老,对联邦政府所做出的新承诺表现出绝对的不认同;与此同时,以约翰·卡尔霍恩(John Calhoun)、约翰·昆西·亚当斯,以及之后的亨利·克莱(Henry Clay)为代表的新生代共和党人,则看好对于运河与道路建设方面更加宽松的投资。然而,即便身处门罗总统任期内的"善意时代"(Era of Good Feelings,1817—1824年),社会各界在有关国内建设的问题上,也从未达成过一致。

由于支持门罗主义并旨在实施相应的计划，约翰·昆西·亚当斯总统积极地为发展河流和港口、灯塔、信标、码头以及最重要的道路寻求拨款。据他的批评者说，亚当斯试图利用财政盈余提供"一个永久而有规律的制度来保障内部的改善"，以便"整个国家的地面能够被铁路和运河贯穿"[75]。为了促进这些设施的建设发展，他的政府成立了一个道路和运河的众议院委员会，并在陆军工程兵中成立了土木工程师团。联邦政府通常向新州授予公共土地，以鼓励修建公路和运河。亚当斯的父亲，美国第二任总统约翰·亚当斯任职期间也启动了对河港的拨款。在政体内部，这种做法很快就被称为"政治拨款"的立法。从那时起，据称有充分的理由，国会议员开始操纵接受政府资助发展的生产项目以使他们的地区受益，就像那时候的乡下人聚集在当地杂货店，为了让自己利益最大化围着一桶腌猪肉讨价还价一样。[76]

是什么阻止了这股内部改进的力量呢？是安德鲁·杰克逊总统（Andrew Jackson，1829—1837年在任）在国会所代表的反对派力量。他的来自俄亥俄州、西弗吉尼亚州和肯塔基州的边远居民支持者，认为无须花钱在那些主要是造福沿海地区的项目上。杰克逊通过废除"国王党团"（参议院核心小组提名总统的方法）来保住自己的职务。他支持更为平等和普遍的全国提名大会。相同的党派冲动引起了对于联邦支持或内部改善补贴的反对。杰克逊的拥护者认为，国家债务的利息支付是收入从穷人向富人的反向再分配，因为其债务和利息耗尽了从中提取工资的有限资本基金。如果这些资本从政府转移到私人手中，生产率将提高，工资也将提高。对于杰克逊的支持者来说，否决内部改进意味着对普通公民的帮助。在那个时代，支持普通人意味着促进个人的发展而不是政府管辖的企业。[77]

有必要理解的是，杰克逊主义时代的"进步"观点认为，政府的权力是政府从人民手中索取的，而不是民众给予的。因此，政府支持的特权银行、特许经营和垄断引起了杰克逊前线支持者的强烈反感。他们认为，政治自由所依赖的经济自由，最好是通过消除政府在人与人之间的自然平等中引入的人为特权来得到最佳保证。[78]

在那些对杰克逊式民主进行理论化研究的人中，显然也为公民所认同的普遍信念是，通过经济市场畅通无阻的运营而精心追求的机会平等与被允许的人类能力的先天性差异将导致结果的近似平等。至少,中央政府不会在自然不平等的条件下增加人为因素,从而保留代议制政府。正是这种信念使美国真正的与众不同,不是相信不确定的平等,或者只是一种平等,而是相信机会和结果的相互强化所带来的影响力。当这种信念破灭的时候,就像公司资本主义的兴起那样,使美国生活具有鲜明特色的对立性的统一也将四分五裂。

适用于联邦债务的道德和法律制裁,没办法在州政府层面得到同等效力的执行。大众普遍认为,州政府实则由公民控制,这是平等性的缩影。因此各州可能会鼓励公民去做各种各样的活动(比如说,路易斯·哈兹已经表明,不干涉主义在内战前的宾夕法尼亚州是成不了大气候的[79])。在美国第二银行消亡之后,各州开始尝试普及不干涉主义,州政府的债务在 1835—1838 年间比 1789—1838 年间联邦政府的赤字还要高。这些州政府的新债务主要用于运河和铁路建设,以及为州政府银行提供资金。[80]

在南北战争之前的 30 年中,支持和反对内部改进的活动交替推进。像亨利·克莱这样的国会支出倡导者提出了一个又一个法案。波尔克总统在否决一项河流和港口法案时问道,如果国会的自由裁量权是唯一的制约因素,那还有什么能阻止这"声名狼藉的公共资金争夺战"呢?为什么内部改进"能够无限扩大,并且大到足以每年吞并从该国的对外贸易中提取数百万美元"?加上能带来更大财政收入的保护性关税,波尔克认为"整个体系的运作和必要影响将加大铺张浪费,从而增加公共资助,并以纳税且贫穷的人民为代价来维持一个富裕而辉煌的政府"[81]。买下得克萨斯州或另一大片领土又是另一回事,这完全是国家"宿命"(manifest destiny)的一部分。即便如此,联邦政府对于合并得克萨斯州而许下许多慷慨赠予的承诺仍未兑现。[82]

如果说波尔克看重的是金钱,那么皮尔斯(Pierce)和布坎南总统看重的则是公共道德。他们反对联邦在内部改进方面的开支,认为这是违反宪法的,因为它侵占了国家职能。[83]与杰弗逊一样,其他领导人,从丹尼尔·韦伯斯特(Daniel Webster)到约翰·卡尔霍恩和米拉德·菲尔莫尔(Millard Fillmore)总统都把国家的发展视为重中之重。这些人认为,地方的改善确实有助于国家的发展。虽然联邦政府中没有人会承认想要侵占任何一个州,但正如菲尔莫尔所说的那样,一个老大哥应该理所当然地帮助一个较小的州,以"加强将我们作为一个民族联系在一起的纽带"[84]。

不用说,当时和现在一样,学识渊博的文学士们在两边排队。在美国流行的既不是亚当·斯密的《国富论》,也不是大卫·李嘉图(David Ricardo)的《政治经济学及赋税原理》,而是让·巴蒂斯特·萨伊的《政治经济学概论》(1803年问世)。我们经常引用路易斯·基梅尔(Louis Kimmel)写的一本关于联邦债务的杰出著作,他认为,"萨伊之所以受到青睐,一个原因是他避免了史密斯对'生产性'就业和'非生产性'就业的区分"。无论是道德哲学教授还是神职人员,都不太愿意接受把他们归入非生产性的政治经济学道德科学的论述。不过,萨伊同意亚当·斯密的观点,即政府对财富的消费虽然可能是必要的,但只有在它产生同等价值的经济回报的范围内才是合理的。机会成本原则——即必须放弃某物才能获得它——在这里找到了一个早期的说法。而成本效益分析的概念也是如此。萨伊说:"政府的全部技巧在于不断地、明智地比较即将发生的牺牲和社会的预期利益。"[85]亨利·韦萨克(Henry Vethake)的《政治经济学原理》,反对债务融资,因为如果花费的资金不是来自税收,那么在使用公共资金时就不会那么小心了。但韦萨克认为,只要政府的资金用于生产性用途,这样的支出就和钱留在私人手中一样好。[86]

与欧洲人的行为相比,美国的支出几乎停滞不前,几乎跟不上人口增长的速度。尽管如此,联邦政府还是履行了一些新任务。早在1796年,税收人员就帮助执行各州的检疫法。1798年开始为残疾和生病的海员提供医疗服务,最终促进了美国公共卫生服务的建立。联邦官员收集了一些商业和农业统计数据,免费分发种子,并在大西洋海岸建造灯塔。不仅如此,政府还给海运和铁路公司提供了补贴。[87]这项补贴是合理的,因为英国采取过类似的政策,该政策鼓励购买方便供给海军使用的蒸汽船。[88]从19世纪30年代到50年代,不顾总统的反对,联邦政府仍为当时正在修建的铁路提供补贴,有时也会直接购买其股票。更为常见的是,政府为了激励企业、团结国家,会将大量的公共土地移交给铁路公司使用,铁路两边的土地足有一英里宽。为了保护各州的权利,现金补贴会由联邦政府移交给各地州政府,州政府可将这些资金用于铁路的建设。[89]但是,以欧洲标准或绝对标准来看,这笔开支显得微不足道。到1860年,农业方面的资金支持仅为5 000美元。[90]

规章制度在这样一个幅员辽阔的国家显得尤为重要。据《奈尔斯周报》报道,1830 年就有 1 500 人死于汽船爆炸。由于船用锅炉的频繁爆炸,联邦监察局在这场大屠杀后正式成立。大量进口外国药品也因杂质问题引发调查和管制。[91](当时欧洲政府也开始制定标准来保护公民的健康和安全。)

纽约州的伊利运河(Erie Canal)是首个也是最著名的由国家和私人共同出资修建的内部改善工程。尽管所有的预测都与此相反,但是运河从其数百万美元的投资中获得了可观的利润,继而其他州也掀起了建设运河的热潮。在 19 世纪二三十年代,弗吉尼亚州通过发行债券修建了许多运河和铁路;尽管只有一条铁路在南北战争中得以幸存,但弗吉尼亚州仍在继续偿还债务(最终在 1966 年还清)。[92]俄亥俄州中部铁路公司就是个典型例子,该公司于 1847 年被特许经营,在当时是很难吸引到客户的。因此,小贩们四处奔走、游说、出版报纸和小册子,挨家挨户敲门推销等,所有的这些都未取得明显效果。

最终还是通过县城和镇上的集资,以及国家资金的投入弥补了赤字。另一家更加雄心勃勃的公司曾用马里兰州的证券作为担保前往伦敦借款。尽管同样信心十足,但相比之下铁路公司的条件就没有那么诱人,他们通过发行纸质股本来支付后续的开支。然而,其纸质股本价值又太低,此时还有工人暴动。况且,未售出的股票还有可能会被用作更多新贷款的抵押品。[93]19 世纪40 年代初,这种情况极其糟糕,有 7 个州违约且无法偿还债务利息,尽管这些州几年内的应计利息表现不错,但依旧无法偿还债务利息。"抵赖幽灵"(因其违约而得名)使得英国吟游诗人以圣丹尼·史密斯牧师(Reverend Sidney Smith)的方式提出抗议:

> 洋基傻瓜借钱忙,
> 洋基傻瓜花钱爽。
> 欠款人被指着头,
> 何时还钱何时休。
> 毫不犹豫夸海口,
> 老赖滑头满街走!
> 洋基辩言还钱要自由,
> 只等天塌低陷无尽头。

> 特立独行拖欠到"无踪影",
>
> 妖风传遍,
>
> 一朝代表"美国"就出现,
>
> 鼓吹抵赖……
>
> 如果不能随意鞭笞奴隶,自由算什么?
>
> 如果不能随处借钱,自由算什么?
>
> 如果不能等有空再还钱,自由又算什么?[94]

即便如此,在南北战争之前联邦政府的规模很小。如表7.1所示,1800—1860年,联邦支出总额从近1 100万美元增加到6 300万美元。其中半数以上用于陆军和海军建设。一般的"民事和杂项"的类别包括了大量的邮政赤字,除国防、养老金、印第安人补助金和债务利息以外都包含其中。因此,基梅尔的结论是正确的:"联邦支出对生活水平的贡献几乎微乎其微,甚至是零贡献。此外仅有一小部分的民事和杂项支出是出于发展目的……"[95]

表 7.1　　　　　　联邦财政年度 1800,1825,1850 和 1860[96]　　　　单位:百万美元

年份	1800	1825	1850	1860
民事和杂项	1.3	2.7	14.0	28.0*
陆军部	2.6	3.7	9.4	16.4
海军部	3.4	3.1	7.9	11.5
印第安人	—	0.7	1.6	2.9
养老金	0.1	1.3	1.9	1.1
利息	3.4	4.4	3.8	3.2
总计	10.80	15.90	39.50	63.1*

注:* 包括邮政赤字990万美元。

内战改变了这一切。从微型政府到小型政府,它增加了商人和农民的利益,有时帮助铁路事业,有时则为了农民的利益进行干预以规范铁路运营。从1787年的法令(为地方学校留出土地)和1862年的《莫里尔法》(Morrill Act)(为各州建立农业和机械学院提供大量土地赠款)开始,联邦政府以多种不同的方式支持教育。像托马斯·杰弗逊一样,南北战争后,总统们普遍认为,教

育是他们对不必要支出限制的例外。随着殖民地的建立,大部分公共领域实行私有制;随着 1890 年边境的关闭,存在一些压力,需要保护供公众使用的荒地中仅有的几处可选择的地方。但从预算的来源中仔细地发现,这并不是导致预算冲突的根源之一。

随着工业化和社会生产力的提高,国家很快就可支付 30 亿美元的南北战争债务。此外,较高的关税继续产生大量盈余。响应前任总统的陈述,格罗弗·克利夫兰担心的是不断增长的盈余会"诱使奢侈"产生,更糟糕的是,公共奢侈"使人们都变得奢侈"[97]。预算平衡与公民道德再次联系在一起。

金钱可能不是万恶之源,但内战后大量盈余暴露了一种比大多数私人利益和政府官员所能抵抗的更大的诱惑。没有人知道要改变公众看法最重要的地方是什么:工业革命的迅速发展使得国家改变了发展计划;工业家的商业顾忌和公众行为都不值得效仿;保护性关税产生了巨大收入;或随之而来的预算变更。克利夫兰的前任总统切斯特·A. 亚瑟(Chester A. Arthur,1881—1885 年在任)也谴责盈余,理由是盈余破坏了公共道德,无可避免地增加了支出。[98]无论是作为这些盈余所提供的诱惑的原因还是重演,都会产生无须增加税收的支出——国会拨款程序的变更更是促进了内部的进一步改进,并加大了联邦支出的规模。

1789—1864 年,美国众议院的收支事务由筹款委员会处理。1865 年,显然是对内战加速开支的反应,这种开支增加了筹款委员会的工作量,于是从原来的单一委员会中划出了一个拨款委员会;这种双重委员会制度(一个负责税收,另一个负责开支)一直持续到 1885 年。国会议员们认为,到那时,公共事业已经成倍增长,有必要建立新的专门拨款委员会来详细审议各种开支项目。[99]

理查德·芬诺(Richard Fenno)总结道:"1885 年众议院不满的根源主要在于过于独立的拨款委员会的形象,同时暗含着对过度节约意识的批评。"众议院以压倒性多数投票(227 票对 70 票)决定设立一个单独的拨款委员会,其中包括其他委员会的多数成员,还包括高级成员。根据当时的众议院议员,后来成为众议院议长的约瑟夫·坎农的说法,这一变化在很大程度上是由于对拨款委员会主席塞缪尔·兰德尔(Samuel Randell)的敌意所致,兰德尔是提高关税和增加支出的主要反对者。[100]他们的愿望是征税和增加支出。在随后的几年中，涉及河流和港口、陆军、海军、外交、邮局和印第安人事务的拨款法案从拨款委员会中获得，并交给了由开支倡导者组成的实质性立法委员会。通过这些法案，超过一半的拨款总额，包括最具争议性的项目，实际上已从拨款委员会的管辖范围中移除。[101]很快，兰德尔主席的预测得到了证实："开支委员会之间关系亲密，而且在很大程度上是友好的关系。"卢修斯·威尔默丁(Lucius Wilmerding)写道："每一个都有专门的部门，展开了一场无节制的拨款竞争，一个部门努力超越另一个部门，以获得更大的认可和更多的专项拨款。"[102]拨款委员会的变化加强了今天所说的"铁三角"——即各行政部门之间的特殊关系。受其活动影响的利益，以及与局事务有关的国会委员会。

伍德罗·威尔逊对解散拨款委员会所引发的活动做过如下经典的描述：

"互投赞成票"是一种互相帮助的方法。代表 A 非常渴望获得一笔拨款用于清理自己所在地区的一条小水道，代表 B 也同样热切地希望将资金投入其自己选区的承包商手中，而代表 C 来自一个港口城市，这个港口的发展因为入口处不可靠的栅栏而常常被忽视，代表 D 被指责没为其家乡优秀的公民正在进行的改善计划而尽力；所以，他们联合起来确认可以相互理解，每个人都将在全体委员会中投票赞成其他人希望获得拨款的提议，考虑到他们承诺在对方项目发表时喊"赞成"，这是完全可行的。滚雪球和滚木法(Logrolling)两种方式齐头并进。[103]

滚木法是个别国会议员提出的分肥立法(the pork-barrel legislation)的集体对策。

1916 年，弗雷尔(Frear)对滚木法的成本做了正确的阐述：

臭名昭著的是，经过 20 年的改进，在这条长达 10 英里的河流上花费 250 万美元，但无论是从圣保罗到明尼阿波利斯还是从明尼阿波利斯到圣保罗，没有一吨商业货物是通过河流运输的，在最年长的居民的记忆中，也从来没有一个孤独寂寞的乘客乘游船或以其他方式来此旅行过。[104]

20 世纪 30 年代大萧条期间，人们对内部改善的态度发生了显著变化，当时公共事业支出成了增加就业的积极手段。这种新的观念并非空穴来风;第一次世界大战前,进步派根据 19 世纪欧洲的经验提出建议,支持政府在公共事业上投资,以缓解失业问题。从 19 世纪 30 年代起,在英国,从事公共事业的义务劳动是贫困公民获得公共援助的一个条件。早期的内部改善(通过扩大沟通来增进民族和谐)这一概念已被让人们工作的观念所取代。

随着美国内战的开始,高关税政策一直是新兴的共和党(成立于 1854 年)施政纲领的基石。共和党政府征收企业工艺品关税,所带来的财政收入能确保其施政方案的落实。[105]起初,政府凭借此政策带来的红利补贴国内制造业市场,同时也偿还了大部分的内战贷款。共和党凭借此政策还挫败了宗派主义者关于累进所得税的宣传攻势;巩固了社会阶层和市场之间,以及更强有力政府的倡导者和企业财团之间的利益联盟。关税政策还串联起民族主义和资本主义。

内战之前的 20 年,美国政府下调了进出口关税,之后又调高了消费品的进口关税。这些进出口关税所带来的收入盈余(从 1870 年起连续 24 年)都被用来偿还内战贷款。但是从 1894—1900 年间,甚至持续到第一次世界大战爆发的 1914 年,政府财政赤字频出,这期间到底发生了什么?

美国国会通过在 1893 年的关税法案中增加所得税的规定,来回应民粹主义对税收更平等的要求。但是美国最高法院在审判"波洛克诉农民贷款和信托公司案"中,指出该案中的联邦所得税包括地皮税,而地皮税系直接税,只能按各州人口比例征收。为了弥补政府的收入损失,美国国会通过了更高的赠与税和遗产税,但事实证明这些税额还是远远不够。

到 19 世纪 90 年代中期,美国已成为净出口国,而不是外国资本的净接受国。根据贝内特·巴克(Bennett Baack)和约翰·雷(John Ray)的说法,为了保护其公民在国外的投资,美军穷兵黩武,耗资巨大。与此同时,美国退伍军人的养老金支出也在迅速增长。以上事件都是导致政府财政赤字频出的原因(尽管按照我们的标准,财政赤字很小)。[106]

对关税和免征所得税的政治偏好根源于东北部的工业地区,其制造商从前者中受益,而较富裕的公民为后者支付了费用。内战的经验表明,不仅所得税产生了可观的收入,而且有 3 个州(马萨诸塞州、新泽西州和纽约州)付了税,最后这 3 个州付了近 1/3 的税。巴克和雷认为,因这 3 个州签订大量军购合同,从而使那里的公职人员更愿意通过征收所得税来创收。他们作为商品出口国的地位也减轻了东北地区对关税的支持,因此增加了接受所得税的意愿。[107]

道格拉斯·C.诺斯提供的一个补充解释是,工业化导致专业化程度提高,大大降低了征收收入和营业税的成本。政府可以做的是,以较低的成本从人口中获取资源,这确实做到了。证据表明,在 20 世纪,财产税有所下降而所得税在总税收中所占比例有所增加。[108]据推测,专业化在欧洲和美国迅速发展,后来被采纳。这里的所得税还有待解释。基于 50 年左右或多或少的历史流逝并没有太大改变,税务历史学家的民间智慧,即每一种可用的税收最终都将被使用,可能是值得的。无论如何,社会日益专业化也反映在对预算的日益重视上。

在 20 世纪初,当进步运动试图规范业务时,它通过指出联邦政府对效率的需求来证明政府的行动是合理的,进步的主张认为,平衡预算可以确保这一点。甚至更高的关税将支持增加监管费用。正是通过这一运动,并倡导行政预算,我们接下来转向了解共和党内部的敌对等级制度如何使美国与它非常钦佩而又鲜为人知的欧洲惯例更加接近。

美国的奥秘:无预算的预算

预算改革者是正确的。正如威洛比(W. F. Willoughby)所说,

> 没有试图一次考虑整个政府融资的问题。支出与收入无关。甚至没有平衡预算的想法……尽管法律要求所有预算都由财政部部长提交,但该官员只是一个汇编机构。他无权修改行政部门负责人传送给他的提案。因此,预估数仅代表部门首长的个人需求。[109]

改革者的言辞传达出美国实践中问题重重的一面:在没有预算的情况下,如何编制预算?显然,政府收取了财政收入,支付了财政开支,但这些行为均非任何既定计划的部分内容。对于缺乏欧洲认知的人来说,也许不会质疑其中的问题,但当截至 19 世纪末,大多数欧洲国家已经将支出预算制度化,而没

有任何一位美国政府官员在被赋予制定统一预算,以供立法机构投票的明确任务时,我们必须要问一个为什么。除非行政预算是社会自然秩序的一部分,使得相反的安排变得不自然或反常,否则美国价值观和经验可以提供一些线索,来说明为什么美国的支出管理与其他国家有所不同。

哪一段美国历史,有反对英国王权的暴动反抗,或有对依据《联邦条例》成立的无能政府的憎恶,会在行政权力的设计时起到决定性作用呢?尽管制宪会议是由反对《联邦条例》的公民召集的,但两种观点均有所呈现。康涅狄格州的罗杰·谢尔曼(Roger Sherman)在会议上说,行政权"不过是一个将立法机关的意愿付诸实施的机构;此人或此类人应仅由体现社会最高意志的立法机关任命并向其负责"。和其他许多人一样,谢尔曼认为,独立的行政机构是"暴政的本质"。弗吉尼亚州的埃德蒙·伦道夫(Edmond Randolph)甚至建议从全国主要地区各选3位行政长官。但等级观念依然存在。新泽西州的詹姆斯·威尔逊(James Wilson)向他的同事们吐露说,行政长官的性质"实际上是我们不得不决定的所有问题中最难的一个",他代表了那些"更喜欢单一地方法官,能为职位付出最大精力、时间分配和责任"的人。[110]威尔逊的话呼应了亚历山大·汉密尔顿在《联邦党人文集》第78篇中的观点:在中央集权者对好政府的定义中,一个单一的、精力充沛的行政长官应该是"主要人物"。美国第二任总统约翰·亚当斯也不甘示弱,他在写给他的国务卿的信中说:"任何政府中能发生的最坏的事情就是一个分裂的行政部门……与自由格格不入。"[111]乔治·华盛顿赞同汉密尔顿的观点;回想起独立战争岁月,他坚持认为,两三个人同心协力所能完成的任何事情,一个人都能把它做得更好。[112]

正如其经常标榜的那样,联邦党人是有秩序的党。而他们的共和党对手惧怕行政权力。共和党人相信,除了象征着令人憎恶的君主制之外,中央行政机构还会破坏民众统治。因此,他们希望将行政权力限制在尽可能小的范围内,而联邦党人则赞成广泛的权力委任。

亚历山大·汉密尔顿总是看到政治力量背后的财政力量。比如,他觉得债务融资不仅是建立强有力信用的必要条件,而且能诱使得利者从债务中获得利息,以支持新政府。[113]自从他开始担任财政部部长,汉密尔顿就试图说服国会,美国人必须学习"分清压迫和合法行使必要权力"[114],汉密尔顿的兴趣在于征收除关税以外的税款,并加强联邦政府对威士忌征收消费税的权力,这与他想要加强政府的愿望有关系,因而对于筹集资金有需求。

在当时,支持大多数政府的消费税,这在英国或美国都不受欢迎。塞缪尔·约翰逊(Samuel Johnson)的《英语词典》抓住了当时的流行时尚。他将消费税定义为"对商品征收的可恨税"。殖民者他们自身,寻求魁北克人民的革命支持,提醒他们英国已经征收了消费税,这是"所有自由州的恐惧"[115]。在1794年,唯一的安慰是,宾夕法尼亚州西部边境地区的公民拒绝了一个新的对威士忌征收的联邦消费税,有人说,这是对边境人员的艰难生存唯一的安慰。他们举起手臂,重现了革命战争的做法,举起自由波兰人的旗帜,宣称人民可能要公正地反抗华盛顿征收"仇恨税",反对这遥远的统治者。在乔治·华盛顿的领导下,政府强行镇压"威士忌起义"(Whiskey Rebellion),并提出自己的观点,而未获得更多税收。[116]

但是,建立更强大的中央政府的战斗尚未结束,这个中央政府只有一个强有力的首席执行官,而部门负责人则是行政权力的代理人。此后,公约上的争执仍在继续,事实上,这一争执至今仍未停止。一些联邦主义者对将新政府的财政活动移交给极端集权者汉密尔顿的想法感到不安。他们主张成立一个由3名委员组成的委员会,就像根据《联邦条例》为大陆会议和政府服务的那样。但是,当时的经历以及早期的美国财政委员会未能弄清其账目,促使大多数人选择了1名高管。[117]由于执行和反执行部队都认为必须谨慎保存账户,并在严格的保障措施下分散现金,因此他们迅速商定了一种烦琐的多重签名方法来分散资金。由总统任命的主计长、司库、注册人和审计员都必须签署以批准主要支出。有了所有这些检查,花费联邦资金也就并不容易了。

《组织法》设立财政部时虽然提及总统有权罢免财政部部长,但并没有明确规定财政执行官的财政责任。只有在工资制的法案中,财政部部长才被称为执行官;他必须每年向国会报告,并按照国会的指示回答问题并提供信息。[118]行政权力的问题仍然悬而未决。

紧接着,一种声音从远在美国之外的地方传来,一位有权势的财政部部长可能会通过他的意见恐吓或以其他方式来左右立法机关。天啊,汉密尔顿可能会成为财政事务领域真正的立法者,而这恐怕不行![119]"部长似乎把整个政府都扛在肩上,"西宾夕法尼亚州的威廉·芬德利(William Findley)在一次演讲中说,"考虑到所有利益都应该遵循天意。"芬德利的报告提到汉密尔顿使用的是"普鲁士的腓特烈(Frederick)或其他掌控一切政治权力的专制贵族的语言,而不是在一个自由有序的政府下一个独立财政部部长的语言"[120]。争论反映了两极分化的意见;对像马萨诸塞州的费舍尔·艾姆斯(Fisher Ames)这样坚定的联邦党人来说,"我们的程序闻起来有无政府主义的味道。部门负责人是总书记员,而不是行政机关。据报道,他们近来甚至不被允许与众议院联络"。众议院的做法已经到了这样一个地步,各部门的秘书们,就像孩子们一样,只有在立法机关与他们说话时才能说话。在艾姆斯看来,众议院的审议职能正在被它自己委员会的信息垄断所削弱。他强烈抱怨部长们无法独立发表报告。在规定部长们应该保持沉默之后,艾姆斯总结道:"我们禁止他们用手势来表达自己。"[121]这些事态发展的离奇之处不应被忽视。

不可避免地,非正式的机制发展起来了:尤其是杰弗逊,在国会议员的个人劝说中创造了一门高雅的艺术。[122]行政长官和部门首长的影响力都必须依赖于与国会委员会成员的个人关系。无论这些问题是人事还是财务,行政人员是立法机关的直接下属,还是必须服从总统的指示,问题不断涌现。或者,如果国会没有能力,而总统被剥夺了权力,那么部门行政人员是否可以独立于其中任何一方行事?

乔治·华盛顿总统认为公共税收的不足不应使用私人财富来补充,1796年,为了更彰显平等主义原则,他要求政府给公务员下发丰厚的薪酬,并表示:"如果没有钱,这将与我们政府的重要原则背道而驰,也会让我们失去公众的信任与美誉。"[123](自18世纪末开始,欧洲国家官员的选拔也越来越多地被功绩制度支配着。)到杰弗逊的共和党人上任后,他们实行了政府减员与降薪,并坚持推行了一项新规定,即公开公务人员的薪金及个人背景。1802年,国会编制出政府人员名单;1806年,各部门领导应要求,向上提供下属职员信息,包括名单、薪酬及工作职责等,并说明编制及薪酬是否有所增减。[124]公开政策可以防止机构编制臃肿和开支过大,但同时也为议员们安排工作时任人唯亲开了方便之门。

1820年《联邦官员任期法》通过后,国会资助的发放变得更容易;该法案规定,现有中层职位每 4 年变动一次,新职员入职需得到参议院确认。除了提升参议院赞助金增长的机会外,《联邦官员任期法》还创造了一项新的行政制度,即官员可以在安德鲁·杰克逊总统的政府中"轮岗任职"[rotation in office,或者换个贬义的叫法 ——"政党分肥制"(spoils system)]而闻名于世。

即使是建立在平等基础上的政府,它的职位设置也应包括专家,但问题是这样的职位需要设置多少个? 专家带来专业知识,专业知识引领变革。在专业机构里,知识是权利基石,可影响民意抉择。专业知识鸿沟也能算作一种不平等。[125]

政府行政管理与立法控制拥护者之间的矛盾,在拨款过程中最能显现。美国早期有很多关于争取让行政部门附属于国会(至少是其委员会)的记录,管理者也是极尽巧思谋划躲避国会的控制,只在事无巨细而又极近严苛的法规下、不断变化的环境中,勉强完成指标。时光荏苒一个多世纪后,预算编制和执行的行政责任概念才基本上被大体接受,但仍有抵制者。

确立财政部的法律仅规定财政部部长要向国会提交年度部门开支预算,但未要求财政部部长去修改预算,亦未规定在财政部部长已修改预算的情况下,是否需要有人给予关注。随着时间的推移,逐渐形成一种非正式的共识,也就是即便财政部部长可能会对各部门的预算感兴趣,但他唯一的职责只是收集数据,将其打包送交国会,无须多言。但有时,财政部部长确实会对这个或那个预算提出疑问,总统偶尔也会对争议进行干预。举例来说,约翰·亚当斯在解决战务部部长和海军部部长的意见分歧时写道:

> 在公共生活中,提升自己的职位,尽可能过得体面,这是人之常情。一支军队以及足以支撑军队的财富是国家赢得尊重的第一要务,率领这样一支军队的同时也会为自己赢得荣誉,我很欣赏这种心思。有天赋的将军,往往不会安于守护天使的角色,而是将自己的天赋用于神圣的复仇。[126]

国会通常在没有总统或财政部部长正式参与的情况下投票拨款。

在最初阶段的分工得到确定之前,众议院(根据宪法起草财政法案)将全体委员会视作一个整体进行支出预算,挑选若干议员起草一份表达主流观点的法案。1796 年,众议院成立筹款委员会,其管辖范围包括税收收入和支出,这改变了之前的特设程序。1802 年,筹款委员会成为常设委员会。到此时,立法和行政部门之间的所有正式沟通都是以书面形式进行的。各部门之间在开支方面的关系都集中在拨款法的具体程度和详细程度上。

由于强有力的行政部门是联邦政党政纲的一部分,该政党倾向于一次性拨款,以此给行政人员尽可能多的自由空间。而共和党支持经济且不信任行政部门(两方面互相依存),所以寻求具体拨款,借此来约束各部门负责人严格按照国会的命令行事。尽管艾伯特·加勒廷在杰弗逊总统任期内担任了财政部部长,但他仍努力确保有明确目的的资金各得其所。加勒廷说道:"我非常戒备行政部门有越轨行为。将行政部门控制在宪法和法律的严格限制内,不允许有超出范围的自由裁量权,这是我一直以来努力的方向。"由于发现军事拨款中混杂着其他项目,获得投票的资金用于其他目的(这个问题自始至终都没有改变),加勒廷尽可能地将当时已有的措辞"拨款不超过……"更换为他首选使用的语言,即"分别拨付以下款项"[127]。在各国中,美国早期对款项转移的限制工作是非常出色的。法国直到 19 世纪 20 年代初的预算改革后,才通过了禁止预算调剂制度(virement,同"款项转移")的立法;而英国,尽管有格莱斯顿不断劝诫财政节流,也还是等到 1866 年才真正付诸实践。

在美国,不管拨款法案是如何制定,是不是用加勒廷更偏爱的专款专用的方式还是其他的方式,有时候一种观点会盛行,有时候则是另一种观点占据主导地位。一如既往,人们错误地认为法律会解决这一争论。1820 年的一项法案要求把未花费的拨款归还国库,禁止没有经过法律授权合同的花费,并限制从一类花费向另一类花费的转移。[128]

但是,该指令的清晰度并没有威慑到处于违法边缘的行政官员,他们仍然认为偏离法律条文是必要的。

国会能做些什么?就像英格兰中世纪时期的国库一样,拨款会被详细地列举出来。为了使资金在年末前还有剩余,国会还会尝试定期分配机构内的资金(资金不足导致各机构要求补充资金来执行基本职能)。它可以限制资金的转移使用,收回未动用的资金——或者至少它可以尝试实现这些。国会能够,而且确实,详细说明了雇员的数量、确切的报酬,有时还附上他们的名字。拨款法案列出了对每个特定办公室的供应,并包含了堡垒和其他公共工程的详细花费计划。例如,在 1859 年,美国军事学院的校长拨出了 4.5 万美元购置"扫帚、刷子、盆和桶等"[129]。

各部门必须对任何偏离先前评估的情况做出"详细而全面的解释"。1842年的预算改革法案禁止除州以外的所有部门每年在报纸上的花费超过 100 美元;拒绝提供除军事法庭外调查委员会的资金;拒绝提供额外的津贴和雇用额外的职员;坚持提供应急资金使用情况的详细报告;禁止购买除了经部长书面命令外的雕刻作品、图画、图书和期刊。专家委员会是否总是倾向于在他们的专业上花费更多是不明确的,但是对于泰勒总统任命调查华盛顿特区公共工程的 3 位官员,国会确实通过拒绝供应资金做出了回应。[130]

尽管不断地立法努力通过拒绝供应来限制华盛顿特区的行政公共工程,国会还是不能控制一切。陆军和海军坚持认为,他们不能被限制在特定的项目上,他们可以为所欲为。[131]立法制裁行政机关超支、调动或其他违反各项禁令的行为没有被提及;毫无疑问,强制执行是不可能的。[132]而从内容和金额上来讲,大部分的部门拨款已经形成了经常性有规律的拨款。无论新的年度拨款法案是否得到授权,国会每年都会以同样的方式或多或少地进行重新拨款。社会稳定已就预算基础问题上达成了一致。

绕过具体拨款的一个简单方法是将资金从一个用途转到另一个用途。1820 年的法案只允许总统进行某些转移;其他人都是禁止的。但生活的逻辑介入进来。国会被改革的要求变得不堪重负。它发现自己连小部分交易都无法监控,于是试图使普遍的做法合法化。兵营的资金可以从一个兵营转移到另一个兵营,海军的拨款也可以从一个支队转移到另一个支队,邮政资金也可以从这里转移到那里。各部门通过在财政年度结束时设法支出,以防止拨款减少。1842 年,各部门首长被授权将盈余资金从一个项目转移到另一个项目(当然,除了报纸的资金,在当时是党的机关),反对转移的斗争已经失败了。[133]

那些有能力重新定义财政术语的人通常有能力达到他们的目的。例如,盈余是什么?在 19 世纪 50 年代,司法部部长宣布"未支出"(unexpended)一词实际上意味着"未支配"(unobligated)拨款,因此保留了这一余额使其可供将来的行政自由决定权使用。国会确实剥夺了各部门转移余额的权力,但那时内战已经来临,随之而来的也是对支出控制权的漠不关心。[134]

当由于资金不足而导致转移支付不能产生支出手段时,各部门可以而且确实采取了强制超支的方法。当基本服务的经费在财政年度结束前使用完毕时,除了同意追加经费外,国会还能做什么呢? 大量的悲观论者声称国会对支出的控制已经结束,因为内战前的超支提升到了总支出的近 1/10。花光经费并告知国会这一事实,仅仅以此来避开最新的《反超支法案》似乎非常简单。国会的确要求通知导致放弃规定分摊额的紧急情况,但这种情况发生时国会并没有任何有效的应对措施。[135]1921 年,预算局的成立终于限制了强制超支的使用,但它依然存在,尽管现在更有可能采取必须支付的权利的形式。比如,除非授权立法发生变化,否则国会已经开始通过投票决定食品券拨款的方式来完成支出目标,为期仅 10 个月。

各部门不时将未用余额用于非国会法规计划的目的。部门可以发布法规,声明必须进行某项活动,并期望付款随之而来。1868 年,国会重申资金仅可用于授权用途,此后一年,海军部部长开始用近 10 年来积累的余额重建海军。[136]这并非行政自由裁量权的第一个例子。在 19 世纪 30 年代,杰克逊总统任期内,国会公共支出委员会惊讶地发现“我们中涌现了一支海军部队,由财政部部长控制,仅对部长本人负责,受他随意支配,由他从尚未流入国库的收入中抽钱支持,可由他指挥,由国家来付出任何代价”[137]。

国会颁布的法令依然有显而易见令人乏味的条款。尽管参议员刘易斯·卡斯(Lewis Cass)希望授权海军为其船只安装能够找到的最好的冷凝器,但他抗议对特定型号冷凝器的立法要求:另一届国会解雇了工程兵团中的一位雇员,并指定另一位履行其职责。为抗议这会降低军队士气,1850 年布坎南总统宣布“此后可能会发现官员……包围国会大厅,目的是通过立法获得特殊地位”[138]。直至 20 世纪 20 年代,众议员史华杰尔·谢利(Swagger Sherley,后来成为拨款委员会主席)才谴责了这种在细枝末节上浪费时间的做法。[139]

成文法律与公认的必要性法则共存,认为一个行为是必要的,政府官员可用两种不同的方式来实施它。请求国会批准他们的行为。对此观点最有力的提议者无疑是亚伯拉罕·林肯。随着国家分裂成彼此不相容的派别,林肯采取的立场是,无论国防有什么需求,都必须得到批准。理由是“没有足够和有效的公共防卫组织”。他命令财政部向各类私人代理人预付 200 万美元,为军方提供请购单。

> 国会已经无限期休会,没有时间召集他们。对我来说,有必要做出选择,无论是利用国会现有的方法、机构和程序让政府立即陷入破产,让政府立即垮台,还是在发生暴乱时利用宪法赋予我的更广泛的权力,尽一切努力力挽狂澜,为当代和子孙后代造福⋯⋯当时政府的几个部门出现了大量的不忠心的人,因此不可能通过官方代理人提供安全保障,他们只是为了履行职责,因此职责托付给以能力、忠诚和爱国主义闻名的公民。[140]

高级的法律是一回事,不公平的行为是另一回事;调查提供了战争期间滥用契约权力的充足证据。[141]

在战争期间,履约比协议更重要,国会合法地批准了它在过去一个世纪里一直拒绝的事项——一次性拨款、超出授权和拨款的开支、转账、循环基金补贴等。[142]战后,国会尽力尝试收回这些授权。

众所周知,现在没有研究从内战到第二次世界大战结束的拨款过程。那些年关于预算的大量文献也只关注倡导这样或那样的改革。具体应该是什么,超越了曾经是什么。如果没有历史改革重组的丰功伟绩,想对预算编制中的实际做法有所了解,唯一的办法就是问问改革者最反对的是什么,并假设这是普遍盛行的做法。

伦纳德·怀特(Leonard White)从起初到 1900 年有关联邦政府的一系列杰出文章中提到杰克逊年代,他得出结论,"每年大部分的拨款⋯⋯是固定的,体系完善的,并且每年都获得普遍支持,没有太多变动"[143]。鉴于政府规模较小,新功能相对缺乏,每年的预算很相似并不足为奇。变化逐渐递增:分配的实质和过去紧密联系,近年来数额只是上下浮动了几个百分点。在内战之后,退伍军人的养老金是明显的例外。国会通过了在"骆驼的鼻子"(原文为"camel's nose",直译为"骆驼的鼻子",英文谚语,指的是如果让骆驼的鼻子进入帐篷,整只骆驼都会进入帐篷,意指一件不起眼的小事给大局带来了严重的后果。——译者注)技术下引入的养老金法案;支出估计比实际情况低得多。[144]

早前我们了解到,众议院筹款委员会于 1865 年解体;19 世纪 90 年代初期,根据伍德罗·威尔逊的统计,参议院的 5 个委员会、议会的 15 个委员会被认为过度消费。弗雷德里克·克利夫兰(Frederick A. Cleveland),或许是第一次世界大战前起主导作用的预算变革者,他指责这些委员会主席是"官僚主义的,不体恤下级的封建领主,不像是由国家选拔、对国家力量与政策负责的领导者,而是不相关的委员会。由于既定的独立性,每一位主席都建立了自己的官僚保护网,即使宪法首席执行官也不能解决"……克利夫兰以官僚封建主义为主题,阐述了预算的紧急模式。政府部门的负责人与国会拨款委员会的主席和高级成员之间发展了密切的关系。[145]了解到许多其他变革者抱怨缺乏合作[146],我们推断存在互惠规范。在对他们专业领域以外的拨款进行投票时,每个委员会的成员需要推迟到所有其他成员做出判断后才会进行投票。

变革者亚瑟·巴克(Arthur Buck)写道:"准备预算的人总是夸大这些数值,无论他们是故意的还是出于对工作极度丰富的热情……这似乎是意料之中的。"[147]对于巴克而言,政府在预算中的作用是提倡更好地支出。拨款委员会应该削减预算,但是众议院随后作为上诉法院将这笔钱归还。伍德罗·威尔逊观察到,"拨款账单显示的支出远远小于估计数值。当这笔钱从众议院返还后,他们通常会追加额外几百万的补贴,并将这些不太敏感的数值加入预算中"[148]。

有位代表说,拨款委员会把"每一位行政官员当作可疑人物来对待,把我们当作一群对服务需求一无所知的笨蛋"。这位代表准确地说出了整个拨款委员会作为"财政部监督者"或者公共财政捍卫者的角色,这两种角色在缓慢成形。[149]权倾一时的众议院前议长、拨款委员会主席约瑟夫·坎农说:"你可能认为我的工作就是拨款,但事实并非如此。我的主要工作是阻止拨款。"[150]据推测,该委员会通过削减支出对预算发挥了监督作用,并通过将支出提高到超出上一年度的方式,发挥了宣传作用(作为相关活动和办事处的维护者)。

1921 年,美国开始采用欧洲政府自 19 世纪上半叶以来实行的中央预算方法的混合版本。1921 年的《预算改革法案》恢复了拨款委员会,但没有取消实务委员会。而是建立了一个平行的制度:各实务委员会核准支出;以前的专门支出委员会变成了拨款分委员会,负责报告实际支出的法案。美国的预算改革者在世纪之交至 1920 年间提出了以欧洲国家集中的支出机构为模型的结构,国会对支出的管辖权则更加分散。

随着 1921 年的《预算改革法案》重组拨款委员会,19 世纪后半叶预算编制中的作用和期望模式被转入新的结构中。各局作为倡导者,在知道支出会削减的情况下,增加了支出预算。众议院拨款委员会作为公共财政的监护人,减少预算,参议院作为上诉法庭[151],增加了高于众议院的提案,但低于该机构自己提出的预算值。这些作用以先例形式形成,延续到 20 世纪下半叶。

以从业者的角度看,美国国民政府中行政预算的缺失并不反常。要么总统和财政部部长不对财政预算做出审查,要么他们这样做了但他们的观点被忽视,这就是一贯的情况。美国的预算制定者(包括 1921 年之前或之后)并不重视本国情况,他们认为美国的预算制定和其他国家不同,这并不是问题。这使得像威尔逊和巴克这样的学者和知识分子更喜欢欧洲模式,他们认为美国的模式与国情不符。

在进步主义时期及以后,总统及其下属对支出的争论,以及各部门之间的长期不和,引发了众多预算学者真正的沮丧。由于他们对支出的管辖权保持着如此分散的状态,因此没有一个部门负责做出有序的支出估计,那是先进的西欧政府所使用的:用于分配资金。此外,在世纪之交,逐步的改革使得新的美国联邦监管机构建立了起来,这既增加了政府内部的职能专业化程度,又增加了支出额度,但此时尚无正式的机制将支出与收入联系起来。

虽然预算改革者缺乏制定预算的经验,但他们确实对如何改进现有的流程有了一些想法,这些想法是通过观察西欧政府的分级预算结构而产生的。对于这些想法所造成的深刻影响,可以举一个例子。19 世纪末 20 世纪初,美国预算改革运动的合理化和集中化给这个国家带来独特的发展,就像该运动试图复兴例外主义一样。

预算例外主义的终结? 最高统治的重现

一般而言,管理专业的学生一直反对三权分立。在这一点上,他们并不孤单。他们的反对必须被放在以美国改良主义和政治学对这种学说几乎完全不赞同的背景下来看待。在南北战争和第一次世界大战期间,这种不赞同的情况变得越来越普遍。在我们的政府和政治处在不良状况的情形下,它找到了它的正当理由,在对英国的实践和美国商业组织的钦佩中得到了滋养,并且通常在提案中得以表达……来强化行政部门……

——德怀特·沃尔多(Dwight Waldo)[152]

仅行政部门就可以而且应该做这项工作(编制预算)。位于政府中心的行政部门,通过其下各层级的组织来到达最小的部门,会比其他任何人都更能感受到公众的需求和愿望,并判别这些需求和愿望的相对情况,然后据此在编制预算时计算每一个需求和愿望理应得到的拨款金额。

——勒内·斯图姆(Réne Stourm)[153]

改革者不是激进分子。那些在世纪之交到 1920 年间对美国预算体系产生深远影响的人,既不反对美国的社会结构或竞争市场,也不是收入再分配制度的支持者。他们是最不寻常的民族中一股独特的政治力量,他们反对现有体制,反对反等级制度,批评政客做事的方式,反对反市场,反对威胁限制竞争的托拉斯。在一个使反对派合法化的竞争性政治体系中运作,进步的改革者试图通过改变体制来取代现有的体制。为了减少党首和国会常务委员会主席"不负责任的权力",预算改革家们希望宣称致力于公共事业的专家担任民主、负责任的首席执行官。这些思想和态度与改革者一致的专家将成为变革的工具。

与媒体上那些指责公共和私人腐败的"丑闻揭发者"不同(丑闻揭发者认为政治和商业同样堕落),进步的改革者有一个积极的计划。他们想要推翻现有体制,以更好的体制取而代之。一些人充当了土地的守护者,领导了保护资源和国家公园的运动。其他人则成为公务员制度的改革者,在市政府、州政府和联邦政府中建立了某种表面上的考绩制度。再或者,他们通过引入党内初选来实现党内结构的民主化。在党内初选中,候选人需要争夺选民的支持。还有一些人遵循自由主义的传统,提倡有用的教育。在这个由新移民组成的国家,改革者建立了成人教育机构,旨在使新移民适应当地文化并获得教育,从而使移民成为对社会更有贡献的公民。通过向政府输送专家以及提高公民素质,进步人士希望政府能够变得公开、诚实和高效;政府将代表公民,对特殊利益实施干预。受过良好教育、能言善辩的公民反过来会投票支持那些因为专业知识而非政治忠诚被选中的精英。

改革者对当权政府持矛盾态度是可以理解的;即使遭到拒绝,他们也接受了一些方式。他们痛斥"老板主义"(bossism),但随后用行政领导取而代之。弗雷德里克·A.克利夫兰写道:"把它留给'老板'是一个奇怪的事实。要想给美国人留下深刻的印象,那就只有通过组织才能使社会和政治的理想得以实现并实践,这种领导力对双方都至关重要。"[154]老板不负责任;由于他不是民选官员或当权政府的一部分,其动机和行动是隐秘的。进步主义者愿景的新执行官将身先士卒,由选举产生,并接受问责。在经济动荡时期,资本家被称为"财富的罪恶因素",改革者吸收了商业方法,尤其是工业效率的理念(新的工业工程科学通过时间和运动研究来削减成本,为政府提供了一个模型)。反对旧时对行政权力不信任的论点是等级分明的:"政府不再是必然的罪恶;它是人民需要的仆人。"[155]进步主义者认为"伟大的美国民主选民不会再继续接受不负责任的寡头统治了"[156],他们批评了既定的政治文化(市场和等级制度)。

改革者并不排斥寡头政治本身;他们想用自己更有效率的等级制度来取代现有的低效等级制度。如果我们先试着理解他们反对什么,再看他们的立场,就会更好地理解改革者。

美国人民对《宪法》及其体现的行政和立法部门的分离有着深厚的感情。然而,正是这种分离(或者至少是美国的形式)遭到了改革者的反对。哥伦比亚大学校长尼古拉斯·默里·巴特勒(Nicholas Murray Butler)将政府给国家带来的许多"尴尬和不幸"归咎于政府原则的缺陷(使用"尴尬"一词意味着缺乏良好的形式)、"公共政策缺乏连贯性和连续性"、隐瞒人民享有知情权的信息,以及两个部门之间不幸缺乏合作。他在1918年写道:"国家政府的事务已经变得如此庞大和复杂,以至于我们140年来习惯的行政和立法权力的急剧分离显然是不利的。"[157]伍德罗·威尔逊将他的批评扩展到另一种大的权力分工,即各州和联邦政府之间的权力分工,并在早些时候得出了结论:"因此,这很明显是我们的联邦制度的一个致命缺陷,不仅分散了权力,而且混淆了责任。"[158] 想象一下(以日耳曼精神实验的模式),这种模式可能统称为聚集了"一群杰出的[宪法]会议成员……按照过去的时代验证过的那样",威尔逊肯定道,"他们将率先承认,权力分割的唯一结果是使它变得不负责任。"[159] 弗雷德里克·A.克利夫兰否决了折中这种办法,他认为(没有丝毫证据)美国伟大的开创者们事实上打算建立一个类似于英国内阁式的政府,强大的政权对立法机关负责,但开国元勋们的愿望不知怎的被后来的小人物们打破了。由常委会组成的政府,即改革家们经常抨击的"不负责任的寡头政治",并不是最初宪法计划的一部分。[160]

W. F. 威洛比认为,这场争论所涉及的预算问题是"立法部门应被禁止,或者说,如果立法部门拥有宪法赋予的权力,那应避免其拥有在财政支出方面发起提案的权力。除非行政部门明文规定,否则不应擅自拨款"[161]。显然,通过这种预算方面的操作,多元化政策可以使一元化的国会成为议会制政府。

伍德罗·威尔逊的原则(他声称这是他最了解的一个原则)是:在政府或企业中,只要有人提供帮助,就必须信任他来行事。[162] 那这可能是谁? 早些时候,在一篇关于大学与国家的文章中,威尔逊给出了明确的回答:

> 如果用一句话来总结我们现行体制的错误,那就是:国会是政府的权力,但国会里没有能代表国家整体的一方。另一方面,我们的行政机构是全国性的;无论如何,这可能是现状,但在我们的制度中已经没有任何指导性。它代表的不是选区,而是全体人民;然而,尽管它是全国性的,但它在国家政策中没有独创性的发言权。
>
> 如果我们以党和政府的名义,让总统和内阁作为全国委员会来选择和制定提交国会审议的问题,那我们就应该有不同的总统和内阁。[163]

早在竞选公职之前,威尔逊就认为,政府应该是一种有意设计的结果,在这种设计中,一个单一的权力机构(行政部门)陈述其立场,并接受投票。因此,改革者们并不认为一个连贯的预算仅仅是结果的总和;连贯性来自一个单一的政府政策发起人对预算的单一投入。

我们觉得现在改革者越来越注重于形式而不是实质性的内容,这一点从他们的一项努力中可以看出来:用他们喜欢的统治集团的版本代替现存的统治集团,并且为这一行为进行辩护。如果我们认为他们是在对一系列关系进行合理化改革,而这一系列关系是由受过教育的人(就是人们说的那些完全与派对黑客和无知混日子者不一样的那些人)管理的,他们还不必苦于应付政治角逐的粗俗行为,那改革者的利益就变得更容易理解了。

除了政治权力的分化问题,改革者最反对的预算方面的做法就是,支出条目化的老套方式,也就是当下为众人所知的条目预算。改革者断言,条目预算使得政府高层变得没那么负责可靠了。而且,(如果)依照条目预算(行事),那些专家——就是那些拥有最广博的知识并且最接近每一个专业现场的人——就无法将他们所了解的东西做到最好了。[164]预算条目化的方法不仅浪费时间,而且否决了行政层面上的自行裁量权。塔夫特总统的经济与效率委员会则辩称,因为政府并不相信自己的官员们,"只有当某一项具体待处理的事务要被国会决定时,这个时候做出的评判才是明智的。而且这个国会应是在委员会的推荐下,提前半年或一年半由数百名议员组成,委员会也应该尚且能够具备一定的经验和信息储备作为他们思考决策的基础"[165]。遵从专家意见的原则就是这么被两次否决的,一次是最高行政管理者,一次是最高行政管理者的下属们。

那些一个个由预算问题堆积起来的过程——每一个为其控制下的机构和目的提出拨款建议的委员会,以及对它们逐一采取行动的国会两院——都被(改革者)挑出来进行特别地谴责。"在美国,"正如查尔斯·华莱士·柯林斯(Charles Wallace Collins)所言,"在行动之前,没有人知道政府计划来年花多少钱。只有在会议结束或接近结束时,通过总结已通过的各种法案,才能达成这一目标。"[166]改革者没有非正式协调的概念,他们也不曾问过是否所有相关的人都不知道他们在哪里,最后可能会怎么样。他们所反对的主要是预算的形式以及它所代表的东西:"没有标准的分类……根据支出的性质和用途……依照没有要求记录费用的统一的支出文件方案……根据任何一般的信息计划编制数据……没有预算要旨,没有总结性、分析性和比较性表格的恰当计划方案……"总而言之,在美国不存在和遥遥相望的欧洲相似的拨款过程。[167]

本着同样的精神,批评者多次断言国会缺乏正当的立法型审计。但因为国会对预算有着相当的掌控权(实际也指定了审计员),人们不禁想要了解他们是如何得出这一结论的。改革者则坚持认为缺乏行政预算使得体制受损。

[威洛比写道]账目审计工作并不是由负责拨款的主体部门执行,而是由政府分支机构的某个官员完成,而机构职能也只是听命行事而已。因此国会缺少有效的机制来督导和控制行政人员履行其职责。英国议会就拥有这样的监督机制,由主计长、审计长和公共账户常务委员会组成。[168]

勒内·斯图姆是当时权威的预算比较研究作者,他认为在预算实践中,任何国家只要和英国不同就是偏离了最佳路径。事实上,美国从未进行过审计有效性的独立测试,无论是哪种测试都没有。就这样吧,既然国会拒绝在既定计划中承担其职责,改革者表示,可想而知他们不会实施恰当或有效的审计。而我们也没有找到对传统实践的任何辩护。

实际上,国会初建时是设立了行政事后审计制度的。起初财政部有审计员来检查账目、解决争端。财政部主计长针对开支管理的相关条例发表意见,并且在上诉中裁定支付对象和数额,以及修订财政部审计员的账目。但这些程序都未能促进立法来控制支出。[169]

英国的原则是由一个议会委员会对账目进行最终审计。1921年的《预算改革法案》没有取代这一原则,而是创建了一个对国会负责的独立机构——总审计局,由一位审计长领导,正如威尔默丁所说,(这位审计长)"应同时肩负行政主计长和国会审计员的职责……"[170]总审计局在某种程度上取代了过去的财政部审计员,并且部分工作要向国会汇报。这个新机构的拥护者并没有因为总审计局是一个畸形的混合体——既不是立法机构也不是行政机构——而感到尴尬。

改革者们有诸多反对事项,他们是出于何种目的?"行政领导"似乎是最佳也是最为简短的答案。政治体现领导者意志。这便是伍德罗·威尔逊的理论,也是他任职总统时的做法。[171]威尔逊准备好了政治诊断书并开出了药方。他认为"领导权分化这一特征贯穿整个立法,且相比政府其他方面的担忧,该特征对财政管理方面造成的后果更为严重"[172]。预算必须"由单一个体管理,而此类财政决策只有在经过专业训练,且原则一致的团队手中,其成

351

员才能迅速协调一致,并充分信任对方",这种情况下,做出的预算才显得合理。而行政领导的前提也决定了它的重要推论,即依赖于专家的行政裁量权,更为重要的是,改革者认为他们推崇的方法是基于科学原理得出的,或者按他们的叫法被称作"预算科学"[173],即对预算问题进行科学研究。[174]

政治-行政二分法是预算改革者的一项基本前提。在政治-行政二分法中,政治决策通过普法的颁布决定,而行政决策则在先行较大的决策的实施过程中产生。如行政管理者也做出了较大的决策,即政治决策,行政部门改革应具有的中立原则以及改革者希望赋予专家的重要作用则因此被破坏。该理念来自弗兰克·J. 古德诺(Frandk J. Goodnow)的《政治与行政》一书。古德诺认为,政府的两大基础职能是确定人民的意志并执行。但正如德怀特·沃尔多所观察到的那样,古德诺的区分并不具备排他性(比起他的追随者,他更能看到这两者之间相互渗透的关系),但当他的理念被较不成熟的信徒所采纳时,则摇身一变成了严格区分两者的学说。[175]于是,改革者通过行政责任理论将这种区别与民主政府的诉求联系起来。伍德罗·威尔逊提问:"不然校长,或是国家又如何知道谁需要被鞭策?"[176]克利夫兰和巴克以及他们的同伴给出的答案是"领导……是为取得成就"以及"领导"是让成员能够决策。[177]无论事实与设想是否吻合,将政治和行政区别开来是将从立法机构获得的权力释放给行政部门,最终给专业行政管理人员授权的过程合法化。

改革派建议政府运行可借鉴商业模式,但是显而易见,他们并不认可在立法机构和行政机构之间要产生各种博弈,而将大型商业的内部组织或架构运用到自由政府的运行,实现改革派所期待的政治和行政的融合。威洛比字斟句酌地质询:"国会是否期望其所履行董事会职能应有别于立法机构的职能,且在此情况下,组织是否会不同?"答案是否定的,威洛比的结论是,"国会行使管理职能的效率低下",因为它混淆了政策职责和行政职责[178],在承担'运营政府'角色的同时,不幸并未设立类似于商业公司总经理负责的综合管理机构"[179]。

改革派申明的原则明晰,正如勒内·斯图姆在这一节的题词。且其不厌其烦地反复论述,"必须由行政长官来确定并提出国家计划"[180],而且观点明确,需遵循国家宏观计划与组织架构结合的原则,W. F. 威洛比给出的逻辑性

结论就是要建立层级制政府:

> 行政长官可由组织按照架构原则规范其领导地位,政府组织在行政长官的控制下,依照行政授权,按照其服务划分出职能部门,行政授权确保政府组织应遵循组织单元层级的方式运行,而非将服务职能直接贯穿到立法职能。[181]

如果提议得到了采纳,改革派将如何定义他们(或者他们的同类)在参与这次预算过程中的角色?我们早已看到,改革派已经安排好委员会的人员,让他们力推改革提议。他们这同一拨人马的目标,是要进入专家小组。专家小组包括行政市长、省长或者主席,他们的任务是制定预算。A. E. 巴克(A. E. Buck)曾简要地说过:"制定预算需要特殊人员去协助行政部门。"[182]改革派希望首席行政长官成为总管理人,一旦这成为事实,W. F. 威洛比说:"这就一定会有行政部门的人员指导核算、申报、分析,指导预计的方法和形式,编制数据,最终尽其所能去确保人员和行政行为的标准化。"[183]对预算方法的指导,一开始就极其详尽,显得很特别,比如"预算分配表应该由支出部门准备一式三份,这三份都需送至行政部或其预算办公室"[184]。预算专家们通过将此职能扩展到其他的政府意图,很轻松地就成为支持行政部门的管理人员。有人会记起,富兰克林·D. 罗斯福(Franklin D. Roosevelt)之前的美国总统们,顶多只有几个文员协助,相比而言,英国的这些预算提议不免管得太宽。

"效法英国"采用了明喻的方法,解释了为什么要将预算等级制度推荐到美国。哪怕英国的预算不能达到改革派的完美要求,那也极其接近了;它几乎就代表了等级制。议会能改变预算的唯一方式就是变更政府。威洛比评论道:"要想探寻英国制度的秘密,就必须在立法权力和行政权力清晰的区别中去寻找。只有内阁充当政府行政权力机关的监护人,才能制定支出的方案。"[185]由于对英国预算的推崇,改革派建议主席和其部门领导向国会做预算演讲,并且让国会成员像在议会那样,问询行政部门里做预算的人。[186]

因为英国财政大臣同时负责财政的收入和支出,所以改革派认为必须双管齐下,全面且同时地去考虑税收和支出的相应利弊。至于这是否会对总体的支出和部门的支出有所影响,改革派不会予以讨论,尽管他们已经知道这是否会有影响。[187]他们没有考虑到议会成员所面临的在支出上的两难选择——要么让当前政府下台,要么在支出通过审计后很久再进行反对。改革派认为,只要预算遵循正确的流程,他们就一定会取得想要的结果。文献仅列举了几例变更预算可能导致的假设结果。有观点认为各部门负责人将很难配合总统进行预算变更,克利夫兰和巴克回应表示:

> 这一理由毫无实质性根据。各部门负责人向政府负责并且应该支持总统做出的预算决定。具体预算实施起来会有困难。但如果任何负责人无法执行决定,那么就应该离开内阁班子。[188]

总统可以通过解雇发出不同声音的负责人来解决困难。但很显然,改革者从未想到过,一方面,支出部门负责人可能与立法机构私下串联;另一方面,如果内阁成员普遍表示反对,总统可能失去对内阁的控制权。当时由于内阁成员代表着各个党派利益,要求内阁成员辞职需要面对严重的政治后果。

新的预算体系旨在对公共支出进行国有化,因为每项获得行政部门审批的支出建议均代表了国家观念。反对 19 世纪末期社会达尔文主义的进步派人士认为,由技术官僚组成的政府班子可以有效化解社会动荡。作为国家观念的捍卫者,查尔斯·华莱士·柯林斯坚持认为:

> 预算提交立法机构后,不得通过"互投赞成票"来争取拨款。如果哪里需要建设邮政大楼,就必须获得邮政部的批准。在核实完所有资料后,邮政部会做出最终决定。由于需要得到财政部的同意才能将邮政大楼列入年度估计,邮政部就会权衡这样做的利弊。这样一来,邮政部和财政部都将从国家的角度来审议此事。[189]

在路易斯·卡罗(Lewis Carroll)所著的《爱丽丝镜中奇遇》一书中,红后(Red Queen)以同样的方式告诉爱丽丝(Alice),重复三遍以上的事情都是真的。

当时爱德华·菲茨帕特里克(Edward A. Fitzpatrick)在《民主国家中的预算研究》(1918 年)一书中有力批驳了改革派的观点。尽管他的观点可能流传不广,却很值得玩味,因为这些观点代表了那类不满足于担任总统助理的技术官僚派的立场。这就好像一个人离开了常春藤盟校,转而去了州立大学,这时一名资深行政人员(菲茨帕特里克曾在威斯康星州政府任职)在想如果这个人既被经济派拿走了他的钱,又被行政控制派夺走了他的权,那么他将面临何种境地。但就这点而言,通才将完胜专才。

"我们一定要有一个独裁政府吗?"菲茨帕特里克告诉他的读者,"那是行政预算宣传背后最基础的问题。"[190] 在关于统一与分裂的废话背后,他看到了权力从立法机构向行政机构的转移。独裁统治并非美国方式。"没有行政预算,"在菲茨帕特里克带有偏见的观点中,"占统治地位的普鲁士军人阶级不可能渗透到德国人民之中……使德国成为有组织的恐怖主义的代名词……没有对财政的控制,它将永远无法利用教育系统来宣传一种支持其目的的哲学……没有国会对财政的真正控制,德国就不可能在文明国家中取得现在的地位。"[191]

行政预算的制定是反民主的,因为它建立了一个代理政府。[192] 菲茨帕特里克不明白,如果行政部门(即使拥有提交统一预算的更高权力)无法获得立法机构的支持,该如何成功运作。改革派人士说,他们赞成民众控制开支,但他认为,削减立法机构对预算的权力实际上会削弱民众对开支的控制。

当菲茨帕特里克不夸张的时候,他更好奇:要求高管提出开支提案,领导力会怎样产生?"有可能通过立法机关的领导来建立行政领导吗?在现存法律之下,一个真正具备领导才能的人拥有人们所期望的所有领导机会。"菲茨帕特里克接着说,宪法已经要求总统提出建议——无论是在国情咨文中还是在指定部门的职责中。[193]

对于被大肆吹捧的所谓英国典范,他指出,内阁制政府并非一人之政府,而是在立法委员会监管下的政府,是议会对解散内阁拥有最终决定权的政府。[194] 提出行政预算的人与提议立法罢免行政官员的人不正是同一批人吗?[195] 这就是英国议会所做的事,当一家公司的董事会对管理层失去信心时,他们也会这样做。但菲茨帕特里克坚持认为,此种行为在任期固定的总统制政体里不可能成功。[196]

菲茨帕特里克对改革者们进行了逐点批驳,他要求他们拿出实际证据,不要做主观假定。管理者们应始终思索当下的工作,并放眼整个国家而不仅局限于地方,可这样的管理者在哪里呢?行政方案的本质是什么?国会又是如何阻挠方案实施的?当选的执政官们真的对行政工作有兴趣甚至有能力吗?或者,所谓行政能力不过是臆造的想象?菲茨帕特里克尖锐地指出,改革者需要明确告诉人们，他们要在美国的政治体制下做最根本的变革，而非"以'行政预算'的名义"掩饰这一问题。[197]

除了少数几点不同意见，这篇关于预算改革的文章基本支持了委员会的建议。而被任命研究联邦政府内部组织结构问题的正是该委员会。事实上，预算改革理论成为辅助该委员会行动的理论武器。

行政预算

19世纪80年代至90年代选举出的委员会，旨在调查联邦政府的行政活动，将联邦政府维持在尽可能小的规模。无论是因为对腐败的指控，还是因为政府的浪费，这个时代对官僚制度并不宽容。科克雷尔委员会（Cockrell Commission），以密苏里州的一位民主党参议员的名字命名，是有名的"国库看守人"，负责行政部门保管的支出记录的立法监督等工作。奥斯卡·克莱恩斯（Oscar Kraines）恰如其分地总结了这一机构的宗旨："将工资降至最低，且反对养老金制度。"商界也支持委员会的行为；《纽约时报》的一则社论便这样发出了警告："明智的人都认为，任何政府工作的最稳妥方法都是将其限制在最可行的限制范围内。"多克雷·科克雷尔委员（Dockery-Cockrell Commission），官方名称为组织执行部门法律状况联合调查委员会（Joint Commission to Inquire into the Status of Laws Organizing the Executive Department）继承了科克雷尔委员会的传统[198]，其获得的授权范围既有扩大也有缩小。委员会明确地排除了对养老金立法的调查，但委员会涉及对商业方法、行政规则、行政部门运作和员工效率为中心的法律的调查。后一个问题的重点是：雇员的人数是否太多，雇员的工资是否太高。与之前一样，没人愿意缩小基本服务的范围。[199]多克雷·科克雷尔委员聘请了3位企业会计和组织方面的专家：约瑟夫·W. 莱因哈特（Joseph W. Reinhart）、查尔斯·W. 哈斯金斯（Charles W. Haskins）和以利亚·W. 塞尔斯（Elijah W. Sells），他们引领了自1817年以来会计程序的第一次重大改革。如今的联邦政府实质上仍然遵循着当初委员会的做法。委员会减少对每个账户的审核次数，并限制文书工作，委员会降低了财政部的管理成本；这些改动减少了近200个职位。改革者尚不能为联邦预算的进一步变革创造环境,他们在为改善城市和各州的状况而努力。1899 年国家市政联盟起草了规范化《市政公司法案》(Municipal Corporation Act),其中包含了由市长直接监管的预算。很多城市都采用了此法案。由威廉·H. 艾伦(William H. Allen)、亨利·布鲁尔(Henry Bruere)和弗雷德里克·A. 克利夫兰(三人姓氏首字母为 ABC,故简称 ABC 改革力量)创立的纽约市政研究局极大地促进了市政预算运动。市政研究局在纽约成功地发起了变革运动,他们利用策略和热情,将新方法传播到美国的每一个城市。[200]以"经济和效率"为口号(引用威廉·H. 艾伦在他的《高效民主》一书中的口号"高效比优秀更困难"),用德怀特·沃尔多的话说,效率运动只是一味地追求效率。[201]

由于有工商界的支持,全国各地出现了许多行政研究局。[202]受到征税数额上涨的影响,商人们认识到他们应该关注地方政府;商业改革运动又产生了另一个口号,即"政府要有更多商业元素"。市政腐败的混乱做法使人们难以预测事件的发生,外人也很难胜任项目投标,这提高了商人对改革城市政府的兴趣。[203]

由于进步运动(确认了预算改革)的势力增强,国家政府面临着改进预算方法的压力。1907 年,国会要求财政部部长准备一份关于开支预估和收入预测的综合报告。1909 年,国会向总统发出指示:如果开支超过税收,总统应提出减少开支或增加税收的方法。[204]

1909 年,维持委员会(Keep Commission)拟建立文职部门,委员会的成员支持一些从未有过的措施,如提高联邦工人的养老金和工资,制定总额预算制(lump-sum budgeting)来增强行政酌情决定权。[205]总统和财政部部长都没有对这些指示采取行动。部长任命一个委员会调查此事时,却被告知政府最需要的是更具商业化的方法。[206]

为了推行联邦行政预算的构想,总统威廉·霍华德·塔夫特成立了一个经济与效率委员会。该委员会的基调是由委员会主席弗雷德里克·A. 克利夫兰决定的,他是当时的纽约市政研究局局长,与他一起被任命的著名预算改革者还有弗兰克·J. 古德诺和 W. F. 威洛比。[207]塔夫特集团接受了该委员会的基本理念,即总统向国会提交开支预算并承担责任。[208]该委员会在 1912

年完成了主要报告"国家预算的必要性",随后完成了"1914 财政年度的预算",在该报告中,塔夫特总统在委员会的鼓动下,提交了他认为适合最高领导作为最高级别管理者的预算文件。[209]该文件否决了流行的狭隘经济观点,即只把开支降到最低。然而总统像早期提倡内部改善的人一样,表示他希望政府能够经济高效地运作,从而利用可用资源为人民做更多的事情。[210]至少在白宫,终于有人支持预算改革了。

国会的想法却不同。为了表达对行政部门篡夺权力的恐惧(这种说法使人有回到建国早期的感觉),国会通过了一项法律,要求负责编制预算的部门负责人按照惯例负责准备开支预估:将预算直接送交国会拨款委员会。[211]面对这些不一致的指示,部门负责人是如何处理的呢?他们按照国会的规定准备了一种预算,总统指示准备了另一种预算。1912 年的选举中,伍德罗·威尔逊取代塔夫特成为新一任总统,他对于这个问题更多的是逃避而不是解决。随着商业环境的改善,1913 年第十六修正案的通过允许逐步征收所得税,因而提高了税收,改变预算制度的压力减小了。直到第一次世界大战之后,政府才制定行政预算。[212]

改革者并没有完全受限;在国家层面受到阻碍后,他们再次转向各州和城市层面。1915 年,克利夫兰负责一个委员会,在纽约州引入行政预算。[213]纽约的拟议预算体现了欧洲国家在预算制定中的每一种做法,克利夫兰非常欣赏这些做法,即一专家为一州长服务;执行最高领导计划的议案须和预算文件一并提交;以及要求州长出席立法会议从而为自己辩护。[214]

1916 年,全国各地的商会投票通过了一项国家行政预算。那一年共和党的政纲批评民主党"无耻地突然袭击财政部",反对塔夫特总统提议的"一个简单、商业化的预算体系"。由于还没有准备好采用全新的预算制度,民主党在其纲领中提出,首先在众议院中设立单独的委员来处理所有拨款法案。[215]1916 年,专家们还成立了一个政府研究所。该研究所由威洛比领导,致力于对政府政务的"科学调查",主要关注国家预算。[216]

第一次世界大战的结束使人们重燃对国家行政预算的兴趣;在 1918—1921 年,改革者向国会委员会提交了提议。改革者再次批评了联邦支出程序:各重要的委员会之间的工作存在重叠,因此重复做同样的工作;没有全面考虑收入和支出;以及官僚竞争的后果是浪费。1919 年众议院预算制度特别委员会(House Select Committee on the Budget System)主席,艾奥瓦州的代表古德(Good)说:"预算是拼凑而来的,不是一个完整的结构。"他认为:"国会各委员会花大量时间摧毁局长们的有远见的计划,因为没有任何一个政府愿意为其承担责任。"[217]1921 年的《预算和会计法》做出了预算改革者长期以来支持的重大变革。参议院与众议院都设立了独立的拨款委员会。各部门通过预算局这种新的机构向总统提交开支预算,而局长完全控制了预算局。从那之后,经主席和两个拨款委员会核准后才能拨款。

新设立的预算局执行部门的职能尚未决定。预算局的第一任领导是查尔斯·G. 道斯将军(General Charles G. Dawes),他是行政工作的学习者与践行者,他认为预算局的办公室应在财政部大楼之外,靠近白宫(道斯想让局里的人免受部门争吵的干扰)。[218]他坚持认为自己有权召集各部门负责人参加会议;沃伦·哈丁总统较明智,他建议此类会议应在白宫内阁(White House Cabinet Room)举行,而不是在预算主任办公室举行,从而强调局长在预算决策中的指挥作用。[219]

20 世纪 20 年代,联邦开支遭遇重击。在道斯将军、他的继任者以及道斯带到政府的商人(常常为"一年一美元"工作)的领导下,该局积极地追求效率。他们取得的成就得到了大家的赞赏。仿佛已经实现了目标:众议院拨款委员会主席马丁·马登(Martin Madden)这样写道:"当人们回想起过去那些为地方项目寻求拨款的日子时,一个显著的特点就是,牺牲当地利益,支持公众利益。我们应该肯定从地方级别到国家级别的转变。"[220]虽然哈丁总统认为该局代表了"财政史上最伟大的改革",但卡尔文·柯立芝认为,这仅仅意味着"美国政府不是一个挥霍者,而且它并不缺乏用科学方式管理财政的力量"[221]。

然而,回想起几十年来美国中央政府在预算管理方面面临的困难,人们不禁要问,美国中央预算局的建立是否真的起了作用? 当然,新的预算程序将支出提案汇总成一份单独的预算文件,提交国会时,该文件象征着总统的权威。预算过程中设立新的执行层并没有改变分权制和联邦制。毕竟,欧洲议会和内阁都试图控制他们,即使多数党受党纪的约束,但常常不限制开支。只通过立法并不能立即创造立法者所设想的条件。社会秩序的差异依然存在，赋予当代政治冲突以历史意义。只要支出的欲望不强烈，并且受到税收的抑制，立法者和官僚们都知道，实现他们的愿望的阻碍是存在的，即使是非正式的阻碍。但是，如果人们对预算平衡的渴望不再如此强烈，并限制征税（因此限制支出），那么对一个项目和部门来说，增加支出将不再意味着其他项目和部门的减少。那么，有什么能阻止消费需求一个接一个地堆积如山呢？仅通过预算局和总统（事实上欧洲各国总理拥有一项否决权，但没有显著效果）不一定会起作用。

在 1870—1902 年间，联邦政府的人均支出并没有增长。支出的绝对值每年增长约 3.3%，但忽略通胀因素后的 GNP 每年增速超过 5%。联邦部门的经济比例在不断降低。[222] 以 1902 年为基准，联邦开支仅占 GNP 的 2.4%；到 1922 年，这一比例翻了两倍多，达到 5.1%。非联邦政府支出也有所增长，但增长速度不及 GNP 的 4.4%～7.5%。

到 1932 年，预算改革已经实施了 10 年。在这 10 年里，非联邦支出几乎翻了一番，达到 GNP 的 14%；联邦支出增加了约 40%，达到 GNP 的 7.3%。做这些比较是要表明，联邦支出的增长在 1913—1922 年间（2.4%～5.1%）与 1922—1932 年间（5.1%～7.3%）大致相同，而且，从本质上讲，改革与推动支出增加的动力无关。或者说，这些数字可以被理解为，在没有改革的情况下支出会更高；或者说，以这些冰冷的数字无法衡量的是，支出的质量提高了。在 20 世纪前 1/3 的时间里，更大的趋势表明，各级政府的支出增加了两倍多，从 GNP 的 6.8%上升到了 21.3%。[223] 另一种解释是，批准征收所得税的宪法修正案证明最低限度政府倡导者的担忧是正确的：任何增加的收入都会被花掉。[224] 不管怎么解释，行政预算的实施开启了美国的小政府时代。

增加美国联邦体系的收入：劳动分工

从美国成立时就有至少 3 种征税的原因，这与占主导地位的政治文化近乎吻合。

根据公民缴税的能力提高税收体现了平等主义的持久力。为了促进个人财富与国家财富的增长,市场调节力量寻求更低的税收水平。然而,如果一定要征税,市场倡导者认为,税收应该加快资本积累的速度。随着美国人口的增长与经济的发展,美国的统治阶层向来偏好易管理的税收,寻求可以轻松提高收入的税收来源。对于统治者来说,理想化的征税也应该具有政治可行性,而不是引发民众大规模的抵抗,也不是频繁地要求提高税款。税收越容易管理,应缴税人实际缴税的可能性也会越高。

20世纪的前几十年,财产税的税收在各级政府税收中的占比过半,这种分配既反映了联邦政府在当时的有限作用,也反映了其名义上的财政能力。[225]整个19世纪都和现在一样,国民反对财产税的呼声从未停止;这是因为财产税对每个人都征收同样的税,国民们控诉这对低收入群体不公平。[226]

为何如此?对于一个如此重视平等的国家,财产税真的是主要的税收来源吗?由于政府最初倾向于分权,财产税符合联邦分工;而且,地方评估程序的变化创造出更灵活的税基。平等主义者支持征收财产税,因为这会对土地征税,而土地是农业社会中主要的财富形式。[227]19世纪30年代后,贸易与工业发展扩张,国民开始持有其他形式的财产,地方政府通过征收个人财产税,意图获取额外的税收。[228]

随着美国在19世纪最后1/3的时间里如此大规模和如此明显的工业化发展,美国的变化如此显著,征收不动产税无法从无形资产——债券、股票、信贷及其他金融财产——的增长中获得收入。这个时代城市的发展催生出建立城市基础设施的需求,包括学校、交通运输体系以及排水系统。由于征收财产税无法获取现有的财产来源,所以也无法满足政府的支出。

有一段时间,各级政府之间暗自博弈,各州政府试图征收财产税,各市政府却通过低估地方财产的方式,以逃避州税。[229]

无论是由州政府征收财产税,还是由地方政府征收财产税,以个人的财产申报建立计税基数,避税就变得很容易,清教徒革命时期英格兰采用了这样的程序:州与地方政府要求纳税人通过下列方式列举家禽(马、骡子、牛、绵羊、山羊、猪、狗)、交通工具(四轮马车、轻便马车、运货马车)、资本设备(材料、工具、机器、发动机、锅炉)、现有资金(无论由银行、经纪人或股票经纪人持有,无论资金是否在州内)、股票、债券、私营公司的股票,甚至是风琴、钢琴、银餐具、金首饰、宝石等物品,以说明自己的财产状况。

也许公民会做出此类的财产申报,但是由于各州和各市都缺乏调查的能力,所以无法强制个体或企业申报自己的全部财产。正是由于这种情况,只有国家银行这种必须公布财产才有权运营的机构,会支付缴纳全额的税款,其他的个体和企业能逃税还不用接受惩罚。例如1981年,纽约的国家银行缴纳的财产税就占据州政府征收的总财产税的1/3。[230]

在1880—1920年,几乎每个州都设置了委员会,调查州与市的税收问题。在那个盛行节俭之风的年代,各委员会却受到了慷慨的资助,委员会由市政官员领导,其员工是约翰·伊莱(John Ely)、卡尔·普伦(Carl Plehn)、查尔斯·布洛克(Charles Bullock)等财政专家与大学教授,他们都是财政经济学的领军人物。19世纪80年代的第一批委员会提出了增加财政税收的方法。选举均等化委员会(使对企业间的课税平等)、搜寻无形财产(intangible property)、改进评估程序,并培养打击逃税人的技能,各州试图以此查明实体财富的数额。但这些措施收效甚微。由于未能通过财产税获得丰厚的收入,加上19世纪90年代出现了经济萧条的情况,委员会随后开始寻找替代措施。

自19世纪90年代开始,州财政委员会建议州政府放弃征收财产税,给予地方政府对该来源税收的专属管辖权。州委员会逐渐将直接或间接征收的商业税视为待挖掘的财富源泉。由各州委员会提出,并由各州制定的固定数额税,征收对象为企业、业务特许权及铁路。在1910—1920年间,只有少数几个州征收企业所得税与旁系亲属继承税(collateral inheritance)。1911年威斯康星州通过了第一项所得税。1911年,夏威夷州提出征收个人所得税(personal income tax)。这一现象并不寻常,处于世纪之交,大多数州存在城市利益反对所得税的情况。商业与劳工发言人坚持认为,农民手中的现金收入微乎其微,所以会逃避所得税,应该将负担抛给城市居民。

南北战争期间联邦政府与邦联都征收了所得税。(南北相同,只有战争费用高昂的紧急时刻才会允许所得税的通过。)联邦税是一种累进税(graduated tax),按1%~10%的比例对工资、薪金、利息、股息进行征收,1866年征收的联邦税为史上最高,约为3.76亿美元,占国内税收的25%。6个新英格兰州、纽约州与加利福尼亚州所缴的税款占总税收的70%,仅纽约州缴纳的税收就占 30%。[231]

人们关于平等问题的争论从那时起就喋喋不休,为公众对税的讨论构建了概念框架(conceptual framework)。1864 年,佛特蒙州的参议员贾斯汀·莫瑞尔(Justin Morrill)在国会修改税款时声称"我们国家没有贫富之分"。"经济实力一般的人与穷困潦倒的人差不多,但我们国家的政府理论不承认自身处于优势地位。……这项税收以拥有太多财产有罪为由,从国民处获取更多财富。"[232]贾斯汀·莫瑞尔指责南部与西部州的代表推动国会通过此项税。这项一直被视为是紧急措施的税,在 1871 年时被废除。

然而,在经济繁荣的 19 世纪 80 年代,关税的收取使政府的税收大幅提升,甚至在某些年份创造了财政盈余(Treasury surpluses),这引起了一些以农业为主的州的反对,这些州的居民认为,高昂的关税导致了制造业产品价格高涨,他们在其中承担了不该承担的责任,有损他们的利益。19 世纪 70 年代至 80 年代间,南部与西部的州偶有民主党人士呼吁实行新的所得税以减轻负担。19 世纪 80 年代,个体财产大幅增长,这刺激了民众的平等主义情绪,南部与西部州的民粹主义者(populist)称,这不是美国致富的方式。民粹主义者称,相对于工业发达的东北部地区,他们所在的区域较为落后,在一定程度上是由于信托和垄断的阴谋所导致的。因此,政治派别的两个极端,引用了理想化的平等准则来支撑相关的政治策略。

产生财政盈余后,1893 年发生了经济萧条,这赋予了民主党人所需的机会,他们在当年的关税削减法案中增加了一项条款,对 4 000 美元以上的收入征收 2% 的税。由于没有战时紧急状况证明这种税的合理性,这项措施造成了民众意见的两极分化。一位东部地区的参议员持反对意见,他认为这项所得税有损经济发展,抑制个体主动性,也会降低工资,行政管理更会产生欺诈和腐败。他认为,随着经济的复苏,关税能够创造足够的收入,没必要将所得税的负担强加给特殊区域(东部地区)及少数年收入超过 4 000 美元的国民。他主张,在一个平等的国家,所得税构成了阶级立法;它的通过是迈向社会主义道路的第一步![233]另一位东部的国会议员无意中讽刺地说,对富裕公民的收入征税将剥夺大多数人支持政府的爱国权利。[234]

民粹主义参议员威廉·V. 艾伦(William V. Allen,内布拉斯加州参议员)采用了长期以来最受欢迎的税收改革策略,他声称,所得税负担将会降临在其应该在的地方。为什么仅在纽约州就有 119 个百万富翁！艾伦接下来念了各种范德比尔特(Vanderbilts)、惠特尼斯(Whitneys)和约翰·D. 洛克菲勒(John D. Rockefeller)的名字,以及如果征收 2% 的税,每个人应缴纳的税额。[235]内布拉斯加州的威廉·詹宁斯·布赖恩(William Jennings Bryan)在众议院发表了民主党的提案。不缴税的穷人就是不爱国吗？一派胡言！"如果税收是自由的象征,那么这个国家的穷人身上到处都是自由的标志。"[236]他声称,如果征收所得税,富有的公民将移居国外,国家将彻底摆脱这些人："如果我们的人民不重视自由政府,宁愿生活在没有所得税的君主体制下,也不愿生活在需要缴纳 2% 的所得税的美利坚合众国,那我们可以接受失去他们以及他们的财产,而不是承担因他们的存在而产生污染的风险。"[237]显然,布赖恩认为,与其牺牲思想的纯洁性,不如牺牲少量的收入。

参照如今的标准,这是一种较为温和的税收政策,1893 年的税收政策引起了一场轩然大波,最终导致了一场宪法辩论与最高法院的否定裁决。辩论双方都将平等视为至关重要的问题。支持者仍然认为,只对富人征税才公平。反对者则提出,1641 年的英国法律是最好的,即对犹太人、新教徒以及天主教徒按照不同的比例征税。[238]但这并不公平,因为这种政策使富人这一特殊的收入群体承担了更重的负担。

根据最高法院的观点,宪法规定,只有在统一评估的情况下才能征收直接税,即直接按国家人口比例征收。1893 年显然没有如此征税,因此 1895 年法院裁定其违反了宪法。

法院裁决之后,反对所得税的人士改变了论点,同其他地方的税收改革者一样,他们认为应该按照"才能"或缴税能力征税。但即使是换了论点,这种辩论也活力不再。两党不再讨论这个问题,1909 年,一个由中西部民粹主义者与自由派共和党人组成的联盟试图对遗产和收入征收两项新的税,从而减轻高昂关税所造成的负担。纽约的共和党领袖纳尔逊·奥尔德里奇(Nelson Aldrich)反对这两项提案,他呼吁塔夫特总统协助制定一个能为该党保守派中坚分子所接受的政策。塔夫特建议,通过对企业利润征收 4% 的消费税(excise tax),可以弥补因修改关税而损失的收入；这样的税收既富有成效又完全符合宪法规定。保守的共和党人改变了一直以来的政策立场，支持这项提议。鉴于公司之间的对立情绪，这样的改变似乎是明智之举。在经历两个月的辩论之后，这项税在国会参议院众议院几乎获得一致通过[239]，因此在没有大肆宣扬的情况下，公司税成为美国的法定税。

1909年，塔夫特建议起草一项宪法修正案，以避开法院关于1893年所得税构成阶级立法的决定；塔夫特认为，拟议修正案的措辞应明确允许对收入征税，而不应在各州之间平均分配。民粹主义者在所得税修正案通过的事件中发挥了巨大的作用，追求平等是主要的原因。与他们一起参加会议的还有担心受到歧视的各地区工业代表。争取城市利益的发言人反对征收所得税，但他们逐渐意识到，关税对消费者的伤害要大于所得税。在想要惩罚公司的民粹主义者，希望政府能做更多事的革新派人士以及倾向于可预见性的商人中，联邦所得税得到了动力。

1913年第十六修正案通过后不久颁布的联邦所得税，对单身人士超过3 000美元（已婚夫妇超过4 000美元）的所有收入征收1％的法定税，无论是工资、租金、股息、薪金、利息、创业收入还是资本收益。另外，1913年还对收入特别高的群体征收6％的附加税（surtax），因此最高有效税率可达到7％。当年的人均收入是621美元，1913—1915年只有2％的美国人需要缴纳所得税。

正如英国在拿破仑战争期间和之后的所得税一样，这种税是建立在特定的免税和扣除中，以确保评估的公平性，并保持对工作、储蓄和投资的激励。鼓励公民储蓄，允许纳税人扣除人寿保险费用。也可扣除大多数企业成本：债务利息，坏账，火灾、风暴或沉船事故造成的伤亡损失，以及企业财产重置的折旧费。持有少量股票红利的公民可以扣除这些股息以获得应纳税所得额。此外，1913年的法律还包含了专门为反映联邦制度的复杂关系而制定的条款：向任何管辖区域支付的税款都是可以扣除的，从联邦、州和地方债务工具中获得的收入也可以免税（联邦法官以及牧师、犹太教经师和外交使节的工资也是如此）。大多数条款至今仍然有效。

1913—1915年，90％的联邦税收仍然来源于关税和消费税。[240]第一次世界大战期间，对财政收入的需求巨大，正因如此才坚实地确立了美国的所得税。1916年后,战争中的美国的税收需求大,这导致了第一个联邦遗产税(inheritance tax)的通过(1916年),并迅速将所得税税率推向1916年的15%,1917年的67%,1918年的77%。首先使用超额利润税造成了这些高税率的出现。① 1917年,战争开支暴增,行政部门向国会提交了一份提案,要求将免税限额降低至1 000美元(针对单身人士)和2 000美元(针对夫妻)来增加额外收入,从而有效地从"向富人征收重税"转变成更有成效的征税方式。即便在第一次世界大战时期,所得税的征收达到了顶峰,占联邦总税收的60%,但所得税也不是大规模征收的税种;总体来看,它的税负是急剧累进的。对1917—1919年的调查研究表明,1%的纳税人收入超过20 000美元,然而,这一小部分纳税人平均支付了这些年征收的所得税的70%以上。[241]在第一次世界大战结束后共和党再次成为执政党之前,仍然对高收入实行高税率,但维持利率是为了促进债务减免。由于政府承诺平衡预算,所以政府承担着尽快偿还战时债务的压力。

随着20世纪20年代和平时期所得税的制度化,近期美国税收政策的一些特征开始出现。所有的政治文化都一致认同,战时实行高昂的税率是可取的,但提到降低税率时,不同的意见出现了。与早前的争议相同,税收政策的分歧反映了幅员辽阔、文化多样的国家中不同区域的经济状况,这与欧洲税收政治中更为两极分化的阶级阵线不同。由于应缴纳所得税的一些公众意图寻求有利于特定利益的措施,最初的税法分别在1921年、1924年、1926年、1928年和1929年进行了反复修订。由于每一次修订都加入了针对特定群体制定的措施,因此该守则开始呈现出意想不到的复杂性,从而引发了相关条款的一连串变化。1924年美国国税局内设立了税务上诉管理局(Board of Tax Appeals),这反映了裁决税务程序的需求,且呈现日益具体的特点。

经过10年,税率下降,主要是通过减少对超额利润的征收与降低免税界限实现的。然而,纳税义务人寻求减少政府债券的途径;尽管州和市政债券的利率很低,但在整个20世纪20年代,这些债务工具一直受到高收入公民的青睐(现在仍然如此),因为其收益可以免交联邦税。20世纪也是如此,公司开

---

① 超额利润指高于已投资资本合理回报的利润,投资回报率超过8%需要缴税,相关企业对这一收益缴纳8%的税。

始保留收益,转移股息税的同时提高股票市值。

以商业为导向的财政部部长和国会都试图通过在税法中加入税收优惠条款,安抚纳税人。安德鲁·梅隆(Andrew Mellon)是匹兹堡的实业家,从 1920 年起,他来到华盛顿担任财政部部长,任期长达 12 年,先后为 3 位共和党总统服务,他对税收程序的看法在某些方面与 19 世纪英国的自由党领袖相似。梅隆认为,所得税的税率应该适当,应最大限度减少对市场激励(market incentives)的干预。1924 年,他预测了现代供给侧经济学的论点,写道:"有些人似乎难以理解,高税率并不一定意味着高税收,更低的税率往往会实现更高的税收。"[242]

梅隆在华盛顿任职的前几年,废除了超额利润税,1925 年,个人所得税的税率降低了 25%,这是最大降幅。[243]1921 年,梅隆提议将资本收益(capital gains)排除在一般所得之外,国会通过了这一提议。但这位长期任职、权力强大的财政部部长并不是一个顽固的个人主义者。为了维持预算平衡,他赞成提高企业所得税税率,以弥补因削减超额利润税而造成的收入损失。梅隆还认为,投资收入应按高于劳动所得的税率征税,他提议对劳动所得实行 25% 的所得税抵免,认为这将平衡高收入和低收入纳税人的利益。以缴税能力作为缴税的前提是因为,对比只能依靠挣来的收入维持生计的公民,拥有财产和储蓄的人更容易满足政府的需要。但不应夸大这一理由。当然,反对"支付能力理论"的人认为富人起到了"特殊的作用":即为刺激经济增长提供投资资金。虽然支持"向富人征收重税"的人基于清教徒式的形象(即"游手好闲的富人")向富人发起攻击,但支持富人并认为富人有"特殊作用"的人认为被投资的资产是繁忙且高效的。

20 世纪 20 年代中期的一派繁荣景象促进了财政收入的提高,国会逐渐向纳税人提供更多的优惠政策,这甚至超过了梅隆批准的范围。从 1921 年的修正案开始,两党都通过降低税率,提供税收优惠的政策进行博弈。梅隆在其整个任期内都在为废除州和市政府债券豁免而努力,他认为这项措施使高收入纳税人获益,扭曲了激励机制;但无论是在 20 世纪 20 年代还是之后,没有一个国会同意废除这项被视为联邦制固有的规定。1926 年,美国国会拥有逾 10 亿美元的盈余,所以降低了遗产税税率,并且给予石油工业支持,鼓励其进行勘探。27.5％的石油消耗津贴50年来一直是争议的焦点。在1973年的第一轮石油价格上调之后，石油行业的利润大大提高，这一现象虽然短暂，但石油的价值一夜之间翻了几番，政府便废除了这种津贴。

20世纪20年代，"科学管理运动"（The movement for scientific management）的发展在美国达到巅峰。在痴迷于"一切科学事物"的精英中，国会税收政策权衡的混乱结果引发了犬儒主义；税收过程的参与者与旁观者都认为一定还有更好的方法。例如，科德尔·赫尔（Cordell Hull）在评价1921年的修正案时，表现出对"财政滚圆木"现象的失望，这与普遍存在的理性、科学管理的观点完全相反，但显然是民主所固有的。这一过程至今尚未改变。

> 最糟糕的是，1921年拟修改的立法很大程度上退化为高收入纳税人的拥护者与低收入纳税人的拥护者间的争论，每个人都想知道，到底是谁能够最先摆脱最重的税务负担。立法环境因此变得混乱不堪且萎靡不振，考虑全面、科学的税收修订的机会很少。[244]

然而，整个20世纪20年代与美国早期的历史一样，平衡的预算准则是对税收政策结果的最终影响。例如，倡导税收保护的人越来越强势，他们认为所得税是维持国防和其他基本服务的足够收入的保证，因此1929年颁布的超高关税造成的收入损失不会削弱政府的力量。[245]1929年后，经济萧条使收入减少，以至于形成高额赤字，梅隆和所有其他税务专家都赞成提高个人和公司所得税，以恢复预算平衡。1931年，当赤字接近20亿美元时，梅隆对国会提出："现在是非正常时期。"[246]由于尚无形成反周期财政政策的理由，国会赞同梅隆的观点；唯一的问题是如何分配增加的资金，谁来承担这个责任。除了提高税收水平外，即将离任的共和党国会还增加了税收的累进性。

虽然罗斯福明显在财政上表现出保守主义倾向，但在20世纪30年代中期，这种"向富人征收重税"的心态再次出现。1935年前后，罗斯福抨击"经济保皇党"，他发现高收入纳税人可以成为替罪羊，并声称他们利用诡计来逃避所得税。[247]他提出了弥补漏洞的措施，即对未分配的公司利润、个人控股公司、游艇公司、房地产和家庭合伙企业征税，目的是弥补由高收入公民避税所造成的损失。在第二次世界大战之前，美国所得税的征收重点是高收入群体。以1941年为例，年收入中位数（median income）约为1 200美元时，提交的所

得税申报表中，82％是年收入低于 3 000 美元的；另外 12％的人收入在
3 000～5 000 美元。第二次世界大战期间，收入需求将所得税税率提高到很
高的水平（至少对富人来说是如此），而对工资和薪金的预扣税则将其转化为
大规模税收。所有收入等级的税率都随着时间的推移而波动，但再也没降到
20 世纪 20 年代的低水平。[248]

20 世纪 20 年代末，各政府间出现了分工：各市专门负责征收财产税，各
州开始征收销售税（sales taxes）[249]，联邦政府征收所得税。第二次世界大战
后，由于联邦政府赞助了各种项目，通过直接拨款、匹配拨款、比例拨款等一系
列新的手段为这些项目提供资金，因此，资金来源的明确性和独特性（每个级
别的政府都有一个）变得模糊。在此期间，各州和地方自行负责支出（因此也
包括税收）的时代也已过去，取而代之的是联邦政府的主导地位。

例外主义的终结

美国税收的简单结构引出一个问题：即美国在预算方面的例外主义是否
可以归因于其联邦形式。这也许是为了通过保持各州的规模，使联邦政府变
小，而不是使分工在单一的政府中进行。有人会提出相反的观点，即认为让联
邦政府保持小规模会让各州有扩展的空间。然而按照当代标准，各级政府的
规模和范围都很小，直到 20 世纪，所有各级政府都以立法优势为特征。

20 世纪 30 年代以前的预算例外主义是不是因为联邦政府通过关税为自
己提供资金，所以达到了相对轻松的状态？或许是吧。但有必要说明的是：有
机会大幅度提高收入时，支出水平相对较低。

我们认为，美国之所以会成为例外，不是因为行政和立法部门的相对权
力，而是因为两种价值观的融合。软弱的政府和强大的社会都是源自社会秩
序之间的平衡。如果没人能取得压倒性的胜利，就会出现有限的政府减税、减
少支出和通过平衡预算来维持交易等形式的妥协。

美国政治文化间的平衡受一种显著共识的加强：在杰克逊式民主时代
（the era of Jacksonian Democracy），机会平等（如在市场中一样）得到了广泛
认可，促进了结果的平等（如教派所希望的那样）。政治文化最有可能以这样

直接的方式挑战现有权威:宗派主义者认为庞大的、具有侵略性的中央政府是一件坏事。由于中央政府将不平等引入了社会,所以应该对政府加以限制。统治集团的支持者们喜欢这样,但单枪匹马的他们很软弱。因此,他们与市场力量结成联盟,为内部改进提供资金。

大型工业企业的发展使人们对过去的认识产生了怀疑。他们仍然认为大政府是糟糕的,但大企业也是如此。民粹主义挑战垄断,不愿为政府的发展提供资金。他们眼中的(杰弗逊、杰克逊)反对利用大政府来打击大企业。

对于刚刚接受过教育,不喜欢公司经理或移民的政治领袖的做法的等级制度的追随者来说,他们扮演的是什么角色?作为专家,他们在政策与行政两分法的官僚体系中占据了一席之地。他们创造了行政预算:通过提拔城市经理和设立预算局(the Bureau of the Budget),进步的改革者正在创造他们自己的就业机会。

统治集团的兴起是以国家服务为基础的,这种进步的理想,在一定程度上促进了积极的政府观念。20世纪20年代末和30年代的萧条造就了一个美国"左派",左派认为大政府既是对大企业的制约,也是一种行善的力量,通过在整个土地上实行更加统一的国家政策来减少不平等的现象。这个国家因内战而成为共和党的天下,因经济萧条而成为民主党的天下。杰弗逊所在的共和党以统一的国家福利政策而闻名,汉密尔顿所在的联邦政党以国家多样性和小型联邦政府而闻名。

在美国参加第二次世界大战的25年后,一个复兴的宗派政权为了实现再分配而增加支出,改变了人们对预算的理解,尤其是对平衡准则的理解。美国在预算方面的例外主义仍然存在等级结构,因此政府预算会减少,支出在增长,但会比其他地方少,不再与欧洲民主国家形成格外鲜明的对比,美国的例外主义已经结束。从那时起,美国就落后于西方福利国家,但不会存在本质上的差别。

第八章　动荡中的稳定：1914 年后的半个世纪

从税收和支出的全面发展历程来看，我们所看到的是杂乱无章的敷衍应对局面，秩序混乱成为主要的现象。甚至我们关于财政管理的描述，也无非是在找一个更好的措辞来形容这种混乱局面。在古代的中世纪和早期现代时期，很难对国家和国王遗产之间的账目和疑惑做出如实呈现。然而，随着 18 世纪的结束，19 世纪和 20 世纪的开始，秩序就此诞生并且自我完善起来，这一过程虽历经艰辛但又似乎无法阻挡。预算不再是空谈，作为支出和税收的依据，它具有一定的预测价值，更可利于实现目标。而那些可能受其影响的人可以相应地调整自己的行为。

这些伟大的预算准则备受关注地发展了两个多世纪。缜密性、平衡性和全面性在西方世界随处都有体现。在世界主要国家中，人们因履行承诺而变得更有尊严。预算变得比以前更有意义。政府可以控制预算，从而来控制他们自己。看起来几乎是如果他们能制定好预算，就能控制好政府支出。

然而，在轻易忽略这个问题之前，我们可以做一个基本的假设，即预算对包括理论家和专业人士在内的所有人都有不言而喻的价值，因此没有人会怀疑：预算的多少是由各个部门总支出决定的，也许只是一两个信托基金例外。支出预算是部门预算，因此，掌控支出就意味着掌控了管理支出的政府机构及其官员。

从某种程度上说，所有传统的（即，从 19 世纪中后期开始）消费支出都基于这个假设。一旦这个假设被质疑，传统的预算系统将会面目全非，当然据我们所知，这种可能性很低，没人会这样想。

相比之下，无论是支持者或是反对者，几乎每个人都对税收做了预测。特别是所得税，都认为税率会降低。当然，也有顺其自然的。

但是没有人预想到第一次和第二次世界大战，20世纪30年代的大萧条和欧洲国家福利制度的迅速崛起。这些对于税种和税率的影响是极其重大的，尽管在20世纪50年代和60年代期间由于经济的迅速增长而有所减轻。与第一次世界大战期间相比较，在1960年或者1965年间，有一部分是税收种类有所差异，但更多的是税收数量的不同。然而，消费模式非常相似。当然，消费水平是更高了，但是在两次世界大战之前，任何参与了资金的申请或者分配的成员，都可能对20世纪60年代早期的状况有点费解。当谈及前半个世纪，(1914年)预算的稳定性这个话题时都会觉得很奇怪，尤其是在20世纪上半叶发生了许多重大事件的情况下。但是，除了在战争年代，稳定还是多于动荡的。1945年之后预算大幅上涨，20世纪30年代间小幅下降，其余期间时涨时跌(在20世纪20年代小幅增长)。但是从20世纪60年代中期开始，预算所依据的模板和假设逐渐不适用了。再往后，在1960年或者1965年之后的一个时期，以及其持续的不稳定，看起来像过去那动荡的时候，而不像这半个世纪的稳定的时候。

在这一章节中，我们从第一次世界大战开始讨论，与其说我们关注的重点是战争期间国家的财政状况，不如说是战后的影响。(之后我们将用同样的方式来考察第二次世界大战。)战争确实扰乱了国家秩序，让一切都可能重新再分配。但战争加速了和平时期的趋势，这也是事实。到目前为止，若要知道战争的漩涡即将涌现什么，在变革酿造之前所出现的社会成分就是最好的预言家。

直到第二次世界大战之后，20世纪20年代和30年代这几十年来所积压的战争的创伤和大萧条才被揭露出来。除了美国之外，所有的政府都开始不断发展，先进行基础重建工作，然后开始完善社会政策。同时伴随着经济的增长而增加的税收来进行大量的国防建设。之后又出现不断增长的社会福利支出。

第二次世界大战后，由于支出的快速增长，以及支出在国民生产中所占比例的不断增加，新的预算方法开始不断涌现：有绩效预算、项目预算、零基预算和总量预算。然而,新方法出现的同时又被逐一舍弃,因为无法用其控制支出。为什么只有传统的预算方法能被延续使用,而其他的替代方法虽并非毫无价值,却只能被搁置一旁呢?虽然关于预算的方法受到了广泛的争论,但结果证明这不过是匆匆过客。重要的不是支出和税收的效率问题,而是数额问题。在研究第九章中提及的 20 世纪 70 年代的启示之前,为了弄清原因,我们必须了解前人的经验和认识:需重视社会的变化和政府的发展。

20 世纪的财政概述

两次世界大战使得整个社会变得风云变幻、凄惨萧条,堪比 14、16、17 和 18 世纪。14 世纪和 15 世纪封建主义社会的瓦解,以及 19 世纪工业资本主义社会的出现,给人们与政府的关系同样带来了翻天覆地的变化。然而,尽管在某种程度上战争会带来萧条,但是无论采用何种标准来衡量,西方国家大多数人的生活福利还是有了很大改善。技术创新促进了经济的增长,并为所有人创造了更多的机会,就连各国政府在应对其政治体制内的强大压力时,也尝试运用更公平的方式分配社会生产。尽管规模很小,但是现代政府还是扮演了前所未有的角色——收入再分配的承担者。这种情形就像古代贤明的君主向民众施加恩惠一般。

政府的发展并非因循守旧,但是有些因犹豫不决而只做暂时决定的方法,也有其可取之处。在国际社会的风云变幻中,有几个显而易见的趋势:(1)战争可加速动员全民;(2)旨在提高社会中最贫困人群的生活水平而采取的方法,早晚会涵盖几乎所有人;(3)政府的扩张并非无声无息,因为理想与利益的冲突充斥着整个变化的过程。

欧洲国家本就重视等级,两次世界大战再次强化了中央集权。自中世纪的十字军东征以来,从未有过像这样动员所有的社会群体,发动一场双方都认为是为了捍卫正义事业的战斗。为了与 20 世纪的武器作战,这种总体战控制了社会的所有资源:人口、工业、农业、组织能力、创造力和财富。为了支持这场战斗,这些社会群体的所有部门都接受了政府对经济体的重要管控。有些部门还不得不承受前所未有的税务压力和债务压力。的确,如果没有现代化的资源动员手段及资源分配手段,如此大规模的动员活动和福利制度就不可能实现。

第一次世界大战期间使用的预算方式影响了财政模式,而且,危机过去之后,在20世纪20年代,每个国家的政治文化都影响了国家的税务模式和支出模式。那时德国和法国还是一如既往地不愿将本国征收的税费用于战争,他们更倾向于发售国债。这两个国家都背负着巨额的短期债务,这既是由于法方谈判代表希望战后德国和奥地利能做出如数赔偿,也是由于从战争结束到20世纪20年代中期以来这3个国家都发生了通货膨胀。

战争一结束,英国和美国就放弃了中央控制和高税收政策;两国都希望恢复战前的个人自由主义。试图使时间倒流,回到1913年。1925年,英国恢复了在战争期间放弃的黄金标准。它恢复的战前货币/英镑对其他国家的汇率太高,这使英国脱离了许多的战前市场,并使英国比其他国家更早地陷入了萧条。在20世纪政府迅速扩张的同时,促进政府成长(以及由政府成长产生)的新观念与长期的个人自由主义传统思想之间发生了冲突。在其他几个世纪里,从中世纪最早的重商主义作家到现在为止,公共政策的倡导者们一直在积极参与制定或影响财政政策。① 但现在的政府比以往任何时候都更重视知识分子的建议。随着学者们作为官僚机构的成员或者作为政治家的顾问进入政府机构,公共政策的辩论开始在由理论家建立的知识框架内进行。英国经济学家约翰·梅纳德·凯恩斯(John Maynard Keynes)是最好的描述这个过程

---

① 近代早期许多重商主义作家的建议促使各国征收进出口关税,以保护经济不受稀缺商品货币、金属和食物损失的影响。基于在国外购买高成本产品会消耗国家财富的假设,17世纪的重商主义者,如黎塞留和科尔伯特,建议法国的路易十四建立国家补贴的奢侈品行业;一些德国人也效仿他们的行为。古典经济学家提出了最早的国民经济发展理论,并且,其中一些人试图说服立法机构去执行由这些理论所产生的政策。因此,18世纪末19世纪初,托马斯·马尔萨斯(Thomas Malthus)对人口过度增长会导致国家经济衰退的预测推动了一场放弃英国人道主义救济政策的运动。大卫·李嘉图是一位富有的商人,他因提出对外贸易相对优势的理论,被选为英国议会议员。19世纪初,他曾付出努力想要减少进出口税,但成效甚微。19世纪中后期,恰逢个人自由主义的鼎盛时期,许多学术顾问在为调查国家的社会和经济问题而建立的董事会和委员会里任职,并提出切实可行(或无所作为)的建议。阿道夫·瓦格纳(Adolf Wagner)教授(他于19世纪80年代说服俾斯麦引入国家社会保险作为消除德国工人激进主义的一种方式)就是这样一位人物。埃德温·塞利格曼(Edwin Seligman)也是如此,他是曾在德国接受过培训的财政经济学家,他在税收方面的工作为1916年美国所得税的颁布做出了贡献。

的人，也是在塑造 20 世纪的财政政策辩论中最具影响力的知识分子。① 因此，拥有特殊历史的现有政府财政方式，在持不同理论取向的学者的评论中，仍在积极塑造未来历史的进程。

欧美经济萧条时期，在公共政策、传统的平衡预算思想和创新思想三者之中，前者反映了当时的紧张关系，而后两者将政府赤字与一个国家内的经济活动水平挂钩起来。大萧条时期市场的大规模崩溃表明了不受管制的个人自由主义的失败。然而，在欧洲，尽管有大量失业人群，传统的保守人士仍强烈主张这样的观点：政府应该给予小规模的、适度的税收支持，保持最低限度的借贷和低水平的预算平衡。而传统的经济学家，作为政府的顾问，坚持认为最好的治疗经济萧条的方法是削减工人的工资。结果证明，对保险基金的需求太大了，由于失业现象持续存在，像英国这样的有失业保险的国家，低收入政府的福利会不断减少。

随着大萧条的加深，经济理论家们试图找到解释。根据哈佛大学经济学家阿尔文·汉森（Alvin Hansen）提出的"长期停滞理论"（世俗停滞理论），尽管 20 世纪在科学和技术方面取得了巨大的成就，但世界经济生产能力的受损反映了创新滞后的累积结果。

将再现的中世纪财政流方法，与 18、19 世纪普遍出现的机械方法结合在一起，另一组人提出，政府可以通过刺激经济的政策来缓解困境（这种严谨而具有艺术性的方法建议政府只需发起一些资金流，而非如事实证明，无限制地去维系这一现金流）。事实上，若经济陷入死胡同，政府资金的注入足以使其运转起来。1933 年，经济停滞理论是美国政府新创办的财政重建公司发放商业贷款和 19 世纪 30 年代早期在中央政府资助的以工代赈的基本原理。

但是，就像那辆老爷车一样，不停地熄火，没有自动油门，政府向当时复杂的经济体系注入一笔资金也无济于事。20 世纪 20 年代末至 30 年代初，在剑桥大学的一个师生经济学研讨会上，一位成员发明了经济乘数的概念，试图为

---

① 凯恩斯曾在一段引文中写道："经济学家和政治哲学家的思想，无论是对的还是错的，都比人们所理解的要强大得多。他的世界几乎不受其他东西的支配。那些认为自己完全不受任何智力影响的实用主义者，通常是一些已不复存在的经济学家的奴隶。那些凭空决断的当权者，其雷霆大怒则源于一些早已过时的二流学术作家。我相信，与思想被逐渐侵蚀相比，既得利益的力量被夸大了。不，事实上，是在一定时间间隔之后……这是思想危险，而不是既得利益危险，对善或恶都是危险的。"[1]

世界经济持续低迷寻找原因。卡恩（Kahn）写道[2]，在一个开放的经济体中，无论是由私人部门的银行信贷扩张创造的，还是通过借贷融资的政府支出创造的，任何一笔钱都可以花掉不止一次。以工资和产品及服务支付的资金将产生额外支出，因为用户可将这些资金用于其他交易。然而，在每一轮的外汇交易中，一定的资金将被保留，这些资金用于储蓄、购买海外产品和交税。这些用途构成了社会收入流的"渗透"。因此，中央政府的单一注资所带来的经济效益将很快消散。正如凯恩斯在他划时代的著作《就业、利息和货币通论》中所运用的那样，卡恩的乘数原理为政府继续支出提供了理由，即使在这一过程中导致了预算赤字。[3]

凯恩斯认为与古典和新古典经济理论相反的是，经济可以在不充分就业的情况下达到平衡。持续的萧条使他确信，从总体上考虑，个人关于工资、价格、产出消费不一定能为社会产出最好的结果。虽然个人能管理其私有经济，凯恩斯还是建议政府要承担起稳定经济总量的任务。

凯恩斯经分析得出：焦点需从个人转向集体，从供给转向需求。（在过去100年甚至更长的时间里，大多数西方经济体的表现都是由所谓的能自我调节的市场力量决定的。）尽管出于人道主义原因，针对个人的项目可能是可以接受的，但是政府应该更关心整体宏观经济的需求赤字。

"新经济学"（很快被贴上标签的凯恩斯理论）和传统的平衡预算思想产生了正面冲突。当新近的凯恩斯主义者开始提出故意失衡的预算，即使那些认为政府通过支出可以复兴经济和减轻人民痛苦，具有同情心的观察者也开始怀疑，在民主制度下公民已经习惯于中央政府的福利，是否还真的有可能关闭这个"水龙头"[4]。如果真的存在一个自动的预算平衡，那么有起就有落。在失业率居高不下时，政府应该注入资金直到消除财政赤字，以带来全面就业。当经济景气时，政府应该减缓支出。但是他们会这样做吗？

随着20世纪30年代末关于平衡或失衡的争论愈演愈烈，有人清醒地指出一旦平衡预算的堡垒被打破，有可能会有如下结果。1938年12月27日《纽约时报》的一篇评论指出：

> 有个路人皆知的客观标准——联邦预算"年度平衡"。除非迫不得已，一旦我们偏离这个标准，我们将在一片混乱的急流中随处漂

泊，一发不可收拾。保持住新局面的既得利益是巨大的……"使立法者能够投票支持拨款法案，同时避免投票支持增税，这为他提供了政治家的天堂"。[5]

一位末日预言家从 20 世纪 30 年代末的经济萧条中推断得出："民主政体一旦偏离平衡预算便会走向消亡，这个危险是如此真实而巨大。"[6]批评者在这点上是正确的：不存在判别预算重要性的万能定律，事实证明，支出犹如一部单行向上的自动扶梯。预算失衡是不是关键致命问题已是另一回事。

第二次世界大战期间的大规模军备支出似乎验证了英国经济学家凯恩斯的理论（正如战时的快速创新已证明了长期性经济停滞的假设是怎样的不合理）。在英国和美国，随着政府支出的增加，即从占 GNP 1/3 上升到将近一半，两国的经济得到复苏，收入也增加了。大规模的军事动员和战时生产造成劳动力的紧缺。政府不断加强实行等级制度，通过对工资、物价和资源分配的控制，实现战争生产能力的最大化，限制了自由市场的力量。在美国和英国，个人所得税、商业税和奢侈品税急剧增加，既为战争提供了经费，又控制了通货膨胀。1943 年，美国采取雇主扣缴个人所得税的政策，将个人所得税转化成"沿用至今的"大众税。

对于战后经济萧条的恐惧一直很强烈：在 20 世纪 40 年代中期发表的宣言中，呼吁扩大对社会福利和公共基础设施的支出。① 只是在第二次世界大战之后，学者们才开始着手厘清那段时期的关于税收、支出和债务的国家政策的知识体系——一个代表政府经济管理的重要转变的一系列思想和事件。直到第二次世界大战的结束，税收和支出流程要求更广泛的经济功能和更狭窄的金融功能。不再足以在税收和支出金额之间保持合理的平衡。随着宏观经济财政政策叠加在预算平衡的流程中，税收、支出和借贷变成了经济管理中不可分割的三位一体工具。战时政府支出的恢复作用使这项新的社会技术合

---

① 1943 年，英国和美国同时出版了两份政策性文件，概述了未来的形势。威廉·贝弗里奇的《在自由社会中的充分就业》（亦称为贝弗里奇报告）为在 1945 年英国工党胜利后所采用的福利国家的社会保险措施奠定了基础；另外一份美国国家资源规划委员会（National Resources Planning Board）的报告受到的关注则较少。但是，从美国全国制造业协会到加州实业家亨利·凯泽，再到国会委员会，美国的政策制定者们开始以他们自己独特的方式发表声明，阐述如何在社会摩擦最小的情况下，恢复和平时期的经济。不久，就产生了具有里程碑意义的立法——1946 年的《就业法案》。

法化。

从某种意义上来讲,自 1930 年以来,欧洲和美国政府的发展反映了人们对政府积极影响社会的能力所持有的乐观态度,这种乐观情绪与 18 世纪英国和法国启蒙运动时期的知识分子群体的兴奋程度差不多。与狄德罗(Diderot)和伏尔泰(Voltaire)的观点相呼应的是,政府活动人士坚持认为,人们生活的环境不仅仅取决于市场力量的单一因素。法国启蒙运动的影响提出了相应概念,那就是为重建因战争而遭到破坏的工业,建设基础设施(如公园、住房和高速公路),并提供社会保险。回想起大萧条时期(在英格兰西北部、美国种棉地带、德国鲁尔)部分地区受创严重,战后世界的政策制定者们将平等主义的启蒙主义教条与盎格鲁-苏格兰的个人自由主义思想融合在了一起。通过为贫困地区注入公共和私人投资,并通过补贴、税收优惠和就业再培训项目,政府和私营部门可以一起提高社会公正并带领人们过上更美好的生活。至少,这些做法都是比较理想的。

受大萧条和战争期间累计潜在需求的影响,西方民主国家战后经济快速增长,为人民带来空前的繁荣。鉴于此,贡纳尔·梅尔达尔(Gunnar Myrdal)的对和平乐观主义的警告被无视了。[7]但是,与第一次世界大战的后果不同,在第二次世界大战后的 10 年里,政府规模并未收缩。由于税收在 GNP 中所占的比重越来越大,经济规模增长大大超过了政府规模的增长。此外,20 世纪 40 年代末和 50 年代持续的国际紧张局势,造成不断增长的军费支出。政府认为,国家之间进行小规模战争可降低大规模战争所带来的伤害。由中央政府资助的科学研究,是提升国家实力的重要武器,他们在第二次世界大战前刚刚开始,并在第二次世界大战后一直进行着科学研究,总支出已经在一些国家的 GNP 中占有相当的比例,但由于经济迅速增长,预算仍然保持着平衡。更确切地说,不平衡的可能性微乎其微。然而,即使到 20 世纪 60 年代中期,经济高增长率也不足以提供增长的养老金、医疗和其他社会福利计划所需的资金。未来是与过去相互贯通的。始于第一次世界大战,我们现在转向从第一次世界大战开始的那段历史。

3 个西方民主国家在第一次世界大战期间的税收和支出

在过去的年代里，战争几乎一直持续不断；在当今世界，战争破坏了社会的正常秩序，导致经济的全面崩溃，这大大影响了税收和支出。

战争是否为战后复苏提供了动力？更高的税收——加上更多的支出，或用于新用途的支出——也许会被逐渐接受。即使税收和支出水平已从战时高点降低，一些政策也会持续发生变化，并留下长期的阴影。我们在此追溯第一次世界大战对美国、英国和法国这 3 个西方民主国家预算产生的影响；这些国家都是战胜国，保持了政治上的连续性。即使在紧急情况下，国家在过去培育起来的政治文化，也影响着其政府获得战时所需资金的方式；各种机构就是具体的体现。它们从各自经历中吸取的教训会通过文化传统体现。

从中世纪晚期开始，法国政府就以渐进的方式进行融资，即依靠临时税收来获得所需的资金，并制定临时借贷和支出的方法。尽管第一次世界大战需要大规模的动员力量，法国的财政策略在战争期间也几乎没有改变。

根据法国在 19 世纪制定的预算规则，由议会而不是财政部来控制预算。财政部部长向下议院提出预算提案，而下议院保留启动财政法案和建议增加原预算的权利。这样的安排鼓励立法者通过谈判来扩大支出；在这个过程中，削弱了当时所谓的预算平衡。早在战争开始之前，税收通常就少于支出，因为考虑到多党制，没有哪位政治领导人有足够的实力承担提议增税的风险。[8]因此，当战争爆发时，下议院全权委托政府进行一次性支出贷款，也不管是民用还是军事用途。根据战时财政部部长的说法，在这种情况下，"人们会认为可以不受限制，不计后果地花钱"[9]。

战争确实刺激了支出的大量增加。尽管战前 10 年（1903—1913 年）的支出增加了 56％，但 1913—1920 年间总支出增加了 10.4 倍，1913—1916 年间每年都翻一番。增加的 70％以上的支出用于购买武器装备（见表 8.1）。

表 8.1 支出相对于税收不成比例的增加表明法国人第一次世界大战期间大量借款[10]

年份	支出占 GNP 的百分比(%)	国防支出占总支出的百分比(%)	税收占 GNP 的百分比(%)
1905	9.4	27.8	8.1
1913	9.7	35.7	7.9
1914	19.8	66.3	7.0
1915	35.0	79.3	5.6
1916	36.6	79.8	5.5
1917	33.8	75.8	5.1
1918	32.6	72.2	4.5
1919	30.6	43.9	7.5
1920	25.5	17.7	7.5
1924	19.0	13.1	11.0

　　第一次世界大战是整个工业革命时期的首次战争；法国是一个由小商人和农民组成的国家,在进行战斗时必须要政府对其经济进行实质性的干预。为了实现"军火和战争物资的持续和无限的输出",政府实行了工资和物价管制,并向关键性商品的生产商提供补贴。与英国和美国(甚至是德国和奥匈帝国)不同的是,法国政府机构在这种形势下仍扮演着企业家的角色,需要购买原材料,支付工人工资,并向生产商提供资金。[11] 为了保持社会凝聚力,法国政府并没有过于限制消费。

　　1913 年,法国开始效仿其他国家实行所得税政策,但因战争爆发,这一措施被推迟。由于政治家们期望战争迅速取得胜利,他们开始达成一种消极的共识,即他们计划用一个战败德国所提供的赔偿来支付战争所产生的费用。(1870 年法国与普鲁士的战争的失败仍然让人很愤怒;而当时法国政治家们或希望能够收回德国的赔偿金。)在没有额外的战争税的情况下,法国依靠的则是各种市场税艰难度日(其中的一些市场税是在 1789 年革命后被采用的)。

　　持续的战争让法国逐渐陷入资金缺乏、举步维艰的境地。至此该国政府不得不举债。1914—1919 年间,税收收入仅占该国支出的 16.5%,其余部分依靠贷款。从实际情况看,法国大部分的战争债务并没有得到该国政府的资金支持，但碍于现金需求，法国政府通过发行短期的高于市场利率的国债来偿还战争债务。截至 1918 年前，税收收入还远不能支付债务服务费。

这一过程所带来的结果就是通货膨胀；在战争结束之前，物价的迅速上涨增加了公共和个人支出。与此同时，法国政府仍需保持当政状态。为了维持赤字，通货膨胀一直持续到 20 世纪 20 年代。由于德国政府未能按时偿还赔款，导致法国各界面临着持续的亏损。此外，正如最近的汇率波动增加了第三世界国家的债务负担一样，由于大部分战争债务是由外国人所持有，所以，战后汇率的波动增加了法国政府需要偿还的债务量。

还有一个重要的情况，即法国的社会保障项目在战后得到扩大，这在战前是极其罕见的。法国的战争离不开社会服务，战争支出的重要用途就是直接救助本国公民。政府需要向战争遇难者家属提供经济援助，为孤儿和受伤士兵提供抚养费，还要为退伍残疾军人建立再就业培训设施。

该措施在救济过程中引发了对法国社会状况的"评判"，揭示了比迄今所认识到的更严重的贫困。因此，公民和政治领导人在战后都迫切要求增加社会保险。在经过 10 年的积极酝酿后，法国于 1928 年颁布实施了一项社会保险计划（其不同于德国和英国实行的工人-雇主共同缴费计划）。政府为养老和疾病保险的综合项目提供全部的资金和管理，并提供儿童津贴，以解决战争期间人口减少过快的问题。[12]

英国的政治文化与法国截然不同，通过成熟、稳健的民主体制，英国运用广泛认可的平衡预算准则所建立的社会纪律来处理战争融资问题。习惯于对收入和购物交税的英国公民，对战时联合政府通过征税来支付战争费用的做法表示支持，从而避免了过多的债务及其通胀后果。所有政治党派——工党、自由党和保守党——都对战争时期的高水平税收表示接受，这充分显示出英国社会在应对挑战时的凝聚力。与法国众议院不同的是，英国议会并不赞成为部长级支出提供无限制的授权（自 1688 年革命以来，这样做实际上会触犯法律）。

在战前 10 年，英国的支出和税收仅略微增加了约 1.3 倍，要是回到 1895 年，如果消除了布尔战争的影响，则增幅将会更大。在 1914—1918 年间（见表 8.2），战争使英国的支出增加了 8 倍。当战争爆发时，政治上的领导者们开始以高额累进所得税的收益来支付战争费用。首相大卫·劳埃德·乔治在战争头两年因没有及时加税而备受批评。在战争结束时,所得税的收入约占总收入的 4/5(83%)。自 19 世纪中期以来,英国已开始征收所得税,政府很清楚如何能带来更多的收入。政府的经济顾问十分清楚,高税收会通过减少可支配收入来控制通货膨胀。尽管英国政府决定避免大量借债,但偿债确实消耗了约 1/5 的战时预算。约 1/3 的战争支出是在"量入为出"的政策下实施的,这远远超过法国,但远没有将通胀和未来偿债的费用降到最低。通货膨胀促使战后支出骤然增加。

英国在战前就建立了失业和养老保险制度,社会服务成本是其最大的支出(在 1913 年占预算的 33%)。虽然社会服务项目在扩大的战时预算中所占的比例较小,但用于福利的绝对金额上升了,尤其是到了战争最后。

战争前两年,政府试图像往常一样平息骚乱。然而,战争确实影响了公众对社会需求的认知,创造了一种有利于先前不可接受的变化的氛围。虽然在战前,妇女参选遭到了广泛的抵制,但妇女参与战争后,最终使赋予妇女投票权的立法得以通过。在国家统一的推动下,工会成员数量和工党在议会中的席位都有所增加,这使得他们看起来更受欢迎和尊敬。[正如温斯顿·丘吉尔(Winston Churchill)所发现的那样,第二次世界大战对主张平等的政党都产生了类似的影响。]作为有一定社会影响力的团体,妇女和劳工都赞成扩大社会保障项目。

表 8.2　　　　　　　　**英国把国民收入的一半投入战争**[13]　　　　　　单位:%

年份	支出占 GNP 的百分比	国防支出占总支出 的百分比
1905	6.7	42.3
1913	7.1	40.2
1914	20.4	78.3
1915	47.2	89.7
1916	58.0	89.8
1917	57.0	89.1
1918	47.6	85.2

续表

年份	支出占 GNP 的百分比	国防支出占总支出 的百分比
1919	29.0	41.5
1920	19.1	24.6
1924	16.3	15.3

战时联邦政府成立了一个新的中央卫生部,并在 1916 年成立了建设部,以此来研究战后的重建问题。该部"研究的范围很广……几乎涉及社会的方方面面"[14]。然而,它提出的大部分建议都被忽略了。[15] 即便如此,在一些社会课题价值方面达成的共识却引起热议,也因此增加了政府的相关支出。到1920 年,随着失业和医疗保险覆盖面的扩大,以及一项新的住房补贴计划,使社会福利支出提高到战前水平的 4 倍。到 1924 年,由于经济大萧条,产出减少,福利支出增加,公共部门消费约占 GNP 的 20%,大约是 1913 年的两倍。

尽管相较于英法两国在第一次世界大战中付出的代价,美国较晚加入第一次世界大战使得其在财政上并没有支出太多,但这次战争改变了以往美国人认为联邦政府小气的印象。1913 年中央政府的支出仅占 GNP 的 2% 左右(见表 8.3)。到 1917 年,战争支出让政府的支出提高到了 GNP 的 21%。然而,战争一结束,支出就减少了,但减少的速度并不像起初增长时那么快。

表 8.3　　　　　　　　**美国暂且避过战争条件下的预算方式**[16]　　　　单位:%

年份	总支出占 GNP 的百分比	税收占 GNP 的百分比	国防支出占 总支出的百分比
1905	2.3	2.2	43.3
1913	1.8	1.7	41.1
1914	1.9	1.6	39.8
1915	1.8	1.8	42.8
1916	4.0	2.1	30.9
1917	21.0	5.6	56.2
1918	24.1	5.9	73.4
1919	7.6	6.8	62.8

年份	总支出占 GNP 的百分比	税收占 GNP 的百分比	国防支出占 总支出的百分比
1920	5.5	5.4	51.0
1924	3.4	3.7	20.5

20 世纪初,美国政府除了关税之外没有任何生产性收入来源,也没有一个统一的预算支出机构。第二个 10 年开始,美国政府正在逐渐失去其所拥有的一切。当然,除了那虚无缥缈的永久繁荣梦。

1909 年颁布的联邦企业所得税是一个开端。继 1913 年宪法修正案许可征收个人所得税后,国会再一次颁布了个人所得税立法。新税最初只是针对收入极高的富人,规定缴纳的比例与现有标准相比并不为过,涉及的人群也不广泛。个人年收入低于 3 000 美元的(若已婚,标准为低于 4 000 美元),无须缴纳任何税费(1913 年的人均年收入为 621 美元/年)。[17] 较高的个人收入免税额、税金扣除额、低税率及宽松的收入等级,最大限度地减少了除富人以外的其他人的负担。

随着关于美国是否应该参战这一问题的持续争论,政策制定者借鉴了美国南北战争的经验(几乎全部通过借款支付),一致认为不应发行国债。1914 年国会决定对奢侈品征收附加税。为在宣战后可以进一步扩大收入,国会提高了企业所得税,并对每年超过 2 000 美元的个人收入征收所得税。1917 年后联邦财政收入指数的增长表明,当国内经济快速增长时,税基广阔的所得税会产生极大的收益。1914 年,联邦政府共征收了 7.35 亿美元,1917 年税收收入为 11.18 亿美元,1920 年为 66.98 亿美元。

然而,鉴于美国根深蒂固的个人自由主义现象,战争期间扩大征税和支出确实对民众造成了巨大的伤害。即使通过增加联邦政府收入(将人均税从1913 年的 23 美元调高到 1919 年的 75 美元)也无法满足战争支出。尽管事与愿违,但政府仍不得不靠借款支付大部分战争费用(约 70%):1917 年通过的两部《自由借款法案》授权财政部部长借取"满足公共支出可能必要的金额,并据此签发债务凭证"。[18] 无财政应急措施;国会和最近成立的联邦储备委员会通过限制借款金额和允许利率范围来维持对财政部的严格控制。①

战争期间和战争结束初期，政治精英们担心战时赤字会削弱平衡预算准则的功能。战时财政部部长卡特·格拉斯（Carter Glass）这样说道："……财政部为巨大的战争支出源源不断地提供资金，可能导致战后公共支出的骚乱，显然这种情况是危险的。"[20]格拉斯与英国 19 世纪热心公共财产监护人格莱斯顿的想法不谋而合，他认为盈余将导致不必要的支出。虽然战后债务偿还是决策者首要关注的问题，但最优先考虑的应是精简中央政府的规模。1920年在沃伦·哈丁任职总统期间，他阐述了当时的主流观点："政府的巨大成本并不都是由战争引起的，战争只是加剧了其成本增加和过度支出的威胁，这是精明的私企商人所无法容忍的。"[21]由此联想到今天经常听到的一个主题，支持市场经济体制的精英们认为，高度和平时，公共支出将阻碍经济增长。[22]如果美国人民想要缩小政府规模，他们应该像过去一样，征收最低税收并保持预算平衡，正因如此，1923—1924 年，联邦支出从战时高达 24％的 GNP 降至3.4％（从 1913 年的 2％开始上升）。由于国家债务的利息支付耗费了当年40％的公共支出，公共部门的支出必然受到限制。

美国继承了英国的自愿主义和地方主义传统，为贫困人口提供援助。19世纪最后 25 年里，快速工业化和城市化使这种传统在战争开始时得以完好保留，退伍军人的养老金是公民可以要求的唯一联邦援助。正如 1908 年社会改革立法之前的英格兰一样，美国公民可以从当地政府得到公共救济，这被视为是他们应得的。在那些日子里，应得公共救济的贫困人群主要是没有个人资源或家庭支持的孤儿寡母。

虽然美国因工伤事故造成的死亡和伤害事故远远大于 20 世纪初的欧洲[23]，但是直到 1912 年，无论是联邦政府还是州政府都没有对因工伤造成的死亡或伤害事故采取强制性的赔偿。但战争确实改变了个人自由主义，在和平时期潜伏的改革思想得到全员社会的支持。1920 年，41 个州政府和联邦政府采纳了工伤赔偿的提议。[24]

发生在美国的进步运动并未像 19 世纪末英国的法比亚人与工党运动一

---

① 在这方面，众议院拨款委员会主席菲茨杰拉德（J. Fitzgerald）说："政府要求的 8.4 多亿美元被拒绝了……因为目的不明……认为没必要进行战争……"[19]

样,同美国新兴的工人运动结盟。尽管美国进步人士并不想掺和到社会主义中来,但他们相信,一个充满着爱心的集体,一股汇聚了他们这般高知精英的力量,注定能为那些社会上相对弱势的群体提供帮助。① 第一次世界大战期间,进步党在儿童福利及孕产妇保健方面设立完善法律,在清除贫民窟、城市住房计划和社会保险这三方面不断为民争取。在征兵对象中有如此多人因身体健康状况不佳而被取消招募资格,这无形中导致了人们对健康保险的需求日益增加。尽管如此,无论是在第一次世界大战期间还是在战后,民众对于"小政府"管理方式(即少政府干预,多个人自由)的偏爱意味着他们所能采取的行动其实并没有多少。

第一次世界大战推动了先前已有趋势的发展。战前在英国和法国所启动的社会服务项目在战后得到了拓展,还增加了新的项目。虽然美国军方获得了目前为止最大的一笔军费,但英法美三方的军费之和仍难回到战前水平。

战争的政治文化意义是非凡的。官僚机构的规模增长了两倍以上,其在获取资源和管理大型项目方面的能力进一步提高,并带来了长期深远的后果。当时,在如何筹集及分配资金方面尚有许多需要学习之处。由于担心如此发展下去,将面临一个失控的官僚机构,特别是考虑到国家在社会福利支出方面的问题,促使了美国当局对中央财政控制权的重新把握。财政支出分配制度得以具体化。备受社会支出倡导者所拥护的外界专家们被拒绝进入公务员队伍,从而加固了公务员队伍的边界建设。国债和财政部门得到蓬勃发展。在20 世纪 20 年代到 30 年代早期的政治氛围中,这些单位的负责人[霍勒斯·威尔逊(Horace Wilson)爵士、华莱士·费舍尔(Wallace Fisher)爵士,道斯将军]在业内名声显赫,对其他人而言却是臭名昭著。而他们为之奋斗的却是一

---

① 在一份为联邦政府的工业委员会(该委员会 1914 年曾授命调查勒德洛大惨案以及提出改善劳资关系的建议)准备的少数派报告中,威斯康星大学经济学教授、资深进步人士约翰·康芒斯(John Commons)提出了一些劳工政策建议,而罗斯福新政时期采取的劳工政策与其相似。工业委员会的经济学家威廉·M.莱瑟森(William M. Leiserson)建议设立一个"改善公共设施专项州级基金——是一种应对工业萧条的保险基金"。该基金由各州委员会管理,也由各州配套资金拨款资助,旨在通过建设公共基础设施和进行土地复垦及再造林项目来缓解失业问题。罗斯福新政劳工与社保立法中有相当一部分是由康芒斯的学生起草的,他们当时也是威斯康星大学的教授,在参与新政立法的过程中,他们尽量借鉴此前在威斯康星州从事州级立法工作的经验。事实上,新政立法特有的联邦与州的组合(例如公共援助),多半是因为他们深信各州适合开展各种社会服务项目。[25]

场毫无胜算的较量。政治潮流在 20 世纪 30 年代转向调头，并在 20 世纪 50 年代到 60 年代风起云涌，与之前恰恰相反，上述诸多行政管理技巧转而服务于增加国家财政支出方面。

皮科克（Peacock）和怀斯曼（Wiseman）对政府支出的增长进行了一项重要研究，社会动乱改变了公众对税收的看法。[26]战争期间，公民习惯了高额纳税；即使战后税收降低了（虽然没有降低到战前水平），但公民已经习惯了战时的高额纳税，并已准备好应对战后更高的支出。这个假设有可取之处，但忽略了双向选择的益处。社会各个势力阶层对动乱的反应会影响其忍受不安定的程度。抵抗动乱是个需要多方面共同面对的过程。

例如，美国在战后支出的降幅高于其他国家，主要原因是国家精英们在预算平衡问题上达成了共识。在美国战前的意识形态方面，对夺取胜利的个人自由主义观点没有改变；事实上，反对战时中央政府不断扩张的行为，加大了战后公众要求政府精兵简政的压力。

20 世纪 20 年代的债务与稳定：
以法国、德国、英国、瑞典及美国为研究对象[27]

债务管理与债务减除是 20 世纪 20 年代最重要的两大预算问题，第一次世界大战之后，美国和西欧国家都背负上了巨额债务，利息付款决定了公共预算，每个国家管理本国债务的方式展现出他们的政治生活和财政生活状况。

衡量公共债务趋势的方法有很多，没有一种方法是完美无缺的，但是这些方法都能揭示一些问题。最显著的方法，是按照当前数值计算债务水平，这种方法能显示债务是减少了还是增加了，但是无法体现其对债务在整体经济中的重要性，也无法体现其对通货膨胀的影响。债务在 GNP 中的占比确实突出了其在经济领域中的重要性，但是它不会提供信息说明发生变化的原因（例如，如果债务在 GNP 上升时保持不变，或在 GNP 稳定时下降，那么债务占 GNP 的百分比可能是相同的）。此外，由于公共债务的利息支付是一种持续性的负累，在衡量借贷对经济的影响时，它们的利率和金额与债务总额一样重要。如果忽略偿还本金的难处，那么利率为 2％的 40 亿美元的债务并不比利率为 4‰的 20 亿美元更糟糕。因此,了解一国债务状况的变化最好使用各种分析方法。

第一次世界大战后,英国和美国没有使本国货币升值。德国作为战败国,无法延期偿还在战前和战争期间因赤字融资所积累的巨额债务。由于德国公民对偿还贷款的能力缺乏信心,战后通货膨胀严重。与之相反,法国却能够避免大规模的通货膨胀,这是因为法国公民愿意购买本国政府的债券。德国和法国的支出金额很高:1920—1923 年,德国政府的收入还不到支出的 30‰;在同一时期,法国的财政收入占支出的 40‰,虽然比魏玛共和国(即德国)好,但仍然没达到尽职尽责的政府财政模式的要求。当德国政府不能再借钱的时候,它就开始印刷纸币了。结果是通货膨胀迅速加剧,于 1923 年达到顶峰。[28]

这些国家处理各自债务的方式迥异。1919 年,美国国内债务总额为 250 亿美元,仅支付的利息就接近 10 亿美元。美国从未有过这样的赤字,美国领导人希望减少赤字。到 1930 年,债务减少了 1/3,达到 159 亿美元,因经济在过去整个 10 年里处于增长态势,由此带来了丰厚的收入。

由于美国向来信奉个人自由主义,所以在我们所研究的对象中,它成为唯一在 20 世纪 20 年代就偿还完大部分债务的国家,但它不是唯一的债务减轻的国家。由于 20 世纪 20 年代早期的通货膨胀使德国马克遭受贬值,所以德国在相当短的时间内全额还清了自己的战争债务。1924 年,当货币币值稳定下来,德国所负的债务是最少的,仅占 GNP 的 2.9‰。然而,德国的债务偿还与美国是没有可比性的,因为在过去的 10 年里,美国只出现了轻微的通货紧缩:美国的债务是按全额偿还的。平衡预算的观点长期以来确实发挥了作用。尽管有几年的预算盈余,但在 20 世纪 20 年代,法国的债务实际上是增加的,然而,到 20 世纪 20 年代末,没偿还的债务要比开始的时候少了。

很难相信,一个背负着巨额国内债务的国家,会由于没偿还的债务的面值与利率成反比而奉行通货紧缩政策,伴随着经济的衰落和利率的下降,没偿还的债务的现有市场价会上升。但这确实是英国在第一次世界大战之后 10 年所做的事情,英国基本上平衡了他们的预算,因此债务并没有上涨——但他们也无法减少债务。在整个 20 年代,利息占公共支出的近 40‰(略高于 GNP 的 6‰)。债务在总金额中的比重并没有减少,或者说其占 GNP 的份额并没有下降，这10年结束时，英国同样背负了巨额的战争债务，不仅时时消耗着高昂资金，而且要承担高昂的税率，人们称其"掏空了国家，使国家走向灭亡"。美国和瑞典也经历过通货紧缩，但都没有英国背负的债务多。

有一种不同的策略，即一次性对资本收益征收重税，这种具有社会主义倾向的政策并没有得到英国工党的支持。这种策略试图一举消除债务，直接实现德国通货膨胀所产生的间接作用，即在不偿还债务的情况下消除现有债务。资本税很有可能是由债权人支付的，因此征税相当于抵销了债务。

在战后的几年里，法国和德国都产生了数额惊人的赤字，但两国的反应不同，德国通过借贷和印制钞票（来解决问题），而法国人则通过削减支出和增加税收（来解决问题）。1922年法国政府的预算里取消了42 000名公务员的经费，并在1923年的预算里进行了进一步的削减。[29]到1925年，法国的预算便出现了盈余，在大萧条开始之前，平衡预算和少量盈余一直是惯例，结合1920年巨大规模的赤字来看，这次萧条是非常显著的。人们经常形容法兰西第三共和国是"不倒翁"，而当情况变得足够糟糕时，平衡预算、增加税收和削减开支这些措施也是难以为继的。

最重要的并非是否偿还了债务，而是如何偿还债务。约翰·梅纳德·凯恩斯观察到法国和英国债务政策差异中极具讽刺意味的现象：

> 在英国，我们的当局从未像他们的法国同事那样信口开河，也从未肤浅地质疑如此完美的财政规则。但是英国已经度过了过渡时期，伴随着债务负担的加重，其对美国要承担的义务也没有减少，通货紧缩式的财政政策仍然适合于英国，美国只能接受100万人失业的后果。另一方面，法国在记录国内战争债务的时候将其减少至4/5，并且说服其盟国减免一半以上的外债；而目前法国在避免成为通货紧缩的牺牲品。然而，法国在设法做成这件事的时候，丝毫没有丧失保守财政和资本主义原则的声誉。法兰西银行要比英格兰银行强大得多；所有人依旧认为法国是坚持"强有力的储蓄及吃息者心理"的最后据点。毫无疑问，做好事并不值得。[30]

英国能顺利走出20世纪30年代的大萧条，是不是因为其正视了自己所背负的债务，而不是像法国一样想逃避自己的债务，这一点还无法确定。

20 世纪 20 年代的支出

20 世纪 20 年代，各国的支出都比战前高，但是，除了德国，在过去的 10 年里，其他国家的支出并没有增加，而且经常下降。英国在 20 世纪头 10 年实行的失业保险在 20 年代有所扩大，但货币支出直到 1929 年才有所增加。(在 20 世纪 30 年代，旧式的手工作坊所承受的压力比它原本承受的更大，因此解体了，给失业者的补助在不知不觉中与给贫困人群的补助融合在一起。)尽管失业保险直到 1931 年才成为强制性的东西。在 1905 年，法国正式通过了一项自发性计划。德国很早就建立起了社会保险机制，1927 年颁布了失业保险。[31]瑞典在 20 世纪 30 年代之前没有实施任何形式的失业保险。[①]

为什么 20 世纪 20 年代的社会支出没有 1900—1910 年间的多呢？那时候很多国家都处于繁荣之中，这一现实能解释很多事情：美国、法国和瑞典这些社会支出比较适中的国家，在过去 10 年呈现健康发展的 GNP。当资本主义经济蓬勃发展时，对其不足之处进行纠正的紧迫性和必要性就会减弱。英国的社会支出增长得很少；即使有 100 万人失业，英国还是感受到了巨额公共债务和高额税收的限制，他们认为自身已很谨慎地限制了支出。一场关于英国预算的大辩论围绕着"是减少税收还是分期偿还债务"而展开。保守党倾向于减税而工党倾向于减债；但两党似乎都没有考虑通过保持高税收和偿还战时债务来资助更多的公共支出。据内阁会议记录显示，通货紧缩的经济、低工资率以及被视为经济复苏所必需的低支出，对两党都有着巨大的影响力。

英国的情况表明，20 世纪 20 年代的政治有一个极其普遍的特征，即工党和社会党都具有软弱的一面，这一点可以用来解释社会支出稳定性的原因，丹克沃特·鲁斯托(Dankwart Rustow)解释说，在瑞典，从 1920—1932 年，"右翼、左派和中间派政府相继迅速形成，但如果没有自由党的支持，任何团体都

---

① 简·埃里克·莱恩(Jan-Erik Lane)告诉了我们一种救助方式。从 1914 年开始，一个国家委员会来负责安排瑞典的公共工程。毫无疑问，有许多人从此得到了帮助，但就这些失业人员参加公共工程的准入条件方面存在争议，就像 19 世纪的英国一样，接受公共援助的人们失去了个人自主权。议会中保守党的多数人认为：(1)工资要低于市场工资，(2)尽可能地把失业人员送到有工人罢工的工厂。如果失业者拒绝这样的工作，那么政府就该停止对他们进一步的援助。1933 年，社会民主党政府改变了这些规定，劳资关系得以改善，以战胜经济萧条。由于战争准备扩大了瑞典商品的市场需求，所以经济状况有所改善。

无法执好政。因此，直到达到自由党的经济标准，保守党要求拥有强大的军队以及社会党要求出台积极的福利政策的次数才开始减少"[32]。

那么，在其他国家支出保持不变或者下降的情况下，为什么德国的公共支出却在增加呢？德国有什么诀窍呢？各党派之间的权力是分散的，这在其他国家也是如此。也许最重要的区别在于，德国比英国、法国、瑞典和美国更容易受到社会动荡的威胁，更多的支出被视为获得社会安定的一种手段。1913年，德国社会保险占政府支出约 12％，1925 年上升到超过 15％。在接下来的5 年里，社会保险支出增加了近 10％，因此在 1930 年，社会保险支出占政府支出的 25％多点。[33]

因为 20 世纪 30 年代的经济大萧条，最初旨在作为社会保险的计划最终成为社会保障。于 1911 年，英国启动了一项失业救济计划，该计划的范围非常有限，它并不是以雇员所缴的养老保险金额为准的。随后的每一个失业救济计划都被设计成了保险计划。受雇的工人及其雇主都要缴纳保险基金；由此累计的款项能为员工在失业期间提供补偿。20 世纪基金会在 1937 年的一项研究报告中指出，福利计划是根据缴纳款项指定的，因为"许多国家面临着寻找新的收入来源这一尖锐问题，发现以'缴款'的名义收取所需收入，在政治上比增加一般性税收的形式更为可行。这是形成缴费型养老金趋势的基本原因"[34]。缴费型和非缴费型的方式合并使用，是由于所有地方的缴款都不够，正如英国在 20 世纪 20 年代发现的那样，大概是在福利扩大到绝大多数工人之后，当时的就业情况进入了近 20 年的低迷期。一名社会政策专业的优秀学生马歇尔（T. H. Marshall）这样解释道：

> 保险福利很快就耗尽了，必须做出选择，是完全放弃缴款与福利之间的关系，还是将负担转嫁给《救贫法》，即转嫁给当地费率。这种选择不切实际，因此政府采取了一种折中的方法，即放弃保险原则，但尽可能地保留保险机构和保险术语……社会保险本是合同性质的，因为它赋予了以缴纳款项为条件的权利。如今缴纳款项的义务已经中止，但领取救济金的权利仍然存在。[35]

20 世纪 20 年代至 30 年代，英国和德国政府对缴纳款项的补贴比例逐渐发生了变化。[36]而且，当美国在 1936 年实行养老保险和失业保险时，这两个计划的资金都是完全由工人和雇主共同出资的信托基金支付的。

在 20 世纪 20 年代,债台高筑的国家是支出最高的国家,但债务只解释了这一现象的部分原因。在负债累累的英国和法国,1920 年的政府支出分别占 GNP 的 19.8% 和 27.8%。债务较少的美国和瑞典在公共支出上投入的 GNP 要少得多,1920 年的占比分别为 5.5% 和 7.1%。扣除利息后,英国的支出仍远高于美国,略高于瑞典(因为缺乏数据,所以不能与法国和德国进行比较)。除了德国之外,在过去的 10 年中,高支出国家仍然保持着很高的支出,而低支出国家则保持着很低的支出,促使瑞典和美国在偿还债务的相同力量也导致他们的支出更少。

不仅负债国家比相对无债务的国家花费更多的 GNP,而且据表 8.4 显示,除德国外,其他国家 10 年来政府支出占 GNP 的百分比稳步下降。随着各国继续偿还债务利息并且减少部分债务,支出相对于 GNP 下降,因为国防和社会支出等大多数其他拨款保持不变。法国在相对支出方面实现了最大幅度地削减,因此,到 20 世纪 20 年代末,法国的总支出约占 GNP 的 15%,与英国相当。美国和瑞典也设法降低了这一比例:美国从 5.5% 降至 4%,瑞典从 11.3% 降至 7%。

表 8.4　　　　　　20 世纪 20 年代各国政府支出占 GNP 的百分比[37]　　　　单位:%

年份	法国	英国	美国	瑞典	德国
1920	25.5	19.1	5.5	7.2	*
1921	22.5	20.1	4.7	11.3	*
1922	27.9	17.1	4.2	12.4	*
1923	21.1	16.3	3.4	9.3	*
1924	19.0	16.3	3.4	8.5	7.2
1925	15.1	15.9	3.1	9.0	8.1
1926	13.8	16.9	2.9	8.5	9.0
1927	14.1	15.9	3.1	8.2	8.7
1928	12.8	15.5	3.2	8.7	9.7
1929	14.9	15.7	3.2	7.4	9.3
1930	14.3	16.6	4.0	7.7	10.2

注: * 号代表 GNP 数据不详。

只有德国政府稳步提高了政府支出占 GNP 的比例，到 1930 年达到了 10%。

在 20 世纪 20 年代的公共支出构成中，最令人印象深刻的是其稳健的特性，英国和美国的预算（比其他预算更详细）没有显示出过渡的变化。1926 年、1927 年和 1928 年的德国预算（这是我们仅有掌握有效数据的年份）显示，分配给不同职能的份额没有变化，尽管预算规模在不断扩大。法国无法做这样的比较。对瑞典做比较并不容易，但在 20 世纪 20 年代时，国防预算份额仍然保持在 20%。所有证据都表明预算稳定不变。也许，当人们考虑到"临时政府"的激增情况时，20 年代的僵化并不会令人大吃一惊。大胆的措施在给部分团体带来好处的同时，也不可避免地会伤害到某些团体，这正是一个以软弱联盟为基础的政府无法实现的政策；即使冒犯了一小群支持者，也可能导致政府倒台。然而，这种结构性分析是假定联合政府的某些成员是支持增加支出和征税的。但据我们所知，这种支持力量势单力薄。通过从更高额的公共支出中进行"单边支付"来团结这种联盟，是 20 世纪下半叶的一个发现。

20 世纪 20 年代的税收

在 20 世纪 20 年代，法国、德国、瑞典、英国和美国的税收结构非常相似；所有这些税收结构都或多或少地依赖于所得税、各种消费税和关税。这些国家之间的直接税与间接税的比例也大致相同。对每个国家来说，所得税都是最具生产力的单一税种；在美国，由于从开战时起税收水平就大幅度降低，所以它尚未成为主要税种。在征收所得税之前征收的一系列间接税仍然占政府收入的很大一部分。

第一次世界大战之前，英国的间接税很大一部分来源于茶、糖、咖啡、可可和蜜饯等所谓的"早餐税"；战后，对烟草和酒精的"罪孽税"取代了这些递减的消费税。英国在第一次世界大战期间颁布了新的消费税，并在两次世界大战期间增加了其他税种。在温斯顿·丘吉尔担任财政大臣（1924—1929 年）时，减少消费税的趋势已经停止，但没有得到逆转。在整个 20 年代，间接税贡献了大约 35% 的税收。

相对于英语国家来说，间接税对于欧洲大陆显得更重要，在法国和德国间接税占收入的 50％～60％，在瑞典则占收入的 70％。这是 19 世纪财政政策的延伸。欧洲各国政府对一些类似的诸如糖类的共同消费项目征收消费税。随着 20 年代保护主义的加强，关税在法国、德国和英国的税收收入中也占了很大比例，大约为 10％，在瑞典和美国的比重也接近 20％。

在德国和美国有累进所得税，但瑞典、英国和法国没有。在德国，基本税率为 10％，当收入超过 80 000 马克时，税率会上升至 40％。与德国的高税率相比，美国的税率比较稳健，增长幅度不大。1926 年，对于前 4 000 美元收入征税的税率降至 1.5％，而在超过 8 000 美元后税率则上升到 5％。英国、法国和瑞典的人口出生率是一样的，尽管法国希望在战争大灭绝之后提高出生率，对单身汉和无子女夫妇还收取更高额的税。1926 年，法国的统一汇率为 30％（从当年的 60％降下得来），英国的汇率从 6 先令换 1 英镑（1920—1921 年）到 1929—1930 年的 4 先令换 1 英镑（汇率为 20％）不等。总之，在 20 世纪 20 年代，税收方面几乎没有创新，只是利用同样的旧税来支付战争所需的费用。

西欧和美国的萧条与福利[38]

20 世纪 30 年代的经济、政治和社会历史必然与大萧条紧密联系在一起。如果忽略了那场六十多年来最严重和最漫长的经济衰退，西方国家的税收或公共支出政策就无从谈起（1872—1879 年的萧条，其影响力和规模都比较大）。大萧条是如何以及以何种方式促成了旨在改变市场力量的公共政策的呢？该公共政策又是如何保障个人和家庭的最低收入，并为所有公民提供一系列社会服务的呢？[39]大萧条期间，许多国家开始产生或发展现在被誉为福利国家的社会政策。

20 世纪 30 年代，尽管各国长期以来在国家干预的合法性问题上存在分歧，经济思维还是发生了重大转变。第二次世界大战之前，没有一个西方国家被称为凯恩斯主义者，但到了 1948 年，一些国家都在不同程度上奉行需求管理政策。大萧条时期，古典自由主义学说黯然失色，人们普遍接受并且要求政府在经济中发挥更大的作用。支持这些需求的官员也因权力的变化成功上位。最初，福利国家时有出现，但是，30 年代的政策建立起相关制度，在此基础上引发了公众认知的根本变化；最初的权宜之计得以巩固，并以系统的方式建立起来。

美国的新政从来就不是一套连贯的措施，相反，它只是应对当前危机的权宜之计。[40]富兰克林·罗斯福是位资深的改进派，他对大萧条的改善方法体现了他在 1929—1933 年担任纽约州州长期间提出的一些相同的措施——在资源保护和反垄断方面的支出，这些政策侧重于国内经济。他竞选总统时认为大萧条的原因在于美国经济，因此国内的改革才是治愈良方。因此，罗斯福的计划（在关键的第 100 天提交给国会）旨在救济、恢复和改革。刚入主华盛顿，罗斯福就建议重建公众对银行体系的信心；通过削减政府支出来实现预算平衡；通过增加农业收入恢复农业生产；通过建立价格代码系统协助工业生产；并制订公共工程计划。具体而言，罗斯福试图通过限制生产和减少政府支出来使产出与消费者需求保持一致。显然，他不相信赤字的可取性。事实上，当凯恩斯于 1935 年在华盛顿与罗斯福交谈时，这两人显然没有达成一致意见。在整个 20 世纪 30 年代，罗斯福保持了他的平衡预算偏好，他认为当前的支出是刺激经济增长的动力。在 1936 年大选取得压倒性胜利后，在 1937 年，他试图削减支出以平衡预算，但 1938 年失业率急剧上升迫使他放弃了这项努力。[41]

在最初的 100 天里，众议院通过了《经济法案》，将残疾退伍军人的抚恤金减半，减少国会工资以及所有联邦雇员的工资，并削减了其他联邦支出。《经济法案》旨在平衡支出与收入，其中 2/3 是基于个人和公司收入的税率，在 1930—1933 年间税收下降了近一半。该法案使养老金领取更为困难，并通过削减政府支出，降低了个人购买力。

除了平衡预算的尝试之外，政府干预美国经济的最重要领域是通过政府与企业合作调节工业价格，以及启动旨在减少失业的公共工程计划。市场个人主义和层级集体主义开始合并，现在更多地称为市场个人主义和层级集体主义的建立。《国家工业复兴法案》设立了一个新的机构，即国家恢复管理局（NRA），包含 3 个主要提案：(1)一套旨在促进"公平竞争"的价格固定代码，实际上，有望避免削弱竞争对手的售价，并且（希望）减少失业；(2)有大量拨款用于推广重型建设项目的公共工程管理局（其中大部分专注于管理西部各州的自然资源）；（3）处理劳资关系的措施。新政最直接关注的是由于农产品价格下跌导致的农业收入严重下降。第一个农业调整法案的目的，是通过刻意限制作物生产、减少过剩来抬高价格。

为了限制生产，政府成立了农业调整管理局，负责决定下一季种植的每种基本作物的"种植面积分配方案"。该计划最初适用于小麦、棉花、大田玉米、猪、稻、烟草，于1934年得到推广。农业补贴的成本是从对食品制造商征收的新加工税中收取，而不是来源于一般收入。罗斯福和他的顾问选择这种预算外措施，以努力保持一定的预算平衡。国会还通过法案，建立了农业信贷管理局，以整合所有现有的农村信贷机构。

为了使美国走出萧条，罗斯福一直对失业问题与部门产出重点关注。由此，他向国会提出了另3项建议："通过联邦拨款的方式向各州提供食品和衣物的直接救济；通过联邦政府在不会干扰私营企业眼前的工程项目中雇用工人来创造就业机会；实施长期的公共工程计划。"[42]

这些建议中的第一项体现在联邦紧急救济管理局（FERA），第二项体现在民用保护团（CCC），第三项体现在组建土木工程管理局（CWA）和工程进展管理局（WPA）。在中央政府减少失业率的经济措施中，这些机构发挥出前所未有的作用。

1935年，WPA开始只关注提供工作机会，而直接救济则交给各州和地方政府负责。证券交易委员会成立于1934年；20世纪20年代，证券繁荣期间，令人发指的商业行为被大众视为大萧条的来源之一。《社会保障法》和《国家劳动关系法》将工会"合法化"，于1935年成为正式法律；这是美国历史上第一次在提供福利方面直接涉及联邦政府。社会保障类似于英国的失业保险和老年福利：雇主和工人的共同缴款放入政府信托基金，专门用于分配养老金。1937年，美国房屋管理局开始运作；它有权提供贷款，并提供联邦援助，以清理贫民窟和建造廉租房。关于农业政策的其他立法，体现在1938年的第二个农业调整法案中，该法案设立了商品信贷公司，旨在通过积累缓冲库存来实现稳定的农业收入。[43]

从1929—1939年间的联邦收入和支出，即可了解政府相关的增长因素及其在经济中的重要作用。1929 年,联邦支出为 33 亿美元;而到 1939 年,为 89 亿美元。虽然联邦支出增加了 270％,但联邦收入仅增加了 125％(从 1929 年的 40 亿美元增加到 1939 年的 50 亿美元)。此外,联邦支出占 GNP 的百分比翻了两倍(从 1929 年的 3.2％增加到 1939 年的 9.7％),而同期的联邦收入占 GNP 的百分比竟然没有翻倍(从 3.9％增加到 5.5％)。

虽然在 1938 年军事支出开始增加,但随着《海军建设法》的通过执行,直到 1940 年罗斯福提交了 84 亿美元的预算,其中 18 亿美元用于国防,军费开支才显著增长。对农业、救济、工作救济以及公共工程的援助占 1933 年总支出的约 25％,1936 年接近 50％,1939 年超过 50％(约 54％)。正如吉姆·波特(Jim Potter)指出的那样:"直到 1937 年至 1938 年间支出才大幅减少,1938 年的赤字大幅减少(并反映在当年的严重衰退中),在 20 世纪 30 年代中期,联邦财政运作具有扩张性的影响。"[44]这种扩张不存在于原始理论,但它很快成为普遍的现实。

在第一次世界大战期间的几次增加后,所得税在今天所谓的"供给学派"经济学的推动下,在 20 世纪 20 年代急剧下降,在 1927—1932 年间达到最低点。1935 年,罗斯福向国会提出了一项提案来提高遗产税,开始征收赠予税,使所得税更加累进,以增加企业所得税。然而,当 1935 年国会通过《财富税法》(Wealth Tax Act)时,罗斯福提案的基本主旨已被削弱。立法几乎没有重新分配财富,更不用说增加收入,但它确实提高了遗产税、赠予税和资本股票税,并征收了超额利润税。显然,萧条时期利润极少。[45]

美国公众接受联邦政府对经济负责的信条,这是新政的持久遗产。集体责任的信念得到增强。也许大政府应该如何发展的争论仍然存在,但小政府时代已经结束。

20 世纪 20 年代,由于高失业率,英国于 1931 年贬值其被高估的英镑。随着其产品在全世界市场上变得更具竞争力,英国经济出现了适度的复苏。除斯堪的纳维亚半岛外,20 世纪 30 年代,英国是欧洲国家中受到打击最少的国家。大卫·兰德斯(David Landes)表示:

> 与其他地方的暴跌相比,英国经济所经历的下滑,隐约反映出前
> 10 年的持续失业和准萧条状况……但英国并没因此陷入困境。事

实仍然是英国经济确实应对好了危机；它比其他西欧国家更早开始恢复；除斯堪的纳维亚经济体外，它的增长时间更长、更强劲。

根据兰德斯的说法，英国成功地抵御了大萧条，原因有两个：政府的政策对路，特别是英镑的贬值以及通过英格兰银行非常低的贴现率来提供廉价资金；还有房地产业和电气，汽车和化学品等新兴产业的繁荣。[46]

英国的社会服务支出大幅增加。大萧条初期的战争养老金虽明显减少，但养老金支出大幅增加；自20世纪30年代初，失业和救济福利就开始不断增长。1920—1934年间，尽管因为战争养老金减少了一半，但总支出增加了一倍以上，失业保险增加了1/3。[47]中央政府在住房和教育中的支出也占了一大笔。[48]

以平衡预算的方法增加收入，因政府支出的增加而发生了重大改变。所得税和资本税大幅增加。[49]汽油和汽车的新市场税成为收入的来源，在1932年渥太华会议之后，新的"帝国特惠"关税也成为收入来源之一。

20世纪30年代的英国税收并没有宣扬的那样神奇。相反，税收结构在上端是急剧累进的，主要是由于所得税和附加税，而在下端是急剧递减的，由于其对茶、糖、烟草和酒精的传统税收。[50]中等收入人群的税负比例最低。

直到第二次世界大战初期，凯恩斯理论才出现（大意是失业率过高时支出增加，而当通货膨胀受到威胁时支出减少），其被认为是有效的经济学说。在此之前，因为市场因素会调整并忽视非经济活动，普遍的经济观点是政府的借贷和支出只创造了少量的临时就业，并无长期就业。

政府的作用是通过"正统"融资来确保稳定的货币，即平衡预算。因此，1930—1932年的预算显示，由于收入下降和税收收入减少，支出相应减少。值得注意的是，在重整军备开始之前，1933—1936年的预算盈余很少。政府在经济中的作用通过增量增长发展起来，而非通过经济学说或实践的突然快速变化得到。

1934年，英国政府在工业规划方面做出了尝试，推出了特殊区域政策。如果没有中央政府对老式本地工业的帮助，就业率再也无法上升到曾经的状态，因为身体健全工人的失业率高达70%，这个数字在某些地区持续了5年或更长。规划者提出的解决方案是将新产业引入特殊区域（苏格兰特区、南威尔士和蒙茅斯、西坎伯兰和泰恩赛德地区）。乔治·奥威尔（George Orwell）所描写的威尔士矿业城镇（《去维冈码头之路》）和伦敦东区（《巴黎伦敦落魄记》）的荒凉生活，即使在非社会主义者中也引起了广泛的同情。尽管有些成果是显而易见的，但《特别地区法案》（如第二次世界大战后的继承者，或最近提出的"企业区"）并未显著降低这些地区的失业率。

因政府对农业部门的大规模干预，长达一个世纪的自由放任政策得到扭转。1931—1933 年间，通过 1932 年的《小麦法》、1932 年的《进口关税法》和1931 年和 1933 年的《农业营销法》，英国政府将农业转变为受到高度保护、有组织和有补贴的经济部门。《小麦法》提供直接补贴，而《进口关税法》保护所有国产园艺产品以及燕麦和大麦的生产免受外国竞争。《农业营销法》赋予农民有组织地制订营销计划的权力，还授权他们控制产量和设定商品价格。总的来说，这些措施还不尽如人意。

鉴于 20 世纪 30 年代初失业率迅速上升和企业亏损，政府不得不管得更宽。然而，这种政府职能扩张的方向并未预先确定。正如兰德斯所说："简而言之，国家更支持企业自助发展。"[51]

法国更习惯于政府干预。法国政府长期以来一直积极提供关税保护补贴，并对选定的经济部门给予优惠税收待遇；当然，它的官僚主义已经高度明显。兰德斯说："对于一些法国人来说，政府参与经济的扭转，战后国家或银行、交通、电力和制造业混合企业的扩张，似乎是新经济形势的正常产物。"[52]然而，由其他人看来，国家的经济角色是严重的分裂问题。

大萧条对法国的影响相对较晚：在纽约股市崩盘后的近两年里，法国从未有过严重的经济困境。但是当困境到来时，持续的时间比其他西方国家都要长。在 1931 年出现衰退和停滞后，就一发不可收拾。1933 年或 1934 年，其他国家开始复苏，而法国直到 1935 年底才显示出好转的迹象；直到 1938 年才开始有所改善。

大萧条期间，1936—1937 年的"布鲁姆（Blum）实验"可谓是法国最有趣且很重要的时期，因为人民阵线政策打破了前几年的通货紧缩政策。[53]总理莱昂·布鲁姆（Léon Blum）认为，经济萧条的根源是人民手中缺乏购买力，通过给予他们财富，政府可以扭转经济停滞的局面。布鲁姆既没有为计划经济提出详细的建议,也没有提议将基础产业和大型工业企业国有化。除了完善劳动力长期需要的政策——带薪假期和 8 小时工作制,他还尽其所能适度扩大现有福利水准。然而,由于政治事件以及罢工和工厂动乱的浪潮,布鲁姆对经济事务的干预程度远远超出他的预期和承诺。

布鲁姆政府反对潜在革命的威胁,他促使议会通过若干社会立法,包括合法化的集体谈判。此外,布鲁姆使法郎贬值,将法国银行国有化(尽管银行系统的其余部分仍在私人手中),任命国民经济部部长,将部分军备产业国有化,并控制了所有小麦交易。

根据库赛尔(Kuisel)的说法,布鲁姆不愿意被称作激进社会主义者,有 6个缘由:(1)他将自己的使命理解为在资本主义框架内呼叮重新获得秩序、安全和福利,而不是呼叮社会主义。(2)人民阵线内部的分歧限制了他的机动性——激进分子坚持克制,共产党人想要保证联盟的凝聚力。(3)政府希望在不失去企业及其中产阶级盟友信心的情况下安抚好工人阶级。(4)预算赤字、陷入困境的财政和负贸易逆差的问题仍使布鲁姆受到限制。(5)布鲁姆认为这种控制是法西斯主义,他不想进行控制,也不想将法国从西方民主国家的经济中剔除。(6)意外事件的限制——西班牙内战、德国重整军备,以及国内严重的劳工骚乱。[54]

不同的看法仍然存在。例如,坎普(Kemp)认为,导致人民阵线最终失败的是政治因素:"法国社会的力量关系,构成人民阵线的政党的地位,以及共产党在 1936 年罢工期间和之后限制工人阶级所起的作用",为了计人们团结起来对抗纳粹主义,排除了任何在资本主义框架内满足要求或成功地走向革命性解决方案的企图。[55]金德尔伯格(Kindleberger)认为,人民阵线计划的崩溃是因为不具备成功的条件,即"强有力的负责任的劳工运动、雇主接受对权力的限制、政府政策的连续性或国际安全"[56]。

1937 年 6 月,实验结束,布鲁姆因议会拒绝给予他法令权以应对不断增加的贸易逆差而辞职。激进的(读作"保守派"或"温和派")卡米耶·肖当(Camille Chautemps),继布鲁姆后任总理;短短时间里,卡米耶对布鲁姆的许多政策做了修改,并停止了进一步的结构性改革;1938 年春天,因为达拉迪尔(Daladier)以一项基于重整军备的计划担任总理职务,人民阵线解散。达拉迪尔政府试图通过激励投资新工厂以获得更高的产量来重新获得商业信心，并指出商业可以规避 40 小时工作周的方式。政府重拾"自由主义计划"；减少消费并延长工作时间。

然而，这种回归 19 世纪的自由主义原则，并不意味着自由市场的国家资本关系完全恢复。相反，混合经济已经扎根，国家是经济扩张的主要推动者。达拉迪尔政府的官员将政府经济政策描述为"自由框架内的指导性经济"[57]，这一短语可能是第二次世界大战以来法国指示性规划的一个特征。"在第二次世界大战前夕，"库赛尔总结道，"许多法国人，包括某些政府官员，已经开始接受这种自由主义的混合体作为国家未来政治经济的形态。"[58]

显然，政策是由当权者的政治倾向决定的。

法国人在国家干预问题上存在严重分歧，英国人对该问题全然抗拒，与之相反，德国人"顺理成章地全盘接受"[59]。在历史上，德国政府显示出已经准备就绪，能够对特定行业实施价格和产出控制的态势。在第一次世界大战之前，德国经济被组织成卡特尔、辛迪加和雇主协会，其政府等级制度可以追溯到 19 世纪初。到了 20 世纪 30 年代，德国已经成为煤炭、褐煤和钾肥的主要生产国；与此同时，各政府机构获得了广泛的经济活动权。20 世纪 30 年代，德国经济的国家干预大幅增加。

从 1931 年开始，由于金融危机（奥地利的安斯塔特信用社倒闭，导致大量德国资本外流），政府在银行部门进行制度控制，对食品进口实行严格限制，并给粮食种植者提供补贴。这些措施不足以遏制通货紧缩政策（高税收、减少失业救济金）造成的骚乱，失业率超过 30%。1933 年 1 月，希特勒上台，承诺要振兴德国。

希特勒的国家资本主义计划将退税与私营企业结合起来，创造了补贴就业机会。它鼓励消费者支出，并在 1935 年之后，通过大规模的军备重组支出刺激了经济。在最初的两年里，纳粹政权花费了 GNP 的 4%来促进就业。[60]德国启动了大型公共工程计划，建设航运、铁路、公共建筑和高速公路，鼓励手工作业而非机器操作，并从救济对象中雇用新员工。此外，政府扩大了国家和党的机构规模，迫使雇主通过雇用兼职工人来扩大生产；并推广住房项目。到1933 年底，失业率下降了 1/3。

为了进一步减少失业,政府普遍实行义务兵役制。建立了强制性的帝国劳工服务制度(与民间保护团的概念相似),除特定职位外,拒绝雇用妇女。[61]这些额外措施也取得了成功;到1936年,失业率几乎降为零,在战争前的最后两年里,工作岗位数超过现有工人人数。这种成功的代价是自由劳动力市场的消失。到1937年,工人只有在收到劳动手册后才可以换工作,劳动手册详细记录了他的就业记录;到1939年,为了解决某些领域的人员短缺问题,采用了全面的劳工征兵制度。

在工业部门,纳粹政府在1936年推出了4年计划,它要么通过补贴和销售担保引导企业朝着理想的方向发展,要么命令企业形成强制性的合作关系来实现政府的目标。该计划代表了至少自第一次世界大战结束以来在德国普遍存在的一种技术官僚思想的法典化和衍生(其中一些元素对英国工党的知识分子和罗斯福的学术顾问都很有吸引力)。它需要将制造和营销业务的规模从工业企业的水平提高到整个行业或工业集团的组织。其基本原理是,在德国企业寻求从战争和通货膨胀的累积影响中恢复时,提高制造业的技术效率,并加强对市场的控制。这样的组织非常适合受政府官僚机构的领导,随着经济的复苏和重新武装,德国的政治生活依靠层级、宿命论和市场的政治文化之间的联盟,我们称之为国家资本主义制度——维持了德国的政治生活。[62]在魏玛共和国的最后几年里,所盛行的权威宗派挑战遭到强行镇压。针对民主政府的不和谐的批评声——魏玛弊制,这一罪恶的源泉——都被纳粹独裁统治所取代。

为了实现农业部门的自给自足,政府通过建立各种商品委员会来管理粮食生产和分配,这些委员会有权控制农业生产、加工、运输、储存、批发和零售。政府还颁布了旨在遏制农村移民的法律。军备支出占国民收入的比例从1933年的4％增加到1938年的20％。[63]然而,重整军备并未导致严重的叛乱。[64]通过略微增加魏玛时期高昂的税收,纳粹以此来控制消费。1932年,税收收入占国民收入的25.4％,到1938年为29.5％。[65]1934年以后,政府还制定了严格的工资控制措施,并通过分配进口和自产原料,以及通过调节利润来维持稳定的价格以及控制贸易利润。

通过保留长期借款的资本市场——限制私营部门自筹资金或短期借款,

政府控制着投资。此外，政府通过政府许可来规范新公司的建立。对政府优惠政策不支持的企业，都会立即被削减进口原材料和减少劳动力分配。

政府运作的劳动力交换实际上为工人决定了工作地点、老板以及工作时长。政府要求年轻妇女接受为期一年的国民服务，并鼓励到退休年龄的男子延长工作期。在1933—1939年间，正如哈达奇（Hardach）所说："得益于训练有素且忠诚的公务员和密集的工业联合会，还有经济协会系统，纳粹正缓慢而明确地创造着政府引导的经济体，其中国家指令决定了生产和消费，而非市场规律。"[66]一方面，政府通过将一些银行非国有化，以及将创业企业留给私人来扩大私有制的范围。另一方面，一个庞大的国家官僚机构有权限制和改变经济活动的方向，可能会限制对私人利益的追求。被没收的犹太人财产被移交给受优待的个人。虽然德国政府在内战上投入了大量资金，但非军事公共支出也有所增加。"很少考虑增加税收作为赤字支出的替代方案，"正如哈达奇所说，"因为纳粹承诺要'枪支和黄油'。"[67]

1933—1939年间，正如预期，政府支出占国民收入的百分比稳步增长，国防支出如预期的那样大幅增长（1930年占政府支出的3.7％，而1935年为24.3％）。社会和卫生服务显著下降（1930年为30.1％，1935年为21.2％），教育也是如此（1930年为15.2％，1935年为10.7％），社区服务和住房（1930年为9.0％，1935年为5.0％），而经济服务略有增长（1930年为9.1％，1935年为12.2％）。[68]这些数字表明，尽管1933—1939年间非军事物品和民用消费的支出大幅增加，但相比社会服务，政府更关心提高其发动战争的能力。

德国20世纪30年代的经济表明，它是最能克服大萧条经济弊病的国家，也依靠大规模使用赤字融资。德国是唯一采取公共借贷政策来振兴经济的国家。增加消费意味着通货紧缩的货币政策和政府支出的减少，而法国采取了马尔萨斯式的方法：将产量降低到当前的消费水平。英国实现了部分的复苏：其按政策将国民收入的5％～6％转移给穷人，并在过去10年中将工人阶级的实际收入提高了8％～14％。到1937年，英国把工业产出增加了30％（超过1933年的水平），并将其失业率降低了一半。英国的工业政策与美国的国家恢复管理局相似。

根据美国的新政，最初作为权宜之计的救济成为"包含在1935年的社会保障法案中的一项原则,该法案是美国后续福利立法的基础"[69]。相应地,新政改变了人们对政府在经济中所扮演角色的态度。在此之后,政府对经济的干预虽然受到限制,但被认为是合法的。然而,就复苏而言,总体数据显示新政只算部分成功:失业率从未低于14％,而年度总投资额从来没达到1929年的162亿美元。

第一次世界大战及第二次世界大战期间的军事支出[70]

20世纪20年代及30年代的军事支出(或军事支出短缺的问题)在20世纪80年代重新激起了关于国防问题的辩论。国家应该降低军事支出更需重视裁军(或至少要召开裁军会议)吗?还是应该提高军事支出减少裁军呢?如果潜在侵略国有更高额的军事支出,是否就意味着对其他国家有威胁呢?而这种威胁是否会通过减少侵略的意图和想法而降低,是否只有做好充足的准备才能遏制这种威胁?战争的根源主要在于国内经济萧条和社会不平等,还是在于征服别国的欲望?第一次世界大战及第二次世界大战前对于这个问题的答案是众所周知的。不幸的是,他们为西方的民主国家做了相反的指导:即早期的备战做得少一些,后期的备战做得多一些。当然,以前发生的事情不能为以后发生的事情提供明确的指导,但它们往往是相互矛盾的。

20世纪20年代和30年代的英国(与纳粹德国做比较)

英国的重整军备方面的专家们都认为,如果当初财政部没有持续控制国防支出,英国在第二次世界大战中的最初军事表现会好得多。[71]用一位历史学家的话说,财政部的影响力"过大",主导了参谋长和外交部的争论。[72]当然,很有可能是更多的钱被用错了地方,或者削弱了国家的经济实力。1919年的和平标志着对历届英国政府施加强烈的政治压力以减少其军队的时期到来了。当局放弃了战时采用的征兵制度,一直到1939年的春天才开始恢复这一制度;因此,军队规模仅限于招募的志愿兵的人数。总的来说,皇家海军和空军更能吸引新兵,而英国陆军的吸引力就小得多,而且在两次世界大战的大部分时间里,英国陆军的规模都低于计划水平(称为"编制")。1919年后一个更重要的限制是,民众要求政府降低当时被认为是超高的税率(1919 年的所得税标准税率为每英镑收取 6 先令,约为战前水平的 5 倍)[73],还通过平衡预算以防止通货膨胀(战争期间物价迅速上涨,战后短暂繁荣期间也是如此)。

20 世纪 20 年代,国防支出加上战争的利息支付,这些膨胀的国家债务构成了预算的很大一部分;因此,所有政治派别的人,无论是寻求减税的保守党商人,还是原则上反对武力的左翼和平主义者,都会同意降低国防支出。

国防支出应该削减多少取决于国际形势的严峻程度。1919 年,英国内阁决定,为了制订军事预算,"大英帝国在未来 10 年内不会卷入任何大战,因此不需要远征军"[74]。财政部使用这项"十年规则"迫使国防部接受较低的预算,从 1919 年海陆空三军的 6.04 亿英镑预算减少到 1922 年的 1.11 亿英镑。后来,国防经济得到了进一步的发展,尽管这样的经济戳到了军队的痛点,还是未能成功地将国防支出预算降至 1932 年的 1.03 亿英镑以下,那是两次世界大战期间的最低国防支出。

除了 1919 年同盟国强加给德国的协议外,英国开始削减国防军队而不等待任何关于军备限制的国际协议的制定。因此在两次世界大战期间,英国外交政策的一个主要问题,是如何说服其他国家限制军力,最好达到能为大英帝国提供合理安全的程度。因此,1921 年,英国政府热切地接受了沃伦·哈丁总统的邀请,参加在华盛顿举行的裁军会议。英国海军人员对 10 年内没有建造新的主力舰的前景感到震惊,因此达成了一项妥协,允许盟国建造数量有限的军舰。然而,直到 1930 年,英国、美国和日本签署了第一份《伦敦海军条约》(以限制巡洋舰、驱逐舰和潜艇的数量),然而法国、意大利没有签署该条约(这两国不同意这种限制)。

英国国内的影响

在华盛顿和伦敦会议上确立的对皇家海军的限制规定经常遭受非议,但真正阻碍英国海军力量发展的,并不是与美国之间建立的对等原则,其根本原因在于保守党政府和工党政府对军备费用的限制。年度预算的限制使得海军部不可能按照条约规定的限度建造船舶。1924 年 11 月,时任英国财政大臣的温斯顿·丘吉尔决心削减未来的军事支出,以便在平衡预算的情况下(略微)扩大社会支出。财政部认为,鉴于有必要减少国债,并保持外国对英镑的信心,为政府开支而借款是不可能的,如果失去这种信心,不久将重新确立的金本位制就无法维持。鉴于对平衡预算的渴望,以及丘吉尔和其他部长们对降低税收的渴望,内阁倾向于国内支出而不是国防支出。

内阁的选择遵循了外交部的观点,即只要目前盟军在欧洲占主导地位,就不可能与日本开战。"十年规则"于 1928 年被无限期延长,1931 年 9 月,日军入侵中国东北三省,1932 年 3 月"十年规则"才被取消。

毫无疑问,财政部顾问对削减军事支出产生了相当大的影响。尽管如此,并不是只有财政部对国内的财政持普遍认可观点,对外交事务也很乐观,这个时期的每一届英国政府都是如此,而且就目前所知,大多数选民也是这种观点。从 1933—1938 年,英国的军事能力落后于德国,据估计,德国用于军事目的的花费是英国的 3 倍。[75]由于德国的 GNP 比英国高,因此预期会有一些差距;比较两国军事付出的一种更公平的方法是比较 GNP 中用于军事支出的比例。"十年规则"被取消后,时任财政大臣内维尔·张伯伦(Neville Chamberlain,1931—1937 年在任)坚持认为,仅凭这一行动,就不该不考虑当前的经济困难而扩大国防支出。

1935 年的事件迫使内阁重新审时度势。德国公然无视《凡尔赛条约》,开始迅速重整军备,特别是加强德国空军的力量。英国政府对此事件的反应是加快扩充皇家空军。当墨索里尼(Mussolini)对埃塞俄比亚的进攻凸显了英国遥远的帝国日益增长的危险时,这三个军种的进一步增加已经在考虑之中,这个帝国已经面临来自德国和日本的可能威胁。阻止日益增长的军备竞赛的尝试几乎不起作用。希特勒提出将德国海军的比例控制在英国皇家海军规模的 35%,这一提议在 1935 年的《英德海军条约》中被确立。而日本明确表示,当《华盛顿条约》和《伦敦海军条约》在 1936 年底到期时,日本将不再续签。1936 年举行的第二次伦敦海军会议未能取代这些条约,因为美国和英国不同意日本提出的三个大国应该对各自的海军规模有一个共同的上限的要求,而日本也不愿屈服。裁军条约不仅经常被违反,而且经常被取消。

1935 年底,英国政府估计,德国每年在预算之外的重整军备上的支出大约折合为 5 亿英镑,人们认为这一数字可能会在高峰期翻一番。同年,英国国防支出为 1.37 亿英镑,政府并无计划在预期的高峰年(1938 年)支出超过 2.25 亿英镑。1936 年 3 月,希特勒占领莱茵兰(Rhineland)之后,几乎立即采用了这一重整军备计划,这意味着英国面临的危机进一步加剧。

随着其他国家扩大军备,以及新武器的研制,时任首相张伯伦和他的内阁决定优先考虑保卫英国及其贸易路线,并不惜以牺牲英国陆军远征部队为代价,英国陆军的远征军不再配备必要的人员来支持潜在的欧洲盟友。虽然国防部的"财政配给"在 1938 年 2 月有所放宽,但政策直到 1939 年春天才改变。随后,英国的国防支出迅速增长;和平时期陆军部的支出估计数比前一年翻了一番,到了战争爆发时,英国的武器生产已经赶上甚至超过了德国,尽管它的总体军事装备仍然落后于德国,这种总体军事装备落后是长期吝啬地削减军费支出所导致的。

如果英国在前几年以这种速度发展武装力量,通货膨胀可能会加剧,1937 年凯恩斯曾警告说这是一种风险,因为英国政府可能会被迫征收更多的税收,或者对投资实行在容忍范围内的更严格的控制,在面临有直接危险的情况下会有例外。[76] 通货膨胀这种选项是无奈之举。它会增加国际收支平衡的难度,引起金融界和商界的担忧,并将重整军备的负担强加给英国中低收入人群,从而加剧社会的紧张局势。工党反对政府举债重整军备,理由是这会导致通货膨胀。财政部不接受这一观点,但财政部仍然希望保持平衡的预算。除了增加借贷以外,还有一种办法是提高税收。德国比英国在军备上花费更多的一个主要原因是税收。虽然英国实业家坚持利润税不应超过 5%,但他们的德国同行除了缴纳所得税外,还要缴纳 40% 的利润税。英国工业界不愿为此牺牲,这使工会不敢改革以往的工业惯例。考虑到希特勒动机的不确定性,两人都不认为接受温斯顿·丘吉尔的惊慌的提议有益处,因为这将意味着放弃以往的惯例。

财政部官员必须接受社会民众以及普遍存在的经济信念,并提出相应的建议。即使社会民众更愿意用枪支代替黄油,打破地理条件的限制,英国靠贸易谋生的需要也将依然存在。

希特勒可以通过攫取邻国的资源来逃避国际收支问题;除非英国政府准备先发制人地对德国发起攻击,否则英国的入侵必须(至少到 1939 年)从长计议。在这一方面,财政部对于武器负担的财政和资源经济限制的担忧发挥了重大作用。批评人士指出,英国应该像纳粹德国一样装备精良,而且英国有能力做到这一点。但短期内的工业产能限制了英国加强军备,而关键行业的产出比较数据显示,从长远来看,英国的产能不如德国。[77]在1936—1939年间,单凭纸币英镑就无法消除工业瓶颈,无法使英国在重整军备方面与德国相提并论。

拟定的支出与实际支出之间的差异,表现了财政部的影响力,以及内阁自身的倾向性。1937年,空军部门的支出超过陆军部门,1938年又超过海军部门。如果在战前政府对财政和工业能够管控更多,那么就可以为海陆空三军的建设拨出更多的资金,但政府对此感到无能为力。如果能像丘吉尔所希望的那样,表达出一种更强烈的重整军备的紧迫感,张伯伦政府也许能说服公众。而我们永远不会知道答案。这种对所意识到的威胁不重视是基于对现象的不同解读,还是基于维持不同国内政策的想法,或者两者兼而有之,这也是未知的。要选择是在不同的军队部门推行自己的政策(不管内阁制定的总体政策如何),还是根据有限的支出确定优先事项。财政部有动用国库资金的权力,其迫使部长和军事人员就优先事项做出抉择,从而确保英国能够首先完成本国的防御工作。

1929年,美国和德国将其GNP的1%(或更少)用于军事目的(见表8.5),而英国则略高于这一水平(2%)。整个20世纪30年代,美国都保持在1%的水平。英国的军费支出从1933年占GNP的3%(见表8.5)上升到1938年的7%。然而,在德国,军费支出在同一年急剧上升,从1933年占GNP的3%增加到1938年的17%。值得注意的是,1935—1936年间,德国军费支出增幅最大(一年内增长了5%),1936年,德国军费支出首次超过GNP的10%(英国在1938年以后才达到这一水平,美国直到1941年才达到这一水平)。

1933年纳粹上台后,德国与英国的国防支出数量发生了逆转。1932年,德国的经济仍然是"以和平为导向"。但从1936年开始[79],在投资和政府支出方面,军备主宰了德国的经济,但这不应该被称为"战争经济"。然而,从1938年起,这一名称可以名正言顺地使用了。

表 8.5

军事支出占 GNP 的比例

1929—1945 年德国，美国及英国的 GNP 及军事支出[78]

年份	德国			美国			英国		
	GNP①	10亿德国马克军事支出	百分比(%)	GNP②	10亿美元军事支出	百分比(%)	国民收入③	10亿英镑军事支出	百分比(%)
1929	89.0	0.8	1.0	104.0	0.7	1.0	4.2	0.1	2.0
1932	58.0	0.8	1.0	59.0	0.6	1.0	—	0.1	—
1933	59.0	1.9	3.0	56.0	0.5	1.0	3.7	0.1	3.0
1934	67.0	4.1	6.0	65.0	0.7	1.0	3.9	0.1	3.0
1935	74.0	6.0	8.0	73.0	0.9	1.0	4.1	0.1	2.0
1936	83.0	10.8	13.0	83.0	0.9	1.0	4.4	0.2	5.0
1937	93.0	11.7	13.0	91.0	1.0	1.0	4.6	0.3	7.0
1938	105.0	17.2	17.0	85.0	1.0	1.0	4.8	0.4	8.0
1939	130.0	30.0	23.0	91.0	1.3	1.0	5.0	1.1	22.0
1940	141.0	53.0	38.0	101.0	2.2	2.0	6.0	3.2	53.0
1941	152.0	71.0	47.0	126.0	13.8	11.0	6.8	4.1	60.0
1942	165.0	91.0	55.0	159.0	49.6	31.0	7.5	4.8	64.0
1943	184.0	112.0	61.0	193.0	80.4	42.0	8.0	5.0	63.0
1944	—	—	—	211.0	88.6	42.0	8.2	5.1	62.0
1945	—	—	—	214.0	75.9	36.0	8.3	4.4	53.0

注：①表示 1939—1943 年，包括奥地利和苏台德地区，数字四舍五入以 10 亿为单位。

②数字四舍五入到 10 亿。

③英国的 GNP 可能比国民收入高出约 10 亿英镑，导致这里计算的百分比略有下降。例如，按 GNP 计算的军费支出在 1938 年为 7%，1939 年为 18%，1942 年为 57%。

美 国

直到第二次世界大战前夕,美国的军事支出才超过 GNP 的 1%。所有武装部队的规模都很小;剩下的这些人员装备较差,几乎没有受过新的战争模式的训练。[80]1918 年以后,美国疲于参战,人们认为不需要组建一支装备精良的军队。那样的军队只会耗费很多的金钱。两次世界大战期间,历任总统、国会以及社会大众都只为国防方面的投资做了非常有限的准备。

许多人说,"一场让战争结束的战争"使组建一支高效的军队成为一种不必要的奢望。整个国家都希望美国不要再发动战争。美国人的目标不是加强国防,而是通过裁军,以及通过诸如 1922 年的《华盛顿海军条约》和 1930 年的伦敦海军会议等外交协议来获得必要的安全。政府经济是哈丁-柯立芝政府的主基调之一。削减支出很容易从军队下手。1929 年的经济大萧条加速了削减军事拨款的步伐,并公布了国会的调查结果,即战争是军火制造商追逐利润的天堂。侵略的根源很可能是在国内而不是国外。只有在危险的国际形势推动下,美国政府才会针对重整军备而采取必要的措施,这一国际形势从 1936 年开始,并在 1938 年逐渐加强。

法 国

在第一次世界大战后的大部分时间里,法国(正如目前)将政府支出中的很大一部分投入国防建设中,比英国和美国的国防支出还要多。尽管法国的社会精英阶层在意识形态上有不同的派别,但法国政府对裁军的观点采取了不同措施。英国和美国在地理上是与邻国隔绝的,而且美国人认为裁军可带来安全;法国与传统敌国有着脆弱的边界,所以他们认为安全应比裁军更重要。与英国人相比,法国人希望通过武装他们自己和他们的盟友来保障和平。英国人渴望把欧洲的和平建立在一个国家集合体的基础上,这个集合体里的国家都适当解除了军事装备,而且很信任彼此。[81]然而,法国国内并没有就适当的方法达成共识。1936 年以前,重整军备主要是右派主张的,而左派则呼吁通过和解和依赖国际联盟的方式来维护法国的安全。[82]这些反对军事支出的意识形态的政治压力,在 20 世纪 30 年代经济持续衰退的压力下,缩小了国民经济的绝对规模[83]，法国的装备能力有限，无力支撑起一个高效的军事机构，从而造成了人们对法兰西第三共和国幻想的破灭。

针对莱昂·布鲁姆政府（1936 年以后）通过阻碍军备重整来为随后的失败找借口，帕克（Parker）[84]认为，法国为重整军备付出的努力是在以人民为主的政府上台之后才开始的。20 世纪 30 年代初，法国将大部分资源用于修建防御工事（马其诺防线），尽管法国的工业能力限制了军备的建立，但布鲁姆政府仍然开始重新装备军队。1939 年，法国的军队，特别是空军，确实存在弱点。因此，出现了一场激烈的辩论，即讨论导致法国军队溃败的是武器的相对匮乏还是意志的崩溃。然而，作为具有政治意识的学生，我们更加倾向于强调士气。法国国土上因战斗所造成的可怕损失和破坏留存在人们的记忆中。

第二次世界大战对美国和英国的影响

过去的国家间的关系所造成的破坏会对未来产生影响。[85]在第二次世界大战期间，一些国家被占领，如法国；另一些国家被打败，如日本和德国。为了评估这场战争对随后的支出和税收的影响，我们必须关注美国和英国，因为这两个国家保持了独立政治的连贯性。

这场战争需要空前大规模的动员，导致支出大幅度增加。1940—1946 年间，美国的支出达到 391.1 亿美元，是第一次世界大战期间战争支出的 10 倍，大约是两次世界大战期间的 9 倍，而在第二次世界大战后的前 3 年，平均水平大约是战前的 5 倍。

1940 年美国最大的支出项目是社会福利（37.3％）、经济发展（22.0％）、军费支出（17.0％）和利息（11.5％），这种第二次世界大战前的支出模式与第一次世界大战前的支出模式有所不同：社会支出在联邦预算中所占的比例在第二次世界大战期间有所增加。

战后巨额的军事支出不仅反映了美国在第二次世界大战中的广泛参与度，而且反映了美国在世界政治中不断变化的角色。由于有外援负担，所以20 世纪 40 年代末与苏联爆发冷战时的军事支出尚能勉强维持，但在 50 年代朝鲜战争期间及战后，支出就增加了。从第一次世界大战中吸取的教训是，美国必须发挥国际作用,特别是成为联合国的一部分,以确保集体安全。从第二次世界大战中吸取的教训是,强有力的防御和早期干预是最好的保障。可能这些并不是得出的唯一"教训",但它们结合在一起,使第二次世界大战后的军事支出比第一次世界大战后的要高得多。

美国的经济大萧条改变了联邦的财政状况;它创造了人们对于政府帮助经济复苏的需求,赤字支出被认为是经济稳定的一种手段,增加支出的理由源自补偿性财政政策理论。然而,从长远来看,高支出绝不是中央政府的正常运作活动。早在1938年和1939年,一些政治人物和经济学家就谈到偿还债务和平衡预算。

表8.6显示了第二次世界大战后美国的国防支出,以表明美国没有像第一次世界大战后那样回到孤立主义的状态。第一次世界大战后,军队在政府总支出中所占的比例看起来相对较高,这只是因为社会支出很少。第二次世界大战后,美国不得不为大萧条期间启动的社会项目付费。因此,与第一次世界大战相比,第二次世界大战后的预算中国防支出的增加是证明美国打算维持一支强有力军队的更重要的证据。第二次世界大战后的第五年和第六年的预算的大幅增长是由于1950—1952年的朝鲜战争。

表8.6　　　　第二次世界大战后美国将更多的支出分配给国防部门[86]

国防支出占政府支出的比例　　　　　　　　　　单位:%

战后第几年	第一次世界大战之后	第二次世界大战之后
0	73.4	72.5
1	62.9	35.4
2	51.0	35.8
3	28.3	32.3
4	21.7	31.1
5	22.4	49.2
6	20.5	64.8

随着预算平衡政策扩大至经济管理领域,预算的特点发生了变化。假设预算和经济之间存在灵活机动的关系,也就是说将赌注压在目前的赤字支出

上，意味着未来经济会迎来复苏。

凯恩斯理论认为增加支出是创造需求的一种手段，这使得政客们难以面对要削减支出后选民所能获得的服务的损失。

第二次世界大战还在美国产生了前所未有的高税收水平。不包括联邦老年和遗属保险信托基金，1940 年的收入为 53 亿美元；战争期间，收入增加了 8 倍，达到 400 亿美元（相比之下，从 1931 年到 1940 年，收入仅增长了 1.6 倍）。[87]这些收入占战争总支出的 45%，而第一次世界大战期间的收入占战争总支出的 30%。其余部分的支出是通过借款得到的[这部分资金（55%）远低于第一次世界大战期间借款的 70%]。将战争期间的债务出售给了"工薪阶层"，目的是通过减少可支配收入来控制通货膨胀，同时筹集资金以支付战争费用。

战争给个人所得税的结构和税率带来了永久性的变化。为了支付战争费用而增加收入，加上控制通货膨胀的措施，这导致了政府故意扩大税基，降低应纳税收入的水平，大幅提高税率，特别是在高收入水平下，并规定雇主对所得收入强制扣缴税款（在 1942 年实行预扣缴之前，应缴纳所得税的人是自愿申报应交税款并进行季度分期付款）。1939 年，累进税率从最低的 4%（1 500～4 000 美元，视婚姻状况而定）到最高（超过 100 万美元）的 79%不等。在 1944—1945 年的纳税高峰时期，最低的一档税率，现在降到了 750～2 000 美元，支付了 23%的收入。最高等级从战前水平大幅削减到 20 万美元，最高支付率为调整后总收入的 94%（收入减去免除额和扣除额）。[88]战后，利率有所下降，但再也没有降到战前水平。所得税成为一种大规模的税收，是不断扩张的联邦机构的财政保障。在战后快速增长的几年里，所得税使中央政府得以增加支出。

从历史事件中能够吸取教训，与第一次世界大战及其后果相比，第二次世界大战期间低借贷和高税收的确限制了通货膨胀率。[89]因此，利息支出在预算中所占的比例并不像第一次世界大战之后那样大，于 1923 年，利息支出占总支出的 40%，而在 1948 年，利息支出仅占总支出的 13.5%。

在英国，战争使支出（其中 70%～80%是军事支出）增长到了战前水平的 4 倍。[90]战前和战后，英国支出的总体模式大致相同，尽管 1946 年工党胜出后社会服务支出大幅度增加,但国防支出下降了。[91]

反抗纳粹德国的战争得到了广泛绝对的支持,征税变得更加容易。唯一的问题是技术问题。相关理论和社会精英都支持以累进税率征收更高的所得税,以资助英国的战争。与第一次世界大战期间 30%～35% 的税收支持资金不同,第二次世界大战总税收支持资金占总支出的 52%。[92]这意味着 1946 年的税收水平比 1939 年高出 3.4 倍。

第二次世界大战加强了"审查进程",英国在这一过程中很好地审视了其公共事业项目,社会支出也随之增加。正如泰特摩斯(Titmus)所说:

> 如果没有第二次世界大战和工党政府,这种"医疗服务的扩展"就不会出现。第二次世界大战为扩展提供了决定性的动力,工党政府为扩展提供了坚定的精神支持,作为一场平民战争,从战争中得出的教训之一就是人们普遍要求废除不健全的法律;惩治不法公民;消除个人虚荣心;在确立最健全的法律之前消灭不平等。[93]

战争的混乱。包括将儿童从伦敦疏散到农村地区,导致更多的经济阶层混合在一起,从而使人们对穷人的状况有了更多的个人理解。

对第二次世界大战之后预算的估计

第二次世界大战后,财政部部长们的关注点和相关评价都集中在经济政策上,他们几乎完全将重心放在管控经济上;控制开销成为政府预算的次要目的。这种角色的转变本身就是一种更重大的转变的产物;尽管与欧洲比,美国更是如此,但政府已经开始专注于不断变化的社会,而不是只管自己。虽然政府开始面向社会,但它的预算程序仍然反映出它对内部控制的旧方式。然而,在这些陈旧的形式中,中央预算程序更多地关注与经济管理有关的支出,而不是支出本身的实质内容。

在稳定时期,想当然的假设与明确确认的假设一样重要(或更重要)。在欧洲和美国的大部分地区,在证明最初对战后萧条的担忧是没有必要的之后,人们预计在稳定经济体的快速经济增长将一直延续下去。凯恩斯主义通过反周期支出来实现经济稳定的理论在世界各地都取得了胜利。此规律指出,当失业率和产出指数显示经济开始放缓时，政府就会举债。必要时会出现赤字，并应将所得收益用于刺激经济。操纵贴现率和针对特定部门的减税，是促进经济复苏的总体战略的一部分。一旦经济开始复苏并且开始升温，政府就应该偿还债务，提高贴现率，并撤销最近的税收优惠措施。

对经济微调的可行性非常确定，对维持经济稳定的能力如此有信心，以至于当时政府的主流顾问几乎不考虑削减支出的可能性。虽然人们认识到削减支出要面临政治困难，并且预计将无限期扩大削减的规模，却没有人担心要如何实施削减措施。

当时人们理解并实践着凯恩斯主义，其思想是在充分就业的情况下平衡经济（占"摩擦性"失业的 3％～5％），而不一定要平衡预算。因此，预算的计算在一定程度上取决于收入和支出之间已知的关系，这种关系所依赖的稳定支柱受到了严重的威胁。如果（或确切地说，鉴于历史经验）经济增速变缓，显然预算可预见性的假定来源也会随之减少。

在一个不确定的世界里，稳定也是难以捉摸的；在这方面，从第二次世界大战结束到 20 世纪 60 年代初，各国政府的情况跟以往差不多。因为当今宏观经济管理的倡导者所持的理论，与支持用旧的间接的货币战略来调节经济活动水平的理论之间存在差异，如果政府不干预，反现实的历史学家可能会问，在第二次世界大战后的 20 年里会发生什么。比较 1854—1980 年间美国产出和就业水平的波动，美国国家经济研究局和商务部的研究表明，在第二次世界大战后积极努力稳定美国经济期间，GNP 波动的幅度比前几个商业周期的幅度要小，持续的时间也比前几个商业周期的要短。例如，在第一次世界大战之前，经济衰退平均持续 22 个月。在战争期间（包括大萧条时期），扩张期平均为 26 个月，收缩期为 20 个月。1945 年以后（直到 1973 年），扩张期是收缩期的三倍多。再加上 1945 年后整体的高增长率，整个 20 世纪 60 年代对于需求的管理似乎确实发挥了作用。在 1974—1975 年的经济衰退（前 30 年中最严重的一次）中，实际产出下降了 20％，而 1907 年仅下降了 50％，1920 年下降 33％，1929 年下降 60％。[94]最终，"滞胀"这一通货膨胀与失业的用意险恶的组合挫败了人们对凯恩斯主义需求管理的信心。滞胀到底是凯恩斯主义政策的直接后果，还是因为并未正确遵循这一政策造成，目前仍存在争议。由于没有受到资源限制的威胁,冲突管理成为第二次世界大战后预算中的重点。其目的是保持事物的平静,比如在英国通过建立起人际信任,又比如在法国进行更强的等级控制,或是在日本利用社会规范来强调和谐的重要性。[95]如今,也许不是每个人认为美好生活需要减少冲突。鉴于一些公民在社会关系中感受到不平等,他们很可能认为冲突太少了。人们观察到预算编制并没有与当代社会力量的意愿相违背。相反,经济预算与当代社会力量有很密切的联系。20世纪50年代及60年代初的社会似乎非常稳定,预算编制的过程加强了本身所占的优势。预算编制成为社会生活中占比很高的一部分。

预算编制的过程具有自省性而不是批判性,"多少钱"的这种问题变成了"为什么?"——好像总是有足够的资金支持一样。如何实现最佳支出是一个问题,因此,寻找最佳预算编制方法的工作已经开始。没有一种新的预算编制方法是要限制总支出的,但对于提高达成目标的效率后可能会带来的影响除外。人们认为这两种情况都是处于掌控之中,或者是无关紧要的。这种关于实现掌控的信念其实是一种错觉,这种认为无关紧要的信念暴露了时代的脾性。

协调的作用

毫无疑问,预算编制方面最有力的协调机制源自主要参与者所发挥的作用。这种作用即对机构职位所附行为的预期,是计算机制。当今这个时代,在美国国家政府中,行政机构倡导增加支出;预算局(后来在1965年成为管理和预算办公室)成为总统的奴仆,有明显的偏向性;众议院拨款委员会充当财政部的监护人;参议院拨款委员会充当上诉法院,各机构对众议院的行为各持己见。这些角色相互交织,建立了稳定的互相期许的模式,大大减轻了参与者的计算负担。这些机构无须担心他们的要求会对主席的整体计划造成怎样的影响,因为他们知道预算局会引入这些准则。由于可以依靠各个机构来推行所有可能获得支持的方案,所以预算局和拨款委员会可以集中精力将这些方案纳入总统的总体计划,或直接将这些方案打入冷宫。[96]

一位作家在写到加拿大的国家预算时提到,管理者有成为增加政策资金的"热心倡导者"的倾向。[97]当部门预算出现分歧时,就像私营公司经常发生的那样,财务主任和部门代表参加了一次会议,全副武装地为各自的立场辩护。[98] 在大不列颠[99]、荷兰[100]、苏联也发生了同样的部门之间的斗争;当各部委和共和国要求为其计划提供更多资金时,出现了"严重冲突"[101]。的确,在英国,通常根据捍卫其"角落"的能力,即能否为其部门争取更多的资金,来判断部长们的能力。[102]

公务员应该支持委托给他们的项目。如果一位森林工人希望把荒野变成高速公路,或者是福利工作者想要削减穷人或者士兵的福利项目,我们会怎么想? 谁赞成单方面裁军? 实际上,经常有恰恰相反的指控提出,官僚们并不赞同再分配计划,而是拒绝接受这种计划。我们在最后一章对政府增长的文化分析表明,想要这些项目的是人民和政治家,而不是官僚,官僚们以某种方式把更高的支出强加给无辜和不情愿的民众。当然,官僚们发挥着自己的作用,他们遵循项目的规则并且为机构辩护。他们在增加支出中确实发挥了作用。如果有组织政治进程,那么减少他们的要求也是值得的,我们就有充分的理由相信,作为忠实的仆人,他们也会这样做。如果如今的一些人认为这些专家是问题所在,而杰里米·边沁和早些时候的改革者认为他们是来解决问题的,那不是因为官僚们让我们失望,而是因为他们已经完成了自己的工作,这一工作量比以往任何人设想的都要多,做得太好了。[103]

德雷斯(W. Drees)[104] 指出,机构负责人可以捍卫他们所在行业的利益,因为很难将他们在总支出中的适度比例与整体预算状况联系起来,因此,他们通过忍让而得到的任何东西都太少,不值得做出这样的牺牲。从他们的观点来看,总支出是无关紧要的。因此,那些要尽力控制支出的人,必须用整个预算的固定总额来对抗这些倡导者,所以很显然,一个机构和项目的支出越多,对其他机构的影响就越小。这就是预算平衡理论的意义所在。没有限制是增加支出意愿的良好指标。

国库的监护人或捍卫者的职责不是天生的,正如我们的历史所展示的那样,在早期的所有国家,政府财政都是为私人目的服务的。政府依赖私人金融家提供贷款和征收税款,由于缺乏限制,这些国家资金本应交给财政部,却被他们据为己有。唯一的限制在于,当他们掠夺的资金超过能够容忍的程度时,他们可能会被关进监狱,甚至被处死。对各国政府来说,这种行为是一种事后控制的简易程序。[105]过了几个世纪才培养出路易斯·梯也尔这样的财政部部长,他对他的角色的定义是要"保卫财政部,就必须凶猛"[106]。

直到 20 世纪 60 年代中期,美国众议院拨款委员会的成员都认为自己是财政的守护者;他们为自己能够减少支出预算而自豪。[107]他们通过削减预算来发挥自己作为财政守护者的作用,并普遍增加上一年的支出总额从而与自己发挥的另一种作用——维护选区利益相协调。

在世界各国的立法机关中,几乎没有人愿意接受监护人的身份。例如,在 20 世纪 50 年代,荷兰负责财政事务的立法专家通过倡导提高拨款来捍卫他们所管辖的政策领域,这种倡导超越了党派的界限。[108]法兰西第四共和国时期,也发生了极其相似的事情。[109]监护权可能首先取决于对结果有持续影响力的拨款委员会——这在现代世界是罕见的现象。其次,文化价值观和立法习俗的发展,支持对官僚机构进行持续财政检查。在墨西哥(几乎所有的预算权力都掌握在总统手中,总统领导着单一的政党[110])或英国(政党的责任大于议会的主动权[111])等国家,立法委员会几乎不具备发挥监护作用的能力。

分项预算持久的原因以及近期一些组织预算的竞争者

第二次世界大战结束后的大部分时间(1960 年前后),政府预算的主要关注点是寻找适当的资源分配方法。就其本身而言,专注于这种方法能够得出很多结论。人们从对不断增加的支出的关注升级为寻找正确的技术。据推测,政府支出的目标比实现这些目标的最佳途径更少受到质疑。这一点在社会保障方面最为明显,尽管社会保障规模巨大,但往往处在正式预算之外的单独账户中。直到后来,在不太有利的经济条件下,社会福利才成为重大辩论的主题。

无论西方民主国家之间有何不同,这些国家在预算编制方式上保留了一个共同点:普遍采用分项预算。然而,随后出现了许多竞争性的方法。那么,为什么这种最古老的预算方法仍然存在呢?

在过去的一个世纪里,分项预算被指责为盲目,因为它的项目与程序不匹配;它合理,因为项目处理的是投入而不是产出;它目光短浅,因为预算覆盖范围只有一年而不是许多年；它零散，因为通常只对其中变化的部分进行审查；它保守，因为这些变化往往很小。[112]尽管指出了这些错误，而且这些错误也是真实存在且被指控的，但分项预算几乎在任何地方都具有至高无上的地位，就算在理论上不是如此，在实践中也是这样的。为什么呢？

分项预算是从19世纪政府内部财务管理改革的基础上发展而来，是历史的产物而不是逻辑的产物，与其说它是人类创造出来的，还不如说它是进化而来的。它的程序和目的，代表着随时间而积累的结果，而不是在任何时候假设的命题。

获得对公共资金的控制，以及让行使公共权力的人负责任，是预算者最早的目的之一。通过了解一段时间内可花多少钱来进行计划的能力增强了财务的稳定性。与收入有关的支出从一开始就至关重要。在我们的生活中，为了适应经济形势，支出是多种多样的。第二次世界大战后，需要资金作为杠杆来提高政策的效率或有效性。谁出钱谁做主。我们可以得出这样的结论：预算应该是同时为连续性（规划）、改变（用于政策分析）、灵活性（对于经济）和刚性（有限的支出）做贡献的。

这些不同的（在某种程度上）反对方的目的包含了对支出预算的长期不满。显然，没有任何一个过程能够同时提供稳定性和变化性、刚性和灵活性。任何人都不应惊讶，那些专注于某一目标的人会发现预算不令人满意；或者，随着目标的改变，这些批评会永远存在。真正令人惊讶的是，分项预算在近几年都没有被任何优秀的方法所取代。也许人们的抱怨可以提供线索：分项预算到底是什么？在大多数情况下，它都是低劣的，但为什么比所有其他的方法都优越呢？

如果一个预算过程在一个标准上能取得高分，就可能增加它在另一个标准上得低分的可能性。规划需要可预见性，经济管理需要可逆性。很可能没有理想的预算模式。

传统的预算编制是年度性的（每年重复一次）、是递增的（与前一年略有出入）、是以现金为基础进行的（以当前货币计算）；其内容以细列项目（如人员费或维修费）的形式进行。人们已经开发及尝试了所有具有这些特征的替代方案，但据我们所知，从未成功过。尽管传统上存在的缺陷很明显，而且已经被承认,在我们编制每种预算程序必须符合的标准时,为什么还是要选择这种方法呢?

计量单位:现金或数量

预算编制不仅可以用现金编制,而且可以按数量编制。与其保证在未来一年或数年内支付这么多款项,不如在所执行的业务或提供的服务中做出承诺。为什么有人会想用这种方法做预算呢?有一个原因是为了促进规划。如果公共机构知道,他们在做计划时不仅可以依靠可能变化的货币,而且可以依靠用货币买到的东西,也就是说,依靠一定数量的活动的话,他们就可以在预算运行时提前计划。实际上,如果为了有利于确保不同时期的一致性,人们希望现在就做出决定,而不是在今后的时期做出决定,那么工作单位的稳定性,就是需要考虑的问题,因为有那么多的申请需要处理。

只要购买力保持不变,现金预算和数量预算就没有差别。然而,如果货币价值发生波动(在我们的时代,这意味着通货膨胀),公共预算必须吸收额外的数额,以便提供指定的活动量。考虑到价格意想不到的巨大变化,以现金计算的预算规模可能会大幅波动。预算人员可能会失去对金钱的控制,因为他们必须提供所需的一切。显然,没有哪个政府能够允许自己如此失控。因此,按数量编制预算所要达到的稳定就是其主要未说明的前提。

按数量编制的预算实际上表明,在满足其他需求之前,公共部门将通过达到其商定的服务水平来保护其免受通货膨胀的影响。谁该为按数量编制预算埋单呢?

私营部门及中央控制者。按数量编制预算实际上是公共部门的组成部分侵入私营部门的一种努力。在个人自由主义与集体主义之间的冲突中,按数量编制预算是有利于集体主义的。弥补预计价格和当前价格之间的差距所需的实际资源,必须来源于私营部门,而且是通过税收或用于借贷的利息形式。换句话说,对于公共部门来说,数量预算是衡量通货膨胀的一种形式。

考虑到系统中存在不可减少的不确定性,并不是每个元素都能同时保持稳定。那么,谁将保持稳定,谁将不得不以变革为代价呢?直到20世纪40年代末,在政府内部,答案是显而易见的,那就是财政部将受到保护;之后,人们决定将各机构的支出保持完整。中央预算办公室(国库、财政部或管理和预算办公室,称谓不一)即等级制度工具——首先承担着支付更多支出的责任,当预算失控,比预期更快、更多地向不同方向上升时,它会受到指责。在英国,20世纪 60 年代的预算是在"公共支出调查"的名义下进行的,财政部最终在 20世纪 70 年代实施了现金支出限制来应对多年的严重通胀。当然,部门现金限额确实包括价格变化的金额,但财政部不一定期待这样,但这是它想要的金额。支出部门必须弥补通货膨胀所造成的赤字。财政部不会像在数量预算中那样自动支付这笔钱,各部门将不得不要求更多,而且可能被拒绝。部门支出者,而不是中央控制者,必须为货币不稳定付出代价。[113]

时间跨度:多个月,一年,多年

人们一直认为多年预算是一种改革,从长远的角度看,它可以通过提出资源配置问题来促进理性选择。有人认为,只考虑一年的预算就会导致目光短浅,因为只有来年的支出才会受到审查;一年的预算会促进超额支出,因为无法预见未来几年的巨额支出。而且,由于渐进式改革不能考虑到更广阔的未来前景,一年的预算助长了保守主义。此外,由于人们往往孤立地看待问题,而不是对照与预期收入相关的未来成本,因此一年预算助长了狭隘主义。有人认为,将预算编制的时间延长到 3～5 年,就会允许长期规划而不是短期行为,取而代之的是:财务控制,而不是勉强度日。此外,在预算年度结束前将会减少增加资源的做法。

预算期限越长,通货膨胀就越严重。在一定程度上,价格变动会被自动纳入预算,可以保障一定数量的活动。但随着时间的推移,各机构不得不自己应对通货膨胀,它们的实际活动水平就会下降。现金预算缩小了公共部门的相对规模,扩大了私营部门的规模。这正是英国撒切尔政府采用现金预算的原因。在讨论预算范围的背后,真正的辩论是围绕着公共部门和私营部门的相对份额展开的,它们将被要求吸收通货膨胀,并将被允许扩展到其他部门。对个人自由主义和集体主义的争议仍然存在。

政府内部也有类似的相对份额问题,其中一些部门的预算提案范围为几年,而另一些部门的预算提案范围仅为一年。这就提出了短期内哪些政策部门将面临生活中的变迁,哪些部门将在压力下受到保护的问题。与其他任何手段一样,多年预算不是中立的,而是在受影响的利益集团之间分配不同的豁免资格。

当然,多年预算编制有其积极的方面。例如,如果目标是控制支出,那么多年预算就有必要对今后的支出进行估计。老式的得寸进尺的战术,从小额支出开始,然后隐藏更多的支出,这种战术现在已经很难执行了。尽管如此,正如英国人所了解的那样,开始艰难意味着后面也会很艰难。一旦一项支出开始进入多年预算,它很可能会继续存在,因为它已成为一套相互关联提案的一部分,而这些提案很难被破坏。英国的经验表明,未来几年削减的预算(总是不确定的)很容易被用来维持当前最重要的支出。

但是,有人认为需要大幅度减少某些支出,以增加其他支出。由于连续承诺的内在压力,在一年内可以做的事情极为有限。需在 3～5 年间做出安排,将使数额有更大的变化、更有秩序。在价格不变的情况下,5 年内每年 5% 的复合增长率将带来 1/3 的预算变化。但其他事情很难保持平等。20 世纪 60 年代,当英国人在 5 年制预算预测下工作时,一次只能预测 5 个月内的价格和产量。

鉴于经济波动和理论上的贫乏,预测未来的能力极为有限。因此,如果预算编制的主要目的是对不断变化的经济状况做出反应,预算将以数月或数周计算,而不是按年份计算。在 20 世纪 70 年代中期开始的动荡环境下,如果一项预算能够被接受一整年,那将是一项相当大的成就。这种短期预算确实存在于贫穷和动荡的国家。凯登(Caiden)和威尔达夫斯基称这一过程为"重复预算",以表明预算可能会在一年内进行多次修改。[114] 由于财政部通常不知道国库实际有多少资金,也不知道要花多少钱,所以他们拖到最后一刻才做出决定。重复预算并不能为拟议支出提供可靠的指导,而是吸引各机构"在可能的情况下得到它"。当经济或政治状况发生变化时(就像经常发生的那样),人们会重新探讨预算。适应性被最大化,但可预测性被最小化。

计算:增量或综合

现代可以用来替换分项预算的方法主要有:规划、设计、预算(programming and budgeting, PPB) 和零基预算（Zero-base budgeting, ZBB）。由于分项预算充满了各种栏目和金额，说明谁能做多少，体现等级制度的分项预算法受到了 PPB 的市场方法和以 ZBB 为代表的对直接过去的宗派拒绝的挑战。

项目预算（program budgeting）需要一种结构，在这种结构中，所有与共同目标有关的政策都可以在成本和效益上进行比较。基于与经济市场的类比，PPB 关注的是个人自由主义文化所共有的竞争和结果。如果能产生良好的结果，任何资源组合都是可以的。大卫·诺维克（David Novick）或许是美国国防部（20 世纪 60 年代中期）PPB 早期的领军人物，这一想法产生于第二次世界大战期间。军事表现（比如轰炸和反潜战争）通过使用简单、定量的模型得到了改善，在某些情况下，这种模型比现有的搜索方法要好得多。[115]在使用这一模型的过程中，大量的活动取代了军事目标。

顾名思义，ZBB 意味着，每年都要重新考虑每一项支出，从根本上看，就好像之前没有考虑过一样。ZBB 是一种控制成本的方法。[116]在概念上，ZBB 属于宗派主义文化，其主题是拒绝社会的既定秩序。像 ZBB 应该做的那样，故意放弃过去的决策模式，给那些每年都会重建世界（一个肯定存在重大缺陷的世界）的人们提供了一个具体的模型。继其政治导师吉米·卡特（Jimmy Carter）总统之后，ZBB 代表一个重生的预算理论。

让我们把 PPB 看作是横向综合的体现，比较各种不同的支出，以决定哪种对更大的方案目标有最优贡献。与之相比，ZBB 可以被视作展现了纵向的全面性：每年都会考虑从零开始的替代性支出，用于被视为独立实体的所有政府活动或目标。简而言之，PPB 对比了可替代的方案，而 ZBB 对比了可替代的资金。

ZBB 是一个历史信息系统。正如预算基数所反映的那样，过去（对资金数额和类型的共同期望）被明确拒绝：向来如此，没有任何事情是理所当然的。在每一个时期，每件事都要经过仔细的审查。因此，计算变得难以管理。说预算过程是历史性的，就是说什么都解决不了。以前的争吵卷土重来。不计后果的做法有点像删除记忆，也许一时方便，但最终后果不妙。

就财务控制而言，ZBB 和 PPB 提出了一个问题："对什么进行控制？"它是否控制程序的内容，控制既定程序的效率，控制政府的总成本，还是仅仅是控制支出的合法性？然而，控制的范围有多大取决于融资的形式，这是我们现在要处理的问题。

拨款与财务预算

传统的预算按照传统惯例运作：授权，对各部门的拨款，部门支出，支出由外部权威机构审计。然而，在许多国家，传统的预算编制实际上并不是公共支出的主要形式。超过一半的美国公共支出，甚至更多的欧洲的公共支出，并不是采取拨款预算的形式，而是采用财政部的预算。我们认为，这一命名法有助于避免所谓"非法"支出的贬义含义，即通过财政部自动支付资金而绕过拨款过程的支出。

就目前的讨论而言，替代传统拨款的 3 种财政预算编制形式是：贷款担保、税收支出和联邦资助。因此，提供担保贷款可以降低利率，相当于现金补贴。担保是有价值的。给予个人的优惠——以减少住房税、大学学费或医疗费用的形式，相当于预算支出，但资金从源头上被转移。

联邦资助，即我们的第三类财政预算，要求任何有资格领取某些福利的人都必须得到资助，无论是否有足够的预算。在修改立法或限制总支出之前，联邦资助通过财政部的直接草案构成国家的义务。

显然，在控制项目成本方面，对财政预算编制寄予厚望，这取决于前几年设定的福利水平和潜在受益人的适用率等变量。这种做法最重要的结果是部门只是支出的渠道，而不是控制人。传统预算控制的前提是：如果你控制了部门，就能控制支出，而这一前提不再成立，因为这些钱不是由部门花费。

为了进行经济管理，财政预算是喜忧参半的。它在提供所谓的自动稳定器方面很有用。当人们认为最好不要在每次情况发生变化时做出新的决定时，联邦资助使资金能够根据问题的大小流动。困难在于，并非所有的联邦资助都是反周期的（例如，儿童福利可能独立于经济状况处于上升状态），如果减少福利所带来的财政灵活性没有了，就可能会带来损失。事实上，如果预算意味着资源分配，而联邦资助意味着资源的增加，那么预算和联邦资助可能不相容。

为何传统预算能持续

对分项预算的每一次批评无疑都是正确的。它是渐进的，而不是全面的；它是零碎的决定；它的历史气息太重，总是回顾而不是向前；它对目标漠不关心。那么，为什么传统的预算编制会持续这么长时间呢？因为它的缺点中也有闪光点。分项预算使得计算非常容易，正因为它不全面。历史为我们提供了坚实的基础。现在与过去有关，过去是已知的，而只与未来有关，而未来是无法理解的。可能造成冲突的选择是支离破碎的，因此并不需要同时面对所有困难。预算编制人员可能有目标，但预算本身是围绕活动或职能组织的。这样，我们就可以在不挑战组织生存的情况下改变目标。分项预算并不要求对政策进行分析，但也不禁止政策分析。由于它在政策方面是中立的，传统的预算编制与各种政策是兼容的，所以它与各种政策兼容。

一年几次的预算编制对于调整经济有帮助，但也会造成部门混乱，计算混乱，并加剧冲突。多年预算编制以牺牲调整、问责制和可能的价格波动为代价来加强规划。按数量和权利性支出编制预算也有助于政府以控制为代价进行规划。预算变成了支出。因此，传统的预算编制会持续下去，因为它比诸如 PPB、ZBB 和国库预算编制（如指标性津贴）等现代备选方案更简单、更容易、更可控、更灵活。

还有最后一项标准没有提到，因为它存在于其他标准的多样性中，那就是适应性。为了有用，预算程序在所有条件下都应该表现得相当好。它必须在意想不到的情况下运行——无论赤字和盈余、通货膨胀和通货紧缩、经济增长和经济停滞。因为预算应该是政府内部的协议，意味着达成共识，并向政府以外的世界发出信号——这样其他人就会知道如何适应政府可能做的事情——预算必须是好的（尽管不一定是很好的）。传统的预算编制由来已久，并不是因为它在每一个标准上都取得了辉煌的成功，而是因为它没有在任何一个标准上完全失败。

欧文·吉列斯皮（Irwin Gillespie）恰如其分地用"愚人的黄金"（他可能会写道，"这是最好的"）来形容评价政府支出的方法[117]，它不仅强调了用于预算的知识有限,而且强调了它的文化组成部分。每种方法并非中立,而是倾向于不同的文化:市场(PPB)、宗派(ZBB)和等级(行项目)。每一种都有不同的分配结果。"谁能得多少"的预算的重要性,不仅在于它的效率。这些方法既具有政治性,又具有分析性。[118]它们的运作方式取决于更大的政治体系结构的选择。例如,全球支出限制的存在与否,将产生很大的不同,艾森豪威尔(Eisenhower)总统和国防部部长罗伯特·麦克纳马拉(Robert McNamara)所使用的不同经验和方法将在第九章中揭示出来。当人们的注意力从数量多少上转向如何最好地支出时,预算领域的一场革命正在酝酿之中。

如果每个人都很想做某件事,那么就会有人在某处真的会去做。在处理预算程序之间的差异时,我们没有看到它们共有的东西要重要得多:对税率或支出水平已不再有被充分理解的、尽管是非正式的限制。因此,一个机构或项目的增加不会减损另一个机构或项目的利益。那么,为什么机构(或利益集团)需要限制其支出需求呢?

第九章　福利与税收国家的发展:从20世纪60年代到现在

动荡时期的预算

人们往往很容易认为自己的时代是独一无二的,但20世纪80年代西方世界的金融危机在某些方面与以往的任何事件都不一样。公共支出的水平比以往任何时候都高得多。除了要求更多的收入以及更广泛的控制支出外,大规模地获取资金和支出资金不仅造成了数量上的差异,而且造成了质量上的差异。涉及其中的参与者之间的关系很难改变,因为参与者太多了,而且他们之间的联系非常密切。这不仅是由于税收很高,降低税收(或阻止税收增长)难度很大,而且在政策密集的环境中,税收政策会趋向于一种矛盾的状态:税收的增加会导致产量降低,这种现象叫"财政自我竞争"。例如,征收某种形式的全国性销售税是有益处的,但是通过限制消费,可能会抑制经济活动,从而导致失业人数增加,进而减少收入和工资税的收入。当工资谈判与福利水平挂钩时,即政府和工会之间针对收入政策进行谈判,无论是要改变政府的还是工会的想法,难度都非常大。

政府角色的变化和扩大可能是影响政策变化的主要因素。政府已不再局限于其传统角色——提供国防、司法,而且其他几个狭义的、被广泛认同的服务部门也已经扩大了服务范围。政府有助于管理经济、重新分配收入、提供社会福利,并以其他方式影响公民的行为。政府提供的机会越多,外部利益集团

427

就越有机会向政府施加压力。

在 20 世纪 50 年代、60 年代和 70 年代初,支付新项目的费用和增加对旧项目的支出对各国政府来说都不是严重的问题,这些国家的生产力产生了稳定增长的收入,足以支付大部分支出。(正如 1960 年之后所发生的那样,当赤字出现,政府可以进行借贷,而且作为一种反周期措施,借贷已经被合理化了。)回忆起 20 世纪 60 年代后期,通货膨胀就掩盖了生产力的下降。收入的增加将纳税人推入了更高的所得税税率区间,随着他们支出的增加,政府收入也随之提高,产生了理查德·罗斯(Richard Rose)所谓的"财政繁荣"。个人收入每增加一个百分点,政府收入就增加 11.6%。[1]因此,立法者和税收决策者不必采取肯定招致选民反对的措施(提高税收):当那些新一批达到最高税率区间的人抱怨他们支付了太多的税时,政府就转向将税率和利率(以及一些政府项目的福利水平)与价格水平挂钩。随着指数化成为等级制度的既定政策,政策制定者进一步独立于变化的责任之外,无论这种责任是增加还是减少。[2]问题是,将支出指数化会导致支出增加,而将税率等级降低会导致税收减少。

但到了 20 世纪 70 年代末和 80 年代初,大多数西方国家的财政预算工作变得如此繁重,以至于每年都要做几次预算,因为没有一个预算能持续几个月以上。在那些项目与许多事情挂钩的国家,各部门都是看着预算自动失效了事。他们都在同一条船上,而且前进的方向相同。资源分配变成了资源添加。中央预算单位必须寻找资金来应对价格变化、利率上升、工资结算以及其他所有的变化。当预算办公室受到压制,那些未受保护的项目就会最先受到冲击。这些项目被限制在很有限的预算范围内,例如,通过预先审计,按月分配,以及冻结招聘及差旅费的方式。这不一定是因为策略本身是可取的,而是因为它们在短期内节省了支出。当然,这些方案的受益者提出了抗议。他们希望被归为受保护的类别,或者完全从预算中移出,由指定用途的税收提供资金。因此,随着中央预算单位在 GNP 中所占比例的增加,其策略可回旋的余地也随之减小,中央预算单位在环境的驱使下,经常试图削减预算。

但重复做预算只是个开始。由于本年度的预算从未真正确定,因此支出部门也采取了相应的措施。由于担心资金会被抽走,各部门整年都在进行立法施压,并不是只在最开始的时候才这样。因此,预算成了谈判的起点,而不是承诺。于是有了更多向政府索要资金的人,他们索要资金的次数也比以前更多,而且更加锲而不舍。没有"关闭"和"开启"预算季度的区分,导致中央预算单位出现了一种混乱的现象。

支出部门也遇到了难题。客户对额外福利的要求在过去每一次承诺之后都有所增加。因此,对于他们的成员来说,部门不能满足新的需求就意味着失败。各部门可以做出反应,即把它们的问题转移到中央预算办公室。为了使自己的地位稳固,各部门通过各种现代设备寻求资金——权利、贷款和担保以及预算外的公司等。

为了适应新的形势,政府官员被迫采取行动,而这些行动的后果他们无法控制。提高税收不仅降低了政府的受欢迎程度,而且导致了更高的价格(反映在生活成本上),政府福利的指数化也导致了支出的增加。通货膨胀是一项主要政策工具。有些事情是政府无法直接去做的,如降低债务成本、降低工资增长的实际价值,以及再分配收入,但政府试图间接地做些事情。政府依赖于操纵驾轻就熟的事务只不过是一种权宜之计。

在过去的几十年里,这些状况帮助缓冲了大政府所受到的财政影响。增加的支出既得到了累积生产力的支持,也得到了经济增长的支持。此外,在20 世纪六七十年代的大部分时间里,实际支出从国防领域大幅转移到社会福利领域。由于社会保障基金有盈余,通过小幅增加工资税,可以大幅提高福利。当通货膨胀盛行时,税收自动提供更多的资金,而无须立法改革;因此,通货膨胀对政府来说是一件好事。无论在哪个领域有失误,政府都可以借入资金,从而为最初相对于 GNP 较小的赤字提供资金。

一切都变了。只有在有增长的情况下,才有可能从增长中为政府提供资金。国防已被用作国内支出转移的来源;的确,国防支出正在上升。社会保障基金正在耗尽,受益人群在日益增长,但支持他们的人在减少,这不仅对偿付能力造成了隐约的威胁,而且是一个迫在眉睫的问题。

大政府会有更大的压力。每一个新的项目都会引起组织的兴趣。越来越多的人向政客提出诉求。政客必须做出决定以满足他们的需要,并应付以前政策的一系列后果。政客们发现自己比以前更忙了,而回旋的余地却越来越小。

外部的动荡和内部的松散从根本上缩小了时间范围,在过去的好日子里,政客们可以在今天制定支出政策,明天才付钱(或者,更好的是,在遥远的将来,等其他人勉强愿意才掏钱)。如今,这些政策导致的后果如此迅速地出现了,以至于预算的时间不能推迟。长期预算的时代已经过去,中期预算似乎遥不可及;短期预算成为唯一的选择,即在几个月内或在政治任期内做预算,一种不可否认的事实正在显现:政治家们再也不能把他们政策的后果转嫁给他们的继任者了。丹尼尔·塔奇斯(Daniel Tarschys)所称的"剪刀危机"[3],即支出增长快于收入增长,已经在西方造成了结构性预算问题,需求无法减少,收入供应也无法有效增长以满足人们的需求。我们看到了预算的未来,只需等待它的呈现。

工业成熟的时代——20 世纪 60 年代、70 年代和 80 年代初——呈现了 3 种预算趋势:社会项目支出增加,减少相对军费支出但提高绝对军费支出,财政收入无法大幅增加以跟上前两者的步伐。在这一章中,我们将考查一些西方国家在福利和国防支出,以及税收方面的趋势。我们亦会检讨至今仍未能成功控制支出的情况。更多地了解所发生的事情将使我们能够在第十章,也就是最后一章中解决这个大问题,即政府为什么会增加支出。

福利国家的发展[4]

社会福利国家的本质是通过官僚机制提供转移支付及援助服务。行使这一机制的权力最终归属于公民,他们在一定程度上通过选举来行使这一权力,否则,收入转移及援助服务可能由私人官僚机构、关系交换或在集体内(如家庭)提供,在这种情况下,官僚机构和交换机构都不会描绘社会进程。

两位持同情态度的评论员表示,近年来,由于产业工人缺乏"经济资本形式累积的储蓄",所以福利国家大幅扩张。[5]在遭遇不幸时,工人也不能指望家庭或社会志愿团体给予足够的支持。无论政府是一个合格的替代者,还是人们实际上无法照顾自己,这些因素仍然是社会支出的传统理由。

人们对于援助服务的核心有着普遍的共识:照顾年幼和老年的人、病人和残疾人。[6]但除了这一协商一致的意见外,在提供多少这些服务或可以提供哪些其他服务方面,显然存在分歧。各国不仅在特定时间采取了不同的政策,而且每个福利国家的支出在不同的时间以不同的速度在增长。因此,这些数据不能表明政治发展的结果直接是由经济环境造成的。然而,我们也不能完全把福利国家(这里指收入转移和社会服务)视为政治环境的纯粹产物。

在福利支出的增长方面,政府更多的是作为资金结算中心,而不是直接提供服务。政府在纳税人之间转移资金时,是在调整对市场的投入。现代政府已经很好地学会了如何把钱从纳税人转移到受益人身上。[7]有时转移是政治上唯一可行的措施。例如,美国无法做到将公共医疗保健普及到每个人,于是政府制订了一些计划(医疗保险、医疗补助)来补贴穷人和老年人的医疗费用。在美国,实施公共医疗的政治阻力源于利益集团势力或政治文化(美国人不喜欢集体主义)的影响。但是,如表 9.1 所示,向收入转移的趋势如此普遍,以至于所有政府都认为这是有利的。①

表 9.1 显示,从 20 世纪 50 年代中期到 70 年代中期,经济合作与发展组织(OECD)成员国的政府支出占 GDP 的比例从略低于 30％上升到略高于 40％。在这 12％的增长率中,5％来自政府购买商品和服务,即最终消费,而 7％来自转移支付和补贴的增长。由此,转移支付占政府支出的比例从 30.9％上升到 38.9％。

---

① 支出占本地 GNP 的比例是最常用的政府在社会产品中所占比例的指标。在表 9.1 中,使用的是国内生产总值(GDP),而不是 GNP(用于消除进出国外的转移)。然而,这一措施隐含着几个概念上的问题,读者应该意识到这些问题:

1. 政府可以要求支出(通过监管)或鼓励支出(通过贷款担保),从而以公共决策取代市场,但这些变化不会改变支出占 GDP 的比率。

2. 公共消费按 GDP 分母计算,但转移不计算。将哪些数额纳入计算范围是一个判断的问题,但所包含的影响是巨大的。

3. GDP 的波动有许多短期原因,其生产方式不如政府支出规律。因此,每年的数字可能会以混淆趋势的方式波动。出于这个原因,这里引用的 OECD 的数字是基于多年来的 GDP 趋势,后来分析的工作表并不代表实际数据,而是一个"平缓"的系列。

4. 不同的国家在不同的时间计算出不同的 GDP。甚至国际上试图通过在这些系列中制造变化来使事情标准化的尝试也是如此。由于支出类别也各不相同,所以不同的来源会提供不同的结果。此外,正如 1965 年瑞典的联合国国民账户汇编记录的一样,不同来源的不同版本可能提供不一致的数据。

表 9.1

按经济类别划分的公共支出趋势[8]

按平均 3 年的现价计算的 GDP 百分比

	1955—1957 年			1974—1976 年		
	最终		总额	最终		总额
	消费(%)	转移(%)	支出(%)	消费(%)	转移(%)	支出(%)
澳大利亚	9.7	5.6	21.7	15.9	9.3	32.8
奥地利	12.6	11.8	29.0	16.2	15.8	39.9
比利时	11.5	10.5	—	16.2	19.3	43.0
加拿大	13.2	6.2	25.1	19.7	11.8	39.4
丹麦	12.6	7.4	25.5	24.0	15.8	46.4
芬兰	12.1	9.1	29.2	18.6	13.4	37.3
法国	14.1	15.0	33.5	14.4	21.9	41.6
德国	12.5	12.5	30.2	20.3	16.9	44.0
希腊	10.9	9.3	—	17.8	6.2	—
爱尔兰	12.5	12.5	—	20.4	19.7	49.4
意大利	11.9	10.9	28.1	13.7	21.5	43.1
日本	9.7	4.0	—	10.7	8.4	25.1
荷兰	15.1	9.3	31.1	18.0	27.3	53.9
新西兰	12.9	7.6	—	17.8	9.1	—
挪威	11.3	11.1	27.0	16.7	22.3	—
西班牙	9.2	2.9	—	9.9	11.1	25.3
瑞典	15.6	8.2	—	24.8	19.3	51.7
瑞士	9.4	6.0	—	12.1	13.6	-33.5
英国	16.6	7.9	32.3	21.5	14.7	44.5
美国	16.7	4.5	25.9	18.8	11.2	35.1
OECD 平均值(未加权)	13.0	8.8	28.5	18.0	16.1	41.4

"因为政府部门很大程度上就是一个资本强度、劳动强度都相对较低的服务业,"一些分析人士认为,它的"生产率……与制造业和初级(大宗商品)成分相比,很可能很低"[9]。即使能充分衡量服务部门的生产率,一定数量产品的价格在公共部门的增长速度也将比在私营部门更快,因此,在不改动产出比率的情况下改变成本比率。[10]

由于我们无法衡量公共部门的生产率,所以根本的问题在于评估支出增加的结果。谁能说高等教育成本是否能反映教育水平的高低呢? 在有限的领域中,是有可能进行计算的。例如,在 1949—1963 年间,一项对法国教师工资的研究发现,工资年平均增长率为 9.2%。这与冶金行业的工资增长相一致,平均增长率为 9.4%。但是金属加工的生产率以每年 5.3% 的速度增长。教师的工作效率会不会也在提高呢? 课程没有改变,学年长短没有改变,教师仍然接受同样的培训,所有试图证明师生关系更好的努力都失败了。[11]虽然这类计算在试图确定公共部门生产率随时间变化时具有启发性,但唯一可行的选择是根据所考察期间的价格变化而调整支出总额。自从 1960 年以来,在政府支出占 GDP 的比例的数据中剔除了通货膨胀的影响之后,政府的生产力提高仍然远远低于私营部门。

如果在 20 世纪 50 年代中期至 60 年代中期,政府支出占 GDP 的比例增长了 13%,其中约有 4% 与通货膨胀有关,那我们还需要解释其余的部分,增加的社会支出中有很大一部分(见表 9.2)用于医疗、教育和收入维持计划。每种支出的增长都有不同的政治意义,扩大的社会支出可能只是与人口结构的变化有关,比如当婴儿潮造成学生人数增长,而老龄化的人口增加了养老金负担。或者对每个服务对象的投入可能会增加,更多的支出用于教育每个学生,更多的养老金和更完善的医疗服务得到了更精密的技术支持。

最后,服务可以扩大到更多的人口中。入学率可能上升;政府可以为个体经营者提供养老金,并实施相应的补贴以支持穷人享受更多的医疗服务。公共政策并不为造成福利支出增加的人口因素负责。但是,在向穷人伸出援助之手时,福利服务的增长可能反映了更加平等的目标,也可能代表着一种政治倾向,即通过向每个人提供某种东西来建立一个联盟。

表 9.2 OECD 的社会福利支出(1974 年)[12]

(按现价计算的 GDP 百分比)

国家	用于维持收入的支出(%)	教育(%)	健康(%)	总福利支出占GDP 的弹性*(%)
日本	2.8	2.6	3.5	1.28
澳大利亚	4.0	3.8	5.0	1.33
新西兰	6.5	4.4	4.2	1.10
加拿大	7.3	6.5	5.1	1.66
美国	7.4	5.3	3.0	1.52
英国	7.7	4.4	4.6	1.33
瑞典	9.3	5.9	6.7	1.61
挪威	9.8	4.9	5.3	1.72
丹麦	9.9	—7.0	6.5	1.65
意大利	10.4	4.0	5.2	1.44
法国	12.4	3.0	5.2	1.25
德国	12.4	3.0	5.2	1.25
比利时	14.1	4.9	4.2	1.25
奥地利	15.3	4.0	3.7	1.17
荷兰	19.1	5.9	5.1	2.04
OECD 平均(未加权)	9.5	4.9	4.9	1.42

注:* 弹性是指福利支出占 GDP 每增长一个百分点的百分比。

向更多的公民提供服务通常是合理的。建立"社会最低"生活标准。风险是社会化的,丹尼斯·盖斯特(Dennis Guest)写道:

> 人们逐步认识到,由于城市工业社会中社会组织的性质,个人社会保障面临的风险是社会成本的一部分,这个社会为更多的人提供了比历史上任何时候都更高的生活水平。……文明社会有责任确保人人承担工业进步的成本、共享工业进步带来的利益,保护社区中最脆弱的成员,即老年人、儿童、残疾人、因社会迅速变化而失业的工人,是政策和方案的第一优先项。[13]

社会工作倡导者的想法中这个相当标准的例子,揭示了一个不完全平等的集体主义。马歇尔更明确地关注平等问题:

> 扩大社会服务不是实现收入平等的一种主要手段。……重要的

是,文明生活的具体内容普遍丰富了,风险和不安全感普遍减少了,所有阶层的富人和穷人之间——健康的人和病人之间,就业的人和失业的人之间,老年人和年幼的人之间,单身汉和大家庭的父亲之间——平等了。……地位平等比收入平等更重要。[14]

OECD 医疗、教育和收入维持支出公共支出趋势工作组[15]报告说,支出增加的主要原因是方案覆盖面扩大。许多国家的大多数人有资格享受健康福利,1/5 的人在高等教育方面得到资助、1/10 的人领取老年津贴。对于一个委员会来说,这是一次大胆的飞跃,他们认为:

> 在过去 10 年里,社会或多或少成功地实现了其所谓的"民主"目标,将覆盖范围扩大到尽可能多的相关人口。然而,在实现更"平等"的目标方面只取得了缓慢的进展,其中涉及有选择地帮助经济上较脆弱和在社会上处于不利地位的人。事实上,由于实现普遍覆盖的努力限制了福利的增加,这两个目标甚至存在矛盾。[16]

社会最低标准的概念已取得了极大的认同,但收入或服务的平等还远远没有实现。

广泛分配的、自动获得的既得利益对于政治是有益的,由此使得去攻击不受欢迎的受益人变得更加困难。然而,与此同时,通过将覆盖面扩大到富裕阶层,减少了再分配的影响。尽管收入转移在 OECD 国家内很受欢迎,但这些项目的发展速度各不相同。因此,我们有必要计算收入维持计划支出的变化模式。

20 世纪 70 年代中期(见表 9.2),美国、英国、加拿大、澳大利亚、新西兰和日本用于维持收入的支出较低,而荷兰、意大利、法国、德国、奥地利和比利时用于维持收入的支出较高。丹麦和瑞典的医疗服务费用很高,但在美国、奥地利、新西兰和日本,这些费用相对较低。斯堪的纳维亚国家和加拿大的教育支出最高。美国的教育支出高于平均水平,而非斯堪的纳维亚国家的教育支出则高于平均水平,(德国、法国、意大利、奥地利)则落后。20 世纪 60 年代初,英国的养老金支出低于平均水平,到 70 年代中期,这 3 个类别的支出都低于平均水平,这有违英国福利国家的形象!

因此,福利领先的是欧洲小国,即斯堪的纳维亚国家,如奥地利、比利时和荷兰。荷兰、丹麦、挪威和瑞典也显示出相对于 GDP 的高福利增长(见表 9.2 最后一栏)。另一个迅速崛起的国家是加拿大。从较小的基数来看,它在教育和健康方面的支出特别高(后者是通过国家健康保险而来的)。低增长、大基数,是法国、德国、奥地利和比利时的特点。

除了澳大利亚,世界各国的养老金都有所增长。在斯堪的纳维亚国家和法国,个人养老金的规模(大致按照转移比率,公共部门支付的支出份额)扩张最多。总体而言,养老金费用上升更多是由于人口结构和申请资格的变化,而不是福利的改善,但福利也有所增加。

相比之下,几乎所有地方的儿童津贴都下降了。申请资格不受限制,但只有比利时和丹麦的公共部门支出份额有所增加,而且只是略有增加。在德国、法国、意大利、奥地利等大多数老牌福利强国中,儿童补贴大幅减少。(没有相关制度,美国既没有增加也没有减少。美国纳税人虽能得到儿童津贴的扣减额,但这不会改变其作为生育补贴者的低排名,特别是因为扣减并未与通货膨胀挂钩。[17])

一般来说,失业救济金的增加反映了失业率的上升和申请资格要求的放宽。(只有加拿大和英国的实际利益有所改善。)自 1973 年石油价格上涨 4 倍以及随之而来的失业潮以来,领取失业救济金的资格和支付水平都有所提高。1974 年,美国的《紧急就业和失业援助法》将覆盖范围扩大到 1 200 万工人。当全国失业率超过 4%(自那时起),其他立法延长了福利期限,并启动了一个大规模的公共就业和培训方案(CETA),以培训为重点,废除旧方案并重新建立了这一方案。加拿大的救助体制在 1971 年有了很大的扩展。法国在 1974 年制订了一项补充援助计划,意大利人在 1975 年扩大了他们的援助体系。日本人在 70 年代初享有较多的就业机会,而德国人以前在福利指数上所做的工作较少;但两国政府仍然采取措施创造就业机会。[18]由于 70 年代初失业率仍然很高,80 年代初失业率急剧上升,有理由相信救济金在 GNP 中所占的比例继续增加。因此,失业救济金不仅反映了社会慷慨的愿望,而且反映了经济的波动,以及政府通过维持需求来操纵经济的企图。而且那些益处是自动反周期的。

疾病或残疾人的现金补助是维持收入支出的第四大类;同样,增长的主要原因是扩大了申请资格。这里的数据极不可靠,因为方案对符合要求的人口的定义差别很大,而疾病津贴和失业计划可能重叠。1972 年,荷兰(占 GDP 的 1.91％)、瑞典、比利时和挪威的福利特别高。这个组织开始被人们所熟知。[19]至少在荷兰,这一制度似乎鼓励"疾病":在 1982 年初[20],15％的劳动力(60 万工人)正在领取工资,那些拥有慷慨制度的国家显然采用了这样的规则:"面临疑问时,多付比少付好。"[21]

20 世纪 50 年代的婴儿潮增加了这 10 年中基础教育的支出,到 20 世纪 60 年代末,高等教育机构开始加大支出,以适应学生人数的激增。政府采取行动,以满足大学毕业生与其他人之间的工资差距,以及社会愿望的变化而产生的需求,这意味着发达国家的大学及其学生都从中受益。通过在学校系统中创造进入大学的更灵活的途径,政府也扩大了对大学数量的需求。[22]如果父母在没有孩子收入的情况下也能维持生活,政府完全可以向符合条件的学生提供少量津贴。中央政府对科学基础研究的资助为大学预算提供了进一步的补充。

成本变化是教育支出增长和国家增长差异的主要来源。加拿大尤其致力于各级教育的改善,而美国、澳大利亚、瑞典和挪威则扩大了用于中小学教育的实际资源。"多学科大学"中甚至可能存在规模经济;至少有迹象表明,实质增长率(相对于 GDP 的增长)在法国似乎是最低的,那里的学生在 1968 年和 1983 年两次造反。与这些年的养老金支出一样,荷兰的教育成本也有所增加。

卫生部门是政府在没控制服务的情况下就对其负责的领域的典型。需求似乎是无限的,而且人们似乎非常重视医疗保健。因此,成本不断上升;除了通过设置支出上限来配给资源和限制进入医院外,似乎没有办法能阻止成本的增加。到目前为止,确定医疗保健系统投入的价值是一个令研究人员困惑的问题。① 然而,我们知道,没有一个国家能提供其公民所希望的一切。[24]

尽管所有国家的福利支出都有所增加,但有关社会支出结构的数据表明,

---

① OECD 的工作组始终无法阐明支出对医疗的影响,最终以失败告终:"可以肯定,低估了投入增加所导致的成本增长,而相对价格的增加被夸大;但是,由于数据中的各种弱点和紧缩程序中的缺陷,很难说紧缩幅度有多大。"[23]

存在 3 种类型：

1. 强福利国家——丹麦、挪威、瑞典和荷兰——在所有福利方面的支出都在增加。

2. 老牌欧洲大国——德国、意大利、法国和英国虽仍旧是欧洲的主要经济体，但是都出现了养老金支出高，以及比例严重失调的问题。社会福利支出始于这些国家，以英国为例，曾经是社会福利的典范，目前在这方面已经远远落后于别的国家。

3. 养老金支出适中的国家，多为前英国殖民地，这些国家国民受教育程度更高，例如美国、加拿大、澳大利亚和新西兰。与社会福利高支出的国家相比，这些国家在教育方面的支出更多，而在就业保障方面则更少，这是因为经济增长允许大量的绝对支出增长，而不影响支出占 GDP 的比例，日本在 20 世纪 60 年代到 70 年代中期，在社会福利上支出很少。

如何解释不同的分组呢？不同的政治背景和经济环境可能是原因之一。我们首先来看一下各个国家社会福利支出的原始数据。[25]

瑞典是典型的高福利国家，在 1951—1978 年间，其社会福利支出大幅增长，相对于 GDP，政府支出在 20 世纪 50 年代增加了 4％，60 年代增加了 5％，70 年代增加了 7％。在五六十年代转移支付增加了 3％，70 年代增加了 8％。在这期间，瑞典一直由民主党执政，一直到 1976 年中间党（原农民联盟）上台统治国家。这一政治变化带来的结果是政府在社会福利方面支出更多。但令人不解的是，在 1977 年这个数据跃升至 GDP 的 55.5％。随着 70 年代石油价格上涨和生产力的下降，中央政府无法做到收支平衡，债务从 1970—1971 年占 GNP 的 1.5％，上升到 1974—1975 年的 4％，到 1979—1980 年更是上升到了 10％。在 70 年代，税收一直在"调整"——税收逐年减少，而福利支出"自动"增加，瑞典政府因此陷入财政困境。瑞典预算当局深信税收不应达到每年 GNP 的 1％。[26]但是，对于削减福利支出的必要性达成共识比就谁将被削减达成一致要容易得多。因此，削减赤字的目标一直没能实现。

意大利政府支出的增长主要取决于转移支付、债务和投资，而不是公共消费。转移支付的增长不均衡，这可能与 1964 年基督教民主党和社会党的中左翼联盟的形成以及 1968 年大选后维持联盟的成本有关。1969 年秋天的一波罢工使得工人阶级形成了阵营,政府需要通过福利方针来安抚工人。[27] 意大利 1975 年的经济危机带来了更大幅度的转移,这可能与早期的失业补偿改革有关。这种跳跃式的增长模式表明,支出的增加是对政治和经济压力的临时反应。

20 世纪 50 年代,英国政府通过削减军事支出,其财政支出比前几年节省了一部分。英国的"应变经济政策"曾饱受争议,受其影响,20 世纪 50 年代末至 60 年代初英国政府对财政支出做出的调整似乎影响甚微。实际上,当时不堪一击的工党政府在 1965—1967 年间曾一度增加财政支出,并且在 1966 年竞选成功后额外增加了 1967 年的支出。1967 年后,为了防止英镑继续贬值,英国政府采取了一系列措施,但此举抑制了财政支出的进一步增加,直至 1972 年保守党希思(Heath)政府的劳工关系政策崩溃才有所好转。1974 年 GDP 中政府支出的急剧增长(将近 5％)影射了 1973 年的石油危机。1975 年财政支出再次增加,但此后 3 年占 GDP 的比重出现轻微回落。很显然,保守党政府没兴趣废除工党的福利法规。保守党首相哈罗德·麦克米伦(Harold Macmillan)曾在 20 世纪 30 年代写过一本书,呼吁进行全国规划,在其执政期间,福利支出平稳增长。哈罗德卸任后,英国政府由两党交替执政,工党(1964—1970 年,1974—1979 年)推崇福利扩张,保守党(1970—1974 年)则反对,然而也许由于经济持续衰退,两党政府均未明显改变福利系统。尽管双方都认同政府应该保持经济的健康发展,但双方都能力有限。玛格丽特·撒切尔(Margaret Thatcher)领导的保守党政府曾低价出售部分国有企业,却丝毫未改变社会福利支出体系。事实上,她 1983 年竞选的原因正是其政府比前任工党政府做出了更多贡献。

战后重建的德国经济在 20 世纪五六十年代繁荣复兴。由于快速发展的生产力,在 1951—1966 年,社会支出的绝对水平很高,但占 GDP 的比例几乎未增长。1967 年突如其来的经济大萧条导致财政支出在 GDP 中所占比重增加了 2％,但接下来 3 年的经济状况几乎抵消了此次增长。1969 年社会民主党与自由民主党联盟的形成导致社会福利支出大幅增加。1973 年的石油危机刺激了社会福利支出;然而由于 GNP 下降,养老金与医疗保险则保持了其正常的增长率。70 年代初支出出现增长主要源于政府消费——官僚主义盛行导致——然而 1975 年后由于转移支付,财政支出大幅下跌。上述变化表明,与其他国家一样,德国的财政支出在 GDP 中所占的比例对经济衰退相当敏感,但不同于意大利或英国,财政支出无论增加或减少,其变化都是适度的。政治倾向略偏向左翼政党的政府,能建立一套区别于其保守党政敌的稳定的财政支出体系。1982 年,基督教民主党重新执政后仍未改变社会福利支出的状况。

虽然法国的数据尤其匮乏,但自 1951—1956 年,其支出总额也呈现十足的增长,在 GDP 中所占比例增长幅度在 5%～6%。虽然国防支出占其总支出的比例在 20 世纪 50 年代末期稍有下降,仅稍高于 25%[28],但总支出在 GNP 中所占的比例在 20 世纪六七十年代有所上升。自 1959—1974 年间,法国各级政府支出约占 GNP 的 40%。自 1975—1980 年间,在适应价格变化后,公共部门支出约占 GNP 的 46%。[29]

虽然其中一部分增长肯定是军事方面的,但其中很大的比例属于社会资金转移。法国因其与阿尔及利亚的战争中的溃败,导致了第四共和国的覆灭与第五共和国的新生。戴高乐(de Gaulle)总统执政之时,支出的增长完全由指定用于社保的预算来维系,这与政府的预算完全分离。1968 年 5 月,爆发的学生起义似乎并未影响社保支出在 GDP 中缓慢平稳的增长趋势(大约每 4 年增长 1%),以及政府消费的缓慢增长。1974 年,吉斯卡尔·德斯坦(Giscard d'Estaing)就职,这位"开明的"法国总统公开声称反对中央集权,这预示了政府支出的迅猛增长。诚然,经济危机是原因之一,但自 1974 年以来持续不断的扩张,到底是实行资本主义还是社会主义,都表明这不仅仅是短期效应。

加拿大政府支出占 GDP 的比例在 20 世纪 50 年代早期激增,尔后平稳增长。20 世纪 60 年代中后期,加拿大省级政府大量拓展社会福利业务,尤其是在教育与健康方面。[30]恰逢其时,联邦政府再次发现了穷困状况,并制定了如青年补贴、成人职业培训、保障性收入补助方案等项目。[31]1970 年后的支出增长主要包括由"全民式补助"项目——抚恤金与家庭津贴所产生的资金转移。20 世纪 70 年代持续不断的失业现象,造成了更加高额的津贴支出。[32]油价调整导致加拿大公共事业支出略有增加。此后,自 1975 年起,加拿大的此类支出占 GDP 的比例增长十分缓慢,每 4 年约为 1%。[33]政府的一系列决策促进了公共领域产品消费的增长。支持此类决策的局势已经不复存在,目前的政府正扎实地拓展着各项福利事业。相对于美国而言,加拿大的津贴在更低的程度上是按收入调查结果支付,不同区域的津贴都一致,所遭受的公众批评就更少。[34]与 1974 年以来欧洲政府的做法不同,加拿大政府似乎更擅长转移持续增加公共部门支出的任何压力。

在落后于欧洲的美国,从朝鲜战争结束到艾森豪威尔任期结束,政府支出占 GDP 的比例增长了约 2.5%。这种增长主要发生在联邦一级——更高的补偿的增加,以及社会保障支出(随着制度的成熟),失业补偿的增加,以及基础设施投资——住房、公路和水利发展项目。[35]从 1961—1966 年,支出占 GDP 的比例相当稳定;转移支付没有增加,但民用消费增加了 1.5%,而国防支出也下降了同样的数额。在约翰逊政府执政的最后 3 年里,伴随着反贫困大战、越南战争,以及国内暴乱,政府的支出占 GDP 的比例猛增了 5%。其中,2% 似乎与战争有关,1% 是一般的联邦社会计划,0.5% 是针对联邦社会计划;其余的则发生在州和地方两级,主要是联邦计划的结果。在尼克松-福特(Nixon-Ford)执政时期,越南战争结束;国防支出从占 GDP 的 9.4% 左右下降到 5.4%。尽管如此,总支出还是增长了 GDP 的 3.5%。因此,在这几年中,政府的民用支出占 GDP 的 7.5% 左右。扩大获得现有方案的机会和增加针对弱势群体的联邦方案的资金是造成这一变化的原因。在卡特政府执政期间(1977—1981 年),政府支出在 GDP 中所占的比例并没有上升多少。虽然政府可能采取了“末端跑路”来实现其目标,似乎不需要花钱(例如,贷款担保的大幅增加和对私营部门施加的成本的监管),但联邦的直接支出并没有迅速增长,这可能是因为它被转嫁给了州和地方政府,而州和地方政府的支出在整个这一时期都在加速。

至于共和党总统罗纳德·里根(Ronald Reagan),他成功地大幅提高了国防支出,削减了一般政府开支和经济状况调查的社会支出。由于全民福利继续快速增加,加上经济衰退和减税导致收入下降,政府规模与 GNP 相比,总体增长更大。

在澳大利亚,从朝鲜战争结束到 1973 年,政府消费支出(主要是健康和教育)增长了 GDP 的约 3.5%，转移支出增加 1.5%。唯一真正清晰的模式是 1974—1977 年的支出快速增长——约占 GNP 的 6%——其中一半用于消费，一半用于转移支付。1975 年上台的自由党联盟未能削减支出，但确实成功地减少了预算赤字，这显然是通过提高税收达成的。[36] 1972—1975 年，工党政府扩大了养老金和医疗保险的覆盖面；由于经济状况和政治丑闻，该党彻底失败了。[37] 自那时以来，自由党和工党政府的支出一直在适度增长，但没有受到任何阻碍。

一旦福利得以实行，任何政体都不会轻易地从人民身上夺走利益。1981 年以前，加拿大、澳大利亚、美国，或这里讨论的其他国家都没有大幅削减计划。1965—1975 年，所有这些政府都选择增加福利。值得注意的是，即使是在市场关系支持者比欧洲更强大的美国，政府也在继续壮大。

总之，维持收入的支出压倒了其他所有支出，以区分支出较多者和支出较少者。

第二次世界大战结束至 20 世纪 60 年代中期的军费支出

战争结束时，美国是唯一经济完好无损的盟国，以及第二次世界大战初期通过出售战争物资所赚取的巨额国内外汇储备，美国无意中继承了英国昔日作为世界经济稳定器的角色。然而，随着美元成为战后世界的贸易媒介，以及美国投入更多资金来抵御苏联等国，而不是像欧洲那些国家一样进行国内经济重建，因此，20 世纪 40 年代末和 50 年代的国防支出政策反映了美国对其角色变化的矛盾心理。来自苏联的压力，首先是政治上的，然后是军事上的，最后是技术上的，这削弱了美国长期以来对适度支出和平衡预算的偏好。

在第二次世界大战期间，不仅仅是政治和经济权力的分配发生了变化。具有惊人破坏力的核武器的发展深刻地改变了国际政治的背景。随着各国政府逐渐认识到这些武器的长期后果，大家一致认为，未来使用这种武器是不可容忍的。然而，一旦苏联获得了核弹，战略家们就认为，只有拥有更先进或至少等效的核武器储备才能有效地阻止对方首先发动攻击。

美国的国防支出在 1945 年第一季度达到了第二次世界大战时期的峰值，

达到了 909 亿美元。[38]几个月后，军费支出开始下降。1947 年第二季度，国防支出达到战后的最低点，103 亿美元。在第二次世界大战结束后和冷战第一次军事刺激之间的这段时间里，对欧洲复苏的贡献逐渐成为美国对外援助支出的主要源头。

捷克斯洛伐克政变和 1948 年春苏联对柏林的第一次行动引发了即将到来的战争的恐惧，这促使政府从国会获得新的兵役立法和补充国防拨款。这反映在从 1948 年夏到 1949 年夏达到了 141 亿美元峰值的国防开支的稳步增长上。然而，政府的政策几乎立即改变了，一股主要的经济浪潮开始了。柏林危机的缓解在一定程度上是原因之一。当一项为重建欧洲经济提供资金的空前承诺出台后，再加上政府公平交易中提出的国内支出，这导致有可能产生赤字，国防似乎是显而易见的削减领域。（1948 年减税导致 1949 年财政收入的减少）。即便如此，改变后的政策直到 1949 年底才改变了军费支出，当时国务院官员和行政顾问们再次得出结论，应该扩大国防建设。

朝鲜战争使国防支出连续 3 年增长（从 1950 年第二季度的 120 亿美元增加到 1953 年第二季度的 505 亿美元）。在保持美国国内支出相对稳定的同时，国会提高了税收以支持国家安全支出。朝鲜战争的结束和军事战略中的"新面貌"（New Look）的倡议的提出导致了军队支出的削减（1954 年底国防预算为 384 亿美元）。随着对核武器的日益重视和对常规力量的削减，"新面貌"允许在 1954 年大幅减税。

削减这些支出开启了国防支出长期相对稳定的局面。它反映了一种平衡，一方面是"新面貌"削减人员和常规部队，另一方面是导弹和其他武器的价格上涨和支出增加，如果不包括越南战争的支出，在 1954—1979 年间，以不变美元计算的国防支出（见表 9.3）没有变化。

但在 1956 年年中到 1957 年之间的一年内，国防支出几乎增加了 15%。（1957 年夏天达到 449 亿美元。）这一增长并不是计划扩张的结果；导弹支出在这一年确实有所增加，但更重要的是导弹价格的迅速上涨、向承包商的付款速度加快以及交付速度超过预期。这种快速增长有可能迫使联邦债务上限提高。为了避免这种情况，1957 年夏天，一场强劲（虽然短暂）的经济增长势头开始了；对军事支出的严格限制迫使军队编制和人员大幅削减。通过进行裁军这一深思熟虑的计划,从而遏制了加速的支出。

表 9.3　　　　　　　　1944—1960 年 GNP 与国防支出[39]

年份	GNP（$ 10亿）	国防支出（$ 10亿）	国防支出占 GNP的百分比(%)
1944	211.4	88.6	41.9
1945	213.6	75.9	35.5
1946	210.7	18.8	8.9
1947	234.3	11.4	4.9
1948	259.4	11.6	4.5
1949	258.1	13.6	5.3
1950	284.6	14.3	5.0
1951	329.0	33.9	10.3
1952	347.0	46.4	13.4
1953	365.4	49.3	13.5
1954	363.1	41.2	11.3
1955	397.5	39.1	9.8
1956	419.2	40.3	9.6
1957	442.8	44.4	10.0
1958	444.2	44.8	10.1
1959	482.1	46.0	9.5
1960	503.2	45.1	9.0

为应对 1957 年的衰退而进行的反周期支出,使政策又一次产生了转变。然后,计划有变是由于,1957 年苏联发射人造卫星引发了一场全国性的信任危机。国会再次取消了对支出的限制。为缩小导弹差距而启动的昂贵的新项目,到 1959 年年中,使军费增加了二十多亿美元(从 440 亿美元增加到 462 亿美元)。尽管政策及其方向经常发生变化,艾森豪威尔政府还是成功地实现了相当稳定的绝对国防支出,后来的继任者也是这样做的。从 1954 年第三季度到 1959 年第三季度的 5 年时间里,国防支出的季度增长率一直保持在363 亿~397 亿美元。

在朝鲜战争之前、期间和之后,美国的军事防务都有明显的不同。在第二次世界大战高峰期,将近 42% 的 GNP 被用来支持军事支出。停战后,但在朝鲜战争之前,大约 5% 的 GNP 被用于国家安全方面。1953 年,在朝鲜战争期间,军费支出达到了占 GNP13.5% 的峰值。从 1955 年到 1959 年(见表 9.3),它一直稳定在 10% 左右。

表 9.4　　　联邦预算支出总额与主要国防支出(1946—1961 年)[40]

财政年度	联邦预算支出总额 ($ 10 亿)	主要国防支出 ($ 10 亿)	主要国防支出占联邦预算 支出总额的百分比(%)
1946	60 448	43 507	72.0
1947	39 033	14 392	36.9
1948	33 068	11 675	35.3
1949	39 507	12 902	32.7
1950	39 606	13 009	32.8
1951	44 058	22 306	50.6
1952	65 408	43 976	67.2
1953	74 274	50 363	67.8
1954	67 772	46 904	69.2
1955	64 570	40 626	62.9
1956	66 540	40 641	61.1
1957	69 433	43 270	62.3
1958	71 936	44 142	61.4
1959	80 697	46 426	57.5
1960	77 233	45 627	59.1
1961	81 500	47 389	57.8

如表 9.4 所示,同样,在朝鲜战争之前,主要国防支出大约占联邦预算支出总额的 1/3。重整军备使这一比例在 1954 年达到 69.2% 的高峰。在 20 世纪 50 年代的剩余时间里,主要国防支出占联邦预算支出总额的比例徘徊在 60% 左右。[41]

约翰·肯尼迪总统上台时决心纠正他和他的顾问们认为的美国军事态势

中的两个重大缺陷：[42]在导弹和核弹头方面的战略威慑能力不足，以及配备常规武器的武装部队方面的不足。政府领导人认为，更多地依赖常规军队，再加上更强大的战略武器，能尽可能地降低无意中发生核战争的风险，阻止核武器的扩散，并为军备控制条约的谈判奠定基础。

到第一年年底，肯尼迪政府在改进常规武装力量方面取得了重大进展。1961年柏林受到威胁，政府官员要求为军队提供额外的资金，然后又得到了这些资金。为了增加军事人员，政府购买了用于扩大陆军和空军的无核武器军械和设备，以及用于运输这些武器和设备的船只和飞机。在1965年越南扩张之前，军事总人数增加了20万人。到20世纪60年代中期，约翰逊政府在核弹头、可交付的巨型武器和常规作战力量的数量上取得了优势，随后削减了军费支出。具有讽刺意味的是，艾森豪威尔的"新面貌"防御战略在总成本和人力水平上与肯尼迪总统和约翰逊总统时期的传统防御态势几乎没有差别。以实际美元计算，20世纪60年代中期的国防预算平均仅比20世纪50年代后期高出30亿美元；而这些年的军事总人数仅略高于艾森豪威尔第二任期达到的250万人。[43]

在1970—1975年间，国防预算总额的大小和组成反映了尼克松政府对支持常规选项的兴趣。如果不计算越战费用，则拨款接近并超过20世纪60年代中期常规军队的拨款；90%以上的资金用于非核用途。1969—1973年间，战略核力量平均消耗了国防预算总额的20%多一点。我们的意思是，考虑到通胀因素，按不变美元计算，尼克松政府这一时期的平均年度战略预算为180亿美元，低于肯尼迪和约翰逊政府时期的典型预算。[44]国防支出的增加是战争造成的。

在许多方面，尼克松政府的国防政策与肯尼迪-约翰逊时代的"灵活反应"战略相似。但是，核能在尼克松国防政策中的作用与前几届政府有所不同。首先，如果不考虑通货膨胀，对预算水平进行比较可能会产生误导。由于20世纪70年代初的实际装备成本远高于前10年，尼克松时期的美国常规部队的成本与肯尼迪和约翰逊所动员的部队相当，但在效用上是不一样的。此外，由于尼克松主义对美国海外承诺的重新定义，以及国会坚持控制国防支出，政府官员得出结论，通用部队水平（尤其是亚洲陆军部队）可能会低于约翰逊时期的目标水平。从理论上讲,这些力量被设计用来处理所谓的两场半战争的偶然事件,即在欧洲和亚洲同时进行大规模战争的初期阶段,以及其他地方的一场规模较小的冲突。尼克松的战略假设不太可能同时对欧洲和亚洲进行常规攻击。它承认中国,认为美国的长期利益在于东北亚。美国政府认为,亚洲盟友(尤其是日本)能够并将改善他们的常规备战。因此,美国的海军空军力量应该集中在西太平洋。

制定国防预算的过程

作为尝试修改美国军事政策的一部分,肯尼迪政府在国防规划上做出了重要的改变。国防部部长罗伯特·麦克纳马拉替换了艾森豪威尔的固定预算上限方法,试图根据总体需求评估国防需求,使用成本效益标准和系统分析技术。"麦克纳马拉革命"的标志和程序核心是规划、编程、预算系统(PPBs)[45],这是一种新的资源规划和预算编制方法。

20 世纪 60 年代,决策者的言论暗示了他们的前任和他们自己在把预算过程作为一种政策工具方面存在巨大差异。然而,坎特(Kanter)证明,这两个时期的预算数据显示出惊人的相似之处,即使本质上是存在差异的。[46](正如我们从过去看到的那样,突然改变是不容易实现的。)

艾森豪威尔通过设定一个固定的上限,迫使各军种之间竞争,当他们无法就武器计划达成一致意见时,就来找他做最后决定。对艾森豪威尔来说,和麦克纳马拉一样,预算是政府国防政策的蓝图,预算过程就是监督遵守情况的机制。艾森豪威尔利用他的讨价还价的优势,主导了国防预算在各部门的内部分配。

在麦克纳马拉的领导下,没有预先确定的预算限制。只会就国防计划做出决定,而不是就总预算做出决定,而预算季是一个技术审查演习,而不是为了减少支出做出的绝望挣扎。事实上,麦克纳马拉的预算决策不得不推迟,直到他的预算评估完成之后。年度国防预算不是简单地通过计算国家安全所需的活动成本来计算的。麦克纳马拉没有开空头支票,他努力工作(如果不是公开的话),把他的支出控制在预定的范围内。

肯尼迪和约翰逊政府的政治领导力,屈服于同样的财政收支平衡压力之下,这些压力在艾森豪威尔时期非常突出。因此,肯尼迪和约翰逊执政时期的公民发现,他们在服务方面所处的地位"与他们可能希望的前任不同"[47]。他们的行为和选择受到许多艾森豪威尔运作约束的限制。无论是对不可避免的资源限制的公开否认,还是对组织困境和参与者的激励都起不到什么作用的新管理技术,都不会产生其支持者所寻求的结果。然而,如果"麦克纳马拉革命"未能在国防管理和组织控制方面取得显著改善,那么它确实留下了一项清晰的分析结果,继续影响着国家安全政策和军民互动。

第二次世界大战后的英国、法国及德国

在第二次世界大战期间,国防需求在争夺英国稀缺的国家资源方面占据着压倒一切的地位。而安全优先项是由盟军的大战略决定的。战后,资源分配问题采取了更为常见的形式:与其他用途相比,用于军事的费用有多少? 战争和萧条的遗留问题使计算变得更加复杂。还有人坚持且不屈不挠地要求"其他的东西",战后重建、战后恢复以及为所有人提供安全生活的含糊承诺。同时,在战争本身已发生重大变化的情况下,还需要考虑新的军事目的。因此,国防在国家优先事项中赢得了 20 世纪和平时期标准里前所未有的地位。尽管如此,在战后的几年里,人们还是小心翼翼地把安全目标放在了所允许的次优先地位。[48]直到经济恢复的紧迫任务完成,并朝着社会政策目标取得进展为止,英国政策制定者认为,对于社会政策目标,只有节约国防支出才有可能使国家的对外政策具有可信度。

朝鲜战争导致了英国极简主义政策的转变。主要原因并不是战斗的要求促使了国防计划和项目的紧急修订。相反,战争的爆发本身似乎是一个信号,表明冷战已经开始。因此,任何同时缩减国防支出以及从帝国政治撤退的想法都必须加以修正。在离英国更近的地方,北约将获得更多的军事力量,从而与部署在东欧的苏联军队相匹敌。

尽管人们担心通货膨胀、长期支付问题和工业产能持续困难,但仍计划增加武器支出。1951 年,国防支出第一次被批准用于国家产出;它将通过大幅增加税收和削减非军事支出来提供资金。直到 1952 年，随着金属制造业的负担变得突出，国防计划才被彻底修改。此外，即使在这个关键时刻，新的保守党政府也坚持认为，这一调整并不是为了降低国防在国家优先事项上的等级。保守党认为，"任何从民用生产转向军事生产的进一步大规模转移，都将严重损害我们的经济基础，也会严重损害我们继续执行这一计划的能力"[49]，托利（Tories）党制订了采购计划；然而，武器的实际支出继续上升，国防在 GNP 中所占的份额仍然很高。[50]

1952 年春天，就在英国第一个核装置爆炸前几个月，丘吉尔指示参谋长将核武器纳入新的战略政策。其中一个原因是最近为重整军备付出的努力，由于经济仍处于复苏状态，支持大型、平衡、装备良好的常规部队与维持国内外经济稳定是不相容的。因此，1952 年的《全球战略文件》主张将核武器作为英国防御的核心要素。

由于 1954 年未能建立包括德国在内的统一的欧洲部队，美国威胁西欧，如果找不到同样的替代合作框架（以及德国的参与），美国将"痛苦地重新评估"对其防务的承诺。为了建立这一框架，英国政府承担了在欧洲大陆维持四个师和一支战术空军的有约束力的义务；这是英国战后防务经验中真正实质性的、坚定的契约承诺。与此同时，英国的视角和责任延伸到欧洲以外，让问题变得复杂起来。

目前还没有明确的防务重点。[51] 从 1952 年起，在主张实施战略空中力量、依赖核武器的大英国主义，和要求营级建制、空运和常规海军力量的小规模军队建设之间存在着潜在的紧张关系。1955—1974 年实际支出数据的重要意义在于其稳定性。每年只有很小的波动。仔细检查发现，1960 年以来的每一个连续 5 年的平均水平都略高于前一年。[52]

所有定量指标，即实力、单位、硬件和基础设施，都显示出明显的下降趋势。实际支出大致保持不变。因此，资源必须大量用于质量改进或成本上升。英国的经济增长并不快速和持续，但确实出现过一些增长。因此，国防拨款的绝对产出量几乎不变，这意味着其在 GNP 中所占的份额随着时间的推移而逐渐下降。直到 20 世纪 70 年代初，国防与 GNP 的比率一直在稳步下降。政府的分配选择所产生的效果是稳定用于国防的资源的绝对水平，允许民用事

业(即私人投资、私人消费和公共部门国内项目)从实际发生的经济增长中
受益。

在解决他们的资源分配问题时,没有出现战后调整的特殊要求,也没有朝
鲜战争期间的异常,英国政府明显改变了公共支出的模式以及私营部门与公
共部门之间的平衡。从最初偏向个人消费和工业投资之后,增长红利主要用
于社会福利。直到1958年,在总支出中,社会保障福利和教育分别占第二和
第三位。

随着时间的推移,国防在总支出中所占的份额越来越小(见表9.5)。虽
然对国家安全的实际资源投入相对稳定,但巩固国防的措施确实发生了重大
变化。与英国海外帝国的衰落以及影响力的相对削弱相吻合,这一过程被认
为是绝对的缩减和收缩。从某种意义上说,这是一种误导。1974年的实际国
防支出高于1955年。然而,如果在质量没有得到相应提高的情况下花费了更
多的钱,那么英国在前进的过程中可能已经落后了。

表9.5　　　英国公共支出的构成部分(以特定年份的市场价计算)[53]

	1958年		1963年		1968年		1972年	
	英镑 (百万)	%	英镑 (百万)	%	英镑 (百万)	%	英镑 (百万)	%
军事防御	1 543	18.6	1 892	16.2	2 443	12.8	3 097	11.4
社会保障福利	1 345	16.2	1 988	17	3 340	17.5	5 119	18.9
教育	785	9.4	1 282	11	2 182	11.4	3 508	12.9
国民保健	728	8.8	1 035	8.9	1 688	8.8	2 644	9.7
工业及贸易,包括就 业服务	5 433	6.5	791	6.8	2 016	10.5	2 322	8.5
公路、运输及通信	531	6.4	832	7.1	1 497	7.8	1 950	7.2
住房	419	5.0	592	5.1	1 129	5.9	1 449	5.3
环境服务	286	3.4	475	4.1	837	4.4	1 321	4.9
其他相关的一切	1 082	13.1	1 493	12.8	2 099	10.9	3 314	12.3
债务利息	1 046	12.6	1 286	11.0	1 907	10.0	2 420	8.9
公共支出总额	8 308	100.0	11 666	100.0	19 138	100.0	27 144	100.0
公共支出占GDP的百 分比(%)	36.0		37.8		43.8		43.3	

对于1964年上任的工党政府来说,保守党所设想的国防建设的规模是不

可取的。工党承诺在不增加税收的情况下恢复社会项目的支出;因此,削减分配给国防的国家资源的比例是必须的。新设定的预算上限迫使工党部长们考虑在他们"前任"的计划中要保留什么,这不可避免地促使他们决定如何提供安全保障。他们选择减少苏伊士以东的兵力人数,还减少其他地方的兵力,但不撤出驻扎在德国的战斗部队。在苏伊士运河危机中,美国迫使英国撤退,导致英国减少了它所做的承诺。

1968 年,裁军行动被正式提上日程。英国加速裁军计划并将其扩大,包括从波斯湾撤军。此外,工党政府宣布,从今以后,英国的国防工作将集中在欧洲和北大西洋地区。出于职能需要以及象征性的原因,战略核力量被保留,但其每年的成本都在下降。[54]

从 1965—1974 年,工党的决定所带来的国防建设的变化可以从 9 年的时间跨度上来解读,这一概述说明了一个观点:军费支出需要很长的周转时间。国防决策(就像其他重大公共投资一样)不会而且通常不会立即生效。今天的姿态反映了过去的选择。今天的优先事项规定了明天的计划。

在朝鲜战争之前,法国(以及其他西欧国家)看似不太可能重整军备。对经济复苏的关注强化了法国公民对军队武装的憎恶:担心欧洲会爆发另一场战争。法国人与美国人和英国人一样,对朝鲜战争感到震惊;这切实证明了一场公开的权力斗争的开始。因此,政策制定者不得不得出结论,要遏制莫斯科的扩张,就需要付出巨大的军事努力。这个观点导致了一项武器计划的扩大。[55]

发生在印度支那以及 1956 年在阿尔及利亚不断升级的殖民战争也增加了法国的军费支出。在 20 世纪 50 年代末和 60 年代初戴高乐上台后,殖民地的敌对程度(以及由此导致的法国军费支出)逐渐减少,但在 60 年代中期,随着法国开始建立独立的核力量,敌对程度又有所上升。(这反映了戴高乐对法国作为一个独立于北约之外的世界大国的独特作用的想法。)国防支出增幅相对较小,不超过 GNP 的 6% 或 7%。

尽管有了核武器,但法国的社会服务支出超过了国防支出,而且这种模式一直保持着。武器生产自给自足的愿望使法国有能力通过向第三世界国家出售武器来支付部分国防预算。武器出口收入使国家能够在不损害国内生活水平的情况下打造自己的核军火库。

与第一次世界大战一样,第二次世界大战引发了对德国重整军备的强烈反对,像预期的那样,不仅在国外激起了反对,而且在国内(尤其是在战后的第一个 10 年)也是如此。1961 年的柏林危机构成的威胁足以削弱德国的和平主义。在美国的压力下,德国国会要么支付欧洲防务费用,要么让美军撤出联邦德国,德国国会将国防预算从 1960 年的 100 亿马克提高到 1963 年的 183.6 亿马克。在这笔资金的帮助下,其国防力量增加了 1/3(从 35 万人增加到 50 万人),武装部队的服役期从 12 个月延长到 18 个月。

德国的常规重整军备符合当时美国在欧洲的战略政策,反映了德国对西方的政治倾向(与戴高乐对大西洋联盟的反感形成鲜明对比)。德国公民对消费品的偏好导致 60 年代中期国防支出的减少;在 60 年代末和 70 年代初略有下降,因为威利·勃兰特(Willy Brandt)的"东方政策"导致了与东方国家的外交和解,同时保持了与华盛顿和北约的合作关系。

对技术的关注

设备的技术进步和对技术优势的承诺导致了国防支出的急剧增加。在两次世界大战期间,对科技的军事支持只占主要大国预算的不到 1%。到了 20 世纪 50 年代中期,军事预算的 10%～15% 用于研发;从那时起,研发费用就一直维持在这个水平上。自第二次世界大战[56]以来,世界军事支出增加了 3 倍,这不是由于武装人员的增加或所部署的武器数量的增加,而是武器质量的改善。每一代武器的开发、"制造"、操作和维护成本都较高。

在战后的日子里,技术变革使实际成本平均每年增加 5.5%。[57]主要武器系统的实际费用平均每 13 年增加一倍(见表 9.6)。军备支出或多或少已成为一项永久承诺;大量国家资源分配到用于维持武装部队和军事装备的持续现代化,现在已成为一种固定的开支。

表 9.6　　　　　　　　美国某些类别武器系统的成本增长[58]

	系统类型	时间	实际成本年均增长率(%)
1	主战坦克	1940—1980 年	4.8
2	攻击/通用直升机	1950—1980 年	4.3

	系统类型	时间	实际成本年均增长率(%)
3	固体燃料弹道导弹	1960—1979 年	4.8
4	战斗机： 高混合 低混合	 1960—1975 年 1960—1985 年	 9.2 5.3
5	主要船舶/潜艇/航空母舰	1945—1975 年	4.5
6	平均所有主要武器系统	1940—1985 年	5.5

在大多数发达国家，人均成本的上升速度快于军费支出总额[59]，这主要是因为对征兵的态度正在改变。如果一个国家放弃征兵制组建一支全志愿兵部队，那么每个人的支出必然增加，因为职业军人的工资和津贴要高于应征入伍者。英国和美国分别在 1965 年和 1973 年进行了这一转变。然而，人员支出的增长相对较少，这主要是因为在英国、美国，以及在战争后的越南，军队人数正在减少。大多数西欧国家已经以另一种方式改变了他们对征兵的态度：义务兵不再获得军饷；服役期越短，赚得更多。反过来，缩短服役年限会增加人事费用。现代军事部队的复杂装备需要长时间的训练才能发挥最佳作用，这与短期服役是矛盾的。

国防是政权的职责之一

关于军事支出的模式和规模的设定，在某种程度上是由军队内部，以及政府的军事部门和文职部门之间的平衡决定的；在任何国家，这些内部决定都与其他国家的行动关系不大。立法者和官员可以通过评估某一武器系统对就业的预期影响来决定是否支持该系统。国防支出水平和国防生产的地理分布影响经济稳定和区域发展格局。再加上对外界威胁严重性的怀疑，这些因素必然影响国防政策。

对于外来危险的残余的不确定性不能通过经验来解决，而到那时可能为时已晚。当我们说外部威胁是真实而明显的，我们是指外部国家之间有广泛的共识。由于缺乏这样的共识，精英阶层和大众都必须使用他们所拥有的任何先入为主的概念——称之为理论或意识形态,将他们希望如何生活(他们的价值观)与他们如何看待世界(事实)联系起来。我们认为,公民持有的最普遍的理论是他们的政治文化,公民越是支持一个现存的政权,他们就越愿意付出代价为其辩护。相反,如果他们认为他们的政权无价值,公民更有可能相信它是一个灾星,而不是国家安全危险的缓解者,因此不会支持国防支出。

在我们的几种政治文化中,哪一种会通过诠释事件来支持更多的国防支出,哪一种支持的国防支出更少?在这种文化中,公众对军费开支的怀疑暗示着对战争的削弱。在这种文化中,民众对军队产生怀疑,也不相信文职领导人能够评估形势,也认为他们不具备足够的能力,不知道如何应对外国的危险。

反军事文化是宗派文化。宗派主义者反对权威,认为自己的社会是腐败的根源,害怕被现存的机构征服,只青睐一支小规模的志愿军。他们对"结束所有战争的战争""使世界民主安全的战争"或"无条件投降!"等团结一致的口号做出回应,因为他们只有坚信自己的事业是完全公正的,而他们的对手完全是邪恶的信念,才能证明他们对权威是绝对屈从的。

由于民主政体是混合政权,我们感兴趣的是政治文化的组合是如何应对国防支出的。当强大的等级制度与适度强大的教派(如在社会民主国家)结合在一起时,国防支出将遭到教派反对的抑制,从而削减他们所支持的政府项目的资金。宗派因素越强,福利国家计划的规模就越大,用于国防的预算比例也就越小。最大规模的相对军事建设源于等级和宿命论的结合。到目前为止,苏联的支出在 GNP 中所占的比例最人(尽管其 GNP 低于西欧国家和美国)。最大的绝对数额是由统治阶层和足够丰富的市场提供手段的政权花费的,例如法国。薄弱的等级制度和宗派政权,例如美国,只支持适度的国防装备,但在受到攻击时迅速达到巨大的产出,前提是人们一致认为这一原因是公正的。这些综合制度的预测能力很差,但具有很强的韧性。

文化分析很好地解释了美国在第一次和第二次世界大战前后缺乏军事准备的原因。就其本身而言,这不足以解释为什么朝鲜战争的积累会持续 20年,也不足以解释为什么里根政府成功地增加了国防支出,尽管它在预算中所占的比例仍然比 20 世纪 50 年代或 60 年代要小得多。

被忽略的是核武器时代的民族国家的国际体系。美国在第二次世界大战后成为两极大国之一,致力于成为"自由世界的领导人",负责核威慑和遏制共产主义在世界各地的扩张。鉴于美国在军事上占主导地位,但在与盟友的关系上不诚实,它不得不应对"搭便车"的问题,即小成员国贡献低于其份额(而大成员国支付更多),因为无论是否支付足够的费用,它们都能得到好处。处于这一国际地位的美国所做的事情,超出了其国内政治形势所允许的范围。

有些行为必须在上下文中解释。美国用于防御的资源是太少还是太多,这不仅取决于对外部威胁程度的评估,而且取决于它是单独还是作为国际联盟的主要成员。如果文化上的解释有道理的话,美国应该寻求通过更大的分担负担来履行其国际责任,从而使其外交政策与国内政治文化相一致,而不是通过增加其承诺来寻求在西方联盟中占据主导地位。

总之,重要的是要认识到,自 1955 年以来,整个西方世界的国防在 GNP 和预算本身中所占的比例急剧下降。我们得出结论,教派的发展是以牺牲等级制度为代价的。

税收的政治文化[60]

自 1945 年以来,收入与 GNP 一起增长。自第二次世界大战以来,只有两个 OECD 民主国家的财政收入占 GNP 的比例在长期内出现了下降。这两个国家是意大利和新西兰,他们的收入在 1955—1960 年间急剧增加,但随后在接下来的 5 年中显著下降。两者在 1975 年的收入水平仍低于其 1960 年的收入水平。在所有其他国家,税收总额的增长缓慢而迅速。在大多数民主国家,平均来说,税收占 GNP 的比例上升了 5%～10%。在大多数民主国家,1955 年的情况似乎是公平的,增长率达到了 10%。1955 年的情况似乎是一个公正的指标,预示了它在 1975 年的结局。然而,北欧的社会民主国家比其他 OECD 国家的增长幅度要大得多。虽然许多人在 1955 年开始时的消费相对较少,但到 1975 年,挪威、瑞典、荷兰、比利时和卢森堡都登上了最高的行列。

重税国与依赖累进税获得收入的国家之间的相关性很小。这是一个奇怪的发现;许多分析人士认为,政府的高支出水平与收入再分配有关。基于这些信念,我们本可以预测,对再分配政策做出最坚定承诺的国家将向大型公共部门提供资金,并以累进税率征收个人所得税。相反,社会保障税和增值税(VAT)有助于支持福利支出。

如果我们把企业所得税和个人所得税放在一起,情况就更加混乱了。[①]一方面,挪威、比利时和荷兰都是税率很高的国家,征收的税收都相对较少。另一方面,在公司税收方面,丹麦和瑞典,美国、新西兰、澳大利亚和加拿大一样,它们的税收都相对落后。以公司税为例,卢森堡是 OECD 成员国中唯一从公司利润中收取 10% 以上税收收入的社会民主国家。

回顾各种税种对国库贡献的相对份额,很难揭示这些税收是如何被使用的,以及这些税收多年来是如何被各国政府操纵的。当然,税收被用来追求各种公共政策目标,而不是增加收入,这一点并不奇怪。在实施宏观经济政策、投资和储蓄政策、就业政策、污染政策、产业调整政策等方面,税收被用来影响私人行为者的经济决策。在过去的 30 年里,越来越多的税收被用来达到与增加收入无关的目的。各国政府都是有意通过税收制度对经济进行干预的。谁能获得免税待遇,以及如何实施这些措施,是当今公共政策制定者面临的最重要决策之一。

在不同的国家,税收被用于不同的目的。虽然在英国政治经济阶级斗争中,税收问题(谁支付了多少钱)是一个激烈争论的焦点,但在法国,这在很大程度上取决于行政自由裁量权。德国当局主要利用税收促进经济增长,而瑞典则利用税收促进经济稳定。显然,增长、稳定和影响范围激励着这些国家的决策者,但这些担忧在每个国家的重要性并不相同。当然,制定税收政策的人不可能永远忽视公平问题,但在德国,税收政策制定者可以也确实将这一目标置于次要地位,以便通过经济增长实现繁荣。美国在制定税收政策时,不能忽视经济增长问题,尽管公平是主要目标,也是争论的主要焦点。

在过去的 100 年里,中央政府决定征收越来越多的总收入。然而,正如我们预期的那样,在这种总体关系中,联邦制的中央政府,如美国和联邦德国,征

---

① 虽然将这两项税项合并在一起,在经济上可能有问题,但从政治角度来看,把这两项税项合在一起,当然是合情合理的,但目前还不清楚公司税的实际税率是多少。这两种税收都具有政治吸引力,至少似乎是通过对高收入者征收比低收入者更重的税来重新分配财富。

收的比例要比在单一体制中的中央政府低得多(见表 9.7)。[61]

表 9.7 低于国家水平线的联邦制政府及单一制政府收入百分比,1880—1980 年[62]①

单位:%

国家	年 份			
	1880	1920	1935	1980
奥地利	—	—	28	28
法国	3	3	3	3
德国	50	60	37	50
意大利	25	16	15	1
荷兰	20	50	2	1
挪威	40	40	35	30
英国	30	23	9	12
美国	(62②)	57	30	40

注:①包括所有的社会保障收入。

②此条目指 1902 年。

不同国家所追求的不同目标反映了政治文化的差异,而政治文化又反映在一个国家的政治结构上。正是美国决策过程接纳公众压力确保了政策制定者致力于社会公平。同样,德国税收政策制定者的隔绝性,有助于他们做出以增长为导向(而非以公平为导向)的决策。为了使我们对税收的政治文化的调查易于管理,我们将集中讨论西方不同民主国家的趋势——美国、法国、德国、英国和瑞典。

公司税及税收优惠

美国的公司所得税于 1909 年开征,比个人所得税早 4 年。为了避免与宪法有关的问题,国会将这种税作为对公司经营特权的消费税来征收。[63]这 1% 的公司所得税已发展成为西方世界中最重的公司税之一。在里根总统任期之前,所得税一直是劳动收入的 48%(前 25 000 美元有 26% 的免税)。尽管 1981 年的法律降低了有效收益率,但公司税收占税收总额的大约 11%,比 OECD 调查的国家的平均公司税收益率高出 4%。[64]自里根总统上台以来,有效税率有所下降，但仍高于其他民主国家。

自第二次世界大战以来，无论是在结构上还是在实际汇率上，公司税的波动都非常小。① 尽管如此，它还是一个重大的政治问题。主要的争论是围绕企业是否"以低于其应有的价格"脱身，以及合理的税率应该是多少这些问题。约瑟夫·佩克曼（Joseph Pechman）和奥克纳（Okner）声称："没有证据表明企业资金的供给受到了企业所得税的影响。"[65]但企业利益集团辩称，作为一个整体，他们缴纳的税款过多，这对他们的（因此也是国家的）经济增长的潜力产生了负面影响。

根据欧文·克里斯托（Irving Kristol）的说法，很多争论都是关于比难以捉摸的问题更微妙的问题，或者是关于最大极限的成长空间，或者关于什么是保险费税收益。

> 更极端地攻击我们税收制度不平等的背后隐藏的计划。……在公司税收方面，这一点再明显不过了。许多热心的改革者坚持认为，企业以一种或另一种诡计多端的手段，狡猾地逃避它们的"公平份额"的税收负担。[66]

威廉·维克里（William Vickery）宣布我们的公司、财产和所得税"使美国成为自由世界中最反资本主义的国家"[67]，这种观点并不是普通纳税人的观点；相反，反映出民粹主义的遗产，似乎普遍认为企业应该缴纳高税率。最让大多数纳税人感到不安的是，因为企业能够负担得起高价的税务会计师，因此它们所支付的税款远远低于它们的"公平份额"（在美国有超过 20 万的报税代理人）。美国对特定群体的税收优惠感到不满，恰恰是因为美国公民感到这些违反了平等机会原则。如果富人得到了特殊的减免，其他公民也应当分享这一慷慨的政策。

某些税收减免属于特权阶层的说法是正确的。认为富人获得大多数税收优惠的论点是错误的。[68]例如，在美国，税收优惠的美元约有 16％是其联邦结构的产物，国家政府不对地方和州债券的利息征税。富人确实比穷人从这项规定中受益更多，但是，由于征税的基础目的是深深根植于国家宪法历史的基

---

① 在第一次世界大战、第二次世界大战和朝鲜战争期间，增加了额外的"超额利润"附加费，以确保任何公司都不会在每个人都在支付的战争税方面获得特殊优待。

础上的,废除对低水平政府债券利息的免税政策将等于剥夺各州在联邦系统内的独立性。

大约 9％的"税收减免"用于社会保障和其他收入保障计划的获益者,因为联邦政府不希望对自己的转移款项征税。由于信托基金赤字的逼迫,为向高收入个人从收入保障计划中获得的收入征税提供了强有力的依据。今天,社会保障收入的一半是应纳税的。大约 20％的税收支出来自就业附加福利——教育、人寿保险和健康保险、养老金、股票期权等。甚至雇主提供的补贴膳食也可能被视为应纳税的收入。大约有 17％的税收优惠美元价值来自消费者福利,主要是抵押贷款利息扣除。当然,这种扣除对高收入人群来说更有价值,但在一个有很多业主的国家,这对其他数以千万计的人来说仍然很值钱。而我们这些现在为大学生支付学费的人可能会思考他们是否属于特权阶层,因为他们可以继续声称自己的孩子是被抚养人,或者是想要扣除学生贷款的利息。

最大的税收支出类别(约占 26％)和在美国最受谴责的支出来自增加商业投资的措施。人们很容易会想象这些税收优惠在资本主义的美国比在社会民主的欧洲更多。然而,这一结论是没有根据的;事实与之相反。

所有西方国家都使用税收优惠来援助企业;大多数国家提供比美国范围更广的激励。例如,日本和以色列政府将其税收优惠的一半以上用于帮助企业以及刺激储蓄以援助投资;荷兰和联邦德国将 1/3 用于这一目的,1/3 用于补贴就业和养老金。为促进出口或降低进口石油费用等目的而减免的税收仅占美国税收损失的 6％以上,税额扣减导致煤炭和铁矿石开采收入税降低,再加上重新造林支出的快速摊销(在 7 年内),占收入损失的 6％。可能这些条款获得了很坏的名声,是因为这些投资激励措施对避税合伙企业的银团也起到了创业刺激作用。

特殊情况下的个人税收优惠通常用于改善横向公平,这占所损失收入的 6％。这些措施包括对盲人和残疾人的税收扣减,对老年人、住房税收的双重豁免,如果老年人出售住房,会获得资本利得中医疗费用的扣除,以及慈善捐款的税收扣减。总之,大约一半的税收支出用于一些有限的利益,而另一半则分配得更广泛。

这符合我们的预算文化理论。罗纳德·金(Ronald King)认为,税收优惠本质上取决于市场的相对实力(他所说的"自由")和等级制度。他预计,在联邦活动扩大期间,财政收入流失将最多被"保守派政府使用",而在国防和司法等领域,人们普遍认为这些领域适合政府。最重要的是,金预计,"选择性税收流失在那些拥有一系列自由主义、个人主义传统、保护私人权利、反对中央权力的雄心勃勃的权力的国家,尤其是在那些认为社会领域更加一体化的国家,无论是封建的还是集体主义的,都应该是最严重的"[69]。事实就是如此。

在某种程度上,税收优惠是中立的机制,可以用于不同的甚至反对的目的。正如金所言,强有力的市场机制可能会利用它们来降低有效税率。但是,强大的等级制度也可以利用优先权来指导私营公司的活动,而不会遇到国有化的严重困难。所以,我们会看到,他们是这样做的。如果市场力量确实占主导地位,他们只需要(或主要需要)自己,如果他们真正行使霸权主义,就不需要税收优惠,因为税率将比现在低得多。

无论好坏,所得税都是反射民主政治的一面镜子

作为一种通过竞争性选举以另一组人取代现有政府领导人的关系体系,民主程序与政府在任时的所作所为关系不大,但与他们应该如何离任有关。从这个角度来看,民主是关于发现和纠正错误——关于执政党的人事和政策的错误。因此,民主关系的本质是公民能够将他们的支持从最高公职的现任者那里转移出来。可以说,通过检验零假设,即当权者比另一组领导人更远离投票公众的偏好,民主程序将公共政策和公民的观点带入了。

反对这种政府人员和政策如何顺应民意的观点的是一系列众所周知的论点。不管公民是因为得不到数据还是因为不感兴趣或主题的复杂性而不了解情况,他们都是无知的。无法形成自己的偏好,也无法将自己的偏好付诸实施。特殊利益——无论是被认为是一个资本家阶层还是仅仅是富人阶层,或者是被公共政策中特定的物质利益所分解——压倒了普通大众。所以这篇论文是这样运行的。这些特殊利益集团组织得更好,有更多的钱,雇用有才能的说客来获得决定性的优势。帮助穷人或广大中产阶级的政策被认为是骗局或幻想,或者是为更大的精英特权付出的小小代价。

幸运的是,政治学家约翰·维特(John Witte)关于美国所得税历史的综合性著作里详尽描述了这些主要矛盾。书里还包括了近年来做的大量的民意调查,为我们提供了一个机会,在一个所有人都认为重要、复杂、有争议的政策领域检验这些相互对立的民主理论概念。如果民主机制在所得税上起作用,那它应该在任何地方都能起作用。相反地,如果国家关于主要税收的相关政策不能反映人民的意愿,人民群众至少能在这一方面有充分的理由来批评美国的政治体制不顺应民意,反应迟钝。

我们用来评估税收决策的民主性质(特别是响应性)的标准和我们对民主的看法相关。我们认为民主是一种可用来检测政策的真伪和纠正政策上错误的体系。我们的第一个标准是相对于新的税收政策条款,群众更偏向于当下现有的政策。群众更不希望改变现有条款。此外,我们的第二个标准是政府应该朝着致力于顺应民意的方向发展,而不是背道而驰。当然在任何时候,错误都有可能出现。这些错误的规定可能会被其他具有更多公众支持的条款规定所取代。但是,久而久之,旧错误的更正速度总会比新错误的出现频率要快。

总的来说,累进所得税是一种适度再分配的税种,受到各种各样税收优惠政策的影响。而且累进所得税支撑的财政支出也保持稳定,因为税款是从高收入群体转移到低收入群体,尤其当实物服务兑现时,累进所得税可以实现适度再分配。这并不矛盾,应该说在适度再分配和大众偏好中选择时,大多数人则稍微偏向收入再分配。确实,我们大多数人更愿意选择营业税而不是更加依赖所得税(尤其在工资或薪金上表现得更加明显)。大量的调查显示,在美国,可观的收入再分配与大众的支持无关。

我们可能会问,将所得税看作是一种有太多的和令人惋惜的失误的累进式体系是否合适呢? 或者说那些例外也是规则的一部分? 还是正确的体系应该是既渐进又有各种各样的特例呢? 当问及政策和偏好为什么联系如此紧密时我们就会明白,特例是制定通则的代价的一部分。那也就是说,选择这个规则的人越多,特例也就越多。例如,现有的税收政策与累进所得税等税收政策相比,特例更少或者没有特例。

当民众有机会选择替代方案的形式时,更多是依靠政治领导人提供的可能性,这与调查问卷不同。目前,没有证据表明民众会选择与当前所得税全然不同的政策,尽管大多数人愿意支付更多或者增加营业税以减少赤字。但是几乎每个人——无论是公民还是专家——都认为税法在提供选择性福利方面太过于复杂和不公平。当那些喜欢构成税法的全部或者大部分的条款的人说他们不喜欢整个税法时,这种部分和整体之间的冲突值得进一步分析。该怎么解决这个问题呢?

想必,对于这一复杂法规的答案是一种没有任何"噱头"的统一税率所得税。简单地说,它具有广泛的吸引力。然而,其反对意见立即喷涌而来。统一税率并不是累进税。在进步的过程中发生了冲突,某些税收优惠政策广受欢迎。因此,住房抵押贷款扣除、慈善扣除、退休和健康等附加福利的免税,都被重新纳入这些政策。我们见证了旧的不受信任的所得税从新税的灰烬中升起。尽管如此,大多数或多个公民可能更倾向于累进的低利率所得税,而享受的税收优惠则较少(但不是零)。[70]然而,随着时间的推移,这提供了一个机会来检验许多小假设:这些假设是关于一些值得被救助的群体——工作的母亲、来自贫困家庭的婴儿、希望在退休时补充社会保障的劳动人民、在贫困地区雇佣人员的行业——可以在不太偏离原则的情况下被包括在内,这些假设很可能会显示出某种类似现有复杂代码的东西的回归。为什么呢?因为税收过程中引起最多批判的相同特点是:它的复杂性、对激进变革的抵制、它对贸易优惠和以牙还牙式报复的依赖(你威胁我的偏好,我威胁你的偏好,以及它缺乏一致的原则。总之,它的渐进性也使它对舆论的细微变化敏感。

我们认为,所得税是一种回应民主的范例。知情的读者可能会问,当每个人都知道税收立法充斥着特殊利益的影响,甚至延伸到帮助一个演唱公司或私人时,又怎么可能回应民主呢?在这种情况下,"众所周知的事"是毋庸置疑的,但置于某些背景之下是无关紧要的。当收入达到数千亿美元时,数亿美元(这些非常特殊的利益加起来)便无关紧要。当然,它们确实很重要,因为我们必须看到公共道德得到遵守;明目张胆的特权只能使整个过程名声扫地。但它们只是整体的一小部分。① 但是如果税收优惠只针对少数人而不是多数

---

① 但有一件事除外:排除"非常特殊"利益的规定可能会使公众舆论偏袒这些规定时更难容纳其他的规定。就像支出中关于"浪费"的讨论一样,毫无疑问,浪费了几个百分点。而问题在于我们要找出哪百分之几的支出浪费符合描述。

人，那么税收过程的民主性将受到质疑。

试图解释为什么税法与公众的偏好背道而驰，或者各种各样的（阶级、种族或地位）将他们讨厌的特殊利益强加给对公民有益的普遍利益，都是对税收程序的内容和精神的弄虚作假。不，正是税收决策过程的高度敏感性带来了其最好和最糟的特征，因为它满足了对个人供给的无数期望，也让人们对它的某些概括特征普遍感到失望。个人和集体理性之间的差距，我们的具体做法与所有个人行为的全部后果之间的差距，以及在支出方面也能观察到的差距，是我们税收困境的根源。让我们（浓缩维特对丰富的税收数据的总结）来问为什么对公众偏好过度敏感的事真实地发生了。

政治体制的响应能力并不是评价税收过程的唯一准则；与之并驾齐驱的是责任的准则，这在平时的谈话中比在学术讨论中更常见。当政治领袖不能代表民意时，他们应该反对民意；也就是说，他们应该保护平民，用联邦党人的话来说，他们应该警惕民众的激情。应用到税收上来说，对人民的保护确保了他们少交税的欲望与国家保持收入的需要相平衡。当政者更倾向于通过无声的过程来维持收入，而大声宣布削减。这些显然与要求的响应力和责任相违背，大量的条款和实践导致了明显的税收减少和隐藏的收入增加。

我们之前提到过的战争无处不在的影响保证了政治上可接受的所得税的高度累进性。正如皮科克和怀斯曼·阿格斯所主张的那样，这种牺牲精神导致人们在重大战争的最后比开始更接纳更高的税率。[71]每过几年都会有减税，执政党会为此居功。由于税率很高，这些最有弹性的税收额也跟着高高在上。经济增长有望抵消税率减少。"税级攀升也这样"，物价水平的增加趋势把人们推向了税率更高的等级。像往常一样，通货膨胀就是"无声税"，正如经济增长导致了收入增加的效果。当其他所有措施都失效了，国会的国库监管人，特别是众议院筹款委员会和参议院财政委员会主席，与"三巨头"（经济顾问委员会、财政部部长、预算局局长）互相协调，把收入削减保持在很低的水平。大部分战后时期（大约从 1945—1975 年）都可以用这种方式来描述：悄无声息的增加和响亮的削减。

是什么改变了战后的税收模式？几乎所有事情都改变了。20 世纪 70 年代经济增长放缓。"滞胀"，也就是失业和通货膨胀同时出现，使得收入减少的同时强制性支出的增多。支出增长率("剪刀危机")大大超过了最快经济增长率。通货膨胀急剧上升,使人们注意到税级爬档,从而产生了一个成功的提案,即将税阶与通货膨胀挂钩。这也不是全部原因。意外事件(曾经令人敬畏的众议院筹款委员会主席威尔伯·米尔斯的个人问题)以及体制变革(在主席选择上不再论资排辈,委员会的进一步分裂,立法者对个人表达的日益增长的愿望)一并减弱了国会对于提高收入的责任感。最终,当 1981 年税收的两个最明显的趋势凸显时,防止过度亏损的制度壁垒是薄弱的。立法辩论持续的时间越长,各方就越会拿出"甜味剂"来寻求支持。此外,公开立法程序以供公众监督导致累计收入减少。[72]

税收模式的变化也与纳税人的经济状况有关,但正如维特所阐述的那样,与经济决定论者所期望的方向并不相同。他对税收体系变化频率的研究表明,有利于穷人的规定一旦颁布,很少会改变。影响中等收入群体(大部分财产的集中地)的规定变化最为频繁,特别是在扩大福利方面。高收入群体则发现自己饱受争议:对"富人"有利的条款有助于经济增长吗?从而为不那么富有的群体带来利益?还是他们被过分偏袒?于是,之后逐渐在剥夺与优势之间取得了平衡。[73]

"事实上,"维特说得有理有据,"如果税收支出是富人的专属特权,那么控制税收制度就会容易得多。"[74]所得税制度很难改变,因为它被赋予了如此广泛的权益。否则,要挑出少数富有的受益人取消其特殊待遇就会容易得多。真相是,正如波戈(Pogo)所言,我们广大的中下层阶级都享受特殊权益,"他们就是我们"。鉴于政治家需要当选以及连任,为大量选民做一些事情正是我们所期待的。

一旦围绕税法的虚假的犬儒主义(税法只为少数有组织的富人提供便利的观点)被抛诸脑后,民意调查的结论就变得更加容易理解了。事实上,税收优惠是广泛分配的。尽管存在关于"漏洞"的讨论,但绝大多数人支持现有的税收优惠,认为这是合理的分配。当要求公民们将激进的变革(例如征收范围广泛、优惠很少的税收)以及现有的制度进行比较时,他们往往更加倾向于维持现状。[75]

现在,根据规定,公民赞成现行的税法并不意味着他们没有投诉。我们这些人喜欢这些部分，但我们不一定能代表所有偏好加起来的整体。[76]我们如何解释这种明显的反常现象呢？

它之所以存在，是因为除了现行制度之外，没有其他更优越的选择。在通常情况下，决策的制定不是针对相互竞争的系统，而是针对某些人认为需要修正的个别条款的微小变化。正如查尔斯·林德布罗姆（Charles E. Lindblom）在一篇精彩的论文中所描述的那样，这一系列的补救过程是通过反复的、连续的、有限的比较来实现的。[77]它相当好地保证了活跃公众感兴趣的每一项规定都与一系列仅在微小方面与其不同的备选方案进行比较。最终，税法中所剩下的，即每一项单独考虑的条款，都是在边际范围内测试和重新测试公众偏好的精密产物。

然而，上述任何一项都不意味着，根据不同的观点所做的这些选择的集体后果是"正确的"，或者是参与其中的人对发生的一切感到满意，甚至认为这种结果可以容忍。

相反，很可能会发生根本性的变化。正如科学理论可能会一直成立，直到出现足够的反常现象来质疑它们，或者等一个对立的理论提供一种选择（这一理论可能必须等到老一代科学家被淘汰，然后由新一代科学家所取代），所以公众对现行所得税的感觉在民主国家可能会变得更加糟糕，但是通过一种新的尝试（另一种税制），公众的感受有机会变得更好。

税收异常现象持续存在的另一个原因是，它们反映了长期存在的目标冲突。可以暂时将累进所得税看作是一种理想状态。"穷人付的钱比某些人认为的多"的原因之一是个人豁免和标准扣除没有跟上通货膨胀的步伐。考虑到累进税的急剧增加，收入规模越大，免税额和逐项扣减额就越值钱。事实证明，帮助"群众"更能帮助"阶级"。

对于大多数低收入人群来说，社会保障税是他们一直以来负担最重的一个税种。这难道不是实际上的累退税吗？其实取决于你如何看待社会保障，它是基于个人贡献的一种福利，还是用于转移支付的一种方式，如果是后者，那么为什么不直接由财政收入来负担社会保障费用呢？丹麦曾经采取这种方式，结果使所得税激增，以至于造成了一场抗税运动。福利社会的支持者们往往不愿意选择累进制的所得税税率，因为这种税制很难收到足够多的税金来支持福利社会的支出。同时他们也不愿意实施累退制的社会保障税和消费税。这就解释了，为何即使存在看上去更好的税收政策，当前的税制还是得以实施下去。

高税率与刺激经济增长相矛盾。如果一个政治实体认为缩小收入差距极为重要，哪怕损害部分人的利益也在所不惜，税收政策就会更容易制定。这一政治实体须放弃经济增长的目标。不过，截至目前，美国人民都拒绝以放弃经济增长为代价来进行重新分配。

异常税率得以存续的第三个原因，是我们想要的好东西往往附带着不好的代价。税法声名在外的复杂程度就是一个很好的例子（其文本的长度以及条款的数量已经翻了数倍）。均衡收入或根据支付能力征税的愿望，有时会导致非常高的边际税率。然而，税率越高，要求例外征收的理由就越多。扣减越多，规则就越复杂。此外，特别条款的存在违反了横向公平原则。决定什么人或什么事项应该获得平等对待的条款占据了大量的篇幅。此外，可比性原则要求将一个领域的变化扩展到与之相关或可能相关的许多其他领域。结果是，运用横向的时间要素，乘以纵向的公平要素，再乘以个人和企业的类型，再乘以多样的条件，再乘以为避免滥用例外条款而采取的控制方法，造就了一部复杂到没人能看懂的税法，也许那些以解读和操作税法为生的人可以看懂。

有人认为，采取小步甚至细步渐进的方式做决策，避免彻底的变革，对同一个问题反复论证，这些做法累加起来不会造成任何偏差，但这种观点是完全错误的。起初，除战争时期外，实行的是单一税率的所得税；这项税只适用于富人，相应的，政府的任务比较轻松，只需要制定向富裕人群征税的方式。税法的篇幅只有几页纸。而今，我们大多数人都要交很多种税，而且税法规则十分烦琐。不过，相比之下，现在动辄数千亿美元的税收收入倒是可以让早期政府收入相形见绌。

围绕税收改革主题（意味着实质上更激烈的累进性）的激进变革的华丽言辞，既具有误导性，又具有重大意义。这在对立方向上是有误导性的，一方面意味着这场战斗是围绕基本面进行的，另一方面它是微不足道的，因为任何特定的变化都无法改变税收体系。然而，诋毁意识形态将更加误导人，因为这意味着现状不是意识形态，而那些希望取代意识形态的人则在提出意识形态政策。意识形态是任何政治文化的合理化部分,它确立了进行辩论和做出决定的背景。在所得税方面,主流意识形态赞成适度的累进税,特殊情况除外。这种意识形态的基础是等级制度和市场制度之间的妥协。除非宗派主义变得足够强大,提出更平等的替代方案,否则税法中所体现的意识形态将会面临严峻的挑战。

指控已成为一种艺术。当副总统乔治·布什与罗纳德·里根角逐共和党总统候选人时,他暗示他的对手,这位坚持认为减税会产生更多的收入的候选人,实际上是在参与"巫术经济学"。事实上,布什是在向前众议院议长约瑟夫·马丁(Joseph W. Martin)借钱。在民主党总统哈里·杜鲁门(Harry Truman)被形容为"铁杆社会主义规划者"的舆论氛围中,马丁坚持说:"政府认为需要这项税收法案来控制通胀,这是一种经济巫毒[巫毒教(voodoo),又译作伏都教,是西印度群岛和海地信奉的一种涉及巫术的宗教。——译者注]论调(economic voodoo talk)。在美国,如果政府支出是邪恶的根源,那么就没有一套控制措施,没有任何一种税收金字塔能阻止美国的通胀。"[78]参议院财政委员会经验丰富的民主党主席罗素描述得更准确。他建议:"一旦你进入税收立法领域,总是有大多数人支持改革,但在特殊利益群体完成他们的工作之后,很少有人支持任何特定的改革了。"[79]当财政委员会主席指出,削减税收比取消优惠要容易得多,缅因州的民主党参议员埃德蒙·马斯基(Edmund S. Muskie)认为,罗素(Russell)也是对的。罗素没有直接说现在应该清楚的是什么,即困难的存在,因为税收过程如此准确地反映了公众的意见。在调整现行税法方面的投资是巨大的,而且对备选方案的影响的不确定性如此之大,以至于即使整个税法没有得到个体的支持,也有可能发生根本性的变化。

德国:成长的政策

德国的政治分裂历史反映在其税法中:不同级别的政府对 60 种不同的税种分担责任[80],而且这些规则已经被多次修改。据估计,在 1951—1956 年间,每年平均有 615 节税法被修订。[81]在这种多样性的范围内有几个突出的趋势使我们能够讨论整个德国的税收制度。

第二次世界大战后,德国财政部制定的税收政策比任何其他国家(可能日本除外)都更明确地旨在刺激和维持经济增长。虽然在整个战后期间,其他问题影响了其财政政策,但这些问题不如保持高增长率那么紧迫。此外,财政部在制定税收政策方面拥有比其他任何西方工业化国家更大的权力和更多的酌处权。

财政部的影响力在一定程度上是第二次世界大战后德国环境的结果,也是在德国行政传统的基础上形成的。自从普鲁士的弗雷德里克·威廉姆二世(Frederick Wilhelm Ⅱ)在重商主义时代建立了一个精英行政团队以来,德国行政管理人员都是训练有素的专家,在他们的管辖范围内拥有相当大的权威。第二次世界大战后,德国的政治精英们一致认为,如果财政部再次拥有制定和实施税收政策的不受约束的权力,在诸如美国这样的等级化程度较低的国家是不可想象的,那么该国的许多紧迫需求就能得到最有效的解决。这些操控极大地促进了德国的经济增长,但在更加政治化的环境下,这肯定是不可能的。正如安德鲁·肖菲尔德(Andrew Shonfield)告诉我们的那样:"补贴、由国家提供的低息贷款,尤其是支持优惠活动的歧视性税收补贴,这在一个普通公民希望国家选择他们喜欢的并代表他们进行干预的社会中是不可接受的。"[82]

然而,与其等级制度的传统保持一致的是,德国的财政官僚机构对任何强加的政策都保持着严密的行政控制。德国税务官员密切关注个人报税单,而纳税人的审计也比其他地方频繁得多。如果审计发现支付不足,逃税者将受到审判,并被迫支付。由于严格执行,德国所得税的行政费用占收入的比例比美国高出 4～6 倍。[83]

德国的税收政策可以简单地分为两个截然不同的时期:分别是重建时期(1948—1960 年)和稳定时期(1960 年至今)。通过促进储蓄和投资来保持较高的经济增长率似乎是德国税务当局在第二次世界大战后重建时期的唯一目标;一些其他问题在 20 世纪 50 年代末和 60 年代初变得尤为重要。

第二次世界大战后,盟军控制委员会对联邦德国征收重税。它的所得税税率在当时是世界顶级纳税人中最高的,纳税人支付了 95％的收入。有两个目标影响了这一税收政策的设计:为遣返带来最大的资金,以及德国经济的进一步削弱。

德国"能有效影响税收政策的可能性非常有限"[84]。到 1948 年,他们可能增加了对税收政策的控制。

> 德国政府提出的激励措施并不是作为一种刺激经济复苏的有效财政手段,而是作为一种逃避占领国实施的税收政策的手段。这些激励措施使盟军控制委员会于 1946 年制定的所得税累进税率完全失效。[85]

值得注意的是,这种"过度"的税收政策对德国的经济增长起到了决定性的作用。[86]税率如此之高,富人被迫选择以某种方式投资他们的收入,或将其给予政府。意识到德国将需要比当时多得多的私人资本,德国财政部创造了各种税收"优惠"(或漏洞),帮助富有的个人和企业避税,同时也为国家创造了大量财富。[87]

这些税收优惠有多种形式。其中最重要的是对储蓄或投资所得实行的免税政策,以及对钢铁、煤炭、天然气、造船厂、造船和建筑业等目标行业的高度优惠的折旧免税额。[88]这些奖励措施的目的是吸引富人。它对财政公平的影响充其量只是一个次要的考虑因素。[89]维托·坦齐(Vito Tanzi)写道:"在相对较短的 10 年时间内,这些变化将德国的这项税收从世界上可能最高的累进所得税变成了最低的累进所得税。"[90]

关于较不富裕的公民的问题,政府颁布了《负担均等法》。它为因战争而处于不利地位的人,特别是来自民主德国的 1 000 万或更多移民,提供了慷慨的税收优惠。

在所有这些税收激励措施下,德国工业表现得相当好。年投资总额从 1950 年的 200 亿德国马克增加到 1955 年的 500 亿德国马克,或从占 GNP 的 20％增加到 30％。[91]到 20 世纪 50 年代末,重建工作显然已经完成。但此时出现了若干新的政策问题,其中涉及产业集中和财政公平。

税务当局确信,到 20 世纪 50 年代中后期,国内资本不再短缺,因此取消了对特定行业的许多税收优惠,只保留了造船和建筑业的税收优惠,理由是此类优惠将促进"共同利益"。为了促进社会公平,当局在 20 世纪 60 年代初开始向低收入群体提供税收优惠,以提高他们的储蓄能力;更大比例的收入来自所得税,而非来自回归流转税(一种销售税形式)。

下一个重大变化发生在 1967 年,当时德国通过了《促进经济稳定和增长法》。该法令允许德国政府利用税收和其他财政政策来稳定商业周期,通过改变利率和贴现率来控制繁荣时期的银行存款,并在衰退时期制定工资准则。虽然在 1966—1969 年基督教民主党和社会民主党的大联盟中,这些计划的某些项目失败了,但有些项目一直持续到今天。中央政府仍必须制定 5 年投资计划,并按照地方政府必须参照的优先比例对定期投资进行排名。联邦政府可"向个别企业或行业提供援助,以保护它们,使它们适应新的经济条件或促进它们的增长,特别是通过新的生产方法"[92]。总之,财政部已从促进特定地区产业增长转向对选定行业甚至个别企业进行更细致的干预。

鉴于德国税收体系的复杂性,人们可能会合理地将德国税制与美国税制混为一谈。但这将产生一个严重的误解,尽管确实两者都是复杂的。自第二次世界大战以来,美国税法——超过 6 000 页的法律和修正案——并没有发生根本性的变化。其众多的修正案和条款代表了有利于特定纳税人的让步。德国税法在过去的 30 年中进行了多次重大的重组,其中也包含了大量的特殊规定,但只要其经济功能得到了履行,就可以取消这些规则。而废除优惠在美国是很难实现的。

约瑟夫·佩克曼指出,不同国家政策上的差异源自其制定政策的方式。

> 一直以来,议会都小心谨守着自己在税收立法上的权力[立法征税]。虽说总统对相关立法可以提出修改意见,但议会是唯一有立法权的机构。事实上,总统提出的税法建议基本得经过议会的修改,甚至建议遭到驳回也是司空见惯。相较于西欧其他国家,这一制度让利益集团及内部势力很容易左右税收制度的制定。[93]

但在德国,情况截然不同:德国联邦财政部制定税法并将其提交给联邦议院和联邦参议院。这种立法形式在德国也有着悠久的历史。像德国基本所得税法就是由财政部部长恩诺·布雷克(Enno Brecker)于 1919 年制定的。[94]

美国的政治精英主导着美国的税务机关。他们比行政精英更容易受到舆论的压力。相反,德国税务机关的精英们通常不受公众压力。虽不能保证税收激励政策行之有效,但做出免税和信贷投资的决策往往是以本国经济发展为目的的。

德、美两国间的政治体系还有一个主要区别:与美国国税局相比,德国财政部拥有更大的自由裁量权。此外,德国的行政法令具有法律效力,并明确规定了部长的自由裁量权。这些行政法令在德国虽非立法规定,但大部分州实施相应税法时仍必须遵守这些法令。难以实现行政自治是美国永远摆脱不了的诅咒。美国联邦法典的复杂性也正是源自美国民众想要限制美国国税局的自由裁量权以实现"公平"和"公正"。

经过第二次世界大战洗礼后的德国,其税收体系或许"需要"专注于战后重建和经济增长。正因如此,战后几年,德国上下达成共识:允许实行财政措施(而这在以美国为代表的去等级化的国家政治中是行不通的)。但这些都不能说明德国执着于经济增长的真正原因。

在德国(包括法国和日本),财政部的精英们认为他们代表(或必须计算)"国家利益"[95],并认为他们必须对特定群体的需求进行甄选。也正是因为他们不受政治政策的影响,德国的管理阶层才可以集中精力处理像经济增长这类"非政治"的问题。

瑞典:稳定的政治

瑞典的政策制定者已经设计了他们的税收结构,以适应至少 3 个基本目标:重新分配财富、确保收入能够满足福利国家贪婪的欲望,以及稳定商业周期的波动。在大多数瑞典公民中,大规模的再分配是一项固定的政策。然而,每当这些目标发生冲突时,重新分配就会屈服于稳定之下。

考虑到社会民主党的社会主义渊源、传统和言论,自第二次世界大战以来的大部分时间里,重新分配似乎不是首要目标,这似乎有点令人惊讶。具有讽刺意味的是,罗斯和彼得斯(Peters)指出,"瑞典(在 OECD 所有民主国家中)的税收是进步最少的,因为普通工人缴纳的税额很高……在瑞典,收入达到平均收入一半、拥有正常家庭扣减额的人缴纳的税款高达其收入的 31%"[96]。鉴于大多数人掌握了大部分资金,为福利国家提供的资金需要大量投入给几乎每一个人。

通过对每个人征税，瑞典的福利制度提高了最低水平的生活水平，而没有对富人进行过度的惩罚。相反，瑞典当局似乎决定通过政府支出重新分配财富。① 瑞典税收制度的这一特点只有在我们关注社会民主党的社会主义言论时才会让人惊讶。相反，如果我们看看它的共同决策的过程，我们就会更容易理解税收系统的这些令人惊讶的特征。

从税收占 GNP 的百分比看，瑞典公民比世界上任何其他人都要缴纳更多的税。尽管在第二次世界大战结束时，瑞典是一个税率相对较高的国家，但在过去的 30 年里，它的税收收入增加了，选民们也容忍了这一点。[98]也许，由于瑞典公民偏爱福利制度，所以他们接受更高的税收。然而，瑞典的税务决策者已经意识到实行新税或增税的可能性。[99]虽然地方和国家所得税略高一些，但这种看法已使决策者越来越多地依靠社会保障收入（这在瑞典仅仅是一种工资税）、增值税（即生产阶段的销售税，因此是递减税），以及对特定商品征收消费税。

到第二次世界大战结束时，社会民主党无疑是瑞典政治中的主导力量。广泛的公众支持使得该党能够制定未来几十年的政治议程。到 1945 年，它已经征收了急剧累进的国民收入税，并按照国际标准征收了大量的财富税。因此，瑞典在税收问题上的政治斗争在很大程度上异于其他国家。

20 世纪 50 年代，分配问题影响了关于财政政策的讨论。在尼尔斯·埃尔万德（Nils Elvander）所称的"瑞典有史以来最激烈的政治斗争之一"——资产阶级政党（称为非社会主义却是福利主义的政党）为所有收入群体争取并赢得了所得税税率的降低。[100]1970 年修改了瑞典的税收结构；然而，社会民主党的长期任期（超过 30 年）允许周期性改革，以重新实行累进税。[101]它允许采用新的计算方法来计算两个收入家庭的税收；这一改革使制度更具进步性。

简而言之，在瑞典所得税制度的预期进步性方面的主要政治斗争似乎在 1945 年之前得以解决。虽然在 20 世纪 50 年代进行了关于所得税总体规模的重要辩论（最终反映了政府最佳规模的差异），但这一时代的大部分实际改革导致了较低的有效利率。根据埃尔万德所说的："因此，税收政策在某种程

---

① 有人可能认为瑞典所得税结构实际上是渐进的（由于最高的利率）。当我们将单一税率的地方税以及支付社会保障金和增值税包含其中时，该系统会更加退化。[97]

度上是非政治化的。"[102]但我们认为这种判断为时过早。重点是税收缩小了收入差距,而不管缩小了多少差距。

瑞典被称为财政经济管理的先驱,而税收改革则是这一努力的主要武器。瑞典拥有"世界上其他地方无与伦比的税收手段"[103],其中包括"流动资本所得税"、"投资准备金体系"、投资税,偶尔还有销售税。

流动税于 1917 年首次征收,以法定税率为基准税率。因此,根据凯恩斯主义原则,它很容易被用于经济管理。利用这一工具,政府可以根据其刺激增长或抑制通货膨胀的需求,提高或降低有效利率。[104]投资准备金制度具有类似的目的。它被设计为"在政府希望刺激投资的几年内,允许企业通过鼓励私人公司储蓄来抵消经济波动,并在几年内鼓励私人公司储蓄"[105]。为此,公司能够将一年利润的 40% 存入免税投资准备金,以便在经济萧条时期可以提取。有趣的是,这些储备仅在得到中央行政机构(劳动力市场审查委员会)释放它们时才能使用[106],而且只能用于新的投资。实际上,政府资助了企业在税收方面本应支付的反周期投资。[107]

另一项创新的稳定措施,是分别于 1951—1953 年和 1955—1957 年再次实行的投资税。在简化形式中,该税收对农业、财产和企业的投资收取 12% 的税。在这些部门中,政府豁免了一套非常具体的投资计划[108],再次为政府指定的地区和目标提供资金。

销售税经常被用来维持经济稳定。为了促进消费,1947 年废除了战时销售税,但 1959 年又开始征收销售税,以遏制通胀压力。(但必须补充的是,更新的动机也是为了创造收入。)到那时,税收政策制定者已经清楚地意识到了对直接税的抵制。社会民主党不得不推翻其他党派的反对,强行征收这种明显的递减税。

通过使用这种稳定措施、仁慈的折旧计划和公司自由的税收核算方法,瑞典公司得以避免对公司利润征收重税。高公司税率不会导致高收益。虽然按照国际标准,这一比率仍然很高,在 56%～58% 间波动,但实际收取的数额仍然很低,而且一直在减少。目标和结果之间出现这种差异的原因在于向公司提供的各种避税机制。"这些机制的一个基本特点是,它们使企业纳税在很大程度上能够控制为纳税目的而报告的利润额。"[109]

瑞典的政策制定者也受到世界各地税务专家的赞赏。在 1938—1955 年间,公司可以使用"自由折旧制度",即使在一年内,他们也可以以任何偏好的费率冲销机械投资的成本。在 1955 年,自由折旧被"法定"折旧取代,这种方法允许一些不太慷慨的利率。这并不是因为旧制度被视为公司的赠品,而是因为政策制定者认为自由折旧制度助长了通货膨胀,鼓励在繁荣时期有利可图的公司自筹很多资金。

矛盾的是,所有这些措施都是由一个公开承认信奉"社会主义"的政府为援助大型资本主义企业而实施的。虽然稳定经济是瑞典实施这些措施最初的理由,但毫无疑问,这些激励措施的直接受益者是大型(按瑞典标准衡量)公司。由于这些政策,瑞典的大型私营公司被认为比小型家族企业更具有社会主义色彩。在短期内,国家的公司税政策非但没有促进财富的再分配,反而产生了相反的效果:促进了财富的集中。[110]

我们并不是说瑞典税务当局不对富人征税。恰恰相反,瑞典的财富税是任何国家中最高的。然而,我们必须再次指出,公司可以免除这 2.5% 的净财富以及/或者资产税。虽然瑞典在 1955 年废除了财产税,但它被一种新的制度所取代,即加伦贝尔普(garentibelopp),该制度将不动产持有的 2.5% 的年收入计入个人的实际收入,以计算当地所得税。

瑞典的税收制度经常因过于累进而受到批评。英玛·伯格曼(Ingmar Bergman)广为人知的移民只是富有的纳税人不满沉重税收负担所以要逃离的一个例子。显然,从电影制作获得的收入——没有被税务机关视为对国家财富或经济稳定做出贡献的活动——不享受豁免和补贴。除非"适当地"投资,否则对这种收入将被课以重税。批评者声称,该系统促进了资本外逃;事实上,一些富裕的家族企业的所有者已经将资产转移到国外,以逃避财产税和继承税,但没有人知道有多少。然而,富有的工业家——比如钢铁制造商或造船者——常常得到特殊的豁免。根据一位优秀的学生所说的,"在瑞典,支出在创造能被接受的其他极高税率方面是很重要的。由于政府的投资和折旧免税额,一家公司可以避免支付高达 1 亿美元的总利润的任何税。每年赚 100 万或更多瑞典克朗的瑞典人以通过利用税收漏洞,为大部分收入避税"[111]。

同样的逻辑可以在酒、烟草，尤其是汽车的极高的税收中找到。这些商品可以被征税如此之重，是因为它们是奢侈品（至少一些经济学家用一贯的言辞称它们为"无价值货物"），对瑞典的"国家利益"没有贡献。

瑞典的税收制度避免对有助于经济稳定的经济部门或个人征税，在较小的程度上避免对经济增长征税；但它给几乎所有其他方面都带来了非常沉重的负担。

在过去的 10 年里，社团主义这种特定的公共决策风格，即政策决策得到了广泛的关注。当政府在影响他们的问题上做决策时[112]，主要利益集团被纳入决策过程。社团主义的学生通常关注工资谈判的问题，有时还会关注社会政策。税收政策是企业和劳工共同关心的一个主要问题，可能是共同决策的一个主题。[113]

在执政党规定的规则下运作，利益集团（最经常是将所有退伍军人或行业或工会召集在一起的协会）被纳入决策进程，罗斯托恰当地描述了这种交流，将其称为"妥协的政治"。由于政策建议通常要求获得几乎所有人的同意，人们会期望出现一种对财富征税的税收——与社会民主党的政治承诺保持一致——但非常小心，不会剥夺企业的投资能力。

考虑到主要生产利益已经属于执政联盟，稳定必须成为财政政策管理的主要目标（也许最终是主要目标）。企业总是想要减少不确定性，工会（也是社会民主党）一直在寻求更低的失业率。因此，参与决策的利益集团从国家经济的剧烈波动中获得的好处很少，损失得很多。

总之，瑞典的法团主义涉及社会化，而不是国有化工业。只要私人资源以社会上可接受的方式投资，钱就会留在工人手中。尽管这种妥协是资本主义生存在国家方向的回归，它确实导致了征税和支出的平等措施，但资本主义固有的不平等因素仍然存在。

瑞典的经验似乎驳斥了高所得税和低经济增长之间的冲突。相反，税收的结构，较低的资本收益和有效的公司利率，可能比它们的总额更重要。

英国的阶级政治

在英国，税收政策代表着阶级政治。英国人尚未解决应该如何利用税收这一问题。左翼旨在运用税金以提高劳动者利益；而右翼则希望将税金用以筹措资金。正因为这些党派轮流掌权，所以，他们会采取不同的税收政策以照顾各自的选民；不过前任政党的制度遗产也起到了对于不同倾向的政策的矛盾中和作用。正如凯(Kay)和金写道：

> 一提到英国的税收系统，任何人都会产生一丝怀疑。英国的一系列苛捐杂税都分别有不同规则的应纳税所得额以及纳税义务。正因这一点，这些税收彼此间的作用很难让人理解，也很少被放到台面上讨论。没有人想要或制定一个目的性明确的税收系统。对此，人们只能找到一个历史解释。[114]

结论就是"英国税收系统的一个最显著的特点就是其不断变化。讨论税收问题就要努力满足一个不断变化的目标"[115]。

税收一贯被用于调控经济。当经济下滑时，利率下降；当经济回暖时，利率上升以偿还债务。国库阶段性地制定、修改、重整或完全废除旧税。这就是战后英国所采取的通货膨胀与收缩交替的税收政策。

在过去的 30 年中，储蓄税、养老金税以及投资税都被用于维持就业和经济增长。1965 年，新政府改变税率，免除储蓄税和资本利得税。[116]在英国的"自由折旧系统"之下，公司可以操控资本投资的折旧，通常而言，能勾销一年中100％的金额。而在美国，资本利得税（30％）与普通个人所得税的税率不同。[117]工薪族受益于针对低收入者的特殊扣税条款，包括：小额所得减免税、儿童减免额、工作所得抵税、个人减免税额、老年救济。[118]

尽管英国能意识到问题所在，也愿意为此采取行动，也存在着完成改革所需的孤立措施（以德国的方式），但是英国税收分析人士坚决抨击这一体系。正如一位税务当局所说，英国缓慢的经济增长"似乎并不是没有意识到问题所在，也不是不愿意对此采取措施所导致的"[119]。然而，"浏览一下关于财政大臣战后经济管理的主要著作——塞缪尔·布里坦(Samuel Brittan)的《引导经济》(*Steering the Economy*)，你就会发现，回顾过去，财政大臣很少做正确的事情，即便做了，也往往是出于错误的原因"[120]。

英国的左派倾向于高所得税很大程度上是因为他们认为收入应该重新分配。从 20 世纪初开始，他们就主张所得税应该主要由富人缴纳。为了在不引起反感的情况下保护资本,保守党操纵了高收入和低收入纳税人的税率,所以税率也会上下波动。[121]现行税收结构中的再分配要素很大程度上依赖于工资收入的高税率。在英国,富人收入过高并不是造成财富不平等的重要原因,在收入再分配方面成效甚微导致经济生产部门的工人身上肩负了大量税收。[122]

企业所得税也经历了起起落落。自 1947 年工党引入这项税收以来,不仅税率发生了多次变动,而且对于企业收入或者利润的定义也经历了多次修订。

如果有一套规则指导政治人物干预英国经济,这些规则实际上具体规定了采取公平政策,而不是直接干预,那么工党就会试图使用通用工具(比如支出水平或者是税收类型)来操纵经济。在这种情况下,工党会采取立法措施,遏制相对自由的市场经济的运行。当保守党重新掌权时,他们在政治上花费了大量精力来试图挽回上届政府所造成的"损害",不过收效甚微。保守党通常会制定一些刺激市场的策略;这都是前几届政府以劳动力为导向的战略的基础。反过来,工党将这些市场策略视作企图损害其阶级利益的行为,所以工党在重掌政权后推动反对的立法。一般来看,工党执政期间(1956—1961 年、1966 年、1974 年),英国税收收入增加;而保守党执政期间(1953 年、1959 年、1963 年、1970),税收收入下降。

特别就业税(1966 年开征,1977 年取消),是工党政府税制最终被保守党废除的典例。该税法目的明确,旨在帮助拥有大量劳动力的低利润公司。尽管该项举措给了责任人税收优惠政策,但许多公司有足够的理由用来保护特别的工薪阶级。如预期一般,该项政策大大鼓励了劳动密集型产业,而非资本密集型产业。[123]

英国管理者不愿亲自操纵企业部门。[124]"与德国相比",海登海默(Heidenheimer)、休·赫克洛(Hugh Heclo)和亚当斯写道,"英国税收制度对商人和专业人员非常谨慎,免除了大多数行政审计,提供了许多'亏弱环节',需要更少的必要核算程序"[125]。

尽管工党致力于建造一个先进的个人所得税和企业所得税的税收结构,但保守党仍能够通过减轻它的再分配影响而操纵税收。根据 OECD 的数据,英国的下滑幅度仅次于美国,位居第二。[126]

但是对这些税收结构所进行的修改和特别规定使得它们难以再继续作为直接的所得税。许多地方的修改都使税收结构的这一部分,从所得税转入了实际上的消费税。[127]

由于下滑的结果,所得税不能产生足够的资源来支撑英国的福利国家。在 1973 年英国采用增值税之前,烟草、汽油、酒精的消费税是主要的税收来源,现在依旧是。(任何曾经试图在酿酒厂买一瓶苏格兰威士忌的人都会告诉你,美国街角边卖酒的店里会更便宜。)

英国的政治可能正在改变,但公共政策没有。在工党中,混合经济的支持者和那些支持财富和收入大幅度再分配的人之间的矛盾,在某种意义上来说,已经被人口外流所削弱。在撒切尔政府统治下,保守党的内部分裂——保守党激进主义的等级制度继承人和竞争个人主义的支持者之间,政府暂时决定支持后者。社会民主党和自由党的联盟提供了更明智的选择,但选民们已经选择了继续过去的政策。至于累进税,目前保守党政府的税收大致相同,最高和最低税率较低,并且通过选择性增加增值税来弥补差额。国有化产业的要素将继续被抛售,但支出和征税模式似乎是非常好的。

法国战后的税收

自法国 1789 年革命以来,法国政客一直犹豫想要征收直接税。在推翻法国旧制度之后很久,直接税仍然是不公平的财政体系的缩影。从整个 19 世纪至今,适合小农和小企业的国家的商品和服务的间接税,一直在为政府提供支持。基于间接税的财政结构反映了法国政治对小资产阶级的持续影响。

法国公民容忍直接税的这种重大改革的意愿危机发生在第一次世界大战期间、第二次世界大战后(1948 年)和 1959 年戴高乐掌权时。然而总体而言,税收占公共资源的比例越来越高,从 1900 年占比 75％上升到战争中的 80％,而到 1960 年,占比约 90％。[128]

增值税是现代法国税收制度的支柱。与其他西方工业化国家不同,在法国,个人所得税并不是最重要的收入来源。因为在过去的 20 年中,保守派政府依赖于支持利益,仍然坚决反对直接税。相反,他们依赖于营业额和增值税来获得收入。

增值税自 1954 年首次实施以来,就取代了各种各样的营业额和销售税。为了避免漏税,对生产过程的每个阶段都征收增值税;因此,它比简单的间接税更加有效。[①] 增值税税率从生活必需品的 7% 到奢侈品的 33.3% 不等。中间产品按发票金额的 17.6% 纳税,出口商品免征关税。为了满足欧洲经济共同体的税收协调要求,1979 年,政府将增值税的范围扩大到了农产品。到1963 年,这项税收的占法国财政收入的 1/3;如今,其值将近占一半(48%)。[131]

除增值税外,政府还从当地销售额中收取一定的税费(按销售价格的2.75% 征收)。为了提高财政效益,政府曾数次试图扩大增值税范围来取代这些税,但每次此意见一经提出,就遭到地方当局乃至议会的否决。[132] 石油税占政府财政总收入的 8% 左右。

虽然法国确实有个人所得税,但在 20 世纪 50 年代中期的波雅德派叛乱中,遭到了民众的强烈抵制,使其难以实施。戴高乐主义者试图建立一种类似于英国、德国和美国的税收结构,并于 1958 年使法国现行的所得税现代化。尽管采取了累进税率结构(最高收入阶层的收入占总收入的 65%),但 1979年这种税收模式只产生了少量收入——占总收入的 20%。[133] 工资税(相当于美国的安全税)于 1948 年开始征收,并于 1952 年成为永久性税种,但其确实提高了工人收入。

1948 年,法国对战后所得税进行首次修订,当时也增加了企业所得税。这一税收占法国收入的 50%(无论是否分配),创造了法国约 10% 的收入。1959 年实行的余额递减折旧制度缓和了高利率问题[134];在其他西方国家,正常经营成本的扣除在法国也有。

有效的税收制度既包括漏洞,也包括税率。自 20 世纪 40 年代末以来,一些国家试图收紧减税政策,但这些税收提案"要么未能通过,要么被否决,要么

---

① 选择税务文书时,遵从法规成本是主要的考虑因素。增值税在西欧大受欢迎的原因之一(我们预计它很快就会成为美国争论的一个主要议题)[129]是它能激励自我监管。虽然各企业在生产的每一阶段都要对其销售产品纳税,但这一责任是由企业向供应商缴纳的税款来减少的。因此,"在生产过程中,"正如詹姆斯·阿尔特(James Alt)所观察到的那样,"企业有能力将全部的购买回报转变为出售,从而对那些销售方进行监管。"[130]

被修改得面目全非"[135]。

一种以异常强大的等级和市场为特征的政治文化,助长了个人主义和集体主义之间的敌意,这种相互的敌意产生了对逃税的容忍;面对敌对的公众,税务机关会索取他们可以得到的东西。根据罗斯和彼得斯的说法,

> 法国和意大利的拉丁式的税收模式是基于公民与国家之间的相互不信任。这两个国家都认为个人在税务申报时会欺骗政府,并且历史证明了这一观点。在法国和意大利,所得税在国家税收收入的贡献比例低于1/6。为了征收所得税,官员根据他们认为的个人收入做出估算,并等待个人接受估算数字或讨价还价,以获得更低的(税收)评估。这就像二手车交易中的买卖双方一样,(买家争取)尽可能少付钱。因此,1/3或更多的个人收入没有进行纳税申报。[136]

鉴于这种普遍的逃税行为,税务稽查员试图找出违法行径;每个稽查员可以查看300份个人简历和400份公司的简历,但其结果并不确定。[137]维托·坦齐试图用拉丁民族的"个人主义"特征来解释逃税现象。[138]其他人则指责天主教会宽恕逃税。① 还有人说法国人和意大利人"公民意识低下"[139]。这些并不是解释,而是以其他形式对同一问题进行重复。例如,主要的地方税,即"专业税收",基本上是对工资征税。这一事实抑制了雇佣工人的积极性;特别是当与企业支付的高额社会保障税相结合时,逃税不仅仅是因为"有脾气"[140]。

法国财政机关对行政自由裁量权的使用,实际上超越了德国!这可能就是为什么税收政治似乎在法国长期不受重视(低调),政府不会征收更高的所得税。其必要的收入是通过增值税和社会保障产生的,同时,其经济目标通过向工业界提供税收优惠来满足。例如,"法国'第四计划'列举了八大类税收减免。经济规划者采取这些措施的一部分或全部来促进个体私营企业的合作"[141]。税务优惠,是法国指示性规划系统的重要组成部分,其本身就是市场和等级制度的结合。

---

① 特别是指梵蒂冈官方报纸。《罗马观察家报》宣称偷税不是罪。

税收差异的文化解释

每个国家固有的独特税收模式,即使是经历了波折之后出现的可能被暂时废止的税收模式,也已得到诠释了吗? 我们不禁要问,为什么美国的财政制度仍然专注于平等,德国专注于经济增长,而瑞典则专注于抑制经济波动?

在不同的文化中,对平等的看法自然是不同的。法律面前的人人平等是从等级制度中产生的;在这方面,这一概念有助于确定地位,界定谁有义务收取和支付多少税款。对于有竞争力的个体主义者来说,公平意味着保留他们的大部分收益。因有利于征税以支持国家开支,等级制度强调税收征管。偏好私人而非公共支出的个体主义者希望降低税率。由于宗派主义者认为所有人在社会秩序中的份额都应该是平等的,平等就意味着改变财富的分配模式——向富人征税以分配给穷人。

等级制度和市场制度的成员都对经济增长感兴趣,这可以更好地履行集体或个人义务。宗派主义者只关注新财富的危险,这有可能加剧他们不喜欢的不平等。

美国的文化是多元化的。虽然它的等级制度矛盾与欧洲社会民主国家相比显得弱些,但它的政治文化确实有利于市场发展,而且它也具有严重的宗派主义倾向。对高所得税的抵制,以及对国家权力的抵制,可以用美国政治文化中竞争性个人主义的强势和等级集体主义的弱势来解释。宗派主义的持续存在导致了它对税收公平的普遍关注。

如果要为现代国家筹集足够的资金,就必须要征收所得税;它是产生收入最多的财政工具。由于收入在很大程度上是不平等的,所以征税范围必须足够广泛。宗派主义者倾向于高度的累进;市场力量期待最小的累进。最后,会在最大和最小的累进之间达成不可避免的妥协。因此,取决于任何时间在任何地点的 3 种文化之间的平衡,不同的平等观念——平等的份额、平等的机会、法律面前的平等待遇,导致税法不断地变化,这种变化是在适度累进的基本妥协范围内运作的。

在等级制度占绝对主导地位(正如在德国),但市场调节力度具有中等强度的国家,税收制度服务于统治集团。等级制度和市场制度认同经济增长。等级制度操纵税收制度,以增加财富,将税收保持在相当大的比例,以履行其对总体较贫穷成员的义务。德国的新绿党反对经济增长和国防,这与一些社会民主党的看法一致。

如何在不损害维持及提高好生活水平所需的生产力的情况下,处理所谓的社会民主的层次和教派之间联盟重新分配的要求呢?(正如第二次世界大战结束时,同 20 世纪 70 年代初的西方世界中的任何地方一样,生产力在不断增长的时候,这个问题便不会出现。)在瑞典的妥协方案中,如果私人市场的参与者能将大量收入交给国家,则允许其在市场中经营。然后,政府将收入重新流向其规划中所偏好的投资和社会服务方面,并将其转化为社会服务。在这一过程中,等级制度得到加强,国家在保持市场的同时,也充分实现了收入的重新分配。政府等级制度的维持允许持续使用有利于市场的税收优惠。税收优惠转化为对国家计划的帮助,而绝不会偏离公平。

如果这种三方妥协被没有市场的等级制度和宗派联盟所取代(就像工业的社会所有制可能产生的那样),谈判起来就会有很大的不同。如果来自劳工的新经济力量在追求宗派目标,他们很可能会坚持索取更多的再分配,而不愿意为此向工会成员征税。国家的权威将会受到质疑。瑞典所面临的极端多元化,对实现这些要求的能力会有过高要求,会没有足够的权力制定限制政策。

在英国,阶级分裂是如此普遍,以至于他们在党内和政党之间都有分歧。工党分为等级化和宗派化两部分。选区更加宗派化,工会更加等级化。保守党分裂为统治阶级拥护者和市场的拥护者。缔约方内部的妥协意味着各方之间的距离缩小了。虽然偶尔会有党派间的妥协,但各党派的等级制度保持着连续性。如果两党的等级制度被削弱,而社会民主党/自由党联盟将不受欢迎,那么宗派工党和以市场为导向的保守党之间的斗争,可能会使过去的阶级冲突相形见绌。

为什么进步国家要对公司征收低税收,对中低收入人群征收高税收

破译国家税法或将它们的多样性和细节联系在一起并非易事,但也不是

不可能。让我们前后联系起来破译它们,首先考虑它们与美国做法的相似之处,然后考虑它们与美国做法的不同之处,毕竟,美国从欧洲国家借鉴了许多做法。

美国对关税的依赖具有长期的历史;城市使用财产税,国家采用销售税,联邦政府的所得税的历史在其他国家都出现过。每个国家都有居于首位的税收。这些是否可接受、富有成效且易于实施呢?收入部门的宗旨是,"旧的税才是好的税",这句话说得恰到好处。这不仅意味着人们更容易遵守规定,因为人们习惯于支付,而且经济也随着税收所产生的活动的变化而调整。因此,每个国家的税收历史都必须分开来追溯,以便了解其对各种规定的肯定和否定。现在的情况——构成总税收的各种收入来源的比例——部分是由过去的情况所决定的。[142]换而言之,所有税收制度在其历史相关差异方面都是相同的。

它们在复杂性上也是相似的。与在美国工作的人考虑的因素类似,这使得社会民主国家的税收制度很复杂。总之,在一些条款的修改中存在着"多米诺骨牌效应"。同样,受影响的利益集团试图确保对他们有利的变化,税务官员试图保持收入的安全。各目标之间的冲突变得习以为常。

对收入的渴望是一个被变量包围的常态。所有的国家都想要有足够的钱,但是有多少钱才算足够,每个国家的标准都不一样。一般来说,市场文化越强,对收入的要求就越低。考虑到任何收入水平都具有一定满足度,所有人都会寻求收取足够收入的机会(尽管不少人会失望而归)。收入最大化的假设并不是一个很好的指南,因为没有一个西方国家会尽其所能收集到所有的收入,只有那些支出最高的国家才会试图接近这个目标。

正如收入不仅是经济能力的功能,而且是政治倾向的功能一样,调动资源远远不是税收的唯一目标。众所周知,改变税收水平和税收构成是经济调控的一种主要方式。在不考虑这些措施有效性的情况下,税收的一致性在某种程度上必须为经济稳定而牺牲。不同的税收意味着故意破坏经济的稳定。在这里,我们对税收制度的波动性和复杂性都有了解释。

除了经济管理(以及导致不断修改税收的微调,这是无处不在的)之外,在现代福利国家,税收的目标是显而易见的,但尚未在税收文献中得到承认。税收已成为规范个人行为的一种手段。当然,对"奢侈品"或是被认为对你有害的商品,如烟草和酒的征税是非常传统的。对于被认为是正确行为的激励,对教堂、大学和慈善机构的低税收或不征税可以追溯到很久之前。然而,在数量和程度上,有一种有利于诱导这种或那种行为的量变过程,从不种植作物到出售作物,从采取昂贵的安全措施到通过退税降低劳动力的价格,时断时续,令人困惑不解。然而,所有这些和更多的都不足以表明,在让税收成为规范个人行为的主要工具方面,已经发生了质的变化。

如果税收的目的仅仅是为了重新分配收入,那么税收制度就会比现在简单得多。在没有税收优惠的情况下,有个大幅累进的、基础广泛的所得税就可以了。那么,为什么任何一个国家都没有采纳这一相当明确的选择呢?为什么要征收多重税而不是单一的收入(甚至,就像亨利·乔治所敦促的那样,征收土地税)?为什么这些税中有许多是递减的,或者只是轻微的累进,而不是用更好的方式解决贫穷呢?为什么相对低收入或中等收入的人要被课以重税,尤其是在那些最致力于追求平等的国家?为什么最进步的国家对公司征收低税收,而对中低收入人群征收高税收呢?

税收制度之所以如此,是因为有与产生大量税收的难易程度相关的审慎考虑。

税收制度正是他们这样做的方式,只有审慎的考虑才能产生大量的收入。税源的多样性使收入的方方面面都充满了负累,否则很难达到目标。在可能隐藏收入的地方,是否会被多个探头从不同的有利位置发现。

此外,还有一个问题,就是如何维持收入基础,以供日后筹集收入之用。产业国有化使政府既要对损失负责,也要对收益负责。它使政府陷入行政而不是再分配方面的泥潭。实现目标化为乌有;重点转移到使政府而不是社会更加平等。还有关于共识的问题。社会民主需要共识,但不一定要与工业对立,只要它支持平等的举措。政治、行政和商业精英之间的关系依然良好。在复杂的等级制度的领导下,社会民主国家演变出了一种更好的方式,使其政策执行更有效。这些阶层的集体关切包括对工业精英的尊重。

如果工人们坚持他们新的平均工资,谁也不知道他们会用它来做什么。更好的做法是让精英们在中心收集收入,然后以确保平等目标的方式重新分配收入。毕竟，重要的不是钱，而是它能买到什么。将工人收入转化为一系列服务，使管理精英能够决定如何处理收入。例如，要想男女生活机会均等就需要更平等的收入，中央可以拨款提供儿童保育和政府认为需要的任何其他服务。

在公司收入方面，类似的目的导致了不同的方法。与其直接征税，从而提出有关国际竞争力和国内经济增长的问题，不如将资金留给雇主，只要他们同意将其用于一系列社会认可的目的。无论雇员的收入是通过国家循环利用的（当政府意识到自己的时候，这个术语适用于政府），还是从雇主那里转来的，管理精英们都利用税收过程来规范行为。

到目前为止我们可以看到，没有税收叛乱或民意测验显示出大规模的不满，社会民主国家的公民赞成高水平的总税收和收入的监管目的。虽然他们赞同政府征税和支出的根本原因，但很多人仍在尽他们所能设法逃避税收负担。他们可以进行易货交易。工作可能会以较低的价格进行，前提是工资以现金支付，不留记录。诸如此类。当这种现象演变为极端情况（估计意大利的"灰色经济"相当于其 GNP 的 1/4 或 1/3）时，再分配的范围是有限的。但是，在大多数国家、大多数情况下，情况并非如此。尽管人们对过度而复杂的税收表示不满，但现代工业国家仍然是强大的金融引擎。

不过，只要支出增长快于收入增长，这个引擎就会越来越无法拉动负荷。因此，减缓支出的措施无处不在，这是可以理解的。这些措施失败了也是可以理解的。

支出限额的出现

在西方世界，不仅仅是在美国，现在都在认真努力地控制公共支出。但都没有成功。随着美国国防支出的上升和普惠津贴数额的提高，最近美国和英国的支出削减（尽管历史上的标准与相对标准都比较高）并没有改变基本趋势。

只有在美国，才会出现大量精英和公民支持减少政府支出的现象。正如我们之前所报告的那样，在英国出售国有化工业的部分并不影响收入转移或社会服务的规模,也不影响政府的总规模。然而,在某些方面,面对相似的问题,即如何使收入和支出一致,许多西方国家都采取了相当相似的战略。

丹尼尔·塔奇斯对限制政府支出的措施进行了最全面的研究。他的报告称:"许多国家的政府现在似乎在摸索某种人为的规范,以取代收支平衡这一被遗弃的目标。"[143]这一想法是"通过对所有相关行为者施加强有力的约束","让政府机构自己执行预算紧缩"[144]。这种控制方式因国家的脆弱性以及传统而有所不同。一个在国际市场上举债有困难的国家可能试图限制借款总额。在通货膨胀猖獗的地方,努力限制赤字的规模。不过,最常见的管制是限制公共支出总额,无论是按绝对数值计算,还是按 GNP 的某一比例计算。事实上,这些目标可以合并。例如,在瑞典,现行预算政策规定,中央政府的赤字应该减少,以适应国家对外收支平衡的变化。塔奇斯的表 9.8 显示了支出限额所包括的用途范围。

表 9.8　　　　　　　　　　　**中期预算目标**[145]

国 家	时间范围	目 标
美国	1981—1984 年	通过支出削减实现联邦预算平衡;修改 1985 年度财政年联邦赤字/GNP 比率低于 20 世纪 70 年代的平均值
日本	1979/80—1984/5 年	公共部门赤字从 1978 年占 GDP 的 11.25% 降至 3.3%,这意味着取消为公共消费融资的"特殊债券"
德国	1981—1985 年	将联邦赤字从 340 亿马克减少到 175 亿马克
法国	1976—1980 年	中央政府赤字占 GDP 的比重从 1975 年的 3% 降至 0.3%。当前无目标
英国	1980/1—1984/5 年	将公共部门借款要求从占 GDP 的 5.7% 降至 2%;按现金计算,总支出增长率固定在 37%,意味着从 1982/3 年占 GDP 的 45% 降至 41%
意大利	1981—1983 年	将外汇占款冻结在 1980 年水平
加拿大	1981/2—1985/6 年	联邦赤字占 GDP 的比例从 1978—1979 年的峰值 5.3% 降至 1.9%,政府支出从占 GDP 的 20.5% 降至 19%(没有债务费用,支出与 GDP 同步增长)
澳大利亚	1975/6 年之后	总体目标是减少中央政府赤字以及缩小公共部门的规模
奥地利	1978—1981 年	通过限制支出,将中央政府赤字减少到占 GDP 的 2.5%

续表

国　家	时间范围	目　标
比利时	1979—1982 年	将政府借款减少到占 GDP 的 5％,当期支出零增长(不包括失业救济金和债务利息)
丹麦	1980—1993 年	中期行动纲领;总体目标是减少中央政府赤字,限制公共支出的增长,以实现外部平衡
芬兰	1976—1982 年	公共消费额的增长将限制在每年 1％以下,低于 GDP 的年平均增长率;税收负担将稳定下来
新西兰	1978—1982 年	通过限制支出,公共部门赤字从 5.25％降至 GDP 的 4％～4.5％
挪威	1982—1985 年	"长期计划"控制公共支出增长,稳定总税收水平
葡萄牙	1981—1984 年	稳定或减少中央政府赤字
西班牙	1979 年之后	控制公共部门赤字和削减经常支出的中期目标
瑞典	1980—1990 年	减少中央政府赤字与实现外部经常账户平衡相一致
瑞士	1980—1983 年	1984 年,通过限制支出增长,实现联邦政府的预算平衡

另一个普遍存在的做法,是试图通过改变指数规则来利用通货膨胀。将政府支出与价格指数挂钩(与工资相区别),会推动支出上升,而对税基进行指数化则会减少未来的税收。为了减少赤字,最好的办法是把税收和支出都用"取消指数化"来衡量。这增加了政府的确定性,同时也牺牲了那些期望获得持续购买力的转移支付的个人越来越多的不确定性。显然,没有办法同时增加政府内部、经济企业和公民之间的确定性。政策制定者试图通过从生活成本指数中消除能源价格(如丹麦和瑞典),或从食品价格指数(如爱尔兰)中删除政府补贴等策略来消除政府的困难。因为它们是劳动密集型的,谁能确定某些机构的项目是否需要额外的资金,或者其他机构是否需要更多的资金,因为它们是属于技术密集型?尽管政府可以基于公平或效率的理由,对通胀的增长给予补偿,但将一切都指数化,只是在重新陈述困难罢了。

读者可能会问,为什么在结果往往如此复杂的情况下,还是没一个统一的指数呢?答案之一是,那些获得生活成本增加的项目,会获得大笔资金。另一个,也许更根本的原因是,当政府将其资源扩大到接近极限时,越来越多的政府内外的人开始怀疑,是否有可能同时保护到每个人不受逆境之害,以及这一代人是否会继续致力于支持下一代人。

支出限制的第三个主要趋势,是将不同的支出项目组合在一起,以便同时考虑它们。无论是所谓的"和解计划",如在美国,还是"均衡的一揽子计划",如在欧洲和日本,关于这些组合支出项目的辩论实际上是另一种确定总体支出限制的方式。不同之处在于,这些一揽子计划是一次性考虑的,而不是在一段时间内,只涵盖几个主要支出项目。该技术的基本原理是通过汇总的总数来激励项目的削减。各部门可能会认为,如果其他部门也面临削减,那么做出一些让步就是值得的。这样,总体的削减就变得有意义。组合支出项目也产生了相互依存,这样任何特定的部门都有理由反对其他部门的"过度"增长。

这种一揽子计划已经出现了蹊跷的副作用。如果花多少钱比花什么钱更重要,那么各国政府可能会开始与支出单位讨价还价,提供更大的酌处权,以换取不超过支出限额的支出;这种情况似乎正在整个欧洲发生。加拿大和新西兰率先进行权衡机构和项目,可以按自己所需重新分配所有在总数之下的支出。如果削减是一揽子计划支出的唯一可能结果,各机构和方案就会失去参与这一进程的动力。[146]

20 世纪五六十年代的支出改革侧重于改进预算的计算过程,而不是限制总支出。对税收的全面审查表明,主要的重点是制定更好的管理经济的方法,或者(与增值税一样)在不引起政治抗议的情况下增加税收。从 20 世纪 70 年代中期开始,财政动荡产生了一种不同的预算策略,开始限制总支出。例如,从 1979 年起,加拿大自由派和保守派内阁设法将支出控制在前一年的总支出加上当年 GNP 的增长百分比之内。对于一个部门或项目的这一小百分比增长,对另一个部门或方案意味着更少的增长。[147]在美国类似的策略是宪法平衡预算修正案的基础。[148]如果要通过修正案,支出的增长将与经济增长率保持一致,即上年的支出乘以 GNP 增长的百分比。英国实施的"现金限额"也是如此;尽管价格出现了不利的变化,但各部门必须力保稳定在这些限制之内。尽管 1985 年的"格拉姆-鲁德曼-霍林斯平衡预算法案"(Gramm-Rudman-Hollings Balanced Budget Act)得以通过,但其要求在 5 年内实现平衡的强制性削减(见第十章)将是西方世界对支出的最严重的打击。

到目前为止,这些实验只发生在讲英语的民主国家,那里的市场力量比其他国家更强大。到目前为止,这些限制还没有经过考验,无论是在预算紧缩的年份,还是在更好的时期,收入都在增加。然而,无论 20 世纪 80 年代是否迎来了一个资源有限的时代,如果公共部门的增长速度持续高于私营部门,那么对政府增长施加上限的行为必然再次出现。

没有人能说这些措施是否会成功,或在多大程度上会成功。过去的历史对他们是不利的。而且,恢复经济活力可能会挽救这一局面,至少对于那些希望将政府支出维持在 GNP 高比例的国家(绝大多数)来说是这样。但我们也知道,支出不可能无限期地以远高于收入的速度增长。会有变化的,因为势在必行。这些变化是关于什么的? 塔奇斯总结了一场持续的辩论:

> 在许多 OECD 国家,相对于非指数化工资而言,消费价格指数福利的实际价值已经上升。同时,由于失业人数激增、退休年龄降低以及保险范围的扩大,许多收入维持计划的成本都有了相当大的增加。这就产生了许多关于建设各种国家支持系统的问题。人们经常提到的一个问题是,在经济停滞不前的时代,在物质稳定增长无望的时候,自由派对于养老金的承诺能否得到维持。另一个问题是,人们是否应该区分"微观风险"和"宏观风险"。第一类包括这种不确定但可预见的事件,保险制度为分担风险提供了一种合理的技术;而后一类概念则意味着危险,而由于每个人都受到了伤害,例如战争和贸易条件的变化,因此无法通过集体再分配获得补偿。如果我们的社会保险制度的覆盖范围仅限于保险的"微观风险",可能会节省大量的支出。[149]

我们在想"谁来为变革埋单,是不同身份的公民或政府本身?"这个问题将不断以越来越大的力度和越来越高的频率出现。

第十章　政府发展和预算失衡的文化理论

人类的生命转瞬即逝,在生时所获得的知识也是有限的。我们应当永远像儿童一样汲取新知识,熟知新的人名。若非如此,我们又怎能学得到过去的历史,了解最遥远的国家;让他们就好似在我们眼皮子底下似的为我们的文明进步做出贡献。从某种意义上来说,一个通晓古今的人就像是从世界诞生之初就活在了世上,每一个世纪都在不断增加自己的知识储备。

——大卫·休谟[1]

历史学家着迷的主题与他们应当组织的事实之间的关联可能并不比疯子的痴狂来得真实。我的一个朋友曾听了一些关于希腊神话的讲座,并醉心于西西弗斯(Sisyphus)的神话,以至于所有的故事对他而言都变成了一个——西西弗斯神话是所有人类奋斗的唯一象征。

——哈斯克尔·菲恩(Haskell Fain)[2]

在一个注重实践的时代,人们可能会好奇历史研究的效用。对于过去,我们什么也做不了。我们无法改变过去。如此,那么我们把时间和精力都用在眼下的紧急事态和对未来的希望上不是更加明智吗?

——约翰·威廉·米勒(John William Miller)[3]

当罗波安(Rehoboam)将接替他的父亲所罗门(Solomon)登上以色列国王宝座时,各派的使臣纷纷前来请求罗波安减轻他父亲加诸他们身上的苛捐杂税。罗波安请教所罗门的智囊团,后者建议罗波安进行调解。"我的父亲使你们背负重担,"罗波安告诉以色列召集的会众,"我必须让你们尝尝我的厉害。我父亲用鞭子抽打你们，我要用蝎子惩罚你们。"这也是以色列联合王国政教分离的开端。"以色列人呐，各回各家去吧！"12 个领导人中的 10 个离开了罗波安，只剩下犹大（Judah）和本杰明（Benjamin）派系掌管王国。正如《圣经》所述的肃穆结局："因此这天，以色列人背叛了大卫。"[4]

大卫建成了中央集权国家，所罗门加以巩固，到了罗波安时代，国家分崩离析。这似乎清晰地见证了一个政府是如何因征收重税而众叛亲离的。基于本书的训诫，专家们可能会支持这样一个观点：所有的历史都是公共财政的历史。但事实果然如此吗？

我们一直秉持着这样一个观点：对人们而言，最重要的是如何与他人相处。政治体制的全球性目标即是保护、改变一种生活方式，或是为了另一种生活方式而拒绝这一种。税收和支出是这些目标的附属物，但不代表这些目标本身。对资源的限制或许会限制某些可能做到的事，财政可能会减少可以考虑的其他选择，但它们不能决定必须做什么，即使把可能性减少到一种。虽然统治者可能会支配国家来征税（以及支出收入），而非用征税来掌控国家，但这更多地反映了政治制度所体现的社会秩序，而不是预算实践。

如果罗波安和他的智囊团仅仅是愚蠢，我们可能会批评他们的个人缺点。他们得多么鼠目寸光才会为短期利益而永远丧失了自己的王国！但罗波安的行为是他父亲政策的强化，而所罗门的统治手段是等级制度的一个典型例子。官僚主义从一个细小的劳动分工，扩展至能够动摇王室的地步。尽管那时的政治规模很小，但仍然能感觉到王国的威严（甚至除去耶路撒冷的圣殿）无处不在。除了所罗门用自己人民的劳动代替税收，或作为强制劳动服务（徭役）的一员外，征服战争还提供了其他被强迫的劳动力。等级制度的典型糟粕出现了：公共的富裕和私人的凄惨；需要不断增长收入的支出承诺；相互纠缠的国外联盟。事实上，所罗门变得如此妄自尊大，以至于开始崇拜自己的智慧，犯下了偶像崇拜的罪过。他和国民之间的力量不均等问题致使所罗门忘却了国民以及他们的重负，正如他忘记了他的上帝而崇拜起外邦的神一样。[5]罗波安的蛇蝎心肠与所罗门王行"上帝眼中邪恶之事"[6]一样。如果崇拜外邦神是邪恶的，那么忽略国民的需求也一样是恶行。以色列王国的分裂是等级制度的恶果，并非只是惩罚性税收所引发的。

问题接踵而至

从高层次方面讲,政治生活体现了对现有政权的持续支持。不同的政治文化角色在对政权的支持中争夺获胜的份额。各种政治文化竞争激烈,表现为强化自身而弱化其他方。因此,在这种文化背景的深刻影响下,预算至关重要。我们需要采取应对方法,如建立绝对的权威部门来应对不良后果,同时我们可以吸收不同的文化成果,设立一套与常规政策相反的合法化规则。20世纪30年代的经济大萧条最初被认为是违反新古典经济学规律的结果:尽管当时人们收入很低,但工资水平仍然偏高,以至于无法满足就业市场,或者说无法提供充分的就业机会。无论该理论有多么准确,无论它的阐释者多么口若悬河,西方的精英意见都得不到重视。在现有的工资标准下,如果失业人数过多,以至于不能被就业市场所吸收,那么无论采用哪种工资标准,这种理论都会促使雇主进一步降低薪酬。如果真的将经济危机归因于未遵循前人之见,那么从萧条中所涌现的市场资本主义就显得比以往任何时候都更强大。结果并非如此,从新古典经济学的框架内出现了一种新学说,该学说弥补了先前观念的缺陷,它鼓励通过改变税率,尤其是改变经济管理支出来倡导政府干预。凯恩斯主义经济学在第二次世界大战结束前大获全胜,几乎被所有的西方国家所接受。这种新的经济学说是通过增强政府阶层对市场的影响力来强化政府,从而帮助民众脱困的。就这样,即使该理论在各种事件的交织影响下受到破坏,以往的预算依然主要致力于在较低的支出水平上达到平衡,从而改善失衡现象。平等主义势力的崛起,加上利益集团政治的正常运作,使得经济在繁荣时期未获得盈余积累,因此,凯恩斯主义的预算理论在实践中只进行了一半。然而,当世界摆脱了经济萧条和战争后,凯恩斯主义成为社会变革的一部分,它提高了预算在人们心中的意义。该主义为社会注入了大量资金,这些资金符合道德与法律要求,这从根本上改变了其发展方向。凯恩斯并未觉察进行社会福利支出的先行力量(包括天主教、社会主义和保守党“激进主义”或家长式政权),这些力量充满了等级制度的牺牲思想。但他对凯恩斯主义的阐释使这些力量获得了前所未有的经济理论指导,并增强了之前的欲望。

如今的滞胀现象已经让很多人开始重新审视凯恩斯经济学。但到目前为止,这个问题(以及相应的解决方案)暂无明确定义。是收入不足造成了困境吗? 若是,则可通过向富裕阶层征税来解决。是否由于在促进地位平等方面的支出过少,导致工人阶层不愿意做出牺牲(这一点是可以理解的)? 若是,则可通过协商制定"收入政策"来解决。是否由于支出和税收过高导致经济增长低于正常情况下的增长,这是一种政府减少税收和支出以让经济自然发展的解释吗? 增加或降低经济平等性,提高或减少税收和/或支出都有相应理由。政府预算仍处于当代政治经济的核心地位,但其自己并非舞台本身。最终,尽管支出不能超过所得,至少不能超过所借,我们仍有很大的余地。大规模的通货膨胀、通货紧缩或生活水平的大幅下降迫使我们要做出变革。但即便如此,变革的方向也无法预测。我们仍然通过选择维持、修正或摒弃现有的权威政策来创造自己的历史。

没有任何事物是恒久不变的。追溯可考历史,消逝已久的希腊城邦、罗马共和国和罗马帝国的存续时间远远超过包括美国在内的西方民主国家,而美国的立宪政府成立还不足 200 年。但就我们所知,希腊城邦中已经出现了民主政府的超前理念。不论人们如何得益于技术进步,我们如今都应该谦逊地对过去做出评价,而不能宣称我们已经解决了古典时代的政权无法解决的收入与支出问题。

虽然各国政府都在努力增加财政收入,但仅有极少数拥有充足收入。财政收入不足的问题自政府出现之日起就已存在。财政压力的原因既有社会生产力不足造成大范围资源短缺,最终导致民众不愿意支持政府,也有社会虽然拥有足够资源,但低效腐败的内部组织侵吞财政收入,浪费政府资产。政府可能会表现征税意愿或者选择大力支出,最终超出他们获得足够财富来维持期望支出水平的能力。纵观历史上的大部分时间里,收支一致都是一种异常情况。只是在过去的几百年(也许是 125 年)里,社会才获得了技术-组织能力,以便根据他们的意愿来维持收支一致。

无论一个社会的税收和支出的模式是什么,为政府提供财政支持都存在着问题。至少就这个方面来说,古今社会有着相同之处。

事实上,每一个我们认为是现代预算行为才有的特征,都能在古代活动中找到对应的情形。从古代印度的毛里亚（Mauryan）国王到早期罗马皇帝，再到中世纪欧洲的封建君主制国家和近代早期新兴的民族国家，各国政府都试图保存税收记录，有时还（但从未成功）保存用于按支出目的分类的支出记录。虽然技术不尽相同，但结果往往是一样的：与现代政府的预算外信托基金一样，如果某项基金的收入不足以支付必需的支出，详细的支出细账也没有多大帮助。如果，在我们开始的地方结束，国王就是国家，他的身体就是国库，那么，除去我们的荣耀与技术以外，计较我们的得与失就意义不大了。古时候难，现在也难。

很长一段时间以来，国王的个人领土控制范围仅限于一个人步行一天所能到达的距离。由于交通不便即意味着，一个地方的粮食供应可能很充足，而在它不远处（按今天标准来看）却有饥荒。由于没有有序的赤字融资机制，甚至没有方便转移资金的机制，中世纪和近代早期的各个政府不得不在自己的疆域内进行大量的货币运输。国王依靠的是未受训练的行政人员，而且也不存在便于对账的账户，所以腐败滋生，收入从而受到损失。而所有这些困难和许多其他的困难最终都被技术进步克服了。所以科技确实发挥了作用。但是即便政府拥有了先进的技术，也不可避免地会产生诸如此类的问题。在行政能力相同的情况下，财政收入和财政支出会同时增加。

古代、中世纪和近代早期的政府显然缺乏有效的技术和行政措施，但他们确实通过权宜之计维持着自身的存在。他们对土地和必需品征税；他们让货币贬值，并尽可能多地没收老百姓的货币；他们出售政府官邸、王室土地，有时甚至出售国王的珠宝；他们发动战争并巧取豪夺。当官员们进不了屋子时，他们就对柱子、窗户和门征税。他们对商品和服务的生产和销售征收数以百计的税目。在这样做的过程中，政府使得自己与国民离心离德，公共道德标准被诋毁亵渎，贸易活动受到严重破坏。但是，在大多数情况下，政府还是挺过来了。经过几个世纪的改革，那种滋生腐败而低效的做法被废除，然而政府仍然面临着财政危机。最大的不同之处是，今天的危机发生在支出和收入都远超过以往的情况下。

在财政浪潮的起起落落中，问题的承继与演替值得我们关注：旧的解决方案会引发新的问题，而这些问题又终将被替代。[7]没有哪种政策工具能适用于所有的情形。包税制和费用的管理提高了收入的确定性,但这些市场化的方法反过来又导致了过高的税费负担,从而使人民与政府疏远。最终(这里的"最终"是漫长的一段时间,要以世纪来计),国王家族的管理委员会变成了一个类似于公务员的机构。它可能一度降低了税款征收成本,还建立了一个有更快反应能力的官僚机构。但随着时间的推移,它们也难逃覆辙。腐败披上伪装又冒出头来,随着政府对人民要求的提高,或者其工作人员的贪心越来越明显,本就从未被完全压制的敲诈勒索又成了常态。官僚机构可能会引发永久性的养老金义务;这只有在战败、政府解体或强行违背公开承诺的情况下,才能被消除。没有什么方法是完美无缺的。

如果预算的历史(以及许多其他历史)教会过我们什么,那就是问题永远不会结束。一个旧问题逐渐消失而新问题不再出现的时代永远不会存在,这是我们的不可能定理。

很可能在今天的学生和预算从业者眼中,除了无力应对之外,一切都在改变。在这里,我们确实观察到过去和现在的不同。只有在过去 50 年的税收和支出中,政府才愿意迅速行动。人们用了数百年的时间来建立可靠的账户、结束公职的售卖、建立公务员机构和统一收入来源。正如我们认为我们前进的速度很慢一样,今天变化的步伐——宏观经济管理的兴起以及各种提高效率的手段,对激进的不同税收制度的讨论,如固定税率或消费税(在我们看来很激进,但从历史的角度看并非如此)已经比过去快多了。我们认为有两个原因:政府消费国内产品的比例越来越大,以及世界经济的相互关联性越来越强,这意味着行动的后果比以前更快地反馈到决策者身上。预算的重要性日益凸显,其后果的显现也更迅速。拖延这一招也不像以前那样管用了。当一个人接任的时候,问题依旧,但形势更严重,把问题留给下一任更缺乏政治意义。[8]

无论政府是否具有偿付能力,政府为在不同时间和地点筹集和花费掉收益所做的努力,始终伴随着一些困难,而我们对此所做的冗长记录至少应表明征税和支出从来不是一件简单直白的事情。

对于从历史中吸取教训的实用主义者,我们得出的结论是:虽然政府内部总是很容易承诺每个人都可以接受无痛快速修复,而通向现代财政管理漫长曲折的道路则让我们得出简约是一种错觉的结论。自文艺复兴以来,当西方政府开始为适应环境变迁而拓展能力,以改变征税和支出方式的时候,新的财政手段常使政府事务及纳税人的生活复杂化。从早期现代政府的重商主义政策到20世纪60年代命运多舛的项目预算或是20世纪70年代的零基础预算,再到曾被吹捧为所得税替代品的增值税,在环境随时间而变的过程中,任何预算政策的改变都引发了未曾预期到的新问题。

基于对以上问题的了解,现代福利导向民主制度下的公众,理应对政府阶层的轻率承诺提出疑问,就像他们对市场导向型政策的鼓吹者(认为经济增长将化解所有困难)或让政府给予所有人的平等主义者的批评一样。甚至接近平衡预算的冰岛也有较高的通货膨胀,这意味着,正如杰西·伯克黑德(Jesse Burkhead)所言,"平衡预算无法解决所有问题"[9]。现在我们比以前(再贫穷的国君甚至有时也有征税和支出办法的时代)更明白某些政权所能接受的任何一项改变,都必然引起其他政权的反对。

意想不到的后果肯定比有记录的历史本身更古老。与其说是没有预期结果发生——例如,财政管理的自由化通常能够降低中央政府计算的压力——不如说是新情况与旧改革挂钩,因而带来意料之外的结果,比如从目前更有经验且更富有的系统内要求独立。增强控制资源分配的能力而不能保证政府在看到可选项的同时,不会比以往支出多出许多。与此类似,在政府筹集更多收益与产生更高负债时,不会产生一些不协调。

比如,将臣民逐渐转变成能够为统治者负责的公民这一做法,与早期的现代政府为战争和君主制度而征税的苛政是不相容的。事实证明,这样的自由是昂贵的(尽管这一代价几乎未曾预见),但也情有可原。就我们目前研究得出的结论,遏制腐败和提高中立能力(例如在19世纪和20世纪初建立专业的公务员制度)对于大规模动员战争和进行福利国家的管理是不可缺少的,上述方法完全未能被预见。

如同历史上任何一个时期,预算问题也带来过麻烦,部分原因正如历史学家所写的那样,但主要还是因为预算问题对现实生活而言是真实存在的。只不过麻烦有大有小,千奇百怪。为了避免读者对西方世界过去和现在的预算弊病进行分类(本书已或多或少的有所涉及),在此,我们将注意力集中在3个问题上：为什么政府不增长？为何预算基本没有平衡过？西方的支出控制制度最终崩溃的原因是什么？我们的论点——如同整体的论点——是当人们选择如何构建自己的制度时，人们也创造了不同种类的预算困境。

政府为何增长

政府为何增长这一问题可以有效地分为以下几个小问题：

1. 为什么在西方民主制中政府的支出在 GNP 中的比例或快或慢地增长，却极少下降？为什么当一些项目的支出增加时，没有削减其他项目的支出以维持 GNP 的比例不变？简而言之，为何没有支出限制？这样提出这一问题的目的是避免被问到为何不做出相反决策，比如不限制政府发展，这种一般来说无可避免的问题。这种情况的几个显著方面之一就是，如果这种提高支出的行为时不时地被叫停，但未能扭转这一局面，那么随着时间的推移，最终结果必然是政府支出在国民生产中的相关份额持续增长。尽管目前已做出诸多努力去扭转这一局面，但收效甚微。政府的增长不仅要以向上的动力解释，而且要以向下的阻力进行解释。

2. 为什么某些国家的政府力量比其他国家的政府发展更快？为什么美国即使"落后"但还是持续扩大政府规模？为什么其他"盎格鲁-撒克逊"（Anglo-Saxon）民主国家诸如加拿大和澳大利亚，虽然他们顺应总体发展趋势，但是其政府支出要比西欧国家少？如果存在一种"工业化的逻辑"，为什么它不能在所有工业国家中平等运作，或者不能按照这些国家的经济规模按比例运作呢？

3. 为什么当承诺减少支出的政党执政时，他们会维持甚至提高先前承诺的总体支出水平而非减少它们？如果在所有重要政党和政治精英之间达成共识，即正在运作的方案将会扩大或维持稳定，那么这个共识必须是基本共识，而不是需要解释的政治事件的表面变化。

4. 为什么大部分政府发展都源于养老金、健康、教育这些包含大量再分配成分的计划？人口变化，特别是人口老龄化，显然很重要。但是为什么针对青少年的计划，特别是教育，并未按比例下降，或者针对老年人的计划并未发生改变,以便降低其增长率?

5. 为什么西方国家和苏联在社会福利计划上的花费占 GNP 的比例大致相同? 除却明显的差异,在解释这种相似性上,苏联和西方国家有何共同之处呢?

我们认为,20 世纪政府支出占 GNP 的比例在不断上升,财富增长或工业化并非主要原因。正如近期一些作者所言,这也不能归因于现代化带来的政治变化。除了赘述的意义上,即民主国家的公民必须以某种方式同意增加支出,这些解释不能告诉我们即使在执政党反对这个结果的情况下,为什么政府仍然在扩大支出。相反,如果这些国家愿意减少政府支出在 GNP 中所占的比例,丰裕的财富和技术能力本身就会使这种情况成为可能。

总的来说,每个工业化且富有的民主国家,在社会福利及政府建设上的投入随着时间的推移较前都会成比例增长。有一些公式通过分析一系列关于政府花费的变量与国家产出之间的关系,得出了一个结论:目前,国家的财富是影响政府支出的最重要因素。这些公式目前仍被大多数人所认可。然而,我们并不认为财富与政府发展之间的相关性是早已确定的,其存在且仅存在于人类的意志之中。

相反,设想有一个以竞争性个人主义为主导的文化氛围。在这个氛围中,一次经济上扬可能是因为市场的自我调节能力。如果出现周期性的萧条,可能是因为违背了市场原则——过高的补贴、过度的收入转换,或者是过分限制贸易的行为。随着国家财富的积累,花更多的钱看起来确实也是合情合理。用以扶贫的支出是很可能高速增长的,但是增长速度并不一定会超过经济增长的速度。

我们将试图证明,虽然目前普适性的财政和政治理论确实具有一定的真实度,但它们并不完全真实。我们认为,它们只是比其他理论更符合实际些。试问:"哪种政治文化,即用以评判社会活动合法化所依据的共享价值观,会拒绝更快的政府发展,而哪种政治文化会使之延续?"我们假设任意一个社会环境下的政府组织的规模是关于它的政治文化的函数(或者说是结果,如果你更能接受)。最终,我们将拓展这个理论来阐述不同政治体制之间,对于平衡或不平衡预算的倾向性。

瓦格纳法则

阿道夫·瓦格纳(Adolf Wagner)的"国家活动增加定律"[10]是对公共支出增长比经济增长更快的这一现象的首次也仍然是最重要的解释。他不赞成富裕国家的支出比例会高于不富裕的邻国。他认为,随着某些特定国家人均实际收入的增加,它们的政府支出占 GNP 的比例将高于过去。

在瓦格纳的著作中,与其他诸多关于政府成长的文献一样,都有目的论的成分,即假定了有一种不确定但始终存在的强大的工业化逻辑正把发展进程推向单一方向。

瓦格纳认为,城市生活的密集会加剧社会摩擦。正如 19 世纪所有工业化国家一样,政府或是行使警察权力,或是裁定矛盾分歧,总之最终会介入争端以求改善,似乎没有人反驳瓦格纳的观点:人口密度也助长了经济规模。以下是关于公共卫生的一个反例(政府最早进入的活动):尽管城市居民较农村居民面临更多流行病传播所带来的风险,大规模免疫医疗的人均成本在城市却更低(诸如在天花或小儿麻痹症流行时)。公共交通服务、通信网络、污水管道和充足安全的供水的人均成本亦是如此。当然,也可能存在规模不经济;关键是不能两全其美。

鉴于 19 世纪法国和德国对铁路的公共支持,瓦格纳认为,某些投资因其所需资金比私人企业所能够或愿意提供的多得多,所以需要公众资助。就像瓦格纳和他无数后继者的大部分论点一样,该理论也有其可取之处:公共干预可能被认为是"公共利益",即指在没有市场或者可能但还未出现市场的情况下提供的服务。然而,从过去和现在的每一个例子来看,其他地方要么没有公共干预,要么是用人们的付费来资助这种行为,从而将资助的负担从一般税收收入转移到直接受益者身上。某些地方的高速公路网有通行费,例如,征收汽油税以资助高速公路网的建设和维护。私人资本在美国和英国用于修建运河和铁路。某些国家存在邮政包裹市场:的确,通过取消政府对第一类邮件的垄断,私人企业可以再一次提供邮政服务。具有讽刺意味的是,在过去,邮政服务从私人管理转向公共管理的基本逻辑通常是为了增加税收收入。如果对增长的解释不是国家应该做什么,而是国家是否面临不可抗拒的无情需求,那么这又与宿命论的假设背道而驰了。

例如,教育是政府支出的一个重要组成部分。工业社会的确需要人们有读写及抽象思维的能力。然而,在一些同样是工业化的国家,教育是由私人操办的;比如,在日本和韩国,行业本身会给员工提供技术培训。在西方工业国家,中学毕业生进入大学的比例从 8%~45% 不等;尽管某些国家为大学生提供了全额公共补贴,而另一些则补贴得很少或者根本没有。显然,各国对教育是否作为一种普惠补贴的看法不尽相同。

或者考虑一下为什么政府在贫穷国家所扮演的角色日益重要。一些作者认为,由于私人企业表现薄弱,需要政府介入,为投资积累资源。然而,为什么政府要干预那些拥有大量私人资源的富有国家呢?比如,贫穷国家收集不到关键数据,政府只能介入。然而,富裕国家能收集到各种私人数据,政府却仍旧采取积极的态势进行干预。虽然贫穷国家政府保护主义的一个常见动机是减少本国受国际经济波动的冲击,但富裕国家受到的影响相对较小,使他们能(有时也)投入更自由的贸易活动。贫穷国家少有政治合法性,加之因现有资源而造成的国内冲突十分紧张,这些因素有时也确实鼓励政府通过补贴消费来缓和争端。那么,相对富裕的国家为什么也要经常这么做呢?为什么贫穷国家和富裕国家同样热衷于增加国家活动呢?将有关贫穷国家的文献[11]和富裕国家提供的解释进行比较,我们发现,如今贫穷国家政府给出的理由完全可以应用在富裕国家的政府活动中。

维伦斯基法则

当代就政府发展的经济决定论最有力的表述来自哈罗德·维伦斯基(Harold Wilensky);在交叉比对分析了 64 个穷国和富国之后,他得出结论:"'诸如社会主义'经济对垒'资本主义'经济,'集体主义'对垒'个人主义'意识形态,或者是'民主'对阵'极权'的政治制度……这些脆弱的分类对于解释福利国家的起源和总体发展毫无用处。"[12]正如瓦格纳认为的,结论是毫无疑问的,然而结论所基于的理论却众说纷纭。

在一场涉及范围较大的辩论中,维伦斯基充分地认识到像尼泊尔和瑞典这样天差地别的国家很可能无法用来解释世界上二十多个最富裕国家之间更为微妙的关系。他也认识到,没有权力的政党的意识形态与掌权的实力雄厚的政党不可相提并论。然而,他所强调的经济资源决定了国家冷漠与否的论点是不会有错的。维伦斯基接着表示:"有足够盈余的国家政府就不会将社会保障计划作为一种政策选择,而在许多贫穷国家,社保计划的实施要么只是纸上谈兵,要么就是对于社保覆盖面有严格限制,直到重新产生国家盈余。"[13]如果有人想象出一套能引导决策的价值观,他可能会反驳,经济富裕程度已足够让大多数人为自己的退休生活进行投资了。问题是,就算经济富裕,为什么要迫使国家按比例增加支出,而不是按比例减少支出呢?

经济增长在 20 世纪七八十年代有所放缓,但也不能将其作为近期支出增长的一个原因。正如盖伊·彼得斯(Guy Peters)所说的[14],支出增长了 8%,占 GNP 的 1/4,可经济只要增长 2% 就可以支撑一个政府。然而,要达到 GNP 的一半,即每年再增加 8% 的支出,就需要其中 4% 的增长来为政府服务,同时没有任何剩余以供额外的私人消费或投资。然而,许多欧洲国家的政府支出几乎接近或超过 GNP 的 50%,而它们的经济增长不到 4%。20 世纪 70 年代实发工资的下降揭示了在平均经济增长 131% 的条件下,支持政府发展的艰难。对西方民主国家"不可治理性"的担忧与政府发展和经济增长之间的差距有直接关系。如果就像维伦斯基所说,"从长远来看,经济水平是福利国家发展的根本原因"[15],这是否意味着国家支出将成比例下降? 显然不是。

哈利·亨利士(Harley Hinrichs)的公式有助于解决这一大问题,不过在现代看来,他说的上限可能要翻倍:

> 各行各业的人们都可以就政府在社会动员过程中占国民收入的份额持续增长一事提出足够多的"为什么"。然而,有一件事应该弄清楚。这涉及两个因素:一是社会动员过程中的经济结构变化,包括工业化、城市化、专业化、民主化、世俗化、生产力和收入变化,不论政府的意识形态是什么,这些变化都使政府在国民收入中占有了更大的份额。二是主旨(近百年)和社会动员过程本身的意识形态变化。一个复杂的民主工业化国家可以有一个公共部门,比如说,占据社会

收入的 20%～40%,它在这一范围内(或以上)的比例很可能不是由结构性需求(比如,这些需求只需要 20%)决定的,而是对一个"福利国家"和/或对现有意识形态体系的"安全和防御"的承诺所决定的。[16]

由于到目前为止,"福利"继续以超过 2∶1 的比例主导着民主国家的"战争"支出,我们需要从政府的"意识形态体系"、价值观和实践出发,以寻求政府发展的解释。

只要经济持续增长,政府就会提供便利的条件;没有钱可花了,人们的理想和抱负就会受到资源的限制。然而,一旦有了这些资源,问题也接踵而至:是把这些资源用于扩大私营部门(从而彻底增加国家开支,不是相对增加),还是以牺牲私营部门为代价扩大公共部门。持续的经济增长让这种选择变得无足轻重。我们认为,当支出确实成为必要时,无论是在逆境时期,还是政府的增长速度快于经济增长时,政府支出都不会减少,因为基于文化背景的平等承诺需要政府付出更大的努力来维持社会福利项目。

瑞典经济学家阿萨尔·林德贝克(Assar Lindbeck)提出了一个中肯的问题:

> 人们通常认为,当收入分配趋于平衡时,因分配不均而引起的冲突可能会减少,人们的不公平感和嫉妒也将有望消退……那些认为分配冲突是由于收入不平等或收入差距大而造成的人……将……或许会认为,这会减弱政府进一步实现均衡分配的动力。例如,在中位数-投票者定理中……人们常常假设,当平均收入和中等收入之间的差距缩小时,驱使社会进一步均衡的动力,以及分配上的冲突,都将会减弱……
>
> 然而,这当然不是唯一的可能性。事实上,我们也可以提出相反的观点。首先,政府有意重新分配收入,并努力把政治讨论和冲突集中在分配问题上,而不顾其他问题。再者,由于较高的边际税率,个人通过努力产出而提高收入的可能性往往会下降。这两个因素都可能通过政治进程以促进收入重新分配。更重要的是——尽管这只是推测:人们可能主要会嫉妒那些收入只比他们高一点点的人,因为与

那些非常富有的人的收入相比,他们认为前者的收入水平是他们力所能及的。在这个假设的基础上,收入分配越平等,因残留的些微的不平等而起的冲突就越明显,因为大多数人用来攀比的参考样本比以前更多了……[17]

他的推测预言了我们的文化理论。

马克思主义理论

经济上的解释也许是错误的,也许是它们还不够深入。为了探讨后者,大规模经济决定论,我们考虑了马克思主义理论。

只要马克思主义理论家们认为国家仅仅只是资产阶级的镇压武器,他们就不必面对福利计划的增长。福利计划可以被看作是变相的压迫,通过使人们习惯低收入的生活来消除不满。但最终,福利计划的扩张趋向异常。因为如果福利计划帮助了最贫困的那些人脱贫,那就不能完全说政府是在剥削;而且如果工人们同意这些计划,显然他们也确实赞同,那么资本主义的消亡可能并不一定是其运作的固有结果。但是,如果国家向人们支付贿赂,但又不能持续收受这些贿赂,那它将可能是为了一些不好的原因而做了好事,这些不好的原因最终也会让它自食其果。这就是赤字支出和政府发展成为马克思主义者以及保守派的资本主义矛盾标志的由来。

詹姆斯·奥康纳(James O'Connor)认为,资本主义矛盾的产生是随着国家试图通过操纵市场来增加资本家的利润(包括大工会)的同时,又通过福利服务来减轻不满情绪而产生的。社会福利和经济投资争夺同一资源,导致双方衰落。[18]

如艾伦·沃尔夫(Alan Wolfe)所做的那样,福利国家使得权威与民主相悖。他将民主(称为自由主义)政治结构归于市场意识形态。政府力求促进资本积累,减少沿途劳动力的流动障碍。随着以前的时代里积攒下的替代品被用尽(即福利支出增长快于经济增长),政府精疲力竭(沃尔夫的超负荷术语)。他认为,官僚机构擅长分配,但不擅长积累。[19]以前,这种批评仅由福利国家那些认为福利支出削弱了生产动力的反对者提出过。根据马克思主义的学说，资本主义依靠剥削，即剩余价值或利润。因此，皮丘托(Picciotto)和霍洛韦(Holloway)根据资本家是否放慢脚步来描述国家如何在不同时期做不同的事情。[20]但是它有吗？证据尚不明。[21]

政府是否可以扩大经济，以弥补民营经济的疲软，还是这种扩张会威胁到私人生产？伊恩·高夫(Ian Gough)致力于将马克思主义思想和这个问题相结合，其观点值得一提：

> 通过确保在工资、价格、税收和社会福利方面达成全面协议，国家或许能够确保福利支出不断增长，而避免形成过度的通货膨胀压力或损害盈利能力……这可能会缓和近年来在福利支出融资方面出现的一些冲突，这些冲突已证明不利于资本主义经济的稳定。同时，通过[企业之间、工会领导人和国家之间谈判]来制定政策以调整产业结构、援助私营部门和引导资金刺激投资，这既可以为更新资本积累和资本增值的方式奠定基础，又可以避免右翼战略所带来的一些风险和不利后果。[22]

资本主义通过社团主义来拯救自己。

由于国家与社会之间的关系不再预先确定，因此需要详细的实证研究来评估正在发生的事情。那么，维伦斯基和高夫所提倡的观点有什么区别？也就是说，马克思主义者对政府政策与利益集团活动之间关系的实证分析与其他社会科学家的实证分析之间的区别是什么？

我们同意盖伊·彼得斯的观点：

> 这些关于国家财政危机的讨论，最值得注意的或许是市场改革学派与马克思主义学派之间的相似性。他们都认为，在决定福利国家现状时，政治和经济因素之间有着直接的联系。这两组分析家都认为这些系统几乎固有的螺旋式下降，是这些系统需要使自己合法化的结果。对于"激进分子"来说，这种需求是资本主义制度及其结构性缺陷本身所带来的，而对市场改革者来说，这种需求更多是基于具体的政治考虑，例如保障充分就业，或担心高失业率的政治后果。[23]

福利事业的发展既困扰着资本家，也困扰着马克思主义者，因为前者不喜欢发展,后者只赞成社会主义国家的福利事业。

正如赫伯特·廷斯顿(Herbert Tingsten)很久以前所说,较少使用福利政策意味着愿意接受结果不平等。并不是奥菲(Offe)和沃尔夫以及许多反动派所认为的国家计划与资本主义不相容。等级制度和市场长期共存。然而,为了保证每个人不受损失而进行干预,以保持结果的平等性,这与资本主义是不相容的,因为这将破坏竞争的基本原理。

税收假说

从对公共支出的需求转向公共收入的供给,皮科克和怀斯曼[24]提出了他们的"替代效应假说":他们认为,支出受到可用收入的限制。为了解释最近一段时间税收大幅增加的原因,他们观察到,第一次和第二次世界大战以后,税收水平虽然从战时的极高水平回落,但并没有完全回落到原来的水平。总体来说,他们的假设是,重大危机扩大了公众对更高税收水平的容忍度,在这之后,支出大量涌入,以弥补新旧收入水平之间的差异。更详细地说,皮科克和怀斯曼认为,支出的扩大会耗尽可用收入。他们没有回答的问题是,为什么?即使替代效应使得更容易保留更高的税收,人们仍然必须解释为什么这一选择优于降低税率。这一论点中缺少一个解释,即为什么第一次世界大战后没有出现大规模的支出激增,但在第二次世界大战后出现了支出激增,或者,就这一点而言,为什么精英们在第二次世界大战后没有要求更大幅度的减税。

19世纪晚期的作家鲁道夫·戈德沙伊德(Rudolf Goldscheid)并没有对政府经济增长的原因给出解释,因为他认为政府经济总量非常微不足道。让我们想一想中世纪晚期和现代初期的那些"贫穷"的国王们。在不从他们的臣民那里获得经济支持的情况下,他们有时仅仅能够勉强靠自己达到收支平衡。然而资本主义改变了这一切。它创造了"赋税国家",在这里政府的收入取决于从私营部门收取的税赋。遗憾的是,私营部门对他们的个人收入视若珍宝,他们根本不愿意放弃他们的个人收入。因此,根据资本主义和马克思主义反推,私营部门会压榨那些必须为他们工作的贫民。[25]戈德沙伊德主张应该通过再次使政府拥有自己的财产,来重新建立不幸和政府分离的资本与政府之间的联系。从而产生一个真正融合的社会。戈德沙伊德并没有为了一个不真实的未来没有阶级的和仿佛不需要政府的社会而牺牲现在,或者牺牲政府部门而造福私有财产,而是将会通过克服国家与财产之间的疏离问题来解决资本主义的矛盾。[26]毫无疑问,他所考虑的是国有化"赢家",即盈利问题,而不是第二次世界大战以来所产生的"输家"。

不可轻视戈德沙伊德。如果主君和统治者拥有一切的话,被当今所有政府部门所接受的公共部门和私人部门之间的区别就不会产生。在现代社会,政府必须从他们不能完全控制的民众那里,而不是从奴隶那里获得收入来源。如果拥有花费别人的资金的权利成为当代政府的标志,在后封建国家与社会分裂的世纪之交,有一个更加影响深远的学者前辈提出了生产性资源的所有权和控制权之间的分离现象,这被广泛认为是企业资本主义的标志。克努特·威克赛(Knut Wick-sell)和他的追随者对等级理论产生了反驳;他认为,在民主国家,税收反映了政治派系之间的平衡。维也纳一个新兴的新古典主义理论家流派被他的观点所吸引。

熊彼特将那些异化知识分子作为他分析的重点。富裕滋生了一批社会批评家,他们希望政府做得更多,但不愿为政府提供支持。我们对这种批判文化的称呼是宗派主义。富裕也会降低决定生产率的谋利动机。熊彼特预测,随着收入的增加,社会同情也会增加,政府将通过支出富人的钱来改善福利。最终,税收会变得过度,以致经济衰退,随之出现"税收国家"[27]。这里,正如有关政府超载的文献所述,资本主义的缺陷是其政治组织固有的:当资产阶级不再相信资本主义值得捍卫时,富裕导致道德崩溃。

或许由于各种各样的税源,人们没有意识到自己缴税的额度。"财政幻觉"(可能也被称作"虚假的金钱幻觉",在这种幻觉中,人们所感知的是面额而不是购买力)学说认为,间接税隐藏(包含)在已支付的总额中[28],因此,公民被误导支付多于他们原本应该支付的钱。维伦斯基指出,或许抗税与直接税中的大部分收入之间存在密切联系。[29]也许有时候它可能会愚弄一些人,但现如今它真的还会一直愚弄所有人吗?我们如何解释过去几十年的愚蠢呢?如果不是愚蠢,根据财政幻觉理论,我们至少是被愚弄的,那么我们对这几十年的愚弄做何解释呢?

奥尔森定律和其他政治假说

曼瑟尔·奥尔森(Mancur Olson)试图解释政府的发展,不是为了政府本身,而是因为它是解释国家经济崛起和国家崇高地位衰落理论的一部分。第二次世界大战之后,日本和德国的经济快速增长,其增长水平创历史新高,而英国、美国及其他国家并非如此,奥尔森认为,战争的失败破坏了利益的复杂性即获取超额利益减缓了经济增长速度。他认为,在现代民主政治组织机制中,经济衰退的原因是循序渐进但普遍存在的,这主要表现在:广大人民希望所有人都能免费得到自己想要的东西。[30](该观点是对他重要作品《集体行动逻辑》的延伸。)虽然之前曾有人开玩笑说,国家输了战争可能比赢了战争好,但这是首次从诽谤中得出的一般规律。

如果这些团体中没有一些重要的人来强调奥尔森所推崇的灾难性的国家政策,那么,奥尔森所谓的资本主义无意中衰退定律就完全有可能成立。至少从第二次世界大战以来,福利计划的支持者就一直使用凯恩斯主义分析来捍卫政府支出对私营经济有利的立场。其他支持者则为社会福利计划辩护,将其作为维持政治体制的一种机制,否则,在他们看来,政治制度就会崩溃,或者很难维持社会意识形态方面的统一。在当代社会,一些人因抱怨经济增长而受到非议,还有人更喜欢分配而不是积累。用社会学语言来说,奥尔森的潜在功能就是资本主义批评家的明显功能。在他们看来,当前形势唯一的问题是政府没有足够的增长。

关于执政的社会党是否真的采取了促进经济平等的措施,这引起了一番激烈的争论。休伊特(Hewitt)和希格斯(Higgs)认为他们采取了[31],而杰克曼(Jackman)和帕金(Parkin)则说没有。[32]重申一下困难之处:为什么社会党的竞选对手与社会党的支出一样多,甚至更多,从而掩盖了他们之间的差异?

如普赖尔(Pryor)和维伦斯基所言,总体上,在政府开支方面,经济实力因素比政治左派更有影响力。[33]当然,美国总是这样保持与众不同吗?美国很富有,而相应的支出更少。然而,维伦斯基认为,个人主义和集体主义等宽泛的国家政治意识形态实际上对支出并没有影响。[34]但他也声称天主教政党在决定支出比例方面确实起着重要作用。维伦斯基认为,在决定国家福利的因素中,一个国家内的天主教政党权力比左翼政党影响更大。[35]弗朗西斯·卡索(Francis Castles)认为,社会民主党的力量和右派政党的力量(后者是消极对待社会福利)都决定了福利的多少,但右派力量(或其缺失)更为重要。[36]他们已经发现同样的情况了吗?[37]

在确定国家差异时,决定因素不是某个国家的政治光谱中"右派"或"左派"是否占上风,而是该光谱中所代表的态度范围,尤其是其中是否存在一个强大的反中央集权政党。[38]在维伦斯基的分析中,他将美国民主党和瑞典社会民主党定义为类似的"左派"。然而在瑞典,没有一个"右派"政党与美国共和党相似(也就是说,与美国共和党一样的"右派")。因此,我们必须重申这个问题,即,为什么一些国家没有重要的反中央集权政党? 什么是"左",什么是"右",这一问题涉及政府发展,以及一国与另一国之间为何存在如此显著的差异。政治光谱的范围最小化了经济和技术的影响因素,转而关注到不同的生活方式;这就是我们所说的政治文化。这种政治文化会更加强烈,如果一个国家解释天主教党派不仅仅在宗教层次的实践中,而且在于引发一种强烈的牺牲道德感,富裕的一方要更强烈地关心大众,并且为了集体的利益来帮助穷人。

如果直接的利益集团政治与政府对支持的渴望一致,就能解释所发生的事情了,那么宏大的理论就没有提出来的必要。例如,据说中等收入的选民会投票支持政府财政扩张,直到他的收入减少。正如赫伯特·考夫曼(Herbert Kaufman)所述:

当一群积极分子对市场在某些特定方面提供的东西不满意时,他们就会求助于公共部门进行干预。每一次这样的努力都会遇到阻力,但阻力太多,即使是很小的成功率也会扩大政府的职能。此外,每一次成功都成为新的干预措施的先例。

其结果是一个多中心的政府系统,由许多决策岛屿组成,由这些活动的发起人控制。最终,即使不是依赖于新的安排,每个地区以前的对手也会习惯于这种安排。现状的受益者增加了。冤家"捕获",被系统捕获。扩大决策岛内活动的建议更容易通过。人们密切关注自己的岛屿,很少关注他人。每个岛屿的居住者实际上是把利益范围让给其他集团,如果其他集团尊重他们的利益范围。如果有人试图放弃一个利益被调动起来的功能,居住者们,不管他们在细节上有多少分歧,都会聚集在一起阻止这种努力。

如果某一职能的反对者试图进入该决策岛并从内部改变或递转政策,他们就必须动员政府一般机构(主要是立法机构)中各不相同的利益集团推翻个别岛屿。这并不容易做到;这需要时间、金钱和毅力。必须处理好许多否定意见。另一种选择是建立一个由你喜欢的兴趣主导的新岛屿(例如,一个环境岛或一个消费岛来抵消生产者和分销商岛)。你加入政府是为了让你控制的部分和你反对的部分对立起来。以上所述说明了为什么要把事情往后推是困难的,为什么要改变现状是困难的。[39]

在我们看来,民主条件下的利益集团活动并非为何支出从一开始就增长的原因,而是更好地解释了为何支出一旦达到一定的水平就不会下降。这一解释不要求在旧项目的基础上对新项目融资。毕竟,如果新支出没超过经济增长率,即使政府处于绝对增长,它迟早也会在相对规模上减少。如果支出在全球都有限制,那么考夫曼暗指的附加预算就不能起作用了。我们必须要问,为何要增加项目,而不将项目一个一个减掉。

同样,增量增长也是如此,它将时间作为变量。如果有人想解释为什么某些项目比其他项目更大,递增论就指向一个事实:一个项目建立得越早,建立增量的时间就越长,与后来开始的可比项目相比,它就越大。亨利·阿伦(Henry Aaron)表示对于那22个大型社会保障项目的相对规模,它们必须发展的时间就是最好的解释。[40]"一旦一个项目开始了,"维伦斯基总结道,"对于谁得到政府必须给予的资金,前例是主要决定因素,而有多少资金投入项目或机构则取决于它上一次的情况。"[41]

是什么让递增论变成了单向选择呢?在预算理论中更需要正增长而非负增长。[42]而且有的东西——通过连续的小步骤进行适应的建议——暗示减量的改变有时也是可取的。如果是这样的话,如果增长量和减少量相互抵消,那么就不存在增加国家活动的规律了。在政府环境中,哪些因素导致一个政策体选择增长,而拒绝减少呢?

有人表示人口变化是政府发展的原因。因为养老金和医疗保健是福利国家支出中最大的两项,人口老龄化的确导致支出增加。不过,某些项目的支出增加并不能解释为什么其他项目没有减少,以保持支出在经济规模中的理想比例。比如,要求人们延迟退休,或者为退休而存钱。当倡议者们认为不能减少其他项目的支出时——国防问题事关存亡,教育是神圣的事业——他们都只是在重申这一问题。

休·赫克洛坚信,政府的扩张是特殊历史环境的产物。他将福利国家的发展合理地分为三个阶段。第一个阶段始于 19 世纪末至第一次世界大战,休·赫克洛称之为"试验"时代:政府在社会保障,尤其是养老金方面,实践了大量提案。每人所享有的养老金是否应相等还是与其收入相关? 是否只有贫困人口才能享有还是每人都有权利获得? 这些问题都无人确定。第二个阶段是贯穿 20 世纪 50 年代的"巩固阶段",在此阶段,住房、教育、健康及失业的相关新制度得以建立,旧制度在政治上更是不可侵犯。在一系列的选举中,反对这些制度的政客均被打败,因此,这些制度成为每个政府都承诺捍卫的部分。政府必须积极投身公共福利建设,这一点在任何地方都毋庸置疑。第三个阶段,休·赫克洛称之为"扩张"阶段,"政府税收增长快于经济资源增长,总支出增长更快。在任何国家,结果都是公共部门在国民经济成果中所占的份额逐渐增加"[43]。正如休·赫克洛所述,第二次世界大战之后,迅猛增长的经济是未曾预料到的。他认为,如此的慷慨之举有效减少了福利支出所需政治支持保障的需求。"其伦理准则以给收入落后的人们提供的零碎补偿为基础,而不是以共同承担的风险及脆弱性为基础。每个人都有要求获得一种或另一种补偿的权利。"赫克洛总结道,20 世纪 60 年代末西方世界所出现的尚未解决的不公平重现,以及经济增长的减缓导致了福利国家的幻想破灭。[44]因此,他提出建议,随着这种增长的负面影响越发明显,政策将会改变。如果"不公平的再现"不仅仅是转瞬即逝的幻想,而是根深蒂固、影响巨大的政治力量的信号,那么,昨日的特殊情况或许会成为政府明日的增长所在。

为何此种条件不平等在 20 世纪六七十年代突然出现? 看似没有内在联系,然而很多东西都向相反的方向发展。人们的生活比以往都更加富足。福利支出持续增长,而非下降。在这种改进面前,为何对结果平等的要求还会提高? 经济和政治解释要么在经验上宣告失败,要么就是假定了需要解释的东西,即增加了对条件平等的重视。

平等这一特定观念作为公共政策的理论基础的重要性日益增加,这一观察只是分析的开始。我们想探寻的是,哪一类人会坚信并试图通过获得条件平等来解决他们自身的问题? 尽管正朝着这个方向努力,却很少有国家接近收入平等。关于此问题,反对和支持的观点并存。让我们重新阐述一下:什么样的政治文化(或文化组合)希望朝着结果平等的方向发展,尽管此种平等并不一定能实现?[45]此问题相当于寻求政治偏好的起源。

等级制度是以不平等为前提的,因为比起可供选择的其他安排来说,人工的专业化和分工使人们能更和谐、更有效地生活在一起。因此,等级制度是由一种牺牲的伦理观所驱动的:即,部分应该为整体牺牲。这种行为解释了在等级森严的社会中政府的温和再分配政策。那么,为什么这些社会最近走得更远了呢?

宗派文化致力于一种纯粹自愿联合的生活,只有在条件完全平等的情况下,它们才能过上没有胁迫或权威的生活。换算成预算,减少人与人之间的差异意味着将收入从富人转移到穷人身上。广义上是一种对不幸者行善的愿望,缩小差异的原则被概括为不幸的人做好事的愿望,导致了更大的开支计划。正是宗派政治文化的兴起,以及他们对条件平等的热情,才是政府规模不断扩大的最好解释。

有充分的理由说明,为什么厘清思想和制度的影响是很困难的。

1984年,瑞典政府收入大约占GDP的70%,而瑞士的相应数字不到一半(大约30%),那瑞典政府在很大程度上重新分配收入的原因是什么? 这是因为选民对公共消费、收入保险和收入分配的偏好在两个国家之间存在巨大差异吗? 例如,由于对通货膨胀的更高恐惧,对左翼意识形态的更大厌恶,或许在瑞士,"个人主义意识形态"也比瑞典更重要? 或者,正如我个人认为的那样,主要解释是政治制度的不同,例如决策规则和政党竞争? 更具体地说,与瑞典相比,这是区别的一个重要原因,瑞士的特点是:(1)永久性的、广泛的联合政府(其中没有一方获得给予不同人口群体特别优惠的全部政治利益);(2)公民投票(在这种政府中,利益和成本趋向于捆绑在一起);(3)联邦制度(它倾向于将成本和收益集中于较小的公民群体,而不是集中于更集中的国家)?如果答案是"是的",那么不可避免的是,对各种政治宪法的选择在一定程度上必须基于对公共政策的宪法的选择的可能后果的考虑,包括重新分配政策和公共部门扩大的规模和速度。[46]

毫无疑问,上述规则的确影响了政策的内容。正如文化理论所断言的,在制度的决策过程中涌现出了偏好。然而,政治文化的选择也的确会影响表达这些文化的各种制度,这也是事实。这就是我们为什么会期望林德贝克所说的瑞士的"个人主义意识形态",用通俗的话来说,有别于瑞典人的等级集体主义文化,这是一种强大的市场文化,它不仅会导致不同的政策偏好,而且导致不同的机构来表达这些趋势。制度与意识形态的相互强化是文化的另一种说法。

那么,文化理论是否暗示了制度并不重要呢?相反,文化理论探求的是将思想和有组织的表达方式统一起来的途径。

文化理论测试

如何评判文化理论?和评判其他理论一样,按照如下标准:连贯性、说服力、与其他理论的比较。我们认为,将文化理论应用于预算制定,这比我们在此回顾的其他解释更好地回答了关于政府发展的最初5个问题。如何检验这种说法呢?最重要的是,我们如何知道文化理论是否有错误,或者在哪种程度上是错误的?

在当前情况下,文化理论坚称,不同的制度会导致不同的预算行为。要从中得出一个理论,我们必须能够区分不同国家的政治文化(政体)的不同组合,并将其与支出模式联系起来。我们借鉴经验主义文献中的内容,并从中获得了这些模式。我们所指定的制度是基于对所讨论国家的阅读(大部分)和观察(部分)的结合。这种偶然的经验主义就能形成假设;对于测试来说,还有很多需要改进的地方。在这里,我们只想声明,在原则上,鉴于其在主体主观间高度的可靠性,该测试是完全可行的。事实上,格罗斯(Gross)和雷纳(Raynor)已经研发了一种操作指南本来实现这种测试。[47]

显然,我们不打算承担这项任务。在本书中,我们也无法证明这个理论背后的深层假设(即只有有限的几种可行生活方式)是正确的。我们能做的有 3 件事:提供文化理论与其他知识兼容的证据;认为它可以有效地扩展到支出本身的增长之外,以解释无力有效应对长期赤字的原因;并证明作为预算惯例基础的准则已经改变,以便增加而不是减少公共开支。

文化理论应用

现在到了应用这一理论的时候了。美国有史以来都是靠自己的鼓吹者前进的,这种鼓吹者是由薄弱的等级制度、强大的市场和多变的宗派联结而成。内战前,这些社会力量不同寻常地联合起来,一致对抗强大的中央政府。由于美国人认为政府会给社会带来不必要的不平等,所以他们对福利支出的需求也很少。然后那都是过去的事了;今天,等级制度仍然薄弱,但党派势力认为政府是维持平等、对抗市场造成的不平等结果的一股力量,他们迫使美国走向大政府。等级森严、党派主义,从温和到强硬的欧洲国家都加大了支出;还有一些更推崇平等的国家,也较其他国家支出得更多。加拿大和澳大利亚介于两者之间,因为在那里,等级制度和市场关系都很强势。让我们简单地谈谈加拿大的经验。加拿大是公认的欧洲福利国家的模板,而美国不是。因此,在加拿大,既没有"福利反弹",也没有取消福利项目的任何部分的可能。为什么不呢?

正如罗伯特·库德勒(Robert Kudrle)和西奥多·马默(Theodore Marmor)告诉我们的(正如他们所说的,与现有的文献相呼应),"加拿大最初的定居者与美国人有着不同的价值观结构,这种差异一直存在"[48]。加拿大有罪犯,不像美国,美国有法外之徒。在美国西部,犯了法的亡命之徒可能会被治安委员会或当地治安警察追捕。而他们北边的邻居会派遣加拿大皇家骑警,这是一个为中央等级服务的中央组织。无论是最初的殖民者法国人或英国人,加拿大人都来自既定的等级制度,美国的保守党人也在其列,他们曾为英国国王辩护,在英国革命战争失败后逃往北方。尽管由于明显的历史和地理原因,联邦结构确实有所发展,但正如所有观察家所同意的那样,"加拿大的联邦政府和省级政府的权力是高度集中的"[49]。

文化上的差异在于,美国有强大的市场和薄弱的等级制度,而加拿大的市场和等级制度都很强大[50],尽管等级制度的标准越向西面越薄弱。(维伦斯基认为:"自主创业的劳动力的百分比越大,经济个人主义和与之相随的对福利国家的阻力就越大。"[51])影响立法的结果就是加拿大的公共政策比美国的要更加平等,也更愿意进行再分配,这同时也在限制总支出方面体现了比欧洲更大的担忧(由于市场影响)。

在观察到工会运动在加拿大已经比在美国更具社会主义特征之后,库德勒和马默继续做出不同的阐述:"总之,加拿大和美国之间的意识形态的差异似乎和福利国家发展有相当大的出入。"[52]如果我们以更丰富的文化表达、使社会实践合法化的共同价值观,来取代作为纯粹思想上的无实体的意识形态概念,政策上的差异就可以被自然地看作是源于生活方式上的差异。

如果存在影响预算结果的文化因素,并且如果各国之间存在文化差异,那么应该得出这样的结论:尽管它们面临相似的经济条件,采用相似的预算控制方法,但它们的支出模式仍将有所不同。这就是斯蒂芬·沃尔夫(C. Stephen Wolfe)和杰西·伯克黑德在研究法国、德国、意大利、瑞典、英国和美国对20世纪70年代末和80年代初经济衰退的预算反应时所发现的。尽管所有这些政府都在发展壮大,但他们总结,"即使经济条件和中央政府预算程序极其相似,资源分配模式仍然存在很大差异"[53]。

不论人们可能如何谈论东欧和西欧国家,两者都存在着强大的等级制度。如果西欧社会民主国家和苏联集团政府的福利支出模式是相似的,那一定是因为它们都有君主制的历史,而不是因为它们在民主决策等问题上有所不同。他们在另一个维度上也愈加不同——党派组织[54]在西方变得日益强大。因此,我们预期,到21世纪,人们将会清楚地看到,条件的平等在西欧而不是东欧会更加接近现实。

佩尔兹曼法则，或文化再思考

实证检验我们提出的这一文化理论必须包括与瓦格纳定律的众多追随者所假定的完全相反的因果关系：平等性的增长必须优先于公共支出占国民生产的比例的增长。宗派政治文化的兴起将导致通过政府进行再分配的愿望的增强。很快（比如，在一代人的时间内），政府在福利方面的支出和总支出将大幅提升。幸运的是，佩尔兹曼给了我们所需要的测试。他的发现直接挑战了那些认为经济发展是政府支出增长的主要原因的人的观点。

佩尔兹曼法则（Peltzman's Law）认为，"收入不平等的减少会刺激政府的增长"[55]。该法则的贡献在于比其他人更精确地展示了平等是如何影响支出的。佩尔兹曼认为，前一时期纳税人之间的不平等差距越大（综合了在此书省略的经验数据来看），他们在以后一段时期内支持再分配支出的倾向就越低。如果财富和收入分配不均，那么可以说，"赢家"将希望保持自己的优势。或者，反过来说，如果实质上的平等已经存在，那么公民将需要更多的平等。平等似乎是一种自我产生的机制。① 随着经济平等程度的降低导致国家支出的减少，这种做法是否也会自我限制，仍有待观察。

曼瑟尔·奥尔森的历史发展理论加强了佩尔兹曼的理论。奥尔森相信，集团通过限制竞争来寻求特殊优势。随之而来的是（在 20 世纪 60 年代初期的特种部队的建立）"一个国家安定下来的时间越长，积累特殊利益集团的时

---

① 佩尔兹曼将工资平等作为一般经济趋势的替代，并总结了数据，将其与他的理论联系起来：

"英国人、美国人和加拿大人 20 世纪的大致经历梗概在发达世界几乎无处不在。大约在第一次世界大战前后，工资和薪水的不平等开始减少，大约在 1950 年前后，这种减少态势趋于平缓或停止了……第一次世界大战期间，典型发达国家收入最高的 5％的人大约占国民收入的 30％……"

然而，到 1950 年左右，这一份额下降到略低于 20％……大体上看，政府的发展也遵循类似的路径……对许多国家来说，政府发展主要发生在过去的 25 年里，或者是在男女平等的主要趋势过去之后。如果平等确实是政府平衡规模的一个主要决定因素，那么最近的经验就体现了一个滞后的调整过程。因此，政府最近的增长与不平等程度的关系要比与其绝对规模的关系更为紧密。

"在 20 世纪 50 年代末，政府规模和不平等基本上是不相关的。但当时的不平等与后续的增长之间存在很强的负相关。"

佩尔兹曼用一组欧洲以外的国家的数据来验证这一理论，他得出结论："国际数据似乎说明了更强有力的现象。除了收入不平等之外，不需要用什么来解释政府的增长。我们能够从我们对 1960 年收入不平等的了解中写出许多关于未来 15 年政府发展的历史。"[56]

间也越长,它的增长速率就越慢"[57]。较低的增长率,加之重新分配收入的动力,都将导致一个规模更大的政府产生。

根据公共选择的文献,佩尔兹曼提出的总论点是,"政府的规模是对那些在资源分配的政治化中获益或受损的人的相互关联的利益的反映"[58]。一旦我们同意人们不可能作为孤立的个体来生活,我们就可以从两个方面来说明公共选择理论的"利益"。一种是"本地优势",心理学家称之为"二次获得",即个人收入直接由政府行为决定;另一种则明确认识到互动的社会特征,即指共享价值观——使各种生活方式合法化;这是政治文化。因此,佩尔兹曼法则可能被扩展为这样的概念,文化变化先于并主导着预算变化:如今国家的规模是其过去政治文化的一个体现。

平等主义项目增长最快

此外,如果文化理论解释了变化,支出不应仅仅作为国民生产的一部分而增加;其中最平等的组成部分应当增长得更快,而最不平等的部分(比如军费)增长得更慢。这也的确已经发生了。

回顾 1954—1980 年西方国家占预算主导地位的项目,理查德·罗斯发现,尽管政府占 GNP 的比例总体增长了 22％,但主要项目的增长率截然不同,只有经济基础设施(比如道路和住房)以平均速度增长。各地的国防开支占 GNP 的比例都在下降,而用于维持收入、教育、卫生和债务利息的开支却大大增长了。例如,在美国,医疗支出上升了 213％,而国防支出却下降了59％。[59]由此我们得出结论,在主要项目中,支出的变化率确实不同。不考虑债务利息(这是赤字增加的产物),与收入转移、健康(收入平衡的另一种形式)和教育(虽然不那么强烈,但倾向于向着同一目标发展)有关的项目急剧增加。[60]

显然,正如罗斯所建议的,比较各国之间和各国内部主要项目的增长情况,对于认真研究支出问题的学者来说是必要的。但是,如果不考虑政府是否也对总支出设限,这种对项目本身的比较是不充足的。

支出完全可以随着 GNP 的增长趋势而增长。如果其他项目削减了类似的数额,一些项目可能会超过这个增长率。但这并没有发生。一个主要项目的增加并不意味着另一个项目的减少。只有在经济增长速度不变的情况下(这是不可能发生的),或者是做出了一个暗示的选择——不仅是一次,而是反复地——增加政府从 GNP 中所占的份额,即增加税收时,才使得大多数项目变得可行。当追求结果平等的行为受到威胁时——比如在维持收入、健康和教育方面——一个主要项目可能比另一个更受青睐,但就国民收入的比例而言,所有这些项目都或绝对地或相对地增加了比重。我们所假设的这种趋向平等的趋势,即指再分配项目的支出稳步增长——可以用一种文化假设来最好地解释。

为什么西方的预算控制会崩溃?答案是显而易见的,政府及其选民希望增加支出,这不应被忽视。他们想把钱花在什么地方?很大程度上是基于平等主义的衡量标准。我们反复解释了支持预算结果的政权崛起的后果。

赤字是财政赤字还是社会赤字

如果每个西方国家(除了冰岛)都持续不断地存在大量预算赤字的话,这就极具讽刺意味了。法国社会党政府正试图削减规模,以有利于其主要决策机构的相关开支,而同时又把减税作为其主要目标。英国保守党政府得以再次当选,部分原因是其在政纲中维持社会医疗服务,该党寻求立法,以削弱地方政府提高财产税的自主权,这样就弱化了保守党承诺要加强的决策的分权特征。美国民主党一直以来否认平衡预算的优点,而如今将实现预算平衡作为总统选举中的核心问题。一位共和党总统曾抨击该党数十年来预算失衡,而现在却将赤字提高到前所未有的水平。

在每个实例中,对国情的了解——由英国工党控制的地方议会有能力对缺乏选举权的企业提高税率;里根总统倾向于强制削减开支而非增加税收;国际经济力量对法国总统密特朗(Mitterrand)的社会党政府可做选择的影响——有助于说得通这些明显而又有趣(对一些人而言)的反常现象。不过,这并不能够解释产生这些不和谐事件的总体预算趋势——长期的预算不平衡,以及政府规模不断扩大,政府削减开支的努力没有成效。我们可能会问:

有关预算的历史能否帮助我们明白，如果有什么能够做的话，那做什么可能改变这些趋势？正如米勒所告诉我们的，在谈到汲取历史经验时，通常都不是要改变过去，而是在当下做一些将会对未来产生积极影响的事情。在叙述书中所记录的历史做法之前，探究最近的过去也许会更明智一些，以便更精准地详述我们希望了解的知识。

除了常见的个例（美国和冰岛）以外，没有一个西方国家重视实现预算的大致平衡。不以此为目标，那么它们没有实现预算平衡也许就不令人吃惊了。相反，预算失衡被认为有利于经济管理或收入再分配。尽管如此，人们普遍认为，目前的赤字程度是不明智的，不是由于有些国家借贷有困难，有些国家面临高额利率，就是因为债务利息作为固定费用在增长。那么，为什么赤字增长得如此之大、如此之快？为什么几乎所有人都认为这种现象不可取，却明显无力就补救措施达成一致？而且，既然解决问题就得提高税率、增加开支，既然每个人都清楚这笔"大钱"去了哪里（社会福利和国防）、取自哪里（企业所得税），困难不可能是解决办法尚不可知。事实证明有关预算平衡的讨论也替代了其他非常有趣的问题，这是因为更加司空见惯的问题可能会有历史记录来进行更直接地说明，尽管几乎不是确凿无疑的。

政府规模是一方面。政府到底应该达到什么样的规模，预算收支才会平衡？但平衡其实只是事物之间的一种关系；就其本身而言，涉及社会时，它并不决定政府规模是更大还是更小。有人或许会问，增加税收或减少开支是否预算就可以更平衡一些？不断增加的收入扩大了政府规模，但与此同时，不断削减的开支又缩小了其相对规模。收支平衡的关键在于公共部门和私人部门的协调。

公平是一个问题。如果税收增加，要如何在不同群体间分摊税务的负担——富人或穷人，这个行业或地区还是其他？如果削减开支，谁将感受到削减的痛苦？在这里，国防与国内项目竞争，普遍情况是与按经济收入调查结果支付的津贴竞争。这些问题的答案在于政府会采取何种对外和对内的政策。

效益也是一个问题。增加税收是一回事，收税是另一回事。事实上所有的政府都在试图缩减开支，但最近几次全都失败了。而且，对于西方国家而言。政府的能力不只在于筹划开支政策，还包括实施政策，这也将是一个问题。

经过对赤字的相关讨论,现在我们知道它跟以下几个方面相关:规模(政府所扮演的角色及其职能的范围)、公平性(谁来付税,谁会受益),以及效益(政府是否可以实现管理并进行多大程度的管理)。因赤字和预算不平衡而提出了更大的问题,我们应该有一个什么样的社会或政府?在我们剖析这个问题的同时,也看到了回答的重要性。

正如休谟所言,"精通历史的人,从某种程度上来看,可以说是和世界同时诞生,并在每个世纪不断地增加其知识储备",历史会告诉我们有关减少赤字的事情吗?即使很多读者会提到这个名字里含有大写字母"H"的人,历史也并不会告诉我们应当如何在这个时代生存。无论过去社会及其政府的组成有多么不同,这就是预算构成这个大问题所需求的一个答案。

在大约 125 年前,因为当时的会计方法太不精确,收入和支出总额大致相等的预算平衡问题几乎不可能以现代形式出现。如今,我们大概已经知道自己离这个标准有多远了。然而,我们知道吗?无论这些发明是出于需要还是社会偏好,新的预算手段支配着现代政府支出。在规模、复杂程度和不透明性方面,如此广泛的手段在最近历史上是没有先例的。它们包括各种贷款担保、税收优惠、资本预算、预算外实体等。这些新的预算工具要么没有出现在预算中,要么通过大幅削减正式预算的规模,使平衡的计算变得混乱。究竟是像古老的祭坛那样"不知道"更好,还是混淆已知的东西更好,读者必须自己决定。

平衡问题可以分解成它的组成要素来保持连续性;这样始终存在着对收入和支出的某种认识。各国政府不得不为此付出代价,正如当今第三世界国家的债务一样,无力履行财政承诺即使不会导致"彻底的灾难",也会让他们陷入尴尬境地。我们可能会问,是否曾经有过一个时间和地点有持续的盈余?答案是肯定的,从美利坚合众国成立到 20 世纪 30 年代。这是如何实现的?部分原因在于关税(直到第一次世界大战前的主要收入来源)在不断扩张的经济中能够带来可观的收入。然而,其他国家也有坚实的收入基础。国内对国家行政权力的反对存在于美国而非欧洲国家。美国的等级制度薄弱,但市场力量强大,早期的党派主义将中央政府视为不平等的根源。因为美国的政治文化是平衡的,所以他们能够认同平衡预算的意识形态并加以实施。

与欧洲国家的程序不同,美国特殊的金融实践是低到非常低的支出背景下预算平衡的产物和直接原因。有人可能会认为,一个强大的中央行政机构比一个分散的政府更有能力实现收支平衡,因为后者没有同时实现收支平衡和强制执行的机制;但美国的例外揭示了各种力量之间持续平衡的力量,以维持收支平衡。

支出和税收的历史在预算平衡方面给我们什么启发呢?在早些时候,即17和18世纪时(这取决于涉及的国家),我们可以知道,收入和支出并不能作为一个整体进行考虑,因为当时根本没有办法做到。没有关于收入或支出的全面账户。除了对收税人进行事后审计(以限制腐败)的零星而无效的努力外,将税收拨入特殊用途基金是主要的分配手段。预算主要是指税收方面的临时权宜之计,以覆盖新出现的支出,除了这里或那里的削减努力——比如试图执行浪费监管——继续作为过去模式的一部分。由于没有办法确定一个总额,所以不能在总额内分配开支。也不清楚各个账户中有多少钱,也不清楚具体花了多少钱做什么。这个预算只是一个拼凑而成的东西。

不管政府富裕还是贫困,不同社会阶层要缴纳多少税额,这全都取决于决策者的意念。早期的现代君王很少有足够的钱来满足他们的所需;而作为缴纳税收主力的社会中下层阶层,他们并不能逃避缴税责任,但同时也觉得政府的要求过于苛刻。很显然,政府花光了得到的税收,甚至在17世纪后,还出现了一种向公共资金市场借贷的趋势。政府储备不多是因为当时的社会经济不够富裕,但政府也未能学会更有效地利用社会资产,或设立制度安排来提高民众对税收的认同接受程度。

从17世纪初直到20世纪的头10年,预算平衡理论从经济个人主义和社会等级制度的相互渗透中发展而成。预算平衡意味着节约精简和效率的结合能适应工业社会要求,并能寻求投资最大化。人们接受了税收的限制,并坚信如果支出持续超过年度收入加上短期借款,就会发生可怕的事情,于是大多数西方国家都获得了类似平衡的效果。但这种情况未能持续下去。技术的发展允许在较小或实际范围内得到预算平衡,这成为达到一个平等社会的前提。正如我们引用考底利耶在《经济学》中的说法,"财政是实施道德行为的主要手段"。平衡让位于不平衡,包括调配经济波动节奏,为整个社会创造利益。正如宗教里拯救灵魂的事情向再分配的措施让步而使社会实现了公平,通过做预算来省钱的方法成为保护公民财产免受逆境损失的手段。

如今我们面临一些悬而未决的问题,至今都无从解释:当大部分的资源流向用于保护国家人口的时候,谁能保证政府会免于预算问题的困扰?当政府都无法保护其自身时,谁能够来保护西方民主制度下的民众?我们很容易陷入一种错误的想象,认为不断增长的财富和飞速发展的科技可以有助于移动并且再分配现有的资源,使得实现预算平衡的目标要比从前容易得多。听上去似乎有道理,但是现实并非如此。这样的想法过于简单,认为有可能的,事实便是如此了,但此时忽略了民众的存在。在短暂存在的预算平衡时期,没有人想到政府的支出,无论是用于战争或是福利政策都会如此重要,或者同等的科技发展水平使得政府有能力缩减开支,同样也可用来增加开支。如今我们可以想象,同时处理政府收入和支出的场景,而且还有其他许多依据相互支撑,但是这并不意味着政府会愿意这么做。在 20 世纪 50 年代中叶到 70 年代中叶,赤字是可取的这一概念占主导地位。或者,如同 20 世纪 70 年代中叶到 80 年代中叶发生的一样,政府如果认为需要平衡预算是一个好主意,仅仅存在账户和程序也并不意味着他们有能力真的这么做。所以我们很难看到一个西方政府在过去和现在都可以通过与收支相关的政策条款,并且可长期执行下去。可以肯定的是,这是有区别的:预算均衡一旦失败,现代的科学水平将会使得失败的情况更加严重。

为什么预算均衡还没有实现呢?在不同政体的情况下,把预算和政治(不)均衡结合起来看,我们希望能够进一步了解如何才能更好地平衡收支。

预算均衡作为政体的一种功能

麦考伯原理(Micawber principle)是指对于预算来说,收支水平并不是重点,重点在于其中的关系。因此,我们需要去研究收入和支出在特定政体内有着怎样的联系。哪些政体是处于赤字的状态?哪些有盈余?哪些支出高于他们的收入,又或是收入多余他们的支出?哪些政体容易出现怎样的问题?是收入过低,还是支出过高?又或是同时面临这两种情况?[61]

政府在资源管理方面管理支出的方式非常有限，存在以下可能：

1. 政府既不能管理支出，又不能管理收入；

2. 政府可以管理支出但不能管理收入；

3. 政府可以管理收入但不能管理支出；

4. 政府可以同时管理收入和支出。

当然了，这些逻辑上的可能性并不是以全有或全无的状态存在，政府可能会稍做调控或者调控很多。这些全有或全无的状态存在的意义在于他们能找出极限。政府可能有两种选择：如果他们有足够的回旋余地来管理开支的话，他们可以采取一种方式；或者如果有管理资源的范围，他们可以做出不同的选择。如果政府可以同时管理两者，也可以管理两者的重叠部分。在同时混合增加收入和支出的基础上，政府可以进行调控。

有 5 种策略可以将收入和支出联系起来，使它们保持在良好的状态：

1. 什么也不做；

2. 减少开支；

3. 增加收入；

4. 增加收入，增加支出；

5. 减少收入，减少支出。

我们假设由政府管理收入和支出的能力或能力所产生的 5 种备选策略与文化有关。这意味着收入与支出之间的基本关系因政体类型而异。从最简单的例子开始，比如奴隶，既不改变收入也不改变支出；他们的生活靠自己支配。

要理解市场体制下竞争性个人主义者的预算编制，我们必须将私人预算与公共预算进行比较。在私人领域，每个成员都在与其他成员争夺商品、信用和追随者。对资源的竞争增加了支出。如果投资取得成果，个人主义者就能得到回报；如果没有，竞争对手就取而代之，然而，在政府层面上，几乎没有动力对不能直接惠及特定企业家的支出进行立法。国家一直很穷，只有私营部门的有钱人有炫耀的资源。尽管市场制度尽可能少地用于公共目的，甚至更不利于税收。因此有了低水平的赤字。

表 10.1　　　　　　　　　　**基于政治体制的预算策略**

体制:奴隶制 　奴隶不能管理支出和收入 策略:(1)不作为 平衡:高层强制平衡支出和收入	体制:等级制 　　可以管理收入而不可管理支出 策略:(3)收益最大化 平衡:高支出和高收入,支出稍大于收入
体制:市场制度 　可以在低水平上管理支出和收入 策略:(5)最小化支出和收入 平衡:赤字在低水平上变化	体制:宗派制度 　　可以管理支出而不可管理收入 策略:(2)在高支出和低收入的基础上重新 　　分配资源 平衡:高支出远超低收入

　　我们称之为教派的平等主义集体试图抑制个人消费。财富既被认为是不平等的标志,也被认为是放弃禁欲生活的诱惑。平等主义者发现积累财富并非易事,因此发誓放弃财富,以此映射对拥有自身在任何情况下都不可能与之匹敌的财富的个人主义者的批评和反对。但也由于缺乏内在权威性,他们无法向成员索取大量的收入。因为资本积累正是不平等的根源之一,是他们所拒绝的,所有的社会财富被迅速重新分配。这种体制避免了市场体制中明显的个人消费行为或等级权威下的公开姿态。低收入、高支出的结合导致预算失衡。

　　等级体制可以提高收入。通过强制储蓄进行的集体投资能够在未来兑现过去的承诺。税收像其他规则一样,是由上层强制征收的,并被一丝不苟地征收。但是支出不那么容易控制。任何角色都有其既定职责,包括所需的显示类型。限制展示的规则难以制定,也不易被接受,因为它们打破了普遍存在的区别。人们往往能更有效地集资而不是降低支出。所以他们的预算失衡,收入高,支出更高。

　　细心的读者会注意到,现有的预算战略之一即增加收入和支出,并未归因于这 4 种制度中的任何一种。也许这种策略代表了一种逻辑可能性,而不是一种经验上的现实性。但我们不这么认为。造成遗漏的原因是截至目前,我们只考虑了基本类型(即 3 种政治文化,如果你愿意这么想的话),而没有考虑它们之间可能形成的混合政权。例如,在由等级制度和宗派组成的社会民主制度中,追求结果平等的冲动得到加强,从而导致国家对收入进行更大程度的再分配。因此,社会民主国家的税收和支出都处于最高水平,所以符合第四种预算战略。

所有西方国家都是多元民主国家。这意味着他们拥有 3 种主要政治文化的元素;它们所占比例各不相同,正是这些混合政权的不同形态造成了近几十年来所经历的那种不平衡。随着等级制度在美国变得比以前更弱,日益强大的市场要素与一种新兴的平等主义相结合,产生了由不断增长的社会福利(宗派贡献)和更低的税率(市场心态的产物)所助长的赤字。随着等级制度和公平政治文化的加强——参考瑞典和荷兰——以及市场力量的减弱,我们发现税收很高,而支出更高。市场力量更强,宗派因素更弱,但阶级制度仍然占主导地位(如德国、英国、法国和日本)的地方,支出虽然仍然高但是逐渐在减少,赤字也没有那么大了。

我们很可能会问,在里根总统和撒切尔首相都致力于市场经济政策时,为什么美国的债务增长如此迅速,而在英国债务增长却少了很多? 毫无疑问,这两个国家的经济状况不同。然而,更重要的是文化背景,因为里根所在的共和党中有许多人主张增税和减少赤字。英国的等级制度比美国强得多,市场也比美国弱得多。因此,等级制度渴望在英国获得稳定的胜利,而市场文化对小政府的偏爱在低税收的推动下在美国更胜一筹。

如有可能,我们是否能从此次分析中预测未来的不平衡预算? 首先,我们必须了解未来政治文化之间的权力平衡将会如何发展。鉴于这无异于了解世界社会变革的起源和运作方式,我们并不提出此类主张。相反,我们提倡"假设"理论:当世界呈现多种政治文化相融合的现象时,我们预测出将与之相关的支出、收入以及赤字(少量盈余)模式。而且,我们希望历史能够为此贡献一份力量:证明我们是否错了,以及在哪些方面错了。

假设我们中的一些人高度重视收支平衡,但预算金额不超过 GNP 的 1/3。我们可以认为,没有强大的市场体制,这一目标就难以实现。此外,强势的宗派和薄弱的等级制度共同存在,可能导致不平衡预算,这是因为各大宗派的再分配欲望和对提高税收的抵制相辅相成。

或许其他国家也高度重视预算平衡,但前提是预算金额要达到 GNP 的 2/3。强大的等级制度与根深蒂固的宗派主义相结合(参照社会民主主义)可能使这一目标得以实现。根据所追求的平衡水平,我们的箴言是:预算平衡取决于社会平衡,这一命题的基本含义早在亚里士多德时期便已形成。我们所获得的预算类型取决于我们是怎样的人。西方世界的人民不会经历不平衡预算,除非我们更倾向于会产生这种结果的政治体制并共同付诸行动。结果难以预料,倘若我们现在不再拥有此前拥有的东西(如平衡预算),这并不是因为魔术师的高超技艺,而是因为存在于我们生活方式之中的平衡已然改变。

预算规范的变革

假设文化变革已经发生,那么我们预计它会对预算进程产生什么影响?为了促进支出的稳步增长,指导预算行为的规范,就必须进行改革。由于出现在 18 和 19 世纪(因为合理预算的缩影)的平衡规范、年度性,以及全面性的准则是为了在今天的低支出水平上平衡预算而演变的,它们阻碍了支出的稳步增长。从政府增长的角度来看,更好的做法是为预算的不平衡性、非综合性(即允许从更多来源支出)和持续的(如津贴)预算辩护,而不是经常受到审查。

19 世纪留给 20 世纪的基本预算准则,是由积累发展起来,由革命建立起来的,如果我们要考虑数字和审计的话,完全有可能追溯到它们的起源,至少可以追溯到 500 年前。变化是以世纪而不是以几十年为单位的时间尺度来衡量的。一直以来,大多数新方法是零碎地被采用,不是为了计划性支出,而是为了改善财政控制。创新的速度并不是一成不变的,但是,随着更好的公共政府方法和态度的出现,政府金融机构的变革步伐确实加快了。到 19 世纪中叶,由于改善了行政管理,使大多数国家的预算过程能够得到发展中经济体所产生的财政红利。改善进程确实开始放缓,但这仅是因为 20 世纪初确立的基本预算准则,即规范准则的年度性、全面性和平衡性,已足以满足当时各国政府提出的行政要求。

如今,人们对预算规范的了解比以前少得多。人们脑中的共同理解是准则似乎是永恒的;而它们已经退居幕后。这些准则一个接一个地遭到破坏,寄托在它们身上的期望却仍在继续,仿佛什么都没有发生。然而,直到现如今,正是这些无声的规范提供了预算控制所基于的共识。

预算规范的损耗是我们这个时代政府快速增长的伴随物吗？这种损耗是一种突然的变化，与最近的过去不连续吗？或许，政府的增长和预算规范的减少，代表着19世纪以前各国政府无限制、无手段地支出的趋势的逆转（但规模增幅巨大）。

自第二次世界大战开始，平衡预算的准则几乎已经在全世界范围内被弃用。凯恩斯主义经济理论使这样一个主流舆论合理化，即：被公众授过权的目的性支出是经济稳定的源泉，而平衡预算的准则即便偶尔出现，也会被此主流舆论所湮没。

找到那些依旧坚持平衡预算准则的人，并将他们的税收和支出模式与那些没有遵守的人进行比较，将是有帮助的。由于美国正在为是否遵守这一准则而顾虑重重，因此，若向调研者提供案例，西方世界拿得出手的只有冰岛。虽然冰岛的面积不大，人口也不多，但它确实是一个国家，并且拥有一个国家的所有职能。在所有的西方国家中，冰岛中央政府在1972—1980年的经济增长最少（从占GNP的27.3％增长到占29.3％）。[62]而它对平衡预算的依赖性也最强。在冰岛的政治生活中，引入大规模的非平衡的预算是难以接受的。总而言之，收入限制了支出。在预算平衡的背景下，在可忍受的范围内增税有助于限制支出。1968年通过的一项法律几乎将所有预算外支出纳入中央账户的范围。最重要的是，平衡预算的概念被解读成既没有盈余，也没有赤字。正如冰岛前预算主管吉斯利·布朗德尔（Gisli Blondal）所说："人们担心，在议会进程中，进一步的用于支出的拨款将很快使盈余消失。"[63]正如布朗德尔所申明的那样，在不出现赤字或盈余的情况下，保持平衡意味着对凯恩斯主义学说的根本性否决。[64]尽管"去平衡预算吧！"这样单一的决策规则放弃了凯恩斯主义的反财政能力（通胀时盈余，通缩或失业时赤字），但这一决策规则的确拥有强大的力量来限制支出。

在预算中缺乏全面性还没怎么引发关注。就像合并预算出现之前的旧时代的国家财政一样，将支出的管辖权分散到特别基金中，抑制了对支出总额的核算。此外，现代政策决策者们的聪明才智已经创造了许多之前不为人所知的支出机制；这些设备的广泛使用已经使现代预算变得支离破碎。事实上，我们怀疑：在任何一个西方国家，是否真的有多达总资金1/3的资金数额遵循传统的预算程序——估算、授权、拨款、执行。无论人们可能认为在这一进程中所采取的控制是多么薄弱，这些控制显然被认为过于严格。在西方世界的每一个角落，人们都做出了同心同德的(而且是成功的)努力来应对这些阻碍。

政府没有按照综合预算原则的规定，将其收入直接花费在特别的目的，如果这些资金被用于政府批准的用途，那么这些资金可以留在纳税人手中。比如房屋拥有权的抵押利息在纳税时可被扣除，或者通过减少部分产生费用的方法使工业迁移到特定的地点，从而鼓励住房所有权。这些税收优惠或者是税收支出(如此命名是因为这些可替代"平时花销")可以预估出来，但不是预算的一部分，也不是要算进总消费的数量或者是赤字的大小。因此，这些放弃的收入不会出现在预算中。

贷款担保也一样，政府可能会直接贷款或者抵押信用，因此来担保贷款还款，在过去的 20 年里发行了很大数额的贷款担保(仅在美国就有上万亿)，只有在贷款人拖欠还款政府不得不自掏腰包的情况下，担保才会出现在预算中，不拖欠的时候不会。拖欠款的差额总计可达到数十亿元。在潜在借款人换地方借款，排挤出一些其他借款人的时候，资本市场会受到影响因而利率也会上涨，受益人会幸运地发现预算文件上标有直接贷款和抵押信用范围的附加值。

另一个逃离综合预算的途径有各种各样的命名："授权""私下筹资""必需品"，在不需要特定拨款的情况下，立法授权支付给有权领取失业补偿或儿童福利的人。这些支出会以预估花费的形式出现在预算中，但是不受立法复审过程的管制，除非对授权立法进行修订。政府通过累加某一年寄给个人的支票来追溯支出。

贷款、贷款担保和税收支出都在预算之外，而应享有的权利(包括转账收入)在预算之内，但不受预算程序下的年度控制，全面性的规范所剩无几。此外，在近几年很多非预算企业被授予许可经营，这些企业通常从事原本属于私人的活动(如住房)，这些企业和他们完成的工作会在预算中提到，但是企业的支出不会包括在预算总和中。这些过程统一来看，逃离综合预算的行为被视为一种踩踏。

16 世纪至 19 世纪间全面规范逐步建立。改革者希望利用单一预算工具向政府提供一切财政支持，而非在当时存在的多种公有和私有资金之间进行操作。早在 19 世纪末,当规范已经很好地建立起来时,那时,大多数国家的全面预算包括了所有机构的开支,时至今日,尽管一些圈子里的人仍然认为实行全面规范是理所当然的,但真正意义上的全面预算几乎无法实现,大多数的政府资金则通过政府向公民转移收入、国家向地方政府提供赠款,以及通过预算外实体的方式对外支出。全面性学说曾假定某个税收支持的小型、独立的公共部门,但自 1960 年以来的现实是,大多数的政府资金直接支付给政府以外的个人和团体,并通过借款融资。因此,我们不能再期望由政府预算来提供财政资源公用的货币政策了。

从 19 世纪末到 1960 年,摆脱全面征税的主要手段是指定收入(即英国人所说的抵押金);为发展项目设立单独的基本基金,以及从财政资金中提取的特殊用途账户。通常情况下,资本预算、投资预算、特别支出和正常预算支出之间的目的差异被证明是具有迷惑性的。然而,通过将诸如此类的预算加到经常项目预算中,专业读者对支出了多少、由哪方花费以及用于什么目的就有了很好的了解。将转移的收入、政府担保信贷安排,以及对私人方面制定成本征收法规,将政府完全拥有、部分拥有或仅受监管的行业品种,都排除在所有政府成本预算评估之外的做法一定是不可靠且存在缺陷的。它起不到任何作用,结果难以形容。因此,需要对预算编制的方法进行改革。

虽然全面性和平衡性已被削弱,但环形准则似乎仍然与我们同在。然而,年复一年,表象变得越来越具欺骗性。支出和收入普遍存在的不确定性导致重复编制预算,即不断重新制定预算。如果半年度经济预算在 6 周后即过时,则会采取更正包括各项小额开支预算在内的"中间"调整,使年度预算几乎成为过去时代的遗物。具有讽刺意味的是,正如电子数据处理在 20 世纪 50 年代作为预算控制工具而引入那样,随着人们对其成就几乎普遍表示满意的同时,政府开始难以估计年度预算的规模,更不用说选择其项目内容了。[65]

过去的理解是:当你控制部门时,你就在控制支出。现如今,在工业民主国家,由于用于货物及服务的部门支出只占 15%~30%,随之而来不可避免的结果是,传统预算标准已覆盖不了巨额开支主体。大部分钱花在了影响公民行为上而不是政府直接作为上。由于大部分支出是个人以收款或借贷形式收走,以及地方政府消耗,通过建立部门预算来控制支出的方法已不再有效。[66]

正如艾伦·希克(Allen Schick)所说,想要控制私人行为,国有经济就难以自保。

> 预算外支出的增长导致了……"控制的悖论"……预算外支出是公共部门从在政府内部开支转变为主要在政府以外开支的结果。这种转变的原因不仅仅是政府加强了对经济、收入分配、投资政策和货物及服务供应的控制。矛盾的是政府在努力对私营经济进行掌控的同时,又放弃了对国有经济的大部分控制。[67]

对支出的控制随着全面性的规范而下降,因为人无法同时充分利用两个对立面,所以让支出层面多样化,借此帮助调节经济波动,重新分配收入,或者加强家庭财务已经不能完全与控制部门行为相容了。事实表明,政府越想控制公民行为,就越难维持自身稳定。政府与民众间的新关系也许有很多益处,但在控制支出这方面并不是。

在评价全面性的标准时,也不能说有一个预算编制机构的概念是可以比较的。会计行业很是混乱。用一种方式借来的钱最后都全部算进预算里,以另一种方式借来的钱也部分算进预算里,如果有第三种方式,可能根本不会算进预算。重新分配非传统资源——包括担保贷款、税收优惠、津贴和国有公司支出——连同部门支出都是不可能的(从意图上看是不可能的),因为没有共同的换算因数。

自 19 世纪以来,年度预算就等同于确保了财政的可预测性。该准则表明,持续一年的年度财政预算不仅是可取的,而且是可行的——预算将持续一年。预算的确定性将促进机构与中央控制者之间的合作。尽管没有详细说明,但这是一种相互理解:由于财政部承诺会支付通过预算的金额,因此代理机构将控制申请数额,努力将其限定在所分配的金额范围内。

一旦默示合同被打破,许多后果会随之而来。由于财政部不能保证分配的数额,因而代理机构的政治活动不仅要使其申请的金额通过预算,而且要保证能顺利收到资金。如果预算发出"尽其所能"的信号,那么提前安排就不明智了,因为这会导致决策的延迟和不确定性的增加。有些代理商无法忍受这种不确定性,便会试图通过提高申请价格来摆脱先前的限制(以便削减时留下更多的资金）。因此，将初始出价作为标准来衡量机构的期望预算是不可靠的。

与其接受具有相当大不确定性的拨款程序，代理机构可能会试图通过直接向财政部提款（称为"不合法开支"或应享权利）来逃避这一程序。或者他们可能会寻求贷款或贷款担保，或试图将职能转移到由专项税收资助的政府内部预算以外的组织。此外，机构也可能通过制定法规的方式，让私人方来承担费用（例如，医疗或减少污染的费用）；通过此方式收取这些活动的费用后，便可以从机构预算中删除此类项目的资金。

不可避免地，随着中央财政可用资金的枯竭，其在总支出中所占的比例越来越小，以及财政部难以计算支出金额（由于其对贷款担保、权利和其他方面缺乏直接控制），财政部试图对其可控的机构实行更严格的制度；这诱使机构和计划倡导者采取进一步的补救措施。

我们看到的现状：可预测性的下降，这种下降过去是建立在不确定性的基础上的，削弱了财政部维持全面性的能力。通过增加使用税收优惠和特别基金来转移收入。由于上文提到的，可以绕过拨款程序的手段众多，因此支出无法相互比较。也没有人能说出与直接贷款、担保及其他支出手段相比，拨款的价值是多少。

失去全面性会削弱控制力。由于不清楚支出的具体金额有多少，中央预算办公室处于较弱的地位，无法说任何数额（试问具体是哪一笔？）都是过高的。相对于做好实事，粉饰太平成为更加诱人的选择。通常情况下，人们根据预算失衡的程度来评判财政管理人员工作实效的优劣。而财政管理人员则可以通过将正常支出转移到诸如贷款担保之类的账户中的方式，使其预算失衡状况得到改善——少量的违约情况除外，上述的账户基本不会列在中央预算内。财政管理人员还可以用一年的低支出来换取在未来几年政府批拨更多的中央预算。如果缺少涵盖所有主要支出形式的计算准则，那么财政管理人员就不再控制支出，而是在账户上耍花招。

倡导限制支出和（或）税收的人士表示，上述措施或将能够改变当前的情况。对于那些竞相支出的部门而言，通过让它们知道其支出数额越大，就意味着其他部门能够支出的金额越少，或许能够限制此类部门的支出。也许，迫使机构践行自律原则能够扭转当前的趋势。然而,如果各个部门对于自我约束的必要认识过于薄弱,那么就会滋生许多规避正式支出限制的调控策略——将支出强加给私营部门、税收支出、贷款担保等。[68]

就目前的状况而言,如果在税收和支出问题上未达成广泛共识的情况下,将预算争夺维持在可容忍范围内的内部纪律根本无法实现。随着相互依赖性的弱化——因为某一地方的支出不一定会牵连到其他地方——预算控制已经恶化为一场混战。

政府再也无法通过监管部门来控制支出;大多数支出发生在此类部门的监管范围之外。再也不可能通过控制支出来控制部门;各部门感兴趣的大多数支出既不受年度审查,也不受中央监管。参与者不再清楚预算控制是否可取和可行。因此,当某一方面准则的权威性遭到削弱时,其他方面准则的权威性似乎很快也会被减弱。

传统的预算准则之间存在一种相辅相成的关系;如果其中一项准则降低,那么其他准则也会随之下降。一旦可预测性降低,就会刺激支出倡议者规避拨款流程。支出倡议者开发出的财政预算形式颠覆了所有单一账户的概念。此外,伴随着预算综合性的逐渐消失,支出的可预测性也相应降低。概言之,正是预算综合性的实现使其可预测性成为可能;也正是财政预算的制定使得资金可以跨收入类别及支出类别流动。

一场行为变革与预算准则的变化如影随形。借用社会关系的一句话来说,原有的预算准则将把预算编制各方送上同一艘船。各方的行为紧密相关。如果某个项目或部门得到更多的预算,其他的项目或部门的预算则需缩减。各部门或机构都限制自己的预算额,一个原因是如果不限制的话,其他受损的预算利益方会做好实施同样的制裁手段的准备。反之,如支出单位按规则限制支出额,就能长期获得预算。然而,支出能够获得控制,在如此复杂的系统中实现了控制目标,主要不是通过制裁的手段,而是通过从源头抑制需求。一旦预算里的每一项都增长,即当支出失去限制,预算受益方均追逐各自的利益时,没有中央控制者能够处理。中央控制者不可能像部门本身一样清楚每个部门的内部事务。

把丧失对支出控制的信心描述为准则失效,虽然能够传递出各参与方追逐一己之利的信息,解释的却是预算关系的缺失,并没有解释是什么自发地引起了我们所观察到并希望解释的事情。如预算准则变更了,那是变成了什么样呢(用当前的术语来说)? 如果是"告别了原准则,开发了新准则",新准则究竟是什么呢?

每年批准和拨付奖金是平稳支出的一个障碍。为什么不每隔 5 年进行一次批准和分配呢,或者更好的是"无年度"拨款? 事实上,为什么不通过将支出授予一类接受者而不是提供资金的纳税人或收集和分配资金的政府来获得永久授权和拨款呢? 因此,分配为权利提供了途径。

权利是无效性的敌人;后者规定了预算过程的周期,而前者规定了接受政府资金的法定权利。取消的目的是使政府能够控制自己,而权利是为了使受益人能够向政府提出要求。取消鼓励限制和支出的权利扩张。

全面预算的反面,即增加支出,让它更容易解释。要重申资金的流动隐喻,可以追溯到中世纪晚期。消费模式越多,就越容易在其他模式关闭时打开一种模式。支出(贷款、担保、优惠、权益等)的数量越大且种类越多,就越难确切知道花了多少钱,花钱的用途是什么,谁花了,效益如何。专注的项目越受到限制,就越容易将每个程序独立地证明为需要做的事情。因为所有的项目都会给一些人带来一些好处。消费支出带来的任何不利影响,从其对税收、借贷、利率、通货膨胀、经济增长等的总体影响中可以看出。强调"分类",鼓励把重点放在增加支出项目上,不鼓励把注意力放在减少总支出上。

分解预算和连续预算都有助于并适应不平衡预算。在这些规范下运作可以掩盖总开支的数额。不必面对支出与收入之间令人不安的理想关系问题,即赤字的规模。在传统的预算流程中,不受限制。不受限制的消费是规范性的。不平衡、连续和分类的预算要大于平衡、年度和全面的预算。

平衡的预算和不平衡的制度

"过去的阴魂不散"在今天的预算中是否依然可见? 带着一贯的勇气和信念,我们回答:"是,也不是。"

回溯到 19 世纪后半叶,当正式预算开始被广泛使用时,我们面临着不连续性;虽然外表保持着相对稳定,但近年来预算形式已经毫无意义。随着税收、支出和借款的增长,为预算控制提供基础的稳定的谅解结构已经被破坏——从它的可取性到由中央对各部门的控制所完成。今天的预算是连续的而不是年度的,是分解的而不是全面的,是不平衡的。

或许,在考虑过去和现在之间的关系时,读者会想到一种更直接的因果关系。就像帕朗柏(J. H. Plumb)所说的那样,过去已经死亡了吗?它使我们做出不同于以往的行为的力量已经减弱了?[69]所有的生活方式都建立在过去的基础上,这个过去是我们想要维持或推翻的现在的序幕,保留或拆毁它以获得现在的青睐。我们可能会问,过去的预算留下的阴影在多大程度上仍然伴随着我们的现在与未来?

从一个方面来说,过去就像今天的头条新闻一样。主要的支出项目,包括养老金、教育、医疗、军队等,都是几十年渐进式变革的累积结果。在较早时期达成的协议仍然影响着后续变革的数量和可行性。然而,从其他方面来看,推动过去税收、支出和借贷的理念,就像平衡预算的理念,似乎与当代的条件脱节了。

如果一个政权努力通过支持自己的存在方式尽可能保持理性,这并不意味着每个人都能成功地维持或加强它,或削弱其他政权。因为意图和结果一致需要有先见之明;但是我们自己的经历,以及我们对历史的了解,排除了这种可能性。同样,我们将利用预算平衡作为一个概念和结果来解释我们对历史的认识。

我们该如何概括西方历史上短暂的这一段时期呢?即一些政府有时会平衡它们的预算,但没有一个政府会一直保持平衡。那么,一个精雕细琢的平衡要素是否已经显现了呢?从等级制度的角度来看,预算平衡将意味着世界一切顺利且正常。用启蒙运动的话来说,当人类的物质进步与其精神成长相匹配时,每个阶层的公民都会大致得到他们应得的和需要的东西。或者,正如宗派主义人士可能会说的那样,平衡预算是一种压制性的意识形态,因为它忽视了社会需求,并为经济上富裕、社会上强大的人提供了正当控制他人的权力,所以才显得加倍邪恶?在它的全盛时期,即 19 世纪的最后 25 年和 20 世纪的头 25 年,市场制度主导了仍然强大的等级制度。出现的"建制派"在低水平上实现了平衡,但是预算绝不是发生的全部。在第一次世界大战期间,西方男性青年相互厮杀,导致了大萧条爆发之后,市场和等级制度都没有恢复昔日的力量。不用说,这些灾难既无意也不应影响预算,但它们确实影响了预算。

西方等级制度向适度再分配政策的重新定位,以及更强大的宗派力量和更衰弱的市场力量,综合体现了第二次世界大战后的福利国家的定位。没有人预见到支出超过收入的"剪刀危机",但它仍然存在,是平等主义加强和个人主义减弱的产物。

当前的论述集中在赤字这一结构性问题上。术语"结构"意味着预计内置支出将超过嵌入收入。它(就像牛顿力学中的"系统")暗示了预算的重大变化。与它所取代的术语(凯恩斯的充分就业预算)不同,称赤字为结构性赤字意味着政府失去了控制(而不是在政府掌控中)。预算对社会目标,尤其关注充分就业问题,受到了回归旧时代预算平衡信仰的挑战。毕竟,如果存在结构性缺陷,事实上是结构性失衡,那么必须通过恢复平衡来消除这种缺陷。

但如何做呢?宗派主义通过向富人征税,并施舍穷人来寻求平衡,市场机制通过减少税收和支出来寻求平衡,等级制度则是两者兼而有之。除非等级制度和市场变得更强大,或者宗派变得更弱,否则就不会有平衡,因为预算平衡需要政权之间的相应平衡。就目前而言,欧洲各国政府,主要是社会民主国家,可以将据称是源自巨额赤字的高利率归咎于美国。但如果赤字在新世界是坏事,为什么在旧世界却是好事呢?随着政府开支增长到 GNP 的 70%或80%,这些社会民主主义政权要么将走向事实上的社会主义,要么将不得不采取行动,以防止支出大幅增长。尽管预算平衡本身可能不会成为一个重大问题,但公共部门和私营部门之间的平衡肯定会让人很头疼。

美国市场体制拥护者提倡消费支出限制以及平衡预算修正案。通过将支出限制在前一年 GNP 的增长范围内,公共部门的增长速度将不会超过私营部门。正如我们在前一章所看到的,在西方国家的其他地方,政府正在以其他名义努力建立全球限制,使所有支出都必须在该限制之内。在加拿大,内阁决定尝试将支出限制在 GNP 的趋势增长率之内。[70] 这些限制开支的建议是通过法律而不是通过习惯来实行全面和平衡的准则。到目前为止,这些尝试都没有成功。观察人士可能最终会明白,如果相关国家的人民不断失败,那就意味着他们肯定不希望取得多大的成效。

美国《格拉姆-鲁德曼-霍林斯法案》(Gramm-Rudman-Hollings Act,GRH),即《平衡预算法案》,是通过法律手段实现预算平衡的最新尝试。为了实现在5年内消除赤字的美国国家既定目标,除了债务利息和若干社会福利权利,如社会保障和贫困儿童补助计划外,所有开支都要被无情地全面削减。① 该法案的通过可以被视为市场和党派政权之间相互角力而平衡的表现,或者是对这种平衡的否定。

这项法案的通过揭露了自由派民主党人和共和党人都想"劫持"国防的意图,即迫使一个以市场为导向的总统违背他不增税的承诺;而保守派共和党人则旨在威胁受减税影响最大的国内社会项目。在这场预算博弈中,一方假设随着国防开支的自动削减,总统将变得愿意提高税收,而另一方则希望随着国内开支被大幅度削减,民主党将接受削减国内项目的政策决定。两方都希望通过使预算程序无法运作而占领先机。这种政治上的勒德主义(Ludditism)对政府管理来说不是好兆头。

就 GRH 达成一致本身就掩盖了它所体现的内在分歧。政治体制之间的两极分化已经产生了关于极端主义的共识——该法案要求国会在每年的总支出和总收入上做出根本性的选择。但这些自成体系的政权仍在为支出和税收水平应是多少,或者负担和收益应如何分配而争论不休。人们在预算决议上达成了一致——无论如何都应该通过这些决议——但就其内容,还存在严重分歧。

这是怎么回事呢? 近年来,国会花了年复一年的时间制定预算。由于厌倦了毫无意义的预算,国会成员们觉得调解无望,希望用一种模式来掩盖他们的分歧——他们一直希望,甚至幻想平衡机制会因为过于繁杂而轰然崩塌。这不是管理一艘大船的方式,尤其是国家这艘大船,除非有一方认为毁灭比屈服于另一方的邪恶要小。

罗伯特·赖肖尔(Robert Reischauer)所说的"公共政策辩论的财政化"即体现了一种两极分化的迹象。很少有项目仅仅考虑其实质性或政治上的价

---

① 约瑟夫·怀特(Joseph White)和亚伦·威尔达夫斯基在《预算之战》(书籍手稿)中描述和分析了引出《格拉姆-鲁德曼-霍林斯法案》的特殊事件。

值,取而代之的是,会着重关注其对赤字的贡献。随着国会不断提问"多少钱?",这笔钱将用于购买什么的实质性问题就越来越被搁置一边了。数量代替了质量,这体现了政体间大规模的两极分化。每一笔拨款都要经受考验:一项计划是否符合最新的国会预算决议或总统的预算? 另外,国防和福利支出的增长速度会有多快?

政策辩论的"财政化"是一种粗略但有效的方法,可以用来解释胜利、失败和平局。在某种程度上,对一些政权而言,规模越大越好,对另一些则相反,为国民分配更多的福利或较少的国防,或启用更高或更低的税率,这些都加剧了政治斗争。人们曾经认为,将冲突限制在花费的多少上将有助于调和分歧(这里多一点意味着那里少一点),但是财政化产生了相反的结果。通过汇总总数并将其转换成哪个政权领先或落后的标志,这种预算方式强调了冲突,使得分歧越来越难以调和。决策者被迫做出选择:是市场体制倾向于通过减税实现机会均等,还是宗派努力通过增加福利支出实现条件平等,等级制度则希望在国防上投入更多。

罗纳德·里根是一名保守派人士,并决心缩小国内政府的规模,削弱其影响力,在这场象征性的战争中,他一直是总指挥。他的共和党前任对等级制度的容忍与他们的市场偏好相匹配,这和里根不同。里根决心要减少他的对手们的收入,就像 19 世纪政府的预算平衡制定者一样,他相信收入鼓励支出。他的全面减税政策一举减少了财政收入,同时大幅增加的国防开支(作为对当权政府的护卫)也加大了国内项目的压力。面对经济衰退加上减税造成的收入损失,这位以市场为导向的总统没有增税,而是选择让赤字上升,以维持他的第一个优先重点限制的中央政府。很快,每个人都发现,不断增长的巨额赤字对总支出造成了巨大的下行压力。事实上,自 20 世纪 30 年代新政带动了经济扩张以来,赤字就算不是唯一的,也无疑是控制支出最有效的工具。

依照凯恩斯经济学的原则,自由民主党自 20 世纪 40 年代末以来一直支持适度的赤字;通过这种方式,他们可以同时帮助管理经济和支持社会项目,这体现了一个积极的中央政府的效用。20 世纪 70 年代的通货膨胀确实让人们对这种方式疑虑重重,但直到 80 年代初期赤字开始呈指数增长,1984 年总统候选人沃尔特·蒙代尔(Walter Mondale)领导的民主党才成为预算平衡的倡导者。

总统承诺的平衡变成了有史以来最大的赤字,面对与他们政策倾向对立的总统,这让主流的民主党人士非常愤怒,为了惩罚他,他们放弃了长期以来的信念。(与此同时,总统一直将赤字归咎于民主党的计划,而不是他为赤字实施的减税政策。)但双方似乎也在进行理性的政治考量:实际上,他们援引了复利法则。

当赤字迅速上升并达到足够高的水平时,复利法则就适用了;不断上升的债务会驱逐新的支出。如果公共债务的利息增长快于财政收入增长,因此,新债务与旧债务形成复合,政府支出受到严重挤压。当然,这并不总是对的;在现代初期,在政府具备将支出与收入挂钩的能力之前,偿债是最大的一项支出。此外,在现代的第三世界国家和欧洲社会民主国家,偿债成本的增长率已经超过了收入增长率。欧洲社会民主国家比起维持预算平衡,更关心借钱的能力,因此这一现象对他们来说是可接受的。

但在美国,强大的市场文化使税收下降;因此,民主党人士面临着一个艰难的选择:要么必须大幅增加不受欢迎的税收,要么逐年减少他们在所青睐的政府项目上的开支。随着赤字不断上升,复利是一把预算中的达摩克利斯之剑。民主党不再提倡凯恩斯主义的"充分就业盈余"理论,该理论将结构性赤字合理化,以在充分就业的情况下平衡预算,已经被抛弃。我们相信,未来的预算史学家将把这种转向评定为历史性的变化。

由于政治上的两极分化阻碍了年度直接预算谈判的成功进行,人们已经用一个公式取而代之。只有温和派的共和党人和民主党人看到自己对妥协的分等级奉献受到了不平衡预算以及极端主义的威胁,于是更倾向预算可用性,而不是坚持教条。但他们不是大多数。

预算过程不是权力的替代品。它本身不能创造占多数政权并执行他们的意志。尽管有关支出和税收的投票规则可能会让达成协议稍稍变得容易些或困难些,但单靠规则是无法填补差距的。简单地说,预算编制并不决定政治联盟;相反,因为预算是政治的一个子系统,政治文化构建了预算。

政权和预算之间的这种因果关系是否代表着人们在改变预算结果之前必须先改变生活方式? 从短期来看,答案是否定的,但从长远来看,答案是肯定的。例如,美国人可能会选择征收石油税。也许限制权利将比以往更有效。其他国家可能会发现一种新的税收或更好的方法来实施过去的税收方法,直到他们也用尽红利。或许,人们会发现,在赤字处于历史高位时,日子过得也不赖,也就没必要对预算那么心事重重了。然而,所有这些预算失衡的"解决方案"都仰赖于政府规模的扩大。

大政府的出现伴随着末日的降临。如果政府增长超过 GNP 的 25% 或 50%,或者其他类似的比例,天就会塌下来。根据推测,如果政治多元化或经济增长受到政府控制的破坏,民主就会消亡、经济就会崩溃。现在所有的西方国家都已经超过了 25% 的关口,许多国家,尤其是荷兰和斯堪的纳维亚国家,已经超过或接近 50% 了,但它们并没有"天要塌了"的明显迹象。有可能这些国家最大的公共部门在同质性或对民主的热衷程度上是特殊的,才使它们避免了预测的灾难(但其他不那么幸运的国家将惨了)。或者,民主和经济增长与规模颇大的政府相匹配。当政府占有超过 80% 或 90% 的 GNP 时,竞争性个人主义就不可能保持强大或适度的活力。最终(我们的意思是不超过 21 世纪的前 25 年,现在离我们只有 40 年的时间了——就像距离过去的第二次世界大战一样遥远),按照目前的政府增长速度,市场体制将变得极其脆弱,或基本消失。等级制度和市场制度之间的联盟也将消失殆尽。现有的权威将受到攻击,因为宗派势力同时寻求扩大政府规模以及否认政府的合法性。民主是否能在没有大量市场干预的情况下存在的真正的考验即将到来。

现在,上述情况都没必要发生。西方人民可能想要更大规模,但并非最大规模的政府。他们可能希望通过他们的政治家采取行动来实现这个结果。但该怎么做呢?宗派和等级制度之间的和解将在更高的税收和支出水平上带来更大程度的平衡。为国防提供资金的等级制度愿望,加上将平衡视为一种政治利益的认知,都将鼓励其追随者接受更高的税收。宗派间重新分配收入的愿望可能会引导其支持者接受更高额的国防开支,或许还会接受增值税之类的大型赚钱工具。另一种选择是,市场和等级制度,即当权政府,可能会同意在更低的税收和支出水平上达成平衡。无论即刻疗效如何,我们可以肯定的是,我们所采用的方法将滋生我们尚未意识到的新问题。

在这种现状下,增加国家活动的瓦格纳法则几乎具有普遍适用性,像往常一样,没有选择就是现在的选择。量变必然导致质变。这项法则要么被打破,导致政府开支稳定,要么继续适用,导致私营部门被并入公共部门。确切地说,无论现在还是过去,我们都在为西方国家应该拥有什么样的政府这一问题而在预算上纠缠。

那预算平衡呢? 鉴于宗派和等级制度在为谁提供的好处最大的问题上争论不休,这可能会导致更高程度的不平衡。最终,如果历史有任何指引的话,有凝聚力的人将战胜分裂的人;等级制度将击败分立的宗派,并且在没有挑战的情况下,以削弱自由为代价实现更大的平衡。如果政府的规模稳定下来,这意味着市场机制将变得更加强大,而宗派政权将衰落,随着经济增长逐渐赶上政府支出,预算将更接近平衡。当然,到那时,这些解决办法将产生我们尚未意识到的新问题。

插图1、2：古代税收。大约公元前3500年，苏美尔的刻有划痕的黏土片呈现了实物税。每个标记代表一个实物；黏土片顶部图案可能代表了2个较小度量衡和3个较大度量衡的谷物；底部图案代表5头公牛和4头奶牛。（见第一章）

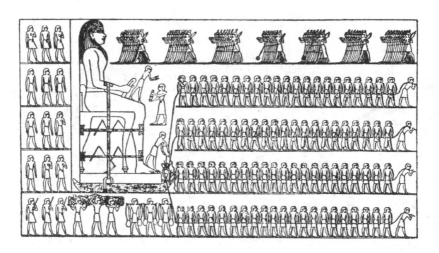

插图 3：埃及徭役。奴隶搬动一座纪念碑以进行抛光操作，约公元前 2000 年（见第一章）。

插图 4：约公元前 1400 年，闪米特人建造了巨大的维齐尔（伊斯兰教国家高官——译者注）坟墓。（见第一章）

插图 5：努比亚人呈上贡品。图坦卡蒙法老王朝努比亚总督墓穴中壁画的一部分，约公元前 1360 年。这个场景描绘了各种皇室祭品——牛、长颈鹿、金戒指和 7 个被奴役的战士。（见第二章）

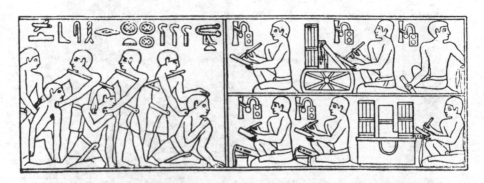

插图 6：财政部门的官员在征税。抄写员和财政官员在记录付款，手持棍棒的财政官员代表押来了不情愿的纳税人。象形文字标题为："抓住城里的统治者进行清算。"（见第二章）

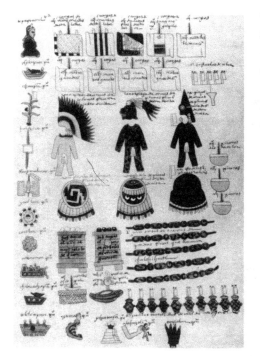

插图 7：阿兹特克人的地籍调查。蒙特祖玛皇帝征税地籍（Códice de Mendoza）的一页。左侧和下侧的象形文字代表村庄；其余的象形文字代表实物支付的数量和类别。门多萨的修道士用西班牙语注释解释象形文字和阿兹特克符号的数字。（见第二章）

插图 8：公共税务登记。来自雅典卫城的石板记录了雅典公民公元前 454—前 453 年缴纳的税款。（见第三章）

插图 9：位于特尔斐（Delphi）的雅典财政部。来自古希腊所有城邦的朝圣者在特尔斐向神圣的阿波罗神庙献祭。公元前 6 世纪到公元前 4 世纪之间，城邦竞相在通往寺庙的道路上建造装饰的大理石建筑；游客在财政部大楼里为寺庙祭司存放礼物。雅典财政部建于公元前 490 年至前 485 年，建造资金来源于马拉松战役胜利后从米底王国夺取的战利品。（见第三章）

插图 10：罗马时期末期来自高卢东部奈梅亨的浮雕展现了缴税的景象。（见第三章）

插图 11：1264 年锡耶纳公社的财政专员在记录公共账目。（公共账簿封面上的一幅画。）（见第四章）

插图 12：国库符木。中世纪的符木长 7 寸或 8 寸，由一个记号分为不等长的两部分。专门的国库员会在符木的两边切下凹痕，这是在使用标准化的方法来表示每个郡守支付给国库的数额。每个郡守的交易都结束时，符木切割员（tally cutters）会将符木分割为两部分。每个符木较长的那一部分（被称为 countertally 或 counterfoil）将保存在国库中。较小的那一份（被称为 foil）将给到郡守，作为收据。英国君主的收入办事员一直在不断地完善符木的设计，直到 1832 年为止。（见第四章）

插图13：中世纪晚期的君主对金钱的需求无法被满足。由神圣罗马皇帝马克西米利安一世经营的铸币厂（1493—1519 年）。（见第四章）

插图14：1748 年阿姆斯特丹的抗税起义；暴徒拆毁包税人的房子。（见第五章）

插图 15：第七年的门窗税（Contribution des Portes et Fenétres Pour l'an VII）。1796 年，法国贝桑松公民支付门窗税的收据揭示了大革命时期政府根据公民的支付能力进行征税的尝试。公民博纳尔向征税官贝尔坦（Bertin）支付了 9 法郎 89 分（含贝尔坦的收费）。印刷的表格列明了税负：建筑物的所有者或其主要承租人必须支付，但为了允许从租户中收到税，税收计算如下：

——通往街道、庭院或花园的门，40 分

——通往马车车房或商店的每个门，80 分

——包括走廊或入口通道在内的普通门窗税，必须由房屋所有者支付。（见第五章）

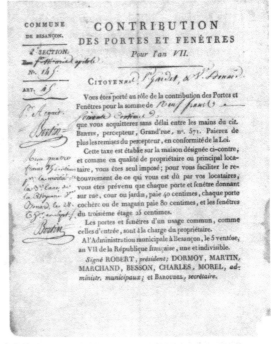

插图 16：南海公司泡沫事件（见第五章）

插图 17：西西弗斯的工作：财政部部长徒劳地挣扎着阻止预算的增长。奥诺雷·杜米埃（Honoré Daumier）的石版画，1869 年。（见第六章）

插图 18：约翰·布尔（John Bull）和税魔鬼，约翰·吉尔雷（John Gillray）19 世纪初的讽刺漫画。（见第六章）

插图 19：19世纪初英格兰的利己主义。（见第六章）

插图 20：美国政治文化中的宗派压力：山姆大叔向移民做出自由的承诺：提供免费教育，免费土地，言论自由，免费投票和免费午餐！（见第七章）

插图 21：美国内战后反税情绪：托马斯·纳斯特（Thomas Nast）呐喊"关门"以反对所得税。所得税只不过是对美德的征税。（见第七章）

插图 22：1929 年大选的英国保守党海报向选民们展示了美好的未来。（见第八章）

插图 23：美国政治文化中的利己主义压力。（见第七章）

插图 24、25：20 世纪 30 年代的福利支出与美国传统的平衡预算偏好相冲突。（见第八章）

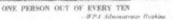

插图 26：福利国家很昂贵。尽职尽责的纳税人（德国）。（见第八章）

插图 27："小心财政部！"（法国）。（见第八章）

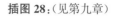
插图 28：(见第九章)

插图 29：(见第九章)

553

Von Riegen   Courtesy TRUE, The Man's Magazine

"I just wish they'd fight poverty with something beside taxes."

插图 30:（见第九章）

"IDOL MUST HAVE HUMAN SACRIFICE."

插图 31:（见第十章）

插图 32:(见第十章)

插图 33:(见第十章)

注　释

第一章

[1]Denise Schmandt-Besserat,"Decipherment of the Earliest Tablets,"*Science*,Vol. 211,
No. 16(Jan. 16,1981),pp. 283 – 85,and "The Envelopes that Bear the First Writing,"
Technology and Culture,Vol. 21,No. 3(1980 年 7 月),pp. 357 – 85.

[2]参见 Mary Douglas,"Environments at Risk,"出自 *Implicit Meanings*（London：
Routledge & Kegan Paul,1975),p. 230。

[3] "Speech of Edmund Burke on American Taxation,"出自 Thomas Michael Kettle,*Irish
Orators and Oratory*(Dublin：Talbot Press,1916),pp. 1 – 24。

[4]Robert W. Tucker and Robert E. Good,*Force*,*Order*,*and Justice*（Baltimore：Johns
Hopkins Univ. ,1967）.

[5]我们使用的类别是根据"Cultural Bias,"自由改编的,出自 Mary Douglas,*In the Active
Voice*（London：Routledge & Kegan Paul, 1982)。另见 Mary Douglas and Aaron
Wildavsky,*Risk and Culture*(Berkeley and Los Angeles：Univ. of California,1982)。

[6]参见 Aaron Wildavsky,*The Politics of the Budgetary Process*,4th ed.（Boston：Little,
Brown,1984),pp. 16 – 18 and 108 – 26,用于讨论预算基础问题。

[7]Margaret Levi,"Rule and Revenue Production,"准备在加州萨克拉门托的西方政治科
学协会会议上发表的论文,1984 年 4 月。

[8]参见 Douglas C. North,*Structure and Change in Economic History*（New York：
Norton,1981）。

第二章

[1]U. N. Ghoshal, *Contributions to the History of the Hindu Revenue System* (Calcutta: Univ. of Calcutta,1929),p. 15.

[2]同上。

[3]M. H. Gopal, *Mauryan Public Finance* (London:Allen & Unwin,1935),pp. 19－20.

[4]为了讨论古代文明学者所能得到的证据,参见 Hermann Bengston, *An Introduction to Ancient History* (Berkeley:Univ. of California,1970),Ch. IV and V。

[5]F. Heichelheim, *An Ancient Economic History* (Leyden:A. W. Sijthoff,1965),pp. 26－29,96－97,100－103;Eduard Meyer, "Wirtschaftliche Entwicklung des Altertums,"and "The Development of Individuality in Ancient History,"在他的 *Kleine Schriften* (Halle A. S. ,1910),pp. 88－91,217;Robert McC. Adams, *Heartland of Cities: Surveys of Ancient Settlement and Land Use on the Central Flood Plain of the Euphrates* (Chicago:Univ. of Chicago,1981),pp. 21,134 及多处。

[6]Sources: *Encyclopaedia Britannica*, 1969 ed. , Vol. 2, "Egypt"; Vol. 5, "Babylonia and Assyria,""China"; Vol. 12, "India. "John A. Garraty and Peter Gay,eds. , *The Columbia History of the World* (New York:Harper & Row,1981). William H. McNeill, *The Rise of the West: A History of the Human Community* (New York/Toronto: New American Library,1963).

[7] Hartmut Schmoekel, "Mesopotamien," 出自 *Kulturgeschichte des Alten Orient* (Stuttgart:Alfred Kroener,1961),p. 46。

[8]同上,p. 25。

[9]参见 Gordon Childe, *What Happened in History* (Baltimore:Penguin,1964),p. 102; Jacquetta Hawkes and Sir Leonard Wooley, *The Beginnings of Civilization* (*History of Mankind*, Vol. 1)(New York:Mentor,1965),Part 2,p. 125。

[10]为了讨论灌溉系统的发展与政府的出现之间的联系,参见 Max Weber, "Agrarverhältnisse im Altertum," 出自 *Gesammelte Aufsätze zur Sozial－ und Wirtschaftsgeschichte* (Tübingen: J. C. B. Mohr, 1924), pp. 10－11, 17, 46, 63. Karl Wittfogel, *Oriental Despotism: A Comparative Study of Total Power* (New Haven: Yale Univ. ,1957). Hawkes and Wooley, *The Beginnings of Civilization*,pp. 112－15. Childe, *What Happened in History*,pp. 78－81. W. H. McNeill, *The Rise of the West*

(Chicago:Mentor,1963),pp. 45 – 49,61,80 – 82,86 – 87n。

[11]James H. Breasted, *A History of Egypt from the Earliest Times to the Persian Conquest* (New York:Scribners,1916),p. 161.

[12]A. Burn, "Hie Breve Vivitur:A Study of the Expectation of Life in the Roman Empire," *Past and Present*,Vol. 4(1953),pp. 1 – 31;A. H. M. Jones, "The Social Structure of Athens in the 4th Century B. C. ," *Economic History Review*,2nd Series,Vol. VIII, No. 2(December 1955),p. 146; *Encyclopaedia Britannica*,1969 ed. Vol. 8,p. 41.

[13]Wolfram Eberhard, *A History of China* (Berkeley:Univ. of California,1960),p. 65.

[14]Heichelheim, *Ancient Economic History*,Vol. I,pp. 104 – 6,39 – 40,52 – 56.

[15]Schmoekel, *Das Land Sumer:Die Wiederentdeckung der ersten Hochkultur der Menschheit*,2nd ed. (Stuttgart:W. Kohlhammer,1956),p. 82.

[16]Heichelheim, *Ancient Economic History*,pp. 175,178.

[17]E. Fournier de Flaix, *L' Impôt dans les diverses civilisations*,Vol. I(Paris:Guillaumin & Cie. ,1897),pp. xix,7;and Seton Lloyd, *Archeology of Mesopotamia, from the Old Stone Age to the Persian Conquest* (London:Thames & Hudson,1978),p. 44.

[18]Kurt Heinig, *Das Budget*, Vol. 1 (Tübingen:J. C. B. Mohr, 1948);Bruno Meissner, *Babylonien und Assyrien* (Heidelberg:C. Winter, 1920 – 25),Vol. 1, p. 117;Alfons Dopsch, *Naturalwirtschaft und Geldwirtschaft in der Weltgeschichte* (世界历史上的自然经济与货币经济)(Vienna:L. W. Seidel,1930),p. 41。

[19]Eberhard, *History of China*,p. 65.

[20]Ernest O. Reischauer and John K. Fairbank, *East Asia:The Great Tradition*,Vol. 1 (Boston:Houghton Mifflin,1960),p. 161;Heichelheim, *Ancient Economic History*,p. 11;Childe, *What Happened in History*,p. 119.

[21]Karl A. Wittfogel and Feng Chia Sheng, *History of Chinese Society:Liao(907 – 1125)* (Philadelphia:Transactions of the American Philosophical Society, 1949),pp. 312 – 13; Ghoshal, *Contributions to the History of the Hindu Revenue System*, p. 129; Wittfogel, *Oriental Despotism*, pp. 333 – 34;Breasted, *History of Egypt from the Earliest Times*,p. 162;Heichelheim, *Ancient Economic History*,Vol. 1,p. 172.

[22]Heichelheim,p. 173.

[23]有关此主题的变体,请参阅 Henri Frankfort, *Ancient Egyptian Religion* (New York: Harper,1961),pp. 6 – 7,31 – 2 和多处;Eberhard Otto, *Wesen und Wandel der ägyptischen Kultur* (埃及文明的本质与变迁)(Stuttgart:W. Kohlhammer [Urban],

1969），pp. 32－39。Childe，*What Happened in History*，pp. 121，129。关于 Mesopotamian priest-kings，参阅 Schmoekel，*Kulturgeschichte des Alten Orient*，pp. 47ff.，85－88，and *Das Land Sumer*，pp. 61－62，85－86；Georges Roux，*Ancient Iraq* （Harmondsworth：Pelican，1966），pp. 125－28；Childe，*What Happened in History*，pp. 108，116，172；Hawkes and Wooley，*Beginnings of Civilization*，pp. 352－53. 对于中国，参见 Henri Maspéro and Étienne Balasz，*Histoire et institutions de la Chine ancienne des origines au XIIé siécle aprés J. C.*（Paris：Press Universitaires de France，1967），pp. 7－13；Wen－Ching Yin，*Le Systéme fiscal de la Chine*（Paris：Éditions et Publications Contemporaines，Pierre Bossuet，1930）；Robert Boutruche，*Seigneurie et feodalité：Le Premier Age des liens d'homme à homme*（Paris：Éditions Montaigne，1968），p. 252；Adams，*Heartland of Cities*，p. 81；A. Leo Oppenheim，*Ancient Mesopotamia：Portrait of a Dead Civilization*（Chicago：Univ. of Chicago，1977），pp. 97－98；还有 Lloyd，*Archeology of Mesopotamia*，pp. 57，135。

[24] Bruno Meissner，*Babylonien und Assyrien*，Vol. I，pp. 20，48－49，80；E. Otto，*Ägypten：Der Weg des Pharaonenreiches*，3rd ed.（Stuttgart：W. Kohlhammer，1958），pp. 151－56；A. Scharff and A. Moortgat，*Ägypten und Vorderasien im Altertum*，3rd ed.（Munich：F. Bruckmann，1962），pp. 133－34. 另见 M. Weber，"Agrarverhältnisse，" 见前注，p. 63；Heichelheim，*Ancient Economic History*，p. 170。

[25] Meissner，*Babylonien und Assyrien*，Vol. I，pp. 148，153；Frankfort，*Ancient Egyptian Religion*，pp. 42－45，53－57；Hawkes and Wooley，*Beginnings of Civilization*，pp. 193－94.

[26] Hawkes and Wooley，pp. 204，206－207.

[27] Dopsch，*Naturalwirtschaft*，p. 53；Heichelheim，*Ancient Economic History*，pp. 169－70；Adams，*Heartland of Cities*，pp. 59，66；and Seton Lloyd，*Foundations in the Dust* （New York：AMS Press，1978），pp. 176－77.

[28] Raymond Bogaert，*Les Origines antiques de la banque de dépôt*（Leyden：A. W. Sijthoff，1966），pp. 141－43.

[29] Chester Starr，*A History of the Ancient World*（New York：Oxford，1983），p. 35；Lloyd，*Archeology of Mesopotamia*，p. 89.

[30] Bogaert，pp. 48－49；and Lloyd，*Archeology of Mesopotamia*，p. 122.

[31] Schmoekel，"Mesopotamien，" 见前注，pp. 49，55－57；Schmoekel，*Das Land Sumer*，pp. 56－65；Meissner，*Babylonien und Assyrien*，Vol. I，pp. 24，56；Hawkes and

Wooley, *Beginnings of Civilization*, pp. 626 – 27; Roux, *Ancient Iraq*, p. 159; McNeill, *Rise of the West*, p. 61; Samuel Noah Kramer, *History Begins at Sumer* (Philadelphia: Univ. of Pennsylvania, 1981), pp. 46 – 49。

[32]Oppenheim, *Ancient Mesopotamia*, pp. 121 – 24.

[33]E. Otto, *Ägypten*, pp. 87 – 89, 160 – 162; Luigi Pareti, Paolo Brezzi, and Luciano Petech, *The Ancient World*, 1200 *B. C.* to *A. D.* 500 (New York: Harper & Row, 1965), pp. 178 – 79.

[34]E. Otto, *Ägypten*, p. 122.

[35]Hawkes and Wooley, *Beginnings of Civilization*, p. 624.

[36]John Hicks, *A Theory of Economic History* (Oxford: Clarendon Press, 1969), pp. 13 – 14.

[37]同上, pp. 14 – 15。

[38]对于印度尼西亚某村庄的类似万物有灵仪式的描述, 参见 James P. Sterba, "A Report from the Majority of the World," *New York Times Magazine*, Sept. 4, 1971。另见 Reynier, *De l' Économie publique et rurale des Arabes et des Juifs* (Geneva: J. J. Paschaud, Imprimeur - Libraires, 1820), pp. 307 – 11; Lloyd, *Archeology of Mesopotamia*, p. 44。

[39]McNeill, *Rise of the West*, pp. 69 – 70.

[40]Childe, *What Happened in History*, pp. 182 – 83.

[41]McNeill, *Rise of the West*, p. 63.

[42]Max Weber, "Agrarverhältnisse," 见前注, p. 66。

[43]Adams, *Heartland of Cities*, p. 21.

[44]McNeill, *Rise of the West*, pp. 48 – 52; A. L. Oppenheim, "A Bird's Eye View of Mesopotamian Economic History," 在 Karl Polanyi 等人中, *Trade and Markets in the Early Empires* (Glencoe: Free Press, 1957), pp. 31 – 34; M. Weber, "Agrarverhältnisse," 见前注, pp. 11, 46, 63; Adams, *Heartland of Cities*, p. 134。

[45]Meissner, *Babylonien und Assyrien*, Vol. I, pp. 7, 49.

[46]McNeill, *Rise of the West*, pp. 51 – 52.

[47]同上, pp. 48 – 52。

[48]Schmoekel, *Das Land Sumer*, p. 86.

[49]Arthur L. Stinchcombe, "Social Structure and Organizations," 出自 James G. March, ed. , *Handbook of Organizations* (Chicago: Rand-McNally, 1965), pp. 150 – 51。

〔50〕Wolfgang Heick, *Untersuchungen zu den Beamtentiteln des Ägptischen Alten Reiches* (Hamburg: J. J. Augustin, 1954), pp. 12 – 17, 55 – 56; E. Otto, *Ägypten*, p. 64.

〔51〕McNeill, *Rise of the West*, pp. 64, 68; Childe, *What Happened in History*, p. 151.

〔52〕Roux, *Ancient Iraq*, p. 156.

〔53〕Helck, *Untersuchungen zu den Beamtentiteln*, pp. 22 – 23; E. Otto, *Wesen*, pp. 39 – 42; *Ägypten Weg*, p. 64; McNeill, *Rise of the West*, p. 93; E. Fournier de Flaix, *L'Impôt dansles diverses civilisations*, Vol. I, p. 23.

〔54〕A. Scharff and A. Moortgat, *Ägypten und Vorderasien im Altertum*, p. 66; Frankfort, *Ancient Egyptian Religion*, pp. 35 – 36; E. Otto, *Ägypten Weg*, pp. 64, 81 – 87; Otto, *Wesen*, pp. 40 – 42; Heick, *Untersuchungen zu den Beamtentiteln*, pp. 13 – 16, 132 – 33.

〔55〕引用自 Breasted's Kahien Papyrus, *History of Egypt from the Earliest Times*, p. 166。

〔56〕McNeill, *Rise of the West*, p. 93.

〔57〕Scharf and Moortgat, *Ägypten und Vorderasien*, p. 66; Frankfort, *Ancient Egyptian Religion*, pp. 35 – 36; E. Otto, *Ägypten Weg*, pp. 64, 81 – 87; Otto, *Wesen*, pp. 40 – 42; Helck, *Untersuchungen zu den Beamtentiteln*, pp. 13 – 16, 132 – 33; Childe, *What Happened in History*, p. 129.

〔58〕Breasted, *History of Egypt from the Earliest Times*, pp. 79 – 80; E. Otto, *Ägypten Weg*, pp. 121 – 23.

〔59〕E. Otto, *Ägypten Weg*, pp. 155 – 56; Scharff and Moortgat, *Ägypten und Vorderasien*, p. 133.

〔60〕Breasted, *History of Egypt from the Earliest Times*, pp. 98 – 99.

〔61〕*Encyclopaedia Britannica*, 1969 ed., Vol. 8, p. 45.

〔62〕Breasted, *History of Egypt from the Earliest Times*, p. 64.

〔63〕Helck, *Untersuchungen zu den Beamtentiteln*, pp. 61 – 63. 另见 Heichelheim, *Ancient Economic History*, pp. 178 – 179。

〔64〕Fournier de Flaix, *L'Impôt dan les diverses civilisations*, 全部引用自 Maspéro, *Histoire ancienne de l'Orient*, p. 284。

〔65〕Breasted, *History of Egypt from the Earliest Times*, p. 64.

〔66〕A. H. M. Jones, "Taxation in Antiquity," 出自他的 *The Roman Economy* (Oxford: Basil Blackwell, 1974), pp. 156 – 57。

〔67〕McNeill, *Rise of the West*, p. 65; Schmoekel, *Das Land Sumer*, p. 86.

[68]Roux, *Ancient Iraq*, pp. 157 - 58.

[69]同上, p. 183。

[70]McNeill, *Rise of the West*, pp. 69 - 70.

[71]A. L. Oppenheim, "Mesopotamia, Land of Many Cities," 出自 Ira M. Lapidus, ed., *Middle Eastern Cities* (Berkeley: Univ. of California, 1969), pp. 9 - 11。

[72]Meissner, *Babylonien und Assyrien*, Vol. 1, pp. 124 - 25; Schmoekel, "Mesopotamien," 见前注, p. 107; Hawkes and Wooley, *Beginnings of Civilization*, p. 358; Dopsch, *Naturalwirtschaft*, p. 53; Roux, *Ancient Iraq*, p. 183。

[73]Hawkes and Wooley, *Beginnings of Civilization*, p. 358.

[74]Meissner, *Babyfonien und Assyrien*, Vol. 1, pp. 119 - 26; Hawkes and Wooley, *Beginnings of Civilization*, p. 358.

[75]Meissner, *Babyfonien und Assyrien*, Vol. I, pp. 127 - 28; Schmoekel, "Mesopotamien," 见前注, pp. 49, 69, 76, 103 - 7。

[76]McNeill, *Rise of the West*, pp. 246 - 48.

[77]同上, p. 248。

[78]Henri Maspéro, *China in Antiquity* (Chatham: Univ. of Massachusetts, 1978), p. 46.

[79]Henri Maspéro and Étienne Balasz, *Histoire et institutions de la Chine ancienne*, pp. 71 - 76.

[80]Wolfram Eberhard, *A History of China*, pp. 74, 81, 82 - 85; Michael Loewe, *Imperial China, the Historical Background to the Modern Age* (New York: Praeger, 1966), pp. 152 - 59.

[81]K. C. Wu, *The Chinese Heritage* (New York: Crown, 1982), p. 417.

[82]Maspéro and Balasz, *Histoire et institutions de la Chine*, pp. 175 - 76.

[83]Wu, *The Chinese Heritage*, pp. 417 - 18.

[84]哲学家 Han Fei 引用 Maspéro, *China in Antiquity*, p. 325。

[85]Kautilya, *The Arthasastra*, transl. R. Shamasastry (Mysore: Mysore Printing & Publishing House, 1961), p. 352.

[86]对于早期印度教政府和文学的讨论, 参见 McNeill, *Rise of the West*, pp. 327 - 32。

[87]同上, pp. 331 - 32。

[88]同上。

[89]Kautilya, *Arthasastra*, pp. 55 - 57.

[90]Ghoshal, *History of the Hindu Revenue System*, pp. 46 - 47.

［91］同上，pp. 202 - 4。

［92］Kautilya, *Arthasastra*, p. 63; Gopal, *Mauryan Public Finance*, p. 204.

［93］Lloyd, *Archeology of Mesopotamia*, p. 188.

［94］Heichelheim, *Ancient Economic History*, pp. 170 - 71.

［95］Kautilya, *Arthasastra*, p. 12; Gopal, *Mauryan Public Finance*, p. 20; Ghoshal, *History of the Hindu Revenue System*, p. 24.

［96］引用自 Roux, *Ancient Iraq*, p. 188, 摘自《汉穆拉比法典》(Code of Hammurabi) 后记，翻译 T. J. Meek。

［97］Meissner, *Babylonien und Assyrien*, Vol. I, p. 56.

［98］Frankfort, *Ancient Egyptian Religion*, pp. 44 - 46, 62 - 73.

［99］Kautilya, *Arthasastra*, p. 12.

［100］Hicks, *Theory of Economic History*, p. 22; Heichelheim, *Ancient Economic History*, p. 180.

［101］Heichelheim, p. 180; Wittfogel, *Oriental Despotism*, pp. 36 - 41.

［102］Maspéro and Balasz, *Histoire et institutions de la Chine*, p. 95. 另见 Wittfogel, *Oriental Despotism*, pp. 48 - 49。

［103］*Encyclopaedia Britannica*, 1969 ed., Vol. 5, p. 579. Wittfogel, *Oriental Despotism*, pp. 39 - 40; Eberhard, *History of China*, p. 65; Starr, *History of the Ancient World*, p. 637; Arthur Cotterell, *The First Emperor of China* (London: Macmillan, 1981), pp. 77 - 78, 150 - 51, 174; Michelle Pirazzoli - t' Serstevens, *The Han Dynasty* (New York: Rizzoli, 1982), pp. 13 - 17, 24.

［104］Hawkes and Wooley, *Beginnings of Civilization*, p. 582.

［105］*Encyclopaedia Britannica*, 1969 ed., Vol. 5, p. 579; Wittfogel, *Oriental Despotism*, p. 33.

［106］Hawkes and Wooley, *Beginnings of Civilization*, p. 115.

［107］McNeill, *Rise of the West*, p. 68.

［108］Roux, *Ancient Iraq*, p. 187.

［109］Breasted, *History of Egypt from the Earliest Times*, p. 161.

［110］同上。

［111］Heichelheim, *Ancient Economic History*, p. 180; Hawkes and Wooley, *Beginnings of Civilization*, p. 324; E. Otto, *Ägypten Weg*, pp. 87 - 88.

［112］Gopal, *Mauryan Public Finance*, p. 20.

［113］Dopsch, *Naturalwirtschaft*, p. 44.

［114］Ghoshal, *History of the Hindu Revenue System*, p. 157.

［115］Kautilya, *Arthasastra*, p. 278.

［116］Ghoshal, *History of the Hindu Revenue System*, pp. 158 – 59.

［117］同上, p. 160。

［118］同上, p. 162。

［119］*Encyclopaedia Britannica*, 1969 ed., Vol. 6, p. 570.

［120］Childe, *What Happened in History*, p. 125; *Encyclopaedia Britannica*, 1969 ed., Vol. 6, p. 560.

［121］Wittfogel, *Oriental Despotism*, pp. 40, 363 – 66.

［122］同上, pp. 39, 363 – 66。

［123］Wittfogel, *Oriental Despotism*, p. 39.

［124］Hawkes and Wooley, *Beginnings of Civilization*, p. 357.

［125］Childe, *What Happened in History*, p. 131.

［126］Heichelheim, *Ancient Economic History*, p. 176; Hawkes and Wooley, *Beginnings of Civilization*, p. 357.

［127］Meissner, *Babylonien und Assyrien*, Vol. I, pp. 144 – 45.

［128］Étienne Balasz, *Le Traité économique de "Souëi-Chou"* (Leiden: E. J. Brill, 1953), pp. 135 – 36; 189 – 90.

［129］Pirazzoli-t'Serstevens, *Han Dynasty*, pp. 27 – 28.

［130］Balasz, *Traite economique de "Souëi-Chou,"* pp. 135 – 36; 189 – 90.

［131］Wen-Ching Yin, *Le Systeme fiscal de la Chine*, pp. 30 – 31. 另见 Reischauer and Fairbanks, *East Asia, The Great Tradition*, p. 161。

［132］Wittfogel, *Oriental Despotism*, p. 30.

［133］Kautilya, *Arthasastra*, pp. 100 – 1.

［134］E. Otto, *Wesen*, pp. 41 – 42.

［135］Breasted, *History of Egypt from the Earliest Times*, p. 238; Genesis 41: 25; Starr, *History of the Ancient World*, p. 59.

［136］Kautilya, *Arthasastra*, p. 99; Gopal, *Mauryan Public Finance*, p. 65.

［137］Wittfogel, *Oriental Despotism*, p. 72.

［138］Henri Maspéro, *La Chine antique* (Paris: E. de Boccard, 1927), pp. 92 – 93.

［139］Michael Loewe, *Imperial China*, p. 203.

［140］Kwang - Chili Chang, *Shang Civilization*（New Haven：Yale Univ. , 1980），p. 238. Arthur Waley 翻译的诗。

［141］Meissner, *Babylonien und Assyrien*, Vol. I, pp. 125 – 26；Hawkes and Wooley, *Beginnings of Civilization*, pp. 358 – 59；Schmoekel, "Mesopotamien," 见前注, pp. 106 – 7。

［142］Breasted, *History of Egypt from the Earliest Times*, pp. 238 – 39.

［143］Kautilya, *Arthasastra*, pp. 100 – 1.

［144］Maspéro, *La Chine antique*, pp. 92 – 93；Maspéro and Balasz, *Histoire et institutions de la Chine*, p. 213；Yin, *Systeme fiscal de la Chine*, p. 22.

［145］Maspéro, *La Chine antique*, pp. 92 – 93.

［146］Chang, *Shang Civilization*, pp. 236 – 37.

［147］Kautilya, *Arthasastra*, pp. 271 – 72.

［148］Gopal, *Mauryan Public Finance*, p. 26；Heichelheim, *Ancient Economic History*, Vol. I, pp. 171 – 74；Meissner, *Babylonien und Assyrien*, Vol. I, pp. 121 – 22；Schmoekel, "Mesopotamien," 见前注, pp. 56, 79；*Cambridge Economic History of Europe*, Vol. II（Cambridge：Cambridge Univ. , 1952），p. 30。

［149］Kautilya, *Arthasastra*, p. 99；Schmoekel, "Mesopotamien," 见前注, p. 51。

［150］Heichelheim, *Ancient Economic History*, p. 175.

［151］同上, p. 178。

［152］*Encyclopaedia Britannica*, 1969 ed. , Vol. I, pp. 890 – 91.

［153］T. R. Glover, *The Ancient World*（Baltimore：Penguin, 1935），pp. 58 – 59, 65.

［154］Breasted, *History of Egypt from the Earliest Times*, p. 79.

［155］Wittfogel, *Oriental Despotism*, p. 331.

［156］Kautilya, *Arthasastra*, p. 271.

［157］同上。

［158］K. Asakawa, *The Early Institutional Life of Japan：A Study in the Reform of* 645 *A. D.*（New York：Paragon Book Reprint Corp. , 1963），p. 109.

［159］E. Otto, *Ägypten Weg*, pp. 192 – 94.

［160］同上。

［161］Kautilya, *Arthasastra*, p. 69；Gopal, *Mauryan Public Finance*, p. 25.

［162］Breasted, *History of Egypt from the Earliest Times*, p. 404；Childe, *What Happened in History*, p. 167.

［163］Schmoekel，"Mesopotamien，"见 前 注，pp. 106 － 7；Meissner，*Babylonien und Assyrien*，Vol. I，p. 3，127。

［164］S. N. Kramer，*History Begins at Sumer*，p. 49.

［165］Kautilya，*Arthasastra*，pp. 273 － 75.

［166］*Encyclopaedia Britannica*，1969 ed. ，Vol. 16，pp. 757 － 60；Vol. 1，pp. 6 － 7.

［167］Kautilya，*Arthasastra*，p. 56.

［168］Ghoshal，*History of the Hindu Revenue System*，p. 49；Gopal，*Mauryan Public Finance*，p. 202.

［169］*Encyclopaedia Britannica*，1969 ed. ，Vol. 1，p. 45.

［170］Ghoshal，*History of the Hindu Revenue System*，pp. 34 － 35；Kautilya，*Arthasastra*，p. 158.

［171］Ghoshal，pp. 50 － 51；Gopal，*Mauryan Public Finance*，p. 64；Kautilya，*Arthasastra*，p. 159.

［172］Scharff and Moortgat，*Ägypten und Vorderasien*，p. 68.

［173］Heichelheim，*Ancient Economic History*，p. 179.

［174］Wittfogel，*Oriental Despotism*，p. 51.

［175］Breasted，*History of Egypt from the Earliest Times*，p. 239.

［176］同上，p. 235。

［177］Kautilya，*Arthasastra*，p. 36.

［178］同上，p. 37。

［179］同上，p. 57。

［180］Gopal，*Mauryan Public Finance*，pp. 158 － 59；Ghoshal，*History of the Hindu Revenue System*，p. 153.

［181］Ghoshal，p. 161；Gopal，pp. 155 － 56；Kautilya，*Arthasastra*，pp. 58 － 59.

［182］Maspéro and Balasz，*Histoire et institutions de la Chine*，p. 74.

［183］同上，pp. 239 － 41。

［184］Kautilya，*Arthasastra*，p. 101.

［185］同上，p. 61。

［186］同上，p. 60。

［187］同上，pp. 276 － 77。

［188］同上，pp. 102 － 3。

［189］同上，p. 15。

［190］同上。

［191］同上，p. 16。

［192］Gopal, *Mauryan Public Finance*, p. 67.

［193］Asakawa, *Early Institutional Life of Japan*, pp. 271－72.

［194］同上，pp. 218－19。

［195］Breasted, *History of Egypt from the Earliest Times*, p. 162.

［196］Loewe, *Imperial China*, pp. 171－74.

［197］Ghoshal, *History of the Hindu Revenue System*, p. 147.

［198］Loewe, *Imperial China*, p. 170.

［199］Breasted, *History of Egypt from the Earliest Times*, p. 406.

［200］Otto, *Ägypten Weg*, p. 171.

［201］Gopal, *Mauryan Public Finance*, p. 204; Kautilya, *Arthasastra*, p. 63.

［202］Kautilya, *Arthasastra*, p. 62.

［203］同上。

［204］同上，p. 64。

［205］同上，pp. 66－67。

［206］同上，p. 66。

［207］同上，p. 68。

［208］同上，p. 70。

［209］Gopal, *Mauryan Public Finance*, pp. 203－4.

［210］Kautilya, *Arthasastra*, pp. 61－65; Gopal, p. 205.

［211］Kautilya, *Arthasastra*, p. 17.

［212］同上，pp. 17－20; Gopal, pp. 203－4。

［213］Gopal, pp. 159－60.

［214］Kautilya, *Arthasastra*, p. 21.

［215］Loewe, *Imperial China*, p. 202.

［216］Maspéro, *China in Antiquity*, p. 57.

［217］Jones, "Taxation in Antiquity," 见前注，pp. 157－58。

［218］参见 Michael Thompson, *Rubbish Theory* (Oxford: Oxford Univ., 1979); Fredrik Barth, *Political Leadership Among Swat Pathans* (London: Athlone Press, 1959); and E. E. Evans-Pritchard, *The Nuer* (Oxford: Oxford Univ., 1940)。

［219］Louis Dumont, *Homo Hierarchicus*, English ed. (London: Weidenfeld & Nicolson,

1966）．

[220]Deuteronomy 14:24 – 26.

第三章

[1]Keith Hopkins,"On the Probable Age Structure of the Roman Population,"*Population Studies*, Vol. XX, No. 2（November 1966）, pp. 245, 250, 253 – 54; A. H. M. Jones, *Athenian Democracy*（Oxford:Basil Blackwell,1966）,p. 82;Jones,"The Social Structure of Athens in the 4th Century B. C. ," *Economic History Review*, Vol. VIII, No. 2 （December 1955）, p. 146; Mikhail Rostovtseff, *Social and Economic History of the Hellenistic World*（Oxford: Clarendon, 1941）, p. 95; A. R. Hands, *Charities and Social Aid in Greece and Rome*（Ithaca:Cornell Univ. ,1968）,p. 71;Donald Engels,"The Use of Historical Demography in Ancient History," *Classical Quarterly*, Vol. XXXIV（1984）, No. 2, pp. 386 – 93; Ansley Coale, "A History of the Human Population," *Scientific American* , September 1974,pp. 43 – 44.

[2] Victor Ehrenberg, *The Greek State*（Oxford: Basil Blackwell, 1960）, p. 84; Fritz Heichelheim,*An Ancient Economic History*, Vol. II（Leyden:A. W. Sijthoff, 1965）, p. 137;Augustus Boeckh, *The Public Economy of the Athenians*, Vol. II（London: John Murray,1828）, pp. 196 – 97, 379; Albert E. Trever, *History of Ancient Civilization*, Vol. I, *The Ancient Near East and Greece*（New York:Harcourt, Brace, 1936）, p. 288; Raymond Bogaert, *Les Origines antiques de la banque de dépôt*（Leyden:A. W. Sijthoff, 1966）, pp. 151 – 52; A. C. Littleton and B. S. Yamey, *Studies in the History of Accounting*（Homewood, Ill. :Irwin, 1956）,pp. 26 – 27.

[3]Augustus Boeckh,*Public Economy*, Vol. II, pp. 280 – 81.

[4]A. French, *The Growth of the Athenian Economy*（London: Routledge & Kegan Paul, 1964）,p. 146;A. H. M. Jones,"The Social Structure of Athens in the 4th Century B,c. ," *Economic History Review*,2nd Series, Vol. VIII, No. 2（December 1955）,p. 143.

[5]Rostovtseff, *Social and Economic History of the Hellenistic World*, pp. 91 – 92.

[6]Frank W. Walbank, "Trade and Industry Under the Roman Empire in the West,"出自 *Cambridge Economic History of Europe*, Vol. II（Cambridge:Cambridge Univ. ,1952）, pp. 46 – 47; Tenney Frank, *An Economic Survey of Ancient Rome*, Vol. 1, *Rome and Italy of the Republic*（Baltimore:Johns Hopkins,1933）,pp. 89 – 93;Mikhail Rostovtseff,

The Social and Economic History of the Roman Empire(Oxford：Clarendon，1926)，pp. 138 - 39。

[7]Heichelheim，*Ancient Economic History*，Vol. II，pp. 72 - 74；A. H. M. Jones，*The Greek City from Alexander to Justinian* (Oxford：Clarendon，1966)，p. 140；Hermann Bengston，*Griechische Geschichte von den Anf iingen bis in die romische Kaiserzeit*，3rd ed.（Munich：C. H. Beck，1965），p. 106；C. Hignett，*A History of the Athenian Constitution to the End of the* 5th *Century B. C.*(Oxford：Clarendon，1952)，p. 88.

[8] Heichelheim，*Ancient Economic History*，Vol. II，p. 140；Rostovtseff，*Social and Economic History of the Hellenistic World*，p. 135；M. Abel，*Histoire de la Palestine depuis la conquète d'Alexandre jusq'à l'invasion arabe*，Vol. I（Paris：Librairie Lecoffre，J，Gabelda & Cie.，1952)，pp. 17 - 18；Hignett，*History of the Athenian Constitution*，pp. 235 - 39.

[9]M. I. Finley，*Politics in the Ancient World*(Cambridge：Cambridge Univ.，1983)，p. 15.

[10]Constantin D. Sterghiopolous，*Les Finances grèques au Vie siecle*(Athens：Collection de l'Institut Français d'Athènes，1949)，pp. 30 - 31；Hignett，*History of the Athenian Constitution*，pp. 80 - 92，308，311.

[11]Boeckh，*Public Economy*，Vol. I，pp. 268 - 74，279 - 80，289，323，329.

[12]Hignett，*History of the Athenian Constitution*，pp. 145 - 49，191 - 95，202 - 3，235 - 38；N. G. L. Hammond，*A History of Greece to 322 B. C.*(Oxford：Clarendon，1967)，pp. 330 - 31；Heichelheim，*Ancient Economic History*，Vol. II，pp. 142 - 43.

[13]A. French，*The Growth of the Athenian Economy*(London：Routledge & Kegan Paul，1964)，pp. 91，105；Finley，*Politics in the Ancient World*，p. 17.

[14]参见 H. H. Scullard，*From the Gracchi to Nero：A History of Rome from 133 B. C. to A. D.* 68(London：Methuen，1965)，p. 6。为了进一步讨论贵族参议院家族中的寡头核心，参见 Ronald Syme，*The Roman Revolution*(Oxford：Clarendon，1960)，pp. 10 - 13 及多处。

[15]Scullard，*From the Gracchi to Nero*，pp. 7 - 8，19 - 40，115 - 17，和多处；P. A. Brunt，*Social Conflicts in the Roman Republic*(London：Chatto & Windus，1971)，pp. 92 - 95 及多处。

[16]Brunt，*Social Conflicts in the Roman Republic*，pp. 99，110，148 - 49. 另见 pp. 169 - 70ff.

[17]Scullard，*From the Gracchi to Nero*，pp. 217，233；Richard A. Talbert，"Augustus and

the Senate,"*Greece and Rome*,Vol. XXXI,No. I(April 1984),p. 56.

[18]P. A. Brunt,"Princeps and Equites,"*Journal of Roman Studies*,Vol. LXXIII(1983),
p. 44.

[19]Finley,*Politics in the Ancient World*,p. 32.

[20] Ehrenberg, *The Greek State*, p. 85; Karl A. Wittfogel, *Oriental Despotism: A
Comparative Study of Total Power* (New Haven: Yale Univ., 1957), p. 71; Boeckh,
Public Economy, Vol. II, p. 9; Finley, *Politics in the Ancient World*, p. 32.

[21]Boeckh,*Public Economy*,Vol. II,p. 200.

[22]Finley, *Politics in the Ancient World*, pp. 36 – 37; Finley, *The Ancient Economy*
(Berkeley: Univ. of California,1973),pp. 150 – 51.

[23]Ehrenberg,*The Greek State*,p. 87;Heichelheim,*Ancient Economic History*,Vol. II,
pp. 135,137;Boeckh,*Public Economy*,Vol. II,p. 202;A. H. M. Jones, "Liturgy,"出自
Oxford Classical Dictionary(Oxford: Clarendon, 1957), pp. 508 – 9; Jones, *The Greek
City from Alexander to Justinian*, pp. 167 – 68, 247 – 48; Jones, *Athenian
Democracy*,pp. 55 – 57, 100 – 1; Hands, *Charities and Social Aids in Greece and
Rome*,pp. 37 – 38,40 – 41,52。

[24]Frank F. Abbott and Allen Chester Johnson,*Municipal Administration in the Roman
Empire*(Princeton: Princeton Univ., 1926),pp. 94 – 95.

[25]Heichelheim,*Ancient Economic History*,Vol. II,p. 135;Ehrenberg,*The Greek State*,
p. 83;Boeckh,*Public Economy*,Vol. II,pp. 200 – 3,212,217 – 18;Rostovtseff,*Social
and Economic History of the Roman Empire*,p. 140.

[26]E. Fournier de Flaix,*L'Impôt dans les diverses civilisations*,Vol. I(Paris: Guillaumin
Cie., 1897), pp. 115 – 18; Boeckh, *Public Economy*, Vol. II, pp. 206, 320 – 22;
Ehrenberg, *The Greek State*,p. 83;Bengston,*Griechische Geschichte*,pp. 161 – 62.

[27]G. L. Cawkwell, "Athenian Naval Power in the Fourth Century,"*Classical Quarterly*,
New Series,Vol. XXXIV,No. 2(1984),p. 327.

[28]Boeckh, *Public Economy*, Vol. II, pp. 202, 327; Ehrenberg, *The Greek State*, p. 87;
Hammond,*A History of Greece to 322 B. C.*, p. 527; Cawkwell, "Athenian Naval
Power,"见前注,pp. 340 – 41。

[29]Fournier de Flaix,*L'Impôt dans les diverses civilisations*,pp. 115 – 18.

[30]Rostovtseff, *Social and Economic History of the Roman Empire*, pp. 140 – 41,
333 – 35.

[31]Tenney Frank, *An Economic History of Rome*(New York:Cooper Square Publishers, 1962),pp. 493 – 94; Tenney Frank, *An Economic Survey of Ancient Rome*, Vol. 5, *Rome and Italy of the Empire*(Baltimore:Johns Hopkins,1940),pp. 95 – 101;Abbott and Johnson, *Municipal Administration in the Roman Empire*, pp. 142 – 45; Rostovtseff, *Social and Economic History of the Roman Empire*, pp. 140 – 41; Finley,*Ancient Economy*,p. 153.

[32]Rostovtseff, *Social and Economic History of the Roman Empire*,p. 141.另见 Frank, *Economic History of Rome*,p. 141;Hands,*Charities and Social Aids*,p. 73。

[33]Nicolas Hohlwein, *L' Égypt romaine; Recueil des termes techniques relatifs aux institutions politiques et administratives de l'Égypt romaine suivi d'un choix de textes papyrofogiques* (Brussels:Hayez, 1912), pp. 312 – 30; Abbott and Johnson, *Municipal Administration*,pp. 98 – 100,321 – 31;Rostovtseff, *Social and Economic History of the Roman Empire*, pp. 334 – 35; Frank, *Economic History of Rome*, p. 392;Hands,*Charities and Social Aids*,pp. 58 – 60,144 – 45.

[34]Boeckh,*Public Economy*,Vol. II,pp. 201 – 2,206,322.

[35]同上,pp. 320 – 22;Fournier de Flaix, *L' Impôt dans les diverses civilisations*, pp. 115 – 18;Ehrenberg, *The Greek State*,p. 87。

[36]Fergus Millar,"Empire and City,Augustus to Julian:Obligations,Excuses and Status," *Journal of Roman Studies*,Vol. LXXIII(1983),p. 80.

[37]Rostovtseff, *Social and Economic History of the Roman Empire*, p. 341;Albert E. Trever,*History of Ancient Civilization*, Vol. II, *The Roman World* (New York: Harcourt,Brace,1939),p. 516;J. B. Bury,*History of the Later Roman Empire*,Vol. II (New York:Dover,1959),p. 59.

[38] Peter Garnsey, "Aspects of the Decline of the Urban Aristocracy," *Aufsteig und Niedergang*,Vol. 2,No. 1,p. 240,引用自 Peter Brown, *The Making of Late Antiquity* (Cambridge,Mass. :Harvard Univ. ,1978),p. 35。

[39]Brown,*Making of Late Antiquity*,pp. 36 – 37.

[40]同上,p. 48。

[41]Frank,*Economic History of Rome*,p. 494;Rostovtseff, *Social and Economic History of the Roman Empire*,pp. 340 – 41;Abbott and Johnson,*Municipal Administration*, pp. 94 – 96;Bury,*History of the Later Roman Empire*,Vol. II,pp. 519,544;Trever, *History of Ancient Civilization*, Vol. II, pp. 519, 544; A. H. M. Jones, *Ancient*

Economic History (London: H. K. Lewis, 1948), pp. 19 - 20; P. A. Brunt, "The Revenues of Rome," *Journal of Roman Studies*, Vol. LXXI(1981), pp. 169 - 70.

[42] Bury, *History of the Later Roman Empire*, p. 59; Abbott and Johnson, *Municipal Administration*, pp. 96, 115; A. H. M. Jones, *The Later Roman Empire*, Vol. I (Oxford: Basil Blackwell, 1964), Ch. XIX, pp. 724 - 29, 732 - 57 及多处。

[43] Rostovtseff, *Social and Economic History of the Roman Empire*, p. 462; Frank, *Economic History of Rome*, pp. 493 - 95; Bury, *History of the Later Roman Empire*, p. 59; Jones, *Ancient Economic History*, pp. 19 - 20; Brunt, "Revenues of Rome," 见前注, p. 169。

[44] Abbott and Johnson, *Municipal Administration*, pp. 102 - 11; Millar, "Empire and City," 见前注, pp. 94 - 95。

[45] Abbott and Johnson, *Municipal Administration*, p. 106; Jones, *Later Roman Empire*, Vol. II, pp. 543 - 52.

[46] Abbott and Johnson, *Municipal Administration*, p. 103; Hohlwein, *L' Égypt romaine*, pp. 313 - 16.

[47] Brown, *Making of Late Antiquity*, pp. 85 - 87.

[48] Abbott and Johnson, *Municipal Administration*, p. 111.

[49] 同上, pp. 96 - 97。

[50] 同上, pp. 104 - 5, 113, 131 - 32; Rostovtseff, *Social and Economic History of the Roman Empire*, pp. 468 - 69; Frank, *Economic History of Rome*, p. 496; Bury, *History of the Later Roman Empire*, Vol. I, p. 60; Frank W. Walbank, "Trade and Industry Under the Roman Empire in the West," 见前注, p. 63; Jones, *Later Roman Empire*, Vol. I, pp. 739 - 40。

[51] Abbott and Johnson, *Municipal Administration*, pp. 103 - 5.

[52] Hammond, *History of Greece to 322 B. C.*, p. 528; French, *Growth of the Athenian Economy*, p. 126; Boeckh, *Public Economy*, Vol. II, pp. 24, 44; Bury, *History of the Later Roman Empire*, Vol. I, p. 45.

[53] Abbott and Johnson, *Municipal Administration*, pp. 97, 115; A. H. M. Jones, *A History of Rome through the 5th Century*, Vol. I, *The Republic* (New York: Walker & Co., 1968), pp. 255 - 56.

[54] Boeckh, *Public Economy*, Vol. II, pp. 380 - 81.

[55] Heichelheim, Ancient *Economic History*, Vol. II, p. 133; Sterghiopolous, *Les Finances*

grèques, pp. 43 - 44; Joachim Marquardt, *Romische Statsverwaltung*, Vol. 2(Leipzig, 1876),也被称为 *Handbuch der romischen Alterthumer* 的第 5 卷,出自 J. Marquardt and T. Mommsen, pp. 145 - 47; French, *Growth of the Athenian Economy*, p. 51; Boeckh, *Public Economy*, Vol. II, pp. 9 - 11; Brunt, "Revenues of Rome,"见前注, p. 161。

[56] Ehrenberg, *The Greek State*, p. 86; Boeckh, *Public Economy*, Vol. II, pp. 23 - 26; John Ferguson, *The Heritage of Hellenism*(New York: Science History Publications, 1973), p. 56.

[57] Heichelheim, *Ancient Economic History*, Vol. II, p. 134; French, *Growth of the Athenian Economy*, pp. 125 - 27; Hammond, *History of Greece to 322 B.C.*, p. 529.

[58] Heichelheim, *Ancient Economic History*, Vol. II, p. 134; Boeckh, *Public Économy*, Vol. II, pp. 49, 228.

[59] Jones, *Athenian Democracy*, pp. 23, 28 - 29, 55 - 56; Hammond, *History of Greece to 322 B.C.*, pp. 489 - 90, 525; Ehrenberg, *The Greek State*, p. 86; Heichelheim, *Ancient Economic History*, Vol. II, p. 138; Boeckh, *Public Economy*, Vol. II, p. 271; Finley, *The Ancient Economy*, p. 95; A. H. M. Jones, "Taxation in Antiquity,"在他的 *The Roman Economy* 中(Oxford: Basil Blackwell, 1974), p. 154。

[60] Marquardt, *Römische Statsverwaltung*, p. 160; Wittfogel, *Oriental Despotism*, p. 71; Jones, "Taxation in Antiquity,"见前注, p. 161。

[61] Marquardt, *Romische Statsverwaltung*, pp. 166 - 67; Frank, *Economic Survey of Ancient Rome*, Vol. I, pp. 121 - 22.

[62] Frank, *Economic History of Rome*, p. 149; Marquardt, *Römische Statsverwaltung*, p. 175; Allen Chester Johnson, *Egypt and the Roman Empire*(Ann Arbor: Univ. of Michigan, 1951), p. 177; Abbott and Johnson, *Municipal Administration*, pp. 117 - 18; Trever, *History of Ancient Civilization*, Vol. II, p. 128.

[63] Jones, *History of Rome Through the 5th Century*, Vol. I, pp. 267 - 68; Abbott and Johnson, *Municipal Administration*, p. 119; M. Dureau de La Malle, *Économie politique des Romains*, Vol. 2(Paris: Chez L. Hachette, 1840), pp. 356 - 57; Brunt, "Revenues of Rome,"见前注, pp. 161 - 63。

[64] Jones, *History of Rome through the 5th Century*, Vol. I, pp. 282, 285, 323 - 24; Frank, *Economic History of Rome*, p. 383; Ehrenberg, *The Greek State*, p. 235.

[65] Marquardt, *Romische Statsverwaltung*, p. 181; Frank, *Economic History of Rome*,

p. 383.

[66]J. S. Richardson,"The Spanish Mines and the Development of Provincial Taxation in the Second Century B. C. ,"*Journal of Roman Studies*,Vol. LXVI(1976),pp. 139 – 52.

[67]Frank,*Economic History of Rome*,pp. 171 – 73.

[68]Jones,*History of Rome Through the 5th Century*,Vol. I,p. 300.

[69]同上,p. 277。

[70]Keith Hopkins 在他的 "Taxes and Trade in the Roman Empire(200 B.C. – 400 A.D.),"中阐述了这一观点,*Journal of Roman Studies*,Vol. LXX(1980),pp. 101 – 25. 另见他对 Peter Garnsey 的介绍,Keith Hopkins, and C. R. Whittaker, *Trade in the Ancient Economy*(London:Chatto & Windus,1983),pp. xix – xxi。

[71]A. N. Sherwin – White,"Procurator Augusti,"*Papers of the British School at Rome*, Vol. 15(1939),pp. 11 – 19;P. A. Brunt,"The 'Fiscus' and Its Development," *Journal of Roman Studies*, Vol. 56(1966),pp. 87 – 88;Scullard, *From the Gracchi to Nero*, pp. 228 – 29,233 – 35;Fergus Millar,"The Emperor,the Senate, and the Provinces," *Journal of Roman Studies*,Vol. LVI(1966),pp. 156 – 66.

[72]Abbott and Johnson,*Municipal Administration*, pp. 123 – 24;Trever,*History of Ancient Civilization*,Vol. II,pp. 329 – 30;Richard Duncan-Jones,*The Economy of the Roman Empire*(Cambridge:Cambridge Univ. ,1974),p. 5,注释 3。

[73]P. A. Brunt,"The Role of the Senate in the Augustan Regime,"*Classical Quarterly*, Vol. 34(1984),No. 2,pp. 435 – 37.

[74]Trever,*History of Ancient Civilization*, Vol. II, p. 125;M. Abel,*Histoire de la Palestine*,Vol. I,pp. 429 – 30.

[75]Jones,"Taxation in Antiquity,"p. 168.

[76]Duncan-Jones,*Economy of the Roman Empire*,p. 8. Duncan-Jones 强调在解释他的价格比较时要谨慎;因基价的不确定性,他对小麦价格通胀的计算可能过高。见注释 2, p. 8。

[77]Hopkins,"Taxes and Trade in the Roman Empire,"见前注,pp. 120 – 21。

[78]Frank,*Economic Survey of Ancient Rome*,Vol. 5,p. 18.

[79]Jones,*Later Roman Empire*,Vol. I,pp. 23 – 24。

[80]Frank,*Economic History of Rome*,p. 492.

[81]同上,p. 394。

[82]同上,p. 492;Rostovtseff,*Social and Economic History of the Roman Empire*,pp.

462 – 63；Bury，*History of the Later Roman Empire*，Vol. I，pp. 46 – 47；Walbank，"Trade and Industry Under the Roman Empire in the West，"见前注，p. 66。

［83］A. H. M. Jones，"The Roman Civil Service，Clerical and Subclerical Grades，"转载自 *Journal of Roman Studies*，Vol. XXXIX（1949），出自 Jones，*Studies in Roman Government and Law*（Oxford：Basil Blackwell，1960），pp. 162 – 67。

［84］R. E. Lammert，in Frank，*Economic Survey of Ancient Rome*，Vol. 5，p. 86；Johnson，*Egypt and the Roman Empire*，p. 48；Walbank，"Trade and Industry Under the Roman Empire in the West，"见前注，p. 57；G. R. Watson，*The Roman Soldier*（Ithaca：Cornell Univ.，1969），pp. 13 – 25；Hopkins，"Taxes and Trade in the Roman Empire，"见前注，p. 123。

［85］A. H. M. Jones，"Inflation Under the Roman Empire，"*Economic History Review*，2nd Series，Vol. V（1953），No. 3，p. 317；Johnson，*Egypt and the Roman Empire*，pp. 46 – 47；Frank，*Economic History of Rome*，pp. 492 – 93。

［86］Rostovtseff，*Social and Economic History of the Roman Empire*，pp. 463 – 64；Frank，*Economic Survey of Ancient Rome*，Vol. 5，pp. 302 – 3。

［87］Abbott and Johnson，*Municipal Administration*，pp. 127 – 29；Rostovtseff，*Social and Economic History of the Roman Empire*，p. 464；W. Eusslin，"The Reforms of Diocletian，"出自 *Cambridge Ancient History*，Vol. 12（Cambridge：Cambridge Univ.，1939），pp. 399 – 400。

［88］Bury，*History of the Later Roman Empire*，Vol. I，pp. 46 – 47；Abbott and John son，*Municipal Administration*，p. 130；Rostovtseff，*Social and Economic History of the Roman Empire*，pp. 465 – 66；Eusslin，"Reforms of Diocletian，"见前注，p. 403；Walbank，"Trade and Industry Under the Roman Empire in the West，"见前注，p. 64；R. P. Duncan – Jones，review of Walter Goffart，*Caput and Colonate：Toward a History of Late Roman Taxation*（Toronto and Buffalo：Univ. of Toronto，1974），出自 *Journal of Roman Studies*，Vol. LXVII（1977），pp. 202 – 4。

［89］Rostovtseff，*Social and Economic History of the Roman Empire*，p. 467；Frank，*Economic History of Rome*，pp. 501 – 2；A. Woolf，*A Short History of Accountants and Accountancy*（London：Gee & Co.，1912），p. 51；Walbank，"Trade and Industry Under the Roman Empire in the West，"见前注，pp. 64 – 66。

［90］Walbank，p. 273.

［91］Frank，*Economic History of Rome*，p. 491.

［92］Hopkins,"Taxes and Trade in the Roman Empire,"见前注,pp. 123 - 24。

［93］Sterghiopolous, *Les Finances grèques au Vie siecle*, pp. 33 - 34.

［94］Paul Millett,"Maritime Loans and the Structure of Credit in 4th Century Athens,"出自 Hopkins,Garnsey,and Whittaker, *Trade in the Ancient Economy*, p. 48。

［95］Boeckh, *Public Economy*, Vol. II, p. 28;Hammond, *History of Greece to 322 B. C.*, p. 326.

［96］Boeckh, *Public Economy*, Vol. I, pp. 208 - 9.

［97］Oskar Seyffert and Walther Schwann, "Telonai," 出 自 *Real - Encyclopiidie der Classischen Altertiimswissenschaft*, by Pauly - Wissowa, Vol. 5A, No. 1 (Stuttgart: Metzler, 1934), pp. 418 - 25。

［98］Tenney Frank, "The Financial Activities of the Equestrian Corporations," *Classical Philology*, Vol. 28, January 1933, p. 3; Jones, "Taxation in Antiquity,"见 前 注, pp. 154 - 55。

［99］Hammond, *History of Greece to 322 B.C.*, p. 52.

［100］同上, p. 55; Hignett, *Athenian Constitution*, pp. 201 - 2, 235 - 36。

［101］Rostovtseff, *Social and Economic History of the Roman Empire*, pp. 273, 328 - 30, 338, 345.

［102］Boeckh, *Public Economy*, Vol. II, pp. 27 - 28.

［103］Seyffert and Schwarm, "Telonai,"见前注。

［104］Boeckh, *Public Economy*, Vol. II, p. 51.

［105］Rostovtseff, *Social and Economic History of the Hellenistic World*, Vol. I, pp. 243 - 44.

［106］Frank, "Financial Activities of the Equestrian Corporations,"见前注, p. 3; Garnsey, "Grain for Rome," 出 自 Garnsey, Hopkins and Whittaker, *Trade in the Ancient Economy*, p. 122; E. Badian, *Publicans and Sinners* (Oxford: Basil Blackwell, 1972), p. 62。

［107］Giacomo Lombroso, *Recherches sur l'économie politique de l'Égypte sous les Lagides* (Turin: Imprimerie Royale, Bacca Frères, 1870), pp. 320 - 22; Hohlwein, *L' Égypte romaine*, pp. 128, 133 - 37, 245, 355, 403; Henri Maspéro, *Les Finances de l' Égypte sous les Lagides* (Paris: Presented to the Faculty of Letters, 1905), pp. 157 - 73; Heichelheim, *Ancient Economic History*, Vol. I, p. 181, Vol. II, p. 72; Rostovtseff, *Social and Economic History of the Hellenistic World*, Vol. I, pp. 328 - 31;

Rostovtseff, *Social and Economic History of the Roman Empire*, pp. 340 – 41; Frank, *Economic History of Rome*, pp. 382 – 85.

[108]Jones, *History of Rome Through the 5th Century*, Vol. I, pp. 265 – 66, 271 – 73; Jones, "The Aerarium and the Fiscus," 出自他的 *Studies in Roman Government and Law*, p. 102; A. C. Littleton and B. S. Yamey, *Studies in the History of Accounting* (Homewood, Ill. : Richard Irwin, 1956), pp. 45 – 46; Badian, *Publicans and Sinners*, pp. 107 – 8。

[109]Garnsey, "Grain for Rome," 见前注, p. 121。

[110]Frank, *Economic Survey of Ancient Rome*, Vol. I, pp. 84 – 86; Frank, "The Financial Activities of the Equestrian Corporations," 见前注, p. 2; Badian, *Publicans and Sinners*, p. 17。

[111] M. P. Charlesworth, *Trade Routes and Commerce in the Roman Empire* (Cambridge: Cambridge Univ. , 1926), pp. 86 – 87.

[112]M. Dureau de La Malle, *Économie politique des Romains*, Vol. 2, pp. 387 – 90.

[113]Badian, *Publicans and Sinners*, p. 76.

[114]Woolf, *Short History of Accountants and Accountancy*, p. 41; Badian, *Publicans and Sinners*, p. 69.

[115]Badian, p. 77.

[116]Jones, "Aerarium and the Fiscus," 见前注, pp. 102 – 3; Littleton and Yamey, *Studies in the History of Accounting*, pp. 49 – 50。

[117]Jones, *History of Rome Through the 5th Century*, Vol. I, pp. 312 – 13.

[118]同上, pp. 27 – 73, 285 – 87, 291, 308 – 310; Frank, *Economic History of Rome*, pp. 151 – 54, 280 – 82。

[119]Jones, *History of Rome Through the 5th Century*, Vol. I, pp. 291, 309 – 10; M. Dureau de La Malle, *Économie politique des Romains*, pp. 387 – 90; Trever, *History of Ancient Civilization*, Vol. II, p. 128; Frank, *Economic History of Rome*, pp. 152 – 53.

[120]Badian, *Publicans and Sinners*, p. 114.

[121]Jones, *History of Rome through the 5th Century*, Vol. I, pp. 290 – 91, 299 – 300, 311 – 12.

[122]Badian, *Publicans and Sinners*, pp. 102 – 3.

[123]J. P. Matthews, "The Tax Law of Palmyra: Evidence for Economic History in a City of

the Roman East,"*Journal of Roman Studies*,Vol. LXXIV(1984),pp. 174 - 77.

[124]Garnsey,"Grain for Rome,"*loc. cit.*,p. 116.

[125]描述伯里克利时代雅典的繁荣,参见 Hammond,*History of Athens to 322 B. C.*,pp. 328 - 29,523 - 24。

[126]Aristotle,*The Art of Rhetoric*,翻译 John Henry Freese(London:Heinemann,1926), pp. 41 - 42。

[127]Johnson,*Egypt and the Roman Empire*,p. 47.

[128]Jones,"Inflation under the Roman Empire,"见前注,p. 296。

[129] Trever, *History of Ancient Civilization*, Vol. II, p. 267; Rostovtseff, *Social and Economic History of the Roman Empire*,p. 462.

[130]Boeckh,*Public Economy*,Vol. II,p. 191.

[131]Max Weber,*General Economic History*(Glencoe:Free Press,1927),p. 242.

[132]Heichelheim,*Ancient Economic History*,Vol. II,p. 144;Boeckh,*Public Economy*, Vol. I,pp. 214 - 15.

[133]Boeckh,p. 274.

[134]Hammond,*History of Greece to 322 B. C.*,p. 532;Boeckh,*Public Economy*,Vol. I, pp. 246 - 47, 299; E. M. Walker, "The Periclean Democracy,"出自 *Cambridge Ancient History*, Vol. 5 (Cambridge: Cambridge Univ., 1940), pp. 103 - 4; A. W. Pickard - Cambridge,"The Rise of Macedonia,"出自 *Cambridge Ancient History*, Vol. 6(1953),pp. 222 - 23;Charles J. Bullock,*Politics*,*Finance*,*and Consequences* (Cambridge,Mass.:Harvard Univ.,1939),pp. 142 - 44。

[135]Boeckh,*Public Economy*,Vol. I,pp. 272,277,291.

[136]Michael Crawford, *The Roman Republic*(Hassocks, N. J.:Harvester Press, 1978), p. 78.

[137]同上,p. 78;Badian,*Publicans and Sinners*,pp. 31 - 32。

[138] Frank, *Economic Survey of Ancient Rome*, Vol. V, pp. 19, 25, 72 - 73; Trever, *History of Ancient Civilization*,Vol. II,pp. 329,513 - 14;P. A. Brunt,"Free Labour and Public Works at Rome," *Journal of Roman Studies*, Vol. LXX (1980), pp. 93 - 98.

[139]Frank,*Economic History of Rome*,p. 481;Wittfogel,*Oriental Despotism*,pp. 210 - 11;Johnson,*Egypt and the Roman Empire*,pp. 148 - 49;Trever,*History of Ancient Civilization*,Vol. II,p. 515.

［140］Brunt, "The Fiscus and Its Development," 见前注, pp. 75, 78, 90 - 91; Millar, "The Aerarium and Its Officials Under the Empire," 见前注, pp. 33 - 34, 40; Scullard, *From the Gracchi to Nero*, p. 303。

［141］Scullard, p. 229.

［142］Brunt, "The Fiscus and Its Development," 见前注, p. 88; F. Millar, "The Fiscus in the First Two Centuries," *Journal of Roman Studies*, Vol. LIii(1963), p. 42。

［143］Brunt, "The Fiscus and Its Development, 见前注, p. 88; A. H. M. Jones, "Procurators and Prefects," 出自他的 *Studies in Roman Government and Law*, pp. 123 - 24。

［144］Millar, "The Fiscus in the First Two Centuries," 见前注, p. 42。

［145］Jones, "The Aerarium and the Fiscus," 见前注, p. 110。

［146］Bernard d' Orgeval, *L'Empereur Hadrien: Oueure législatibe et administrative* (Paris: Éditions Domat Montchrestien, 1950), pp. 256 - 57; Gustave Humbert, *Essai sur les finances et la comptabilite publique chez les Romains* (Paris: Ernest Thorin, 1886), pp. 207 - 8; Bernard W. Henderson, *The Life and Principate of the Emperor Hadrian* (New York: Brentano, 1923), p. 63.

［147］Rostovtseff, *Social and Economic History of the Roman Empire*, p. 172.

［148］Frank, *Economic Survey of Ancient Rome*, Vol. V, pp. 82, 231 - 32.

［149］Graham Webster, *The Roman Imperial Army of the First and Second Century A. D.* (London: Black, 1969), pp. 256 - 58.

［150］Watson, *The Roman Soldier*, pp. 13 - 25; Webster, *Roman Imperial Army*, pp. 22, 113 - 15; Hopkins, "Taxes and Trade in the Roman Empire," p. 125.

［151］Duncan-Jones, *Economy of the Roman Empire*, p. 10.

［152］Webster, *Roman Imperial Army*, pp. 118, 256 - 69; Watson, *The Roman Soldier*, pp. 89 - 99; Walbank, "Trade and Industry," 见前注, p. 57。

［153］Walbank, pp. 38 - 39n.

［154］Frank, *Economic Survey of Ancient Rome*, Vol. V, pp. 492 - 93.

［155］Jones, "Taxation in Antiquity," 见前注, p. 169。

［156］Humbert, *Essai sur les finances*, p. 200; Frank, *Economic Survey of the Roman Empire*, Vol. V, p. 79; Trever, *History of Ancient Civilization*, Vol. II, p. 633; Wittfogel, *Oriental Despotism*, p. 73.

［157］Frank, *Economic Survey of Ancient Rome*, Vol. V, pp. 79 - 83.

［158］Bury, *History of the Later Roman Empire*, Vol. I, p. 52; Jones, "The Aerarium and the Fiscus,"见前注,pp.112 – 14。

[159]Boeckh,*Public Economy*,Vol.I,p.54.

[160]同上,pp.291,320。

[161]同上,pp.214 – 15;Woolf,*Short History of Accountants and Accountancy*,pp.28 – 30;Hignett,*History of the Athenian Constitution*,p.146。

[162]Boeckh,*Public Economy*,Vol.I,p.253,Vol.II,pp.325 – 26.

[163]Littleton and Yamey,*Studies in the History of Accounting*,pp.23 – 26.

[164]Hignett,*History of the Athenian Constitution*,pp.201 – 4,238.

[165]Boeckh,*Public Economy*,Vol.II,pp.325 – 26.

[166]同上,Vol.I,p.260;Littleton and Yamey,*Studies in the History of Accounting*,pp. 24 – 26;H. Burford,"Heavy Transport in Classical Antiquity,"*Economic History Review*,2nd Series,Vol.XIII,No.1(August 1960),pp.5 – 6;*Cambridge Ancient History*,Vol.5(1940),p.2。

[167]Boeckh,*Public Economy*,Vol.I,pp.257 – 60.

[168]同上,p.248。

[169]Hignett,*History of the Athenian Constitution*,pp.205 – 6.

[170]Boeckh,*Public Economy*,Vol.I,p.261.

[171]同上。

[172]同上,Vol.II,pp.183 – 87,266;Woolf,*Short History of Accountants and Accountancy*,p.33;Heichelheim,*Ancient Economic History*,Vol.II,p.145。

[173]Crawford,*The Roman Republic*,p.78.

[174]Trever,*History of Ancient Civilization*,Vol.II,pp.140 – 41.

[175] Woolf,*Short History of Accountants and Accountancy*,pp.38 – 39;Jones, "Aerarium and the Fiscus,"见前注,pp.101 – 3。

[176]Jones,*History of Rome Through the 5th Century*,p.101.

[177]Jones,"The Aerarium and the Fiscus,"见前注,pp.101 – 2;Frank,*Economic History of Rome*,p.150。

[178]Jones,"Roman Civil Service,Clerical and Subclerical Grades,"见前注,pp.156 – 57, 170 – 71。

[179]Crawford,*The Roman Republic*,p.79.

[180]同上,pp.136 – 37。

[181]P. A. Brunt,"The Administration of Roman Egypt,"*Journal of Roman Studies*,Vol.

LXV(1975),p.125.

[182]同上,pp.140－41。

[183]引用的翻译出自 A. M. Duff,*Freedmen in the Early Roman Empire*(Cambridge:W. Heifer,1958),pp.155－56。

[184]Abbott and Johnson, *Municipal Administration*, p. 121; Sherwin － White, "Procurator Augusti,"见前注,pp.11－19;Brunt,"The Fiscus and Its Development," pp.87－88;Brunt,"The *Equites* in the Late Republic,"出自 Robin Seager,ed. ,*The Crisis of the Roman Republic*(Cambridge and New York:Heifer/Barnes & Noble, 1969),p.101;Scullard,*From the Gracchi to Nero*,pp.228－29,233－35;Millar,"The Emperor,the Senate and the Provinces,"见前注,pp.156－66。

[185]Boeckh, *Public Economy*, Vol. I, pp. 224 － 25; Trever, *History of Ancient Civilization*,Vol. II,pp.140－41;Marcus N. Top,"The Economic Background of the 5th Century,"出自 *Cambridge Ancient History*,Vol.5(1940),p.18。

[186]参见 Fergus Millar 对 H. G. - Pflaum 的评论,*Les Carrieres procuratoriennes equestres sous le haut - Empire Romain*, *Journal of Roman Studies*, Vol. LIII (1963),pp.195－97. 另见 Sherwin-White,"Procurator Augusti,"见前注,pp. 20－25; Brunt,"The 'Fiscus' and Its Development,"见前注,pp.86－88;Scullard, *From the Gracchi to Nero*,pp.301－3。

[187]Abbott and Johnson,*Municipal Administration*,p.150.

[188]d'Orgeval,*L'Empereur Hadrien*,pp.256－57.

[189]Abbott and Johnson, *Municipal Administration*, pp. 149 － 51; Trever, *History of Ancient Civilization*, Vol. II,p.529;Rostovtseff,*Social and Economic History of the Roman Empire*,p.467.

[190]Frank,*Economic Survey of Ancient Rome*,Vol. V,pp.69－70;R. H. Rogers,"What the Sibyl Said:Frontinus AQ,7. 5,"*Classical Quarterly*,Vol. 32(1982),No. 1,pp. 174－77.

[191]参见第二章,"Finance Without Money,"pp.77－78。

[192]Trever,*History of Ancient Civilization*,Vol. II,pp.337－38;G. H. Stevenson,"The Imperial Administration," 出自 *Cambridge Ancient History*, Vol. 10 (Cambridge Univ. ,1971),pp.192ff. ;G. F. M. de Ste. － Croix,"Greek and Roman Accounting,"出自 Littleton and Yamey,eds. ,*Studies in the History of Accounting*,得以了解古代会计的一般背景知识。

[193]Millar,"The Fiscus in the First Two Centuries,"见前注,pp. 37 - 40;Millar,"The Aerarium and Its Officials Under the Empire,"见前注,pp. 33 - 35,40;Brunt,"The Fiscus and Its Development,"见前注,pp. 75 - 91。

[194]Jones, *The Later Roman Empire*, Vol. II, p. 544.

[195]Bury, *History of the Later Roman Empire*, Vol. II, p. 273.

[196]Jones, *The Later Roman Empire*, Vol. I, pp. 566 - 69.

[197]Frank, *Economic History of Rome*, p. 501.

[198]Heichelheim, *Ancient Economic History*, Vol. II, p. 139;Jones,"Inflation Under the Roman Empire,"见前注, p. 296;Boeckh, *Public Economy*, Vol. II, pp. 381 - 83;Walbank,"Trade and Industry Under the Roman Empire in the West,"见前注,pp. 54 - 58。

[199]Hopkins,"Taxes and Trade in the Roman Empire,"见前注,p. 123。

[200] Abbott and Johnson, *Municipal Administration*, p. 115; Walbank," Trade and Industry,"见前注,pp. 56 - 58. 为更详细地分析货币贬值的问题,参见第四章,"Finance in the Private Government of Medieval Europe,"特别关注"Revenue Strategies of Late - Medieval Governments."这部分。

[201]Johnson, *Egypt and the Roman Empire*, p. 48;Hopkins, "Taxes and Trade in the Roman Empire,"见前注,pp. 116 - 17。

[202]Trever, *History of Ancient Civilization*, Vol. II, p. 267.

[203]同上,p. 268。

[204]同上;Boeckh, *Public Economy*, Vol. II, p. 381。

[205]Boeckh, *Public Economy*, Vol. II, pp. 378 - 79.

[206]Trever, *History of Ancient Civilization*, Vol. II, pp. 378 - 79.

[207]Fergus Millar,"The Political Character of the Classical Roman Republic,200 - 151 B. c.,"*Journal of Roman Studies*, Vol. LXXIV(1984),p. 9.

[208]Crawford, *The Roman Republic*, p. 80.

[209]Trever, *History of Ancient Civilization*, Vol. II, p. 141.

[210]Frank, *Economic Survey of Ancient Rome*, Vol. V, pp. 79 - 80;Wittfogel, *Oriental Despotism*, p. 73.

[211]Woolf, *Short History of Accountants and Accountancy*, p. 48;Trever, *History of Ancient Civilization*, Vol. II, p. 328,515;Jones,"The Aerarium and the Fiscus,"见前注,pp. 107,109 - 110。

[212]Frank，*Economic Survey of Ancient Rome*，Vol.V，p.77.

[213]Trever，*History of Ancient Civilization*，Vol.II，pp.267 – 68.

[214]Frank，*Economic History of Rome*，p.501；Rostovtseff，*Social and Economic History of the Roman Empire*，pp.466 – 67.

[215]参见 Hopkins，"Taxes and Trade in the Roman Empire."见前注。

[216]Bury，*History of the Later Roman Empire*，p.54.

[217]Abbott and Johnson，*Municipal Administration*，pp.107 – 8；Fergus Millar，"Empire and City，Augustus to Julian：Obligations，Excuses and Status，"见前注，p.83。

[218]Bury，*History of the Later Roman Empire*，p.59.

[219]同上，p.60；Walbank，"Trade and Industry，"见前注，pp.48，63。

[220]A. H. M. Jones，"Overtaxation：The Roman Empire in Decline，"出自 Jones，*The Roman Economy*，pp.88 – 89。

[221]J. F. O'Sullivan，翻译，*The Writings of Salvian the Presbyter*（Catholic University of America，1947），引用自 Brian Tierney，Donald Kagan，and L. Pierce Williams，eds.，*Great Issues in Western Civilization*，Vol. I（New York：Random House，1968），pp. 172 – 73。

[222]Abbott and Johnson，*Municipal Administration*，pp.136 – 37.

[223]Peter Brown，*The World of Late Antiquity from Marcus Aurelius to Muhammad*（London：Thames & Hudson，1971），pp.44 – 45.

第四章

[1]自 18 世纪以来，大多数历史学家在分析中世纪封建王朝时，关注力都只停留在其片面的表象上。参见，例如，Joseph R. Strayer，"The Two Levels of Feudalism，"在他的 *Medieval Statecraft and the Perspectives of History*（Princeton：Princeton Univ.，1971），pp.63 – 65.我们知道，不少中世纪的历史学家给"封建主义"一词赋予了特别的寓意。比如 Carl Stephenson，他将其局限于繁杂的个人客户关系处理，以及相关的流程上，这些墨守成规的流程得到发展壮大，是在 9 世纪后，西欧各国共同防御北欧入侵者时。由于大家更青睐文官政府机构而不是武力军事组织（尽管在封建时期的西欧，不可能将两者分开），所以我们更推崇由政治学家 James W. Fesler 等人提出的广义的封建主义概念——极端的政府分权。Stephenson 的观点，参见他的 *Medieval Feudalism*（Ithaca：Cornell Paperbacks，1969，特别是第一章，第二章和第五章。Fesler 关于去中心

化的文章,参见他在 *New International Encyclopedia of the Social Sciences* 上发表的关于集权-分权的内容(Macmillan and Free Press,1968),Vol. 2, pp. 370 - 77; "The Political Role of Field Administration," 载于 *Papers in Comparative Public Administration*(Ann Arbor:Univ. of Michigan Institute of Public Administration,1962), pp. 117 - 43; "French Field Administration," *Comparative Studies in Society and History*,Vol. 5,No. 1,pp. 76 - 111;and "The Presence of the Administrative Past,"由 Fesler 编辑, *American Public Administration Patterns of the Past* (Washington: American Society for Public Administration,1982),pp. 1 - 27.另见 Lynn T. White,Jr., *Medieval Technology and Social Change*(London:Oxford Univ. ,1967),pp. 3 - 7,135 - 36(注释 2,p. 3)。

[2]Henri Pirenne, *Economic and Social History of Medieval Europe*(New York:Harcourt, Brace,1933), pp. 164 - 65; *Cambridge Economic History of Europe*, Vol. III (Cambridge,Eng. :Cambridge Univ. ,1965),pp. 198 - 99;Carlo Cipolla, *Clocks and Culture*(London:Collins,1967),pp. 47,125 note 2;David S. Landes, *Revolution in Time :Clocks and the Making of the Modern World*(Cambridge,Mass. :Harvard Univ. , 1983),pp. 77 - 82.

[3]Ernst Kantorowicz, "Kingship Under the Impact of Scientific Jurisprudence,"出自他的 *Selected Studies*(Locust Valley,N. Y. :J. J. Augustin,1965),p. 153。

[4]Arnold Meltsner, *The Politics of City Revenue* (Berkeley and Los Angeles:Univ. of California,1971), Ch. 1; Richard Netzer, *The Property Tax* (Washington:Brookings Institution,1966),第一章和第七章。A. H. M. Jones 描述了罗马帝国晚期的财政问题, *The Later Roman Empire*(Oxford:Basil Blackwell,1964);see especially Vol. II,pp. 695 - 705,708 - 11. 另见 Terry Nichols Clark and Lorne Crawley Ferguson, *City Money :Political Processes, Fiscal Strain, and Retrenchment* (New York:Columbia Univ. ,1983);and Henry J,Raimondo, "State Limitations on Local Taxing and Spending: Theory and Practice," *Public Budgeting and Finance*,Vol. 3,No. 7(Autumn 1983),pp. 32 - 42。

[5]J. A. G. Pocock, *The Political Works of James Harrington*(Cambridge,Eng. :Cambridge Univ. ,1977),p. 48.

[6]Bryce Lyon 通过对大量古代社会向中世纪社会过渡的文献的分析,帮助我们找到了解决办法,并形成我们的想法。参见他的 *The Origins of the Middle Ages :Pirenne's Challenge to Gibbon*(New York:Norton,1972). Other sources we have used include A.

H. M. Jones，*The Later Roman Empire*；Oxford：Basil Blackwell，1964；R. H. C. Davis，*A History of Medieval Europe*（London：Longmans Green，1957），Chs. 2 and 3；*Cambridge Economic History of Europe*，Vol. I（Cambridge，Eng.：Cambridge Univ.，1966），Chs. 1－4；Margaret Deanesly，*A History of Early Medieval Europe*（London：Methuen，1956），pp. 476. tf.；P. Boissionnade，*Life and Work in Medieval Europe*（New York：Harper Torchbooks，1964）；Carl Stephenson and Bryce Lyon，*Medieval History*（New York：Harper & Row，1964），第二和第三章；Aurelio Bernardi，"The Economic Problems of the Roman Empire at the Time of Its Decline，"转载自 *Studia et documenta historie et Juris*，Vol. 31（1965），出自 Carlo Cipolla，ed.，*The Economic Decline of Empires*（Oxford：Clarendon，1965）；Frank W. Walbank，"Trade and Industry Under the Roman Empire in the West，"出自 *Cambridge Economic History of Europe*，Vol. II（Cambridge，Eng.：Cambridge Univ.，1952），第二章。

［7］Peter Brown，*The World of Late Antiquity*（London：Thames & Hudson，1971），pp. 29，115－16，

［8］同上，pp. 123－24。

［9］Davis，p. 26；*Cambridge Economic History*，Vol. II，p. 51。

［10］Brown，pp. 34－35.

［11］Jones，*The Later Roman Empire*，Vol. 1，pp. 402－3；Brown，p. 126.

［12］Brown，p. 126.

［13］Boissionnade，pp. 18－19；Walbank，"Trade and Industry Under the Roman Empire in the West，"见前注，p. 52；Jones，*The Later Roman Empire*，Vol. 1，pp. 248－55。

［14］Jones，*Later Roman Empire*，Vol. 2，pp. 1028－32，1066－67.

［15］Boissionnade，p. 20；Heinrich Fichtenau，*The Carolingian Empire*（Oxford：Basil Blackwell，1957），pp. 6－8，

［16］Ewart Lewis，*Medieval Political Ideas*，Vol. I（New York：Knopf，1954），pp. 88－90.

［17］Boissionnade，p. 159；Marc Bloch，*Feudal Society*（Chicago：Univ. of Chicago，1961），pp. 62－63，66－67；Pirenne，*Economic and Social History of Medieval Europe*，pp. 78－79.

［18］Georges Duby，*The Early Growth of the European Economy：Warriors and Peasants from the Seventh to the Twelfth Century*（Ithaca：Cornell Univ.，1974），p. 19.

［19］*Cambridge Economic History*，Vol. III，pp. 10－15，119－26. Marc Bloch，*Feudal Society*，pp. 64－66.

[20]Charles Parain,"The Evolution of Agricultural Technique,"出自 *Cambridge Economic History of Europe*, Vol. I, pp. 138 – 39. Courtenay Edward Stevens, "Agriculture and Rural Life in the Later Roman Empire," *Cambridge Economic History*, Vol. I, pp. 92 – 119。

[21]Boissionnade,p. 226.

[22]White,第二章。

[23]Lyon, *Origins of the Middle Ages*,pp. 36 – 38.

[24] M. Keith Hopkins, "On the Probable Age Structure of the Roman Population," *Population Studies*, Vol. 20, No. 2(November 1966),pp. 245 – 64.

[25] Jones, *Later Roman Empire*, Vol. II, pp. 1040 – 45; Duby, *Early Growth of the European Economy*,p. 13.

[26]Boissionnade,pp. 90 – 93;Georges M. Duby,"Manorial Economy,"in Vol. 9 of *The New International Encyclopedia of The Social Sciences* (Macmillan and The Free Press, 1968),pp. 562 – 65;Marc Bloch, "The Rise of Dependent Cultivation and Seignorial Institutions,"出自 *Cambridge Economic History of Europe*, Vol. I, Ch. IV; Philip Jones,"Medieval Society in Its Prime,"*Cambridge Economic History*,Vol. I,pp. 398 – 99;White,Ch. II。

[27]Joshua Prawer and S. N. Eisenstadt,"Feudalism,"in *New International Encyclopedia of the Social Sciences*,Vol. 5(1968),p. 396.

[28]White,第二章; W. H. McNeill, *The Rise of the West* (New York:Mentor,1963),pp. 499 – 500. Jean Gimpel, *The Medieval Machine* (New York: Holt, Rinehart and Winston,1976),pp. 33 – 44。

[29]White,pp. 69 – 70;Robert S. Lopez, *The Birth of Europe* (London:J. M. Dent,1967), plate facing p. 176; Warren S. Ilchman, "New Time in Old Clocks: Productivity, Development and Comparative Public Administration," 出自 Dwight Waldo, ed. , *Temporal Dimensions of Development Administration* (Durham,N. C. :Duke Univ. , 1970),esp. pp. 137 – 46。

[30]Lopez,pp. 125 – 26;Richard Koebner,"The Settlement and Colonization of Europe,"出自 *Cambridge Economic History of Europe*, Vol. I,Ch. I,esp. pp. 50 – 91; *Cambridge Economic History*,Vol. III,p. 287;Gimpel,p. 47.

[31]Duby,*Early Growth of the European Economy*,pp. 91,95 – 96,126,149 – 50.

[32]Pirenne,*Economic and Social History*,p. 83.

[33]White,pp. 67 - 68;Duby,*Early Growth of the European Economy*,pp. 131,134 - 35, 137 - 39.

[34]Lopez, p. 172; Bruce Lyon, *The High Middle Ages* (Glencoe, Ill. : The Free Press, 1964),p. I I.

[35]Stephenson and Lyon,*Medieval History*,pp. 270 - 71.

[36]Daniel Waley,*The Italian City Republics*(New York:McGraw - Hill,1969),p. 35.

[37]进一步把威尼斯和日本做一比较,参见 Chalmers Johnson,"La Serenissima of the East,"*Asian and African Studies*,Vol. 18,No. 1(March 1984),pp. 57 - 61。

[38]Hilmar C. Krueger,"Economic Aspects of Expanding Europe,"出自 Marshall Clagett, Gaines Post, and Robert C. Reynolds, eds. , *Twelfth Century Europe and the Foundations of Modern Society* (Madison: Univ. of Wisconsin, 1961), pp. 71 - 75; Duby,*Early Growth of the European Economy*,pp. 144 - 48。

[39]William Langer, *Western Civilization* (New York:Harper, 1968),pp. 441 - 52;Lopez, pp. 126 - 32; Boissionnade, pp. 162 - 63, 168 - 69; Pirenne, *Economic and Social History*,pp. 78 - 79,82 - 83;White,p. 66;Brian Tierney and Sidney Painter,*Western Europe in the Middle Ages* (New York: Knopf, 1970), pp. 216 - 17; *Cambridge Economic History of Europe*, Vol. III; James W. Thompson, *Economic and Social History of Europe in the Later Middle Ages*(New York:Frederick Ungar,1931),pp. 467 - 70.

[40]Lopez,pp. 141 - 42;*Cambridge Economic History*,Vol. II,pp. 267 - 68;Waley,p. 47.

[41]Raymond de Roover,"The *Cambium Maritimum* Contract According to the Genoese Notarial Records of the Twelfth and Thirteenth Centuries,"出自 David Herlihy,Robert S. Lopez, and Vsevolod Slessarev, eds. , *Economy*, *Society and Government in Medieval Italy*(Kent,Ohio:Kent State Univ. ,1969),pp. 22 - 23。

[42]参见,例如,A. C. Littleton and B. S. Yamey, *Studies in the History of Accounting* (Homewood,Ill. :Irwin,1956),多处;R. Emmett Taylor,*No Royal Road:Luca Pacioli and His Times* (Chapel Hill: Univ. of North Carolina, 1942), pp. 61 - 77; Arthur H. Woolf,*A Short History of Accountants and Accountancy*(London:Gee & Co. ,1912), pp. 105 - 7, 111 - 17; *Cambridge Economic History*, Vol. III, pp. 91 - 92; Alfred E. Lieber, "Eastern Business Practices and Medieval Commerce," *Economic History Review*,2nd Series,Vol. XXI,No. 2(August 1968),pp. 230 - 43。

[43]From *The Annals of Xanten*,pp. 849 - 51,引用自 Brian Tierney,Donald Kagan,and

L. Pearce Williams, *Great Issues in Western Civilization*, Vol. I (New York: Random House, 1967), p. 259。

[44] Georges Duby, *Rural Economy and Country Life in the Medieval West* (London: Edward Arnold, 1968), p. 61.

[45] Charles Homer Haskins, *The Normans in European History* (Boston: Houghton Mifflin, 1915), pp. 60 – 61.

[46] Bryce Lyon, *The High Middle Ages* (Glencoe: The Free Press, 1964), p. 7.

[47] James W. Fesler, "The Presence of the Administrative Past," 见前注, pp. 3, 5。

[48] Dorothy Whitlock, *The Beginnings of English Society* (Penguin, 1952), pp. 95 – 96; Georges Duby, *The Early Growth of the European Economy*, pp. 54 – 57, 69 – 70.

[49] Tierney and Painter, *Western Europe in the Middle Ages*, p. 73; *Cambridge Medieval History*, Vol. III, p. 140.

[50] Duby, *Early Growth of the European Economy*, p. 43.

[51] Bloch, *Feudal Society*, p. 131. *Cambridge Economic History*, Vol. III, pp. 292 – 93, 443; *Cambridge Medieval History*, Vol. III (New York: Macmillan, 1913), pp. 480 – 83.

[52] Tierney and Painter, p. 73; *Cambridge Medieval History*, Vol. III, pp. 480 – 83.

[53] Bloch, *Feudal Society*, p. 62; *Cambridge Medieval History*, Vol. III, pp. 139, 650; Tierney and Painter, p. 152; Lyon, *High Middle Ages*, p. 4.

[54] 根据 Maurice Powicke 的地图计算, *The Thirteenth Century* (Oxford: Clarendon, 1970), p. 512。

[55] Lucien Febvre, *Life in Renaissance France* (Cambridge, Mass.: Harvard Univ., 1977), pp. 12 – 19, quote on p. 18; Mark Girouard, *Life in the English Country House: A Social and Architectural History* (New Haven: Yale Univ., 1978), p. 110. James W. Fesler 提示我们关注这一消息来源。

[56] Georges Duby, *Rural Economy and Country Life*, pp. 38 – 39.

[57] 同上, pp. 40 – 41; Pirenne, *Economic and Social History*, pp. 64 – 65; Bloch, *Feudal Society*, p. 250; *Cambridge Medieval History*, Vol. III, pp. 480 – 83; Fichtenau, pp. 145 – 49; Whitlock, pp. 64 – 65, 72 – 75, 100 – 1; Bruce Lyon and Adriaan Verhulst, *Medieval Finance: A Comparison of Financial Institutions in Western Europe* (Brussels: Univ. of Ghent, 1967), p. 18; Thomas N. Bisson, *Fiscal Accounts of Catalonia under the Early Count – Kings (1151 – 1213)* (Berkeley: Univ. of California, 1984), pp. 38, 42 – 46.

[58]Boissionnade,p. 126.

[59]Bloch, *Feudal Society*, pp. 114 - 15,206; *Cambridge Medieval History*, Vol. III, p. 140.

[60]*Cambridge Medieval History*, Vol. III, p. 404.

[61]Bloch, *Feudal Society*, p. 251; Boissionnade, pp. 139 - 40; Pirenne, *Economic and Social History*, p. 65; Duby, *Rural Economy and Country Life*, p. 39.

[62]Pirenne, *Economic and Social History*, p. 65.

[63]Geoffrey Vickers, "Institutional and Personal Roles," *Human Relations*, Vol. XXIV, No. 5(October 1971), p. 444.

[64]Tierney and Painter, p. 223; Frank E. and Fritzi P. Manuel, "Sketch for a Natural History of Paradise," *Daedalus*, Winter 1972, pp. 83 - 128, especially 97 - 104, 110 - 13.

[65]White, pp. 29 - 30, 32; *Bloch, Feudal Society*, pp. 152 - 62; *Cambridge Medieval History*, Vol. III, pp. 23 - 26.

[66]*Cambridge Medieval History*, Vol. III, p. 47.

[67]Bloch, *Feudal Society*, pp. 167 - 69, 221; White, p. 29.

[68]Stephenson, pp. 9 - 14; *Cambridge Medieval History*, Vol. III, p. 47; Bloch, *Feudal Society*, pp. 158 - 59.

[69]Thompson, pp. 305 - 6; Bloch, *Feudal Society*, p. 220; White, p. 31; Strayer, "Feudalism,"出自他的 *Medieval Statecraft*, p. 66。

[70]Duby, *Early Growth of the European Economy*, p. 171.

[71]Georges Duby, *The Knight, the Lady and the Priest: The Making of Modern Marriage in Medieval France*(New York:Pantheon, 1983), pp. 199 - 200.

[72]Bloch, *Feudal Society*, p. 224; Thompson, p. 304.

[73]Robert Fawtier, *The Capetian Kings of France*(New York and London:Macmillan, 1962), pp. 64 - 67.

[74]对于这种推广的限制,参见 Strayer, "Feudalism,"出自他的 *edieval Statecraft*, p. 83.

[75]G. O. Sayles, *The Medieval Foundations of England*(London:Methuen, 1964), p. 418.

[76]Rene Stourm, *The Budget*, transl. Thaddeus Plazinski from the 13th ed. , Paris, 931 (New York:D. Appleton, 1917), pp. 26 - 35。

[77]Tierney and Painter, p. 317; Sayles, pp. 396 - 97.

[78]源自 "Establishment of the King's Household"(*Constitutio Domus Regis*), in David C. Douglas and George W. Greenaway, eds. , *English Historical Documents*, Vol. II(New

York：Oxford Univ. ,1953) ,p. 422。

[79]同上。

[80]Charles Petit-Dutaillis, *The Feudal Monarchy in France and England* (New York：Barnes & Noble,1966) ,p. 62.

[81]Lopez,p. 332.

[82]与 Thomas N. Bisson 的对话；Bloch, *Feudal Society*, p. 206；Duby, *Rural Economy and Country Life* ,pp. 181,207 – 8,214 – 5；Lyon and Verhulst,pp. 48,58,94 – 95。

[83]Strayer,"Normandy and Languedoc,"出自他的 *Medieval Statecraft*, p. 18；另见 他的 "Italian Bankers and Philip the Fair,"in *Medieval Statecraft*, pp. 241 – 42；Bloch, *Feudal Society*, p. 207。

[84]Bisson, *Fiscal Accounts of Catalonia* ,pp. 110 – 11.

[85]Strayer, "Feudalism,"in *Medieval Statecraft*, pp. 81 – 82；Bloch, *Feudal Society*, p. 223.

[86]*Cambridge Economic History*, Vol. II,p. 332.

[87]Petit - Dutaillis, pp. 187 – 88；Strayer, "The Crusades of Louis IX,"出自 *Medieval Statecraft*, p. 165.

[88]H. Bibicou, "Une page d'histoire diplomatique de Byzance au IX"siecle：Michael VII Doukas,Robert Guiscard et la pension des dignitaires, *Byzantion*, Vol. XXIX,pp. 44 – 45,74 – 75,94.

[89]Lemerle, "'Roga' et rente d'etat aux X' – XI"siecles,"*Revue des Études Byzantines*, Vol. 25(1967) ,p. 97.

[90]Duby, *The Knight*, *the Lady and the Priest*, p. 105.

[91]Strayer,"The Crusades of Louis IX"and "The Laicization of French and English Society in the Thirteenth Century,"出自他的 *Medieval Statecraft*, pp. 177,183,185,256 – 57；Petit – Dutaillis,pp. 256 – 57。

[92]Girouard,p. 20.

[93]Tierney,Kagan,and Williams,Vol. I,p. 300. 另见 Sayles,p. 438。

[94] Powicke, pp. 33, 549 – 52；May McKisack, *The Fourteenth Century* (Oxford：Clarendon,1959) , pp. 238 – 39；A. R. Myers, *England in the Late Middle Ages* (Penguin,1952) ,p. 52.

[95]Bloch, *Feudal Society*, pp. 220 – 21.

[96]同上。

[97]Powicke,pp. 542 – 58;Myers,pp. 27 – 28.

[98]Petit-Dutaillis,pp. 248,252,304 – 5.

[99]Joseph R. Strayer, *The Reign of Philip the Fair*(Princeton:Princeton Univ. ,1980),p.
82.

[100] Thomas N. Bisson, *Conservation of Coinage, Monetary Exploitation and Its Restraint in France, Catalonia, and Aragon*(c. A. D. 1000 – c. 1255)(Oxford:
Clarendon,1979),Ch. III.

[101]George Holmes, *The Later Middle Ages*(Edinburgh:Norton,1962),p. 75.

[102]Sayles,p. 420; Tierney and Painter,p. 422.

[103]Lewis,pp. 89 – 92.

[104]Gaines Post, "Patria Potestas,Regia Potestas and Rex Imperator," 出自 Herlihy 等人,
p. 185;Sayles,pp. 419 – 20。

[105] Strayer, "Problems of State Building in the Middle Ages," 出自他的 *Medieval Statecraft*,p. 260。

[106]同上, pp. 261, 296; 另见他的 "The Two Levels of Feudalism," 出自 *Medieval Statecraft*,p. 81;Powicke,pp. 527 – 28。

[107]引用自 Thompson,p. 586. For other town charters,另见 Duby,*Rural Economy and Country Life in the Medieval West*, pp. 242 – 45, 410 – 13; *Cambridge Economic History*,Vol. III, pp. 29, 189 – 91, 301 – 2; Lyon, *High Middle Ages*, p. 11; Petit – Dutaillis,p. 196;Sayles, pp. 440 – 42; Powicke, pp. 308 – 10; Tierney and Painter,p. 220;Boissionnade,pp. 248 – 51, 198 – 99; Pirenne, *Economic and Social History of Medieval Europe*,pp. 70 – 73。

[108]We owe this insight to James W. Fesler.

[109]Powicke, pp. 529 – 35; Joseph R. Strayer and Charles H. Taylor, *Studies in Early French Taxation*(Cambridge,Mass. :Harvard Univ. ,1939),pp. 51 – 52,67 – 68,72, 77,83,90,151 – 54; Tierney and Painter, p. 326; Lopez, pp. 334 – 36; Sayles, pp. 441 – 42; *Cambridge Economic History*, Vol. III, pp. 29, 189 – 91; Bisson, *Conservation of Coinage*,pp. 13 – 14,50 – 51.

[110]Richard W. Kaeuper, *Bankers to the Crown：The Riccardi of Lucca and Edward I* (Princeton:Princeton Univ. ,1973),p. 188.

[111]Powicke,pp. 505 – 6,527 – 28;Strayer and Taylor,p. 66.

[112]Bloch, *Feudal Society*, pp. 348 – 51, 402 – 3; Tierney and Painter, pp. 173 – 74;

Cambridge Medieval History, Vol. III, p. 144; Margaret Howell, *Regalian Right in Medieval England* (London: Athelone Press, 1962), pp. 9 – 12.

[113] Fawtier, pp. 72 – 73; Petit-Dutaillis, pp. 187, 251.

[114] Sidney Painter, *The Rise of the Feudal Monarchies* (Ithaca: Cornell Univ. , 1969), p. 49; Howell, pp. 186, 206.

[115] 参见 Strayer, *Reign of Philip the Fair*, p. 241。

[116] Howell, pp. 35, 72; Duby, *Early Growth of the European Economy*, pp. 215 – 21.

[117] Howell, p. 167.

[118] 同上, pp. 2 – 3。

[119] 同上, pp. 40 – 41; J. E. A. Jolliffe, "The Chamber and the Castle Treasures Under King John," 出自 R. W. Hunt, W. A. Pantin, and R. W. Southern, eds. , *Studies in Medieval History* (Oxford: Clarendon, 1969), p. 131。

[120] Jolliffe, 见前注, pp. 43, 53, 124 – 34; *Cambridge Economic History*, Vol. III, pp. 302 – 6; Fawtier, pp. 90 – 91; Thompson, pp. 494 – 96; Lopez, pp. 343 – 35; Holmes, pp. 76 – 77; Sayles, p. 396; Powicke, pp. 498 – 500。

[121] Kaeuper, p. 78.

[122] *Cambridge Economic History*, Vol. II, p. 238.

[123] 同上, Vol. III, p. 480。

[124] Tierney and Painter, pp. 486 – 87; Powicke, pp. 221 – 24.

[125] "The Dialogue of the Exchequer" (*Dialogus de Scaccario*), 出自 Richard FitzNigel, 转载于 Douglas and Greenaway, pp. 491 – 92. 另见 Petit-Dutaillis, pp. 254 – 55, for the variety of French royal expenses。

[126] Holmes, p. 77; Howell, pp. 154 – 63.

[127] Holmes, pp. 163 – 64.

[128] 同上, pp. 90 – 91。

[129] 同上, pp. 150 – 51。

[130] Bruce Lyon, *A Constitutional and Legal History of Medieval England* (New York: Harper & Brothers, 1960), pp. 394 – 95.

[131] *Cambridge Economic History*, Vol. III, pp. 313 – 14, 456; Myers, pp. 29 – 30; McKisack, pp. 242 – 44.

[132] 参见 Lyon and Verhulst, pp. 17, 37, 39; Littleton and Yamey, pp. 79 – 80; Paul Einzig, *The Control of the Purse: Progress and Decline of Parliament's Financial*

Control（London：Secker & Warburg，1959），p.95。

［133］G.L.Harris，"Fictitious Loans，"*Economic History Review*，2nd series，Vol.VIII，No.2（December 1955），pp.187－99.

［134］*Cambridge Economic History*，Vol.II，p.322.

［135］有关中世纪和现代早期政府将货币操纵作为一种金融策略的深入研讨，请参见 John Hicks，*A Theory of Economic History*（Oxford：Clarendon，1969），pp.88－92.Bisson 的《货币的保护》（*Conservation of Coinage*）一书为货币贬值，以及统治者通过向臣民做出不会改变货币价值的承诺来增加收入的行径提供了详尽的证据。

［136］Bisson，*Conservation of Coinage*，pp.5,7.

［137］Tierney and Painter，p.432；*Cambridge Economic History*，Vol.Ill，p.483，Petit-Dutaillis，pp.253－54；Lopez，p.333.

［138］参见 Carlo M.Cipolla，"Currency Depreciation in Medieval Europe，"*Economic History Review*，2nd Series，Vol.XV，No.3（April 1963），p.419；and Harry A.Miskimin，*The Economy of Later Renaissance Europe*，1460－1600（Cambridge，Eng.：Cambridge Univ.，1977），pp.155－56。

［139］Bisson，*Conservation of Coinage*，p.7.

［140］Miskimin，pp.159－61.

［141］*Cambridge Economic History*，Vol.III，pp.305,482.

［142］Tierney and Painter，p.431；Boissionnade，p.283.

［143］*Cambridge Economic History*，Vol.III，p.453；Miskimin，p.163.

［144］*Cambridge Economic History*，Vol.III，p.456；Pirenne，p.134；Carlo Cipolla，*Money，Prices and Civilization in the Mediterranean World*（Princeton：Princeton Univ.，1956），p.64.

［145］Kaeuper，pp.80－81,96.

［146］Powicke，pp.637－40；*Cambridge Economic History*，Vol.III，p.475，and Vol.II，pp.236－38；Glenn Olsen，"Italian Merchants and the Performance of Papal Banking Functions in the Early Thirteenth Century"出自 Herlihy 等人，pp.43－64；Tierney and Painter，p.423；A.R.Myers，*England in the Late Middle Ages*（Penguin，1952），p.35；Kaeuper，pp.46－47。

［147］McKisack，p.353.

［148］Kaeuper，pp.121－22,150.

［149］*Cambridge Economic History*，Vol.III，p.455.

[150]同上,pp. 455,457,458,and Vol. II,pp. 241 – 42;Powicke,pp. 304 – 6;Kaeuper,p. 123。

[151]*Cambridge Economic History*,Vol. III,p. 484.

[152]Kaeuper,p. 78,Chapter V.

[153]*Cambridge Economic History*,Vol. III,p. 452;Sayles,p. 396.

[154]A. J. Forey,*The Templars in the Corona de Aragón*(London:Oxford Univ. ,1973),
pp. 344 – 52.

[155]Bisson,*Fiscal Accounts of Catalonia*,pp. 82,153.

[156]*Cambridge Economic History*,Vol. III,pp. 305,473 – 74,477 – 79;Pirenne,pp. 134 –
35;Petit‐Dutaillis,p. 250;Lopez,p. 334;Strayer,*Reign of Philip the Fair*,pp.
285 – 92.

[157]*Cambridge Economic History*,Vol. III,pp. 457,473 – 74,477 – 80;Strayer,"Italian
Bankers and Philip the Fair,"出自他的 *Medieval Statecraft*,pp. 239 – 50。

[158]引用自 Powicke,p. 640.另见 Myers,p. 52,and Einzig,pp. 96 – 97。

[159]*Cambridge Economic History*,Vol. III,pp. 466 – 68,471,and Vol. II,pp. 238 – 41;
Myers,p. 52.

[160]McKisack,pp. 469,479,481 – 84;*Cambridge Economic History*,Vol. III,p. 479.

[161]Bisson,*Fiscal Accounts of Catalonia*,pp. 56 – 59,66,132,149.

[162]*Cambridge Economic History*,Vol. III,pp. 469,485 – 86;McKisack,pp. 403 – 4;
Einzig,p. 95.

[163]Bloch,*Feudal Society*,pp. 174,324.

[164]Holmes,pp. 77 – 78;*Cambridge Economic History*,Vol. II,pp. 236 – 38,241,and Vol.
III,pp. 304,317 – 18;John Hicks,p. 82;Powicke,pp. 628 – 33.

[165]*Cambridge Economic History*,Vol. III,p. 305.

[166]同上,Vol. II,pp. 76 – 77,and Vol. III,pp. 317,459;Powicke,pp. 523 – 25。

[167]*Cambridge Economic History*,Vol. III,pp. 318 – 19;Duby,*Rural Economy and
Country Life*,p. 25 1.

[168]William M. Bowsky,*The Finance of the Commune of Sienna*,1287 – 1355(Oxford:
Clarendon,1970),pp. 110 – 12;Bowsky,"Medieval Citizenship:The Individual and
the State in the Commune of Sienna,1287 – 1355,"出自他的 *Studies in Medieval
and Renaissance History*,Vol. IV(Lincoln:Univ. of Nebraska,1967),pp. 226 – 27;
Bowsky,"Direct Taxation in a Medieval Commune:The Dazio in Sienna,"出自
Herlihy 等人,pp. 212 – 13;*Cambridge Economic History*,Vol. III,p. 197;Henri

Pirenne, *Medieval Cities : Their Origins and the Revival of Trade* (Princeton: Princeton Univ. ,1948) ,p. 207。

[169]参见 Joel T. Rosenthal, *The Purchase of Paradise : Gift Giving and the Aristocracy*, 1307 – 1485(London: Routledge & Kegan Paul, 1972), 多处; Forey, pp. 48 – 49; and Gertrude Himmelfarb, *The Idea of Poverty : England in the Early Industrial Age* (New York: Knopf, 1984) ,pp. 3 – 4。

[170]Bowsky, *Finance of the Commune of Sienna* , p. 108.

[171]David Herlihy, "Direct and Indirect Taxation in Tuscan Urban Finance, "*Finances et comptabilité urbaines du XII^é et XIV^é siècles*, International Colloquium at Blankenberge, Sept. 6 – 9, 1962(Brussels: pro Civitate, 1964) ,p. 396.

[172]Bowsky, *Finance of the Commune of Sienna* , pp. 101 – 6, 108.

[173] Herlihy, "Direct and Indirect Taxation in Tuscan Urban Finance, "见 前 注, pp. 393 – 94。

[174]Daniel Waley, *The Italian City-Republics* , pp. 78 – 79.

[175]David Herlihy, *Medieval and Renaissance Pistoia : The Social History of an Italian Town* , 1200 – 1430(New Haven: Yale Univ. , 1967) , p. 185.

[176]*Cambridge Economic History*, Vol. III, p. 92.

[177]Bowsky, *Finance of the Commune of Sienna* , p. 80.

[178]*Cambridge Economic History*, Vol. II, p. 92.

[179] Herlihy, "Direct and Indirect Taxation in Tuscan Urban Finance, "见 前 注, pp. 293 – 94。

[180]Bowsky, *Finance of the Commune of Sienna* , p. 116.

[181] Thompson, pp. 235 – 37; Gino Luzzatto, *Il debito pubblico della Repubblica di Venezia* (Milan: Istituto Editoriale Cisalpino, 1963) , p. 9; Charles M. de La Ronciere, "Indirect Taxes or 'Gabelles' at Florence in the Fourteenth Century: The Evolution of Tariffs and Problems of Collection, "出自 Nicolai Rubenstein, ed. , *Florentine Studies : Politics and Society in Renaissance Florence* (London: Faber & Faber, 1968) , pp. 146 – 47。

[182]La Ronciere, "Indirect Taxes, "见前注, pp. 144 – 45。

[183]同上。

[184]Luzzatto, p. 9.

[185]La Ronciere, pp. 144 – 45.

［186］同上，pp. 181 - 82。

［187］McKisack，pp. 357 - 58；Boissionnade，pp. 284 - 85；*Cambridge Economic History*，Vol. II，pp. 191 - 95。

［188］*Cambridge Economic History*，Vol. III，p. 203，and Vol. II，pp. 338 - 42；McKisack，pp. 336，406，423；La Ronciere，"Indirect Taxes，"见前注，pp. 186，188 - 89；A. R. Myers，ed.，*English Historical Documents*，Vol. IV（New York：Oxford Univ.，1969），pp. 126 - 40；Boissionnade，pp. 328 - 29，218 - 19；Pirenne，*Economic and Social History*，pp. 200 - 1；James W. Thompson and Edgar N. Johnson，*An Introduction to Medieval Europe*（New York：Norton，1937），p. 869。

［189］引用自 McKisack，p. 407。

［190］*Cambridge Economic History*，Vol. III，p. 470.

［191］Waley，p. 80；Bowsky，*Finance of the Commune of Sienna*，p. 177；M. B. Becker，"Economic Change and the Emerging Florentine Territorial State，"*Studies in the Renaissance*，Vol. XIII（New York：Renaissance Society of America，1968），pp. 11 - 12；Emilio Cristiani，*Nobilitd e Popolo，nel comune di Pisa*（Naples：Istituto Italiano per gli Studii Storici，1962），pp. 306 - 7；Tierney and Painter，p. 453；Luzzatto，pp. 5 - 6，14 - 16.

［192］William M. Bowsky，"The Impact of the Black Death Upon Sienese Government and Society，"*Speculum*，Vol. XXXIV（1964），pp. 11 - 12；Bowsky，*Finance of the Commune of Sienna*，p. 218.

［193］Pirenne，*Economic and Social History*，pp. 136 - 37.

［194］Littleton and Yamey，pp. 131，135.

［195］Pirenne，*Economic and Social History*，p. 136.

［196］Luzzatto，p. 16.

［197］John of Salisbury，段落选自 *Polycraticus*，in Douglas and Greenaway，《英国历史文献》，Vol. II，p. 785。

［198］FitzNigel，引用自 Reginald L. Poole，*The Exchequer in the Twelfth Century*（Oxford：Clarendon，1912），p. 36。

［199］Lyon and Verhulst，pp. 56 - 58.

［200］同上，pp. 42 - 47。

［201］引用自 Petit-Dutaillis，p. 133。

［202］Lopez，pp. 328 - 29；Joseph R. Strayer，"The Promise of the Fourteenth Century，"出自

他的 *Medieval Statecraft*,pp.318 – 19。

[203]Bloch, *Feudal Society*,pp.337 – 38;Boissionnade,pp.180 – 81.

[204]James W. Fesler,"French Field Administration,"见前注,pp.81 – 82;Bloch, *Feudal Society*,p.337。

[205]Whitlock,p.79.

[206]Petit-Dutaillis,p.184;Bloch, *Feudal Society*,pp.338 – 39。

[207]Bloch, *Feudal Society*,p.339.

[208]Fesler,"French Field Administration,"见前注,p.93;Petit – Dutaillis,p.185。

[209]Strayer,"Normandy and Languedoc"出自他的 *Medieval Statecraft*,pp.49 – 52; "Problems of State Building in the Middle Ages," *idem*,p.318;"The Development of Feudal Institutions," *idem*,pp.85 – 87;"Viscounts and Viguiers under Philip the Fair," *idem*,pp.213 – 31。

[210]Esther Moir, *The Justice of the Peace*(Harmondsworth,Eng.:Penguin,1969),pp. 16 – 24;Helen M. Jewell, *English Local Administration in the Middle Ages*(Newton Abbot:David & Charles,1972),pp.92 – 97.

[211]Petit-Dutaillis,p.131.

[212]Thompson,p.477.

[213]Kautilya, *The Arthasastra*,Shamasastry translation(Mysore:Raghuveer,1956),p.18.

[214]A. Andreades,"Le Montant du budget de l'empire byzantine," *Revue des études grècques*,Vol.XXXIV,pp.49 – 50.

[215]Lemerle,p.81.

[216]参见 Strayer,"Normandy and Languedoc,"出自他的 *Medieval Statecraft*,p.51;Lyon and Verhulst,多处;Petit-Dutaillis,pp.132 – 34,344ff.;Bisson, *Fiscal Accounts of Catalonia*;and James Fesler,"French Field Administration,"见前注,p.402。

[217]Jewell,pp.88 – 90,92 – 97.

[218]Lyon and Verhulst,p.59.

[219]D. C. Twitchett, *Financial Administration Under the T'ang Dynasty*(Cambridge, Eng.:Cambridge Univ.,1963),p.101.

[220]Lyon and Verhulst,p.59.

[221]出版于 Douglas and Greenaway,Vol.II,pp.490 – 569;该卷第 469 – 583 页转载了 12 世纪皇家领地的部分庄园记录[被称为派普名册(Pipe Rolls)],被大大删节,经常引用的二手资料是:Poole, *The Exchequer in the Twelfth Century*;Hubert Hall,

Antiquities and Curiosities of the Exchequer(London：Elliot Stock，1891)；and Lyon
and Verhulst. Bisson 的《加泰罗尼亚财政账目》(Fiscal Accounts of Catalonia)复制了
加泰罗尼亚文件。

[222]Poole，*The Exchequer*，pp.132－34.

[223]Powicke，pp.63－64.

[224]同上，pp.144－46。

[225]同上，p.360。

[226]同上，p.366。

[227]参见 Bisson，*Fiscal Accounts of Catalonia*，pp.47,109－10。

[228]Littleton and Yamey，p.64.

[229]Lyon and Verhulst，p.65.

[230]"The Dialogue of the Exchequer,"出自 Douglas and Greenaway，Vol.II，p.545。

[231]Powicke，p.365.

[232]引用自 Poole 1181－82 年的 Pipe Roll，*The Exchequer*，pp.70－71。

[233]Jolliffe，pp.120－21.

[234]同上，pp.124－25。

[235]Dorothy M. Broome，"Exchequer Migration to York in the Thirteenth and Fourteenth
Centuries,"出自 A. G. Little and F. M. Powicke，*Essays in Medieval History*
(Freeport：Books for Libraries Press,1967)，p.295。

[236]同上，p.294。

[237]Florence M. G. Higham，"A Note on the Pre－Tudor Secretary,"出自 Little and
Powicke，pp.364－65。

[238]*Cambridge Economic History*，Vol.III，pp.478－79,482－84.

[239]同上，pp.488－89。

[240]Powicke，pp.523－24.

[241]同上，p.525。

[242]*Cambridge Economic History*，Vol.III，pp.469－84.

[243]Douglas C. North and Robert Paul Thomas，"An Economic Theory of the Growth of the
Western World,"*Economic History Review*，Vol.XX.III(1970)，No.1,pp.11,12,16.

第五章

[1]Fernand Braudel，*Capitalism and Material Life*，1400－1800(New York：Harper &

Row,1973),p. 37.

[2] Walter Minchinton, "Patterns and Structure of Demand, 1500 – 1750," 出自 Carlo Cipolla,ed. , *The Fontana Economic History of Europe* , Vol. II, *The Sixteenth and Seventeenth Centuries* (London and Glasgow: Collins/Fontana, 1974), pp. 96 – 97; Domenico Sella, "European Industries," 出自 Cipolla, Vol. II, p. 357. 另见 Robert Darnton, *The Great Cat Massacre and Other Episodes in French Cultural History* (New York: Basic Books, 1984), p. 27; and Emmanuel L. Ladurie, "The Rouergue Through the Lens,"出自他的 *The Mind and Method of the Historian* (Chicago: Univ. of Chicago, 1981) , pp. 200 – 3。

[3] Ernest H. Phelps – Brown and Sheila V. Hopkins, "Seven Centuries of the Price of Consumables Compared with Builders' Wage Rates," *Economica* , New Series, Vol. XX. III(1956), p. 297;同上, "Wage Rates and Prices: Evidence for Population Pressure in the Sixteenth Century," *Economica* , New Series, Vol. XX. IV(1957), p. 293。

[4] Ladurie, p. 187. Robert Darnton 在欧洲社会底层代代相传的民间故事中了解到穷人的真实生活状况；在他引用的民间故事中，充斥着贫穷、残暴和农民的宿命论，而这些又被狡猾的交易抹淡了。参见他的"Peasants Tell Tales: The Meaning of Mother Goose," 出自他的 *Great Cat Massacre* , pp. 9 – 74。

[5] Braudel, *Capitalism and Material Life* , p. 42.

[6] 同上, p. 11; Roger Mols, "Population in Europe,"出自 Cipolla, ed. , *Fontana Economic History* , Vol. II, p. 39。

[7] Braudel, pp. 74 – 78.

[8] Mols, 见前注, p. 40。

[9] Walter Minchinton, "Patterns and Structure of Demand, 1500 – 1750,"出自 Cipolla, ed. , *Fontana Economic History* , Vol. II, p. 98; Christopher Hill, *Society and Puritanism in Pre-Revolutionary England* (New York: Schocken, 1972), pp. 145 – 49.

[10] Mols, 见前注, p. 40。

[11] 同上, pp. 42 – 43。

[12] 同上, p. 40。

[13] Peter Mathias, *The First Industrial Nation* (New York: Scribners, 1969), p. 25.

[14] Clifford Geertz, *Peddlers and Princes: Social Change and Economic Modernization in Two Indonesian Towns* (New York and Chicago: Univ. of Chicago, 1968), pp. 12 – 14, 28 – 47; "Social Change and Economic Modernization in Two Indonesian Towns: A

Case in Point,"出自 E. Hagen, ed. , *On the Theory of Social Change*(Homewood, Ill.：Dorsey Press, 1962), pp. 390 − 93。

[15]为分析市场的演变, 参见 Fernand Braudel, *The Wheels of Commerce*：*Civilization and Capitalism*, 15*th* − 18*th Century*, Vol. II(New York：Harper & Row, 1982), pp. 26 − 49, 67 − 75。

[16]Robert Darnton, "A Bourgeois Puts His World in Order,"出自他的 *Great Cat Massacre*, pp. 136 − 38。

[17]Braudel, *Capitalism and Material Life*, p. 204. 另见 Darnton, pp. 23 − 29。

[18]参见 Darnton, "Peasants Tell Tales,"见前注, p. 26；Braudel, *Wheels of Commerce*, Vol. II, pp. 506 − 12；Ladourie, "The Rouergue Through the Lens,"见前注, pp. 183 − 85, 200 − 2。

[19]在他的文章中 "Food Supply and Public Order in Modern Europe,"Tilly 对食物供应和政治变化之间的关系问题进行了数据分析。参见 Charles Tilly, ed. , *The Formation of National States in Western Europe*(Princeton：Princeton Univ. , 1975), pp. 380 − 455。为分析 16 世纪晚期发生在法国某小镇上的一场饥荒, 参见 Emmanuel LeRoy Ladurie, *Carnival in Romans*(New York：George Braziller, 1979)。

[20]Minchinton, 见前注, p. 111。

[21]同上, p. 159。

[22]Tilly, "Food Supply and Public Order,"出自他的 *Formation of National States*, p. 410。

[23]同上, p. 111；Samuel E. Finer, "State − and Nation − Building in Europe：The Role of the Military,"Ch. 2 of Tilly, ed. , p. 122。

[24]Finer, 见前注, p. 134。

[25]同上, pp. 122, 130, 134, 140。

[26]F. C. S. Northrop, *The Meeting of East & West*(New York：Macmillan, 1960；参见第三章, pp. 74 − 84。

[27]Hill, *Society and Puritanism*, 第四章。

[28]Adam Smith, *The Wealth of Nations*(New York：Modern Library), p. 423.

[29]Geoffrey Parker, "The Emergence of Modern Finance in Europe,"出自 Cipolla, ed. , *Fontana Economic History*, Vol. II, p. 538。

[30]Violet Barbour, *Capitalism in Amsterdam in the Seventeenth Century*(Ann Arbor：Univ. of Michigan, 1963), pp. 104 − 29 多处。

[31]Robert Ashton, *The Crown and the Money Market*, 1603 – 1640(Oxford: Clarendon, 1960), p. 10.

[32]Alfred B. Kerr, *Jacques Coeur*, *Merchant Prince of the Middle Ages* (New York: Scribners, 1927), Chs. 24 – 27, pp. 213 – 50.

[33]J. F. Bosher, "'Chambres de Justice' in the French Monarchy," 出自 Bosher, ed., *French Government and Society*, 1500 – 1850(London: Athelone Press, 1973), p. 20。

[34]同上, pp. 20 – 40, esp. 27 – 29。

[35]Fernand Braudel, *The Mediterranean and the Mediterranean World in the Age of Philip II*, Vol. I(New York: Harper & Row, 1966), pp. 501 – 2.

[36]Richard Ehrenberg, *Capital and Finance in the Age of the Renaissance* (New York: Augustus M. Kelley, 1963), esp. pp. 21 – 63; Ashton, pp. 35 – 36, 40 – 46, 56, 61 – 62, 157 – 60, 169, 183, 190.

[37]参见 Naomi Caiden and Aaron Wildavsky, *Planning and Budgeting in Poor Countries* (New York: John Wiley, 1974)。

[38]Parker, 见前注, p. 563。

[39]Ashton, pp. 165 – 67, 175.

[40]同上, p. 183。

[41]Parker, p. 535.

[42]Ashton, pp. 26 – 27.

[43]Parker, pp. 568, 570.

[44]Braudel, *The Mediterranean*, Vol. I, p. 695.

[45]Charles Wilson, *The Dutch Republic and the Civilization of the Seventeenth Century* (New York: McGraw-Hill, 1968), p. 25.

[46]Barbour, p. 81.

[47]同上, p. 83。

[48]同上。

[49]同上, p. 81. 另见 Sir William Temple, "Observations on the United Provinces," 出自他的 *Collected Works*, Vol. I(New York: Greenwood Press, 1968), p. 188。

[50]引用自 P. G. M. Dickson, *The Financial Revolution in England*: *A Study in the Development of Public Credit*, 1688 – 1756(London: Macmillan, 1967), p. 5。

[51]同上。

[52]同上, 卷首插画。

[53]引用自 Dickson,p. 16,出自 1737 年 3 月 28 日的议会辩论。

[54]引用自 A. H. M. Jones, *A History of Rome Through the 5th Century*, Vol. I, *The Republic*(New York:Walker & Co. ,1968),p. 277。

[55]Rudolf Braun, "Taxation, Sociopolitical Structure and State-Building:Great Britain and Brandenburg-Prussia," 出自 Charles Tilly, ed. , p. 243,引用税收社会学家 Fritz Karl Mann 的研究成果, "Steurpolitische Ideale:Vergleichende Studien zur Geschichte der okonomischen und politischen Ideen und ihres Wirkens in der offentlichen Meinung 1600 – 1935," *Finanzwissenschaftliche Forschung*,5,引用了 Bodin1583 年的作品。(L,VI,Ch. II,p. 855,pp. 5ff.)。

[56]Braudel, *The Mediterranean* ,Vol. I,pp. 421 – 22.

[57]引用自 Ehrenberg,p. 22。

[58]Goethe's *Faust* ,transl. Sir Theodore Martin(New York and London:Everyman,1971),Part II,Act I,p. 182.

[59]同上,p. 181。

[60]Gustav Schmoller, Umrisse und Untersuchungen zur Ve,f assungs – Verwaltungsund Wirtschaftsgeschichte besonders des Preussischen Staates im 17. und 18. *Jahrhundert* (Leipzig:Duncker & Humblot,1898),p. 139.

[61] K. W. Swart, *Sale of Offices in the Seventeenth Century* (Rotterdam: Martinus Nijhoff,1949),p. 39.

[62]Roland Mousnier, "Variations on the Main Theme," 出自 Arthur J. Slavin, ed. , *The "New Monarchies" and Representative Assemblies*(Boston:D. C. Heath,1964),p. 12.

[63]William R. Scott, *The Constitution and Finance of the English , Irish and Scottish Joint – Stock Companies to 1720*, Vol. I(Cambridge, Eng. :Cambridge Univ. ,1912), pp. 171 – 72.

[64]Douglas Dakin, *Turgot and the Ancien Regime in France*(New York:Octagon Books, 1965),p. 61.

[65]参见 Ladurie, *Carnival in Romans* ,pp. 36 – 39,and his "The Rouergue through the Lens," 见前注,p. 189。

[66]Ian Gentiles, "Sale of Crown Lands During the English Revolution," *Economic History Review* ,2nd Series,Vol. XXVI,No. 4(November 1973),pp. 614 – 35.

[67]Lionel Rothkrug, *Opposition to Louis XIV:The Political and Social Origins of the French Enlightenment*(Princeton:Princeton Univ. ,1965),pp. 424 – 25.

［68］Braudel，*Capitalism and Material Life*，p. 355；Parker，见前注，pp. 527－28。

［69］引用自 Braudel，*The Mediterranean*，Vol. I，p. 521。

［70］Lawrence Stone 在他的出书和文章中为英格兰记录下这一过程。参见他的 *The Crisis of the Aristocracy*，1558－1641（London：Oxford Univ. ，1965），and *Family and Fortune*（London：Oxford，1973）；对于欧洲大陆专制主义，参见 Stuart Woolf，"The Aristocracy in Transition：A Continental Comparison，"*Economic History Review*，2nd Series，Vol. XXIII，No. 3（December 1970），pp. 520－31。

［71］Hugh Trevor-Roper，"The General Crisis of the Seventeenth Century，"出自 Trevor Aston，ed. ，*Crisis in Europe*，1550－1650（New York：Basic Books，1965），p. 86。

［72］Braudel，*The Mediterranean*，Vol. I，pp. 690－91。

［73］Martin Wolfe，*The Fiscal System of Renaissance France*（New Haven：Yale Univ. ，1972），pp. 262－63.

［74］Swart，p. 26.

［75］Wolfe 引用，p. 292。

［76］同上，p. 131；Julian Dent，*Crisis in Finance：Crown Financiers and Society in Seventeenth Century France*（Newton Abbot：David & Charles，1973），p. 59；A. D. Lublinskaya，*French Absolutism：The Crucial Phase*，1620－29（Cambridge，Eng. ：Cambridge Univ. ，1968），p. 230。

［77］Eleanor C. Lodge，*Sully，Colbert and Turgot：A Chapter in French Economic History*（Port Washington，N. Y. ：Kennikat Press，1931，1970），p. 97；Max Beloff，*The Age of Absolutism*（London：Hutchinson University Library，1967），p. 73.

［78］E. J. Coomaert，"European Economic Institutions and the New World：The Chartered Companies，"出自 *Cambridge Economic History of Europe*，Vol. IV（Cambridge，Eng. ：Cambridge Univ. ，1967），p. 227。

［79］Betty Behrens，"Nobles，Privileges and Taxes in France at the End of the Ancien Regime，"*Economic History Review*，2nd Series，Vol. XV（1963），No. 3，p. 451。

［80］Joseph Schumpeter，*History of Economic Analysis*（New York：Oxford Univ. ，1955），p. 162.

［81］C. H. Wilson，"Trade，Society，and the State，"出自 *Cambridge Economic History*，Vol. IV，pp. 487－575 多处。

［82］R. W. Harris，*Absolutism and the Enlightenment*（New York：Humanities Press，1966），pp. 37－38；Wolfe，p. 351.

[83]Ian Hacking, *The Emergence of Probability：A Philosophical Study of Early Ideas about Probability*, *Induction and Statistical Inference*(Cambridge, Eng. ；Cambridge Univ. , 1975), pp. 102, 105, 109.

[84]Christopher Hill, *The Century of Revolution*, 1603 – 1714(New York：Norton, 1966), p. 218.

[85]Gabriel Ardant, "Financial Policy and Infrastructure of Modern States and Nations," 出自 Tilly, ed. , pp. 164 – 242；Rudolf Braun, "Taxation, Sociopolitical Structure and State Building：Great Britain and Brandenburg-Prussia," 出自 Tilly, ed. , pp. 243 – 327；James Vincent Vives, "The Decline of Spain in the Seventeenth Century," 出自 Carlo Cipolla, ed. , *The Economic Decline of Empires*(Oxford：Clarendon Press, 1970), pp. 123 – 92；Braudel, *The Mediterranean*, Vol. I, pp. 534 – 35；Cipolla, "The Economk Decline of Italy," 出自他的 *Economic Decline*, pp. 207 – 8；Doris Gill, "The Treasury, 1660 – 1714," *English Historical Review*, Vol. XLVI, No. 184(October 1931), pp. 600 – 22。

[86]Aston, p. 200.

[87] A. E. Bland, P. A. Brown, and R. H. Tawney, *English Economic History：Select Documents*(London：Bell, 1915), p. 679.

[88]同上, p. 679。

[89]Charles Tilly, "Food Supply and Public Order in Modern Europe," 出自 Tilly, ed. , pp. 380 – 455. 为详细分析大革命后发生在法国的一场饥荒, 参见他的 *The Vendee* (Cambridge, Mass. ：Harvard Univ. , 1976)。

[90]Bland, Brown, and Tawney, p. 679.

[91]Dakin, p. 20.

[92] Eugene Rotwein, ed. , *David Hume：Writings on Economics* (Madison： Univ. of Wisconsin, 1955), p. lxxxii.

[93]Robert Latham and William Matthew, eds. , *The Diary of Samuel Pepys：A New and Complete Transcription*(London：Bell, 1971), Vol. I, pp. 222 – 23.

[94]同上, Vol. V, p. 134。

[95]O. A. Ranum, *Richelieu and the Councillors of Louis XIII：A Study of the Secretaries of State and Superintendents of Finance in the Ministry of Richelieu*, 1635 – 1642 (Oxford：Clarendon, 1963), p. 20.

[96]Wolfram Fischer and Peter Lundgren, "The Recruitment and Training of Technical Personnel," 出自 Tilly, ed. , p. 461。

［97］G. R. R. Treasure, *Cardinal Richelieu and the Development of Absolutism* (London: Black, 1972), pp. 143 – 46.

［98］根据 Julian Dent 在 *Crisis in Finance* 中提供的数据汇编, pp. 35 – 40。

［99］Joseph A. Pechman, *Federal Tax Policy* (Washington: Brookings Inst. , 1973), p. 53.

［100］来自 D. B. Horn and Mary Ransome, eds. , *English Historical Documents*, 1714 – 1783 (New York: Oxford Univ. , 1957), pp. 328 – 29。

［101］Julian Dent, "An Aspect of the Crisis of the Seventeenth Century: The Collapse of the Financial Administration of the French Monarchy, 1653 – 61," *Economic History Review*, 2nd Series, Vol. XX, No. 2 (August 1967), p. 252; Dent, *Crisis in Finance*, p. 98.

［102］"Extracts of the Report of the Commissioners of Public Accounts, 1780 – 82," 出自 Horn and Ransome, eds. , p. 332; Ranum, pp. 125 – 26.

［103］Martin Wolfe, pp. 279 – 80.

［104］Braudel, *The Mediterranean*, Vol. I, p. 484 and note 142.

［105］政府公共账目专员的报告 (Report of the Commissioners of Public Accounts), 出自 Horn and Ransome, eds. , p. 331。

［106］J. E. D. Binney, *British Public Finance and Administration*, 1774 – 1792 (Oxford: Clarendon, 1958, pp. 54 – 55.

［107］政府公共账目专员的报告 (Report of the Commissioners of Public Accounts), 出自 Horn and Ransome, eds. , p. 331。

［108］G. E. Aylmer, *The King's Servants: The Civil Service of Charles I*, 1625 – 1642 (London: Routledge & Kegan Paul, 1974), Ch. 3.

［109］Wolfe, p. 321.

［110］Bosher, 出自 Bosher, ed. , pp. 20 – 40。

［111］同上, pp. 26 – 27。

［112］Samuel Pepys, *Diary and Correspondence*, ed. Richard Braybrooke and M. Bright, Vols. V – VI (April 1665 – Jan. 31, 1667) (New York: Dodd, Mead, 1887), p. 249.

［113］Ranum, pp. 125 – 26; Dent, "An Aspect of the Crisis," p. 254; Wolfe, pp. 281 – 83; A. Neymarck, *Colbert et son temps* (Geneva: Slarkine Reprints, 1970), pp. 48 – 52.

［114］Antonio Calabria, "Taxes and Budgets: The Neapolitan Fiscal System in the Sixteenth and Seventeenth Centuries" (mimeo), p. 59, 注释 3。

［115］Otto Hinze, "Die Behoardanorganisation und die allgemeine Staatsverwaltung

Preussens im 18. Jahrhundert Regierungsantritt," *Acta Borussia*, *Die Behoardanorganisation* 6/1（Berlin：Paul Parey，1901），pp. 189 – 97；Reinhold Dorwart，*The Administrative Reforms of Frederick William I of Prussia* (Cambridge，Mass.：Harvard Univ.，1953)，pp. 152 – 79.

[116]Paul Einzig，*The Control of the Purse：Progress and Decline of Parliament's Financial Control*（London：Secker & Warburg，1959)，pp. 141 – 42.

[117]Alex Radian，"Budgeting in England from the Restoration to the Beginning of the Napoleonic Wars：Impoverished Kings，Affluent Kings and Wasteful Ministers"（印刷品）（Berkeley，1972），p. 22。

[118]John Sinclair，*A History of the Public Revenues of the British Empire*（London：Strahan，1790)，p. 93.

[119]改编自 Peter Mathias，附录，表格 13(净公共支出 1700 – 1939)，p. 463；Mathias 的数据来源于 B. R. Mitchell and P. Deane，*Abstract of British Historical Statistics* (1962)，pp. 389 – 91，396 – 99，401 – 3。

[120]Aylmer，pp. 113 – 20，314.

[121]Henry Roseveare，*The Treasury：The Evolution of a British Institution*（New York：Columbia Univ.，1969)，p. 58.

[122]Charles Davenant，*Discourses on the Public Revenues and the Trade of England* (London：Charles Knapton，1698)，pp. 114 – 15，125.

[123]引用自 Binney，p. 8。

[124]在议会就经济改革问题发表演讲，1780 年，引用自 *The Oxford Dictionary of Quotations*，2nd ed.（London：Oxford Univ.，1966)，p. 101。

[125]Dakin，pp. 155 – 56.

[126]引用自 Dakin，p. 131。

[127]同上。

[128]同上，p. 167。

[129]引用自 Roseveare，p. 121。

[130]同上，p. 122。

[131]来自报告 the Reports of the Commissioners appointed to examine，take and state the Public Accounts of the Kingdom，转载于 Henry Roseveare，*The Treasury*，1660 – 1870：*The Foundations of Control*（London and New York：George Allen & Unwin/Barnes & Noble，1973)，p. 149。

[132]Binney,p. 110.

第六章

[1]Arthur M. Okun, *Equality and Efficiency: The Big Tradeoff* (Washington: Brookings Inst. ,1975).

[2]Arthur D. Lynn, Jr. ,"Adam Smith's Fiscal Ideas: An Eclectic Revisited,"*National Tax Journal* ,December 1976,pp. 369 - 78; Adam Smith, *An Inquiry into the Nature and Causes of the Wealth of Nations* , ed. Cannon(New York: Modern Library, 1937), Book V, pp. 777 - 78.

[3]Gertrude Himmelfarb, *The Idea of Poverty: England in the Early Industrial Age* (New York: Knopf, 1983), pp. 3 - 5.

[4]Fernand Braudel, *The Wheels of Commerce: Civilization and Capitalism* ,15 th - 18 th *Century* , Vol. 2(New York: Harper & Row, 1979), pp. 507 - 8; Himmelfarb, pp. 27, 77.

[5]Himmelfarb, pp. 39, 41, 68 - 69, 75 - 78, 149 - 52, 159 - 63, 167 - 68.

[6]Charles Murray, *Losing Ground: American Social Policy* ,1950 - 1980(New York: Basic Books, 1984), pp. 201 - 3; Himmelfarb, pp. 69, 75.

[7]Jack Wiseman, "Genesis, Aims and Goals of Social Policy,"在布达佩斯国际公共财政学会第 39 届大会上发表的论文,Aug. 22 - 26,1983(印刷品),p. 17。

[8]Himmelfarb, pp. 86 - 99, 209 - 15, 239 - 42, 285 - 87.

[9]Thomas S. Ashton, "The Standard of Life of the Workers of England, 1790 - 1830," *Journal of Economic History* , Vol. IX(1949), Supplement, pp. 19 - 38. R. M. Hartwell, *The Industrial Revolution and Economic Growth* (London: Methuen, 1971),多处;E. J. Hobsbawm, "The British Standard of Living, 1790 - 1850, *Economic History Review* , 2nd Series, Vol. X(1957), No. 1, pp. 46 - 61。

[10] Asa Briggs, *Victorian People* (Chicago: Univ. of Chicago, 1970), Ch. 4, 多处; Himmelfarb, pp. 453 - 88。

[11]John Stuart Mill, *Principles of Political Economy* (Boston: Little, Brown, 1848), Vol. II, Ch. XI,多处。

[12] Peter Mathias, *The First Industrial Nation: An Economic History of Britain* , 1700 - 1914(New York: Scribners, 1983, p. 199; Himmelfarb, pp. 135 - 38, 142 - 43.

[13]Walter Minchinton, "Patterns of Demand, 1750 - 1914,"出自 Carlo Cipolla, ed. , *The*

Fontana Economic History of Europe, Vol. III, *The Industrial Revolution* (London and Glasgow: Collins/Fontana, 1973), pp. 115 - 19. J. F. Bergerier, "The Industrial Bourgeoisie and the Rise of the Working Class, 1700 - 1914," 出自 Cipolla, ed., pp. 428 - 29。

[14] Cipolla, ed., p. 123.

[15] 引用自 Guy Routh, *The Origin of Economic Ideas* (New York: Vintage, 1977), p. 206. 另见 Roger Price, ed., 1848 *in France* (Ithaca: Cornell Univ., 1975), pp. 20 - 42; and Charles Tilly, "Food Supply and Public Order in Modern Europe," 出自 Tilly, ed., *The Formation of National States in Western Europe* (Princeton: Princeton Univ., 1977), pp. 449 - 50。

[16] Minchinton, 见前注, p. 156, 数据来源自 Simon Kuznets, *Modern Economic Growth - Rate, Structures and Spread* (New Haven: Yale Univ., 1966), pp. 88 - 93。

[17] Maurice Flamant and Jeanne Singer - Kerel, *Modern Economic Crises and Recessions* (New York and Evanston: Harper Colophon, 1970), pp. 13 - 52 多处。

[18] Kuznets, pp. 208 - 9; Mark Abrams, *The Condition of the British People*, 1911 - 1945 (London: Gollancz, 1946), p. 110, 引用自 Minchinton, 见前注, p. 114。

[19] Briggs, pp. 116 - 39; Routh, pp. 181 - 97; Theodore S. Hamerow, *The Birth of a New Europe: State and Society in the Nineteenth Century* (Chapel Hill and London: Univ. of North Carolina, 1983), pp. 267, 278。

[20] Joseph A. Schumpeter, *History of Economic Analysis* (New York: Oxford Univ., 1954), pp. 769 - 70。

[21] Sidney Pollard, *The Genesis of Modern Management* (London: Edward Arnold, 1965), pp. 209 - 72 多处。

[22] Henry Roseveare, *The Treasury: Evolution of a British Institution* (New York: Columbia Univ., 1969), pp. 150 - 53.

[23] René Stourm, *The Budget*, transl. Thaddeus Plazinski (New York: Appleton, 1917), p. 511.

[24] Frances E. Gillespie, *Labour and Politics in England*, 1850 - 1867 (Durham, N. C.: Duke Univ., 1927), p. 41.

[25] Stourm, p. 259.

[26] W. O. Henderson, *The State and Industrial Revolution in Prussia*, 1480 - 1870 (Liverpool: Univ. of Liverpool, 1958), p. 124.

[27] L. C. A. Knowles, *Economic Development in the Nineteenth Century* (London: Routledge & Sons, 1932), p. 257.

[28] James E. Alt, "The Evolution of Tax Structures, *Public Choice*, Vol. 41(1983), p. 200.

[29] B. E. V. Sabine, *A History of Income Tax* (London: George Allen & Unwin, 1966), pp. 26 - 43 多处。

[30] E. P. Thompson, *The Making of the English Working Class* (New York: Vintage, 1963), pp. 303 - 5, 470, 603 - 4, 621, 757; Himmelfarb, p. 209.

[31] Alexander Llewellyn, *The Decade of Reform: The 1830s* (New York: St. Martin's Press, 1971), p. 158.

[32] Hamerow, p. 273.

[33] Sabine, p. 96.

[34] 参见 James Buchanan, "The Pure Theory of Public Finance," 出自他的 *Fiscal Theory and Political Economy* (Chapel Hill: Univ. of North Carolina, 1960), pp. 8 - 23, and "The Italian Tradition in Fiscal Theory," 见前注, pp. 31, 35 - 36; Aaron Wildavsky, "The Political Economy of Efficiency," *Public Administration Review*, Vol. 26, December 1966, pp. 7 - 14。

[35] Edwin Seligman, *Progressive Taxation in Theory and Practice* (Princeton: Princeton Univ., 1908); Seligman, *The Income Tax* (New York: Macmillan, 1914); Joseph Pechman, *Federal Tax Policy* (Washington: Brookings Inst., 1971), pp. 247 - 48.

[36] Sabine, pp. 27 - 28.

[37] F. Shehab, *Progressive Taxation: A Study in the Development of the Progressive Principle in the British Income Tax* (Oxford: Clarendon, 1953), pp. 48 - 50.

[38] Sabine, p. 63.

[39] Shehab, p. 50.

[40] 同上, p. 52。

[41] 同上, pp. 39 - 42。

[42] 同上, pp. 210 - 211, 注释。

[43] James E. Thorold Rogers, "Local Taxation, Especially in English Cities and Towns," 1886 年 3 月 23 日在议会上的演讲 (London: Cassell & Co., 1886), pp. 12, 19。

[44] Hamerow, p. 310.

[45] Shehab, p. 213n.

[46] Jens Alber, *Von Armenhaus zum Wohlfahrtsstaat: Analysen zur Entwicklung der*

Sozialversicherung in Westeuropa(Frankfurt:Campus Verlag,1982).

[47]Peter Gay and R. K. Webb,*Modern Europe*(New York:Harper and Row,1973),p. 798.

[48]Hamerow,pp. 278－79.

[49]Avner Offner,"Empire and Social Reform:British Overseas Investment and Domestic Politics,1908－1914,"*The Historical Journal*,Vol. 26(1983),No. 1,pp. 120－21.

[50]同上,p. 123。

[51]同上,pp. 123－24。

[52]John Grigg,*Lloyd George:The People's Champion*,1902－1911(Berkeley:Univ. of California,1978),p. 179.

[53]Derived from B. R. Mitchell,*European Historical Statistics*,1750－1970(New York:Columbia Univ. ,1975).

[54]Sven Steinmo,"Taxation as an Instrument of Public Policy:Sweden-the Carrot and the Stick,"提交给奥地利萨尔茨堡的欧洲政治研究学会的论文,April 13－18,1984(印刷品),p. 6。

[55]Daniel Tarschys,"Government Growth:The Case of Sweden,1523－1983,"格拉斯哥:斯特拉斯克莱德大学,公共政策研究中心,公共政策研究第 121 号,1983,p. 12。

[56]C. F. Bastable,*Public Finance*(London:Macmillan,1903),p. 136.

[57]Giandomenico Majone and Aaron Wildavsky,"Implementation as Evolution,"出自他们的 *Implementation*,2nd ed. (Berkeley,Los Angeles,London:Univ. of California,1979),pp. 177－94,和其中的引文(n. 8,p. 184);John Henry Newman,*An Essay on the Development of Christian Doctrine*(New York:Longmans,Green,1949),pp. 98－99。

第七章

[1] Henry Carter Adams,*The Science of Finance:An Investigation of Public Expenditures and Public Revenues*(New York:Henry Holt,1899),p. 8.

[2]James "Lord"Bryce,*The American Commonwealth*(London:Macmillan,1891),p. 188.

[3]Louis Hartz,*The Liberal Tradition in America*(New York:Harcourt,Brace,1955).

[4]Alexis de Tocqueville,*Democracy in America*(New York:Knopf,1945).

[5] Anthony King,"Ideas,Institutions and the Policies of Governments:A comparative analysis:Part III,"*British Journal of Political Science*,Vol. 3,No. 4(October 1973),

pp. 409 – 23.

[6]Seymour Martin Lipset,"Why No Socialism in the United States?",出自 Seweryn Bialer and Sophia Sluzar, eds. , *Sources of Contemporary Radicalism* (Boulder, Colo. : Westview Press,1977)。

[7]William J. Shultz and M. R. Caine, *Financial Development of the United States* (New York:Prentice – Hall,1937),pp. 7 – 9.

[8]同上,p. 10。

[9]Margaret G. Myers, *A Financial History of the United States* (New York: Columbia Univ. ,1970),p. 3;and Davis R. Dewey, *Financial History of the United States* (New York:Longmans,Green,1939),pp. 18 – 19.

[10]Shultz and Caine, *Financial Development of the United States* ,p. 9.

[11]Dewey,p. 8.

[12]Charles Bullock, "The Finances of the United States from 1775 – 1789 With Special Reference to the Budget," *Bulletin of the University of Wisconsin* , Vol. 1 (1894 – 1896),p. 225.

[13]该法案禁止在英国和美国发行信用证书。

[14]Myers, *A Financial History of the U. S.* ,p. 11.

[15]Gary B. Nash, *The Urban Crucible* : *Social Change* , *Political Consciousness and the Origins of the American Revolution* (Cambridge,Mass. : Harvard Univ. ,1979),pp. 60 – 70.

[16]同上,pp. 225 – 53。

[17]Myers, *A Financial History of the U. S.* ,p. 10. Franklin 的论点非常有效,他的印刷公司由此获得印刷钞票的订单。Franklin 在遗嘱中留有帮扶勤劳诚实的机械师的款项,充分反映出他的用意,即他认为在没有稳健货币的情况下,普通劳动者要积累资本是非常困难的。

[18]Dewey, *Financial History of the U. S.* ,pp. 23 – 30.

[19]Shultz and Caine, *Financial Development of the U. S.* ,p. 23.

[20]Dewey,pp. 9 – 10.

[21]Myers,pp. 15 – 16;and Dewey,pp. 11 – 12.

[22]Myers,pp. 17 – 18;and Dewey,p. 17.

[23]Shultz and Caine,p. 15.

[24]参见 Robert C. Tucker and David C. Hendrickson, *The Fall of the First British*

Empire:*Origins of the War of American Independence*(Baltimore and London:Johns Hopkins,1982),pp.152 - 59,174 - 75,406 - 10。

[25]Bullock,"Finances of the United States from 1775 - 1789,"见前注,pp.217,225。

[26]同上,pp.216 - 19。

[27]同上,pp.219 - 21。

[28]同上,p.218。

[29]Shultz and Caine,pp.60 - 61.

[30]Myers,pp.30 - 31;and Bullock,pp.214 - 15.

[31]Shultz and Caine,p.69.

[32] William Graham Sumner, *The Financier and the Finances of the American Revolution*(New York:Dodd,Mead,1891),pp.301 - 2.

[33]同上,pp.302 - 3。

[34]Theodore J. Grayson, *Leaders and Periods of American Finance*(New York:Wiley, 1932),pp.36 - 37.

[35]Sumner,p.301.

[36]Grayson,p.34.

[37]同上,pp.44 - 45。

[38]参见 Shultz and Caine,pp.37 - 38。

[39]Albert S. Bolles, *The Financial History of the United States*,1774 - 89(New York: Appleton,1879),p.201.为了证明《条款》下的殖民财政并不像宣称的那么糟糕,参见 E. James Ferguson, *The Power of the Purse*:*A History of American Public Finance*, 1776 - 1790(Chapel Hill:Univ. of North Carolina,1961)。

[40]Bullock,"Finanies of the United States from 1775 - 1789,"见前注,pp.115 - 20。

[41]Pelatiah Webster, *Political Essays on the Nature and Operation of Money*,*Public Finances*,*and Other Subjects*(Philadelphia:Joseph Crukshank,1791),p.145.

[42]Thomas Jefferson 致 John Taylor,Nov.26,1798,in *Works*,ed. Paul Leicester Ford, Vol. VIII(New York:G. P. Putnam's Sons,Knickerbocker Press,1904),p.481。

[43]Alexis de Tocqueville, *Democracy in America*,Vol.1,p.222.

[44]参见 Samuel P. Huntington's *The Common Defense*(New York:Columbia Univ., 1969);和 Patrick Crecine 等人,"Presidential Management of Budgetary and Fiscal Policymaking,"*Political Science Quarterly*,Vol.95,No.3(Fall 1980),pp.395 - 425, 执政期间的当代版本出自 Harry S. Truman and Dwight D. Eisenhower。

[45]Dall W. Forsythe, *Taxation and Political Change in the Young Nation*, 1781 – 1833 (New York：Columbia Univ. ,1977), p. 38.

[46] Lewis H. Kimmel, *Federal Budget and Fiscal Policy*, 1789 – 1958 (Washington： Brookings Inst. ,1959), p. 8.

[47]同上, p. 9。

[48]Forsythe, *Taxation and Political Change*, p. 31.

[49]同上, pp. 28 – 29。

[50]Kimmel, *Federal Budget and Fiscal Policy*, p. 14.

[51]同上。

[52]我们要感谢 James Savage 关于平衡预算思想的论文来阐述这一点。James Savage,美国加州大学伯克利分校政治系在读博士论文,1983 年。认真学习这门学科的人都应阅读这篇论文。

[53]Kimmel, pp. 27 – 28；and Forsythe, p. 60.

[54]Kimmel, pp. 16 – 17.

[55]同上, pp. 17 – 18。

[56]同上, pp. 19 – 21。

[57]同上, pp. 20 – 22。

[58]同上, p. 22。

[59]同上, p. 23。

[60]同上, p. 24。

[61]同上, pp. 24 – 25。

[62]同上, pp. 25 – 26。

[63]同上, pp. 26 – 27。

[64]同上, pp. 65 – 69。

[65]同上, pp. 71 – 73。

[66]同上, pp. 87 – 88。

[67]同上, pp. 84 – 85。

[68]同上, p. 88。

[69]同上, p. 96。

[70]Albert Gallatin, Thomas Jefferson 时期的财政部长,引用自 Leonard D. White, *The Jeffersonians：A Study in Administrative History*, 1801 – 1829 (New York： Macmillan,1951), pp. 474 – 75.

[71]Robert Fulton,quoted,同上,pp. 474 - 75。

[72]Shultz and Caine,*Financial Development of the U. S.*,pp. 134 - 35.

[73]Myers,*A Financial History of the U. S.*,pp. 106 - 8.

[74]Shultz and Caine,pp. 137 - 40.

[75]Leonard D. White,*The Jeffersonians*,p. 483.

[76]Myers,pp. 108 - 9.

[77]Kimmel,*Federal Budget and Fiscal Policy*,p. 19;and White,*Jeffersonians*,p. 483.

[78]参见 Joseph L. Blau, ed. ,*Social Theories of Jacksonian Democracy*(New York:Bobbs - Merrill,1954)。

[79]Louis Hartz,*Economic Policy and Democratic Thought:Pennsylvania*,1776 - 1860(Chicago:Quadrangle,1968).

[80]参见 Henry C. Adams,*Public Debts:An Essay in the Science of Finance*(New York:Appleton,1887), p. 321; and B. U. Ratchford, *American State Debts*(Durham:Duke Univ. ,1941),pp. 77 - 83. "Creating a Symbol:Balanced Budgets and American Politics,Colonial America to the Civil War,"James Savage 的博士论文的第三章,对这一复杂命题给出了难能可贵的启迪。

[81]Kimmel,*Federal Budget and Fiscal Policy*,pp. 31 - 32.

[82]同上,p. 33。

[83]同上,pp. 34 - 35。

[84]同上,p. 34。

[85]同上,p. 41。

[86]同上,p. 52。

[87]Leonard D. White,*The Jacksonians:A Study in Administrative History*,1829 - 1861(New York:Macmillan,1954),p. 438.

[88]同上,pp. 450 - 51。

[89]同上,p. 451。

[90]同上,p. 442。

[91]同上,pp. 450 - 51。

[92]Myers,*Financial History of the U. S.*,p. 116.

[93]同上,pp. 115 - 16。

[94]Shultz and Caine,*Financial Development of the U. S.*,pp. 235 - 36;另见 Myers,p. 109。

［95］Kimmel,p. 57.

［96］财政部长关于截至 1934 年 6 月 30 日财政年度财政状况的年度报告,June 30,1934,
pp. 302－3,出自 Kimmel,p. 57。

［97］Kimmel,pp. 71－72.

［98］同上,pp. 70－71。

［99］E. E. Naylor, *The Federal Budget System in Operation* (Washington:Hayworth
Printing,1941),pp. 20－21.

［100］Richard F. Fenno,Jr. , *The Power of the Purse:Appropriations Politics in Congress*
(Boston:Little,Btown,1966),pp. 43－44. 为了揭示这股政治力量的作用,参见 James
I. Lengle,"The Appropriations Process as a Political Instrument:House Reorganization
in 1885,"打印稿,1973。

［101］Fenno,p. 43.

［102］Lucius Wilmerding,Jr. , *The Spending Power:A History of the Efforts of Congress
to Control Expenditures*(New Haven:Yale Univ. ,1943),pp. 143－44.

［103］Woodrow Wilson, *Congressional Government:A Study in American Politics*
(Boston:Houghton Mifflin,1892),pp. 168－69.

［104］引用自 Edward A. Fitzpatrick, *Budget Making in a Democracy:A New View of the
Budget*(New York:Macmillan,1918),p. 212。

［105］参见 James Savage, "Republican Party Government:1860－1932,"论文的第五章,
"Balanced Budgets and American Politics. "。

［106］Bennett D. Baack and Edward John Ray, "The Political Economy of the Origin and
Development of the Federal Income Tax,"出自 Robert Higgs,ed. , *Emergence of the
Modern Political Economy*(Greenwich,Conn. :JAI Press,forthcoming). 另见 Baack
and Ray, "The Political Economy of Tariff Policy:A Case Study of the United States,"
Explorations in Economic History,Vol. 20(1983),pp. 73－93。

［107］Baack and Ray, "Special Interests and Constitutional Amendments:A Study of the
Adoption of the Income Tax in the U. S. ,"第 84－5 号工作文件,俄亥俄州立大学经
济系,September 1983,p. 2。

［108］Douglas C. North, "The Growth of Government in the United States:An Economic
Historian's Perspective,"打印稿,May 1984。

［109］William Franklin Willoughby, *The Problem of a National Budget* (New York:
Appleton,1918),pp. 55－56.

[110]Leonard D. White, *The Federalists: A Study in Administrative History* (New York: Macmillan, 1961), p. 14.

[111]同上, p. 29。

[112]同上, pp. 90 – 91。

[113]Shultz and Caine, *Financial Development of the U. S.*, p. 100.

[114]Forsythe, *Taxation and Political Change*, pp. 44 – 45.

[115]同上, pp. 39 – 40。

[116]同上, pp. 41 – 46。

[117]Shultz and Caine, p. 93.

[118]White, *Federalists*, pp. 118 – 19.

[119]Shultz and Caine, pp. 93 – 94.

[120]White, *Federalists*, p. 70.

[121]同上, p. 94。

[122] James Sterling Young, *The Washington Community*, 1800 – 1828 (New York: Columbia Univ. , 1966), 在其他方面, 特别是 pp. 128 – 31, 163 – 77。

[123]White, *Federalists*, p. 291.

[124]White, *Jeffersonians*, pp. 404 – 5.

[125]参见 Herbert Kaufman, " Emerging Conflicts in the Doctrines of Public Administration," *American Political Science Review*, Vol. 50, December 1956, pp. 1057 – 73。

[126]White, *Federalists*, p. 324.

[127]同上, p. 329。

[128]White, *Jacksonians*, p. 126.

[129]同上, p. 123。

[130]同上, pp. 126 – 27。

[131]同上, p. 131。

[132]同上, p. 141, and Bolles, *Financial History of the United States*, 1774 – 89, pp. 539 – 40。

[133]White, *Jacksonians*, pp. 133 – 34.

[134]同上, pp. 134 – 35。

[135]Wilmerding, *Spending Power*, pp. 137 – 47.

[136]Albert S. Bolles, *The Financial History of the United States: From 1861 to 1885*

（New York：Appleton，1886），pp.530 - 31.

［137］White，*Jacksonians*，p.138.

［138］同上，pp.138 - 40。

［139］Wilmerding，pp.152 - 53.

［140］同上，p.14。

［141］Bolles，*Financial History*，1861 - 1885，p.231.

［142］Wilmerding，p.154.

［143］White，*Jacksonians*，pp.126 - 27.

［144］Bolles，*Financial History*：1861 - 1885，pp.544 - 45. Ingalls 参议员预估的总支出本来为 1 800 万或 2 000 万美元，但几年内就上升到 5 000 万美元，随后更上升到 1 亿美元。这种超支现象目前虽不足为奇，但在当时相当令人担忧。然而，历史上这样的例子屡见不鲜。Julius Caesar 在成为罗马始皇帝时，退伍军人依法所得的养老金并不多，但经历了几个世纪的通货膨胀和战争后，罗马帝国的养老金义务被提高到一个巨大的比例。参见第三章，pages 99n，111，125。

［145］Frederick Cleveland，"Leadership and Criticism，"*Proceedings of the Academy of Political Science*，Vol.8（1918 - 20），No.1，p.31.

［146］Wilson，*Congressional Government*，pp.136 - 37.

［147］A.E.Buck，*Public Budgeting*（New York：Harper，1929），p.339.

［148］Wilson，*Congressional Government*，p.156.

［149］Wilmerding，*Spending Power*，pp.151 - 52.

［150］Fenno，*Power of the Purse*，p.99.

［151］参见 Aaron Wildavsky，*The Politics of the Budgetary Process*，4th ed.（Boston：Little，Brown，1984），pp.47 - 62，73。

［152］Dwight Waldo，*The Administrative State*（New York：Ronald Press，1948），p.105.

［153］Rene Stourm，引用自 A.E.Buck，*Public Budgeting*，p.285.

［154］Frederick Cleveland and Arthur E.Buck，*The Budget and Responsible Government*（New York：Macmillan，1920），p.54.

［155］同上，p.403。

［156］同上，p.68。

［157］Nicholas M.Butler，"Executive Responsibility and a National Budget，"*Proceedings of the Academy of Political Science*，Vol.8（1918 - 20），p.46.

［158］Wilson，*Congressional Government*，p.284.

[159]同上,p. 285。

[160]Frederick A. Cleveland,"Need for Re－adjustment of Relations Between the Executive and Legislative Branches of Government,"出自 F. A. Cleveland and J. Schafer,eds.,*Democracy in Reconstruction*(Boston:Houghton Mifflin,1919),p. 443。

[161]Willoughby,*Problem of a National Budget*,pp. 29－30.

[162]Wilson,*Congressional Government*,p. 283.

[163]Woodrow Wilson,*College and State Educational*,*Literary and Political Papers*,1875－1913,Vol. l(New York:Harper,1925),p. 357.

[164]Willoughby,*Problem of a National Budget*,pp. 116－17.

[165]引用自 Wilmerding,*The Spending Power*,p. 150。

[166]Charles Wallace Collins,*The National Budget System*(New York:Macmillan,1917),p. 3.

[167]Willoughby,*Problem of a National Budget*,pp. 56－57.

[168]同上,p. ix。

[169]Wilmerding,*The Spending Power*,pp. 258－59.

[170]同上,p. 283。

[171]Arthur Macmahon,"Woodrow Wilson:Political Leader and Administrator,"出自 Earl Latham,ed.,*The Philosophy and Policies of Woodrow Wilson*(Chicago:Univ. of Chicago,1958),pp. 100－22;reference is to page 113。

[172]Wilson,*Congressional Government*,pp. 180－81.

[173]Charles Beard,"Prefatory Note,"*Municipal Research*,No. 88(August 1917)(New York:Bureau of Municipal Research),p. iii.

[174]Willoughby,*Problem of a National Budget*,p. 55.

[175]Dwight Waldo,*The Administrative State*,pp. 105－7.

[176]Wilson,*Congressional Government*,p. 282.

[177]Cleveland and Buck,*Budget and Responsible Government*,p. 13.

[178]Willoughby,*Problem of a National Budget*,pp. 98－99.

[179]William Franklin Willoughby,"The Budget as an Instrument of Political Reform,"*Proceedings of the Academy of Political Science*,Vol. 8(1918－20),pp. 59－60;and Willoughby,*Problem of a National Budget*,p. 98.

[180]Butler,"Executive Responsibility and a National Budget,"见前注,p. 49。

[181]Willoughby,*Problem of a National Budget*,p. 32.

[182]A. E. Buck,"The Development of the Budget Idea in the United States,"*Annals of the American Academy of Political and Social Science*,Vol. LXIII,May 1924,p. 36.

[183]Willoughby,*Problem of a National Budget*,pp. 33 – 34.

[184]Buck,*Public Budgeting*,p. 482.

[185]Willoughby,*Problem of a National Budget*,pp. 59 – 60.

[186]Cleveland and Buck,*Budget and Responsible Government*,p. xviii.

[187]Willoughby,*Problem of a National Budget*,p. 405.

[188]Cleveland and Buck,*Budget and Responsible Government*,pp. xviii – xix.

[189]Collins,*National Budget System*,p. 41.

[190]Fitzpatrick,*Budget Making in a Democracy*,p. 55.

[191]同上,pp. viii – ix。

[192]同上,p. ix。

[193]同上,p. 49。

[194]同上,pp. 50 – 51,59。

[195]同上,p. 54。

[196]同上,p. 5。

[197]同上,p. 292。

[198]Oscar Kraines,*Congress and the Challenge of Big Government*(New York:Bookman Associates,1958),pp. 44 – 45;另见 the foreword by Dwight Waldo,p. 7。

[199]同上,pp. 56 – 57。

[200]Jesse Burkhead,*Government Budgeting*(New York and London:Wiley/Chapman & Hall,1956),p. 13.

[201]Waldo,*The Administrative State*,pp. 193 – 94.

[202]Buck,"The Development of the Budget Idea in the United States,"见前注,p. 31。

[203]Burkhead,*Government Budgeting*,p. 50.

[204]Cathryn Secler-Hudson,"Budgeting:An Instrument of Planning and Management. Unit I, The Evolution of the Budgetary Concept in the Federal Government,"打印稿,American University,1944。

[205]Oscar Kraines,"The President versus Congress:The Keep Commission,1905 – 1909, First Comprehensive Presidential Inquiry into Administration," *Western Political Quarterly*,Vol. 23,No. 1(March 1970),p. 45.

[206]Burkhead,*Government Budgeting*,p. 17.

［207］Naylor, *Federal Budget System in Operation*, pp. 23 – 24.

［208］Cleveland,"Leadership and Criticism,"见前注, p. 33。

［209］Naylor, *Federal Budget System in Operation*, p. 24.

［210］Wilmerding, *Spending Power*, p. 151; and Burkhead, *Government Budgeting*, p. 119.

［211］Naylor, *Federal Budget System in Operation*, pp. 24 – 25.

［212］Burkhead, *Government Budgeting*, pp. 20 – 21.

［213］Frederick A. Cleveland, "Constitutional Provisions for a Budget," *Proceedings of the Academy of Political Science*, Vol. 5(1914), No. 1, pp. 141 – 62.

［214］Buck, *Public Budgeting*, p. 21.

［215］Willoughby, *Problem of a National Budget*, pp. 155 – 56.

［216］Naylor, *Federal Budget System in Operation*, pp. 25 – 26.

［217］Fritz Morstein Marx, "The Bureau of the Budget: Its Evolution and Present Role," *American Political Science Review*, Vol. 39, No. 4(August 1945), pp. 653 – 84.

［218］参见 Charles G. Dawes's still indispensable book, *The First Year of the Budget of the United States*(New York: Harper, 1923)。

［219］同上, p. 29。

［220］引用自 William Franklin Willoughby, *The National Budget System with Suggestions for Its Improvement*(Baltimore: Johns Hopkins, 1927), pp. 287 – 88。

［221］同上, pp. 286 – 87。

［222］Thomas Borcherding, "A Hundred Years of Public Spending, 1870 – 1970," 出自 Borcherding, ed., *Budgets and Bureaucrats: Sources of Government Growth* (Durham: Duke Univ., 1977), p. 20。

［223］同上, p. 26。

［224］Shultz and Caine, pp. 518 – 19.

［225］Jens P. Jensen, *Property Taxation in the United States*(Chicago: Univ. of Chicago, 1931).

［226］参见 Richard Netzer, *Economics of the Property Tax*(Washington: Brookings Inst., 1966),用于进行有说服力的相反论证。

［227］Sidney Ratner, *American Taxation: Its History as a Social Force in Democracy* (New York: Norton, 1942).

［228］L. L. Ecker-Racz, *The Politics and Economics of State-Local Finance*(Englewood Cliffs: Prentice-Hall, 1970).

[229]Randolph E. Paul, *Taxation in the United States*(Boston:Little,Brown,1954).

[230]Clinton Yearly, *The Money Machines: The Breakdown and Reform of Governmental and Party Finance in the North*,1860 – 1920(Albany:State Univ. of New York,1970),p. 85.

[231]Sidney Ratner, *Taxation and Democracy in America*(New York:Wiley & Sons, 1942),第五章;引用自 John Witte, *The Politics and Development of the Federal Income Tax*(Madison:Univ. of Wisconsin,1985),p. 69。

[232]*Congressional Globe*,第 38 届国会,第一次会议,p. 1940;部分引自 Ratner, *Taxation and Democracy*,and 出自 Witte, *Politics and Development*。

[233]David Hill 出自 *Congressional Record*,53rd Congress,2nd Session,Vol. 26,pp. 3557 – 68;和后来在 1894 年 6 月 21 日的演讲,同卷的 pp. 6611 – 24 ;引用自 Witte,p. 71。

[234]*Congressional Record*,第 53 届国会,第 2 次会议,Vol. 26,p. 6711,引用自 Witte, p. 72。

[235]国会议员 Bourke Cochran,出自 *Congressional Record*,第 53 届国会,第 2 次会议, Vol. 26,附录,pp. 462 – 67,引用自 Witte,p. 72。

[236]William Jennings Bryan 出自 *Congressional Record*,第 53 届国会,第 2 次会议,Vol. 26,p. 1656,引用自 Witte,p. 72。

[237]*Congressional Record*,53rd Congress,2nd Session,Vol. 26,p. 1656,引用自 Witte, p. 73。

[238]参见 Louis Eisenstein, *The Ideologies of Taxation*(New York:Ronald Press,1961), pp. 16 – 18。

[239]Witte,pp. 74 – 75.

[240]同上,p. 79。

[241]Charles Gilbert, *American Financing of World War I*(Westport,Conn. :Greenwood Press,1970),pp. 114 – 15;引用自 Witte,p. 86。

[242]Andrew Mellon, *Taxation:The People's Business*(New York:Macmillan,1924),p. 16;引用自 Witte,p. 89。

[243]参见 Eisenstein,p. 49。

[244]Cordell Hull 出自 *Congressional Record*,Vol. 67(1921),p. 563;引用自 Witte,pp. 91 – 92。

[245]Paul, *Taxation in the United States*;Herbert Stein, *The Fiscal Revolution in America*(Chicago:Univ. of Chicago,1969);and Frank W. Taussig, *The Tariff History*

of the United States,8th rev. ed. (New York:Putnam,1931).

[246]美国财政报告截至 1931 年 6 月 30 日(Washington:U. S. Government,1931),p. 29;引用自 Witte,p. 96。

[247]Paul,*Taxation in the United States*,p. 203;引用自 *Witte*,p. 103。

[248]*Joseph Pechman*,*Federal Tax Policy*(Washington: Brookings Inst. , 1971), pp. 256 - 57.

[249]同上,p. 215。

第八章

[1]John Maynard Keynes,*The General Theory of Employment*,*Interest and Money*(New York:Macmillan,1936),pp. 483 - 84.

[2]R. F. Kahn,"The Relation of Home Investment to Unemployment,"*Economic Journal*, Vol. XLI,No. 162(June 1931),pp. 173 - 98.

[3]Robert Lekachman,*The Age of Keynes*(New York:McGraw - Hill,1966),pp. 73 - 75.

[4]Harvey Stephen Perloff,*Modern Budget Policies*:*A Study of the Budget Process in Present - Day Society*,Ph. D. dissertation submitted to the Depts. of Government and Economics,Harvard Univ. ,Dec. 1,1939,p. 140.

[5]同上,pp. 139 - 40。

[6]Dan Throop Smith,"An Analysis of Changes in Federal Finances,July 1930 - June 1938,"*Review of Economic Statistics*,Vol. 20,November 1938,pp. 149 - 60;引用自 H. Perloff,p. 140。

[7]Gunnar Myrdal,*Varningfor fredsoptimism*(Stockholm:Bonniers,1944).

[8]关于法国从 1900 年至 1980 年间的消费历史,参见 Robert Delorme and Christine Andre,*L'Etat et l'économie*(Paris:Seuil,1983)。

[9]Jèze Gaston and Henri Truchy,*The War Finance of France*(New Haven:Yale Univ. , 1927),p. 177.

[10]GNP 的资料来源,J. Carré,P. Dubois,and E. Malinvaud,*French Economic Growth* (Stanford:Stanford Univ. , 1975), p. 24;支出总额,*Annuaire statistique de la France*:*Résumé rétrospectif*,1951,p. 311;国防方面,同上,1951,p. 310;税收方面,同上,1966,pp. 486 - 89。

[11]Gaston and Truchy,p. 121.

［12］George Peel，*The Financial Crisis of France*（London：MacMillan，1926），第三章，and Robert M. Haig，*The Public Finances of Post - War France*（New York：Columbia Univ.，1929），第二章。

［13］GNP 的资料来源，C. H. Feinstein，*National Income Expenditures and Output of the United Kingdom*（Cambridge，Eng.：Cambridge Univ.，1972），表格 3.7；总支出，同上，表格 14；国防方面，A. T. Peacock and J. Wiseman，*The Growth of Public Expenditures in the United Kingdom*（Princeton：Princeton Univ.，1961），表格 A - 7。

［14］Samuel J. Horwitz，*State Intervention in Great Britain*（New York：Columbia Univ.，1949），p. 287.

［15］Kathleen Burke，ed.，*War and the State*（Winchester，Eng.：Allen & Unwin，1982）.

［16］GNP 的资料来源，美国人口普查局，*Historical Statistics of the U. S. Since Colonial Times*（Washington：U. S. Government Printing Office，1976），p. 224；税收方面，同上，p. 1106；国防方面，同上，p. 1114；总计方面，美国人口普查局，*Historical Statistics of the U. S. from Colonial Times to* 1957（Stamford，Conn.：Fairfield Publishing Co.，1960），p. 711。

［17］美国人口普查局，*Historical Statistics of the United States*，*Colonial Times to* 1970，Bicentennial ed.，Part 2（Washington，1975），p. 168。

［18］Gaston v. Rimlinger，*Welfare Policy and Industrialization：Europe，America and Russia*（New York：Wiley，1971），p. 65.

［19］"in Financing the War，"*Annals of the American Academy of Political and Social Science*，Vol. LXXV，January 1981，p. 14.

［20］引用自 Lewis H. Kimmel，*Federal Budget and Fiscal Policy：*1789 - 1958（Washington：Brookings Inst.，1959），p. 88。

［21］同上，p. 89。

［22］同上，p. 89. tf。

［23］James Weinstein，*The Corporate Ideal in the Liberal State*，1900 - 1918（Boston：Beacon Press，1968），pp. 40 - 41.

［24］同上，p. 61。

［25］同上，pp. 208 - 9。

［26］Alan Peacock and Jack Wiseman，*The Growth of Public Expenditures in the United Kingdom*（Princeton：Princeton Univ.，1961），pp. xxi，xxxi，and Ch. 1.

［27］本章节改编自 John B. Gilmour 的一篇论文。

[28] Karl Hardach, *The Political Economy of Germany in the Twentieth Century* (Berkeley,Calif.：Univ. of Calif.，1980).

[29]国际联盟，*Memorandum on Public Finance*：1921，1922，1922－1926，1926－1928，Geneva。

[30]John Maynard Keynes, *Essays in Persuasion* (New York：Norton,1963).

[31]Peter Flora and Arnold Heidenheimer,eds.，*Development of Welfare States in Europe and America* (New Brunswick：Transaction Books,1981).

[32]Dankwart Rustow, *The Politics of Compromise* (Princeton：Princeton Univ.，1955),p.91.

[33] Suphan Andie and Jindrich Veverka,"The Growth of Government Expenditure in Germany Since the Unification,"财务档案,1964,pp.169－278。

[34]Twentieth Century Fund, *More Security for Old Age* (New York,1937),p.29.

[35]T. H. Marshall, *Social Policy* (London：Hutchinson Univ.，1965),pp.64－65.

[36]Twentieth Century Fund,pp.50－51.

[37]德国 GNP 的来源，W. G. Hoffman, *Das Wachstrum der deutschen Wirtschaft* (New York/Berlin：Springer‐Verlag, 1965),p.826;对于德国支出, *Bevolkerung und Wirtschaft*,1872－1972, Statistiches Bundesamt,p.233;对于英国 GNP, C. H. Feinstein, *National Income Expenditures and Output of the UK* (Cambridge,Eng.：Cambridge Univ.，1972),表格 3.7;对于英国支出,同上,表格 14;对于美国 GNP,美国人口普查局, *Historical Statistics Since Colonial Times*,p.224;对于德国支出,同上,p.1115;对于瑞典的 GNP 和支出, *Historisk Statistik fb' r Sverige*,p.265;对于法国的 GNP 和支出, *Annuaire statistique de la France*：*Resume retrospectif*,1961。

[38]本章节改编自 Robin Silver 的一篇论文。

[39]Flora and Heidenheimer,p.28.

[40]Jim Potter, *The American Economy Between the World Wars* (New York：Wiley,1974),p.113.

[41]Lekachman, *The Age of Keynes*,pp.122－23.

[42]Potter,p.122.

[43]Martha Derthick, *Policymaking for Social Security* (Washington：Brookings Inst.，1979).

[44]Potter,p.xxx.

[45]William E. Leuchtenburg, *Franklin D. Roosevelt and the New Deal* (New York：Harper

& Row,1963),p.154.

[46] David S. Landes, *The Unbound Prometheus* (Cambridge, Eng. : Cambridge Univ. , 1969),p.394.

[47]Sidney Pollard, *The Development of the British Economy*:1914 − 1967(New York:St. Martin's Press,1969),p.203.

[48]同上。

[49]Ursula Hicks, *British Public Finances* (London: Oxford Univ. , 1958), pp. 73 − 76; Pollard,*Development of British Economy*,pp.204 − 5.

[50]Pollard,p.206.

[51]Landes, *Unbound Prometheus*,p.400.

[52]同上。

[53]Tom Kemp, *The French Economy*:1913 − 1939(London:Longman Group,1972),pp. 115 − 16.

[54]Richard F. Kuisel, *Capitalism and the State in Modern France* (Cambridge, Eng. : Cambridge Univ. ,1975),pp. 121 − 22.

[55]Kemp, *French Economy*,p.128.

[56]Charles P. Kindleberger,*Economic Growth in France and Britain*:1851 − 1950(New York:Simon and Schuster,1964),p.205.

[57]Kuisel, *Capitalism and the State in Modern France*,p.127.

[58]同上。

[59]Landes, *Unbound Prometheus*,p.400.

[60] Karl Hardach, *The Political Economy of Germany in the Twentieth Century* (Berkeley:Univ. of California,1980),p.59.

[61]同上,p.60。

[62]Robert A. Brady, *The Rationalization Movement in German Industry* (New York: Columbia Univ. ,1937).

[63]Hardach,*Political Economy of Germany*,p.62.

[64]同上,p.64。

[65]同上。

[66]同上,pp.65 − 66。

[67]同上,p.78。

[68]同上,pp.224 − 25。

[69]Jim Potter,*American Economy Between the World Wars*,p. 135.

[70]本章节改编自 Benny Miller 撰写的一篇论文。

[71]Derek Wood and Derek Dempster, *The Narrow Margin*(Westport,Conn.:Greenwood, 1975),p. 37.

[72]K. Middlemass,*Diplomacy of Illusion*(London:Weidenfeld & Nicolson,1972),p. 81. ff.

[73]G. C. Peden,*British Rearmament and the Treasury*:1932 – 1939(Scottish Academic Press,1979),p. 3.

[74] War Cabinet minutes, 15 Aug. 1919,引用自 N. H. Gibbs, *Grand Strategy*: *Rearmament Policy*,Vol. I of *History of the Second World War*, *United Kingdom Military Series*,ed. J. R. M. Butler(London:Her Majesty's Stationery Office, 1976), p. 3。

[75]R. A. C. Parker,*Europe*,1919 – 45(London:Weidenfeld and Nicolson,1967),p. 260.

[76]Peden,*British Rearmament*,pp. 60 – 105.

[77]同上,p. 180。

[78]Bernice A. Carroll,*Design for Total War*(Elmsford,N. Y. :Mouton,1968),p. 184.

[79]同上,pp. 179 – 80。

[80]C. J. Bernardo and E. H. Bacon,*American Military Policy*(Harrisburg,Pa. :Military Service Publishing Co. ,1955).

[81]W. M. Jordan,"The French and British Attitude on the Disarmament Policy,"出自 G. B. Turner,ed. ,*A History of Military Affairs*(Princeton:Princeton Univ. ,1956),pp. 436 – 47。

[82]Parker,*Europe*,1919 – 45,pp. 163 – 89.

[83]James Bellini, *French Defence Policy* (London: Royal United Services for Defence Studies,1974),pp. 5 – 8.

[84]Parker,pp. 187,189.

[85]参见 Mancur Olson, *The Rise and Decline of Nations*; *Economic Growth*, *Stagflation*,*and Social Rigidities*(New Haven:Yale Univ. ,1982)。

[86]So rces:U. S. Bureau of the Census,*Historical Statistics from Colonial Times to 1957*,p. 711(for total),and *Historical Statistics Since Colonial Times*,p. 1114(用于国防,不包括外援)。

[87]Kimmel,*Federal Budget and Fiscal Policy*,p. 320.

[88]Joseph A. Pechman,*Federal Tax Policy*(Washington:Brookings Inst. ,1971),p. 255.

［89］Peacock and Wiseman,*Growth of Public Expenditure*,多处。

［90］W. K. Hancock and M. M. Gowing, *British War Economy*,修订版（Her Majesty's Stationery Office,1975）,p. 195。

［91］Peacock,p. 187.

［92］Peacock and Wiseman,*Growth of Public Expenditure*,多处。

［93］"Trends of social policy health,"出自 Morris Ginsberg, ed. *Law and Opinions in England in the 20th Century*(Westport,Conn. :Greenwood,1974),p. 318。

［94］Sherman J. Maisel,*Macroeconomics Theories and Policies*(New York:Norton,1982), pp. 288 - 92,664.

［95］参见 Aaron Wildavsky, *Budgeting: A Comparative Theory of Budgetary Processes* (Boston:Little,Brown,1975)。

［96］Aaron Wildavsky, *The Politics of the Budgetary Process*, 4th ed. (Boston: Little, Brown,1984).

［97］Norman Ward, *The Public Purse*(Univ. of Toronto Press,1962),p. 165.

［98］Chris Argyris, *The Impact of Budgets on People* (New York: Controllership Foundation,1952),p. 9.

［99］Herbert Brittain, *The British Budgetary System*(New York:Macmillan, 1959), pp. 216 - 17.

［100］Willem Drees,*On the Level of Government Expenditure in the Netherlands After the War*(Leiden:Stenfert Kroese,1955),pp. 61 - 71.

［101］Robert W. Davies, *The Development of the Soviet Budgetary System*(Cambridge, Eng. :Cambridge Univ. ,1958),p. 184.

［102］Hugh Heclo and Aaron Wildavsky,*The Private Government of Public Money*,第2版 (London:Macmillan,1981)。

［103］Aaron Wildavsky,*How to Limit Government Spending*(Berkeley,California:Univ. of California,1980);and Charles Goodsell, *The Case for Bureaucracy*(Chatham,N. J. : Chatham House,1983).

［104］Drees, *Government Expenditure in the Netherlands*,pp. 61 - 71.

［105］Rene Stourm, *The Budget*(New York:Appleton, 1917),p. 536.

［106］同上,p. 69。

［107］Richard F. Fenno,"The House Appropriations Committee as a Political System:The Problem of Integration,"*American Political Science Review*, Vol. 56 (1962), pp.

310－24.

［108］Drees, *Government Expenditure in the Netherlands*.

［109］Philip M. Williams, *Crisis and Compromise: Politics in the Fourth Republic*, 3rd ed. (Hamden, Conn.: Archon Books, 1964).

［110］Robert E. Scott, "Budget Making in Mexico," *Inter － American Economic Affairs*, Vol. 9(1955), pp. 3 － 20.

［111］Brittain, *The British Budgetary System*.

［112］这部分改编自 Aaron Wildavsky, "A Budget for All Seasons? Why the Traditional Budget Lasts," *Public Administration Review*, No. 6(Nov./Dec. 1978), pp. 501 － 9。

［113］Heclo and Wildavsky, *Private Government of Public Money*.

［114］Naomi Caiden and Aaron Wildavsky, *Planning and Budgeting in Poor Countries* (New York: Wiley, 1974).

［115］David Novick, "Program Budgeting: Long － Range Planning in the Department of Defense,"备忘录 RM － 3359 － ASDC(1962 年 11 月)，为国防部长助理/审计长办公室编制。

［116］Thomas H. Hammond and Jack H. Knott, *A Zero － Based Look at Zero － Base Budgeting*(New Brunswick, N. J.: Transaction Books, 1979).

［117］W. Irwin Gillespie, "Fool's Gold: The Quest for a Method of Evaluating Government Spending,"出自 G. Bruce Doern and Allan M. Maslove, eds., *The Public Evaluation of Government Spending*(Toronto: Butterworth, 1979), pp. 39 － 59。

［118］参见 Aaron Wildavsky, "The Political Economy of Efficiency: Cost-Benefit Analysis, Systems Analysis, and Program Budgeting," *Public Administration Review*, Vol. 26, December 1966, pp. 292 － 310。

第九章

［1］1955 至 1981 年间，Richard Rose 发现，17 个经合组织(OECD)国家的收入、社会保障税和增值税加起来占 GNP 的 13%，增长了一倍多，达到 27.3%。Richard Rose, "Maximizing Revenue and Minimizing Political Costs: A Comparative Dynamic Analysis,"在萨尔茨堡欧洲政治研究学会"税收政治研讨会"上发表的论文，Salzburg, April 1984, p. 37。

［2］同上，pp. 34 － 41。

[3]Daniel Tarschys,"The Scissors Crisis in Public Finance,"*Policy Sciences*,Vol. 15 (1983),pp. 205 - 24.

[4]Joseph White 帮我们起草了这一部分。

[5]Stephen Cohen and Charles Goldfinger,*From Permacrisis to Real Crisis in French Social Security*(Berkeley:Institute of Urban and Regional Development,1976),p. 12.

[6]总结自 Harold Wilensky,*The Welfare State and Equality*(Berkeley:Univ. of California,1975)。

[7]参见 Aaron Wildavsky,*Speaking Truth to Power*(Boston:Little,Brown,1979),第四章,"Coordination Without a Coordinator,"pp. 86 - 107。

[8]经合组织(OECD)国家的国民经济核算,辅之以国家正式出版物。

[9]Thomas Borcherding,"The Growth ofU. S. Public Spending:Another Look,"讨论文件 82 - 02 - 2,西蒙弗雷泽大学工商管理与经济学院,Burnaby,B. C. ,1982,p. 6。

[10]经合组织(OECD)关于资源分配的研究,第 2 期,*Public Expenditure Trends*(June 1978),p. 17。

[11]Christine André and Robert Delorme,"L'Évolution de longue période des dépenses publiques en France,1872 - 1971,"由 Horst Claus Rectenwald 编辑,*Secular Trends of the Public Sector*,国际金融学会第 32 届大会论文集(Paris:Éditions Cujas,1976)。

[12]源自经合组织(OECD),*Public Expenditure on Education*(except New Zealand);*Public Expenditure on Income Maintenance Programmes*。

[13]Dennis Guest,*The Emergence of Social Security in Canada*(Vancouver:Univ. of British Columbia,1980),pp. 2 - 3。

[14]引用自 Francis G. Castles,*The Social Democratic Image of Society*(London:Routledge & Kegan Paul,1978),pp. 66 - 67。

[15]经合组织(OECD)手册是:*Trends*(如上所述)和来自同一系列 *Public Expenditure on Income Maintenance Programmes*(July 1976),*Public Expenditure on Education*(July 1976),and *Public Expenditure on Health*(July 1977)。

[16]经合组织(OECD),*Trends*,pp. 26,30。

[17]同上,p. 27。

[18]参见 Axel Mittelstadt,"Unemployment Benefits and Related Payments in Seven Major Countries,"出自经合组织(OECD),*Occasional Studies*(July 1975),for a detailed description of the systems。

[19]经合组织(OECD),*Income Maintenance*,p. 30。

[20]Holland survey 出自 *The Economist*(January 30,1982),p.8。

[21]Aaron Wildavsky,*Speaking Truth to Power*,p.94.

[22]经合组织(OECD),*Public Expenditure on Education*,pp.23－24。

[23]经合组织(OECD),*Public Expenditure on Health*,p.35。

[24]参见 Aaron Wildavsky,"Doing Better and Feeling Worse:The Political Pathology of Health Policy,"*Daedalus*,Winter 1976,pp.105－23。

[25]这些数据来自联合国年鉴和国民经济核算统计,使用 1979 年、1970 年、1962 年和 1958 年的版本。如果同一年的资料来源不同,则需报告两种来源。这便于区分趋势变化和来源变化。该分析还研究了表格 9.10,是由 Peter Flora 和 Arnold J. Heidenheimer 编辑,*The Development of the Welfare State in Europe and America* (New Brunswick,N.J.:Transaction Books,1981),p.338 和表格 1。这些及每个国家特定的数据来源可被用来加强分析工作的有效性。

[26]瑞典向经合组织(OECD)公共支出会议提交的材料(未发表),May 25,1980。

[27]参见 Michele Salvati,"May 1968 and the Hot Autumn of 1969:The responses of two ruling classes,"出自 Suzanne Berger,ed.,*Organizing Interests in Western Europe: Pluralism,Corporatism,and the Transformation of Politics*(Cambridge, Eng.: Cambridge Univ.,1981),p.353。

[28]Christine André and Robert Delorme,"The Long Run Growth of Public Expenditure in France,"*Finances publiques*,Vol.33,No.1－2(1978),p.49。

[29]Robert Delorme,*A New View on the Economic Theory of the State:A Case Study of France*(Paris:Centre d'Études Prospectives d'Économie Mathématique Appliqués à la Planificacion)(印刷品 1984),p.4。

[30]Richard M.Bird,"Trends in Taxation:Calculations and Speculations,"打印稿,pp. 16－18。

[31]参见 Christopher Leman,*The Collapse of Welfare Reform:Political Institutions, Policy and the Poor in Canada and the United States*(Cambridge,Mass.:MIT Press, 1980),pp.40－41。

[32]Bird,"Trends in Taxation,"p.18.GNE 是国民总支出,也是另一个分母。

[33]U.N.的数据显示增长;Bird(p.9)没有。

[34]Leman,*Collapse of Welfare Reform*,pp.11－15.

[35]联邦数据来源于基于行政管理和预算局(OMB)出版物的表格 *Payments for Individuals* and *Federal Government Finances*(March 1981),Mickey Levy 提供。

[36]Australia survey 出自 *The Economist*,Oct. 31,1981。

[37]Richard M. Coughlin, *Ideology*, *Public Opinion*, *and Welfare Policy*,国际问题研究所系列研究,第 42 号(Berkeley:Univ. of California,1980),p. 68。

[38]S. P. Huntington, *The Common Defense* (New York: Columbia Univ. , 1969), pp. 278 – 83.

[39]美国商务部商业经济办公室;美国收入和产出,(1958),pp. 118 – 19; *Survey of Current Business*,p. 11(February 1960),p. 12(February 1961).对于 "national defense spending,"的性质,参见 Huntington 中表格 11,*Common Defense*,p. 282。

[40]*Budget of the United States Government for the Fiscal Year Ending June* 30,1955, pp. 1164 – 65;财政部部长和预算局局长联合声明,July 20, 1961,在 Huntington, p. 283。

[41]Huntington,p. 281.

[42]Jerome H. Kahan, *Security in the Nuclear Age* (Washington:Brookings Inst. ,1975), pp. 74 – 75.

[43]Robert Osgood, *NATO*, *the Entangling Alliance* (Chicago:Univ. of Chicago,1962),pp. 106 – 7,151 – 58.

[44]参见 Edward R. Fried et al. , *Setting National Priorities*: *The 1974 Budget* (Washington:Brookings Inst. ,1973),p. 296。

[45]Arnold Kanter, *Defense Politics* (Chicago:Univ. of Chicago,1979),p. 58.

[46]同上,p. 77。

[47]John L. Stromberg, *The Internal Mechanics of the Defense Budget Process*, *Fiscal 1958 – 1968* (Santa Monica,Calif. :Rand Corp. ,1970).

[48]David Greenwood,"Defense and National Priorities since 1945,"出自 John Baylis,ed. , *British Defense Policy in a Changing World* (London:Croom Helm,1977),p. 182。

[49]引用自 W. P. Snyder, *The Politics of British Defense Policy 1945 – 1962* (Columbus: Ohio State University Press,1964),pp. 195 – 96。

[50]Greenwood,"Defense and National Priorities,"p. 202.

[51]R. N. Rosencrance, *Defense of the Realm* (New York,1962),p. 31.

[52]斯德哥尔摩国际和平研究学会《世界军备和裁军年鉴》,1978,pp. 144 – 45。

[53]数据来源于 R. Klein 等人, *Social Policy and Public Expenditure*, 1974 (London: Centre for Studies in Social Policy,1974)。

[54]Greenwood,"Defense and National Priorities,"见前注,p. 202。

[55]E. H. Fedder, ed. , *Defense Politics of the Atlantic Alliance* (New York: Praeger, 1980), p. 164.

[56]*SIPRI* 年鉴,1974,pp. 125 – 28。

[57]同上,1976,p. 130。

[58]同上。

[59]同上,1974,pp. 132 – 34。

[60]本章节的原稿是由 Sven Steinmo 编写。

[61]参见 James E. Alt,"The Evolution of Tax Structures,"*Public Choice*, Vol. 41(1983), pp. 181 – 223。

[62]来自经合组织(OECD)1880,1920,1935 年的数据,*Revenue Statistics of OECD Member Countries:A Standard Classification* (Paris,1976). 1980 年数据来自经合组织(OECD), *Long Term Trends in Revenue Statistics of Member Nations* (Paris, 1981). 第一个美国条目来自 Alt,"Evolution of Tax Structures,"见前注,p. 193。

[63]Joseph Pechman and Benjamin Okner, *Who Bears the Tax Burden?* (Washington: Brookings Inst. ,1974),p. 105.

[64]经合组织(OECD), *Revenue Statistics of OECD Member Countries*: 1965 – 1979 (Paris,1980), p. 42。

[65]Pechman and Okner, *Who Bears the Tax Burden?*, p. 117.

[66]Irving Kristol, *Two Cheerslor Capitalism* (New York:Basic Books,1978),pp. 210 – ll.

[67]引用自 Gilbert Burck,"You May Think the Corporate Profit Tax Is Bad but It Is a Whole Lot Worse Than You Think,"出自 H. Camerson and W. Henderson,eds. , *Public Finance* (New York:Random House,1966),p. 61。

[68]本段和以下段落中有关税收优惠的数据来自 Ronald Frederick King, "Tax Expenditures and Systematic Public Policy:An Essay on the Political Economy of the Federal Revenue Code,"*Public Budgeting and Finance*,Spring 1984,pp. 14 – 31。

[69]同上,p. 27。

[70]Aaron Wildavsky 是早期提出的累进低税率所得税的人,"A Uniform Income Tax," *Tax Notes*,Vol. XII,No. 12(March 23,1981),pp. 611 – 12。

[71]A. T. Peacock and J. Wiseman, *The Growth of Public Expenditures in the United Kingdom* (Princeton:Princeton Univ. ,1961).

[72]John Witte, *The Politics and Development of the Federal Income Tax* (Madison:Univ. of Wisconsin,1985),p. 251.

［73］同上，pp. 320 - 21。

［74］同上，p. 310。

［75］同上，pp. 343 - 62。

［76］同上，p. 364。

［77］Charles E. Lindblom，"Decision Making in Taxation and Expenditure，"公共财政会议文件：需求、来源与利用，国家经济研究局，April 1959。

［78］Witte，*Politics and Development of Federal Income Tax*，p. 141.

［79］同上，p. 194。

［80］Karl Hauser，"West Germany，"出自国家经济研究局，ed. ，*Foreign Tax Policies and Economic Growth*（New York：Columbia Univ. ，1966），p. 97。

［81］Vito Tanzi，*The Individual Income Tax and Economic Growth：An International Comparison*（Baltimore：Johns Hopkins，1969），p. 93。

［82］Andrew Shonfield，*Modern Capitalism：The Changing Balance of Public and Private Power*（London：Oxford Univ. ，1965），p. 296.

［83］Alt，"Evolution of Tax Structures，"见前注，p. 206。

［84］Paul Senf，in "Comment，"Hauser，"West Germany，"见前注，pp. 160 - 61。

［85］Robert Wertheimer，"Tax Incentives in Germany，"*National Tax Journal*，Vol. X（1957），No. 325，p. 325.

［86］Hauser，"West Germany，"见前注，p. 115。

［87］我们多次使用这个美国术语，主要是因为我们喜欢强调美国人和欧洲大陆人对税收支出存在明显不同的看法。

［88］Henry Gumpel，*Taxation in the Federal Republic of Germany*（New York：Commerce Clearing House，1963），p. 507.

［89］Fritz Neumark，in "Comment，"Hauser，"West Germany，"见前注，p. 157。

［90］Tanzi，*Individual Income Tax and Economic Growth*，p. 91. （参见表格，p. 93。）

［91］Wertheimer，"Tax Incentives in Germany，"见前注，p. 329。

［92］Gumpel，*Taxation in the Federal Republic*，pp. 330 - 31.

［93］Joseph Pechman，*Federal Tax Policy*（Washington：Brookings Inst. ，1971），p. 32.

［94］Gumpel，*Taxation in the Federal Republic of Germany*，pp. 446 - 47.

［95］参见 John Armstrong，*The European Administrative Elite*（Princeton：Princeton Univ. ，1973）。

［96］Richard Rose and Guy Peters，*Can Governments Go Bankrupt?*（New York：Basic

Books,1978),p. 98.

[97]参见经合组织(OECD)国家图表,*Income Tax Schedules*,*Distribution of Taxpayers and Revenues*,财政事务委员会的报告,Paris,1981,pp. 35 – 38. 另见 OECD *Tax Benefit Position of Selected Income Groups in OECD Member Countries*,*1974 – 1978*,财政事务委员会的报告,Paris,1980,pp. 36 – 37。

[98]这一论点受到了质疑。参见 Erick Nordlinger,*On the Autonomy of the Democratic State*(Cambridge,Mass.:Harvard Univ.,1966),and Anthony King,"Ideas,Institutions,and Policies of Governments:A Comparative Analysis," *British Journal of Political Science*,Vol. 3,No. 4(October 1974),pp. 291 – 313。

[99]Ken Messere 指出,到 1964 年,瑞典的纳税者拥有 "desire to move from direct to indirect taxation"("Tax Levels,Structure and Systems:Some Intertemporal and International Comparisons,"出自 Rectenwald,ed.,*Secular Trends of the Public Sector*,pp. 194 – 210). Cf. H. L. Wilensky," Taxing,Spending and Backlash:An American Peculiarity?,"*Taxing and Spending*,Vol. II,July 1979,pp. 6 – 12。

[100]Nils Elvander,"The Politics of Taxation in Sweden:1945 – 1970," *Scandinavian Political Studies*,Vol. 7(1972),pp. 63 – 82.

[101]Alt,"Evolution of Tax Structures,"见前注,p. 199。

[102]Elvander,"Politics of Taxation in Sweden,"见前注,pp. 68 – 69。

[103]Martin Norr,Frank Duffy,and Harry Sterner,*Taxation in Sweden*(Boston:Little,Brown,1959),p. 70.

[104]同上,p. 73。

[105]同上,p. 215. 另见 Federation of British Industries,*Taxation:in the Proposed European Free Trade Area*(London,1958),p. 14。

[106]Leif Muten and Karl Faxen,出自国家经济调查局,ed.,*Foreign Tax Policies and Economic Growth*,p. 353。

[107]Sven Steinmo,"Taxation as an Instrument of Public Policy:Sweden – the Carrot and the Stick,"提交给欧洲政治研究学会的论文,April 1984,p. 12。

[108]详细列表,参见诺尔(Norr)等人,*Taxation in Sweden*,p. 160。

[109]同上,p. 70。

[110]Steinmo,"Taxation as an Instrument of Public Policy,"pp. 23 – 24.

[111]Rose and Peters,*Can Governments Go Bankrupt?*,p. 93.

[112]H. L. Wilensky,"*New Corporatism*"*Centralization and the Welfare State*(Beverly

Hills, Calif.：Sage Publications, 1976）. 另见 Philippe Schmitter, "Interest Intermediation and Regime Governability in Contemporary Western Europe and North America," 出自 Charles Maier, ed., *Organizing Interests in Western Europe* (Cambridge, Eng.：Cambridge Univ., 1981)。

［113］参见 Elvander, "Politics of Taxation in Sweden," 见前注。

［114］J. A. Kay and M. A. King, *The British Tax System* (Oxford：Oxford Univ., 1978), p. 246.

［115］Simon James and Christopher Nobes, *The Economics of Taxation* (Oxford：Philip Allan, 1978), p. 135.

［116］Kay and King, *British Tax System*, p. 192.

［117］参见经合组织（OECD）, *The Taxation of Net Wealth, Capital Transfers, and Capital Gains of Individuals*, Report of Committee on Fiscal Affairs, Paris, 1979. 另见 James and Nobes, pp. 66 - 67；J. E. Meade, *The Structure and Reform of Direct Taxation* (London：Allen & Unwin, 1978), pp. 58 - 59；and Kay and King, *British Tax System*, p. 248。

［118］参见 Tanzi, *Individual Income Tax and Economic Growth*, p. 19。

［119］E. Gordon Keith, 国家经济研究局简介, ed., *Foreign Tax Policies and Economic Growth*, p. 31。

［120］Hugh Hecla and Aaron Wildavsky, *The Private Government of Public Money* (London：Macmillan, 1974), p. 160.

［121］参见 Tanzi, *Individual Income Tax*, pp. 17 - 21, 103 - 5。

［122］Kay and King, *British Tax System*, pp. 247 - 48.

［123］参见 Nicholas Kaldor, *Reports on Taxation I：Papers Related to the United Kingdom* (London：Anchor Press, 1980)。

［124］参见 Armstrong, *European Administrative Elite*。

［125］Arnold Heidenheimer, Hugh Hecla, and Carolyn Teich Adams, *Comparative Public Policies：The Politics of Social Choice in Europe and America* (New York：St. Martin's Press, 1975), p. 237.

［126］同上, p. 239。

［127］Meade, *Structure and Reform of Direct Taxation*, p. 49.

［128］Andre and Delorme, "Long Run Growth," 见前注, p. 48。

［129］参见 Aaron Wildavsky, "The Unanticipated Consequences of the 1984 Presidential

Election,"*Tax Notes*,Vol. 24,No. 2(July 9,1984),pp. 193 – 200。

[130]Alt,"Evolution of Tax Structures,"见前注,pp. 206 – 7。

[131]Jean-Pierre Balladur and Antoine Coutiere, "France,"出自 Henry Aaron, ed. , *The Value-Added Tax: Lessons from Europe*(Washington: Brookings Inst. , 1981),pp. 19 – 20。

[132]Martin Norr and Pierre Kerlan, *Taxation in France*(Chicago: Commerce Clearing House,1966),pp. 409 – 29.

[133]Balladur and Coutiere,"France,"见前注,p. 19。

[134]Norr and Kerlan, *Taxation in France*,p. 40.

[135]同上。

[136]Rose and Peters, *Can Governments Go Bankrupt?*,p. 96.

[137]Alt,"Evolution of Tax Structures,"见前注,p. 206。

[138]Tanzi, *Individual Income Tax*,p. 58.

[139]Heidenheimer,Hecla,and Adams, *Comparative Public Policies*,p. 236.

[140]Douglas E. Ashford, *British Dogmatism and French Pragmatism*(London: Allen & Unwin,1982).

[141]Shonfield, *Modern Capitalism*,p. 165.

[142]参见 Richard Rose,"Maximizing Revenue and Minimizing Political Costs. "。

[143]Daniel Tarschys, "Curbing Public Expenditures: A Survey of Current Trends,"为经合组织(OECD)改善公共管理联合活动(技术合作处)编写的文件,April 1982。

[144]同上,p. 12。

[145]同上,p. 12a。

[146]参见 Aaron Wildavsky, "From Chaos Comes Opportunity: The Movement To ward Spending Limits in American and Canadian Budgeting," *Canadian Public Administration*,Vol. 26,No. 2(Summer 1983),pp. 163 – 81。

[147]同上。

[148]参见 Aaron Wildavsky, *How to Limit Government Spending*(Berkeley: Univ. of California,1980),and Wildavsky,"Does Federal Spending Constitute a 'Discovered Fault' in the Constitution? The Balanced Budget Amendment,"为卡尔·阿尔伯特中心(Carl Albert Center)举行的国会预算程序会议准备的文件,俄克拉何马大学(Univ. of Oklahoma),Feb. 12 – 13,1982。

[149]Tarschys,"Curbing Public Expenditures,"pp. 62 – 63.

第十章

[1]David Hume,"Of the Study of History,"in Hume,*Philosophical Works*,ed. T. H. Greene and T. H. Grosse(London:Longmans,Green,1898),Vol. IV,p. 390.

[2]Haskell Fain, *Between Philosophy and History: The Resurrection of Speculative Philosophy of History Within the Analytic Tradition*(Princeton:Princeton Univ., 1970),pp. 255－56.

[3]John William Miller, *The Philosophy of History, with Reflections and Aphorisms*(New York:Norton,1981),p. 15.

[4]King James Version,I Kings 12.

[5]《圣经》的读者可能知道,法老也很难记住从一场瘟疫到另一场瘟疫的过程。参见 Aaron Wildavsky, *The Nursing Father: Moses as a Political Leader*(University City: Univ. of Alabama,1984)。

[6]列王纪上第 11 章(I Kings 11)。

[7]On problem succession,参见 Aaron Wildavsky, *Speaking Truth to Power*(Boston: Little,Brown,1979)。

[8]参见 Aaron Wildavsky,"Budgetary Futures:Why Politicians May Want Spending Limits in Turbulent Times,"*Public Budgeting and Finance*,Vol. 1,No. 1(Spring 1981),pp. 20－27。

[9]给 Aaron Wildavsky 的信,July 23,1984。

[10]源自 Patrick D. Larkey,Chandler Stolp and Mark Winer,"Theorizing About the Growth of Government:A Research Assessment,"*Journal of Public Policy*,Vol. 1,Part 2(May 1981),pp. 157－220。

[11]参见 Naomi Caiden and Aaron Wildavsky,*Planning and Budgeting in Poor Countries* (New Brunswick,N. J. :Transaction Books,1980)。

[12]Harold L. Wilensky, *The Welfare State and Equality*(Berkeley/Los Angeles/ London: Univ. of California,1975),p. xiii.

[13]同上,p. 10。

[14]B. Guy Peters,"Fiscal Strains on the Welfare State:Causes and Consequences,"出自 Charles H. Levine and Irene Rubin, eds. , *Fiscal Stress and Public Policy*,Sage Yearbooks in Politics and Public Policy,Vol. 9(Beverly Hills/London:Sage Publications,

1980),pp. 23 – 46。

[15]Wilensky, *Welfare State and Equality*,pp. 47 – 48.

[16]Harley H. Hinrichs, *A General Theory of Tax Structure Change During Economic Development*(Cambridge,Mass. :Law School of Harvard Univ. ,1966),pp. 8 – 10.

[17]Assar Lindbeck,"Redistribution Policy and the Expansion of the Public Sector,"为诺贝尔研讨会准备的论文,关于 "The Growth of Government,"Stockholm, Aug. 15 – 17,1984。

[18]James O'Connor, *The Fiscal Crisis of the State*(New York:St. Martin's Press,1975).

[19]Alan Wolfe, *The Limits of Legitimacy*(New York:Free Press, 1977):查看 Jeffrey Straussman 的宝贵评论,"Spending More and Enjoying It Less:On the Political Economy of Advanced Capitalism,"*Comparative Politics*(January 1981),pp. 235 – 52。

[20]参见 Ian Gough, *The Political Economy of the Welfare State*(London and Basingstoke:Macmillan, 1979),and "Theories of the Welfare State:A Critique," *International Journal of Health Services*,Vol. 8,No. I(1978),pp. 27 – 40。

[21]Richard A. Musgrave,"Leviathan Cometh – Or Does He?"出自 Helen F. Ladd and T. Nicholas Tideman, eds. , *Tax and Expenditure Limitations*(Washington:Urban Institute,1981),pp. 375ff。

[22]Gough,*Political Economy of the Welfare State*,pp. 149 – 50.

[23]Peters,"Fiscal Strains on the Welfare State,"见前注,另见 H. L. Wilensky,"Political Legitimacy and Consensus:Missing Variables in the Assessment of Social Policy,"出自 S. E. Spiro and E. Yuchtman – Yaar,eds. , *Evaluating the Welfare State:Social and Political Perspectives*(New York:Academic Press,1983),pp. 51 – 74。

[24]A. T. Peacock and J. Wiseman, *The Growth of Public Expenditures in the United Kingdom*(Princeton:Princeton Univ. ,1961).

[25]阐述了这一推理的是 C. E. Lindblom 出自 *Politics and Markets*(New York:Basic Books,1977)。

[26]Rudolf Goldscheid,"A Sociological Approach to Problems of Public Finance,"出自 Richard A. Musgrave and Alan T. Peacock, eds. , *Classics in the Theory of Public Finance*(New York:St. Martin's Press,1967)。

[27]Joseph A. Schum peter,"The Crisis of the Tax State," *International Economic Papers*,No. 4(Macmillan,1954),pp. 5 – 39.

[28]参见 Aaron Wildavsky,*How to Limit Government Spending*(Berkeley/Los Angeles/

London:University of California Press,1980)。

[29]Wilensky, *Welfare State and Equality*.

[30]Mancur Olson, *The Rise and Decline of Nations : Economic Growth , Stagflation and Social Rigidities*(New Haven:Yale Univ. ,1982).

[31] Christopher Hewitt, "The Effect of Political Democracy and Social Democracy on Equality in Industrial Societies:A Cross – National Comparison,"*American Sociological Review* , Vol. 42（1977）, pp. 450 – 64; and Douglas Higgs, "Political Parties and Macroeconomic Policy," *American Political Science Review* , Vol. 71（1977）, pp. 1465 – 88.

[32]Robert Jackman, *Politics and Social Equality : A Comparative Analysis*(New York: Wiley,1975); and Frank Parkin, *Class Inequality and Political Order*(New York: Praeger,1971).

[33] Frederick Pryor, *Public Expenditures in Communist and Capitalist Nations* (Homewood,Ⅲ.:Irwin,1968);and Wilensky, *Welfare State and Equality*.

[34]Wilensky, *Welfare State and Equality* ,pp. 45 – 46.

[35]Harold L. Wilensky, "Leftism, Catholicism, and Democratic Corporatism: The Role of Political Parties in Recent Welfare State Development,"出自 Peter Flora and Arnold J. Heidenheimer,eds. , *The Development of Welfare States in Europe and America* (New Brunswick,N. J. :Transaction,1981)。

[36]Francis G. Castles, *The Social Democratic Image of Society*（Routledge and Kegan Paul,1978）; and Castles and Sten G. Borg, "The Influence of the Political Right on Public Income Maintenance Expenditure and Equality,"*Political Studies* ,Vol. 29,No. 4 （December 1981）,pp. 604 – 21.

[37]Joseph White 提出了这一见解。

[38]我们要感谢 Joseph White,他与 Wilensky 和 Castles 之间存在有不同的观点。

[39]给 Aaron Wildavsky 的信。

[40]Henry Aaron, "Social Security: International Comparisons,"出自 Otto Eckstein,ed. , *Studies in the Economics of Income Maintenance*（Washington: Brookings Inst. , 1967）。

[41]Wilensky, *Welfare State and Equality* ,pp. 10 – 11.

[42]Michael Dempster and Aaron Wildavsky, "On Change . . . or, There Is No Magic Size for an Increment,"*Political Studies* ,Vol. 27,No. 3（September 1979）,pp. 371 – 89.

［43］Hugh Hecla，"Toward a New Welfare State?，"出自 Flora and Heidenheimer，eds. ，*Development of Welfare States*，p. 394。

［44］同上，pp. 398 - 99。

［45］这些分类改编自 Mary Douglas，"Cultural Bias，"出自 Mary Douglas，*In the Active Voice*（London：Routledge & Kegan Paul，1982）. 另见 Mary Douglas and Aaron Wildavsky，*Risk and Culture*（Berkeley：Univ. of California，1982）；and Aaron Wildavsky，"Models of Political Regimes or Pluralism Means More Than One Political Culture in One Country at One Time，"forthcoming in Ellis Katz，ed. ，*The Meaning of American Pluralism*（Philadelphia：Institute for the Study of Human Issues Press）。

［46］Lindbeck，"Redistribution Policy and the Expansion of the Public Sector，"见前注，pp. 31 - 32。

［47］Steve Rayner and Jonathan Gross，*Measuring Culture：A Paradigm for the Analysis of Social Organization*（New York：Columbia Univ. ，1985）.

［48］Robert T. Kudrle and Theodore R. Marmor，"The Development of Welfare States in North America，"出自 Flora and Heidenheimer，*Development of Welfare States*，p. 89。

［49］同上，p. 90。

［50］Seymour M. Lipset，*Agrarian Socialism：The Cooperative Commonwealth Federation in Saskatchewan*（Garden City，N. Y. ：Anchor Books，1968）.

［51］Wilensky，*Welfare State and Equality*，p. 61.

［52］Kudrle and Marmor，"Development of Welfare States in North America，"见前注，p. 113。

［53］C. Stephen Wolfe and Jesse Burkhead，"Fiscal Trends in Selected Industrial Countries，"*Public Budgeting and Finance*，Vol. 3，No. 4（Winter 1983），pp. 97 - 102，quotation on p. 102.

［54］Sam Peltzman，"The Growth of Government，"*Journal of Law and Economics*，Vol. 23，October 1980，p. 263.

［55］同上，pp. 262 - 63，265。

［56］Olson，*Rise and Decline of Nations*，p. 173。

［57］Peltzman，"Growth of Government，"见前注，pp. 285 - 86。

［58］Richard Rose，"The Programme Approach to the Growth of Government，"为美国政治科学协会年会准备的论文，Chicago，Sept. 1 - 4，1983。

［59］同上。

640

［60］本章节改编自 Aaron Wildavsky 与 Michael Thompson 的合作作品。

［61］ *Government Finance Statistics Yearbook*，Vol. Ⅵ（1982）；and *International Financial Statistics*（yearbook issue，1982），both publications of the International Monetary Fund.

［62］Gisli Bli：indal，"Balancing the Budget：Budgeting Practices and Fiscal Policy Issues in Iceland，"*Public Budgeting and Finance*，Vol. 3，No. 2（Summer 1983），pp. 47－63.

［63］同上。

［64］参见 Rudolph G. Penner，"Forecasting Budget Totals：Why Can't We Get It Right?"出自 Michael J. Boskin and Aaron Wildavsky，eds.，*The Federal Budget：Economics and Politics*（New Brunswick，N. J.：Transaction Books，1982），pp. 89－110。

［65］Allen Schick，"Off－Budget Expenditure：An Economic and Political Framework，"为经合作组织（OECD）准备的文件，Paris，August 1981。

［66］同上，为深入了解政府关于自我控制的进行，参见 James Q. Wilson and Patricia Rachal，"Can Government Regulate Itself?，" *The Public Interest*，No. 46（Winter 1977），pp. 3－14。

［67］参见 Wildavsky，*How to Limit Government Spending*。

［68］J. H. Plumb，*Death of the Past*（Houghton Mifflin，1970）.

［69］Aaron Wildavsky，"From chaos comes opportunity：the movement toward spending limits in American and Canadian budgeting，"*Canadian Public Administration*，Vol. 26，No. 2（Summer 1983），pp. 163－81.

参考文献

参考文献请扫以上二维码阅读。

译丛主编后记

　　财政活动兼有经济和政治二重属性,因而从现代财政学诞生起,"财政学是介于经济学与政治学之间的学科"这样的说法就不绝于耳。正因如此,财政研究至少有两种范式:一种是经济学研究范式,在这种范式下财政学向公共经济学发展;另一种是政治学研究范式,从政治学视角探讨国家与社会间的财政行为。这两种研究范式各有侧重,互为补充。但是检索国内相关文献可以发现,我国财政学者遵循政治学范式的研究并不多见,绝大多数财政研究仍自觉地或不自觉地将自己界定在经济学学科内,而政治学者大多也不把研究财政现象视为分内行为。究其原因,可能主要源于在当前行政主导下的学科分界中,财政学被分到了应用经济学之下。本丛书的两位主编,之所以不揣浅陋地提出"财政政治学"这一名称并将其作为译丛名,是想尝试着对当前学科体系进行纠偏,将财政学的经济学研究范式和政治学研究范式结合起来,从而以"财政政治学"为名,倡导研究财政活动的政治属性。编者认为,这样做有以下几个方面的积极意义。

　　1. 寻求当前财政研究的理论基础。在我国的学科体系中,财政学被归入应用经济学之下,学术上就自然产生了要以经济理论为财政研究基础的要求。不过,由于当前经济学越来越把自己固化为形式特征明显的数学,以经济理论为基础就导致财政学忽视了那些难以数学化的政治视角研究,这样就让目前大量的财政研究失去了理论基础。在现实中已经出现并将更多出现的现象是,探讨财政行为的理论、制度与历史的论著,不断被人质疑是否属于经济学,一篇研究预算制度及其现实运行的博士论文,经常被答辩委员怀疑是否可授予经济学学位。因此,要解释当前的财政现象、推动财政研究,就不能不去寻找财政的政治理论基础。

2. 培养治国者。财政因国家治理需要而不断变革,国家因财政治理而得以成长。中共十八届三中全会指出:"财政是国家治理的基础和重要支柱,科学的财税体制是优化资源配置、维护市场统一、促进社会公平、实现国家长治久安的制度保障。"财政在国家治理中的作用,被提到空前的高度。因此,财政专业培养的学生,不仅要学会财政领域中的经济知识,而且应该学到相应的政治知识。财政活动是一项极其重要的国务活动,涉及治国方略;从事财政活动的人至关重要,应该得到综合的培养。这一理由,也是当前众多财经类大学财政专业不能被合并到经济学院的原因之所在。

3. 促进政治发展。在 18—19 世纪,在普鲁士国家兴起及德国统一过程中,活跃的财政学派与良好的财政当局曾经发挥了巨大的历史作用。而在当今中国,在大的制度构架稳定的前提下,通过财政改革推动政治发展,也一再为学者们所重视。财政专业的学者,自然也应该参与到这样的理论研究和实践活动中去。事实上也已有不少学者参与到诸如提高财政透明、促进财税法制改革等活动中去,并成为推动中国政治发展进程的力量。

因此,"财政政治学"作为学科提出,可以纠正当前财政研究局限于经济学路径造成的偏颇。包含"财政政治学"在内的财政学,将不仅是一门运用经济学方法理解现实财政活动的学科,而且是一门经邦济世的政策科学,更是推动财政学发展、为财政活动提供指引,并推动中国政治发展的重要学科。

"财政政治学"虽然尚不是我国学术界的正式名称,但在西方国家教学和研究中却有广泛相似的内容。在这些国家中,有不少政治学者研究财政问题,同样有许多财政学者从政治视角分析财政现象,进而形成了内容非常丰富的文献。当然,由于这些国家并没有像中国这样行政主导下的严格学科分界,因而不需要有相对独立的"财政政治学"的提法。相关的研究,略显随意地分布在以"税收政治学""预算政治学""财政社会学"为名称的教材或论著中,本译丛提倡的"财政政治学"(fiscal politics)的说法也不少见。

中国近现代学术进步历程表明,译介图书是广开风气、发展学术的不二良方。因此,要在中国构建财政政治学学科,就要在坚持以"我"为主研究中国财政政治问题的同时,大量地翻译国外学者在此领域的相关论著,以便为国内学者从政治维度研究财政问题提供借鉴。本译丛主编选择了这一领域内的多部英文著作,计划分多辑陆续予以翻译和出版。在文本的选择上,大致分为理论基础、现实制度与历史研究等几个方面。首先推出的有《财政理论史上的经典文献》《税收公正与民间正义》《战争、收入和国家构建》《发展中国家的税收与国家构建》《为自由国家而纳税:19世纪欧洲公共财政的兴起》《信任利维坦:不列颠的税收政治学(1799—1914)》《欧洲财政国家的兴起》等著作。

本译丛的译者,主要为上海财经大学公共经济与管理学院的教师以及已毕业并在高校从事教学的财政学博士,另外还邀请了部分教师参与。在翻译稿酬低廉、译作科研分值低下的今天,我们这样一批人只是凭借着对学术的热爱和纠偏财政研究取向的希望,投身到这一译丛中来。希望我们的微薄努力,能够成为促进财政学和政治学学科发展、推动中国政治进步的涓涓细流。

刘守刚　上海财经大学公共经济与管理学院
魏　陆　上海交通大学国际与公共事务学院
2015年5月

"财政政治学译丛"书目